KB118596

세상이 변해도
배움의 즐거움은
변함없도록

시대는 빠르게 변해도
배움의 즐거움은
변함없어야 하기에

어제의 비상은
남다른 교재부터
결이 다른 콘텐츠
전에 없던 교육 플랫폼까지

변함없는 혁신으로
교육 문화 환경의 새로운 전형을
실현해왔습니다.

비상은 오늘, 다시 한번
새로운 교육 문화 환경을 실현하기 위한
또 하나의 혁신을 시작합니다.

오늘의 내가 어제의 나를 초월하고
오늘의 교육이 어제의 교육을 초월하여
배움의 즐거움을 지속하는 혁신,

바로, 메타인지 기반 완전 학습을.

상상을 실현하는 교육 문화 기업 비상

메타인지 기반 완전 학습

초월을 뜻하는 meta와 생각을 뜻하는 인지가 결합한 메타인지는
자신이 알고 모르는 것을 스스로 구분하고 학습계획을 세우도록 하는
궁극의 학습 능력입니다. 비상의 메타인지 기반 완전 학습 시스템은
잠들어 있는 메타인지를 깨워 공부를 100% 내 것으로 만들도록 합니다.

정치와 법

619제

완자 기출 PICK 차례

Ⅰ 민주주의와 헌법

Ⅱ 민주 국가와 정부

Ⅲ 정치 과정과 참여

Ⅳ 개인 생활과 법

완자 기출 PICK 구성 - 기출 문제를 분석하여 핵심을 빠짐 없이 담았다!

PICK 1 핵심 정리

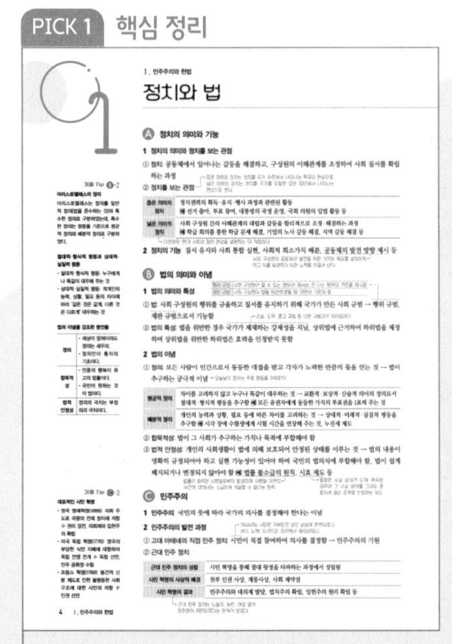

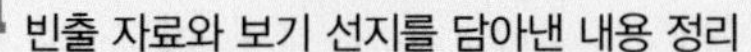

빈출 자료와 보기 선지를 담아낸 내용 정리

PICK 2 필수 기출

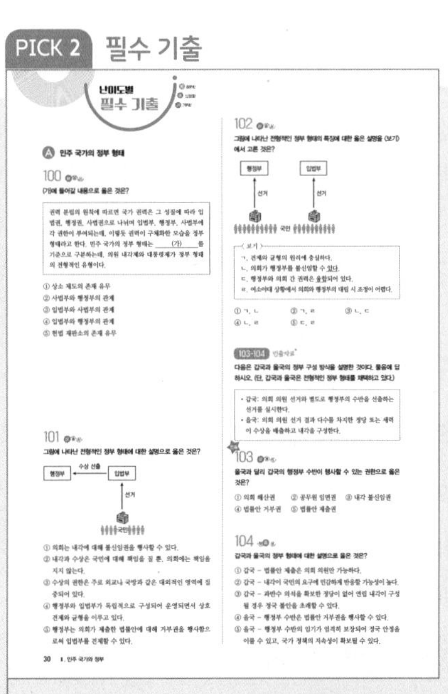

빈출 문제를 난이도별, 빈출 자료별로 구성

PICK 3 도전 기출

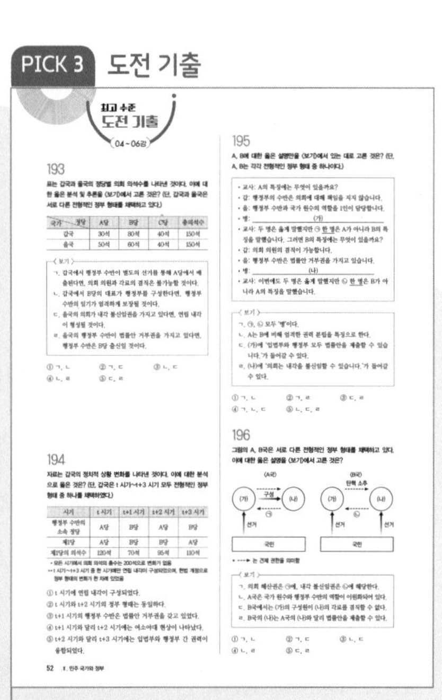

1등급 달성을 위해 꼭 풀어봐야 하는 도전 문제

정치와 법

A 정치의 의미와 기능

1 정치의 의미와 정치를 보는 관점

① 정치: 공동체에서 일어나는 갈등을 해결하고, 구성원의 이해관계를 조정하여 사회 질서를 확립하는 과정

② 정치를 보는 관점 — 좁은 의미의 정치는 정치를 국가 수준에서 나타나는 특유의 현상으로, 넓은 의미의 정치는 정치를 국가를 포함한 모든 집단에서 나타나는 현상으로 본다.

좁은 의미의 정치	정치권력의 획득·유지·행사 과정과 관련된 활동 예 선거 출마, 투표 참여, 대통령의 국정 운영, 국회 의원의 입법 활동 등
넓은 의미의 정치	사회 구성원 간의 이해관계의 대립과 갈등을 합리적으로 조정·해결하는 과정 예 학급 회의를 통한 학급 문제 해결, 기업의 노사 갈등 해결, 지역 갈등 해결 등

└ 다원화된 현대 사회의 정치 현상을 설명하는 데 적합하다.

2 정치의 기능
질서 유지와 사회 통합 실현, 사회적 희소가치 배분, 공동체의 발전 방향 제시 등

(공동체의 발전 방향 제시: 사회 구성원이 공동체의 발전을 위한 가치와 목표를 설정하게 하고 이를 달성하기 위한 노력을 이끌어 낸다.)

B 법의 의미와 이념

1 법의 의미와 특성

행위 규범	사회 구성원이 할 수 있는 행위와 해서는 안 되는 행위의 기준을 제시함
재판 규범	사회 구성원이 법을 위반하였을 때 재판의 기준이 됨

① 법: 사회 구성원의 행위를 규율하고 질서를 유지하기 위해 국가가 만든 사회 규범 → 행위 규범, 재판 규범으로서 기능함

② 법의 특성: 법을 위반한 경우 국가가 제재하는 강제성을 지님, 상위법에 근거하여 하위법을 제정하며 상위법을 위반한 하위법은 효력을 인정받지 못함

(국가가 제재하는 강제성: 관습, 도덕, 종교 규범 등 다른 규범과의 차이점이다.)

2 법의 이념

① 정의: 모든 사람이 인간으로서 동등한 대접을 받고 각자가 노력한 만큼의 몫을 얻는 것 → 법이 추구하는 궁극적 이념 → 오늘날의 정의는 주로 평등을 의미한다.

평균적 정의	차이를 고려하지 않고 누구나 똑같이 대우하는 것 → 교환적·보상적·산술적 의미의 정의로서 절대적·형식적 평등을 추구함 예 모든 유권자에게 동등한 가치의 투표권을 1표씩 주는 것
배분적 정의	개인의 능력과 상황, 필요 등에 따른 차이를 고려하는 것 → 상대적·비례적·실질적 평등을 추구함 예 시각 장애 수험생에게 시험 시간을 연장해 주는 것, 누진세 제도

② 합목적성: 법이 그 사회가 추구하는 가치나 목적에 부합해야 함

③ 법적 안정성: 개인의 사회생활이 법에 의해 보호되어 안정된 상태를 이루는 것 → 법의 내용이 명확히 규정되어야 하고 실현 가능성이 있어야 하며 국민의 법의식에 부합해야 함, 법이 쉽게 폐지되거나 변경되지 않아야 함 예 법률 불소급의 원칙, 시효 제도 등

- 법률 불소급의 원칙: 법률의 효력은 시행일로부터 발생하며 시행일 이전의 사건에 대해서는 소급하여 적용할 수 없다는 원칙
- 시효 제도: 일정한 사실 상태가 오래 계속된 경우에 그 사실 상태를 그대로 존중하여 권리 관계로 인정하는 제도

C 민주주의

1 민주주의
국민의 뜻에 따라 국가의 의사를 결정해야 한다는 이념

2 민주주의의 발전 과정

① 고대 아테네의 직접 민주 정치: 시민이 직접 참여하여 의사를 결정함 → 민주주의의 기원

(아테네의 시민은 자유민인 성인 남성에 한정되었고, 여자, 노예, 외국인은 정치에서 제외되었다.)

② 근대 민주 정치

근대 민주 정치의 성립	시민 혁명을 통해 절대 왕정을 타파하는 과정에서 성립됨
시민 혁명의 사상적 배경	천부 인권 사상, 계몽사상, 사회 계약설
시민 혁명의 결과	민주주의와 대의제 발달, 법치주의의 확립, 입헌주의의 원리 확립 등

└ 근대 민주 정치는 노동자, 농민, 여성 등의 참정권이 제한되었다는 한계가 있었다.

기출 Tip B-2

아리스토텔레스의 정의

아리스토텔레스는 정의를 일반적 정의(법을 준수하는 것)와 특수한 정의로 구분하였는데, 특수한 정의는 평등을 기준으로 평균적 정의와 배분적 정의로 구분하였다.

절대적·형식적 평등과 상대적·실질적 평등

- 절대적·형식적 평등: 누구에게나 똑같이 대우해 주는 것
- 상대적·실질적 평등: 개개인의 능력, 상황, 필요 등의 차이에 따라 '같은 것은 같게, 다른 것은 다르게' 대우하는 것

법의 이념을 강조한 명언들

정의	• 세상이 망하더라도 정의는 세우라. • 정의만이 통치의 기초이다.
합목적성	• 민중의 행복이 최고의 법률이다. • 국민이 원하는 것이 법이다.
법적 안정성	정의의 극치는 부정의의 극치이다.

기출 Tip C-2

대표적인 시민 혁명

- 영국 명예혁명(1688): 의회 주도로 국왕의 전제 정치에 저항 ➔ 권리 장전, 의회제와 입헌주의 확립
- 미국 독립 혁명(1776): 영국의 부당한 식민 지배에 대항하여 독립 전쟁 전개 ➔ 독립 선언, 민주 공화정 수립
- 프랑스 혁명(1789): 봉건적 신분 제도로 인한 불평등한 사회 구조에 대한 시민의 저항 ➔ 인권 선언

③ 현대 민주 정치: 보통 선거제 확립(→ 모든 구성원에게 선거권 부여), 대의제의 일반화로 대중 민주주의 정착(→ 대중이 정치의 주체가 됨), 시민의 정치 참여 기회 확대(→ 직접 민주 정치 요소 도입, 전자 민주주의 등을 통해 시민의 의견 수렴)

- 보통 선거제: 차티스트 운동 등 참정권 확대 운동을 통해 확립하였다.
- 대중 민주주의: 시민의 의사가 정치에 정확히 반영되지 못하고 정치적 무관심을 초래하는 대의제의 위기가 나타나기도 한다.

3 민주주의의 발전 과정 빈출자료 Link • 32-33번 문제

(홉스, 로크, 루소의 사회 계약설)

- 홉스: 자연 상태는 '만인에 대한 만인의 투쟁 상태'이다. 따라서 자연 상태가 초래할 수 있는 생존의 위험에서 벗어나기 위해 인민은 리바이어던에게 자연권을 전부 양도하는 사회 계약을 통해 국가를 구성하였다.
  - 리바이어던: 주권자, 국가
- 로크: 자연 상태는 자유롭고 평등한 상태이지만 생명과 자유, 그리고 재산에 대한 권리를 보다 확고하게 보장받기 위하여 인민들은 사회 계약에 의해 국가를 구성하였다. 만약 국가가 계약을 위반했을 경우 인민은 그 계약을 파기할 권한이 있다.
  - 저항권 사상
- 루소: 개인은 자유롭고 평등한 삶을 온전히 보전하기 위해 계약을 맺고 국가를 형성한다. 그 과정에서 개인은 자신의 주권을 다른 누군가의 손에 넘기는 것이 아니라 모두가 참여하여 형성한 일반 의지에 따라 국가를 운영하고 국가를 통해 일반 의지를 실현한다.
  - 일반 의지: 공공의 선과 이익을 추구하려는 의지

D 법치주의

1 법치주의 의회가 제정한 법률에 근거하여 국가 기관을 구성하고 운영해야 한다는 이념

- 의회가 제정한 법률에 따라 통치가 이루어지기 때문에 법률에 규정되지 않은 내용에 대해서는 국가가 강제력을 행사할 수 없다.

① 법치주의의 발전: 영국에서 권리 청원(1628), 권리 장전(1689)을 통해 법의 지배가 확립됨
- 미국 독립 선언, 프랑스 인권 선언에 반영되어 있다.

② 형식적 법치주의와 실질적 법치주의

구분	내용
형식적 법치주의	• 내용: 적법한 절차에 의한 통치 강조 → 법의 목적이나 내용은 문제 삼지 않음 • 문제점: 전제 정치나 독재 정치를 정당화하는 수단으로 악용될 수 있음
실질적 법치주의	• 내용: 법률의 형식뿐만 아니라 그 목적과 내용도 정당해야 함 • 의의: 형식적 합법성과 함께 실질적 정당성 강조 → 국민의 자유와 권리 보장

- 근대 시민 혁명 이후의 초기 법치주의에서는 형식적 법치주의가 강조되었지만, 현대 민주 국가에서는 실질적 법치주의가 강조되고 있다.

2 법치주의 빈출자료 Link • 36-37번 문제

(히틀러의 수권법)

- 제1조 라이히 법률은 라이히 헌법이 규정하고 있는 절차에 의하는 외에, 라이히 정부에 의해서도 의결될 수 있다.
- 제2조 라이히 정부가 의결하는 법률에는 라이히 헌법과는 다른 규정을 둘 수 있다.

3 민주주의와 법치주의의 조화 법치주의는 민주주의의 실현을 목적으로 하고, 민주주의는 법치주의의 틀 안에서 운영됨으로써 양측이 조화롭게 발전할 수 있음 → 상호 보완적 관계

- 민주주의와 법치주의가 상호 보완적으로 작용하도록 돕는 제도로는 위헌 법률 심판, 탄핵 심판, 국민 참여 재판 제도 등이 있다.

기출 Tip C-2

직접 민주 정치 요소

제도	내용
국민 투표	국가의 중요 정책을 국민의 의사를 물어 결정하는 제도
국민 발안	국민이 직접 헌법 개정안이나 법률안을 제출할 수 있는 제도
국민 소환	선거로 선출한 대표를 임기 만료 전에 투표를 통해 파면하는 제도

기출 Tip C-3

사회 계약론자의 입장

- 홉스: 통치자에게 자연권 전부 양도 ➔ 절대 군주제(전제 정치) 옹호
- 로크: 통치자에게 자연권 일부 위임 ➔ 입헌 군주제(간접 민주 정치) 추구
- 루소: 자연권은 양도 불가 ➔ 민주 공화정 추구

기출 Tip D-2

히틀러의 수권법과 법치주의

히틀러의 수권법에 따라 행정부에 법률 제정 권한 위임 ➔ 독재 정당화 수단으로 활용 ➔ 형식적 법치주의 악용

기출 Tip C, D

민주주의와 법치주의의 대립 관계

- 민주주의: 국민의 의사에 따라 이루어짐 ➔ 동적인 성격
- 법치주의: 제도적 틀 안에서 사회 질서 유지 ➔ 정적인 성격

개념 확인 문제

정답과 해설 2쪽

1 다음 정치의 의미에 해당하는 설명을 옳게 연결하시오.

(1) 좁은 의미의 정치 • • ㉠ 정치를 국가 특유의 현상으로 봄
(2) 넓은 의미의 정치 • • ㉡ 학급 회의를 정치 행위로 인식함

2 다음 괄호 안의 내용 중 알맞은 말에 ○표를 하시오.

(1) (법, 관습)은 국가가 만든 사회 규범이다.
(2) (정의, 합목적성)은/는 법이 추구하는 궁극적 이념이다.
(3) 시효 제도는 (합목적성, 법적 안정성)을 고려한 제도이다.

3 다음 설명이 맞으면 ○표, 틀리면 ×표를 하시오.

(1) 고대 아테네에서는 대의제가 발달하였다. ( )
(2) 근대 시민 혁명을 통해 입헌주의 원리가 확립되었다. ( )
(3) 참정권 확대 운동을 계기로 보통 선거제가 폐지되었다. ( )

4 (㉠)는 국민의 뜻에 따라 국가의 의사를 결정해야 한다는 이념이고, (㉡)는 법률에 근거하여 국가 기관을 구성 및 운영해야 한다는 이념이다.

상 10문항
중 19문항
하 7문항

A 정치의 의미와 기능

5 하 중 상

좁은 의미의 정치에 해당하는 사례만을 〈보기〉에서 고른 것은?

〈 보기 〉
ㄱ. 지방 선거에 군수 후보로 출마하였다.
ㄴ. 국회 본회의에서 법률 개정안을 표결에 부쳤다.
ㄷ. 분리수거 문제를 해결하기 위한 주민 회의가 열렸다.
ㄹ. 학교에서 학생, 학부모, 교사 간 의견을 조율하여 체험 학습 장소를 결정하였다.

① ㄱ, ㄴ ② ㄱ, ㄷ ③ ㄴ, ㄷ
④ ㄴ, ㄹ ⑤ ㄷ, ㄹ

6-7 빈출자료

다음은 정치의 의미에 대한 서로 다른 관점이다. 물음에 답하시오.

(가) 정치권력의 획득과 유지 및 행사 과정과 관련된 활동
(나) 사회 구성원 간 이해관계의 대립과 갈등을 합리적으로 조정하고 해결해 가는 과정

빈출 6 하 중 상

(가)와 달리 (나)의 관점에만 해당하는 사례를 〈보기〉에서 고른 것은?

〈 보기 〉
ㄱ. 학생 자치회 학생회장을 뽑는 선거가 실시되었다.
ㄴ. 국회 본회의에서 ○○에 관한 법안이 통과되었다.
ㄷ. △△ 기업의 사측과 노동조합이 임금 협상을 시작하였다.
ㄹ. 대통령은 국무 회의를 열어 실업 대책 마련을 지시하였다.

① ㄱ, ㄴ ② ㄱ, ㄷ ③ ㄴ, ㄷ
④ ㄴ, ㄹ ⑤ ㄷ, ㄹ

7 하 중 상

(가), (나)의 관점에 대한 설명으로 옳은 것은?

① (가)는 국가 성립 이전에도 정치 현상이 있었다고 본다.
② (나)는 국가와 다른 사회 집단 간의 차이점에 주목한다.
③ (가)는 (나)에 비해 다원화된 현대 사회의 다양한 이해관계 조정을 설명하기에 적합하다.
④ (가), (나) 모두 정부의 정책 수립을 정치라고 본다.
⑤ (가)는 투쟁으로서의 정치, (나)는 질서로서의 정치를 설명하기에 적합하다.

8 하 중 상

정치를 바라보는 서로 다른 관점 A, B에 대한 설명으로 옳은 것은? (단, A, B는 각각 좁은 의미의 정치와 넓은 의미의 정치 중 하나이다.)

국가를 전형적인 정치 주체로 보는 A는 사회적 갈등을 해결하고 질서를 유지하는 것이 국가의 기능이자 곧 정치의 기능이라고 본다. 그렇지만 오늘날에는 국가 이외에도 다양한 집단이 이해관계의 조정 및 갈등 해결 과정에 참여하고 있다. 이에 주목하여 B는 국가뿐만 아니라 다양한 집단을 정치의 주체로 간주하고 있다.

① A는 학급 규칙을 만드는 과정도 정치 현상으로 본다.
② B는 정치의 범위를 정부 활동의 영역과 일치하는 것으로 본다.
③ A는 B보다 다원화된 현대 사회의 갈등 해결 과정을 설명하는 데 적합하다.
④ B는 A보다 공동의 문제를 해결하는 과정에 참여하는 주체가 다양하다고 본다.
⑤ A, B 모두 아파트 주민 회의를 정치라고 본다.

9 하 중 상

정치를 바라보는 관점 (가), (나)에 대한 옳은 설명을 〈보기〉에서 고른 것은?

(가) 정치는 사회를 구성하고 있는 개인이나 집단이 일상생활에서의 다양한 이해관계를 조정하기 위해 상호 작용함으로써 나타나는 현상이다. 이 현상은 희소한 자원을 배분할 때 발생하는 갈등을 해결하는 과정이며, 공공 부문을 포함한 사회생활의 모든 영역에서 나타난다.
(나) 정치는 사회를 구성하고 있는 개인 또는 집단이 반드시 지켜야 할 절차와 규범을 정치권력이라는 힘을 통해 만들어 가는 과정이다. 이 과정은 공식적 정치 조직들이 헌법과 법률을 통해 희소한 자원을 배분하는 방식을 결정하고 적용하는 국가의 활동이다.

〈 보기 〉
ㄱ. (가)의 정치의 범위는 정부 활동의 영역과 일치한다.
ㄴ. (나)는 국가 형성 이전의 정치 현상을 설명하기에 적합하다.
ㄷ. (가)는 (나)에 비해 정치의 주체를 포괄적으로 보고 있다.
ㄹ. (가), (나) 모두 국무 회의에서 주요 정책을 심의하는 것을 정치라고 본다.

① ㄱ, ㄴ ② ㄱ, ㄷ ③ ㄴ, ㄷ
④ ㄴ, ㄹ ⑤ ㄷ, ㄹ

10 하 중 상

다음 사례에 대한 분석 및 추론으로 가장 적절한 것은?

> 노점상 문제를 해결하기 위해 ○○시는 단속을 위주로 하던 기존의 노점상 관리 대신 노점상의 생존권과 시민 보행권, 거리 환경을 개선할 수 있는 방법을 고민한 결과 노점상과 '공동 업무 협약'을 체결하였다. 이 협약에 따라 노점상을 운영하게 되면서 노점상은 안정적인 수입을 보장받고, 시민의 보행 여건도 좋아졌으며 인근 상가의 불만도 사라졌다.

① 정부 정책의 감시, 비판 기능을 찾을 수 있다.
② 정치에서는 사익을 배제하고 공익을 우선해야 함을 나타낸다.
③ 사회 질서를 무너뜨리는 반사회적 행위를 국가 권력으로 통제한 사례이다.
④ 구성원 간 갈등을 해결하기 위해서는 행정부의 강제적인 권력 행사가 선행되어야 함을 보여 준다.
⑤ 협약을 체결하는 과정에서 '공동체의 바람직한 상태를 설정하고 실현'하는 정치의 기능을 찾을 수 있다.

빈출

11 하 중 상

정치의 의미에 대한 관점 A, B에 대한 설명으로 옳지 <u>않은</u> 것은?

구분	A	B
일상생활에서 이해관계를 조정하는 과정을 정치 현상으로 보는가?	예	아니요
(가)	아니요	예

① A는 소수의 엘리트에 의한 통치도 정치에 포함되는 것으로 본다.
② B는 국가 형성 이전의 정치 현상을 설명하기 곤란하다.
③ A는 B와 달리 시민 단체의 정부 감시 활동을 정치라고 본다.
④ A, B 모두 정치권력의 형성 과정을 정치의 본질적 요인으로 본다.
⑤ (가)에는 '정치를 국가 특유의 현상으로 보는가?'가 들어갈 수 있다.

12 하 중 상

그림은 정치를 바라보는 관점 A, B를 질문에 따라 분류한 것이다. 이에 대한 설명으로 옳은 것은? (단, A, B는 각각 넓은 의미로 보는 관점, 좁은 의미로 보는 관점 중 하나이다.)

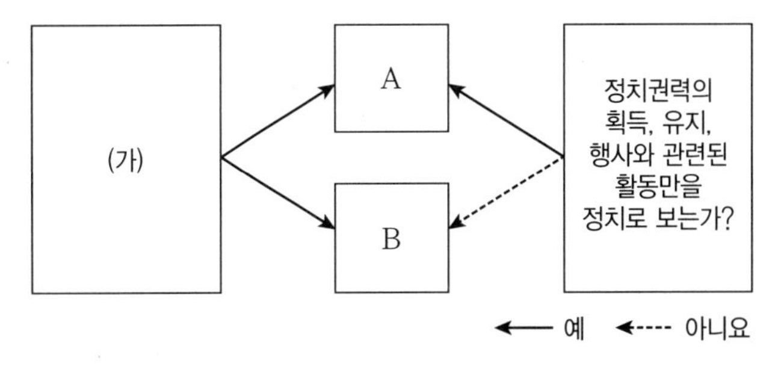

① A는 정치를 다양한 사회 집단에서 보편적으로 나타나는 현상으로 이해한다.
② B는 국가를 전형적인 정치 주체로 보고 정치 현상과 국가 현상을 동일시한다.
③ A는 B에 비해 복잡하고 다원화된 현대 사회의 정치 현상을 설명하는 데 적합하다.
④ (가)에는 '의회 의원의 입법 활동을 정치로 볼 수 있는가?'가 들어갈 수 있다.
⑤ (가)에는 '국가 권력과 무관한 정치 현상을 설명할 수 있는가?'가 들어갈 수 있다.

B 법의 의미와 이념

13 하 중 상

법의 이념에 대한 옳은 설명만을 <보기>에서 있는 대로 고른 것은?

> 〈 보기 〉
> ㄱ. 궁극적 이념은 선의 실현이다.
> ㄴ. 정의는 시대와 장소에 상관없이 동일한 의미를 가진다.
> ㄷ. 국민이 법을 믿고 법에 따라 안심하고 생활할 수 있게 만들어야 한다.
> ㄹ. 법은 사회가 추구하는 이상적인 가치나 목적에 구체적으로 합치되어야 한다.

① ㄱ, ㄴ　② ㄱ, ㄷ　③ ㄷ, ㄹ
④ ㄱ, ㄴ, ㄹ　⑤ ㄴ, ㄷ, ㄹ

14-15 빈출자료

다음 내용을 읽고 물음에 답하시오.

> 법적 정의를 논할 때, 정의의 본질을 평등이라고 보는 데에는 큰 이견이 없다. 평등을 바탕으로 한 정의는 크게 ㉠ 평균적 정의와 ㉡ 배분적 정의로 나눌 수 있다.

14 하중상

••서술형

밑줄 친 ㉠, ㉡의 의미를 각각 서술하시오.

15 하중상

밑줄 친 ㉠, ㉡에 대한 설명으로 옳은 것은?

① ㉠은 실질적 평등과 관련된다.
② ㉡의 실현 사례로 누진세를 들 수 있다.
③ ㉠은 ㉡과 달리 합리적 차별을 인정한다.
④ ㉠은 ㉡과 달리 상대적 평등을 통해 실현된다.
⑤ ㉡은 ㉠과 달리 법이 실현하고자 하는 최고의 이념에 포함된다.

16 하중상

빈출

다음 연관 검색어를 통해 유추할 수 있는 법의 이념 (가)와 관련된 법언으로 가장 적절한 것은?

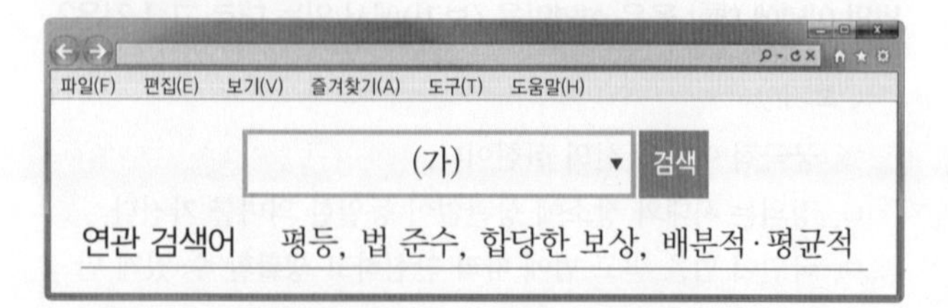

① 인간은 정치적 동물이다.
② 국민이 원하는 것이 법이다.
③ 민중의 행복이 최고의 법률이다.
④ 정의의 극치는 부정의의 극치이다.
⑤ 세상이 망하더라도 정의는 세우라.

17 하중상

다음 법률 조항들이 공통적으로 추구하는 평등의 개념에 대한 설명으로 옳은 것은?

> • 공직 선거법 제47조 ③ 정당이 비례 대표 국회 의원 선거 및 비례 대표 지방 의회 의원 선거에 후보자를 추천하는 때에는 그 후보자 중 100분의 50 이상을 여성으로 추천하되, 그 후보자 명부의 순위의 매 홀수에는 여성을 추천하여야 한다.
> • 장애인 고용 촉진 및 직업 재활법 제27조 ① 국가와 지방 자치 단체의 장은 장애인을 소속 공무원 정원에 대하여 다음 각 호의 구분에 해당하는 비율 이상 고용하여야 한다.
> 1. 2021년 1월 1일부터 2021년 12월 31일까지: 1천분의 34
> 2. 2022년 1월 1일부터 2023년 12월 31일까지: 1천분의 36
> 3. 2024년 이후: 1천분의 38

① 소극적 자유에 해당한다.
② 평균적 정의에 부합한다.
③ 합리적 차별을 허용한다.
④ 근대 자유방임주의 국가에서 강조되었다.
⑤ 각 개인이 처한 선천적, 후천적 조건의 차이를 인정하지 않는다.

18 하중상

다음 내용에서 설명하는 법의 이념에 대해 옳게 이해한 학생만을 〈보기〉에서 고른 것은?

> • 국민이 법의 권위를 믿고 법에 따라 안심하고 생활할 수 있는 상태를 의미한다.
> • 현 상태의 법이 지속된다는 신뢰를 가질 수 있도록 법의 내용이 자주 변경되어서는 안 된다.

〈 보기 〉
• 갑: 본질적 내용은 '평등'입니다.
• 을: 법이 추구하는 궁극적 목표입니다.
• 병: 개인의 사회생활이 법에 의해 보호되어 안정된 상태를 이루는 것을 의미합니다.
• 정: 법의 내용이 명확하고 실현 가능성이 있어야 하며 국민의 법의식과 합치되어야 합니다.

① 갑, 을 ② 갑, 병 ③ 을, 병
④ 을, 정 ⑤ 병, 정

19-20 빈출자료

자료를 읽고 물음에 답하시오.

> 지난 1999년 대구에서 한 어린이가 괴한으로부터 황산 테러를 당해 투병하다 끝내 숨졌지만, 범인이 잡히지 않은 상태에서 공소시효가 만료되었다. 이에 여론이 들끓었고 결국, 살인 사건에 대한 공소시효를 폐지하는 내용을 담은 형사 소송법 개정안이 발의되어 2015년 국회를 통과하였다. 이 사례는 법의 이념 중 A와 B가 충돌한 상황에서 A보다 B를 우선시하여 문제를 해결한 것으로 볼 수 있다.

19 하/중/상

A를 구현하기 위한 요건으로 적절하지 않은 것은?

① 법의 내용이 명확해야 한다.
② 법의 내용이 실현 가능해야 한다.
③ 법이 함부로 변동되지 않아야 한다.
④ 법의 내용이 국민의 법의식과 합치해야 한다.
⑤ 법에 대한 해석은 구체적 타당성을 추구해야 한다.

20 하/중/상

B를 강조한 법언으로 가장 적절한 것은?

① 민중의 행복이 최고의 법률이다.
② 정의의 극치는 부정의의 극치이다.
③ 악법에 복종하는 것은 범죄 행위이다.
④ 법질서의 유지가 합목적성보다 중요하다.
⑤ 무질서한 것보다 오히려 불평등한 것이 더 낫다.

21 하/중/상

다음은 A 대학교 정시 모집 요강의 일부이다. 특별 전형을 통해 구현하고자 하는 정의에 대한 옳은 설명을 〈보기〉에서 고른 것은?

> A 대학교는 일반 전형과 특별 전형으로 나누어 정시 모집을 하고 있다. 일반 전형의 지원 자격은 고등학교 졸업(예정)자이고, 특별 전형의 지원 자격은 「국민 기초 생활 보장법」 제2조 제1호에 해당하는 수급권자 및 그의 자녀에 해당하는 고등학교 졸업(예정)자이다.

〈 보기 〉
ㄱ. 실질적 평등을 추구한다.
ㄴ. 현대 복지 국가에서 강조되고 있다.
ㄷ. '악법도 법이다.'라는 표현과 맥락을 같이한다.
ㄹ. 기준이 합리적이더라도 차별은 허용하지 않는다.

① ㄱ, ㄴ　② ㄱ, ㄷ　③ ㄴ, ㄷ
④ ㄴ, ㄹ　⑤ ㄷ, ㄹ

22 하/중/상

법의 이념 A~C에 대한 설명으로 옳은 것은?

> 법이 추구하는 가치인 법의 이념이 무엇인지에 대해서 다양한 견해가 있으나 일반적으로 정의를 중심으로 법의 이념을 설명한다. 정의를 최초로 이론화한 아리스토텔레스는 정의를 A와 특수적 정의로 구분하였다. 특수적 정의는 법의 구체적 원리에 따라 각자의 이해를 평등하게 하는 것으로 B와 C가 이에 속한다. B는 사회적으로 희소한 자원을 나눌 때, 각자의 가치에 비례하여 분배하는 것이고, C는 당사자 간 상호 교섭을 할 때, 각자의 가치가 다르더라도 이해득실 자체에 과부족이 없도록 조정하는 것이다.

① A는 공동생활의 일반 원칙인 법을 준수하는 것이다.
② B는 형식적 평등을 추구한다.
③ 사람을 죽인 사람에게 그에 상응하는 형벌을 부여하는 것은 B의 예이다.
④ C는 상대적·실질적 평등을 추구한다.
⑤ 성적이 우수한 학생에게 상을 주는 것, 열심히 일한 사람에게 더 많은 임금을 주는 것은 C에 해당한다.

C 민주주의

23 하/중/상

다음 역사적 사건들의 공통적인 특징에 대한 옳은 설명만을 〈보기〉에서 있는 대로 고른 것은?

> • 영국 명예혁명　• 미국 독립 혁명　• 프랑스 혁명

〈 보기 〉
ㄱ. 계몽사상과 천부 인권 사상을 토대로 전개되었다.
ㄴ. 자유와 평등에 기초한 근대 민주주의가 탄생하는 배경이 되었다.
ㄷ. 전제 군주제 국가에서 입헌 군주제 국가로 거듭나는 계기가 되었다.
ㄹ. 직접 민주 정치로 인해 나타난 문제점을 보완하기 위해 평등 이념을 내세웠다.

① ㄱ, ㄴ　② ㄱ, ㄷ　③ ㄷ, ㄹ
④ ㄱ, ㄴ, ㄷ　⑤ ㄴ, ㄷ, ㄹ

24 하 중 상 ••서술형

자료를 읽고 물음에 답하시오.

> 세계의 정치사
>
> 인구가 많고 영토가 넓은 현대 국가에서 대의제가 일반화되었으나, 오늘날 ㉠ 대의제는 위기에 봉착하였다. 이를 보완하기 위해 현대 민주 정치에서는 ㉡ 직접 민주 정치 요소를 도입하고 있다.

(1) 밑줄 친 ㉠의 문제점을 두 가지 이상 서술하시오.

(2) 밑줄 친 ㉡에 해당하는 요소를 세 가지 이상 서술하시오.

25 하 중 상

다음 글에서 파악할 수 있는 고대 아테네 민주 정치의 특징에 대한 설명으로 옳지 않은 것은?

> 고대 그리스 아테네에서 공동체에 관한 중요한 결정은 모든 시민이 속한 민회를 통해 이루어졌다. 그리고 500명의 시민으로 구성되는 평의회는 집행부로서 활동하였다. 공직은 시민들이 담당하였는데 시민들의 폭넓은 참여를 위해 대부분의 공직이 추첨과 윤번에 의해 결정되었다. 하지만 이러한 제도는 많은 수의 공동체 구성원을 정치 활동으로부터 배제한다는 한계를 가지고 있었다. 즉, 정치 참여는 아테네 출신의 성인 남성에 한정되었다.

① 직접 민주 정치를 실현하였다.
② 민회는 최고 의사 결정 기구였다.
③ 외국인과 여성은 시민에서 제외되었다.
④ 공직 담당의 기회가 모든 시민에게 주어졌다.
⑤ 대표성은 높으나 시민의 의사를 왜곡할 가능성이 높았다.

26 하 중 상

다음과 같은 주장으로부터 도출할 수 있는 결론으로 가장 적절한 것은?

> • 자연 상태에서 인간은 만인의 만인에 대한 투쟁이 불가피하다.
> • 인간이 자기 보존을 위해 자연권을 갖고 있다고 해도 오히려 생명의 위험에 처하는 상태가 발생하므로, 인간은 각 사람이 가지는 힘을 모아 좀 더 큰 집단적 힘을 가지는 정치 사회를 만든다.

① 일반 의지를 실현해야 한다.
② 인간의 기본권은 불가침성, 불가양성을 띤다.
③ 국민이 참여하는 간접 민주 정치가 실현되어야 한다.
④ 자연 상태에서 개인들이 자연권을 소유하고 행사해야 한다.
⑤ 자연권의 보장을 위해서는 계약에 의해 정부가 구성되어야 한다.

27 하 중 상

다음과 같이 주장한 근대 정치 사상가에 대한 설명으로 옳은 것은?

> 자연 상태는 자유롭고 평화롭지만, 옳고 그름을 구별하는 법이 없고, 다툼을 해결해 주는 재판관도 없으며, 법을 집행할 수 있는 합법적인 권력도 없다. 따라서 개인들이 스스로 옳다고 판단하고 행동하는 자연 상태는 불안정하다. 이러한 자연 상태의 불안정성을 극복하기 위해 개인들은 계약을 통해 국가를 형성한다.

① 인간의 본성을 악하다고 보았다.
② 군주 주권론을 바탕으로 전제 정치를 옹호하였다.
③ 사회 계약에서 재산권 보호가 필수적이라고 주장하였다.
④ 계약을 맺는 과정에서 주권은 위임되거나 양도될 수 없다고 주장하였다.
⑤ 시민 모두가 일반 의지에 따라 공적 의사 결정에 직접 참여해야 한다고 보았다.

28 (하)(중)(상) ••서술형

(가), (나)는 서로 다른 근대 정치 사상가의 주장이다. 물음에 답하시오.

> (가) 인간이 자연 상태의 불완전성으로부터 생명, 자유, 재산을 안전하게 보장받기 위한 유일한 길은 자신의 자연적 자유를 정치 공동체에 양도하여 구속을 받아들이는 것이다. 이를 위해 다른 사람들과 결합하여 시민 사회를 형성하고, 정부에 권력을 위임하기로 합의한다. 이 권력은 일정한 목적을 위해서만 행사될 수 있도록 신탁된 권력이다.
>
> (나) 자연 상태에서 인간은 자기 보존을 위해 자연권을 갖고 있지만 오히려 이로 인해 생명을 위협받는 상태에 놓이게 된다. 따라서 인민은 계약을 통해 각자가 가지는 자연권을 포기하고 정치 사회를 만들어 모든 자연권을 한 사람 혹은 하나의 합의체에 양도한다. 이에 따라 권한을 부여받은 주권자는 공동의 평화와 안전을 위해 필요하다고 생각하는 모든 힘과 수단을 사용할 수 있게 된다.

(1) (가), (나)와 같이 주장한 사상가를 각각 쓰시오.

(2) 두 사상가의 주장에서 찾을 수 있는 공통점을 쓰고, 자연권과 저항권에 대한 두 사상가의 입장에 대해 각각 서술하시오.

29 (하)(중)(상)

밑줄 친 ㉠~㉣에 대한 설명으로 가장 적절한 것은?

> 중세 봉건제와 ㉠ 절대 왕정 시대를 거치며 사라졌던 민주 정치는 사회 계약설, ㉡ 계몽사상 등의 영향을 받아 일어난 ㉢ 시민 혁명을 계기로 다시 형성되고 발전하기 시작하였다. 그 결과 ㉣ 근대 사회가 성립되었다.

① ㉠ 시기에 홉스는 왕권신수설에 근거하여 강력한 절대 군주제를 주장하였다.
② ㉡은 종교의 힘으로 사회적 모순과 부조리를 바로잡을 수 있다고 보는 사상이다.
③ ㉣ 시기에는 재산권의 공공성이 강조되기 시작하면서 정부의 권한이 커졌다.
④ ㉣ 시기에는 시민의 자유와 권리를 보장하기 위한 입헌주의의 원리가 확립되었다.
⑤ ㉢을 주도한 계층은 ㉣ 시기 이후에 정치에 참여할 수 있는 권리 획득을 위해 투쟁하였다.

30 (하)(중)(상)

다음 역사적 사건들의 공통적인 의의로 가장 적절한 것은?

> • 1838년~1848년: 차티스트 운동
> • 1897년: 여성 참정권 확대 운동
> • 1950~1960년대: 흑인 참정권 운동

① 직접 민주 정치를 실현하였다.
② 법치주의의 발달에 이바지하였다.
③ 보통 선거제의 확립에 기여하였다.
④ '국가로부터의 자유'가 보장되는 계기가 되었다.
⑤ 모든 국민의 인간다운 생활을 보장하는 복지 국가의 기틀을 마련하였다.

31 (하)(중)(상)

(가), (나)는 근대 민주 정치와 관련된 주요 문서의 일부이다. 이에 대한 설명으로 옳은 것은?

> (가) 프랑스 인권 선언(1789)
> 제1조 인간은 자유롭고 평등하게 태어나서 생활할 권리를 가진다.
> 제3조 모든 주권의 근원은 국민에게만 있다. 어떤 단체나 어떤 개인도 명백히 국민에게서 유래하지 않은 권력을 행사할 수 없다.
> 제6조 모든 시민은 직접 또는 대표자를 통해서 법 제정에 참여할 권리를 가진다. 법의 보호, 법에 의한 처벌에서 만인은 평등하다.
>
> (나) 미국 독립 선언(1776)
> 모든 사람은 평등하게 태어났고, 창조주는 몇 개의 양도할 수 없는 권리를 부여하였으며, 그 권리 중에는 생명과 자유와 행복의 추구가 있다. 이 권리를 확보하기 위하여 인류는 정부를 조직하였으며, 정부의 정당한 권력은 국민의 동의로부터 유래한다.

① (가)는 사회 구성원 전체에게 참정권을 부여하는 배경이 되었다.
② (가)는 입헌 군주정을 전제 군주정으로 전환하는 계기가 되었다.
③ (나)는 직접 민주주의 시대를 열었다.
④ (나)는 보통 선거의 확립을 가져왔다.
⑤ (가), (나)는 모두 천부 인권 사상에 영향을 받았다.

32-33 빈출자료

다음은 근대 사회 계약론자 A, B의 주장이다. 물음에 답하시오.

> A: 자연 상태에서 인민은 자기 보존을 위해 자신의 자연권을 행사하는데, 이는 필연적으로 타인의 자연권 행사와의 충돌로 이어지기 때문에 자연 상태는 '만인에 대한 만인의 투쟁 상태'이다. 따라서 자연 상태가 초래할 수 있는 생존의 위험에서 벗어나기 위해 인민은 리바이어던에게 자연권을 전부 양도하는 사회 계약을 통해 국가를 구성하였다.
> B: 자연 상태는 자유롭고 평등한 상태이지만 생명과 자유, 그리고 재산에 대한 권리를 보다 확고하게 보장받기 위하여 인민들은 사회 계약에 의해 국가를 구성하였다. 만약 국가가 계약을 위반했을 경우 인민은 그 계약을 파기할 권한이 있다.

32 (하/중/상) ••서술형

위 내용을 토대로 아래 표의 A~D에 들어갈 내용을 각각 쓰시오.

학자	A	B
옹호한 정치 체제	C	D

33 (하/중/상)

A, B에 대한 옳은 설명만을 〈보기〉에서 있는 대로 고른 것은?

〈 보기 〉
ㄱ. A는 인간의 본성을 악하다고 보았다.
ㄴ. A는 민주 공화정을 이상적인 정치 체제로 본다.
ㄷ. B는 공공선을 추구하는 일반 의지에 따라 국가가 운영되어야 한다고 본다.
ㄹ. B는 국민의 자유와 권리를 침해하는 부당한 권력에 대한 저항권을 인정하였다.
ㅁ. A, B는 모두 계약을 맺는 과정에서 주권은 위임되거나 양도될 수 없다고 주장한다.

① ㄱ, ㄴ ② ㄱ, ㄹ ③ ㄴ, ㄷ
④ ㄱ, ㄹ, ㅁ ⑤ ㄷ, ㄹ, ㅁ

빈출 34 (하/중/상)

표는 질문에 대한 답변을 통해 민주 정치의 특징을 비교한 것이다. A, B에 대한 옳은 설명을 〈보기〉에서 고른 것은? (단, A, B는 각각 고대 아테네 민주 정치와 근대 민주 정치 중 하나이다.)

질문	응답	
	A	B
(가)	예	아니요
(나)	아니요	예

〈 보기 〉
ㄱ. (가)에 '보통 선거제가 확립되었는가?'가 들어갈 수 있다.
ㄴ. A가 시민 혁명 직후에 확립되었다면 (가)에 '법치주의가 확립되었는가?'가 들어갈 수 있다.
ㄷ. A가 고대 아테네 민주 정치라면 (나)에는 '일부 사회 구성원의 정치 참여가 제한되었는가?'가 들어갈 수 있다.
ㄹ. (나)에 '모든 시민이 국가의 정책을 직접 결정하였는가?'가 들어가면 B는 민회에서 주요 정책을 결정하였다.

① ㄱ, ㄴ ② ㄱ, ㄹ ③ ㄴ, ㄷ
④ ㄴ, ㄹ ⑤ ㄷ, ㄹ

35 (하/중/상)

표의 A~C에 대한 설명으로 옳은 것은? (단, A~C는 각각 고대 아테네 민주 정치, 근대 민주 정치, 현대 민주 정치 중 하나이다.)

구분	A	B	C
정치 형태	대의 민주 정치	직접 민주 정치	혼합 민주 정치
특징	• 시민 혁명을 계기로 민주주의 확립 • 농민, 노동자, 여성 등의 참정권 제한	• 민회를 통한 직접 민주 정치 실현 • 모든 시민의 정치 참여를 보장	• 보통 선거에 기반을 둔 대의제 • 직접 민주제 요소의 도입

① A는 계몽사상과 사회 계약설의 영향을 받았다.
② B는 국민 투표, 국민 소환 등을 통해 직접 민주 정치를 실현하였다.
③ A는 B와 달리 신분제를 바탕으로 정치 참여가 이루어졌다.
④ B는 C와 달리 평등 선거의 원칙에 따라 대표를 선출하였다.
⑤ C는 A와 달리 입헌주의를 통해 기본권을 보장하였다.

D 법치주의

36-37 빈출자료*

자료는 히틀러가 공포한 수권법의 일부이다. 물음에 답하시오.

> • 제1조 라이히 법률은 라이히 헌법이 규정하고 있는 절차에 의하는 외에, 라이히 정부에 의해서도 의결될 수 있다.
> • 제2조 라이히 정부가 의결하는 법률에는 라이히 헌법과는 다른 규정을 둘 수 있다.

빈출
36 하 중 상

위 법 조항에서 위배된 민주 정치의 원리로 옳은 것을 〈보기〉에서 고른 것은?

〈 보기 〉

ㄱ. 입헌주의　　ㄴ. 권력 분립주의
ㄷ. 형식적 법치주의　　ㄹ. 지방 자치의 원리

① ㄱ, ㄴ　② ㄱ, ㄷ　③ ㄴ, ㄷ
④ ㄴ, ㄹ　⑤ ㄷ, ㄹ

37 하 중 상

위 법 조항에 대한 옳은 설명을 〈보기〉에서 고른 것은?

〈 보기 〉

ㄱ. 법에 의한 통치가 이루어지고 있다.
ㄴ. 헌법이 최고법으로서 역할을 하고 있다.
ㄷ. 극단적인 형식적 법치주의를 추구하고 있다.
ㄹ. 법의 내용이 국민의 자유와 권리를 보장하고 있다.

① ㄱ, ㄴ　② ㄱ, ㄷ　③ ㄴ, ㄷ
④ ㄴ, ㄹ　⑤ ㄷ, ㄹ

38 하 중 상

법치주의의 유형 ㉠, ㉡에 대한 설명으로 옳은 것은?

> 근대 이후 법치주의를 강조하는 국가에서도 인권이 침해되고 심지어 말살된 경우까지도 찾아볼 수 있다. ㉠ 이러한 국가의 법치주의는 법의 목적과 내용도 정당해야 한다는 ㉡ 오늘날의 법치주의와는 달리 통치의 합법성만을 강조하였다.

① ㉠은 통치 행위의 실질적 정당성을 중시한다.
② ㉡은 법을 통해 개인의 권리가 제한될 수 없다고 본다.
③ ㉠은 ㉡과 달리 법적 절차와 형식의 준수가 강조된다.
④ ㉠은 ㉡과 달리 법의 목적과 내용이 정의에 부합해야 한다고 본다.
⑤ ㉡은 ㉠에 비해 위헌 법률 심사 제도의 중요성을 강조한다.

39 하 중 상

다음 글을 통해 알 수 있는 민주주의와 법치주의의 관계로 가장 적절한 것은?

> 민주주의는 인간의 존엄성 및 자유와 평등의 가치 실현을 위해 국민의 의사에 따라 국가의 의사를 결정하는 것을 이념으로 하며, 법치주의는 국민의 자유와 권리를 보호하기 위해 정치 권력을 법으로 통제하는 것을 목적으로 한다. 추상적인 민주주의의 이념과 가치가 법에 의해 명시되어 구체화될 때 국민은 민주주의를 체감할 수 있게 되며, 법치주의가 정당성을 갖기 위해서는 국민의 의사에 기반을 둔 법 제정이 이루어져야 하므로 민주주의의 틀이 필수적이다.

① 법치주의는 민주주의의 상위 개념이다.
② 법치주의와 민주주의의 양립은 불가능하다.
③ 민주주의와 법치주의는 상호 보완적으로 기능한다.
④ 법치주의의 궁극적인 목적은 민주주의의 실현이다.
⑤ 민주주의와 법치주의 간의 긴장과 갈등은 불가피하다.

40 하 중 상

표의 (가)~(마)는 민주 정치의 특징을 시대별로 구분하여 제시한 것이다. 이에 대한 설명으로 옳은 것은?

구분	고대	근대	현대
민주주의	(가)	(나)	(다)
법치주의	–	(라)	(마)

① (가)를 실현하기 위해 마련된 제도는 보통 선거제이다.
② (다)는 성별과 재산에 따라 정치에 참여할 권리를 제한한다.
③ (마)는 위헌 법률 심사제의 중요성을 강조한다.
④ (가)는 (나)와 달리 국가 권력의 정당성이 국민에게서 나온다고 본다.
⑤ (라)는 인(人)의 지배를, (마)는 법의 지배를 추구한다.

헌법의 의의와 기본 원리

A 헌법의 의의와 기능

1 헌법의 의의

① 헌법: 국가의 통치 조직과 통치 작용의 원리를 규정하고, 국민의 기본권을 보장하는 국가의 기본법이며 근본법 → 한 국가의 법체계에서 가장 상위에 있는 최고법

② 헌법의 의미 변천

고유한 의미의 헌법	국가 통치 기관을 조직·구성하고 이들 기관의 권한과 상호 관계 등을 규정한 규범
근대 입헌주의 헌법	국가 통치 기관의 존립 근거, 국가 권력을 제한하는 규범 → 형식적 평등과 자유권 강조
현대 복지 국가 헌법	국민의 인간다운 생활 보장을 추구하는 헌법 → 실질적 평등과 사회권 강조

(고유한 의미의 헌법) 대표적인 예로 조선 시대의 경국대전을 들 수 있다.

(근대 입헌주의 헌법) 국민의 기본권과 권력 분립을 성문화하였다.

기출 Tip A-1

근대 입헌주의 헌법과 현대 복지 국가 헌법

- 근대 입헌주의 헌법: 소극 국가, 야경 국가, 자유방임 국가 지향 → 형식적 법치주의 강조
- 현대 복지 국가 헌법: 적극 국가, 행정 국가, 복지 국가 지향 → 실질적 법치주의 강조

2 헌법의 기능

국가 창설(→ 국가 성립에 필요한 국민의 자격, 영토 범위, 국가 권력의 소재와 행사 절차 등 규정), 기본권 보장(→ 국민의 자유와 권리 명시), 조직 수권 규범, 공동체 유지·통합, 정치적 평화 실현(→ 정치권력의 행사 방법과 절차 및 한계 등 규정) 등

(조직 수권 규범) 헌법은 국가 기관을 구성하는 조직 규범이자 각 기관에 일정한 권한을 부여하는 수권 규범이다.

B 우리 헌법의 기본 원리

1 우리 헌법의 기본 원리

국민 주권주의	• 의미: 주권이 국민에게 있고, 모든 국가 권력의 근거가 국민에게 있다는 원리 • 실현 방안: 참정권 보장, 언론·출판·집회·결사의 자유 보장, 복수 정당제 등
자유 민주주의	• 의미: 자유주의와 민주주의가 결합된 정치 원리 • 실현 방안: 법치주의, 적법 절차의 원리, 권력 분립과 사법권의 독립, 복수 정당제를 기반으로 하는 자유로운 정당 활동 등
복지 국가의 원리	• 의미: 국민 복지에 대한 책임을 국가에 부여하고, 사회권을 기본권으로 보장하는 원리 • 실현 방안: 각종 사회권 보장, 사회 보장 제도 시행, 최저 임금제 채택, 소득 재분배 정책 등
국제 평화주의	• 의미: 국제 질서를 존중하고 세계 평화와 인류의 번영을 위해 노력하는 원리 • 실현 방안: 침략 전쟁 부인, 국제법 존중, 상호주의에 따른 외국인의 지위 존중 등
문화 국가의 원리	• 의미: 국가로부터 문화의 자유가 보장되고, 국가가 문화를 보호·지원해야 한다는 원리 • 실현 방안: 종교·학문·예술 활동의 자유 보장, 평생 교육 진흥, 무상 의무 교육 시행 등
평화 통일 지향	• 의미: 자유 민주적 기본 질서에 입각한 평화적 통일을 추구한다는 원리 • 실현 방안: 평화 통일 정책 수립과 실천, 평화 통일을 위한 대통령의 의무 규정 등

(참정권 보장) 민주적인 선거 제도 규정, 국민 투표제 등

(자유 민주주의) 인간의 존엄성을 바탕으로 국민의 자유와 권리를 보호하고, 대표자들이 국민 주권주의에 입각해서 통치하는 원리

(적법 절차의 원리) 국가가 국민의 자유를 제한하는 경우에는 반드시 의회에서 제정한 법률에 따른 절차를 따라야 한다는 원리

(평화 통일 정책 수립과 실천) 예 민주 평화 통일 자문 회의 설치, 남북 교류 협력 추진, 남북 간 대화 추진 등

기출 Tip B-1

헌법 전문에 나타난 우리 헌법의 주요 기본 원리

기본 원리	전문 내용
국민 주권주의	… 국민 투표에 의하여 개정한다.
자유 민주주의	… 자유 민주적 기본 질서를 더욱 확고히 하여 ….
복지 국가의 원리	… 안으로는 국민 생활의 균등한 향상을 기하고 … .
국제 평화주의	항구적인 세계 평화와 인류 공영에 이바지함으로써 ….

2 우리 헌법의 기본 원리 빈출자료 Link • 51-52번 문제

(헌법의 기본 원리와 관련된 헌법 조항)

- 제1조 ② 대한민국의 주권은 국민에게 있고, 모든 권력은 국민으로부터 나온다.
- 제5조 ① 대한민국은 국제 평화의 유지에 노력하고 침략적 전쟁을 부인한다.
- 제12조 ① … 누구든지 … 법률과 적법한 절차에 의하지 아니하고는 처벌… 받지 아니한다.

(침략적 전쟁을 부인한다) 자국의 방어를 위한 전쟁이나 평화 유지 임무를 수행하는 것은 인정된다.

기출 Tip B-2

헌법 조항에 나타난 우리 헌법의 기본 원리

- 제1조 ②: 주권이 국민에게 있음을 강조 ➔ 국민 주권주의
- 제5조 ①: 침략 전쟁을 부인 ➔ 국제 평화주의
- 제12조 ①: 적법 절차의 원리 강조 ➔ 자유 민주주의

개념 확인 문제

정답과 해설 6쪽

41 헌법에 대한 설명이 맞으면 ○표, 틀리면 ×표를 하시오.

(1) 헌법은 법률보다 하위에 있는 법이다. ( )

(2) 헌법은 조직 수권 규범의 기능을 한다. ( )

(3) 현대 복지 국가 헌법은 실질적 평등과 사회권을 강조한다. ( )

42 우리 헌법의 기본 원리와 그 실현 방안을 옳게 연결하시오.

(1) 국민 주권주의 • • ㉠ 국제법 존중, 침략 전쟁 부인

(2) 국제 평화주의 • • ㉡ 사회권 보장, 사회 보장 제도 시행

(3) 복지 국가의 원리 • • ㉢ 복수 정당제, 민주적 선거 제도 규정

정답과 해설 6쪽

A 헌법의 의의와 기능

43 하 중 상 ••서술형

㉠에 들어갈 용어를 쓰고, 그 기능을 세 가지 이상 서술하시오.

> **정치 용어 사전**
>
> ㉠ : 국가의 통치 조직과 통치 작용의 원리를 규정하고, 국민의 기본권을 보장하는 국가의 기본법이며 근본법으로서 한 국가의 법체계에서 가장 상위에 있는 법이다.

44 하 중 상

(가)~(다)는 헌법을 시대적 의미에 따라 구분한 것이다. 이를 역사적 변천 순서대로 옳게 나열한 것은?

> (가) 국가 통치 기관의 존립 근거이며, 국가 권력을 제한하는 규범이다.
> (나) 국가 통치 기관을 조직·구성하고 이들 기관의 상호 관계와 국민의 지위를 규정한 규범이다.
> (다) 국민의 사회권을 보장하여 누구나 인간다운 생활을 영위할 수 있도록 하는 복지 국가의 이념이 담겨 있다.

① (가) → (나) → (다)　② (가) → (다) → (나)
③ (나) → (가) → (다)　④ (나) → (다) → (가)
⑤ (다) → (나) → (가)

45 하 중 상

다음 헌법 조항들을 통해 파악할 수 있는 헌법의 기능으로 가장 적절한 것은?

> • 제40조 입법권은 국회에 속한다.
> • 제66조 ④ 행정권은 대통령을 수반으로 하는 정부에 속한다.
> • 제101조 ① 사법권은 법관으로 구성된 법원에 속한다.

① 조직 수권 규범의 기능을 한다.
② 공동체의 안전과 평화 유지 기능을 한다.
③ 국가 성립에 필요한 국민의 자격을 규정한다.
④ 헌법이 지향하는 가치에 따라 사회적 갈등을 극복한다.
⑤ 국민의 자유와 권리를 명시하여 국민의 기본권을 보장한다.

46 하 중 상

(가), (나)에서 강조하고 있는 헌법의 기능을 옳게 연결한 것은?

> (가) 우리나라 건국 헌법 제정이 정부 수립보다 앞서 이루어진 것은 대한민국 정부가 헌법의 토대 위에 세워졌음을 의미한다.
> (나) 국가의 최고 규범인 헌법에 직접 국민의 기본적 인권을 보장할 것을 선언하고 그 불가침성을 규정함으로써 국민은 자유와 권리를 실질적으로 누릴 수 있다.

	(가)	(나)
①	국가 창설	기본권 보장
②	국가 창설	조직 수권 규범
③	공동체 통합	기본권 보장
④	공동체 통합	정치적 평화 실현
⑤	정치적 평화 실현	조직 수권 규범

47 하 중 상

밑줄 친 ㉠~㉢에 대한 설명으로 옳지 않은 것은?

> 헌법의 개념은 역사적 변화를 거쳐 왔는데, 먼저 ㉠ 고유한 의미의 헌법은 국가와 국민에 관한 기본적인 사항을 규정한 국가 조직법을 말한다. ㉡ 근대 입헌주의 헌법에서는 국가 권력의 조직과 제한에 관한 규범과 함께 국민의 국가에 대한 지위 보장에 관한 내용을 성문의 형식으로 보장하기 시작하였다. 이후 20세기에 들어와서는 ㉢ 현대 복지 국가 헌법이 등장하였다.

① 조선 시대의 경국대전은 ㉠과 같은 의미로 이해할 수 있다.
② ㉡에서는 자유권 보장과 권력 분립의 원리가 중시되었다.
③ 국민의 생존권적 기본권을 중시한 헌법은 ㉢이다.
④ ㉢은 실질적인 평등과 복지 국가 이념의 구현을 목적으로 하고 있다.
⑤ ㉡에서는 ㉢에 비해 '국가에 의한 자유'가 더욱 중시되었다.

48

그림은 헌법의 시대적 의미를 A~C로 구분한 것이다. 이에 대한 설명으로 옳은 것은? (단, A~C는 각각 고유한 의미의 헌법, 근대 입헌주의 헌법, 현대 복지 국가 헌법 중 하나이다.)

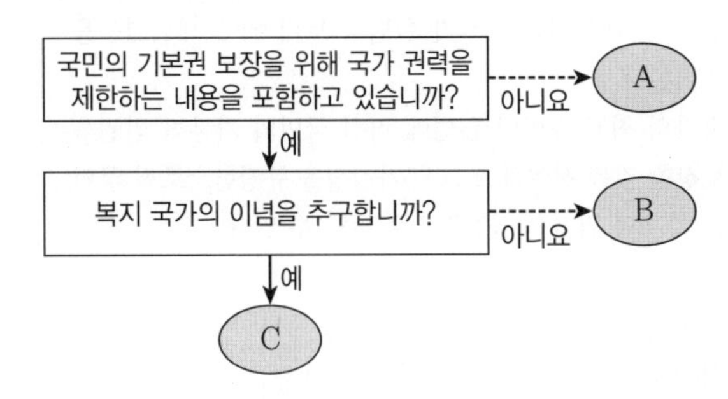

① A에서는 입헌주의가 중시된다.
② B에서는 국가의 적극적 역할이 강조되었다.
③ B → A → C 순서로 의미가 변천되었다.
④ C에서 자유권이 보장되기 시작하여 B로 확대되었다.
⑤ A에서 규정되기 시작한 국가 통치 조직의 존립 근거는 B, C에서도 유효하다.

B 우리 헌법의 기본 원리

49

다음은 헌법의 기본 원리 중 하나에 대해 정리한 학습 노트의 일부이다. (가)에 들어갈 내용으로 가장 적절한 것은?

> 1. 의미: 개인의 가치와 자유를 중시하는 자유주의와 국가 권력의 창출이 국민적 합의에 의해 이루어진다는 민주주의 원리가 결합된 원리
> 2. 관련 헌법 내용: ＿＿＿＿(가)＿＿＿＿

① 국가가 평생 교육을 지원한다.
② 정당 설립의 자유와 복수 정당제를 보장한다.
③ 모든 국민은 인간다운 생활을 할 권리를 가진다.
④ 법률이 정하는 바에 의하여 최저 임금제를 시행한다.
⑤ 사회적 약자를 위한 각종 사회 보장 제도를 시행한다.

50

••서술형

다음은 우리나라 헌법의 전문과 일부 헌법 조항이다. 이와 관련 깊은 헌법의 기본 원리를 쓰고, 그 의미를 서술하시오.

> • 전문 유구한 역사와 전통에 빛나는 ….
> • 제9조 국가는 전통문화의 계승·발전과 민족 문화의 창달에 노력하여야 한다.
> • 제31조 ⑤ 국가는 평생 교육을 진흥하여야 한다.

51-52 빈출자료

표는 헌법의 기본 원리와 관련 헌법 조항을 정리한 것이다. 물음에 답하시오.

기본 원리	관련 헌법 조항
(가)	제1조 ① 대한민국은 민주 공화국이다. ② 대한민국의 주권은 국민에게 있고, 모든 권력은 국민으로부터 나온다.
(나)	제5조 ① 대한민국은 국제 평화의 유지에 노력하고 침략적 전쟁을 부인한다.
(다)	제12조 ① … 누구든지 … 법률과 적법한 절차에 의하지 아니하고는 처벌, 보안 처분 또는 강제 노역을 받지 아니한다.

51

(가), (나)에 해당하는 헌법의 기본 원리를 옳게 연결한 것은?

	(가)	(나)
①	국민 주권주의	국제 평화주의
②	국민 주권주의	복지 국가의 원리
③	자유 민주주의	국민 주권주의
④	자유 민주주의	국제 평화주의
⑤	복지 국가의 원리	자유 민주주의

52

(다)에 해당하는 헌법의 기본 원리에 대한 설명으로 옳은 것은?

① 민족 문화의 계승을 통해 실현할 수 있다.
② 국가로부터 문화의 자유가 보장되어야 한다는 원리이다.
③ 대외적으로 세계 평화와 국제 협력에 기여하기 위해 침략적 전쟁을 부인한다.
④ 우리 헌법에서는 수정 자본주의 시장 경제 질서, 최저 임금제 등을 규정하고 있다.
⑤ 국민의 자유와 권리를 보장하기 위한 목적으로 국가 기관의 권력 분립을 지향하고 있다.

53 하중상

다음은 우리나라 헌법 전문 및 일부 헌법 조항이다. 이와 관련 깊은 헌법의 기본 원리에 대한 옳은 설명을 〈보기〉에서 고른 것은?

> • 전문 … 자율과 조화를 바탕으로 자유 민주적 기본 질서를 더욱 확고히 하여 ….
> • 제8조 ② 정당은 그 목적·조직과 활동이 민주적이어야 하며 ….

〈 보기 〉

ㄱ. 국민 복지에 대한 책임을 국가에 부여하는 근거가 된다.
ㄴ. 인간의 존엄성과 기본적 인권의 보장을 핵심으로 한다.
ㄷ. 실현 방안으로 법치주의, 적법 절차의 원리를 들 수 있다.
ㄹ. 조약과 일반적으로 승인된 국제 법규에 국내법과 같은 효력을 인정한다.

① ㄱ, ㄴ ② ㄱ, ㄷ ③ ㄴ, ㄷ
④ ㄴ, ㄹ ⑤ ㄷ, ㄹ

54 하중상

다음 내용에서 공통적으로 추구하고 있는 우리나라 헌법의 기본 원리를 실현하기 위한 방안으로 옳은 것을 〈보기〉에서 고른 것은?

> • 국회는 「노인 장기 요양 보험법」을 제정하면서 장기 요양 급여가 원활하게 제공될 수 있도록 충분한 수의 요양 기관을 확충하여야 할 국가 및 지방 자치 단체의 책무를 규정하였다.
> • 헌법 재판소는 「영유아 보호법」의 직장 보육 지원 조항이 근로자들의 안정적 육아 및 고용 안정을 이루어 가정 복지 증진에 기여한다고 보았다.

〈 보기 〉

ㄱ. 최저 임금제를 시행한다.
ㄴ. 전통문화 진흥 정책을 실시한다.
ㄷ. 정부는 사회 보험, 공공부조 등의 정책을 추진한다.
ㄹ. 법으로 여성 및 연소 근로자의 특별 보호를 규정한다.
ㅁ. 복수 정당제를 기반으로 자유로운 정당 활동을 보장한다.

① ㄱ, ㄴ, ㄷ ② ㄱ, ㄴ, ㅁ ③ ㄱ, ㄷ, ㄹ
④ ㄴ, ㄹ, ㅁ ⑤ ㄷ, ㄹ, ㅁ

55 하중상

다음은 우리나라 헌법 전문이다. 밑줄 친 ㉠~㉤과 관련 깊은 헌법의 기본 원리의 실현 방안을 옳게 연결한 것은?

> ㉠ 유구한 역사와 전통에 빛나는 우리 대한 국민은 3·1 운동으로 건립된 대한민국 임시 정부의 법통과 불의에 항거한 4·19 민주 이념을 계승하고, 조국의 민주개혁과 평화적 통일의 사명에 입각하여 정의·인도와 동포애로써 민족의 단결을 공고히 하고, 모든 사회적 폐습과 불의를 타파하며, ㉡ 자율과 조화를 바탕으로 자유 민주적 기본 질서를 더욱 확고히 하여 정치·경제·사회·문화의 모든 영역에 있어서 각인의 기회를 균등히 하고, 능력을 최고도로 발휘하게 하며, 자유와 권리에 따르는 책임과 의무를 완수하게 하여, 안으로는 ㉢ 국민 생활의 균등한 향상을 기하고 밖으로는 ㉣ 항구적인 세계 평화와 인류 공영에 이바지함으로써 우리들과 우리들의 자손의 안전과 자유와 행복을 영원히 확보할 것을 다짐하면서 ㉤ 1948년 7월 12일에 제정되고 8차에 걸쳐 개정된 헌법을 이제 국회의 의결을 거쳐 국민 투표에 의하여 개정한다.

① ㉠ – 언론·출판·집회·결사의 자유 보장
② ㉡ – 사회 보장 제도 및 정책 시행
③ ㉢ – 권력 분립과 법치주의 지향
④ ㉣ – 국제 평화 유지 및 침략적 전쟁 허용
⑤ ㉤ – 참정권 보장을 위한 민주적 선거 제도 규정

56 하중상

그림은 우리나라 헌법의 기본 원리와 실현 방안을 연결한 것이다. 이에 대한 옳은 설명을 〈보기〉에서 고른 것은?

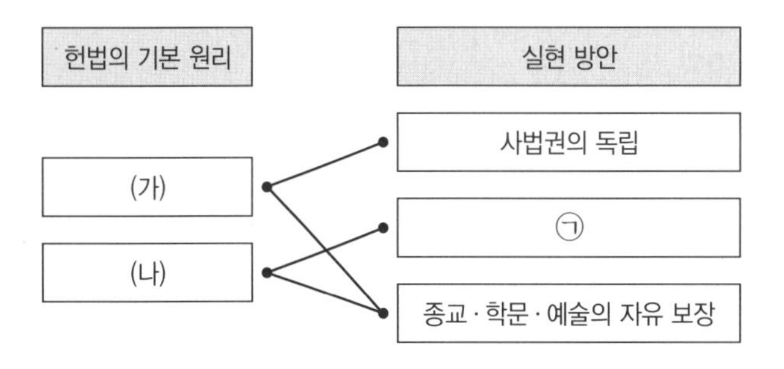

〈 보기 〉

ㄱ. ㉠은 '최저 임금제를 실시함'이 적절하다.
ㄴ. "정당은 그 목적·조직과 활동이 민주적이어야 하며 …." 라는 헌법 제8조 2항은 (가)의 근거가 된다.
ㄷ. (나)는 국가가 문화의 자율성을 인정하면서 문화를 보호하고 발전시켜야 한다는 원리이다.
ㄹ. "모든 국민은 인간다운 생활을 할 권리를 가진다."라는 헌법 제34조 1항은 (나)의 근거가 된다.

① ㄱ, ㄴ ② ㄱ, ㄷ ③ ㄴ, ㄷ
④ ㄴ, ㄹ ⑤ ㄷ, ㄹ

기본권의 내용과 제한

Ⓐ 기본권의 의미와 성격

1 기본권 헌법을 통해 보장되는 국민의 기본적 인권
→ 국가는 개인이 가지는 불가침의 기본적 인권을 확인하고 이를 보장할 의무가 있다.

2 기본권의 성격

자연법상 권리	국가의 성립과 관계없이 인간이 태어나면서 가지는 권리 → 초국가적 권리
실정법상 권리	국가의 헌법에 따라 보장되는 권리 → 국가에 의한 기본권의 제한을 인정함

Ⓑ 기본권의 유형과 내용

1 인간의 존엄과 가치 및 행복 추구권 → 예 인격권, 생명권, 알 권리, 일반적인 행동권, 개성의 자유로운 발현권 등

인간의 존엄과 가치	인간은 인간이라는 이유만으로 존중받아야 한다는 것 → 헌법이 지향하는 최고 가치, 모든 기본권의 근거이자 원천, 국가 권력 행사의 기준
행복 추구권	물질적 만족뿐만 아니라 정신적 만족을 충족시킬 수 있는 권리 → 포괄적 성격의 권리

→ 국민의 행복 추구에 필요한 모든 자유와 권리의 내용을 담고 있다.

2 자유권 → 시민 혁명을 통해 보장된 권리이다.

의미	개인의 자유로운 생활 영역에 대하여 국가 권력의 간섭이나 침해를 받지 않을 권리
성격	소극적 권리, 방어적 권리, 포괄적 권리, 역사적으로 가장 오래된 권리
종류	• 신체의 자유: 불법적인 체포·감금을 당하지 않고 자율적으로 활동할 수 있는 자유 • 정신적 자유: 양심의 자유, 종교의 자유, 학문과 예술의 자유, 언론·출판·집회·결사의 자유 등 • 사회·경제적 자유: 거주·이전의 자유, 직업 선택의 자유, 사생활의 비밀과 자유, 재산권 행사의 자유 등

3 평등권

의미	합리적 이유 없이 불평등한 대우를 받지 않을 권리 → 법 앞의 평등, 기회의 균등 등을 내용으로 함
성격	다른 기본권의 보장을 위한 전제 조건, 상대적·비례적 평등

4 참정권

의미	주권자인 국민이 국가 기관의 형성과 국가의 정치적 의사 형성 과정에 참여할 수 있는 권리
성격	능동적 권리, 국민 주권의 원리를 구현하는 정치적 기본권
종류	선거권, 공무 담임권, 국민 투표권 등

5 사회권 → 복지 국가와 밀접한 연관이 있는 권리이다.

의미	모든 국민이 실질적인 평등과 인간다운 생활의 보장을 국가에 요구할 수 있는 권리
등장 배경	자본주의의 발달로 빈부 격차, 빈곤, 계급 갈등이 심화되어 최소한의 인간다운 생활 및 실질적 평등 보장의 필요성 제기 → 독일 바이마르 헌법(1919)에서 최초 보장
성격	적극적 권리, 열거적 권리, 가장 최근에 등장한 현대적 권리
종류	인간다운 생활을 할 권리, 교육을 받을 권리, 근로의 권리, 근로 3권, 환경권 등

→ 열거적 권리: 헌법에서 규정하고 있는 것에 한해서만 보장되는 권리

6 청구권 → 국가의 존재를 전제로 인정되는 권리이다.

의미	국민이 국가에 대해 일정한 행위를 요구하거나 침해당한 기본권의 구제를 청구할 권리
성격	다른 기본권을 보장하기 위한 수단적 권리, 절차적 권리, 적극적 권리
종류	청원권, 범죄 피해자 구조 청구권, 형사 보상 청구권, 국가 배상 청구권 등

→ 범죄 피해로 생명이나 신체에 해를 입은 사람이 국가에 구조를 청구할 수 있는 권리

기출 Tip Ⓐ-2

자연법과 실정법

자연법	정의·이성에 근거하며 시간, 공간을 초월하여 보편타당하게 적용될 수 있는 법
실정법	경험적·역사적 사실에 의하여 성립되고 현실적인 제도로 시행되고 있는 법

기출 Tip Ⓑ-2

신체의 자유를 보장하기 위한 헌법상 제도

- 죄형 법정주의, 적법 절차의 원리
- 고문 금지 및 진술 거부권, 영장 제도
- 체포와 피의 사실 고지 및 변호사 선임권 고지
- 변호인의 조력을 받을 권리, 구속 적부 심사제, 자백의 증거 능력 제한
- 형벌 불소급의 원칙, 일사부재리의 원칙, 연좌제 금지, 형사 피고인의 무죄 추정의 원칙

신체의 자유는 모든 자유권의 근간이 되므로, 우리 헌법은 신체의 자유를 보장하기 위해 다양한 제도를 마련하고 그에 대한 상세한 규정을 두고 있다.

기출 Tip Ⓑ-2, 5

자유권과 사회권의 비교

자유권	• 국가로부터의 자유 • 소극적 권리, 포괄적 권리 • 초국가적 권리
사회권	• 국가에 의한 자유 • 적극적 권리, 개별적 권리 • 국가 내적인 권리

7 기본권의 유형과 내용 빈출자료 Link • 66-67번 문제

〈 기본권과 관련된 우리 헌법 조항 〉

- 제11조 ① 모든 국민은 법 앞에 평등하다. …. → 평등권
- 제12조 ① 모든 국민은 신체의 자유를 가진다. …. → 자유권
- 제24조 모든 국민은 법률이 정하는 바에 의하여 선거권을 가진다. → 참정권
- 제27조 ① 모든 국민은 헌법과 법률이 정한 법관에 의하여 법률에 의한 재판을 받을 권리를 가진다. → 청구권
- 제32조 ① 모든 국민은 근로의 권리를 가진다. …. → 사회권

C 기본권의 제한과 한계

1 기본권의 제한

① 목적: 국가 안전 보장, 질서 유지, 공공복리 → 국가 비상사태 등의 국가적 위기 상황에서는 예외가 인정된다.

② 형식: 국민의 대표 기관인 국회가 제정한 법률로써 제한해야 함

③ 방법적 요건: 과잉 금지의 원칙에 따라 기본권 제한은 필요한 최소한에 그쳐야 함

2 기본권 제한의 한계 자유와 권리의 본질적인 내용은 침해할 수 없음 → 개별 기본권이 기본권으로서의 기능을 상실하게 될 정도로 본질적인 내용을 침해할 수 없다.

3 기본권 제한 규정의 의의 기본권 제한의 한계를 분명히 하여 국가 권력이 함부로 국민의 기본권을 침해할 수 없도록 함 → 국민의 기본권 보장, 공익 실현

D 국민의 의무

1 고전적 의무 근대 입헌주의 국가 성립 이전부터 존재하던 의무

납세의 의무	법률의 규정에 따라 세금을 내야 할 의무 → 국가 운영의 재원 충당
국방의 의무	국가의 독립 유지와 영토 보존을 위해 국민이 부담하는 국토방위의 의무

→ 국방의 의무는 모든 국민에게 부과된 의무이지만, 병역의 의무는 성인 남자에게만 부과된 의무이다.

2 현대적 의무 현대 복지 국가에서 사회권의 권리 행사에 수반되는 의무

교육의 의무	모든 국민이 자녀에게 초등 교육과 법률이 정하는 교육을 받게 할 의무
근로의 의무	근로 활동을 통해 자신의 생존을 확보하고 국가의 부(富) 증식에 이바지할 의무
재산권 행사의 공공복리 적합 의무	재산권은 개인의 권리이지만 사회 전체의 공익을 해치지 않고 공공복리에 적합하도록 행사할 의무 → 재산권 제한의 근거
환경 보전의 의무	환경 보호를 위해 노력해야 할 의무

기출 Tip C-1

기본권 제한의 목적

국가 안전 보장	국가의 독립, 영토의 보존, 헌법에 의하여 설치된 국가 기관의 유지
질서 유지	사회 안녕을 위해 현존 질서 유지
공공 복리	사회 구성원 전체에 공통되는 복지나 이익

과잉 금지의 원칙의 세부 기준

- 목적의 정당성: 국민의 기본권을 제한하려는 입법 목적의 정당성이 인정되어야 함
- 방법의 적절성: 기본권 제한의 목적 달성을 위한 방법이 효과적이고 적절해야 함
- 피해의 최소성: 국민의 기본권 제한으로 인한 피해는 최소한도에 그쳐야 함
- 법익의 균형성: 기본권 제한을 통해 보호하려는 공익과 침해되는 사익을 비교할 때 보호되는 공익이 더 커야 함

개념 확인 문제

정답과 해설 7쪽

57 (㉠   )은 헌법을 통해 보장되는 국민의 기본적 인권으로서 인간의 존엄과 가치 및 (㉡   )을 원천으로 한다.

58 다음 괄호 안의 내용 중 알맞은 말에 ○표를 하시오.

(1) (자유권, 사회권)은 역사적으로 가장 오래된 권리이다.

(2) (평등권, 청구권)은 다른 기본권의 보장을 위한 전제 조건이 된다.

(3) 참정권은 (국민 주권, 복지 국가)의 원리를 구현하는 정치적 기본권이다.

59 기본권의 제한에 대한 설명이 맞으면 ○표, 틀리면 ×표를 하시오.

(1) 기본권은 법률로써 제한할 수 없다. ( )

(2) 기본권 제한 시 자유와 권리의 본질적인 내용은 침해할 수 없다. ( )

60 고전적 의무에 해당하는 것만을 〈보기〉에서 골라 기호를 쓰시오.

〈 보기 〉

ㄱ. 국방의 의무　　ㄴ. 근로의 의무
ㄷ. 납세의 의무　　ㄹ. 환경 보전의 의무

A 기본권의 의미와 성격

61 하 중 상

다음 글을 통해 파악할 수 있는 기본권의 법적 성격에 대한 설명으로 옳지 않은 것은?

> 인간의 자유와 권리는 국가의 헌법에 의하여 창설된 것이 아니라 국가 권력과는 관계없이 국가 성립 이전에도 이미 존재하였던 초국가적인 것이다. 즉, 모든 국민은 인간으로서 누려야 할 기본권을 가지고 태어난 것이다.

① 기본권은 천부적인 권리이다.
② 기본권은 자연법상의 권리이다.
③ 기본권은 타인에게 양도할 수 없는 권리이다.
④ 국가는 국민의 기본권을 함부로 제한할 수 없다.
⑤ 기본권은 국가의 헌법에 따라 보장되는 권리이다.

62 하 중 상

갑, 을의 대화에 대한 분석 및 추론으로 옳은 것은?

> 갑: 기본권은 헌법에 의해 만들어진 권리가 아니라 하늘에서 부여받은 권리, 즉 천부 인권이라 하여 인간이 태어날 때부터 갖는 권리야.
> 을: 아니야. 기본권은 헌법과 법률에 규정되어야만 권리로 보장받을 수 있어.

① 갑은 기본권을 실정법상의 권리로 인식하고 있다.
② 을은 기본권을 초국가적인 불가침의 권리로 인식하고 있다.
③ 갑은 을과 달리 국가에 의한 기본권 제한을 인정한다.
④ 갑, 을 모두 기본권을 문서화하여 보장해야 한다고 본다.
⑤ 갑, 을 모두 적법 절차에 따른 법의 제정과 그에 따른 정치 권력 행사를 요구할 것이다.

B 기본권의 유형과 내용

63 하 중 상

다음 헌법상 제도들이 공통적으로 보장하려는 기본권으로 옳은 것은?

> • 죄형 법정주의 • 구속 적부 심사제
> • 형사 피고인의 무죄 추정 원칙

① 자유권 ② 평등권 ③ 참정권
④ 청구권 ⑤ 사회권

64 하 중 상

교사의 물음에 대한 옳은 답변만을 〈보기〉에서 고른 것은?

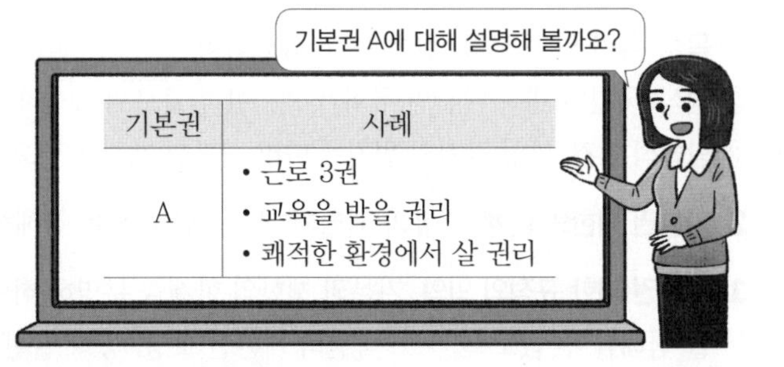

기본권	사례
A	• 근로 3권 • 교육을 받을 권리 • 쾌적한 환경에서 살 권리

〈 보기 〉
ㄱ. 기본권 보장을 위한 기본권입니다.
ㄴ. 적극적 권리이자 현대적 권리입니다.
ㄷ. 헌법에 열거하지 않더라도 보장받을 수 있습니다.
ㄹ. 빈부 격차, 계급 갈등의 심화를 배경으로 등장하였습니다.

① ㄱ, ㄴ ② ㄱ, ㄹ ③ ㄴ, ㄷ
④ ㄴ, ㄹ ⑤ ㄷ, ㄹ

65 하 중 상

㉠에 들어갈 기본권에 대한 옳은 설명을 〈보기〉에서 고른 것은?

> Q: 집에 가던 중 뺑소니 차량으로부터 큰 상해를 입었습니다. 하지만, 범인을 알 수가 없어 피해를 배상받지 못하고 있습니다. 이러한 피해에 대한 구제 방법이 없을까요?
> A: (㉠)의 행사를 통한 구제 방법이 적절합니다. 국가에 피해에 대한 구조를 요청할 수 있습니다.

〈 보기 〉
ㄱ. 다른 기본권 보장의 전제 조건이 된다.
ㄴ. 기본권 보장을 위한 수단적 기본권이다.
ㄷ. 국가의 존재를 전제로 한 적극적 권리이다.
ㄹ. 국민이 국가의 정치 과정에 참여할 권리이다.

① ㄱ, ㄴ ② ㄱ, ㄹ ③ ㄴ, ㄷ
④ ㄴ, ㄹ ⑤ ㄷ, ㄹ

66-67 빈출자료

다음은 우리나라의 헌법 조항이다. 물음에 답하시오.

(가) 제11조 ① 모든 국민은 법 앞에 평등하다. ….
(나) 제12조 ① 모든 국민은 신체의 자유를 가진다. ….
(다) 제24조 모든 국민은 법률이 정하는 바에 의하여 선거권을 가진다.
(라) 제27조 ① 모든 국민은 헌법과 법률이 정한 법관에 의하여 법률에 의한 재판을 받을 권리를 가진다.
(마) 제32조 ① 모든 국민은 근로의 권리를 가진다. ….

66 하중상

(가)~(마)와 관련 깊은 기본권을 옳게 연결한 것은?

	(가)	(나)	(다)	(라)	(마)
①	사회권	평등권	자유권	참정권	청구권
②	자유권	참정권	청구권	사회권	평등권
③	참정권	청구권	사회권	평등권	자유권
④	청구권	사회권	평등권	자유권	참정권
⑤	평등권	자유권	참정권	청구권	사회권

67 하중상

(가)~(마)와 관련 깊은 기본권에 대한 설명으로 옳은 것은?

① (가) – 다른 기본권 실현을 위한 전제 조건이다.
② (나) – 국가에 의한 자유로서 실질적 평등을 지향한다.
③ (다) – 다른 기본권 실현을 위한 수단적 성격을 가진다.
④ (라) – 국가로부터의 자유를 의미한다.
⑤ (마) – 초국가적 권리로서 가장 역사가 오래되었다.

68 하중상

다음 헌법 조항에 대한 설명으로 가장 적절한 것은?

제10조 모든 국민은 인간으로서의 존엄과 가치를 가지며, 행복을 추구할 권리를 가진다. 국가는 개인이 가지는 불가침의 기본적 인권을 확인하고 이를 보장할 의무를 진다.

① 자연권 사상을 전면적으로 부정한다.
② 기본권이 실정법상의 권리임을 강조한다.
③ 인간의 기본권은 특정한 상황에 한해서 부여된다고 본다.
④ 국가가 국민의 자유와 권리를 제한할 수 있는 근거가 된다.
⑤ 모든 개별적 기본권의 내용을 담은 포괄적 권리가 나타나 있다.

69 하중상

다음 헌법 조항들에 규정된 기본권에 대한 옳은 설명을 〈보기〉에서 고른 것은?

• 제14조 모든 국민은 거주·이전의 자유를 가진다.
• 제15조 모든 국민은 직업 선택의 자유를 가진다.
• 제19조 모든 국민은 양심의 자유를 가진다.

〈 보기 〉
ㄱ. 소극적·방어적 권리이다.
ㄴ. 초국가적인 권리에 해당한다.
ㄷ. 수단적이고 절차적인 권리에 해당한다.
ㄹ. 헌법에 열거되어야 보장받을 수 있는 권리이다.

① ㄱ, ㄴ ② ㄱ, ㄷ ③ ㄴ, ㄷ
④ ㄴ, ㄹ ⑤ ㄷ, ㄹ

70 하중상

밑줄 친 '이 기본권'에 해당하는 구체적인 권리만을 짝지은 것은?

자본주의가 발달하는 과정에서 빈부 격차가 커지고 사회적 약자들이 인간으로서 마땅히 누려야 할 권리를 보장받지 못하는 일들이 증가하였다. 이에 모든 국민이 인간다운 생활을 영위할 수 있도록 실질적 평등을 보장해야 할 필요성이 제기되면서 이 기본권이 등장하게 되었다. 1919년 독일의 바이마르 헌법에서 처음으로 규정되었으며, 이후 세계 각국의 헌법에 이 기본권을 보장하는 조항이 생겨나면서 현대 복지 국가 헌법에서 일반화되었다.

① 국민 투표권, 공무 담임권, 선거권
② 자기 의사 결정권, 휴식권, 일조권
③ 형사 보상 청구권, 재판 청구권, 국가 배상 청구권
④ 신체의 자유, 직업 선택의 자유, 학문과 예술의 자유
⑤ 인간다운 생활을 할 권리, 교육을 받을 권리, 근로의 권리

71 하중상 ••서술형

다음 사례를 읽고 물음에 답하시오.

> • 갑은 절도죄로 구속·기소되었다가 무죄 확정 판결을 받은 후, 구금 기간 동안 입은 피해에 대해 법원에 구제 신청을 하였다.
> • 을은 집에 가던 중 뺑소니 차량으로부터 큰 상해를 입었지만 범인을 알 수 없어 피해를 배상받지 못하고 있었다. 이에 을은 국가에 대해 구조를 요청하는 기본권을 행사하였다.

(1) 위 상황에서 갑과 을이 공통적으로 행사한 기본권의 유형을 쓰시오.

(2) (1)의 성격을 두 가지 이상 서술하시오.

72 하중상

다음과 같은 선거 공약을 통해 갑과 을이 공통적으로 구현하고자 하는 기본권에 대한 옳은 설명을 〈보기〉에서 고른 것은?

> • 후보 갑: 경제적 약자에게 확실하게 도움을 드리는 경제 민주화를 추진하겠습니다. 대형 유통업체의 골목상권 진입을 규제해서 골목 상권과 영세 자영업자의 생존권을 보호하겠습니다.
> • 후보 을: '모든 아이는 우리 모두의 아이이다.'라는 새로운 보육 가치를 정책으로 구현하겠습니다. 보육 시설을 이용하는 0세부터 5세까지 모든 영유아의 보육료를 전액 지원하겠습니다.

〈 보기 〉
ㄱ. 다른 기본권 보장을 위한 수단적 권리이다.
ㄴ. '국가에 의한 자유'를 실현하기 위한 적극적 권리이다.
ㄷ. '국가로부터의 자유'를 실현하기 위한 소극적 권리이다.
ㄹ. 자본주의 발전에 따른 문제점을 해결하기 위해 등장한 권리이다.

① ㄱ, ㄴ ② ㄱ, ㄷ ③ ㄴ, ㄷ
④ ㄴ, ㄹ ⑤ ㄷ, ㄹ

73 하중상

밑줄 친 기본권의 유형 A, B의 특징에 대한 옳은 설명만을 〈보기〉에서 있는 대로 고른 것은?

> • 갑은 체포되는 과정에서 경찰관으로부터 변호인의 도움을 받을 권리, 불리한 진술 거부권 등을 고지 받지 못해 기본권 A를 침해당하였다.
> • 시각 장애인 을은 국회 의원 선거에서 담당 직원의 착오로 투표 보조원의 도움을 받지 못하고 결국 투표를 하지 못해 기본권 B를 침해당하였다.

〈 보기 〉
ㄱ. A는 역사가 가장 오래된 기본권이다.
ㄴ. B는 국가에 특정 행위를 요구할 수 있는 절차적 권리이다.
ㄷ. B는 근대 민주 국가에서 재산, 신분, 성별에 따라 제한되었으나, 오늘날 대부분 민주 국가에서는 모든 국민에게 보장되고 있다.
ㄹ. A는 소극적·방어적 권리, B는 능동적 권리이다.

① ㄱ, ㄴ ② ㄱ, ㄷ ③ ㄴ, ㄹ
④ ㄱ, ㄷ, ㄹ ⑤ ㄴ, ㄷ, ㄹ

74 하중상

다음은 수업 시간에 교사와 학생들이 기본권과 관련하여 나눈 대화 내용이다. ㉠, ㉡에 들어갈 기본권에 대한 옳은 설명만을 〈보기〉에서 있는 대로 고른 것은?

> 교사: 우리나라 헌법상 기본권은 평등권, 자유권, 참정권, 사회권, 청구권으로 분류할 수 있습니다. 이들 기본권에 대하여 사례를 중심으로 발표해 봅시다.
> 갑: 버스 정류장에서 길을 건너 학교로 오려면 300m나 떨어져 있는 육교를 이용해야 합니다. 이러한 불편함을 해소하기 위해 교문 앞에 횡단보도를 설치해 달라는 요구를 해당 관청에 문서로 제출할 수 있는 권리는 (㉠)에 해당됩니다.
> 을: 이동 전화 사용자들의 모든 통화 기록은 해당 통신 업체의 컴퓨터에 남게 됩니다. 이 정보를 수사 기관이 무분별하게 요청하여 내주게 되었을 때 침해될 수 있는 기본권은 (㉡)에 해당됩니다.

〈 보기 〉
ㄱ. ㉠은 권리이자 의무이다.
ㄴ. ㉠은 수단적 성격을 가진 기본권이다.
ㄷ. ㉡은 기본권의 이념이자 포괄적인 권리이다.
ㄹ. ㉠, ㉡은 모두 사회 질서 유지를 위해 제한될 수 있다.

① ㄱ, ㄴ ② ㄱ, ㄷ ③ ㄴ, ㄹ
④ ㄱ, ㄷ, ㄹ ⑤ ㄴ, ㄷ, ㄹ

75 하 중 상

표는 기본권의 유형 (가)~(다)의 특징을 비교한 것이다. 이에 대한 옳은 설명만을 〈보기〉에서 있는 대로 고른 것은? (단, (가)~(다)는 각각 자유권, 사회권, 청구권 중 하나이다.)

특징 \ 기본권의 유형	(가)	(나)	(다)
적극적 성격의 권리인가?	예	아니요	예
기본권 침해 시 국가에 구제를 청구할 수 있는 권리인가?	예	아니요	아니요

〈 보기 〉
- ㄱ. (가)는 국가의 존재와 관계없이 인정된다.
- ㄴ. (나)는 역사적으로 볼 때 가장 오래된 권리이다.
- ㄷ. (가), (다)와 달리 (나)는 초국가적 성격이 강한 권리이다.
- ㄹ. (가)는 (나), (다)의 보장과 실현을 위한 수단적 성격의 권리이다.

① ㄱ, ㄴ　② ㄱ, ㄹ　③ ㄴ, ㄷ
④ ㄱ, ㄷ, ㄹ　⑤ ㄴ, ㄷ, ㄹ

76 하 중 상

그림은 기본권의 유형을 특징에 따라 구분한 것이다. A~C에 대한 설명으로 옳은 것은? (단, A~C는 각각 자유권, 참정권, 청구권 중 하나이다.)

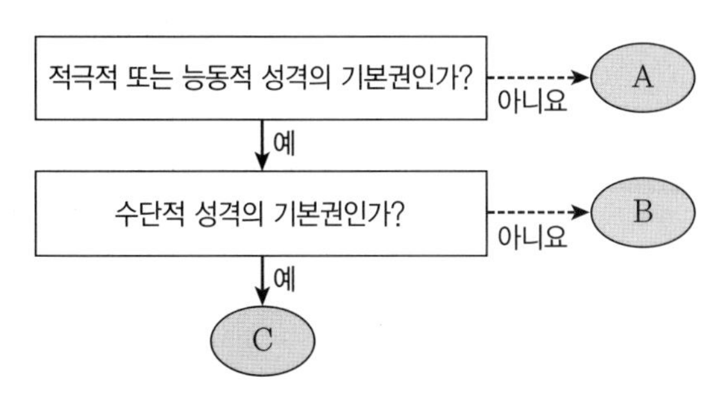

① A는 인간다운 생활의 보장을 국가에 요구할 수 있는 권리이다.
② B에 속한 권리로 국민 투표권을 들 수 있다.
③ C는 소극적·방어적 권리로 역사가 가장 오래된 기본권이다.
④ A는 B와 달리 국가의 존재를 전제로 인정되는 권리이다.
⑤ C는 A와 달리 포괄적 권리로 헌법에 열거하지 않아도 인정되는 권리이다.

77 하 중 상

표는 기본권의 유형 A~C의 특징을 정리한 것이다. 이에 대한 설명으로 옳은 것은? (단, A~C는 각각 자유권, 사회권, 청구권 중 하나이다.)

유형	특징
A	다른 기본권 보장을 위한 수단적·절차적 권리
B	실질적 평등의 실현을 추구하는 권리
C	(가)

① '교육을 받을 권리'는 A에 해당한다.
② B는 국민 주권의 원리를 구현하는 정치적 기본권이다.
③ C는 바이마르 헌법에서 최초로 규정된 기본권이다.
④ A는 B, C와 달리 헌법에 열거되지 않아도 보장되는 권리이다.
⑤ (가)에는 '소극적이고 방어적인 권리'가 들어갈 수 있다.

78 하 중 상

〈자료 1〉은 기본권의 유형 (가), (나)를 보장하고 있는 헌법 조항을 나타낸 것이고, 〈자료 2〉는 기본권의 유형 (가), (나)의 특징을 비교한 것이다. ㉠~㉣에 들어갈 응답을 옳게 연결한 것은?

〈자료 1〉

기본권	헌법 조항
(가)	제31조 ① 모든 국민은 능력에 따라 균등하게 교육을 받을 권리를 가진다.
(나)	제26조 ① 모든 국민은 법률이 정하는 바에 의하여 국가 기관에 문서로 청원할 권리를 가진다.

〈자료 2〉

구분	(가)	(나)
기본권 보장을 위한 기본권인가?	㉠	㉡
국가에 대해 일정한 행위를 요구할 수 있는 기본권인가?	㉢	㉣

	㉠	㉡	㉢	㉣
①	예	예	아니요	예
②	예	아니요	예	아니요
③	아니요	예	예	예
④	아니요	예	아니요	아니요
⑤	아니요	아니요	예	아니요

79 하/중/상

표는 기본권의 유형 A~C를 구분한 것이다. 이에 대한 설명으로 옳지 않은 것은? (단, A~C는 자유권, 청구권, 사회권 중 하나이다.)

질문 \ 기본권	A	B	C
다른 기본권 보장을 위한 수단적 권리인가?	예	아니요	아니요
소극적 성격의 권리인가?	아니요	예	아니요
국가의 존재를 전제로 하는 권리인가?	(가)	(나)	(다)

① A는 다른 기본권을 보장하기 위한 전제 조건이다.
② B에 속하는 권리는 헌법에 열거되지 않아도 인정된다.
③ C의 보장은 복지 국가를 실현하기 위한 필수적 요소이다.
④ B는 A보다 역사적으로 오래된 권리이다.
⑤ (가)는 '예', (나)는 '아니요', (다)는 '예'가 적절하다.

80 하/중/상

그림은 우리나라 헌법에 규정된 기본권의 유형을 분류한 것이다. 기본권의 유형 (가)~(라)에 대한 설명으로 옳지 않은 것은? (단, (가)~(라)는 각각 자유권, 참정권, 사회권, 청구권 중 하나이다.)

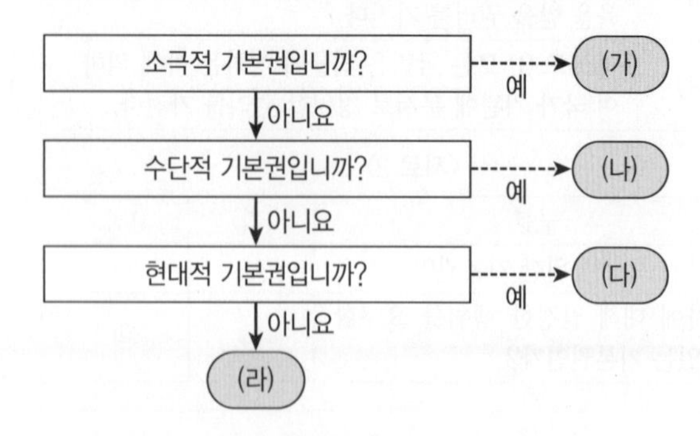

① (가)는 헌법과 법률의 범위 안에서만 보장된다.
② (나)의 예로 청원권, 재판 청구권 등이 있다.
③ (다)는 바이마르 헌법에서 처음 명시되었다.
④ (나), (다)는 모두 적극적 기본권으로 분류할 수 있다.
⑤ (다)는 '국가에 의한 자유'와 관련이 깊고, (라)는 '국가에의 자유'와 관련이 깊다.

81 하/중/상

다음은 정치와 법 시간에 진행된 수행 평가 내용이다. 이에 대한 옳은 분석을 〈보기〉에서 고른 것은?

수행 평가

• 과제: 각 모둠별로 서로 다른 기본권 유형을 한 가지씩 정한 후, 관련 헌법 내용을 조사하시오.

〈 과제 내용 〉

모둠	유형	관련 헌법 조항
1 모둠	자유권	(가)
2 모둠	A	모든 국민은 법 앞에 평등하다.
3 모둠	청구권	(나)
4 모둠	B	모든 국민은 인간다운 생활을 할 권리를 가진다.

〈 보기 〉
ㄱ. A는 다른 기본권 보장의 전제가 되는 권리이다.
ㄴ. B는 침해당한 기본권의 구제를 위한 수단적 권리이다.
ㄷ. (가)에 '모든 국민은 주거의 자유를 침해받지 아니한다.'가 들어갈 수 있다.
ㄹ. (나)에 '모든 국민은 근로의 권리를 가진다.'가 들어갈 수 있다.

① ㄱ, ㄴ　② ㄱ, ㄷ　③ ㄴ, ㄷ
④ ㄴ, ㄹ　⑤ ㄷ, ㄹ

C 기본권의 제한과 한계

82 하/중/상

기본권의 제한에 대한 옳은 설명을 〈보기〉에서 고른 것은?

〈 보기 〉
ㄱ. 국회가 제정한 법률로써 기본권을 제한할 수 있다.
ㄴ. 신속한 행정 처리를 목적으로 기본권을 제한할 수 있다.
ㄷ. 기본권의 제한을 통해 보호하려는 공익이 침해되는 사익보다 커야 한다.
ㄹ. 기본권을 제한할 때는 필요한 경우에 한하여 자유와 권리의 본질적 내용을 침해할 수 있다.

① ㄱ, ㄴ　② ㄱ, ㄷ　③ ㄴ, ㄷ
④ ㄴ, ㄹ　⑤ ㄷ, ㄹ

83 하 중 상 ••서술형

다음 헌법 조항을 읽고 물음에 답하시오.

> 제37조 ② 국민의 모든 자유와 권리는 (㉠)을/를 위하여 필요한 경우에 한하여 법률로써 제한할 수 있으며, 제한하는 경우에도 자유와 권리의 본질적인 내용을 침해할 수 없다.

(1) ㉠에 들어갈 기본권 제한의 목적 세 가지를 쓰시오.

(2) 밑줄 친 내용과 같이 기본권 제한의 한계를 규정한 이유를 서술하시오.

84-85 빈출자료

다음 사례를 읽고 물음에 답하시오.

> 갑은 건축 허가를 받은 날부터 1년 이내에 공사에 착공하지 않을 경우 건축 허가를 취소하는 ㉠「건축법」 제11조 제7항 제1호가 헌법에 위배된다며 헌법 재판소에 헌법 소원 심판을 청구하였다. 이에 대해 헌법 재판소는 이 법률 조항은 건축물과 관련된 안전의 확보 및 위험 방지뿐만 아니라 국토의 효율적인 이용 등 다양한 공익적 요소를 합리적으로 반영하고 있기 때문에 입법 목적이 정당하고 수단의 적합성이 인정된다고 보았다. 또한 건축주의 토지 재산권이 침해되더라도 이를 통해 보호하려는 공익이 더 크기 때문에 (㉡)을/를 갖추었다고 판단하여 해당 법률 조항을 합헌이라고 결정하였다.

84 하 중 상 ••서술형

과잉 금지의 원칙 중 ㉡에 들어갈 요건을 쓰고, 그 내용을 서술하시오.

85 하 중 상

위 사례에 대한 옳은 분석을 〈보기〉에서 고른 것은?

〈 보기 〉
ㄱ. 헌법 재판소는 ㉠이 과잉 금지의 원칙에 위배되지 않는다고 보았다.
ㄴ. 갑이 침해받았다고 주장하는 기본권의 유형은 '국가에 의한 자유'와 관련 깊다.
ㄷ. 갑이 헌법 재판소에 행사한 기본권은 수단적이고 절차적인 성격을 지닌 권리이다.
ㄹ. 갑이 침해받았다고 주장하는 기본권의 유형은 국가의 존재를 전제로 인정되는 권리에 해당한다.

① ㄱ, ㄴ ② ㄱ, ㄷ ③ ㄴ, ㄷ
④ ㄴ, ㄹ ⑤ ㄷ, ㄹ

D 국민의 의무

86 하 중 상

㉠에 들어갈 국민의 의무에 대한 옳은 설명을 〈보기〉에서 고른 것은?

> 산업 발달 과정에서 발생한 공해로 생활 환경이 파괴되는 것을 방지하고 오염된 환경을 회복시키기 위하여 (㉠)가 헌법에 규정되었다. 국가는 이를 위해 적극적으로 노력하여야 하고, 기업도 공해 방지의 의무가 있다. 또한 개인에게도 환경을 오염시키지 않을 의무가 부과된다.

〈 보기 〉
ㄱ. 의무에 상응하는 권리가 존재한다.
ㄴ. 의무 불이행 시 제재가 따르지 않는 윤리적 의무이다.
ㄷ. 국가의 독립과 영토 보존을 위해 국민이 부담하는 국토 방위의 의무이다.
ㄹ. 전 인류가 함께 이행해야 한다는 점에서 단순히 한 국가의 국민만이 갖는 의무를 넘어선다.

① ㄱ, ㄴ ② ㄱ, ㄹ ③ ㄴ, ㄷ
④ ㄴ, ㄹ ⑤ ㄷ, ㄹ

87 하 중 상

(가)~(다)에 대한 설명으로 옳은 것은?

기본권과 기본 의무	관련 헌법 조항
(가)	제11조 모든 국민은 법 앞에 평등하다. ….
(나)	제23조 ① 모든 국민의 재산권은 보장된다. 그 내용과 한계는 법률로 정한다. ② 재산권의 행사는 공공복리에 적합하도록 하여야 한다.
(다)	제38조 모든 국민은 법률이 정하는 바에 한하여 납세의 의무를 진다.

① (가)는 다른 기본권을 실현하기 위한 전제 조건이다.
② (나)를 포함하는 기본권의 유형은 열거된 권리에 한정하여 보장한다.
③ (다)는 재산권을 보장하기 위해 마련된 의무이다.
④ (다)를 이행한 경우에 한하여 (나)를 보장받는다.
⑤ 기본권을 제한하는 경우에 (가), (나)의 본질적인 내용까지 대통령이 발포한 명령으로 제한할 수 있다.

88

표는 정치를 바라보는 관점 A, B를 구분한 것이다. 이에 대한 옳은 설명을 〈보기〉에서 고른 것은?

질문	A	B
정치를 정치권력의 획득·유지·행사 활동으로만 보는가?	예	아니요
회사 내에서 정치 현상이 나타날 수 있다고 보는가?	아니요	㉠
(가)	㉡	아니요

〈 보기 〉

ㄱ. A에서는 '학급의 규칙 제정'을 정치 현상으로 본다.
ㄴ. B는 국가 형성 이전의 정치 현상을 설명할 수 없다.
ㄷ. ㉠에 들어갈 답변은 '예'이다.
ㄹ. (가)에 '정치를 정치인들의 전유물로 보는가?'가 들어가면 ㉡에 들어갈 답변은 '예'이다.

① ㄱ, ㄴ ② ㄱ, ㄷ ③ ㄴ, ㄷ
④ ㄴ, ㄹ ⑤ ㄷ, ㄹ

89

갑~병은 대표적인 근대 정치 사상가이다. 이들의 주장에 대한 설명으로 옳은 것은? (단, 갑~병은 각각 홉스, 로크, 루소 중 한 명이다.)

갑: 자연 상태는 자유롭고 평화롭지만 옳고 그름을 구분하는 법이 없고 다툼을 해결해 주는 재판관도 없으며 법을 집행할 수 있는 합법적인 권력도 없다.
을: 사회 불평등이 나타나면서 자연 상태의 평화가 중단되었다. 이에 개인들은 자연권 보존을 위해 국가를 형성하고 일반 의지에 따라 국가를 운영한다.
병: 인간은 자연 상태에서 서로에게 늑대가 되며, 삶은 고독하고 야만스럽기까지 하다. 이런 상태에서 죽음을 두려워하는 인간은 국가를 만들어 안전의 문제를 해결한다.

① 갑은 국가 권력의 분립과 대의 민주주의를 강조하였다.
② 을은 국가 권력에 대한 시민의 저항권을 강조하였다.
③ 병은 자연권의 일부 양도를 통해 군주 주권을 확립해야 한다고 보았다.
④ 을은 갑과 달리 자연 상태를 '만인에 대한 만인의 투쟁 상태'로 보았다.
⑤ 갑, 을은 병과 달리 국가를 시민의 권리 보장을 위한 수단으로 보았다.

90

A~C에 대한 설명으로 옳은 것은? (단, A~C는 각각 고대 아테네, 근대, 현대의 전형적인 민주 정치 중 하나이다.)

- '보통 선거를 채택하는가?'라는 질문으로 A와 B를 구분할 수 있다.
- '대의 민주제를 바탕으로 정치가 이루어지는가?'라는 질문으로 A와 C를 구분할 수 없다.
- ______(가)______라는 질문으로 B와 C를 구분할 수 있다.

① B에서는 대표 선출에 있어 탁월성과 전문성의 원리를 중시하였다.
② A에서는 C에서와 달리 입헌주의 원리를 통해 민주주의를 추구하였다.
③ B에서는 C에서와 달리 법치주의가 확립되었다.
④ C는 B와 달리 천부 인권 사상, 사회 계약설 등을 바탕으로 등장하였다.
⑤ (가)에는 '모든 여성이 정치에 참여할 수 있는가?'가 들어갈 수 있다.

91

법치주의의 유형 A, B에 대한 옳은 설명을 〈보기〉에서 고른 것은?

법치주의는 국민의 기본권을 보장하기 위해 국가가 국민의 자유와 권리를 제한할 경우 또는 국민에게 새로운 의무를 부과하려고 할 경우에는 법률에 의하거나 그 근거가 있어야 하며, 국가 기관의 통치 행위도 법률에 근거해야 한다는 민주 정치의 기본 원리를 말한다. 법치주의가 A의 방향으로 흐르면 오히려 개인의 기본권을 억압하는 수단으로 이용될 수 있으므로, 법률의 목적이나 내용이 정의와 헌법 이념에 부합하는 B의 구현이 필요하다.

〈 보기 〉

ㄱ. A를 강조하는 사람들은 악법에 의한 지배를 부정한다.
ㄴ. A는 통치권자의 합법적 독재 수단으로 악용될 수 있다.
ㄷ. 우리나라의 위헌 법률 심판 제도는 B를 실현하기 위한 제도이다.
ㄹ. A는 B와 달리 국가 권력의 자의적 지배를 배척한다.

① ㄱ, ㄴ ② ㄱ, ㄹ ③ ㄴ, ㄷ
④ ㄴ, ㄹ ⑤ ㄷ, ㄹ

92

그림은 질문과 응답에 따라 헌법의 시대별 의미를 분류한 것이다. A~C에 대한 설명으로 옳은 것은? (단, A~C는 각각 고유한 의미의 헌법, 근대 입헌주의 헌법, 현대 복지 국가 헌법 중 하나이다.)

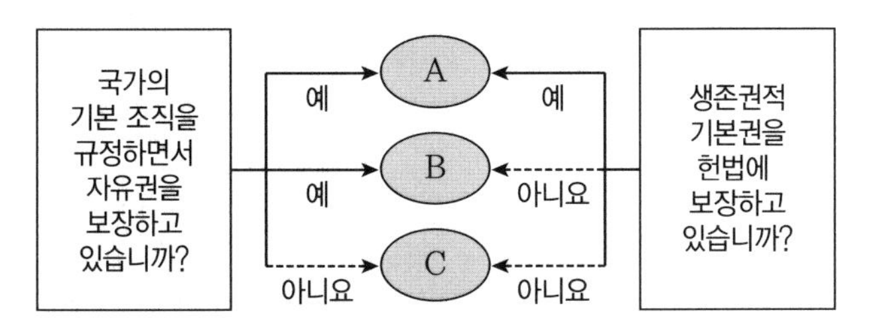

① A는 국민의 삶의 질 향상을 국가의 의무로 간주한다.
② B에서는 국가의 적극적 역할이 강조된다.
③ C는 재산권의 불가침성을 강조한다.
④ B는 A보다 실질적 평등을 중시한다.
⑤ B는 C와 달리 권력 분립을 규정하지 않는다.

93

다음은 수업 중 교사와 학생들이 나눈 대화 내용이다. 이에 대한 옳은 설명만을 〈보기〉에서 있는 대로 고른 것은?

- 교사: 우리 헌법의 기본 원리 A에 대해 오늘 학습한 내용을 발표해 보세요.
- 갑: 노인과 청소년의 복지 향상을 위한 노력을 국가의 의무로 규정하고 있습니다.
- 을: 국가는 국민들이 사생활과 통신의 비밀을 침해받지 않도록 해야 합니다.
- 병: 국가는 사회적·경제적 방법으로 근로자의 고용 증진을 위해 노력해야 합니다.
- 정: 헌법 조항 (㉠)에서 확인할 수 있습니다.
- 교사: 수고했습니다. 그런데 ㉡ 한 명은 다른 기본 원리에 해당하는 내용을 말했어요.

〈 보기 〉

ㄱ. A는 국민적 합의에 근거하여 국가 권력이 창출된다고 본다.
ㄴ. A는 경제 주체 간의 조화를 통한 경제 민주화 정책의 근거가 된다.
ㄷ. ㉠에는 '모든 국민은 인간다운 생활을 할 권리를 가진다.'가 들어갈 수 있다.
ㄹ. ㉡은 우리 헌법의 기본 원리 중 복지 국가의 원리에 부합하는 내용을 언급하였다.

① ㄱ, ㄴ ② ㄱ, ㄹ ③ ㄴ, ㄷ
④ ㄱ, ㄷ, ㄹ ⑤ ㄴ, ㄷ, ㄹ

94

표는 기본권의 유형 A~C를 질문에 따라 구분한 것이다. 이에 대한 옳은 설명만을 〈보기〉에서 있는 대로 고른 것은? (단, A~C는 각각 사회권, 자유권, 청구권 중 하나이다.)

구분	A	B	C
(가)	예	아니요	아니요
소극적, 방어적 성격의 권리인가?	㉠	㉡	㉢

〈 보기 〉

ㄱ. ㉠이 '예'라면 A는 천부 인권적 성격을 가진다.
ㄴ. (가)에 '기본권 보장을 위한 절차적 기본권인가?'가 들어간다면 ㉠은 '아니요'이다.
ㄷ. (가)에 '실질적 평등을 보장하기 위한 기본권인가?'가 들어가고 ㉡에 '예'가 들어간다면 C는 청구권이다.
ㄹ. (가)에 '국가의 존재를 전제로 하지 않아도 보장되는가?'가 들어간다면 ㉠, ㉡, ㉢에 들어갈 대답은 각각 '아니요', '예', '예'이다.

① ㄱ, ㄴ ② ㄱ, ㄷ ③ ㄷ, ㄹ
④ ㄱ, ㄴ, ㄷ ⑤ ㄴ, ㄷ, ㄹ

95

다음 사례에 대한 옳은 설명을 〈보기〉에서 고른 것은?

구치소에 수용 중인 갑은 구치소장이 수용자 거실에 설치한 폐쇄 회로 텔레비전(CCTV)에 의해 기본권을 침해당했다며, 헌법 재판소에 헌법 소원 심판을 청구하였다. 이에 대해 헌법 재판소는 ㉠ 구치소장의 해당 행위는 갑을 보호하기 위한 것으로 그 목적이 정당하고, 교도관의 감시만으로는 사고 발생을 막는 데 한계가 있으므로 목적 달성에 적합한 수단이며, 수용자가 입게 되는 피해를 최소화하기 위한 조치를 취하고 있다는 점에서 피해의 최소성을 갖추었다고 보았다. 또한 이로 인해 갑의 기본권이 제한되더라도 이를 통해 보호하려는 공익이 더 크기 때문에 법익의 균형성을 갖추었다고 판단하여 기각 결정을 내렸다.

〈 보기 〉

ㄱ. 헌법 재판소는 ㉠이 과잉 금지의 원칙에 위배되지 않는다고 보았다.
ㄴ. 헌법 재판소는 ㉠이 공공복리를 위해 개인의 기본권을 제한하고 있음을 인정하였다.
ㄷ. 갑이 침해당했다고 주장하는 기본권은 수단적이고 절차적인 성격을 지니는 권리이다.
ㄹ. 갑의 헌법 소원 심판 청구는 인간다운 생활의 보장을 국가에 요구하기 위한 권리 행사에 해당한다.

① ㄱ, ㄴ ② ㄱ, ㄹ ③ ㄴ, ㄷ
④ ㄴ, ㄹ ⑤ ㄷ, ㄹ

정부 형태

Ⓐ 민주 국가의 정부 형태

→ 오늘날 대부분의 민주 국가가 대통령제 또는 의원 내각제를 채택하고 있으며, 각국의 전통과 정치적 상황에 맞게 변형된 정부 형태를 운영하고 있다.

1 의원 내각제 입법부와 행정부가 상호 의존적으로 구성되고 운영되는 정부 형태

① 의원 내각제의 구성과 특징

구성	국민이 선거를 통해 의회 의원을 선출하고, 의회 다수당의 대표가 수상이 되어 내각을 구성함
특징	• 입헌 군주나 대통령은 형식적으로 국가 원수의 역할만 하고, 수상이 실질적으로 행정부 수반의 역할을 수행함 • 의회 의원과 내각 모두 법률안을 제출할 수 있음 • 수상과 내각의 각료는 의회 의원을 겸직할 수 있음 • 의회는 내각 불신임권, 내각은 의회 해산권을 행사하여 서로를 견제할 수 있음

- 수상: 의원 내각제에서 내각을 이끄는 최고 직위로서 총리라고도 한다.
- 내각: 의원 내각제에서 국가의 행정권을 담당하는 최고 합의 기관
- 내각 불신임권: 의회에서 내각 불신임이 의결되면 내각은 스스로 총사퇴하거나 의회 해산권을 발동할 수 있다.

② 의원 내각제의 장단점

장점	• 내각의 정치적 책임감이 높고 국민의 요구에 민감하게 반응할 가능성이 높음 • 의회와 내각이 잘 협조하면 원활하게 국정이 운영될 수 있음 • 내각 불신임과 의회 해산을 통해 의회와 행정부의 대립을 비교적 신속하게 해결할 수 있음
단점	• 의회 다수당이 과반수 의석을 차지할 경우 다수당의 횡포를 견제하기 어려움 • 과반수 의석을 차지한 정당이 없어 연립 내각을 구성할 경우 정치적 책임 소재가 불명확해질 수 있음

- 국민의 요구에 민감하게 반응할 가능성이 높음: 내각의 존속이 의회의 신임 여부에 달려 있기 때문이다.
- 연립 내각: 의원 내각제에서 과반수 의석을 차지한 정당이 없을 때 둘 이상의 정당이 연합하여 구성한 내각

2 대통령제 입법부와 행정부가 독립적으로 구성되고 운영되는 정부 형태

① 대통령제의 구성과 특징

구성	국민이 별도의 선거를 통해 의회 의원과 대통령을 각각 선출하며, 대통령이 임명하는 각료들로 행정부가 구성됨
특징	• 대통령이 국가 원수와 행정부 수반의 역할을 모두 수행함 • 입법권은 의회의 고유 권한으로서 행정부는 법률안을 제출할 수 없음 • 행정부의 각료는 의회 의원을 겸직할 수 없음 • 대통령은 법률안 거부권, 의회는 각종 동의·승인권 및 탄핵 소추권 등을 행사하여 서로를 견제할 수 있음 • 의회는 행정부를 불신임할 수 없고, 대통령은 의회를 해산할 수 없음

- 의회 의원과 대통령을 각각 선출: 각각 국민으로부터 국가 권력을 위임받았기 때문에 국민에 대하여 정치적 책임을 진다.
- 탄핵 소추권: 대통령 등의 고위 공직자가 직무 집행에 있어서 헌법이나 법률을 위배한 경우 탄핵을 청구할 수 있는 권리

② 대통령제의 장단점

장점	• 대통령의 임기가 보장됨 → 안정적이고 일관된 정책을 추진할 수 있음 • 대통령의 법률안 거부권 행사로 의회 다수당의 횡포를 방지할 수 있음
단점	• 대통령이 국민의 요구에 둔감할 수 있음 • 여대야소 상황에서는 대통령에게 권한이 집중되어 독단적으로 국정을 운영할 우려가 있음 • 여소야대 상황에서는 행정부와 의회가 대립할 때 갈등을 중재하기 어려움

3 의원 내각제와 대통령제 빈출자료 Link • 112-113번 문제

(전형적인 의원 내각제와 대통령제의 정부 구성)

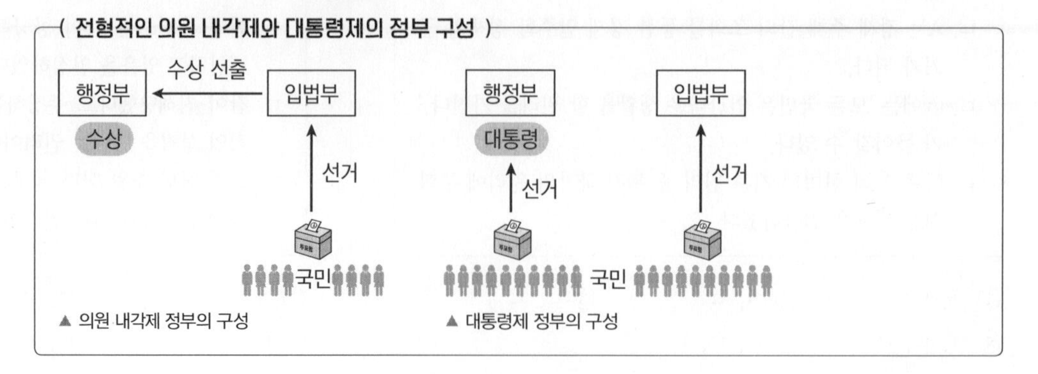

▲ 의원 내각제 정부의 구성 ▲ 대통령제 정부의 구성

• 국가 권력이 입법권, 행정권, 사법권 등으로 분립하여 구체화한 모습

기출 Tip Ⓐ-1

정부 형태의 구분

현대 민주 국가의 정부 형태는 입법부와 행정부의 구성 방식 및 두 국가 기관 간의 관계에 따라 크게 의원 내각제와 대통령제로 구분된다.

기출 Tip Ⓐ-2

여대야소와 여소야대

여대야소	대통령제에서 대통령 소속 정당(여당)이 의회에서 다수인 상황
여소야대	대통령제에서 대통령 소속 정당(여당)이 의회에서 소수인 상황

기출 Tip Ⓐ-1, 2

의원 내각제와 대통령제의 성립 배경

- 의원 내각제: 영국에서 의회를 통해 절대 군주의 권한을 제한하는 과정에서 의회 중심의 정부 형태가 발달하였다.
- 대통령제: 미국이 영국으로부터 독립하면서 국민이 선출하는 국가 원수(대통령)를 중심으로 한 정부 형태가 발달하였다.

세계 여러 나라의 정부 형태

대통령제	미국, 러시아, 인도네시아 등
의원 내각제	독일, 일본, 오스트레일리아 등

기출 Tip Ⓐ-3

입법부와 행정부의 관계에 따른 정부 형태 구분

- 입법부에 의해 행정부가 구성 ➔ 입법부와 행정부가 긴밀히 협조함 ➔ 의원 내각제
- 입법부와 행정부가 독립적으로 구성 ➔ 입법부와 행정부가 엄격히 분리되어 상호 견제와 균형을 이룸 ➔ 대통령제

4 **이원 집정부제** 대통령제와 의원 내각제를 절충한 정부 형태 → 대통령과 의회가 별도의 직접 선거를 통해 구성되며, 내각은 대통령이 임명한 총리가 구성함

• 대표적으로 프랑스에서 채택하고 있는 정부 형태이다.

기출 Tip A-4
이원 집정부제의 특징
- 외교와 국방 분야는 대통령, 일반 행정 분야는 총리가 담당함
- 의회는 내각 불신임권을, 대통령은 총리 임명권과 의회 해산권을 가짐
- 대통령과 총리의 소속 정당이 다른 동거 정부가 구성될 경우 정치적 혼란이 나타날 수 있음

B 우리나라의 정부 형태

1 헌법 개정과 우리나라 정부 형태의 변화 과정

제헌 헌법(1948)	의원 내각제 요소를 가미한 대통령제 채택
제3차 개헌(1960)	의원 내각제 채택, 국회 양원제 도입
제5차 개헌(1962)	대통령제 채택, 국회 단원제로 환원
제7차 개헌(1972)	통일 주체 국민 회의에서 대통령과 국회 의원 3분의 1을 선출하는 유신 체제 등장
제8차 개헌(1980)	간선제에 의한 대통령 단임제(7년) 채택
제9차 개헌(1987)	직선제에 의한 대통령 단임제(5년) 채택 → 현행 헌법

• 초대 대통령의 독재와 장기 집권으로 4·19 혁명이 일어난 이후 제3차 개헌을 통해 의원 내각제가 도입되었다.
• 대통령에게 초헌법적 권한을 부여하고, 대통령이 입법부와 사법부 위에 군림하는 권위주의적 정부 형태
• 6월 민주 항쟁의 결과로 제9차 개헌이 이루어졌다.

2 우리나라의 정부 형태 대통령제를 기본으로 의원 내각제 요소를 가미한 정부 형태

대통령제 요소	• 국민의 직접 선거를 통해 대통령과 국회 의원을 각각 선출함 • 대통령은 법률안 거부권, 국회는 탄핵 소추권을 행사하여 서로를 견제할 수 있음
의원 내각제 요소	• 행정부의 법률안 제출권을 인정함 • 국무총리와 국무 회의가 헌법 기관으로 존재함 • 국회 의원이 국무총리나 국무 위원을 겸직할 수 있음 • 국회의 국무총리 임명 동의권, 국무총리 및 국무 위원 해임 건의권을 인정함 • 국회가 국무총리나 국무 위원에 대하여 국회 출석 요구 및 질문권을 가짐

기출 Tip B-1
우리나라 정부 형태의 변화 과정

대통령제 중심
↓ 4·19 혁명
의원 내각제 중심
↓ 5·16 군사 정변
대통령제 중심

우리나라의 정부 형태는 대통령제를 기본으로 유지하였고, 제3차 개정 헌법에서만 의원 내각제를 채택하였다.

3 우리나라의 정부 형태 빈출자료 Link • 122-123번 문제

(현행 헌법을 통해 본 우리나라의 정부 형태)
- 제40조 입법권은 국회에 속한다.
- 제52조 국회 의원과 정부는 법률안을 제출할 수 있다.
- 제53조 ② 법률안에 이의가 있을 때에는 대통령은 제1항의 기간 내에 이의서를 붙여 국회로 환부하고, 그 재의를 요구할 수 있다. ….
- 제63조 ① 국회는 국무총리 또는 국무 위원의 해임을 대통령에게 건의할 수 있다.
- 제66조 ④ 행정권은 대통령을 수반으로 하는 정부에 속한다.

기출 Tip B-3
우리나라 현행 헌법의 의원 내각제 요소와 대통령제 요소 구분
- 입법권과 행정권의 분립(제40조, 제66조 ④), 대통령의 법률안 거부권(제53조 ②) ➜ 대통령제 요소
- 행정부의 법률안 제출권(제52조), 국무총리 및 국무 위원에 대한 해임 건의권(제63조 ①) ➜ 의원 내각제 요소

개념 확인 문제

정답과 해설 11쪽

96 정부 형태별 입법부와 행정부의 관계를 옳게 연결하시오.

(1) 대통령제 • • ㉠ 입법부와 행정부가 엄격히 분리
(2) 의원 내각제 • • ㉡ 입법부와 행정부가 상호 의존적으로 운영

97 다음 괄호 안의 내용 중 알맞은 말에 ○표를 하시오.

(1) 의원 내각제에서는 (수상, 대통령)이 내각을 구성한다.
(2) 의원 내각제에서 내각은 법률안을 제출할 수 (있다, 없다).
(3) 대통령제에서 행정부의 각료는 의회 의원을 겸직할 수 (있다, 없다).
(4) 대통령제에서 대통령은 (의회 해산권, 법률안 거부권)을 행사할 수 있다.

98 의원 내각제의 단점이면 '의', 대통령제의 단점이면 '대'를 쓰시오.

(1) 의회 다수당의 횡포를 견제하기 어렵다. ( )
(2) 여소야대 상황에서 행정부와 의회가 대립할 경우 중재가 어렵다. ( )

99 우리나라 정부 형태에 가미된 의원 내각제 요소를 〈보기〉에서 골라 기호를 쓰시오.

〈 보기 〉
ㄱ. 국무총리 제도 ㄴ. 국회의 탄핵 소추권
ㄷ. 대통령의 법률안 거부권 ㄹ. 행정부의 법률안 제출권

A 민주 국가의 정부 형태

100 하중상

(가)에 들어갈 내용으로 옳은 것은?

> 권력 분립의 원칙에 따르면 국가 권력은 그 성질에 따라 입법권, 행정권, 사법권으로 나뉘며 입법부, 행정부, 사법부에 각 권한이 부여되는데, 이렇듯 권력이 구체화한 모습을 정부 형태라고 한다. 민주 국가의 정부 형태는 ＿＿(가)＿＿를 기준으로 구분하는데, 의원 내각제와 대통령제가 정부 형태의 전형적인 유형이다.

① 상소 제도의 존재 유무
② 사법부와 행정부의 관계
③ 입법부와 사법부의 관계
④ 입법부와 행정부의 관계
⑤ 헌법 재판소의 존재 유무

101 하중상

그림에 나타난 전형적인 정부 형태에 대한 설명으로 옳은 것은?

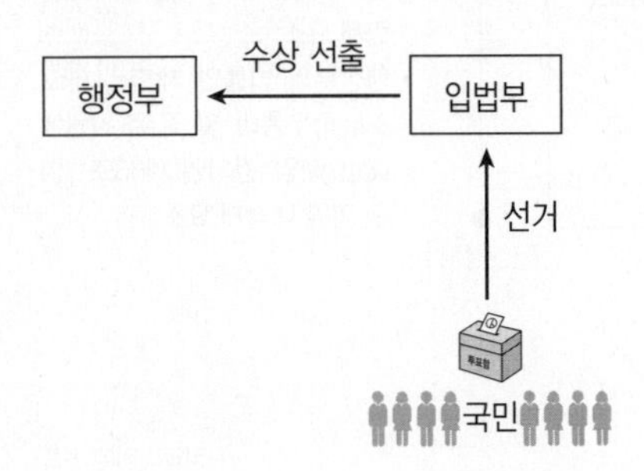

① 의회는 내각에 대해 불신임권을 행사할 수 있다.
② 내각과 수상은 국민에 대해 책임을 질 뿐, 의회에는 책임을 지지 않는다.
③ 수상의 권한은 주로 외교나 국방과 같은 대외적인 영역에 집중되어 있다.
④ 행정부와 입법부가 독립적으로 구성되어 운영되면서 상호 견제와 균형을 이루고 있다.
⑤ 행정부는 의회가 제출한 법률안에 대해 거부권을 행사함으로써 입법부를 견제할 수 있다.

102 하중상

그림에 나타난 전형적인 정부 형태의 특징에 대한 옳은 설명을 〈보기〉에서 고른 것은?

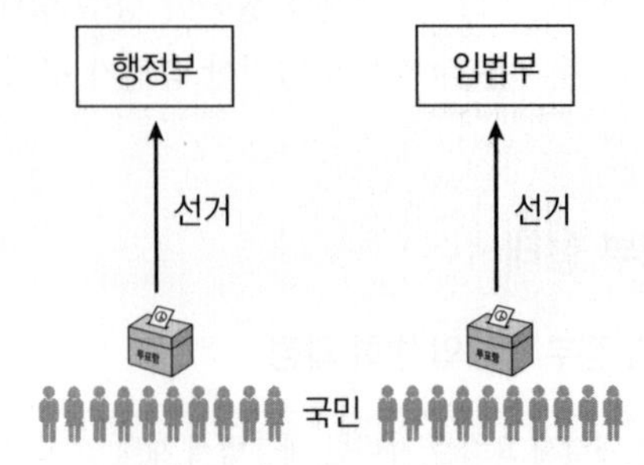

〈 보기 〉
ㄱ. 견제와 균형의 원리에 충실하다.
ㄴ. 의회가 행정부를 불신임할 수 있다.
ㄷ. 행정부와 의회 간 권력은 융합되어 있다.
ㄹ. 여소야대 상황에서 의회와 행정부의 대립 시 조정이 어렵다.

① ㄱ, ㄴ ② ㄱ, ㄹ ③ ㄴ, ㄷ
④ ㄴ, ㄹ ⑤ ㄷ, ㄹ

103-104 빈출자료

다음은 갑국과 을국의 정부 구성 방식을 설명한 것이다. 물음에 답하시오. (단, 갑국과 을국은 전형적인 정부 형태를 채택하고 있다.)

> • 갑국: 의회 의원 선거와 별도로 행정부의 수반을 선출하는 선거를 실시한다.
> • 을국: 의회 의원 선거 결과 다수를 차지한 정당 또는 세력이 수상을 배출하고 내각을 구성한다.

빈출 103 하중상

을국과 달리 갑국의 행정부 수반이 행사할 수 있는 권한으로 옳은 것은?

① 의회 해산권 ② 공무원 임면권 ③ 내각 불신임권
④ 법률안 거부권 ⑤ 법률안 제출권

104 하중상

갑국과 을국의 정부 형태에 대한 설명으로 옳은 것은?

① 갑국 – 법률안 제출은 의회 의원만 가능하다.
② 갑국 – 내각이 국민의 요구에 민감하게 반응할 가능성이 높다.
③ 갑국 – 과반수 의석을 확보한 정당이 없어 연립 내각이 구성될 경우 정국 불안을 초래할 수 있다.
④ 을국 – 행정부 수반은 법률안 거부권을 행사할 수 있다.
⑤ 을국 – 행정부 수반의 임기가 엄격히 보장되어 정국 안정을 이룰 수 있고, 국가 정책의 지속성이 확보될 수 있다.

105 하 중 상

그림에 나타난 전형적인 정부 형태에서 국가 기관 상호 간의 견제와 균형을 위해 행사할 수 있는 권한인 ㉠, ㉡을 옳게 연결한 것은?

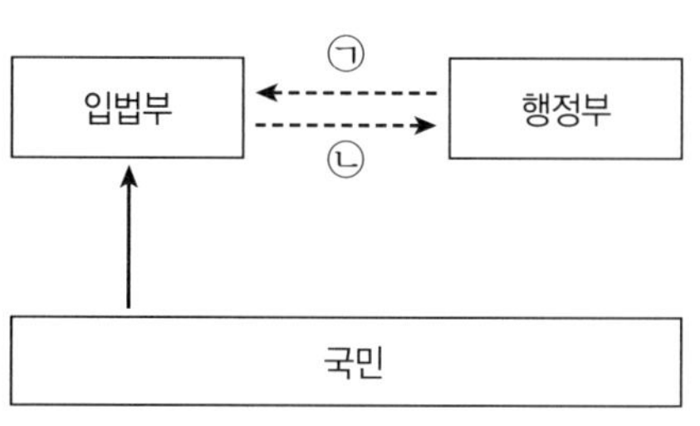

(⟶: 권력의 출처 - - - ▸: 견제 균형 관계)

	㉠	㉡
①	의회 해산권	법률안 제출권
②	의회 해산권	내각 불신임권
③	내각 불신임권	의회 해산권
④	내각 불신임권	법률안 제출권
⑤	법률안 제출권	내각 불신임권

106 하 중 상

그림은 전형적인 정부 형태를 나타낸 것이다. 이에 대한 설명으로 옳은 것은?

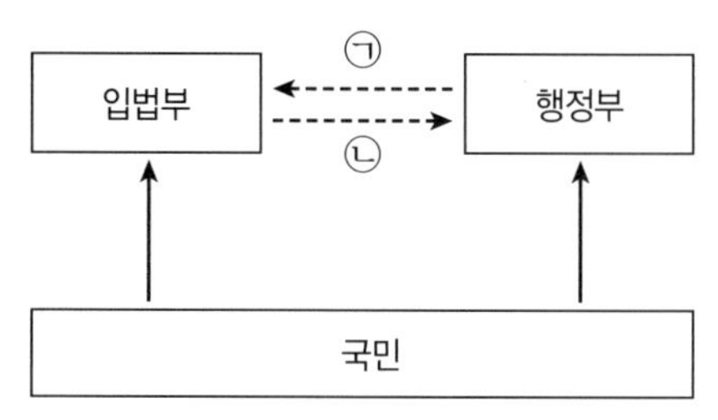

(⟶: 권력의 출처 - - - ▸: 견제 균형 관계)

① 법률안 거부권은 ㉠에 해당한다.
② 내각 불신임권은 ㉡에 해당한다.
③ 총리 중심으로 국정이 운영된다.
④ 대통령의 법률안 제출권이 헌법에 보장되어 있다.
⑤ 여소야대 상황에서 의회와 행정부가 대립 시 중재가 용이하다.

107 하 중 상

••서술형

다음 글을 읽고 물음에 답하시오.

> 헌법 개정을 추진하고 있는 갑국은 전형적인 정부 형태 A, B 중 어떤 정부 형태를 채택할 것인지에 대해 토론을 진행하였다. 현행 정부 형태인 A 대신 B의 채택을 주장한 토론자는 갑국 정치 문화의 특성상 '행정부 수반의 임기 보장에 따른 정국 안정'이 필요함을 강조하였다.

(1) 전형적인 정부 형태 A, B를 각각 쓰시오.

(2) 전형적인 정부 형태 A, B의 단점을 각각 한 가지씩 서술하시오.

108 하 중 상

정부 형태를 (가)에서 (나)로 변경하였을 때 나타날 수 있는 일반적인 변화로 적절한 것을 〈보기〉에서 고른 것은?

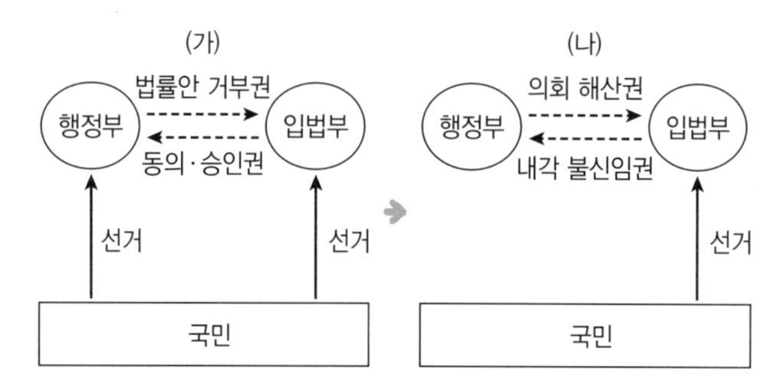

〈 보기 〉
ㄱ. 정치적 책임과 국민적 요구에 민감해진다.
ㄴ. 의회와 행정부의 대립 시 해결이 용이해진다.
ㄷ. 의회 다수당의 횡포를 방지하기가 용이해진다.
ㄹ. 행정부 수반의 임기가 보다 안정적으로 보장된다.

① ㄱ, ㄴ　② ㄱ, ㄷ　③ ㄴ, ㄷ
④ ㄴ, ㄹ　⑤ ㄷ, ㄹ

109 하 중 상

다음 신문 기사를 통해 파악할 수 있는 갑국과 을국의 정치 상황에 대한 설명으로 옳지 않은 것은? (단, 갑국과 을국은 서로 다른 전형적인 정부 형태를 채택하고 있다.)

갑국 행정부 수반, 의회에서 선출!	**을국 B당 후보, 압도적 지지로 당선!**
의회 의원 선거에서 과반 의석을 차지한 A당의 대표가 행정부 수반이 되었다.	국민이 행정부 수반을 직접 선출하는 선거에서 B당 소속 후보자가 당선되었다.

① 갑국의 내각은 법률안을 제출할 수 있다.
② 갑국에서 의회는 내각 불신임권을 갖는다.
③ 을국의 행정부 수반은 의회에 대해서는 책임을 지지 않는다.
④ 갑국은 을국과 달리 몽테스키외의 삼권 분립론에 기초한 정부 형태를 채택하고 있다.
⑤ 을국은 갑국과 달리 행정부 수반이 국가 원수의 지위도 갖는다.

110-111 빈출자료

그림은 전형적인 정부 형태 A, B를 나타낸 것이다. 이를 보고 물음에 답하시오.

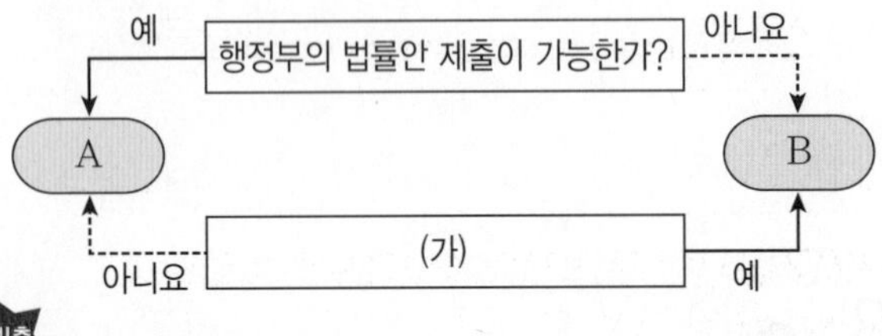

110 하 중 상

(가)에 들어갈 질문으로 적절한 것은?

① 사법권이 독립되었는가?
② 연립 정권이 구성될 수 있는가?
③ 국가 원수와 행정부 수반이 서로 다른가?
④ 국민의 직접 선거를 통해 의회가 구성되는가?
⑤ 입법부와 행정부가 상호 독립적으로 구성되는가?

111 하 중 상

B와 프랑스에서 채택하고 있는 정부 형태의 공통점으로 옳은 것은?

① 대통령이 직접 내각을 구성한다.
② 외교와 국방 분야는 총리가 담당한다.
③ 대통령이 의회 해산권을 행사할 수 있다.
④ 의회는 내각에 대해 불신임권을 행사할 수 있다.
⑤ 대통령과 의회 의원 모두 별도의 선거로 선출된다.

112-113 빈출자료

(가), (나)는 전형적인 정부 형태를 나타낸 것이며, ㉠~㉣은 각 정부 형태에서의 행정부와 입법부 간 상호 견제 수단을 나타낸 것이다. 물음에 답하시오.

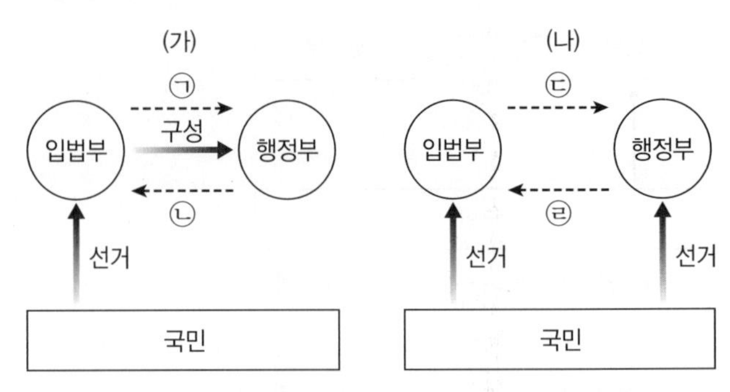

* ---▶ 는 견제 권한을 의미함

112 하 중 상

㉠~㉣에 대한 옳은 설명을 〈보기〉에서 고른 것은?

〈 보기 〉
ㄱ. 내각 불신임권은 ㉠에 해당한다.
ㄴ. 법률안 거부권은 ㉡에 해당한다.
ㄷ. 탄핵 소추권은 ㉢에 해당한다.
ㄹ. 법률안 제출권은 ㉣에 해당한다.

① ㄱ, ㄴ ② ㄱ, ㄷ ③ ㄴ, ㄷ
④ ㄴ, ㄹ ⑤ ㄷ, ㄹ

빈출

113 하 중 상

(가), (나)에 대한 설명으로 옳은 것은?

① (가)는 (나)에 비해 의회 다수당의 횡포를 견제하기 용이하다.
② (가)는 (나)에 비해 권력 집중으로 인한 독재의 위험성이 크다.
③ (나)에서는 (가)와 달리 내각이 국민의 요구에 민감하다.
④ (나)는 (가)와 달리 의회 의원이 각료를 겸직할 수 없다.
⑤ (가), (나) 모두 입법부와 행정부 간에 엄격한 권력 분립이 이루어진다.

114 하/중/상

자료에 대한 옳은 분석 및 추론을 〈보기〉에서 고른 것은?

갑국은 전형적인 대통령제 정부 형태를 채택하고 있다. 표는 각 시기별 의회의 정당별 의석률을 나타내는데, t+1 시기의 의회 구성은 여당이 과반 의석을 차지하였다.

구분	A당	B당	C당	D당	기타
t 시기	25	22	23	21	9
t+1 시기	40	52	4	3	1

〈 보기 〉

ㄱ. t+1 시기는 국정 실패의 책임 소재가 불명확하다.
ㄴ. t 시기는 t+1 시기에 비해 대통령의 강력한 정책 추진이 어렵다.
ㄷ. t 시기는 t+1 시기에 비해 군소 정당 난립으로 인해 정국이 불안해질 가능성이 높다.
ㄹ. t+1 시기는 t 시기에 비해 다수당의 횡포 가능성이 낮다.

① ㄱ, ㄴ ② ㄱ, ㄷ ③ ㄴ, ㄷ
④ ㄴ, ㄹ ⑤ ㄷ, ㄹ

115 하/중/상

표는 전형적인 의원 내각제를 채택하고 있는 ○○국의 최근 총선 결과를 나타낸 것이다. 이 국가에서 나타날 수 있는 현상을 옳게 추론한 사람만을 〈보기〉에서 고른 것은?

정당	의석 비율
A당	25.7%
B당	24.1%
C당	14.8%
D당	11.5%
E당	10.3%
F당	4.9%
G당	0.6%
기타	8.1%

〈 보기 〉

• 갑: 행정부 수반의 법률안 거부권이 행사될 가능성이 높아.
• 을: 두 개 이상의 정당에 의한 연합 정권이 나타날 가능성이 있어.
• 병: 연립 내각을 구성할 경우 정치적 책임 소재가 불명확해질 수 있어.
• 정: A당이 제1당을 차지하여 단독으로 정국을 안정적으로 이끌어 갈 수 있을 거야.

① 갑, 을 ② 갑, 병 ③ 을, 병
④ 을, 정 ⑤ 병, 정

116-117 빈출자료*

표는 갑국의 총선 결과를 나타낸 것이다. 물음에 답하시오.

〈24대 총선〉

정당	의석수
A당	167
B당	113
C당	2
D당	15
E당	3
총합	300

〈25대 총선〉

정당	의석수
A당	135
B당	84
C당	8
D당	68
E당	5
총합	300

* 단, 갑국의 정부 형태는 전형적인 정부 형태로 의원 내각제와 대통령제 중 하나이며, 행정부 수반은 의회 의원 선거와 별도로 시행되는 국민의 직접 선거로 선출된다.

116 하/중/상

갑국의 정부 형태에 대한 분석으로 가장 적절한 것은?

① 의회는 행정부를 불신임할 수 있다.
② 행정부 수반의 임기가 보장되기 어렵다.
③ 의회 의원과 행정부 각료의 겸직이 허용된다.
④ 행정부 수반이 의회에 대해 정치적 책임을 진다.
⑤ 여소야대 상황에서 의회와 행정부가 대립할 때 원만한 해결이 곤란하다.

빈출

117 하/중/상

위 선거 결과에 대한 옳은 분석 및 추론을 〈보기〉에서 고른 것은?

〈 보기 〉

ㄱ. 25대 총선 결과 A당은 국정 운영을 위해 연립 내각을 구성해야 했을 것이다.
ㄴ. D당은 24대 의회보다 25대 의회에서의 영향력이 더 강했을 것이다.
ㄷ. 24대 의회보다 25대 의회에서 의회 내 신속한 의사 결정이 이루어질 확률이 높을 것이다.
ㄹ. 행정부 수반이 A당 소속이라면 행정부의 경우 24대 의회에 비해 25대 의회와의 대립 가능성이 더 높을 것이다.

① ㄱ, ㄴ ② ㄱ, ㄷ ③ ㄴ, ㄷ
④ ㄴ, ㄹ ⑤ ㄷ, ㄹ

118 하중상

그림은 전형적인 정부 형태 A, B의 공통점과 차이점을 나타낸 것이다. 이에 대한 옳은 설명을 〈보기〉에서 고른 것은?

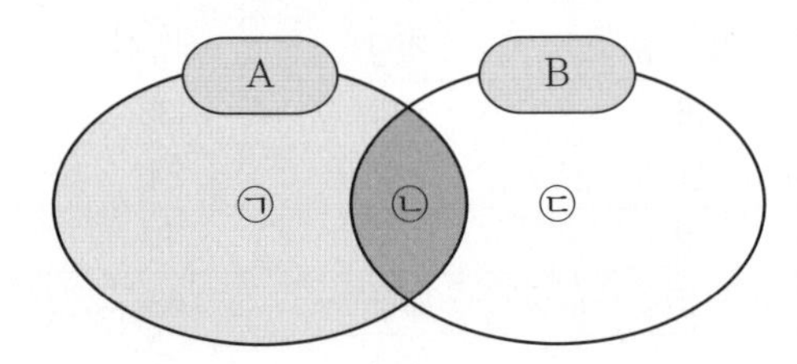

〈 보기 〉

ㄱ. ㉡에 '사법부의 독립 보장'이 들어갈 수 있다.
ㄴ. A에서 의회 의원직과 각료직의 겸직이 허용된다면, ㉠에 '행정부는 의회에 대해 책임지지 않음'이 들어갈 수 있다.
ㄷ. A가 권력이 융합된 정부 형태라면, ㉢에는 '행정부 수반의 법률안 거부권 인정'이 들어갈 수 있다.
ㄹ. B에서 행정부 수반이 국가 원수의 지위도 갖는다면, ㉢에 '의회의 내각 불신임권 인정'이 들어갈 수 있다.

① ㄱ, ㄴ ② ㄱ, ㄷ ③ ㄴ, ㄷ
④ ㄴ, ㄹ ⑤ ㄷ, ㄹ

119 하중상

표는 전형적인 정부 형태 A, B를 비교한 것이다. 이에 대한 설명으로 옳은 것은? (단, A, B는 각각 대통령제, 의원 내각제 중 하나이다.)

질문	정부 형태	
	A	B
(가)	아니요	예
내각이 의회를 해산할 수 있는가?	예	아니요
여소야대 상황이 발생할 수 있는가?	아니요	예

① A에서 행정부와 입법부는 상호 독립적인 관계에 있다.
② B에서 행정부 수반은 의회에 대해 정치적 책임을 진다.
③ A는 B와 달리 행정부 수반이 국가 원수의 지위를 가진다.
④ 의회 다수당이 과반수 의석을 차지할 경우 B보다 A에서 다수당의 횡포를 견제하기 용이하다.
⑤ (가)에는 '행정부 수반의 임기가 엄격히 보장되는가?'가 들어갈 수 있다.

B 우리나라의 정부 형태

120 하중상

교사의 질문에 잘못 답변한 학생은?

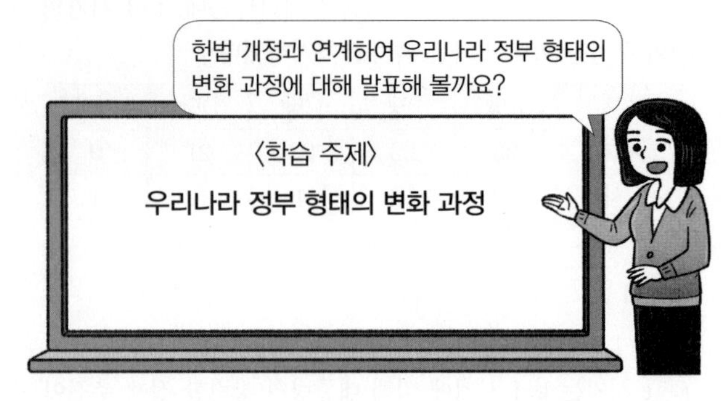

① 갑: 제헌 헌법에 규정된 정부 형태에 따라 대통령제 요소를 가미한 의원 내각제가 채택되었습니다.
② 을: 4·19 혁명이 일어난 이후 제3차 개헌을 통해 의원 내각제가 채택되었습니다.
③ 병: 5·16 군사 정변이 일어나며 다시 대통령제 정부 형태가 채택되었습니다.
④ 정: 유신 헌법이라고 불리는 제7차 개헌을 통해 권력 분립의 원칙에 어긋나는 권위주의적 정부 형태가 등장하였습니다.
⑤ 무: 제9차 개헌을 통해 직선제에 의한 대통령 단임제가 채택되었습니다.

121 하중상

밑줄 친 부분에 해당하는 요소로 옳지 않은 것은?

> 우리나라의 정부 형태는 기본적으로는 대통령제 정부 형태이기는 하지만, 광복 이후의 역사적 배경을 바탕으로 대통령제를 중심으로 하면서도 의원 내각제 요소를 도입하고 있다.

① 행정부는 법률안 제출권이 있다.
② 국회 의원은 각료를 겸직할 수 있다.
③ 국회는 국무총리에 대한 해임을 건의할 수 있다.
④ 대통령은 국회를 해산시킬 수 있는 권한을 가지고 있다.
⑤ 국회의 요구가 있을 때 국무총리, 국무 위원이 국회에 출석하여 답변하도록 할 수 있다.

122-123 빈출자료

(가)~(마)는 정부 형태 관련 요소를 규정하고 있는 우리나라 현행 헌법 조항이다. 물음에 답하시오.

(가) 제40조 입법권은 국회에 속한다.
(나) 제52조 국회 의원과 정부는 법률안을 제출할 수 있다.
(다) 제53조 ② 법률안에 이의가 있을 때에는 대통령은 … 국회로 환부하고, 그 재의를 요구할 수 있다.
(라) 제63조 ① 국회는 국무총리 또는 국무 위원의 해임을 대통령에게 건의할 수 있다.
(마) 제66조 ④ 행정권은 대통령을 수반으로 하는 정부에 속한다.

122 하/중/상

(가)~(마) 중 의원 내각제 요소만을 있는 대로 고른 것은?

① (가), (나) ② (가), (마) ③ (나), (라)
④ (나), (다), (라) ⑤ (다), (라), (마)

123 하/중/상

위 헌법 조항에 나타난 우리나라 정부 형태의 특징에 대한 옳은 설명을 〈보기〉에서 고른 것은?

〈 보기 〉
ㄱ. (나)는 (다)와 달리 의원 내각제 요소에 해당한다.
ㄴ. (마)는 (라)와 달리 전형적인 대통령제 요소에 해당한다.
ㄷ. 제3차 개헌을 통해 지금과 같은 정부 형태가 확립되었다.
ㄹ. 우리나라의 정부 형태는 대통령에게 강력한 권한을 부여한 순수한 대통령제이다.

① ㄱ, ㄴ ② ㄱ, ㄷ ③ ㄴ, ㄷ
④ ㄴ, ㄹ ⑤ ㄷ, ㄹ

124 하/중/상 ••서술형

다음 글을 읽고 물음에 답하시오.

우리나라 정부 형태는 대통령제를 기본으로 하므로 국회와 대통령은 독립적으로 조직되고 운영된다. 다만, 대통령은 (㉠)을/를, 국회는 (㉡)을/를 행사하여 서로를 견제할 수 있다. 한편, 우리나라에서는 의원 내각제 요소도 일부 채택하고 있는데, (㉢) 등이 이에 해당한다.

(1) ㉠, ㉡에 해당하는 권한을 각각 한 가지씩 쓰시오.

(2) ㉢에 해당하는 요소를 세 가지 이상 제시하시오.

125 하/중/상

밑줄 친 ㉠, ㉡에 해당하는 내용을 우리나라 현행 헌법에 규정된 정부 형태와 관련지어 옳게 연결한 것은?

군주 국가였던 조선이 외국 세력의 식민 통치와 강압으로 무너지면서 자생적인 정치 역사를 만들기 어려운 가운데 미 군정기를 거치면서 미국식 정부 형태인 ㉠ 대통령제를 도입하게 되었다. 초대 대통령의 독재를 무너뜨린 4·19 혁명 이후 우리나라는 ㉡ 의원 내각제를 도입하게 되었다.

	㉠	㉡
①	대통령을 국민이 직접 선출함	국회의 국무 위원 해임 건의권을 인정함
②	행정부의 법률안 제출권을 인정함	국무총리와 국무 회의가 헌법 기관으로 존재함
③	국회 의원이 국무 위원을 겸할 수 있음	국회가 국무 위원에 대하여 국회 출석을 요구할 수 있음
④	국무총리와 국무 회의가 헌법 기관으로 존재함	대통령이 임시 국회 소집을 요구할 수 있음
⑤	대통령이 법률안 거부권을 행사할 수 있음	국회가 탄핵 소추권을 행사할 수 있음

126 하/중/상

(가)~(라)는 우리나라 헌법의 주요 개정 내용이다. 이에 대한 설명으로 옳지 않은 것은?

(가) 제2차 개헌: 초대 대통령에 한하여 중임 제한 철폐
(나) 제3차 개헌: 의원 내각제, 대통령 국회 간선제
(다) 제7차 개헌: 유신 헌법, 통일 주체 국민 회의에서 대통령 간선제
(라) 제9차 개헌: 대통령 직선제, 5년 단임제

① (가)는 초대 대통령의 장기 집권을 가능하게 한 근거가 되었다.
② (나)에서는 입법권과 행정권이 상호 융합된 정부 형태가 등장하였다.
③ (다)의 결과 권력 분립의 원리가 충실히 실현되었다.
④ (라)의 결과 국민이 행정부 수반을 국민이 직접 선출하게 되었다.
⑤ (나)는 4·19 혁명, (라)는 6월 민주 항쟁 이후 이루어진 개헌이다.

우리나라의 국가 기관

A 국회

1 국회의 구성과 회의

• 국회는 국민이 직접 선출한 대표들로 구성된 국민의 대표 기관, 법률을 제정 혹은 개정하는 입법 기관, 국정을 감시하고 견제하는 국정 통제 기관의 지위를 가진다.

구성	국민의 선거로 선출된 200인 이상의 국회 의원(임기 4년)으로 구성 → 지역구 국회 의원(국민이 직접 선출), 비례 대표 국회 의원(정당별 득표율에 비례하여 선출)
조직	• 위원회: 본회의에서 심의할 안건을 미리 조사함 → 상임 위원회, 특별 위원회 • 교섭 단체: 국회 의원 20인 이상으로 구성되는 단체 → 국회의 중요 의사를 협의·조정함
회의	• 종류: 정기회(매년 1회), 임시회(대통령 또는 재적 의원 4분의 1 이상 요구 시) • 회의 원칙: 회의 공개의 원칙, 회기 계속의 원칙, 일사부재의의 원칙

• 국회 의원 중에서 선출된 1인의 국회 의장과 2인의 부의장을 두며, 임기는 각 2년이다.

• 본회의에서 국회의 의사를 최종적으로 결정한다.

2 국회의 권한

입법에 관한 권한	법률의 제정 및 개정, 헌법 개정, 조약 체결·비준에 대한 동의권 등
재정에 관한 권한	예산안 심의·확정권, 결산 심사권, 조세 결정권 등
국정 감시 및 통제 권한	국정 감사 및 조사권, 대통령의 권한 행사에 대한 동의권, 국무총리 및 국무 위원 해임 건의권, 탄핵 소추권 등
국가 기관 구성 권한	국무총리·대법원장·대법관·헌법 재판소장·감사원장 임명에 대한 동의권 등

• 국회의 동의를 받은 조약은 법률과 같은 효력을 갖게 된다.

• 국정 감사는 매년 국정 전반에 대해 상임 위원회별로 실시되고, 국정 조사는 특정한 국정 사안이 발생하였을 때 실시된다.

• 헌법 재판소 재판관(3인)·중앙 선거 관리 위원회 위원(3인) 선출권을 지닌다.

3 국회의 권한 빈출자료 Link • 134-135번 문제

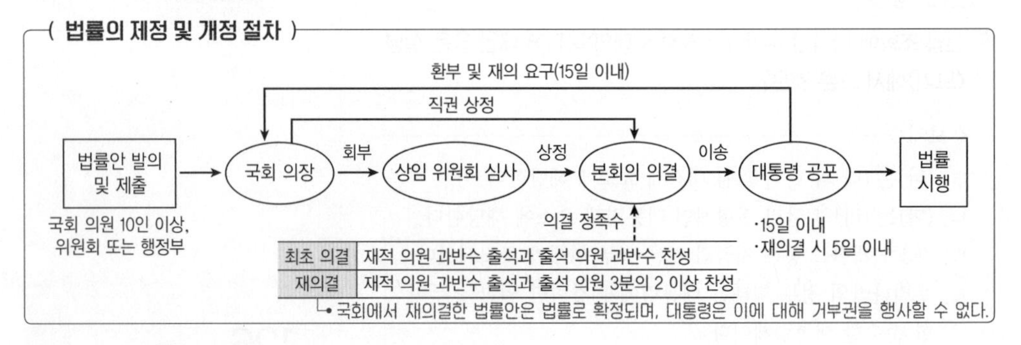

기출 Tip A-1

국회 의원의 특권

면책 특권	국회 내에서 직무와 관련하여 행한 발언이나 표결에 대해 국회 밖에서 책임지지 않음
불체포 특권	현행범인 경우를 제외하고는 국회 회기 중에 국회의 동의 없이 체포 또는 구금되지 않음

국회의 회의 원칙

- 회의 공개의 원칙: 회의는 공개하는 것을 원칙으로 함
- 회기 계속의 원칙: 한 회기 중 의결하지 못한 안건은 다음 회기에 계속해서 심의하여야 함
- 일사부재의의 원칙: 한번 부결된 안건은 같은 회기 중에 다시 발의·제출하지 못함

기출 Tip A-3

헌법 개정 절차

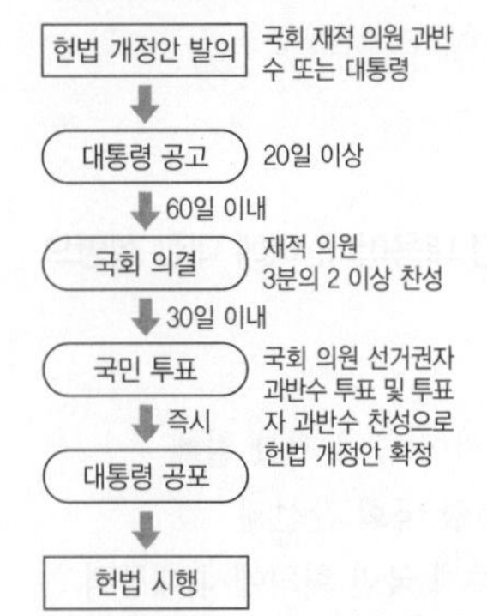

B 대통령과 행정부

• 국민의 직접 선거로 선출되며, 임기는 5년이고 중임할 수 없다.

1 대통령의 지위와 권한 행정부 수반과 국가 원수로서의 지위를 동시에 가짐

① 행정부 수반으로서의 권한: 행정부 지휘·감독권, 국군 통수권, 공무원 임면권, 대통령령 발포권 등

② 국가 원수로서의 권한

대외적 국가 대표권	조약 체결·비준권, 외교 사절 신임·접수·파견권, 선전 포고·강화권 등
국가와 헌법 수호권	긴급 재정·경제 명령 및 처분권, 긴급 명령권, 계엄 선포권 등
국정 조정권	국민 투표 부의권, 헌법 개정안 제안권, 국회 임시회 소집권, 사면권 등
헌법 기관 구성권	국무총리, 대법원장, 대법관, 헌법 재판소장, 감사원장 등 임명권

2 행정부의 주요 조직

국무총리	대통령을 보좌하며 행정 각부를 통할함 → 국회의 동의를 얻어 대통령이 임명함
국무 회의	행정부의 중요 정책을 심의하는 행정부 내 최고 심의 기관
행정 각부	구체적인 행정 사무를 시행함
감사원	행정부 내 최고 감사 기관 → 국가 세입·세출의 결산 검사, 국가 및 법률에서 정한 단체의 회계 감사, 행정 기관 및 공무원의 직무에 관한 감찰 등을 담당함

• 의장(대통령), 부의장(국무총리), 일정 수의 국무 위원으로 구성된다.

• 행정 각부의 장(장관)은 국무 위원 중에서 국무총리의 제청을 받아 대통령이 임명한다.

• 조직상으로는 대통령에 소속되어 있지만 업무상으로는 독립된 헌법 기관이다.

기출 Tip B-1

대통령의 신중한 권한 행사를 위한 장치

대통령의 권한 행사를 신중히 하기 위해 모든 국법상 행위는 문서로써 하며, 이 문서에는 국무총리와 관계 국무 위원의 부서를 받도록 하고 있다.

• 국무 회의의 심의 내용이 대통령의 판단과 집행을 구속하는 것은 아니다.

C 법원

1 법원의 조직 대법원과 각급 법원으로 조직됨

• 대법원 아래에는 고등 법원이, 고등 법원 아래에는 지방 법원이 설치되어 있다. 이밖에도 전문적 영역의 사건을 다루는 특수 법원으로 가정 법원, 행정 법원, 특허 법원 등이 있다.

• 대법원장과 대법관으로 구성된다.

대법원	사법부 최고 기관으로 민사·형사·행정·특허 및 가사 사건에 대한 최종 재판 담당, 위헌·위법 명령 및 규칙·처분에 대한 최종 심사, 대통령 및 국회 의원에 대한 선거 소송 재판 담당 등
고등 법원	지방 법원의 판결·심판·결정·명령에 대한 상소 사건 심판
지방 법원	민사·형사 사건에 대한 1심 심판, 지방 법원 단독 판사의 판결·결정에 대한 상소 사건 심판

2 공정한 재판을 위한 제도

• 법원은 공정한 재판을 실현하기 위해 공개 재판주의, 증거 재판주의 등의 원칙을 채택하고 있다.

① 사법권의 독립: 법원의 독립, 법관의 독립 → 공정한 재판을 실현하여 국민의 기본권 보장

② 심급 제도: 하급 법원의 판결 등에 불복할 경우 상급 법원에서 재판을 받을 수 있도록 하는 제도

• 우리나라에서는 원칙적으로 3심제로 운영된다.

3 우리나라의 국가 기관 빈출자료 Link • 164-165번 문제

(우리나라 국가 기관 간의 견제와 균형)

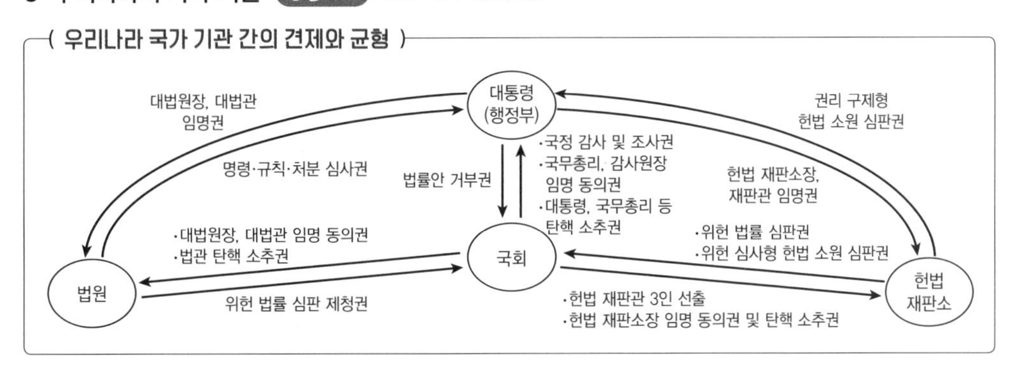

기출 Tip C-2

우리나라의 심급 제도

3심	대법원	
	↑ 상고·재항고 ↑	
2심	지방 법원 본원 합의부	고등 법원
	↑ 항소·항고 ↑	
1심	지방 법원 및 지원 단독 판사	지방 법원 및 지원 합의부
	가벼운 사건	무거운 사건

▲ 민사·형사 사건의 심급 제도

항소는 1심 법원의 판결에 불복하여 2심 법원에 재판을 청구하는 것이고, 상고는 2심 법원의 판결에 불복하여 대법원에 재판을 청구하는 것이다. 항고와 재항고는 법원의 결정·명령에 불복하여 2심, 3심 재판을 청구하는 것을 말한다.

D 헌법 재판소

• 헌법 관련 심판을 담당하는 기관으로 헌법을 수호하고 국민의 기본권을 보장한다.

1 헌법 재판소의 구성 법관의 자격을 가진 9명의 재판관으로 구성됨

• 3명은 국회가 선출하고, 대통령과 대법원장이 각각 3명씩 지명하여 대통령이 임명한다.

2 헌법 재판소의 권한

• 법원은 법률의 위헌 여부가 재판의 전제가 되었을 때 직권 또는 재판 당사자의 신청에 의한 결정으로 헌법 재판소에 위헌 법률 심판을 제청할 수 있다.

위헌 법률 심판	법원의 제청에 따라 재판의 전제가 되는 법률이 헌법에 위반되는지를 판단하는 심판
헌법 소원 심판	헌법에 보장된 국민의 기본권이 공권력에 의하여 침해되었을 때 이를 구제하기 위한 심판
탄핵 심판	국회에서 탄핵 소추된 고위직 공무원의 파면 여부를 심사하는 심판
정당 해산 심판	정부의 제소에 따라 정당의 목적이나 활동이 민주적 기본 질서에 어긋나는지를 판단하여 정당의 해산을 결정하는 심판
권한 쟁의 심판	국가 기관 및 지방 자치 단체 간의 권한과 의무에 대한 다툼을 심판

• 법률의 위헌 결정, 탄핵의 결정, 정당 해산의 결정, 헌법 소원 심판의 인용 결정은 재판관 9인 중 6인 이상의 찬성이 필요한 한편 권한 쟁의 심판은 재판관 과반수 찬성으로 인용을 결정한다.

기출 Tip D-2

헌법 소원 심판의 종류

권리 구제형 헌법 소원	공권력의 행사 또는 불행사로 인하여 헌법상 보장된 기본권을 침해받은 국민이 제기하는 헌법 소원
위헌 심사형 헌법 소원	재판 당사자가 법원에 위헌 법률 심판 제청을 하였으나 기각되었을 때 재판 당사자가 직접 제기하는 헌법 소원

개념 확인 문제

정답과 해설 14쪽

127 다음 괄호 안의 내용 중 알맞은 말에 ○표를 하시오.

(1) 국회의 (위원회, 교섭 단체)는 본회의에서 심의할 안건을 미리 조사한다.

(2) 법률 제정 및 개정, 헌법 개정은 국회의 (입법, 재정)에 관한 권한에 속한다.

128 대통령의 지위에 따른 권한을 옳게 연결하시오.

(1) 국가 원수로서의 권한 • • ㉠ 국군 통수권, 대통령령 발포권

(2) 행정부 수반으로서의 권한 • • ㉡ 계엄 선포권, 조약 체결·비준권

129 다음 설명이 맞으면 ○표, 틀리면 ×표를 하시오.

(1) 고등 법원은 민사 사건에 대한 최종 재판을 담당한다. ( )

(2) 우리나라는 공정한 재판을 위해 심급 제도를 두고 있다. ( )

130 (㉠)는 헌법 관련 심판을 담당하는 기관으로서 헌법에 보장된 국민의 기본권이 공권력에 의하여 침해되었을 때 이를 구제하기 위한 심판인 (㉡)을 담당한다.

A 국회

131 하 중 상

국회의 구성과 권한에 대한 옳은 설명만을 〈보기〉에서 있는 대로 고른 것은?

〈 보기 〉
ㄱ. 국가의 예산안을 심의 및 확정한다.
ㄴ. 1인의 국회 의장과 2인의 부의장을 둔다.
ㄷ. 정기회는 대통령의 요구가 있을 때 30일 이내로 개회될 수 있다.
ㄹ. 국무총리, 대법원장, 대법관, 감사원장에 대한 임명 권한을 지닌다.

① ㄱ, ㄴ ② ㄱ, ㄷ ③ ㄷ, ㄹ
④ ㄱ, ㄴ, ㄹ ⑤ ㄴ, ㄷ, ㄹ

132 하 중 상

다음은 국회에 대해 정리한 필기노트이다. 밑줄 친 ㉠~㉤에 대한 설명으로 옳지 않은 것은?

1. 지위: 국민의 대표 기관, ㉠ 국정 통제 기관, 입법 기관
2. 구성: 지역구 국회 의원, 비례 대표 국회 의원
3. 의결: ㉡ 최초 의결, 재의결
4. 조직: ㉢ 각종 위원회, 교섭 단체
5. 회의 종류: 정기회, ㉣ 임시회
6. 특권: ㉤ 면책 특권, 불체포 특권

① ㉠으로서의 권한으로 정기적으로 국정 전반을 감사하고 특정 국정 사안을 조사할 수 있다.
② 법률안의 경우 ㉡은 재적 의원 과반수 출석과 재적 의원 3분의 2 이상 찬성으로 의결된다.
③ ㉢은 국회 운영의 능률성을 강화하고 의안 심사의 전문성을 제고한다.
④ ㉣의 개최는 대통령 또는 국회 재적 의원 4분의 1 이상의 요구로 가능하다.
⑤ ㉤은 국회 의원의 자주성과 독립성을 보장하기 위한 목적에서 부여된 것이다.

133 하 중 상 ••서술형

다음 대화를 읽고 물음에 답하시오.

교사: 국회 의원은 일종의 특권을 가지고 있습니다. 헌법 제44조 제1항에는 '국회 의원은 현행범인인 경우를 제외하고는 회기 중 국회의 동의 없이 체포 또는 구금되지 아니한다.'라고 규정되어 (㉠)을/를 나타냅니다.
학생: '헌법 제45조 국회 의원은 국회에서 직무상 행한 발언과 표결에 관하여 국회 외에서 책임을 지지 아니한다.'는 국회 의원의 (㉡)을/를 나타내는 것인가요?
교사: 네, 정확하게 잘 이해했군요. 그렇다면 국회의 회의 원칙 중 일사부재의의 원칙에 대해 설명해 볼까요?
학생: 일사부재의의 원칙은 ______(가)______
교사: 일사부재의의 원칙에 대해서도 잘 이해했군요.

(1) ㉠, ㉡에 들어갈 국회 의원의 특권을 각각 쓰시오.

(2) (가)에 들어갈 내용을 서술하시오.

134-135 빈출자료

그림은 우리나라의 법률 제·개정 절차를 나타낸 것이다. 물음에 답하시오.

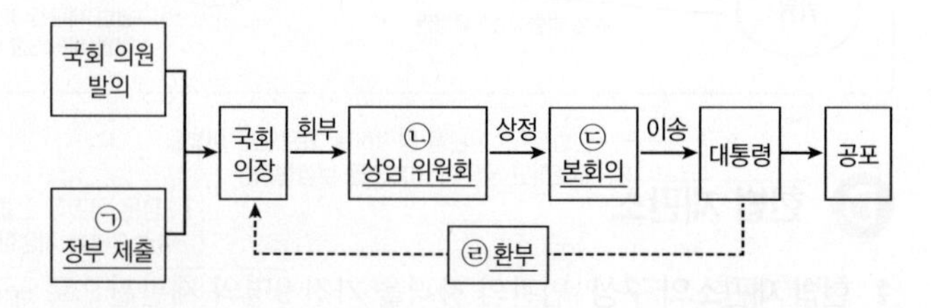

134 하 중 상

위 절차에서 법률안을 발의할 수 있는 국회 의원 최소 인원수는?

① 7인 이상 ② 9인 이상 ③ 10인 이상
④ 20인 이상 ⑤ 53인 이상

빈출 135 하 중 상

위 절차에 대한 옳은 설명을 〈보기〉에서 고른 것은?

〈 보기 〉
ㄱ. ㉠을 통해 제출된 법률안은 일반적으로 ㉡의 심사를 거치지 않는다.
ㄴ. 법률의 개정은 ㉡에서 의결한다.
ㄷ. 법률안이 ㉢에서 통과되려면 재적 의원 과반수 출석과 출석 의원 과반수 찬성이 요구된다.
ㄹ. 대통령은 재의결된 법률안에 대해 ㉣을 행사할 수 없다.

① ㄱ, ㄴ ② ㄱ, ㄷ ③ ㄴ, ㄷ
④ ㄴ, ㄹ ⑤ ㄷ, ㄹ

136 하 중 상

그림은 우리나라의 법률 제·개정 절차의 일부이다. 밑줄 친 ㉠~㉣에 대한 설명으로 옳지 않은 것은?

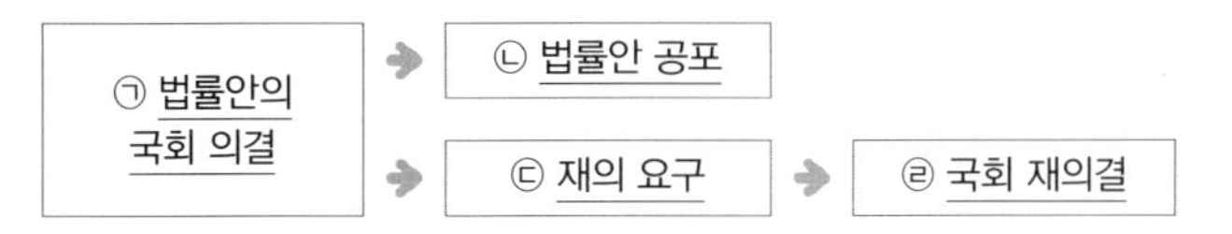

① ㉠은 재적 의원 과반수 출석과 출석 의원 과반수의 찬성이 있어야 가능하다.
② ㉡은 법률안이 정부에 이송된 후 15일 이내에 이루어진다.
③ ㉢은 대통령의 법률안 거부권 행사에 해당한다.
④ ㉣을 통해 법률안이 국회에서 통과되었더라도 대통령은 해당 법률안에 대해 거부권을 행사할 수 있다.
⑤ ㉡, ㉢은 모두 대통령에 의해 이루어진다.

137 하 중 상

그림은 우리나라의 헌법 기관 A, B를 구분한 것이다. A가 B를 견제하는 수단으로 옳은 것은? (단, A, B는 각각 국회와 대통령 중 하나이다.)

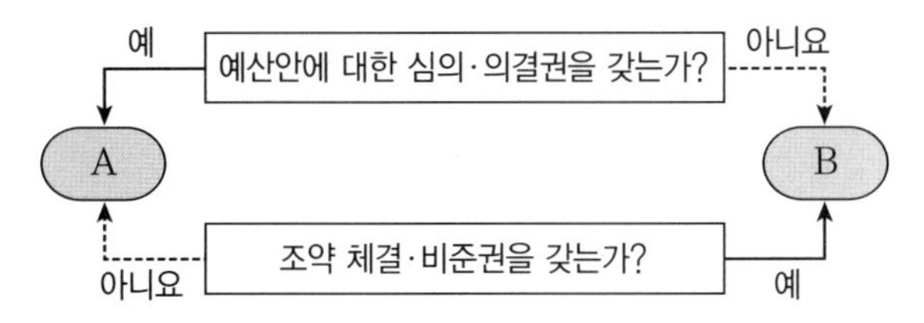

① 탄핵 심판권
② 탄핵 소추권
③ 국무 위원 임명 제청권
④ 명령·규칙·처분 심사권
⑤ 대법원장 및 대법관 임명권

138 하 중 상

다음은 가상의 국회 의사 일정을 나타낸 것이다. 밑줄 친 ㉠~㉤에 대한 설명으로 옳은 것은?

〈 ㉠ 본회의 의사 일정 〉
- 49개 ㉡ 법률안 의결
- ㉢ ○○부 장관 해임 건의안 처리
- 국군의 해외 파병 동의안 처리

〈 위원회 의사 일정 〉
- 운영 위원회: ㉣ 교섭 단체 요건 완화 방안 논의
- 국방 위원회: ㉤ △△ 법률안(정부 제출) 심의

① ㉠은 정기회에서만 열린다.
② ㉡이 이루어질 경우 해당 법률안은 즉시 법률로 확정된다.
③ ㉢이 의결될 경우 대통령은 반드시 ○○부 장관을 해임해야 한다.
④ ㉣은 국회 의원 10인 이상으로 구성된다.
⑤ ㉤은 의원 내각제 요소이다.

139 하 중 상

다음은 정치와 법 수업 시간에 활용된 학습 활동지의 일부이다. 이에 대한 옳은 설명만을 〈보기〉에서 고른 것은? (단, A, B는 각각 헌법과 법률 중 하나이다.)

* 학습 주제: A와 B의 개정 절차
  - ㉠ A의 개정 절차
    - 제안: 국회 의원 과반수 또는 대통령
  - ㉡ B의 개정 절차
    - 제안: 국회 의원 10인 이상, 위원회 또는 정부

〈 보기 〉
ㄱ. B는 A보다 상위법에 해당한다.
ㄴ. ㉠은 반드시 국민 투표를 거쳐야 한다.
ㄷ. ㉠과 달리 ㉡은 국회 의결 시 재적 의원 과반수의 출석과 출석 의원 과반수의 찬성이 필요하다.
ㄹ. ㉠, ㉡ 모두 국회 의결에 대해 대통령이 거부권을 행사할 수 있다.

① ㄱ, ㄴ　② ㄱ, ㄷ　③ ㄴ, ㄷ
④ ㄴ, ㄹ　⑤ ㄷ, ㄹ

B 대통령과 행정부

140 하 중 상 ••서술형

다음은 행정부의 조직에 대한 설명이다. 물음에 답하시오.

> 이 조직은 행정부 내 최고 심의 기관으로서 법률안, 예산안, 외교와 군사에 관한 주요 사항 등 행정부의 중요 정책을 심의한다.

(1) 밑줄 친 '이 조직'을 쓰시오.

(2) (1)의 구성 방식을 참여자와 관련지어 서술하시오.

141-142 빈출자료

그림은 우리나라 행정부 조직을 나타낸 것이다. 물음에 답하시오.

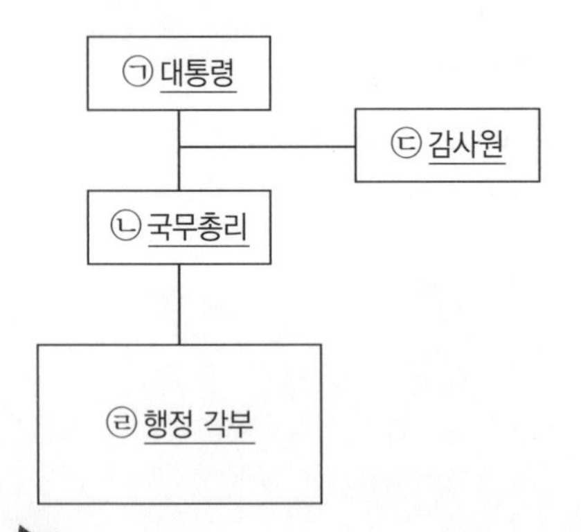

141 하 중 상

밑줄 친 ㉠~㉣에 대한 설명으로 옳은 것은?

① ㉠의 임기는 4년이다.
② ㉡은 행정부 수반이다.
③ ㉡은 국무 회의에 참여하지 못한다.
④ ㉢의 장(長)은 국회의 동의를 얻어 ㉡이 임명한다.
⑤ ㉣의 장(長)은 ㉡의 제청을 받아 ㉠이 임명한다.

142 하 중 상

밑줄 친 ㉠~㉣에 대한 설명으로 옳지 않은 것은?

① ㉠은 국가 원수이자 행정부 수반이다.
② ㉡은 국무 회의에서 의장 역할을 담당하지만, 대통령의 자리가 공석일 경우에는 그 권한을 대행할 수 없다.
③ ㉢은 대통령 직속의 헌법 기관이지만, 업무에 관해서는 독립되어 있다.
④ ㉣의 장(長)은 소관 사무에 관해 결정하고 집행하며 소속 직원들을 지휘 및 감독한다.
⑤ ㉣의 장(長)과 달리 ㉡을 임명하기 위해서는 국회의 동의를 받아야 한다.

143 하 중 상

우리나라 헌법의 각 조항에 해당하는 대통령의 지위에 따라 행사한 권한을 〈보기〉에서 골라 옳게 연결한 것은?

> 헌법 제66조
> ① 대통령은 국가의 원수이며, 외국에 대하여 국가를 대표한다.
> ④ 행정권은 대통령을 수반으로 하는 정부에 속한다.

〈 보기 〉
ㄱ. 신임 헌법 재판소장 임명
ㄴ. 군 장성 진급 및 보직 신고
ㄷ. 정부 부처별 핵심 정책 심의
ㄹ. 주요 20개국(G20) 정상 회의 참석
ㅁ. 자유 무역 협정(FTA) 최종 합의안에 서명

	헌법 제66조 ①	헌법 제66조 ④
①	ㄱ, ㄴ	ㄷ, ㄹ, ㅁ
②	ㄱ, ㄷ	ㄴ, ㄹ, ㅁ
③	ㄴ, ㄷ	ㄱ, ㄹ, ㅁ
④	ㄱ, ㄹ, ㅁ	ㄴ, ㄷ
⑤	ㄴ, ㄷ, ㅁ	ㄱ, ㄹ

144 하 중 상

우리나라 대통령의 권한 (가)~(라)에 대한 설명으로 옳은 것은?

> (가) 필요한 사항에 대해 대통령령을 발한다.
> (나) 최고 사령관으로서 국군을 지휘하고 통솔한다.
> (다) 국가 비상사태에 있어서 계엄을 선포할 수 있다.
> (라) 본회의에서 의결된 법률안에 대해 재의를 요구할 수 있다.

① 대통령은 (가)의 행사를 통해 사법부를 견제할 수 있다.
② (나)는 대통령이 국가 원수로서 행사하는 권한이다.
③ (다)는 대통령이 행정부 수반으로서 행사하는 권한이다.
④ 대통령은 (라)의 행사를 통해 입법부를 견제할 수 있다.
⑤ (가)~(라) 모두 국무총리의 동의를 얻어야만 권한을 행사할 수 있다.

145 하 중 상

우리나라의 국가 기관 A~C에 대한 설명으로 옳은 것은?

> • A는 B의 동의를 얻어 대통령이 임명한다.
> • 대통령은 C의 의장이 되고, A는 부의장이 된다.

① A는 대법관 임명 동의권을 가진다.
② B는 감사원장 및 대법원장 임명권을 가진다.
③ C는 국정 감사 및 국정 조사권을 갖는다.
④ 대통령의 부재 시 A가 아닌 B가 그 권한을 대행할 수 있다.
⑤ B는 A에 대한 해임을 대통령에게 건의할 수 있다.

146-147 빈출자료

다음은 우리나라의 헌법 기관 A~E와 관련한 가상의 뉴스 내용이다. 물음에 답하시오.

> 오늘 A의 주재로 열린 국무 회의에서는 □□ 법률 개정안 제출을 위한 심의를 하였습니다. 한편 B는 국무 위원 임명 제청권자인 C의 임명 동의에 대한 표결을 진행하였고, 이번 주 중으로 A 직속의 독립적 국가 기관 D의 장(長)에 대한 임명 동의안을 처리하기 위해 청문회를 진행할 예정입니다. 또한 E는 B가 청구한 ○○부 장관에 대한 탄핵 소추안에 대하여 각하 결정을 하였습니다.

146 하 중 상

A~E 중 아래 내용에서 설명하는 국가 기관으로 옳은 것은?

> 조직상 행정부에 속하는 헌법 기관으로서 국가의 세입·세출의 결산, 국가 및 법률에서 정한 단계의 회계 감사와 행정 기관 및 공무원의 직무에 관한 감찰을 한다.

① A ② B ③ C ④ D ⑤ E

147 하 중 상

A~E에 대한 옳은 설명만을 〈보기〉에서 있는 대로 고른 것은?

〈 보기 〉
ㄱ. A의 모든 국법상 행위는 문서로써 하며, 이 문서에는 B의 재적 의원이 부서한다.
ㄴ. B는 예산안 심의·의결권 및 결산 심사권을 갖는다.
ㄷ. D는 국가 기관 간의 권한 쟁의에 대한 심판권을 가진다.
ㄹ. C는 D와 달리 조직상 행정부에 속하는 기관이다.
ㅁ. E의 재판관은 모두 A가 임명한다.

① ㄱ, ㄷ ② ㄴ, ㅁ ③ ㄱ, ㄴ, ㄹ
④ ㄴ, ㄷ, ㄹ ⑤ ㄷ, ㄹ, ㅁ

148 하 중 상

다음은 가상 뉴스의 일부이다. 우리나라의 헌법 기관 A~C에 대한 설명으로 옳은 것은? (단, A~C는 각각 국회, 대통령, 국무 위원 중 하나이다.)

① A는 세입·세출의 결산을 매년 검사하여 B와 C에 그 결과를 보고하여야 한다.
② B는 A의 임시회 소집을 요구할 수 없다.
③ A는 C의 동의를 얻어 국무총리를 임명한다.
④ B와 달리 C는 행정부 최고 심의 기관의 구성원이다.
⑤ A의 의장과 달리 C는 탄핵 소추 대상에 포함되지 않는다.

C 법원

149 하 중 상

다음 헌법 조항들이 공통으로 실현하고자 하는 목적으로 가장 적절한 것은?

> • 제101조 ① 사법권은 법관으로 구성된 법원에 속한다.
> • 제103조 법관은 헌법과 법률에 의하여 양심에 따라 독립하여 심판한다.
> • 제106조 ① 법관은 탄핵 또는 금고 이상의 형의 선고에 의하지 아니하고는 정직, 감봉 기타 불리한 처분을 받지 아니한다.

① 사법부가 갖는 국민의 대표성을 강화한다.
② 입법부에 대한 사법부의 우위를 확보한다.
③ 신속한 재판을 통해 사회 통합을 달성한다.
④ 공정한 재판을 통해 국민의 기본권을 보장한다.
⑤ 사법권의 독립을 통해 법관의 전문성을 신장한다.

150 하 중 상

다음 글에 대한 설명으로 옳지 않은 것은?

> 우리 헌법에서는 ㉠ 사법권의 독립을 명시하고 있다. 헌법에서 ㉡ 사법권의 독립을 규정하고 있는 궁극적인 목적은 ______(가)______을/를 실현하는 것이다. 이와 같은 목적을 지닌 사법권의 독립을 실현하기 위해 우리 헌법은 ㉢ 법원의 독립과 ㉣ 법관의 독립을 규정하고 있다.

① ㉠은 법을 적용하여 심판하는 작용이다.
② ㉡은 공정한 재판의 실현을 추구한다.
③ ㉢은 다른 기관으로부터의 독립을 의미한다.
④ ㉣을 실현하기 위해 법관의 자격을 법률로 규정하고 있다.
⑤ (가)에 들어갈 말로 '법관의 권위'가 적절하다.

151 하 중 상

밑줄 친 ㉠, ㉡에 대한 설명으로 옳은 것은?

> • 갑은 선거 운동 기간 이전에 지역 주민들에게 명함을 돌리고 금품을 제공하여 「공직 선거법」 위반으로 기소되었다. 갑은 ㉠ ○○ 법원에서 실형을 선고받았으나 이에 불복하여 항소하였다.
> • 항소심 재판을 담당한 ㉡ △△ 법원은 응급실을 방문한 환자가 의료진의 문진 의무 소홀로 적절한 치료를 받지 못해 질병이 악화되었으므로 의료진에게 손해 배상 책임이 있다고 판결하였다.

① ㉠은 1심 재판을 담당하였다.
② ㉡은 사법부의 최고 기관이다.
③ ㉠은 ㉡의 판결에 대한 상고 사건을 담당한다.
④ ㉡은 ㉠과 달리 위헌 법률 심판 제청권을 가진다.
⑤ ㉡은 ㉠의 결정·명령에 대한 재항고 사건을 담당한다.

152 하 중 상

그림은 우리나라 민사·형사 사건의 심급 제도를 나타낸 것이다. 이에 대한 설명으로 옳은 것은?

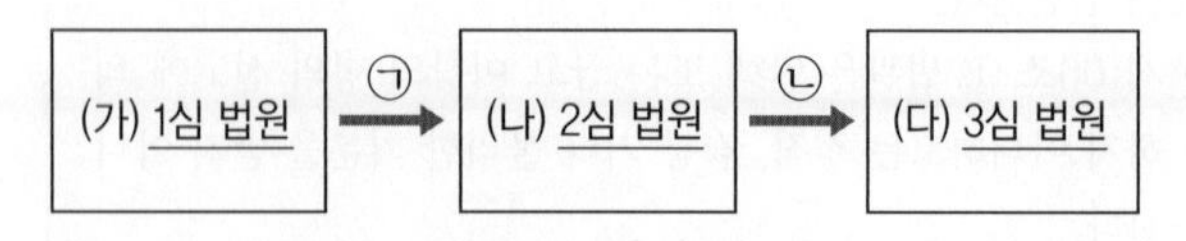

① 동일 사건에 대해 ㉠이 항고라면 ㉡은 상소이다.
② (가)가 '지방 법원 및 지원 단독 판사'이면 (나)는 '고등 법원'이다.
③ (다)는 선거 소송 재판권을 가진다.
④ (다)는 최고 법원으로서 항소 및 항고 사건을 담당한다.
⑤ (나)는 (가)와 달리 위법한 명령에 대한 최종 심사권을 가진다.

153 하 중 상

그림은 우리나라 법원의 조직을 나타낸 것이다. (가), (나)에 대한 설명으로 옳은 것은?

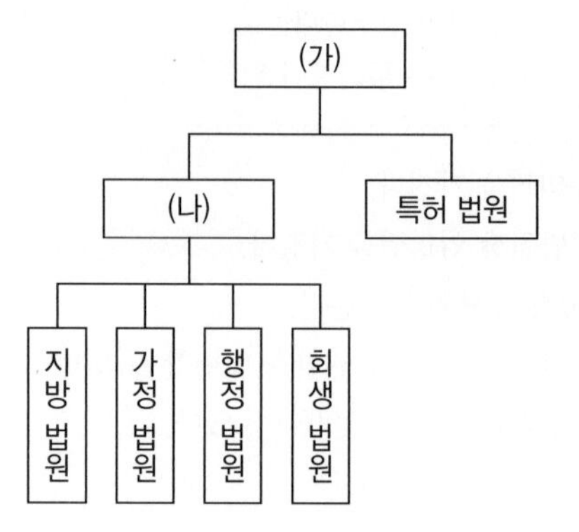

① (가)는 상고 사건과 항고 사건을 담당한다.
② (가)는 권한 쟁의 심판권을 가진다.
③ 위헌 법률 심사는 (나)에서만 제청할 수 있다.
④ 가벼운 민사 사건의 경우 (나)가 아닌 지방 법원 본원 합의부에서 2심을 담당하기도 한다.
⑤ (나)는 (가)와 달리 대통령 및 국회 의원에 대한 선거 소송을 담당한다.

154 하 중 상

그림은 우리나라 민사·형사 사건의 심급 제도를 나타낸 것이다. 이에 대한 설명으로 옳은 것은?

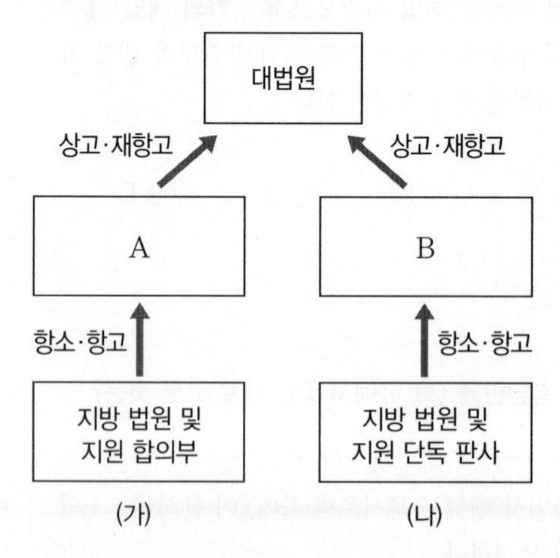

① A는 형사 사건의 최종 재판을 담당한다.
② B는 고등 법원이다.
③ A는 B보다 상급 법원이다.
④ (나)는 헌법에 보장된 국민의 기본권이 침해당했을 때 이를 구제하기 위한 헌법 소원 심판을 진행하는 절차이다.
⑤ 일반적으로 (가)는 가벼운 사건, (나)는 무거운 사건을 다루는 절차이다.

155 하/중/상

그림은 우리나라 국가 기관 A~C 간의 상호 견제를 나타낸 것이다. 이에 대한 설명으로 옳은 것은? (단, A~C는 각각 입법부, 행정부, 사법부 중 하나이다.)

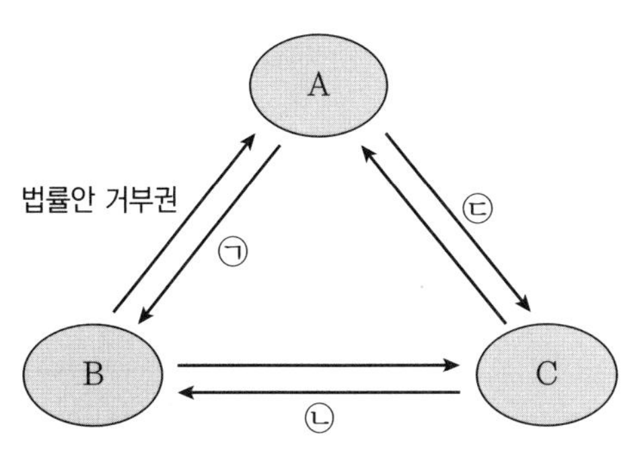

* 화살표는 국가 기관 간의 견제 방향을 나타낸다.

① A는 국가의 세입·세출 결산 검사권을 가진다.
② B의 수반은 임시회의 소집을 요구할 수 없다.
③ B는 C와 달리 법률을 제정하는 기관이다.
④ ㉡에는 '국정 감사권'이 들어갈 수 있다.
⑤ ㉠, ㉢에는 모두 '탄핵 소추권'이 들어갈 수 있다.

156 하/중/상

표는 우리나라 국가 기관 간의 견제와 균형을 나타낸 것이다. 이에 대한 설명으로 옳은 것은? (단, (가)~(다)는 각각 입법부, 행정부, 사법부 중 하나이다.)

구분		견제 대상		
		(가)	(나)	(다)
견제 주체	(가)		탄핵 소추권	A
	(나)	B		C
	(다)	D	E	

① (가)는 법률 집행을 담당한다.
② (다)가 행정부라면 (가)는 사법부, (나)는 입법부이다.
③ C가 '명령·규칙 심사권'이면, (나)는 사법부이다.
④ A가 '국무총리 해임 건의권'이면, B에는 '국정 조사권'이 포함된다.
⑤ D가 '법률안 거부권'이면, E에는 '국정 감사권'이 포함된다.

D 헌법 재판소

157 하/중/상

㉠에 들어갈 헌법 기관에 대한 설명으로 옳지 않은 것은?

> 갑은 ○○법을 위반하여 재판을 받던 중, ○○법이 헌법에 어긋난다며 해당 법원에 위헌 법률 심판 제청 신청을 하였다. 그러나 법원은 갑의 위헌 법률 심판 제청 신청을 기각하였다. 이에 갑은 헌법 소원 심판 청구를 하였고, (㉠)은/는 ○○법이 헌법에 어긋난다는 내용의 결정을 내렸다.

① 헌법 수호 기관이다.
② 기본권 보장 기관이다.
③ 9인의 재판관으로 구성된다.
④ 사법 조직에서 최고 법원에 해당한다.
⑤ ㉠의 장은 국회의 동의를 얻어 대통령이 임명한다.

158 하/중/상

다음은 수업 시간에 나눈 대화 내용이다. 교사의 질문에 옳게 대답한 학생만을 있는 대로 고른 것은?

> • 선생님: 우리나라 헌법 재판소에 대해 이야기해 볼까요?
> • 갑: 사법적 헌법 보장 기관이며 헌법 관련 최종 심판 기관 및 기본권 보장 기관이라고 불리는 독립된 기관입니다.
> • 을: 9인의 재판관으로 구성이 됩니다.
> • 병: 헌법 재판소 재판관은 국회의 동의를 얻어 국무총리가 임명합니다.
> • 정: 공정한 헌법 심판을 위해 심판에 불복하면 당사자에게 상소의 기회를 부여합니다.
> • 무: 모든 헌법 심판에서 인용 결정을 할 때는 재판관 9인 중 6인 이상의 찬성이 있어야 합니다.

① 갑, 을　② 갑, 병　③ 을, 정
④ 갑, 을, 무　⑤ 병, 정, 무

159 하 중 상

밑줄 친 ㉠, ㉡에 대한 옳은 설명을 〈보기〉에서 고른 것은?

> 헌법 재판소는 헌법상 보장된 국민의 기본권이 침해되는 경우 이를 구제하기 위해서 헌법 소원 심판을 한다. 구체적으로 헌법 소원 심판은 ㉠ 권리 구제형 헌법 소원 심판이 있고, ㉡ 위헌 심사형 헌법 소원 심판이 있다.

〈 보기 〉

ㄱ. ㉠의 인용 결정은 재판관 6인의 찬성이 있어야 한다.
ㄴ. ㉠은 공권력의 행사로 인해서 기본권을 침해당한 사람이 청구하되, 공권력의 불행사로 인해서 기본권을 침해당한 사람은 청구할 수 없다.
ㄷ. ㉡은 재판 진행 중에 위헌 법률 심판 제청 신청을 기각당한 당사자가 직접 헌법 재판소에 청구하는 것이다.
ㄹ. ㉡은 ㉠과 달리 법원의 재판에 대해서도 청구할 수 있다.

① ㄱ, ㄴ ② ㄱ, ㄷ ③ ㄴ, ㄷ
④ ㄴ, ㄹ ⑤ ㄷ, ㄹ

160 하 중 상

••서술형

다음 사례를 읽고 물음에 답하시오.

> (가) 갑은 "○○법 제38조는 헌법에 위반된다."를 내용으로 하는 청구가 법원에 의해 기각되자 이를 내용으로 하는 청구서를 헌법 재판소에 제출하였다.
> (나) △△ 법원 판사 을은 "이번 사건의 전제인 □□법 제48조는 헌법에 위반된다."를 내용으로 하는 청구서를 헌법 재판소에 제출하였다.

(1) (가), (나)와 관련된 헌법 재판소의 권한을 각각 쓰시오.

(2) 위 내용을 토대로 (가), (나)의 차이점을 청구 주체를 중심으로 서술하시오.

161 하 중 상

표의 A, B에 대한 설명으로 옳은 것은? (단, A와 B는 각각 헌법 소원 심판, 위헌 법률 심판 중 하나이다.)

구분	A	B
청구자가 국민인가?	아니요	예
(가)	예	아니요

① A는 법원이 직권으로 제청할 수 없다.
② B는 A와 달리 입법부에 대한 견제 수단이다.
③ A는 헌법 소원 심판, B는 위헌 법률 심판이다.
④ (가)에 '헌법 재판소가 심판을 담당하는가?'가 들어갈 수 없다.
⑤ (가)에 '법률의 위헌 여부를 심판할 수 있는가?'가 들어갈 수 있다.

162 하 중 상

그림은 헌법 재판소의 권한 A~E를 구분한 것이다. 이에 대한 설명으로 옳은 것은?

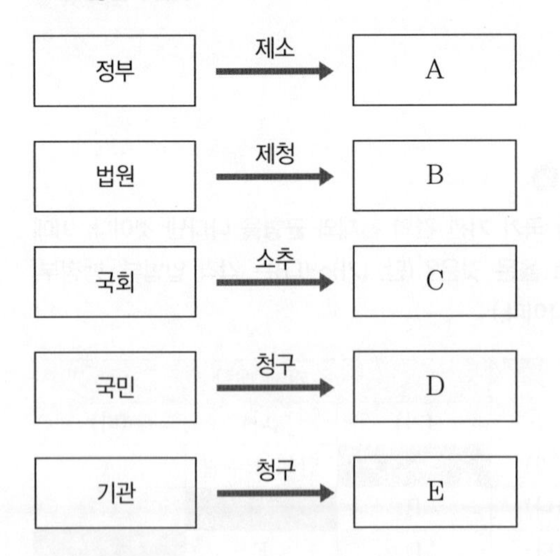

① A에 따른 정당 해산의 결정은 재판관 6인 이상의 찬성이 필요하다.
② B는 재판이 끝난 후에만 제청할 수 있다.
③ 대통령은 C의 대상에서 제외된다.
④ 공권력의 행사로 기본권을 침해당했을 경우 최초 수단으로 D를 청구할 수 있다.
⑤ 지방 자치 단체는 E를 청구할 수 없다.

163 하 중 상

㉠, ㉡에 해당하는 우리나라 헌법 기관에 대한 설명으로 옳은 것은?

> (㉠)와/과 (㉡)은/는 사법권을 담당하는 별개의 헌법 기관이다. (㉠)은/는 법관으로 구성되며 여기서 이루어지는 사법 작용은 기본적으로 3심제를 적용한다. (㉡)은/는 법관의 자격이 있는 9인의 재판관으로 구성되며 헌법 관련 심판을 담당한다.

① ㉠의 최고 기관은 감사원이다.
② ㉠에서 최종심은 고등 법원이 담당한다.
③ ㉡의 재판관 중 3명은 국회가 선출하고, 대통령과 국무총리가 각각 3명씩 지명한다.
④ ㉡은 정당의 목적이나 활동이 민주적 기본 질서에 어긋날 때 정당의 해산 여부를 결정할 수 있다.
⑤ ㉠의 권한과 달리 ㉡의 권한은 사법권의 독립 원칙을 적용받지 않는다.

164-165 빈출자료*

그림은 우리나라 국가 기관 간의 견제 관계를 나타낸 것이다. 물음에 답하시오. (단, A~C는 각각 국회, 행정부, 법원 중 하나이다.)

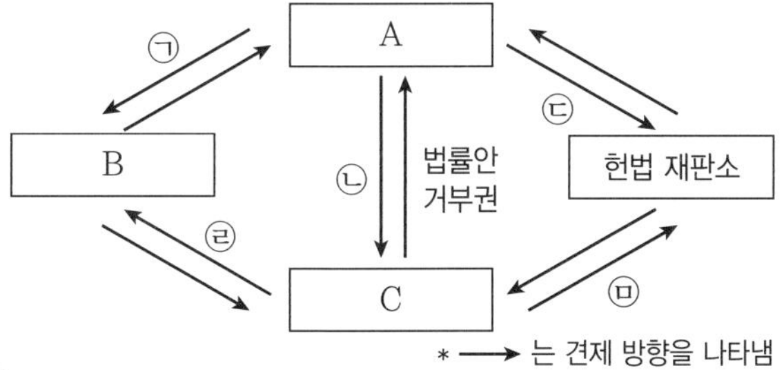

164 하 중 상

㉠~㉤에 해당하는 견제 수단을 옳게 연결한 것은?

① ㉠ – 위헌 법률 심판 제청권
② ㉡ – 국무총리 임명 동의권
③ ㉢ – 명령·규칙·처분 심사권
④ ㉣ – 대법원장 임명 동의권
⑤ ㉤ – 권리 구제형 헌법 소원 심판권

165 하 중 상

위 그림에 대한 설명으로 옳은 것은?

① ㉠, ㉡, ㉢에는 '탄핵 소추권'이 들어갈 수 있다.
② ㉣에는 '명령·규칙·처분 심사권'이 들어갈 수 있다.
③ ㉤에는 '헌법 소원 심판권'이 들어갈 수 있다.
④ B는 A와 달리 법률의 집행에 필요한 명령을 발할 수 있다.
⑤ C는 위헌 정당 해산에 대한 심판권을 가진다.

166 하 중 상

우리나라의 헌법 기관 A~E에 대한 설명으로 옳은 것은?

> • 고위 공직자가 헌법 질서를 위배하자 A가 헌법 기관인 B에 고위 공직자의 탄핵을 소추하였다.
> • C가 목적이나 활동이 민주적 기본 질서에 위배된다고 생각하는 정당의 해산 심판을 제소할 경우 B는 정당을 해산할 것인지 여부를 결정한다.
> • B는 9인의 재판관으로 구성되는데 이 중 3명은 A에서 선출하고, D와 E가 각각 3명씩 지명한다. 이들은 모두 E가 임명한다.

① A는 선거를 통해 구성된 국민의 대표 기관이다.
② B는 국가 작용이 헌법적 질서에 있도록 돕는 행정부 산하 기관이다.
③ C는 국가의 법 적용의 옳고 그름을 가리고 재판권을 행사한다.
④ E는 민사·형사·가사 사건의 최종심을 담당하는 법원의 구성원이다.
⑤ D는 A가 E의 동의를 거쳐 임명한다.

167 하 중 상

우리나라의 헌법 기관 A~D에 대한 설명으로 옳은 것은?

> A는 ○○법 제△△조에 대해 위헌 법률 심판 제청을 하였다.

> B는 ○○법 제△△조에 대해 위헌 법률 심판에서 해당 조항을 ㉠ 위헌으로 결정하였다.

> C는 ○○법 개정안을 의결하였다.

> D는 정부로 이송된 ○○법 개정안을 공포하였다.

① A는 위헌 정당 해산 제소권을 가진다.
② B는 대통령과 국회 의원에 대한 선거 소송 재판을 담당한다.
③ B의 소속 재판관 과반수의 찬성으로 ㉠이 결정된다.
④ C는 국가의 예산안을 편성하고 심의·확정한다.
⑤ D는 C의 동의를 얻어 B의 장(長)을 임명한다.

지방 자치

Ⓐ 지방 자치의 의미와 우리나라의 지방 자치 단체

1 지방 자치의 의미와 의의

① 지방 자치: 일정한 지역의 주민이 자치 단체를 구성하여 해당 지역의 사무를 자율적으로 처리하는 제도 → 단체 자치, 주민 자치

② 지방 자치의 의의: 지역 주민의 정치의식과 책임 의식 고양(→ 풀뿌리 민주주의 실현), 중앙 정부로의 정치권력 집중 방지(→ 중앙 정부와 지방 정부 간 수직적 권력 분립 실현)

2 우리나라 지방 자치 단체의 구성

지방 의회	지방 자치 단체장
• 주민의 대표 기관, 지역 내 최고 의사 결정 기관 • 조례 제정 및 개폐, 지방 예산의 심의·확정 등 • 지방 행정 사무에 대한 감사 및 조사	• 지역 내 행정 사무를 총괄하는 집행 기관 • 규칙 제정, 지역의 행정 사무 처리 등 • 지방 의회의 의결에 대해 재의 요구권 행사

• 지방 행정 사무에 대한 감사 및 조사: 집행 기관에 대한 견제 및 감시 권한이다.
• 재의 요구권 행사: 지방 의회를 견제할 수 있는 권한이다.

3 우리나라 지방 자치 단체의 구성 빈출자료 Link • 172-173번, 182-183번 문제

(우리나라 지방 자치 단체의 종류와 구성)

구분		의결 기관	집행 기관	
			일반 업무	교육·학예 업무
광역 자치 단체	특별시, 광역시, 특별자치시, 도, 특별자치도	시·도 의회	시장·도지사	교육감
기초 자치 단체	시·군·구 (자치구)	시·군·구 의회	시장·군수·구청장	–

▲ 지방 자치 단체의 종류

지방 의회 (의결 기관) ↑ 선거 / 지방 자치 단체의 장 (집행 기관) ↑ 선거 / 지역 주민

▲ 지방 자치 단체의 구성

• 지방 의회 의원(지역구 의원, 비례 대표 의원)과 지방 자치 단체장은 주민의 직접 선거를 통해 선출되며, 임기는 4년이다.

• 1995년 본격적으로 지방 자치를 시행하여 행정적 분권을 이루었으며, 주민 참여를 확대하는 방향으로 변화하고 있다.

Ⓑ 우리나라 지방 자치의 현실과 과제

1 우리나라의 주요 주민 참여 제도

주민 투표	지방 자치 단체의 중요 정책 등을 주민 투표로 결정하는 제도
주민 소환	선출직 지역 공직자를 임기 중에 주민 투표로 해임할 수 있는 제도
주민 조례 제정 및 개폐 청구	일정 수 이상의 주민들이 정해진 요건을 갖추어 조례의 제정, 개정 및 폐지를 청구하는 제도

• 주민 소환: 지방 자치 단체장, 지방 의회 의원(지역구 의원)을 주민 소환 투표권자 총수의 3분의 1 이상 투표와 유효 투표 총수의 과반수 찬성으로 해임할 수 있다.
• 주민 참여 제도 중 직접 민주 정치의 요소를 지닌 제도들이다.

2 우리나라 지방 자치의 문제점과 발전 과제

① 문제점: 지방 자치 단체의 자율성 제약, 지역 주민의 적극적 참여 부족, 지역 이기주의 등

② 발전 과제: 지방 분권 강화, 주민 참여 활성화, 공동체 의식 함양 등

• 지방 분권 강화: 지방세 비중을 높이는 등 조세 제도를 개선하여 지방 자치 단체의 재정 자립도를 높이고, 지방 의회 및 지방 자치 단체의 권한을 확대해야 한다.

기출 Tip Ⓐ-1

단체 자치와 주민 자치

단체 자치	지방 자치 단체가 중앙 정부로부터 자치권을 인정받아 스스로 지역 사무를 처리하는 지방 자치
주민 자치	지역 주민들이 해당 지역의 문제에 관한 정책을 스스로 결정하고 처리하는 지방 자치

기출 Tip Ⓐ-2

조례와 규칙의 제정 범위

조례는 법령의 범위 내에서 지방 의회의 의결을 거쳐 제정하며, 규칙은 지방 자치 단체의 장이 법령 또는 조례가 위임한 범위 내에서 정한다.

기출 Tip Ⓑ-1

다양한 주민 참여 제도

주민 참여 예산제	지방 자치 단체의 예산 편성 과정에 주민이 직접 참여하는 제도
주민 감사 청구	잘못된 행정으로 권리와 이익을 침해당한 주민이 직접 감사를 청구하는 제도
주민 소송	지방 자치 단체가 부당한 재정 활동을 한 경우 법원에 소송을 제기하는 제도
주민 청원	지방 자치 단체가 마련하기를 바라는 정책, 조치 등을 지방 의회에 문서로 청원할 수 있는 제도

개념 확인 문제

정답과 해설 18쪽

168 다음 설명이 맞으면 ○표, 틀리면 ×표를 하시오.

(1) 지방 자치는 풀뿌리 민주주의의 실현을 추구한다. ( )

(2) 지방 자치 단체장은 지역 내 행정 사무를 총괄한다. ( )

(3) 지방 의회는 법령의 범위 내에서 규칙을 제정할 수 있다. ( )

169 다음 괄호 안의 내용 중 알맞은 말에 ○표를 하시오.

(1) 특별시, 광역시, 특별자치시는 (광역, 기초) 자치 단체에 해당한다.

(2) 주민 (소송, 소환)은 선출직 지역 공직자를 주민 투표로 해임하는 제도이다.

(3) 지방 자치 단체의 자율성 향상을 위해 지방 분권을 (강화, 약화)해야 한다.

정답과 해설 18쪽

A 지방 자치의 의미와 우리나라의 지방 자치 단체

170 하 중 상

밑줄 친 '이것'의 의의로 적절하지 않은 것은?

> 이것은 일정한 지역에 거주하는 주민들이 단체를 구성해 자신들의 의사와 책임하에 해당 지역의 정치와 행정을 처리하는 활동을 의미한다. 이것은 일정한 구역, 그 구역 내에 거주하는 주민과 그 주민들에 의한 자치 활동으로 이루어진다.

① 직접 민주제의 한계를 극복할 수 있다.
② 주민의 정치의식 고양에 기여할 수 있다.
③ 지역의 정책 결정과 집행에 주민이 참여할 수 있다.
④ 중앙 정부의 권력 남용을 견제하고 억제할 수 있다.
⑤ 중앙 정부와 지방 정부 간 수직적 권력 분립 실현에 기여할 수 있다.

171 하 중 상

다음은 지방 자치 단체의 권한에 대한 설명이다. A~C에 해당하는 법규를 옳게 연결한 것은?

> 헌법상 지방 정부에 주어진 권한으로는 자치 입법권, 자치 행정권 등이 있다. 자치 입법권 규정에 따라 지방 의회는 특정 사무에 관하여 A의 범위 내에서 B를 제정할 수 있고, 지방 자치 단체장은 A와 B의 범위 안에서 지역의 사무 처리를 위한 C를 제정할 수 있다.

	A	B	C
①	규칙	법령	조례
②	규칙	조례	법령
③	법령	규칙	조례
④	법령	조례	규칙
⑤	조례	법령	규칙

172-173 빈출자료

표는 우리나라 지방 자치 단체의 구성을 나타낸 것이다. 물음에 답하시오.

구분	의결 기관	집행 기관	
		일반 업무	교육·학예 업무
광역 자치 단체	시·도 의회	㉡	㉣
기초 자치 단체	㉠	㉢	-

172 하 중 상

㉡~㉣에 해당하는 지방 자치 단체만을 옳게 짝지은 것은?

① ㉡ - 군수, 도지사
② ㉡ - 시장, 군수, 구청장
③ ㉢ - 군수, 구청장
④ ㉢ - 시장, 도지사
⑤ ㉣ - 구청장, 교육감

173 하 중 상

㉠~㉣에 대한 설명으로 옳은 것은?

① ㉠은 지역구 의원으로만 구성된다.
② ㉡은 법령과 조례의 범위 안에서 규칙을 제정할 수 있다.
③ ㉢은 지방 자치 단체의 예산을 심의·확정한다.
④ ㉠의 지역구 의원은 ㉡과 달리 주민 투표로 해임할 수 있다.
⑤ ㉡은 ㉣과 달리 주민의 선거에 의해 선출된다.

174 하 중 상 서술형

다음 글을 읽고 물음에 답하시오.

> 우리나라의 지방 자치 단체는 지역 내 최고 의사 결정 기관인 A와 지역 내 행정 사무를 총괄하는 집행 기관인 B로 구성된다. A의 구성원과 B는 모두 주민들의 선거를 통해 선출되며, 임기는 각각 4년이다.

(1) A, B에 해당하는 지방 자치 단체의 기관을 각각 쓰시오.

(2) A, B의 역할을 각각 두 가지 이상 서술하시오.

175 하중상

다음은 우리나라 지방 자치법의 일부 조항이다. 지방 자치 단체의 기관 A, B에 대한 설명으로 옳은 것은?

> • 제47조 ① A는 다음 각 호의 사항을 의결한다.
>   1. 조례의 제정·개정 및 폐지
> • 제114조 B는 지방 자치 단체를 대표하고, 그 사무를 총괄한다.

① A는 교육과 학예에 관한 업무를 집행한다.
② B는 주민 소환의 대상이 될 수 없다.
③ 지역 주민은 해당 지역의 B에게 법률을 제정 또는 개정할 것을 청구할 수 있다.
④ B는 A가 제출한 예산안을 심의·확정한다.
⑤ A, B의 권한은 중앙 정부와의 수직적 권력 분립에 기여한다.

176 하중상

다음은 ○○도 지방 자치 단체장의 발표 내용이다. 이에 대한 옳은 분석을 〈보기〉에서 고른 것은?

> 우리 ○○도는 다소 아쉬운 부분이 있지만, 우리 ○○도 의회의 예산 삭감 결정을 존중하기로 하였습니다. 그리고 앞으로 지역 개발 사업에서 우리 ○○도는 □□군처럼 최소한의 예산으로 소기의 목적을 달성하도록 더욱 노력하겠습니다. 많은 응원과 지지를 부탁드립니다.

〈 보기 〉
ㄱ. 권력 분립의 모습이 나타나고 있다.
ㄴ. 중앙 정부와 지방 자치 단체 간의 의견 차이가 있었다.
ㄷ. 광역 지방 자치 단체의 장이 기초 지방 의회의 결정을 따르고 있다.
ㄹ. 지방 자치 단체의 집행 기관이 의결 기관의 결정을 존중하고 있다.

① ㄱ, ㄴ ② ㄱ, ㄹ ③ ㄴ, ㄷ
④ ㄴ, ㄹ ⑤ ㄷ, ㄹ

177 하중상

다음은 한 학생이 작성한 형성 평가 답안지이다. 이 학생이 받을 총점수는?

형성 평가

※ 우리나라의 '지방 자치'에 대한 설명이 맞으면 ○표, 틀리면 ×표를 하시오.(단, 문항당 맞으면 1점, 틀리면 0점임.)

문항	내용	답안
1	지방 자치 단체의 주요 결정 사항은 주민 투표로 확정될 수 있다.	○
2	주민의 대표 기관인 지방 의회가 지역 내 행정 사무를 총괄한다.	○
3	지방 자치는 중앙 정부와 지방 정부 간 수직적 권력 분립의 실현을 추구한다.	×
4	지방 자치가 본격적으로 시행된 이후 지방의 정책 결정 및 집행 과정에서 주민의 참여가 축소되었다.	×

① 0점 ② 1점 ③ 2점 ④ 3점 ⑤ 4점

178 하중상

그림은 우리나라 지방 자치 단체의 구성을 나타낸 것이다. 밑줄 친 ㉠~㉤에 대한 설명으로 옳은 것은?

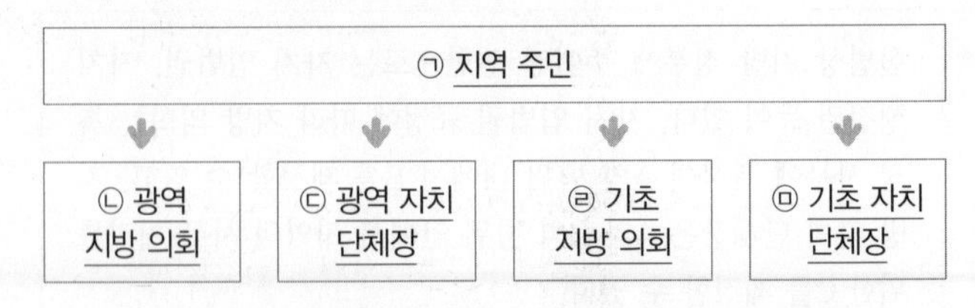

① ㉠은 ㉡~㉤을 간접 선거에 의해 구성할 권한이 있다.
② ㉡은 조례 제정 및 개폐권, 지방 자치 단체의 사무 전반에 대한 감사권을 가진다.
③ ㉢은 의결 기관으로서 지방 예산을 심의 및 확정할 권한을 가진다.
④ ㉣은 시, 군과 달리 자치구에서는 구성되지 않는다.
⑤ ㉡은 ㉢을 견제할 수 없고, ㉣은 ㉤을 견제할 수 없다.

179 하 중 상

밑줄 친 ㉠~㉣에 대한 옳은 설명을 〈보기〉에서 고른 것은?

> 우리나라의 지방 자치 단체는 ㉠ 광역 자치 단체와 ㉡ 기초 자치 단체로 구분한다. 지방 자치 단체의 기관은 ㉢ 지방 의회와 ㉣ 지방 자치 단체장으로 구분된다.

〈 보기 〉
ㄱ. 세종특별자치시는 ㉠에 해당한다.
ㄴ. 서울특별시 용산구는 ㉡에 해당한다.
ㄷ. ㉢은 명령과 규칙의 범위 내에서 조례를 제정할 수 있다.
ㄹ. ㉠의 ㉣은 ㉡의 ㉣을 임명한다.

① ㄱ, ㄴ　② ㄱ, ㄷ　③ ㄴ, ㄷ
④ ㄴ, ㄹ　⑤ ㄷ, ㄹ

180-181 빈출자료

다음 글을 읽고 물음에 답하시오.

> 지방 자치는 정치적 의미와 행정적 의미 중 어느 것이 중심이 되느냐에 따라 A와 B로 구분될 수 있다. A는 지역 주민들이 해당 지역의 문제에 관한 정책을 스스로 결정하고 집행하는 것을 의미하고, B는 지방 자치 단체가 중앙 정부로부터 자치권을 인정받아 스스로 지역 사무를 처리하는 것을 의미한다.

180 하 중 상

A, B에 해당하는 사례를 〈보기〉에서 골라 옳게 연결한 것은?

〈 보기 〉
ㄱ. 지방세 징수
ㄴ. 구청의 도로 정비 사업 시행
ㄷ. 주민 투표를 통한 통합 지역명 변경
ㄹ. 주민들이 지방 자치 단체장에게 조례안 제출

	A	B		A	B
①	ㄱ, ㄴ	ㄷ, ㄹ	②	ㄱ, ㄷ	ㄴ, ㄹ
③	ㄴ, ㄷ	ㄱ, ㄹ	④	ㄴ, ㄹ	ㄱ, ㄷ
⑤	ㄷ, ㄹ	ㄱ, ㄴ			

181 하 중 상

A, B에 대한 설명으로 옳지 않은 것은?

① A는 행정적 의미보다 정치적 의미가 중심이 된다.
② B를 통해 국가 전체의 통일적인 정책이 실시된다.
③ B는 A보다 자율적인 행정 활동이 중심이 된다.
④ A, B 모두 해당 지역 주민의 의사에 따라 운영된다.
⑤ 우리나라의 지방 자치에는 A, B가 모두 포함되어 있다.

182-183 빈출자료

그림은 우리나라 지방 자치 단체의 구성을 나타낸 것이다. 물음에 답하시오.

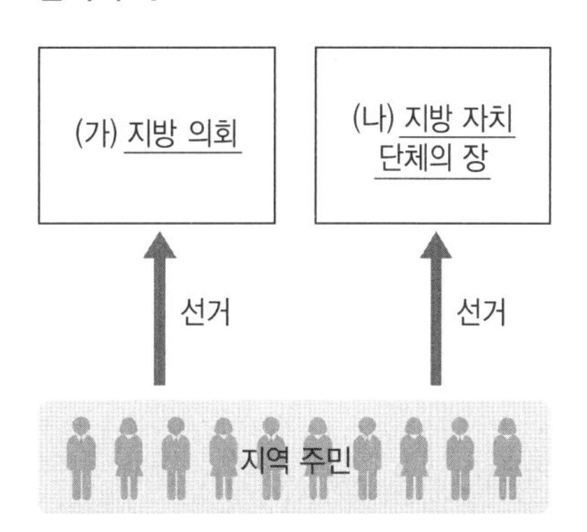

182 하 중 상

(가), (나)에 대한 설명으로 옳지 않은 것은?

① (가)가 제·개정하는 조례는 중앙 정부와 갈등을 빚기도 한다.
② (나)는 지역에서 중앙 정부의 행정부와 같은 역할을 한다.
③ (가)는 (나)를 견제 및 감시할 수 있는 권한을 갖는다.
④ (나)는 (가)의 의결에 대해 재의를 요구할 수 없다.
⑤ (가)는 의결 기관, (나)는 집행 기관이다.

빈출
183 하 중 상

(가), (나)에 대한 옳은 설명만을 〈보기〉에서 있는 대로 고른 것은?

〈 보기 〉
ㄱ. (가)의 구성원과 (나)의 임기는 같다.
ㄴ. (가), (나)는 광역 자치 단체와 기초 자치 단체에 각각 존재한다.
ㄷ. 지역 주민은 주민 소환을 통해 (가)의 구성원 중 일부는 해임할 수 있지만, (나)는 해임할 수 없다.
ㄹ. (가)는 조례 제정권, (나)는 규칙 제정권을 가진다.

① ㄱ, ㄴ　② ㄱ, ㄷ　③ ㄷ, ㄹ
④ ㄱ, ㄴ, ㄹ　⑤ ㄴ, ㄷ, ㄹ

184 하/중/상

A, B에 대한 옳은 설명만을 〈보기〉에서 있는 대로 고른 것은? (단, A, B는 각각 중앙 정부와 지방 정부 중 하나이다.)

> A와 B는 상호 보완적인 역할을 한다. A가 국방, 외교, 국가 전체의 사무 등 국가 차원의 정치와 행정을 담당한다면, B는 각 지역의 특수성이나 주민의 일상생활과 밀접하게 관련된 정치와 행정을 담당한다. 이러한 역할 분담을 통해 국가 전체의 이익과 지역의 이익이 함께 실현될 수 있다.

〈보기〉
ㄱ. A는 지방 자치 단체장에 대한 해임권을 가진다.
ㄴ. A는 관할 구역에 대한 통치권을, B는 국가 전체에 대한 통치권을 가진다.
ㄷ. B는 A로 권력이 집중되어 발생하는 폐단을 방지하는 역할을 할 수 있다.
ㄹ. A와 B 사이에는 수직적인 권력 분립 관계가 존재한다.

① ㄱ, ㄴ ② ㄱ, ㄷ ③ ㄴ, ㄷ
④ ㄴ, ㄹ ⑤ ㄷ, ㄹ

185 하/중/상

그림은 우리나라 지방 자치 제도를 나타낸 것이다. 이에 대한 옳은 설명만을 〈보기〉에서 있는 대로 고른 것은?

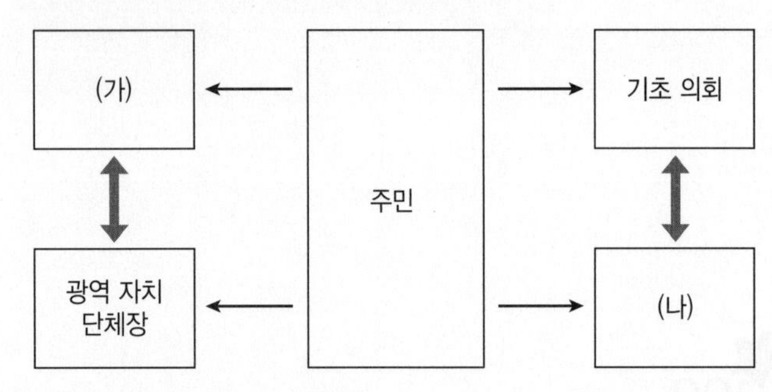

(← → : 선거, ↕ : 견제와 균형)

〈보기〉
ㄱ. (가)는 법령과 조례의 범위 안에서 규칙을 제정할 권한이 있다.
ㄴ. (가)와 기초 의회는 지역구 의원과 비례 대표 의원으로 구성된다.
ㄷ. 광역 자치 단체장과 달리 (나)는 기초 의회의 의결에 의해 파면될 수 있다.
ㄹ. (가)는 의결 기관, (나)는 집행 기관이다.

① ㄱ, ㄴ ② ㄱ, ㄷ ③ ㄴ, ㄹ
④ ㄱ, ㄷ, ㄹ ⑤ ㄴ, ㄷ, ㄹ

B 우리나라 지방 자치의 현실과 과제

186 하/중/상

다음 사례와 관련 깊은 주민 참여 방법으로 가장 적절한 것은?

> ○○시의 시장인 갑은 지역 주민의 반대에도 불구하고 자연 환경을 파괴하는 골프장을 유치하려고 하였다. 이에 ○○시 주민들은 주민을 대상으로 갑의 해임 여부를 묻는 투표를 실시할 것을 요구하였다.

① 주민 소환 ② 주민 감사 청구
③ 주민 참여 예산제 ④ 주민 조례 개폐 청구
⑤ 주민 조례 제정 청구

빈출 187 하/중/상 ••서술형

밑줄 친 '주민 참여 제도'의 사례를 세 가지 이상 서술하시오.

> 우리나라는 지방 행정의 민주성과 책임성을 높이기 위해 다양한 주민 참여 제도를 두고 있다. 이러한 제도를 통해 지역 주민은 지방 자치 행정에 직접 참여하여 지방 정책의 방향을 결정함으로써 주민 자치를 실현할 수 있다.

188 하/중/상

(가)에 들어갈 내용으로 옳지 않은 것은?

> 역사적으로 우리나라의 지방 자치는 주로 중앙 정부가 지역 단위의 지방 행정 기관을 설치하고 그 지방 행정 기관에 자치권을 부여하는 방식으로 시행되었다. 그러나 최근에는 주민의 참여를 확대하여 더욱 민주적인 지방 자치를 구현하고자 노력하고 있다. 현행법상 주민은 다양한 주민 참여 제도를 통해 지방 자치에 참여할 수 있는데, 그 예로 (가)

① 일정한 절차와 방법에 따라 지방의 예산 편성 과정에 참여할 수 있다.
② 잘못된 행정으로 권리와 이익을 침해당한 주민이 직접 감사를 청구할 수 있다.
③ 지방 자치 단체가 마련하기를 바라는 정책을 지방 의회에 문서로써 청원할 수 있다.
④ 주민 투표를 통해 지방 자치 단체의 임명직 공직자를 임기 중에 공직에서 떠나게 할 수 있다.
⑤ 일정한 수 이상의 주민은 정해진 요건을 갖추어 조례를 제정·개정 또는 폐지할 것을 청구할 수 있다.

189 하 중 상

우리나라의 주민 참여 제도 (가), (나)에 대한 옳은 설명을 〈보기〉에서 고른 것은?

> (가) ○○시에서는 주민들이 ○○시의 불투명한 개발 사업에 대한 감사를 청구하였다.
> (나) □□군에서는 자원 재활용 시설 설치와 관련하여 주민 대부분의 의사에 반대되는 활동을 한 군수에 대한 주민 소환 투표가 시행되었다.

〈 보기 〉

ㄱ. (가)는 지방 자치 단체의 행정 사무에는 적용되지 않는다.
ㄴ. (나)는 국민 주권의 원리 실현에 기여한다.
ㄷ. (가)는 (나)와 달리 선출직 공직자의 독립적인 권한 행사를 강화한다.
ㄹ. (가), (나) 모두 지방 자치에의 주민 참여 활성화에 기여한다.

① ㄱ, ㄴ ② ㄱ, ㄷ ③ ㄴ, ㄷ
④ ㄴ, ㄹ ⑤ ㄷ, ㄹ

190 하 중 상

밑줄 친 ㉠~㉣에 대한 설명으로 옳은 것은?

> 우리나라의 지방 자치에서는 주민의 참여를 확대하기 위해 다양한 주민 참여 제도를 두고 있다. 이러한 주민 참여 제도에는 ㉠ 주민 투표, ㉡ 주민 조례 제정 및 개폐 청구, ㉢ 주민 감사 청구, ㉣ 주민 참여 예산제 등이 있다.

① ㉠은 풀뿌리 민주주의가 축소되는 계기가 된다.
② ㉡을 통해 조례안에 대한 거부권을 행사할 수 있다.
③ ㉢은 지방 자치 단체의 사무 처리가 주민의 이익과 권리를 해칠 때 청구할 수 있다.
④ ㉣을 통해 주민들은 지방 자치 단체의 예산 편성에 대한 의결을 할 수 있다.
⑤ ㉡, ㉣이 아닌 ㉢을 통해 지역구 지방 의회 의원을 주민의 투표에 의하여 해임할 수 있다.

191 하 중 상

다음 내용을 통해 파악할 수 있는 우리나라 지방 자치의 문제점으로 가장 적절한 것은?

> 행정 안전부가 발간한 「2017 행정 자치 통계 연보」를 보면 지방 자치 단체 재원 조달의 자립 정도를 나타내는 지표인 재정 자립도는 2007년 53.6%에서 2016년 53.7%로 사실상 제자리걸음을 한 것으로 나타났다. 10년 전과 견주어 지방 자치 단체 예산은 70조 원 가까이 증가했지만, 지방세 징수액은 30조 원이 증가하는 데 그쳤다.

① 주민의 관심과 참여가 부족하다.
② 지방 자치 단체의 독립성과 자율성이 약하다.
③ 지방 정부에 대한 중앙 정부의 감독과 통제가 강하다.
④ 지방 자치 단체 간에 발생하는 갈등을 해결하기 어렵다.
⑤ 지방 자치 단체의 효율적인 사무 처리와 조례 제정이 어렵다.

192 하 중 상

(가), (나)에 나타난 우리나라 지방 자치의 문제점에 대한 해결 방안을 옳게 연결한 것은?

> (가) 정부는 지방 자치 단체가 자체적으로 추진하는 저소득층 교육 지원, 노인 장기 요양 본인 부담금 일부 지원 등 1,496개 사업을 정비하고 그 결과를 보고하라는 지침을 내려 보냈다. 이에 많은 지방 자치 단체는 지역 주민의 복리를 위한 사업조차도 중앙 정부가 간섭한다며 헌법 재판소에 권한 쟁의 심판을 청구하기로 하였다.
> (나) 광역 화장장 건설을 둘러싸고 ○○도의 지방 자치 단체 간 갈등이 발생하였다. 광역 화장장 건설의 필요성에 관해서는 대부분의 지방 자치 단체들이 공감하고 있다. 하지만 각 지방 자치 단체는 자기 지역에 광역 화장장을 건설하는 것에 대해서는 주민 반발을 이유로 난색을 표하고 있으며, 일부 지방 의회에서는 해당 안건이 부결되었다.

① (가) – 지방 분권을 강화시킨다.
② (가) – 지방세 대비 국세 비중을 더욱 높인다.
③ (가) – 지방 자치 단체 간의 갈등을 조정할 수 있는 제도를 강화시킨다.
④ (나) – 지방 자치 단체의 독립성을 강화시킨다.
⑤ (나) – 중앙 정부와 지방 자치 단체 간의 협력 관계를 구축한다.

193

표는 갑국과 을국의 정당별 의회 의석수를 나타낸 것이다. 이에 대한 옳은 분석 및 추론을 〈보기〉에서 고른 것은? (단, 갑국과 을국은 서로 다른 전형적인 정부 형태를 채택하고 있다.)

국가 \ 정당	A당	B당	C당	총의석수
갑국	30석	80석	40석	150석
을국	50석	60석	40석	150석

〈 보기 〉

ㄱ. 갑국에서 행정부 수반이 별도의 선거를 통해 A당에서 배출된다면, 의회 의원과 각료의 겸직은 불가능할 것이다.
ㄴ. 갑국에서 B당의 대표가 행정부를 구성한다면, 행정부 수반의 임기가 엄격하게 보장될 것이다.
ㄷ. 을국의 의회가 내각 불신임권을 가지고 있다면, 연립 내각이 형성될 것이다.
ㄹ. 을국의 행정부 수반이 법률안 거부권을 가지고 있다면, 행정부 수반은 B당 출신일 것이다.

① ㄱ, ㄴ ② ㄱ, ㄷ ③ ㄴ, ㄷ
④ ㄴ, ㄹ ⑤ ㄷ, ㄹ

194

자료는 갑국의 정치적 상황 변화를 나타낸 것이다. 이에 대한 분석으로 옳은 것은? (단, 갑국은 t 시기~t+3 시기 모두 전형적인 정부 형태 중 하나를 채택하였다.)

시기	t 시기	t+1 시기	t+2 시기	t+3 시기
행정부 수반의 소속 정당	A당	B당	A당	B당
제1당	A당	B당	B당	A당
제1당의 의석수	120석	70석	95석	110석

* 모든 시기에서 의회 의석의 총수는 200석으로 변화가 없음
** t 시기~t+3 시기 중 한 시기에만 연립 내각이 구성되었으며, 헌법 개정으로 정부 형태의 변화가 한 차례 있었음

① t 시기에 연립 내각이 구성되었다.
② t 시기와 t+2 시기의 정부 형태는 동일하다.
③ t+1 시기의 행정부 수반은 법률안 거부권을 갖고 있었다.
④ t+1 시기와 달리 t+2 시기에는 여소야대 현상이 나타났다.
⑤ t+2 시기와 달리 t+3 시기에는 입법부와 행정부 간 권력이 융합되었다.

195

A, B에 대한 옳은 설명만을 〈보기〉에서 있는 대로 고른 것은? (단, A, B는 각각 전형적인 정부 형태 중 하나이다.)

- 교사: A의 특징에는 무엇이 있을까요?
- 갑: 행정부의 수반은 의회에 대해 책임을 지지 않습니다.
- 을: 행정부 수반과 국가 원수의 역할을 1인이 담당합니다.
- 병: ________ (가) ________
- 교사: 두 명은 옳게 말했지만 ㉠ 한 명은 A가 아니라 B의 특징을 말했습니다. 그러면 B의 특징에는 무엇이 있을까요?
- 갑: 의회 의원의 겸직이 가능합니다.
- 을: 행정부 수반은 법률안 거부권을 가지고 있습니다.
- 병: ________ (나) ________
- 교사: 이번에도 두 명은 옳게 말했지만 ㉡ 한 명은 B가 아니라 A의 특징을 말했습니다.

〈 보기 〉

ㄱ. ㉠, ㉡ 모두 '병'이다.
ㄴ. A는 B에 비해 엄격한 권력 분립을 특징으로 한다.
ㄷ. (가)에 '입법부와 행정부 모두 법률안을 제출할 수 있습니다.'가 들어갈 수 있다.
ㄹ. (나)에 '의회는 내각을 불신임할 수 있습니다.'가 들어갈 수 있다.

① ㄱ, ㄴ ② ㄱ, ㄹ ③ ㄷ, ㄹ
④ ㄱ, ㄴ, ㄷ ⑤ ㄴ, ㄷ, ㄹ

196

그림의 A, B국은 서로 다른 전형적인 정부 형태를 채택하고 있다. 이에 대한 옳은 설명을 〈보기〉에서 고른 것은?

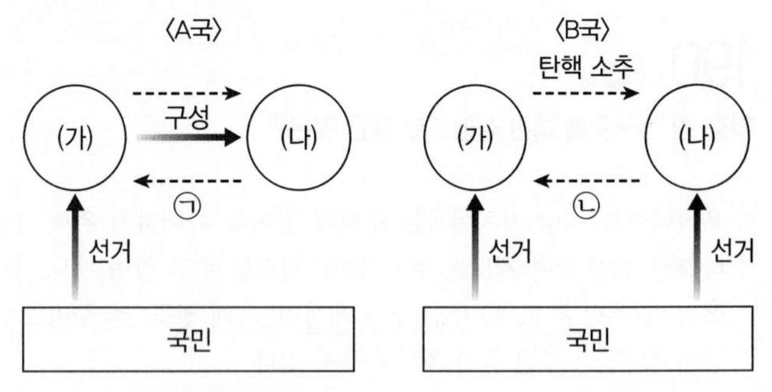

* ---▸ 는 견제 권한을 의미함

〈 보기 〉

ㄱ. 의회 해산권은 ㉠에, 내각 불신임권은 ㉡에 해당한다.
ㄴ. A국은 국가 원수와 행정부 수반의 역할이 이원화되어 있다.
ㄷ. B국에서는 (가)의 구성원이 (나)의 각료를 겸직할 수 없다.
ㄹ. B국의 (나)는 A국의 (나)와 달리 법률안을 제출할 수 있다.

① ㄱ, ㄴ ② ㄱ, ㄷ ③ ㄴ, ㄷ
④ ㄴ, ㄹ ⑤ ㄷ, ㄹ

197

자료에 대한 설명으로 옳은 것은? (단, A와 B는 각각 전형적인 대통령제와 의원 내각제 중 하나이다.)

• 학습 주제: 헌법에 나타난 우리나라 정부 형태의 특징

A의 요소가 나타난 우리나라 헌법 조항	B의 요소가 나타난 우리나라 헌법 조항
• 제52조 국회 의원과 정부는 법률안을 제출할 수 있다. • ______(가)______	• 제53조 ② 법률안에 이의가 있을 때에는 대통령은 제1항의 기간 내에 이의서를 붙여 국회로 환부하고, 그 재의를 요구할 수 있다. ……. • ______(나)______

① A에서 의회는 행정부 수반에 대한 탄핵 소추권을 가진다.
② B에서 의회 의원은 각료를 겸직할 수 있다.
③ B는 A와 달리 입법부와 행정부가 상호 독립적으로 구성된다.
④ '제67조 ① 대통령은 국민의 보통·평등·직접·비밀 선거에 의하여 선출한다.'는 (가)에 들어갈 수 있다.
⑤ '제63조 ② 국회는 국무총리 또는 국무 위원의 해임을 대통령에게 건의할 수 있다.'는 (나)에 들어갈 수 있다.

198

갑, 을의 주장에 대한 설명으로 옳은 것은?

사회자: 우리나라 정부 형태를 어떻게 바꾸어야 한다고 생각하십니까?
갑: 정부의 법률안 제출권을 폐지하는 한편, 국회 의원이 국무총리나 국무 위원을 겸직할 수 없도록 해야 합니다.
을: 대통령은 상징적인 지위를 갖고, 국회가 선출하는 국무총리가 국정에 관한 전반적인 권한과 책임을 행사하도록 해야 합니다.

① 갑은 권력 분립의 원리가 엄격하게 구현되어야 한다고 볼 것이다.
② 을은 행정부와 국회 간 권력 융합이 필요하지 않다고 볼 것이다.
③ 갑은 을과 달리 행정부가 국회에 정치적 책임을 져야 한다고 볼 것이다.
④ 을은 갑과 달리 국가 원수와 행정부 수반이 일치되어야 한다고 볼 것이다.
⑤ 갑, 을 모두 의원 내각제로의 개편을 염두에 두고 있다.

199

(가)에 들어갈 수 있는 상황으로 적절한 것을 〈보기〉에서 고른 것은?

이번 총선의 결과는 다음과 같다. 우리나라 정부 형태와 입법 절차를 적용하였을 때, 앞으로 입법부에 ______(가)______

(단위: 명)

구분	A당	B당	C당	기타	합계
지역구 의원	121	26	90	13	250
비례 대표 의원	26	13	5	6	50
합계	147	39	95	19	300

* 국회 재적 의원은 300명이며, 의결 과정에서 재적 의원 수의 변화는 없고, 본회의 의결에는 재적 의원이 모두 참석하여 투표한다고 가정함
** 본회의 표결 시 각 의원들은 소속 정당의 입장대로만 투표하고, 기권과 무효표는 없음

〈 보기 〉
ㄱ. 최소 3개의 교섭 단체가 구성될 수 있다.
ㄴ. A당 의원이 모두 반대해도 법률안은 재의결될 수 있다.
ㄷ. C당 의원 전원이 표결에 참여하지 않아도 나머지 의원들만으로 법률안은 의결될 수 있다.
ㄹ. A당과 B당의 의원을 제외한 나머지 의원들만으로 헌법 개정안을 발의할 수 있다.

① ㄱ, ㄴ　② ㄱ, ㄷ　③ ㄴ, ㄷ
④ ㄴ, ㄹ　⑤ ㄷ, ㄹ

200

그림은 우리나라 헌법 개정과 법률의 제·개정 절차를 나타낸 것이다. 이에 대한 설명으로 옳은 것은?

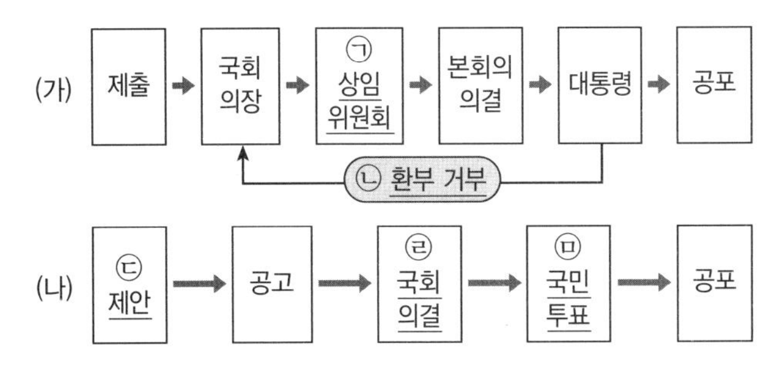

① ㉠은 국회의 의사 진행에 관한 중요한 안건을 협의하기 위한 기구이다.
② ㉡에서 환부 거부된 법안의 재의결 시 재적 의원 과반수 출석과 출석 의원 3분의 2 이상의 찬성이 필요하다.
③ ㉡, ㉢ 모두 대통령에 의해서만 이루어진다.
④ ㉣은 재적 의원 3분의 2 이상의 찬성을 필요로 하며, ㉤에서 국회 의원 선거권자 3분의 2 이상의 투표 및 투표자 과반수 찬성으로 헌법 개정안이 확정된다.
⑤ (나)보다는 (가)가 국민 자치의 이념에 더 충실한 절차이다.

201

우리나라의 헌법 기관 A~D에 대한 설명으로 옳지 않은 것은?

> • A는 국가 세입·세출의 결산을 검사하고, 그 결과를 B와 C에게 보고한다.
> • B는 D의 제청으로 국무 위원 중에서 행정 각부의 장(長)을 임명한다.
> • C는 A의 장(長)이 직무 집행에 있어 헌법과 법률을 위배한 경우 탄핵 소추를 의결할 수 있다.

① A는 조직상으로는 B에 소속되어 있지만 직무상으로는 독립된 기관이다.
② B는 C가 의결한 법률안에 대해 재의를 요구할 수 있다.
③ C는 A의 장(長) 및 B에 대한 임명 동의권을 가진다.
④ 국무 회의에서 B는 의장, D는 부의장이다.
⑤ C는 D의 해임을 B에게 건의할 수 있다.

202

그림은 질문 (가)~(다)에 따라 우리나라의 국가 기관 A~C를 구분한 것이다. 이에 대한 옳은 설명만을 〈보기〉에서 있는 대로 고른 것은? (단, A~C는 각각 감사원, 국회, 대통령 중 하나이다.)

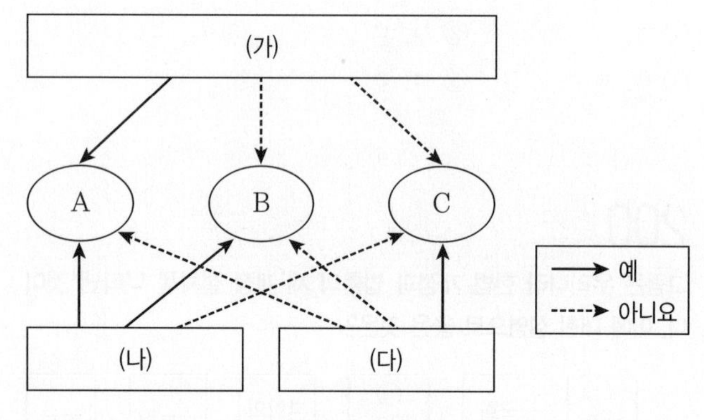

〈 보기 〉

ㄱ. (가)에 '조약의 체결·비준에 대한 동의권이 있습니까?'가 들어가면, (다)에 '헌법 재판소 재판관의 구성 권한이 있습니까?'가 들어갈 수 없다.
ㄴ. (나)에 '국민으로부터 직접 민주적 정당성을 부여받았습니까?'가 들어가면, (다)에 '국가 세입·세출의 결산 검사의 권한을 가집니까?'가 들어갈 수 없다.
ㄷ. (가)에 '법률안 재의 요구권이 있습니까?'가 들어가고, (나)에 '헌법 개정안을 발의할 수 있습니까?'가 들어가면, B의 장(長)은 탄핵 소추의 대상이 되지 않는다.
ㄹ. (가)에 '국정 감사권이 있습니까?'가 들어가고, (다)에 '행정 기관 및 공무원의 직무에 관한 감찰을 합니까?'가 들어가면, C의 장(長)은 A의 동의를 얻어 B가 임명한다.

① ㄱ, ㄴ ② ㄱ, ㄹ ③ ㄴ, ㄷ
④ ㄱ, ㄷ, ㄹ ⑤ ㄴ, ㄷ, ㄹ

203

그림은 우리나라 민·형사 사건의 심급 제도를 나타낸 것이다. 이에 대한 설명으로 옳지 않은 것은?

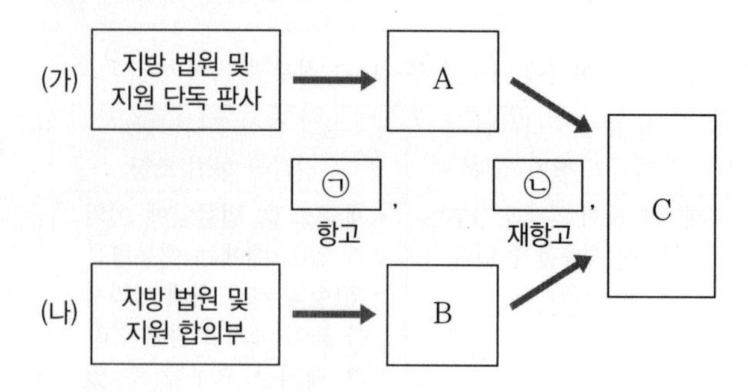

① ㉠은 항소, ㉡은 상고이다.
② B와 달리 A는 고등 법원이다.
③ A, B 모두 위헌 법률 심판 제청권을 갖는다.
④ C의 판결은 원칙적으로 헌법 재판소의 심판 대상이 아니다.
⑤ 일반적으로 (가)보다 (나)에서 무거운 사건을 다룬다.

204

표는 헌법 재판소에 접수된 심판 건수를 유형별로 정리한 것이다. 이에 대한 설명으로 옳지 않은 것은?

(단위: 건)

유형 / 연도	㉠ 위헌 법률 심판	㉡ 탄핵 심판	정당 해산 심판	㉢ 권한 쟁의 심판	㉣ 헌법 소원 심판	합계
1989년	142				283	425
≈						
2018년	17			2	2,408	2,427
합계	944	2	2	104	34,553	35,605

① ㉠은 헌법이 법률보다 상위의 법임을 전제로 한다.
② 대통령과 국무총리는 ㉡의 대상에 포함된다.
③ ㉢을 통해 국가 기관 상호 간의 권한 다툼은 해결할 수 없다.
④ 해당 연도의 접수 건수 합계 중 ㉣의 비율은 1989년보다 2018년에 더 높다.
⑤ 접수 건수의 합계는 국민의 직접 청구에 의한 심판이 법원의 제청에 의한 심판보다 많다.

205

우리나라의 국가 기관 A~C에 대한 설명으로 옳은 것은?

> 절도죄 혐의로 공소 제기되어 징역 10월을 선고받은 갑은 항소하였고, 항소 법원인 A는 갑에게 형 감경 사유가 있다는 이유로 징역 8월을 선고하였다. 이후 상고한 갑은 상고심 계속 중 사건에 적용된 법률 조항에 대해 위헌 법률 심판 제청 신청을 하였으나 B는 이를 기각하였다. 이에 갑은 해당 법률 조항에 대해 C에 헌법 소원 심판을 청구하였다.

① A는 국회 의원 선거의 효력을 다투는 소송의 재판권을 가진다.
② A가 '지방 법원 본원 합의부'라면 B는 '고등 법원'이다.
③ B의 장(長)은 C의 재판관 3인을 임명한다.
④ B는 직권으로 C에 헌법 소원 심판을 청구할 수 있다.
⑤ C는 A의 법관을 탄핵 소추할 수 없다.

206

그림은 우리나라의 헌법 기관 간 견제 관계를 나타낸 것이다. A~C에 대한 옳은 설명만을 〈보기〉에서 있는 대로 고른 것은? (단, A~C는 각각 국회, 대법원, 헌법 재판소 중 하나이다.)

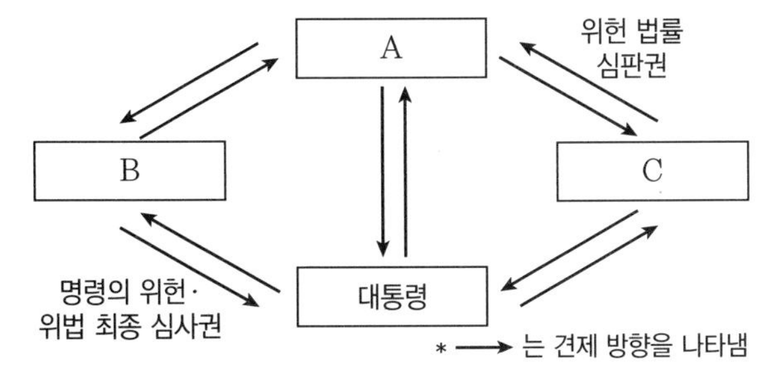

〈 보기 〉
ㄱ. A는 국정을 감사하거나 특정한 국정 사안에 대하여 조사할 수 있다.
ㄴ. B가 위헌 법률 심판 제청을 할 경우 C는 위헌 법률 심판권을 행사할 수 있다.
ㄷ. C는 A가 탄핵 소추를 하면 그 대상자의 파면 여부에 대한 심판을 담당한다.
ㄹ. B의 장(長)과 달리 C의 장(長)을 대통령이 임명할 때에는 A의 동의가 필요하다.

① ㄱ, ㄴ ② ㄱ, ㄹ ③ ㄷ, ㄹ
④ ㄱ, ㄴ, ㄷ ⑤ ㄴ, ㄷ, ㄹ

207

A 제도에 대한 옳은 설명을 〈보기〉에서 고른 것은?

◎ 안녕, __A__ 제도예요, 나를 소개할게요.
주민이 스스로 지역의 사무를 처리하는 과정이라고 할 수 있으며, 여기에는 일정한 지역을 단위로 자치 단체가 설립되어 지방 정부로서의 역할을 합니다.
◎ 꼭 필요한 A 제도랍니다.
의의: ______(가)______
◎ 단체의 종류를 살펴볼게요.

구분	의결 기관	집행 기관
광역	㉠	㉡
기초	㉢	㉣

〈 보기 〉
ㄱ. A 제도는 국가 정책 결정의 효율성과 신속성을 추구한다.
ㄴ. (가)에는 '지방 정부와 중앙 정부와의 수직적 권력 분립 실현'이 들어갈 수 있다.
ㄷ. ㉠은 ㉢과 달리 주민의 선거를 통해 구성된다.
ㄹ. ㉡, ㉣은 모두 주민 소환의 대상이 된다.

① ㄱ, ㄴ ② ㄱ, ㄷ ③ ㄴ, ㄷ
④ ㄴ, ㄹ ⑤ ㄷ, ㄹ

208

그림은 우리나라의 중앙 정부와 지방 정부의 관계를 나타낸 것이다. (가), (나)에 대한 옳은 설명을 〈보기〉에서 고른 것은?

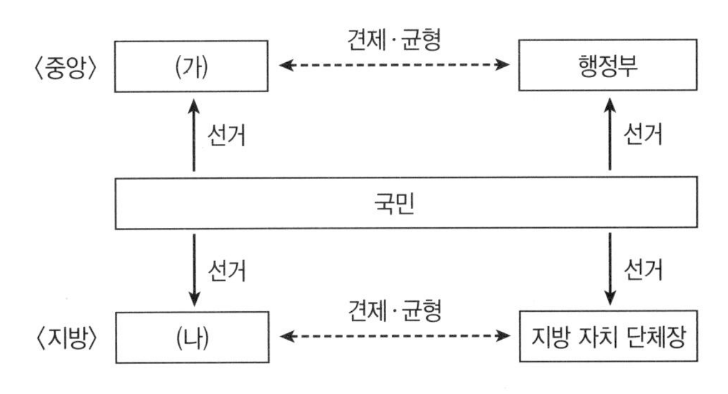

〈 보기 〉
ㄱ. (나)는 지방 자치 단체의 의결 기관이다.
ㄴ. 행정부는 (가), (나)를 해산할 수 있는 권한을 갖는다.
ㄷ. (나)의 구성원은 (가)의 구성원과 달리 주민 투표를 통해 공직에서 떠나게 될 수 있다.
ㄹ. (나)는 자치 행정권을 가지며, (가)에서 내려온 위임 사무를 담당한다.

① ㄱ, ㄴ ② ㄱ, ㄷ ③ ㄴ, ㄷ
④ ㄴ, ㄹ ⑤ ㄷ, ㄹ

정치 과정과 시민 참여

A 정치 과정의 이해

1 정치 과정의 의미와 변화
• 사회 통합과 발전을 위해 갈등을 합리적으로 조정하고 해결하는 데 기여한다.

① 정치 과정: 국민의 다양한 요구가 정책 결정 기구에 투입되어 정책으로 나타나는 모든 과정으로, '투입 → 산출 → 환류'의 순서로 순환함
• 국가 기관인 입법부, 행정부, 사법부 등을 의미한다.

② 정치 과정의 변화: 과거에는 주로 국가 기관이 정치 과정을 주도했으나, 현대 사회에서는 국가 기관뿐만 아니라 정당, 이익 집단, 시민 단체, 언론 등으로 정치 참여 주체가 확대됨

기출 Tip B-1

알몬드(Almond, G.)와 버바(Verba, S.)의 정치 문화 분류

향리형 정치 문화	전통 사회에서 지배적인 유형 → 구성원 다수가 정치 체제를 알지 못함
신민형 정치 문화	권위주의 사회에서 주로 나타나는 유형 → 구성원들이 정치 체제와 정책을 알고 있으나 자신을 적극적 참여자로 인식하지 않음
참여형 정치 문화	민주 사회에서 지배적으로 나타나는 유형 → 구성원들이 정치 체제를 알고 있고 주체적으로 참여함

2 정치 과정의 의미와 변화 빈출자료 Link • 216-217번 문제

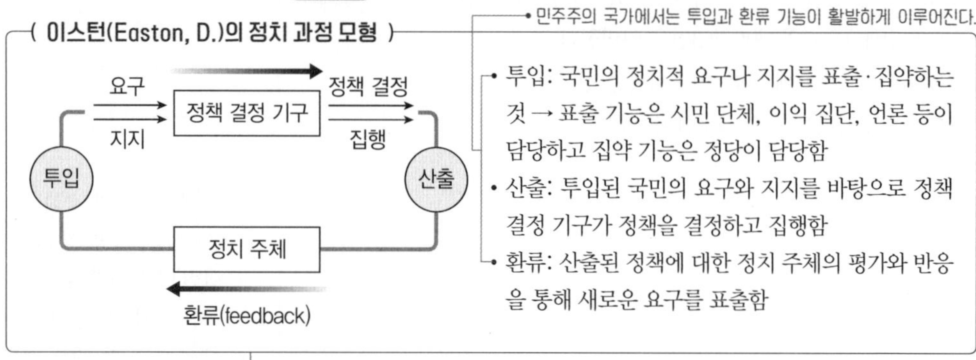

B 시민의 정치 참여

1 정치 참여의 의미와 의의

① 정치 참여: 국가 기관의 정책 결정 과정에 영향을 주고자 하는 시민들의 모든 활동

② 정치 참여의 의의: 국민 주권의 원리 실현에 기여, 정치권력의 감시 및 통제를 통해 권력 남용 방지, 정책에 대한 정당성 부여(→ 안정적인 정책 집행에 기여), 정치적 효능감 강화

2 시민의 정치 참여 유형
• 일반적으로 집단적 참여 방법은 개인적 참여 방법보다 지속성이 높으며, 정치 과정에서 자신이 원하는 것을 더 효과적으로 표현하고 달성할 수 있는 방법이다.

개인적 참여	• 선거 및 투표 참여: 선거에 후보자로 출마하거나 투표를 통해 공직자를 선출함, 국가의 중요 의사 결정에 참여함 → 대의 민주 정치에서 가장 기본적이고 보편적인 정치 참여 방법 • 언론 투고, 진정, 청원, 서명 운동 등 (• 국민이 국가 또는 공공 단체에 구두 또는 서면으로 어떤 조치를 해달라고 요청하는 것)
집단적 참여	• 정당 활동: 정당에 가입하여 활동함으로써 자신의 정치적 의사를 표출함 • 이익 집단 활동: 이익 집단에 가입하여 특수 이익의 실현을 추구함 • 시민 단체 활동: 시민 단체에 가입하여 공익 추구를 위해 정책 결정에 영향력을 행사함

• 의견을 같이하는 사람들과 집회 또는 시위, 서명 운동 전개 등을 예로 들 수 있다.

3 바람직한 정치 참여 태도 정치적 무관심을 경계하며 능동적으로 정치에 참여해야 함, 자신과 의견이 다른 타인을 존중하고 이해해야 함, 사익과 공익을 모두 고려해야 함, 합법적이고 민주적인 절차를 존중하여 의견을 표출해야 함

기출 Tip B-2

정보 통신 매체를 통한 참여

인터넷을 통해 온라인상에서 게시물 작성, 전자 공청회, 전자 투표 등의 활동에 참여함 → 전자 민주주의 구현

시민의 정치 참여를 위한 제도적 장치

• 공청회: 공공 기관이 중요한 안건에 대해 이해관계자나 전문가에게 공개 석상에서 의견을 듣는 제도
• 사전 예고제: 정부가 정책, 민원 등에 대한 정보를 미리 공고하여 시민들의 참여를 높이는 제도
• 옴부즈맨 제도: 민원 조사관이 정부의 활동이나 공무원의 권한 내용을 조사·감시하는 제도

개념 확인 문제

정답과 해설 23쪽

209 다음 설명이 맞으면 ○표, 틀리면 ×표를 하시오.

(1) 정치 과정은 '환류 → 산출 → 투입'의 순서로 순환한다. ( )
(2) 오늘날에는 과거에 비해 정치 참여 주체가 축소되고 있다. ( )
(3) 정치 과정 중 환류를 통해 정책에 대한 평가가 이루어진다. ( )

210 다음 괄호 안의 내용 중 알맞은 말에 ○표를 하시오.

(1) 정치 참여는 (국민 주권, 복지 국가)의 원리 실현에 기여한다.
(2) 대의 민주 정치에서 가장 기본적인 정치 참여 방법은 (선거, 청원)이다.
(3) 정당 및 시민 단체 활동은 (개인적, 집단적) 정치 참여 방법에 해당한다.

난이도별 필수 기출

상 3문항
중 7문항
하 4문항

정답과 해설 23쪽

Ⓐ 정치 과정의 이해

211-212 빈출자료

다음 글을 읽고 물음에 답하시오.

> 정치 과정은 사회 구성원들의 요구와 지지가 ㉠ 정책 결정 기구에 ㉡ 투입되어 정책으로 형성·조정·집행되는 ㉢ 산출의 과정을 거친다. 그러나 모두가 만족하는 정책의 산출은 현실적으로 어려우므로 ㉣ 환류 과정을 통해 기존의 정책이 수정·보완되거나 국민의 요구가 재투입되기도 한다.

211 하중상

밑줄 친 ㉠에 해당하는 정치 주체로 옳은 것은?

① 국회　② 언론　③ 정당
④ 시민 단체　⑤ 이익 집단

212 하중상

밑줄 친 ㉠~㉣에 대한 설명으로 옳지 않은 것은?

① 행정부는 ㉠에 해당한다.
② 이익 집단의 로비 활동은 ㉡의 사례에 해당한다.
③ 정당이 일정한 방향으로 여론을 형성하는 것은 ㉢의 사례에 해당한다.
④ 정부 정책에 대한 평가는 ㉣을 거치면서 이루어진다.
⑤ 일반적으로 권위주의 정치 체제에서는 ㉡보다 ㉢이 중시된다.

213 하중상 　　서술형

다음 글을 읽고 물음에 답하시오.

> 2010년 행정부가 제출한 게임 셧다운제 법률안이 국회 상임 위원회에서 통과되었고, 2011년 게임 셧다운제 시행의 근거가 되는 「청소년 보호법」 제26조가 국회에서 통과되어 2011년 11월 20일부터 발효되었다. 이에 따라 16세 미만 청소년은 자정부터 오전 6시까지 인터넷 게임을 이용할 수 없게 되었다.

(1) 위 사례에 해당하는 정치 과정의 단계를 쓰시오. (단, 정치 과정은 투입, 산출, 환류의 순서로 순환한다고 전제한다.)

(2) (1)의 의미와 기능에 대해 서술하시오.

214 하중상

그림은 현대 사회의 정치 과정을 나타낸 것이다. (가)~(다)에 해당하는 사례로 옳은 것만을 〈보기〉에서 있는 대로 고른 것은? (단, (가)~(다)는 각각 투입, 산출, 환류 중 하나이다.)

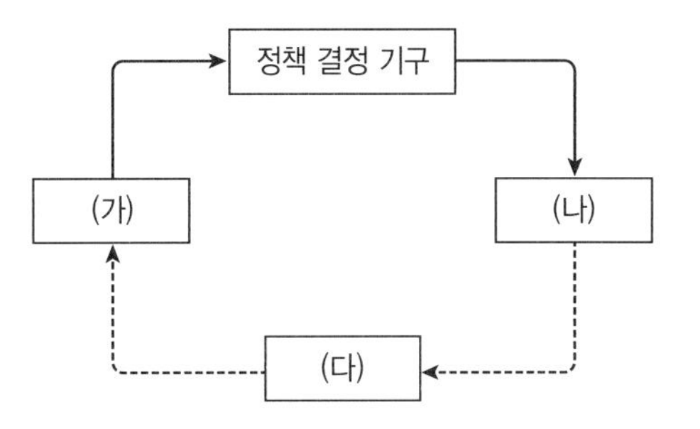

〈 보기 〉
ㄱ. (가) – 시민 단체가 여름철 전기 요금 인하를 요구하고 있다.
ㄴ. (나) – 정부는 1인당 담보 대출 건수를 제한하였다.
ㄷ. (나) – ○○ 정당은 완전 비례 대표제 실시를 당론으로 채택하였다.
ㄹ. (다) – 개발 제한 구역 확대 정책에 대한 시민들의 반발로 △△시의 시장은 선거에서 패배하였다.

① ㄱ, ㄴ　② ㄱ, ㄷ　③ ㄷ, ㄹ
④ ㄱ, ㄴ, ㄹ　⑤ ㄴ, ㄷ, ㄹ

215 하중상

그림은 이스턴(Easton, D.)의 정치 과정 모형에 해당한다. 밑줄 친 ㉠~㉣에 대한 옳은 설명을 〈보기〉에서 고른 것은?

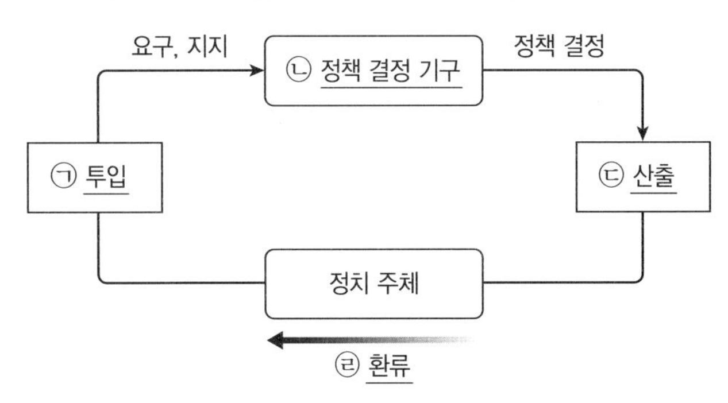

〈 보기 〉
ㄱ. 이익 집단의 정책 제안은 ㉠의 사례에 해당한다.
ㄴ. 입법부는 사법부와 달리 ㉡에 해당하지 않는다.
ㄷ. 행정부의 정책 결정은 ㉢의 사례에 해당한다.
ㄹ. 개인은 ㉣의 주체가 될 수 없다.
ㅁ. ㉣은 산출된 정책에 대한 사회의 평가가 재투입되는 과정을 말한다.

① ㄱ, ㄴ, ㄷ　② ㄱ, ㄴ, ㄹ　③ ㄱ, ㄷ, ㅁ
④ ㄴ, ㄹ, ㅁ　⑤ ㄷ, ㄹ, ㅁ

216-217 빈출자료

그림은 이스턴(Easton, D.)의 정치 과정 모형을 나타낸 것이다. 물음에 답하시오.

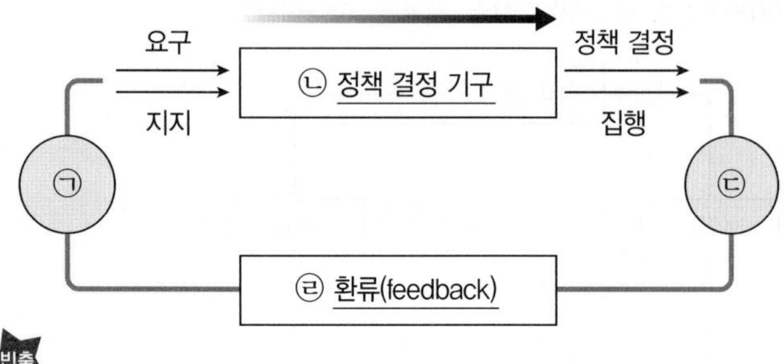

빈출

216 하중상

ㄱ~ㄹ에 대한 설명으로 옳은 것은?

① 집단과 달리 개인은 ㄱ에 참여할 수 없다.
② 정당은 공식적으로 ㄴ에 해당한다.
③ 시민 단체와 달리 이익 집단은 ㄴ에 해당하지 않는다.
④ 언론도 ㄹ에 참여할 수 있다.
⑤ ㄱ, ㄷ, ㄹ은 모두 정치 외적 요소인 경제, 사회, 문화의 영향을 받지 않는다.

217 하중상

ㄱ~ㄹ에 대한 옳은 설명을 〈보기〉에서 고른 것은?

〈 보기 〉
ㄱ. 시민의 입법 청원 운동은 ㄱ에 해당한다.
ㄴ. ㄴ의 경우 행정부보다 입법부의 역할과 권한이 강화되어 왔다.
ㄷ. ㄷ에서는 이익 집단과 달리 시민 단체가 행위 주체로서 참여한다.
ㄹ. ㄱ과 ㄹ은 모두 권위주의 체제보다 민주주의 체제에서 더욱 활발해진다.

① ㄱ, ㄴ ② ㄱ, ㄹ ③ ㄴ, ㄷ
④ ㄴ, ㄹ ⑤ ㄷ, ㄹ

B 시민의 정치 참여

218 하중상

시민들의 정치적 역할인 ㄱ의 의의로 적절하지 않은 것은?

> 오늘날 대부분 민주 국가에서는 대의제를 실시하고 있는데, 대의제에서는 시민의 의사를 정치 과정에 제대로 반영하는 것이 필수적이다. 그 이유는 시민의 의사를 제대로 반영하지 않으면 소수의 권력자나 특정 집단에 유리한 정책이 마련될 수 있기 때문이다. 따라서 대의제에서는 국가 기관의 정책 결정 과정에 영향을 주고자 하는 시민들의 모든 활동, 즉 (ㄱ)이/가 무엇보다 중요하다.

① 국가 권력의 남용을 방지할 수 있다.
② 시민의 주권 의식을 신장시킬 수 있다.
③ 시민들의 정치적 효능감을 강화할 수 있다.
④ 시민들이 정부 정책의 집행을 대행할 수 있다.
⑤ 정부의 자의적인 정책 결정 및 집행을 막을 수 있다.

219 하중상

교사의 질문에 옳게 답변한 학생은?

> • 교사: 시민들은 정치 참여 방법 중에서 이 방법은 같은 목적을 추구하는 사람들이 함께 참여하기 때문에 개인적 참여보다 효과적이고 지속적일 수 있습니다. '이 방법'의 사례를 발표해 볼까요?

① 갑: 고모는 환경 관련 시민 단체에 가입하여 활동하고 있습니다.
② 을: 아버지는 대통령 선거에 참여하여 투표권을 행사하였습니다.
③ 병: 저는 입시 제도의 개선에 대한 글을 언론사에 투고하였습니다.
④ 정: 누나는 학생회에서 축제 진행에 대해 자신의 의견을 말하였습니다.
⑤ 무: 어머니는 구청 누리집에 불법 주차 단속을 강화할 것을 청원하였습니다.

220 하중상 ••서술형

다음과 같은 제도들을 운영하는 공통적인 목적을 서술하시오.

> • 공청회 • 옴부즈맨 제도 • 사전 예고제

221 하 중 상

정치 문화의 유형 A~C에 대한 설명으로 옳지 않은 것은?

> 정치학자 알몬드(Almond, G.)와 버바(Verba, S.)는 정치 문화를 A, B, C로 분류하였다. A에서는 구성원 다수가 정치와 정부가 하는 일에 관심을 두지 않으며, B에서는 구성원들이 정치 과정과 그 산물인 정책에 대해 알지만 정치 과정에 자신들의 요구를 투입하려는 태도는 부족하다. 한편, C에서는 구성원들이 정치 체제의 투입과 산출 과정을 잘 알고 있으며 자신들의 역할에 적극적인 태도를 보인다.

① A에서 구성원들은 스스로 정치와 관련이 있다고 생각하지 않는다.
② B는 구성원들이 정치 과정에 자신들의 요구를 투입하려는 태도가 부족하다.
③ C는 현대 민주주의 정치 체제에서 지배적으로 나타나는 정치 문화의 유형이다.
④ 전통 사회에서 권위주의 사회로 올수록 B보다 A의 비중이 더 커진다.
⑤ B보다 C에서 구성원들이 선거나 그 밖의 정치 활동에 적극적으로 참여할 것이다.

222 하 중 상

••서술형

다음은 교사의 판서 내용이다. 물음에 답하시오.

> **수업 목표 : (㉠)에 관한 사례 알아보기**
> • 갑국의 국민은 지방 자치가 활성화되어야 한다고 믿고 있으나, 실제로는 지방 선거 참여율이 저조하다.
> • 을국의 국민은 시민 단체의 활동이 정치 발전에 기여한다고 보고 있으나, 실제로는 시민 단체에의 가입에 소극적이다.

(1) 알몬드(Almond, G.)와 버바(Verba, S.)의 정치 문화 분류를 고려할 때 ㉠에 들어갈 정치 문화의 유형을 쓰시오.

(2) (1)의 내용을 사회 구성원의 정치 참여 태도와 관련지어 서술하시오.

223 하 중 상

표는 정치 문화의 유형 (가)~(다)를 구분한 것이다. 이에 대한 분석으로 옳은 것은? (단, (가)~(다)는 각각 향리형 정치 문화, 신민형 정치 문화, 참여형 정치 문화 중 하나이다.)

정치 문화	정치 체제 일반	투입 과정	산출 과정	정치 주체
(가)	+	+	+	+
(나)	+	−	+	−
(다)	−	−	−	−

* +는 적극적 반응, −는 소극적 반응을 의미함

① (가)는 전통 사회의 정치 체제에서 지배적으로 나타나는 유형이다.
② (나)는 권위주의 사회보다 민주 사회에서 지배적으로 나타나는 유형이다.
③ (다)에서 구성원은 스스로 정치와 관련이 있다고 생각하지 않아 정치 참여에 소극적이다.
④ (가)보다 (나)에서 능동적 정치 참여자로서의 시민의 인식이 더 높을 것이다.
⑤ (나)보다 (다)에서 정부 활동에 대한 인식이 높을 것이다.

빈출

224 하 중 상

표는 정치 참여 방법 (가)~(라)를 구분한 것이다. 이에 대한 설명으로 옳지 않은 것은?

참여 유형 \ 참여 기간	일시적	지속적
개인적	(가)	(나)
집단적	(다)	(라)

① 국회 의원 선거에서 투표하는 것은 (가)에 해당한다.
② 시민 단체의 일원으로 활동하며 소속된 단체에서 개최하는 정기 토론회에 참여하는 것은 (라)에 해당한다.
③ 공공 기관 누리집에 온라인 청원을 올리는 것은 (다)가 아닌 (가)에 해당한다.
④ 국가 기관의 구성원으로 공무를 담당하는 것은 (다)가 아닌 (나)에 해당한다.
⑤ 일반적으로 (다), (라)보다 (가), (나)가 정치 과정에 미치는 효과가 크다.

선거 제도

A 선거의 기능과 민주 선거의 원칙

1 선거 주권자인 국민이 자신들을 대표하여 국가를 운영할 공직자를 투표로 선출하는 행위
(→ 대의 민주주의에서 국민이 주권을 행사하는 가장 기본적인 수단이다.)

2 선거의 기능

대표자 선출	국민을 대신하여 국정을 수행할 대표자를 선출함 → 국민 주권의 원리 실현
대표자 통제	선거를 통해 대표를 재신임하거나 책임을 물어 교체함 → 책임 정치 보장 수단
민주적 정당성 부여	대표자의 정치권력 행사에 정당성과 권위가 부여됨 (→ 대표자는 합법적 절차를 거쳐 국민 다수의 지지를 받아 선출되기 때문이다.)
국민의 의사 반영	국민은 선거를 통해 다양한 의사를 표출하고, 선출된 대표는 이를 정책에 반영함
정치 교육의 장 제공	선거 과정에서 국민은 현안과 공약을 이해하고 정치 참여의 중요성을 인식하게 됨

3 민주 선거의 4대 원칙

① 보통 선거: 일정 연령에 도달한 모든 국민에게 선거권을 부여하는 원칙
② 평등 선거: 모든 유권자가 평등하게 같은 수의 표를 행사하고 표의 등가성을 보장하는 원칙 (→ 표의 등가성: 한 표가 선거 결과에 기여하는 정도가 동등해야 한다는 원칙)
③ 직접 선거: 유권자가 대리인을 거치지 않고 직접 대표자를 선출하는 원칙
④ 비밀 선거: 유권자가 누구에게 투표했는지 다른 사람이 알지 못하도록 하는 원칙

4 민주 선거의 4대 원칙 빈출자료 Link • 231-232번 문제

(선거구별 인구 격차로 인해 위배된 민주 선거의 원칙)

헌법 재판소는 국회 의원 선거에서 선거구 간 인구 편차가 최대 3대 1에 이르는 것을 허용하는 「공직 선거법」에 대해 헌법 불합치 결정을 내렸다. 그리고 선거구 간 인구 편차를 2대 1이하로 조정할 것을 권고하였다.

B 선거 제도의 유형과 특징

1 선거구제 한 선거구에서 선출하는 대표자의 수에 따라 구분됨 (→ 선거구: 대표자를 선출하는 지역적 단위)

구분	소선거구제	중·대선거구제
의미	한 개의 선거구에서 한 명의 대표자를 선출하는 제도 (→ 다수당 후보의 당선 가능성이 높아 정치적 안정에 유리한 측면이 있다.)	한 개의 선거구에서 두 명 이상의 대표자를 선출하는 제도 (→ 선거 운동이 과열될 가능성이 낮다.)
장점	• 선거 운동 비용이 적게 들고 선거 관리가 쉬움 • 유권자들이 후보자와 공약을 파악하기 쉬움	• 상대적으로 사표(死票)가 적게 발생함 • 국민의 다양한 의견을 반영하기 유리함
단점	• 사표가 많이 발생함 → 정당 득표율과 의석률의 불일치로 과대 대표, 과소 대표 문제 발생 • 군소 정당 후보의 의회 진출이 어려움 (→ 이로 인해 국민의 다양한 의견 반영이 어려울 수 있다.) • 선거구 간 인구 편차로 인해 선거구별로 유권자 표의 가치가 달라질 수 있음	• 선거 운동 비용이 많이 들고 선거 관리가 어려움 • 유권자들이 후보자와 공약을 파악하기 어려움 • 군소 정당 난립 시 정국 불안정이 우려됨 • 선거구 내 후보자들의 득표 차로 인해 당선자 간 투표 가치의 차등 문제가 발생할 수 있음

2 대표 결정 방식

① 다수 대표제: 다수 득표자가 당선되는 방식 (→ 대부분 소선거구제와 결합하지만 중·대선거구제와 결합하여 운용되기도 한다.)

구분	단순 다수제	절대 다수제
의미	다른 후보보다 한 표라도 많은 표를 얻은 최다 득표자 한 명을 대표자로 선출하는 방식	과반수 득표를 한 후보자 한 명을 대표자로 선출하는 방식 예 결선 투표제, 선호 투표제
장점	선거 관리가 쉬움, 당선자 결정이 편리함	당선자의 대표성을 높일 수 있음
단점	당선자의 대표성이 낮을 수 있음, 군소 정당 후보의 당선이 어려움, 대량의 사표가 발생함 (→ 후보자가 많을 경우 적은 득표수로도 당선될 가능성이 있기 때문이다.)	선거 비용이 많이 듦, 선거 운영이 복잡함(→ 당선자 결정에 시간과 비용이 많이 듦)

기출 Tip A-3

민주 선거의 원칙과 반대 개념

원칙		반대 개념
보통 선거	⇔	제한 선거
평등 선거	⇔	차등 선거
직접 선거	⇔	간접 선거
비밀 선거	⇔	공개 선거

기출 Tip A-4

선거구별 인구 격차와 표의 등가성

선거구 간 인구 격차로 인해 선거구별 유권자의 표의 가치가 달라짐 → 표의 등가성 훼손 → 평등 선거의 원칙 위배

기출 Tip B-1

과대 대표와 과소 대표

과대 대표	최다 득표자를 많이 배출한 정당이 득표율보다 더 많은 의석을 얻게 되는 것
과소 대표	최다 득표자를 많이 내지 못한 정당이 득표율보다 적은 의석을 얻게 되는 것

기출 Tip B-2

결선 투표제

1차 투표에서 과반수 득표자가 없을 경우, 상위 득표자 2인에 대해서만 2차 투표를 하여 당선자를 확정하는 투표 제도
(→ 사표 방지의 효과가 있으나, 투표 과정이 복잡하다는 단점이 있다.)

선호 투표제

유권자가 선호에 따라 모든 후보의 순위를 투표용지에 기재한 후 1순위 표수로 1차 집계를 한 뒤 과반수 득표자가 나오면 당선자로 확정하는 투표 제도이다. 과반수 득표자가 없으면 최하위 후보를 탈락시키고, 최하위 후보를 1순위로 표시한 유권자의 표를 그 유권자가 2순위로 표시한 후보자에게 넘긴 후 다시 표를 집계하며, 과반수 득표자가 나올 때까지 이 과정을 반복한다.

② 비례 대표제 → 의석 배분이 복잡한 편이다.

의미	정당 득표율에 비례하여 의석을 배분하고 당선자를 결정하는 방식
장점	국민의 다양한 의견 반영, 군소 정당의 의회 진출 가능성 높음, 사표가 적게 발생함
단점	유권자가 당선자 결정에 직접 영향을 미치기 어려움, 군소 정당 난립 시 정국 불안정이 우려됨

C 우리나라의 선거 제도

1 우리나라 공직 선거의 종류

대통령 선거		5년마다 실시, 전국 단위 단순 다수제 채택
국회 의원 선거		4년마다 실시, 소선거구제와 단순 다수제(지역구 의원), 전국 단위 정당 명부식 비례 대표제(비례 대표 의원) 채택
지방 선거	지방 자치 단체장 선거	광역 자치 단체장(특별시장, 광역시장, 특별자치시장, 도지사, 특별자치도지사), 기초 자치 단체장(시장, 군수, 구청장) → 소선거구 단순 다수제로 선출
	지방 의회 의원 선거	• 광역 의회 의원(지역구 시·도의원) → 소선거구 단순 다수제로 선출 • 광역 의회 의원(비례 대표 시·도의원) → 정당 명부식 비례 대표제로 선출 • 기초 의회 의원(지역구 시·군·구의원) → 중·대선거구 단순 다수제로 선출 • 기초 의회 의원(비례 대표 시·군·구의원) → 정당 명부식 비례 대표제로 선출
	교육감 선거	광역 자치 단체 단위에서 소선거구 단순 다수제로 선출

교육감 선거 → 교육의 중립성을 위해 정당 공천을 하지 않으므로 정당 소속이 아니어야 한다.

2 공정 선거를 위한 제도

선거구 법정주의	특정 정당이나 후보자가 선거구를 자의적으로 획정하는 것을 방지하기 위하여 선거구를 국회에서 제정한 법률로 획정함 → 게리맨더링 방지
선거 공영제	선거 과정을 국가 기관이 관리하고 국가나 지방 자치 단체가 선거 비용의 일부를 부담함 → 후보자 간 선거 운동의 기회 균등 보장, 선거 운동의 과열 방지
선거 관리 위원회	각종 선거와 국민 투표의 공정한 관리, 정당 및 정치 자금의 투명한 관리와 사무를 담당하는 헌법상 독립 기관

3 공정 선거를 위한 제도 빈출자료 Link • 266-267번 문제

(게리맨더링의 유래)

1812년 미국 매사추세츠주의 주지사였던 게리(Gerry, E)는 선거에서 자신이 속한 정당에 유리하도록 만들기 위해서 선거구를 자의적으로 분할하였다. 분할한 선거구의 모양은 그리스 신화에서 나오는 괴물인 샐러맨더를 닮았는데, 이후에 특정 정당에 유리하게 자의적으로 선거구를 획정하는 것에 대해서 게리와 합성하여 게리맨더링이라고 부르게 되었다.

기출 Tip C-1

국회 의원 선거에서의 1인 2표제 도입 배경

과거 우리나라 국회 의원 선거는 지역구 후보에 대한 투표만으로 정당 득표율을 계산한 후 정당별로 비례 대표 의석을 배분하였다. 그러나 이러한 방식은 평등 선거의 원칙과 직접 선거의 원칙에 위배된다는 이유로 위헌 결정이 내려짐에 따라 한 표는 지역 대표를 뽑고, 다른 한 표는 정당에 투표하여 비례 대표를 결정하는 1인 2표제가 도입되었다.

정당 명부식 비례 대표제

우리나라에서 각 정당은 정당 득표율과 지역구 당선자 수에 따라 의석을 배분받게 되고, 미리 작성해 둔 명부의 순위에 따라 당선자가 결정된다. 비례 대표 후보자를 정당이 정하게 되면 국민의 의사가 제대로 반영되지 못하는 단점이 있다.

기출 Tip C-2

우리나라 선거 제도의 문제점과 개선 방향

문제점	개선 방향
사표 과다 발생으로 당선자의 대표성이 낮아짐	중·대선거구제 도입, 비례 대표 의석수 증가 등
지연, 학연 등 연고주의에 따른 투표 경향	권역별 비례 대표제의 도입으로 지역주의 완화 등
금권 선거 및 흑색선전	공명선거 문화 확립 등

개념 확인 문제

정답과 해설 24쪽

225 다음 괄호 안의 내용 중 알맞은 말에 ○표를 하시오.

(1) 선거는 대표자 통제를 통해 책임 정치를 (보장, 제약)한다.

(2) (보통, 평등) 선거는 모든 국민에게 선거권을 부여하는 원칙이다.

226 소선거구제와 중·대선거구제의 특징을 옳게 연결하시오.

(1) 소선거구제 •   • ㉠ 상대적으로 사표가 적게 발생함

(2) 중·대선거구제 •   • ㉡ 군소 정당 후보의 의회 진출이 어려움

227 대표 결정 방식에 대한 설명이 맞으면 ○표, 틀리면 ×표를 하시오.

(1) 단순 다수제는 대량의 사표가 발생할 수 있다. ( )

(2) 절대 다수제는 단순 다수제에 비해 당선자 결정이 편리하다. ( )

228 우리나라는 공정 선거를 위해 선거 과정을 국가 기관이 관리하고 국가나 지방 자치 단체가 선거 비용 일부를 부담하는 (㉠)를 두며, 선거구를 법률로 획정하는 (㉡)를 채택하고 있다.

A 선거의 기능과 민주 선거의 원칙

229 하중상

다음 내용과 관련 깊은 선거의 기능으로 가장 적절한 것은?

> 선거는 국민이 동의 또는 지지하는 대표자나 정당을 선택하는 것이므로 정치권력 행사에 권위를 부여하는 중요한 수단이 된다. 따라서 쿠데타나 부정 선거에 의하여 권력을 획득한 정부는 합법성과 권위가 결여되어 있어서 국민의 저항을 받기 쉽다.

① 대표자 선출 ② 국민 주권의 실현
③ 권력의 통제 강화 ④ 국민과 정부의 연결
⑤ 민주적 정당성 부여

230 하중상

갑국~병국의 선거에서 위배되고 있는 민주 선거의 원칙을 옳게 연결한 것은?

> • 갑국에서는 토지를 소유하고 있지 않거나 은행 거래가 없는 국민에게 선거에 참여할 권리를 주지 않고 있다.
> • 을국에서는 중우 정치 발생 가능성을 차단하기 위해 고등학교 재학 이상의 학력자에게만 선거권을 부여하고 있다.
> • 병국에서는 직장이 있는 경우 집 근처 투표소와 직장 근처 투표소에서 각각 1표씩 총 2표를 행사할 수 있지만, 직장이 없는 경우 집 근처 투표소에서 1표만 행사할 수 있도록 하고 있다.

	갑국	을국	병국
①	보통 선거	보통 선거	평등 선거
②	보통 선거	비밀 선거	평등 선거
③	비밀 선거	평등 선거	보통 선거
④	평등 선거	보통 선거	비밀 선거
⑤	평등 선거	비밀 선거	보통 선거

231-232 빈출자료

다음 글을 읽고 물음에 답하시오.

> 2014년 헌법 재판소는 국회 의원 선거에서 선거구 간 인구 편차가 최대 3대 1에 이르는 것을 허용하는 「공직 선거법」에 대해 헌법 불합치 결정을 내렸다. 그리고 선거구 간 인구 편차를 2대 1이하로 조정할 것을 권고하였다.

빈출 231 하중상

위 글에서 헌법 재판소의 결정에 근거가 된 민주 선거의 원칙으로 옳은 것은?

① 보통 선거 ② 비밀 선거 ③ 평등 선거
④ 직접 선거 ⑤ 간접 선거

232 하중상

위 글에서 헌법 재판소의 결정에 근거가 된 민주 선거의 원칙과 관련한 진술로 적절한 것은?

① 모든 유권자의 투표 가치를 동등하게 부여해야 한다.
② 유권자가 누구에게 투표하였는지를 알 수 없게 해야 한다.
③ 일정 연령에 달한 모든 사람에게 선거권을 부여해야 한다.
④ 유권자는 대리인을 거치지 않고 직접 대표자를 선출해야 한다.
⑤ 유권자는 선거인단에게 투표하며 선거인단이 대표를 선출해야 한다.

233 하중상

(가), (나)를 통해 파악할 수 있는 선거의 기능을 옳게 연결한 것을 〈보기〉에서 고른 것은?

> (가) 선거는 국민의 다양한 의사나 요구를 정치 과정에 투입하여 이를 정책 결정 과정에 반영하게 한다. 국민은 선거에 직접 참여함으로써 주권자임을 확인할 수 있다.
> (나) 국민은 지난 선거에서 선출되어 국정을 담당하고 있는 대표자를 선거를 통해 다시 평가할 수 있다. 만일 대표자가 국민의 의사를 충실히 반영하였다면 다음 선거에서도 그 투표자에게 투표하겠지만, 그렇지 않을 경우에는 다른 후보자에게 투표할 것이다.

〈 보기 〉
ㄱ. (가) – 국민의 의사를 반영하여 주권 의식을 높인다.
ㄴ. (가) – 국가의 정책을 국민이 직접 결정할 수 있게 한다.
ㄷ. (나) – 정치권력을 통제하는 기능을 수행한다.
ㄹ. (나) – 여론을 집약하여 국민 통합에 기여한다.

① ㄱ, ㄴ ② ㄱ, ㄷ ③ ㄴ, ㄷ
④ ㄴ, ㄹ ⑤ ㄷ, ㄹ

234-235 빈출자료

다음 글을 읽고 물음에 답하시오.

> 과거 우리나라 국회 의원 선거는 1인 1표제를 채택하여 지역구 후보에 대한 투표만으로 정당 득표율을 계산한 후 정당별로 비례 대표 의석을 배분하였다. 그러나 이는 지역구 선거에서 무소속 후보자를 지지하는 경우, 정당 추천 비례 대표 의원 선출에 반영되지 않아 특정 정당을 지지하는 경우에 비해 차별을 받기 때문에 (㉠)의 원칙에 위배되고, 유권자가 비례 대표 의원의 선출에 있어서 별도의 의사 표시를 할 수 없어 유권자가 원하는 후보를 직접 선출할 수 없기 때문에 (㉡)의 원칙에 위배된다는 이유로 위헌 결정이 내려졌다. 이에 따라 한 표는 지역 대표를 뽑고, 다른 한 표는 정당에 투표하여 비례 대표를 결정하는 1인 2표제가 도입되었다.

빈출 234 하중상

㉠, ㉡에 들어갈 민주 선거의 원칙을 옳게 연결한 것은?

	㉠	㉡
①	보통 선거	직접 선거
②	보통 선거	평등 선거
③	직접 선거	평등 선거
④	평등 선거	보통 선거
⑤	평등 선거	직접 선거

235 하중상

••서술형

㉠, ㉡에 들어갈 민주 선거의 원칙의 의미를 각각 서술하시오.

236 하중상

다음 사례를 통해 파악할 수 있는 선거의 기능으로 가장 적절한 것은?

> 갑국 총선거에서 야당인 B당이 집권당인 A당을 물리치고 승리하였다. B당이 43% 득표율로 하원 전체 350석 중 150석을 획득한 데 비해, 집권당인 A당은 37%를 득표하여 130석을 얻는 데 그쳤다. 이에 정부의 경제 정책 실패에 대한 국민들의 반감이 야당에 대한 지지로 연결된 것이 야당의 총선 승리 배경으로 분석되고 있다.

① 국민을 대신하여 국정을 수행할 대표자를 선출한다.
② 정치권력에 대한 통제를 통해 책임 정치를 구현하도록 한다.
③ 선거에 국민이 직접 참여함으로써 국민 주권 의식이 신장된다.
④ 후보자들의 공약에 대한 국민의 다양한 의사 표출로 국민의 의사가 정책에 반영될 수 있다.
⑤ 대표자는 합법적 절차와 국민 다수의 지지를 받아 선출되기 때문에 정치권력에 정당성과 권위가 부여된다.

237 하중상

밑줄 친 ㉠~㉣에 대한 옳은 설명만을 <보기>에서 고른 것은?

> A국은 ㉠ 여성에게만 투표권을 주고 남성에게는 투표권을 주지 않는다. 또한 ㉡ 일반 사람들에게는 한 장의 투표권을 주는 반면, 박사 학위 소지자에게는 세 장의 투표권을 준다. 또한, ㉢ 대리인에게 자신의 투표를 대신하도록 위임할 수 있으며, ㉣ 투표용지에 자신의 이름을 기입하도록 되어 있다.

<보기>

ㄱ. ㉠은 평등 선거의 원칙에 어긋난다.
ㄴ. 선거구 간 인구 편차가 매우 큰 경우에 위배된 민주 선거의 원칙과 ㉡에서 위배된 민주 선거의 원칙은 동일하다.
ㄷ. ㉢은 우리나라에서 허용하는 투표 방식이다.
ㄹ. ㉣은 비밀 선거의 원칙에 어긋난다.

① ㄱ, ㄴ　② ㄱ, ㄷ　③ ㄴ, ㄷ
④ ㄴ, ㄹ　⑤ ㄷ, ㄹ

238 하중상

㉠, ㉡에 들어갈 제도의 공통적인 특징에 대한 옳은 설명을 <보기>에서 고른 것은?

> • (㉠)은/는 국외에 거주 또는 체류하는 대한민국 국민이 국내 선거에 참여하는 것으로, 우리나라는 대통령 선거와 임기 만료에 따른 국회 의원 선거에서 실시하고 있다.
> • 과거에 선원들은 선거 당일 승선하고 있는 경우 선거권을 행사할 수 없었다. 하지만 「공직 선거법」이 개정된 이후 (㉡)이/가 시행되면서 선원들이 사전에 신고하여 선거권을 행사할 수 있게 되었다.

<보기>

ㄱ. 선거권 및 평등권을 보장하기 위한 제도이다.
ㄴ. 보통 선거의 원칙을 충실히 실현하기 위한 제도이다.
ㄷ. 표의 등가성이 훼손되는 문제를 막고자 시행된 제도이다.
ㄹ. 사표를 줄임으로써 과소 대표 문제가 생기는 것을 방지하기 위한 제도이다.

① ㄱ, ㄴ　② ㄱ, ㄷ　③ ㄴ, ㄷ
④ ㄴ, ㄹ　⑤ ㄷ, ㄹ

B 선거 제도의 유형과 특징 (1) - 선거구제

239 하중상

다음과 같은 특징이 나타나는 선거구제에 대한 설명으로 옳지 않은 것은?

- 후보자는 자기의 정견을 선거구민에게 고르게 알릴 수 있고, 유권자는 후보자를 잘 알고 투표할 수 있을 뿐만 아니라 유권자의 접근도 용이하다.
- 선거가 군소 정당의 후보보다는 양당 정당 후보자들 간의 경쟁으로 압축되고, 선거의 결과도 의석의 과반수를 차지하는 다수당의 출현을 용이하게 하는 효과가 있다.

① 사표가 많이 발생한다.
② 정치 신인의 의회 진출이 곤란하다.
③ 선거 비용이 적게 들고 선거 관리가 용이하다.
④ 한 선거구 내에서 투표 가치의 차등 문제가 발생할 수 있다.
⑤ 전국적인 정책보다는 지역적 이해관계가 우선하는 선거가 되기 쉽다.

빈출
240 하중상 ••서술형

다음 사례를 읽고 물음에 답하시오.

갑국은 ㉠ 200개 선거구를 두고 각 선거구에서 1명의 대표를 선출하여 200명의 의원으로 의회를 구성하고 있다. 그러나 선거 제도의 여러 문제점이 나타나면서 ㉡ 100개 선거구를 두고 각 선거구에서 3명의 대표를 선출하여 총 300명으로 의회를 구성하는 방식으로 선거 제도를 변경하기로 하였다.

(1) 밑줄 친 ㉠, ㉡에 해당하는 선거구제를 각각 쓰시오.

(2) 위와 같은 선거구제의 변경으로 인해 갑국에서 나타날 수 있는 변화를 '사표의 변화' 측면에서 서술하시오.

241 하중상

선거구제 A, B에 대해 옳게 이해한 학생만을 〈보기〉에서 고른 것은?

선거구 제도는 크게 두 가지로 구분할 수 있는데, 한 선거구에서 1명의 대표를 선출하는 A와 한 선거구에서 2명 이상의 대표를 선출하는 B가 있다. A는 일반적으로 B에 비해 선거 관리가 쉬우며, 선거구당 후보자 수가 적어 유권자들이 후보자와 공약을 파악하기 쉽다. 반면, B는 일반적으로 A에 비해 사표(死票)가 적게 발생하고, 군소 정당 후보의 당선 가능성이 높아 의회의 입법 과정에 다양한 목소리를 반영하기 쉽다.

〈 보기 〉
- 갑: 우리나라 지역구 국회 의원 선거에서는 B가 적용돼.
- 을: 개별 선거구의 지역적 범위는 A가 B보다 커.
- 병: A는 B에 비해 선거 관리가 쉬워.
- 정: B는 A에 비해 다당제를 형성하기에 유리해.

① 갑, 을 ② 갑, 병 ③ 을, 병
④ 을, 정 ⑤ 병, 정

242 하중상

특정 지역의 의회 의원 선거구제가 (가)에서 (나)로 변경되었다. 이로 인한 변화로 적절하지 않은 것은? (단, (가), (나)는 각각 소선거구제와 중·대선거구제 중 하나이다.)

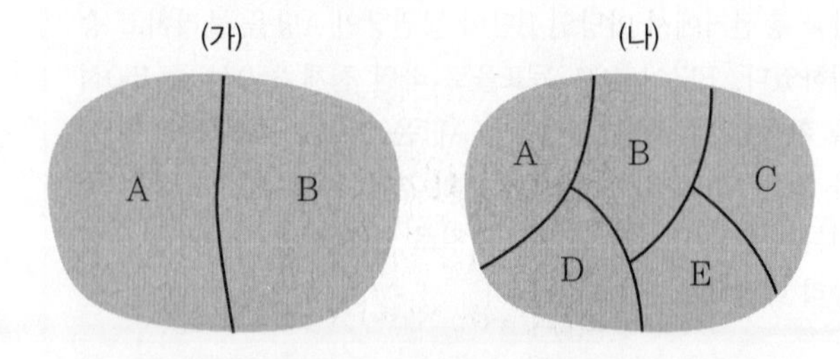

* 이 지역의 의회 의원 정수는 5명이며, A~E는 선거구에 해당한다.

① 양당제가 될 가능성이 높아졌다.
② 후보 난립이 적어 인물 파악이 쉬워졌다.
③ 상대적으로 사표가 많이 발생하게 되었다.
④ 군소 정당의 의회 진출 가능성이 높아졌다.
⑤ 최다 득표자가 되기 위한 경쟁으로 선거 운동이 과열될 가능성이 높아졌다.

243 하 중 상

(가), (나)에 나타난 선거구제에 대한 설명으로 옳은 것은?

> (가) ○○ 지역에서는 129개의 선거구에서 129명의 지역구 의회 의원을 선출하였다.
> (나) △△ 지역에서는 130개의 선거구에서 390명의 지역구 의회 의원을 선출하였다.

① (가)에서는 선거 운동이 과열될 가능성이 낮다.
② (가)에서는 군소 정당의 의회 진출 기회가 많다.
③ (나)에서는 정책의 성공이나 실패에 대한 책임을 묻기 쉽다.
④ (나)에서는 선거구 내에서 당선자 간 표의 가치가 달라지는 문제가 발생할 수 있다.
⑤ (가)에서는 (나)에서보다 사표가 적게 발생한다.

244-245 빈출자료

다음 내용을 읽고 물음에 답하시오.

> (가) 한 개의 선거구에서 출마한 후보자 중 1명의 대표자를 선출하는 제도
> (나) 한 개의 선거구에서 출마한 후보자 중 2명 이상의 대표자를 선출하는 제도

빈출 244 하 중 상

선거구제를 (나)에서 (가)로 변경할 경우 나타날 수 있는 변화로 적절한 것을 〈보기〉에서 고른 것은?

〈 보기 〉
ㄱ. 사표가 많이 발생할 것이다.
ㄴ. 선거 관리 비용이 많이 들 것이다.
ㄷ. 군소 정당의 난립을 막아 정국 안정에 유리할 것이다.
ㄹ. 후보자의 폭이 넓어 국민의 다양한 의사가 반영될 것이다.

① ㄱ, ㄴ ② ㄱ, ㄷ ③ ㄴ, ㄷ
④ ㄴ, ㄹ ⑤ ㄷ, ㄹ

245 하 중 상

선거구제 (가), (나)에 대한 설명으로 옳은 것은?

① (가)보다 (나)에서 선거 운동 관리가 쉽다.
② (가)보다 (나)에서 군소 정당의 의회 진출 가능성이 높다.
③ (가)와 달리 (나)에서 의석률과 정당 득표율의 불일치 현상이 나타날 가능성이 높다.
④ (나)보다 (가)가 국민의 다양한 의사를 반영하는 데 유리하다.
⑤ (나)와 달리 (가)에서 선거구 내 당선자 간 표의 등가성 문제가 발생할 수 있다.

246 하 중 상

표는 선거구제 A, B의 특징을 비교한 것이다. 이에 대한 옳은 설명을 〈보기〉에서 고른 것은? (단, A와 B는 각각 소선거구제와 중·대선거구제 중 하나이다.)

질문	A	B
선거 비용이 적게 들고 선거 관리가 용이한가?	아니요	예
비교적 사표가 적게 발생하는가?	예	아니요
(가)	아니요	예

〈 보기 〉
ㄱ. A에서는 선거 운동이 과열될 가능성이 높다.
ㄴ. B는 소수 정당의 출현이 용이하여 정국 안정에 불리하다.
ㄷ. A는 B에 비해 국민의 다양한 의사를 반영하기 용이하다.
ㄹ. (가)에 '현재 우리나라 국회 의원 선거에서 채택하고 있는가?'가 들어갈 수 있다.

① ㄱ, ㄴ ② ㄱ, ㄷ ③ ㄴ, ㄷ
④ ㄴ, ㄹ ⑤ ㄷ, ㄹ

빈출 247 하 중 상

그림은 선거구제 A, B의 일반적인 특징을 비교한 것이다. 이에 대한 옳은 설명을 〈보기〉에서 고른 것은? (단, A, B는 각각 소선거구제와 중·대선거구제 중 하나이다.)

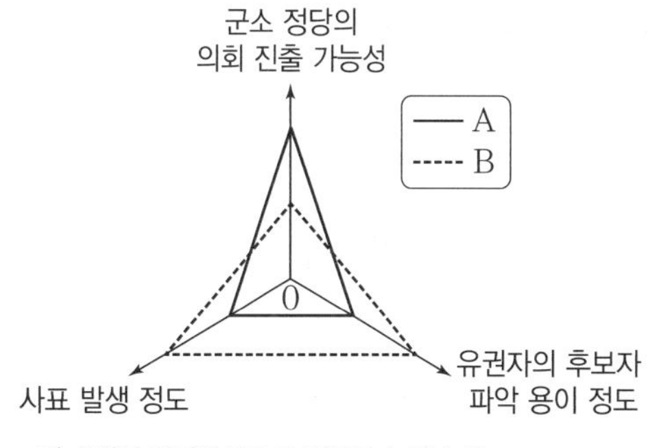

* 단, 0에서 멀어질수록 그 정도가 높거나 큼

〈 보기 〉
ㄱ. A에 따른 지역구 의원 선거에서는 선거구 수와 의석수가 동일하다.
ㄴ. 우리나라의 기초 의회 의원 지역구 선거에는 B가 적용된다.
ㄷ. 전국적인 인물은 A보다 B에서 불리하다.
ㄹ. B보다 A에서 국민의 다양한 의사가 반영될 가능성이 높다.

① ㄱ, ㄴ ② ㄱ, ㄷ ③ ㄴ, ㄷ
④ ㄴ, ㄹ ⑤ ㄷ, ㄹ

B 선거 제도의 유형과 특징 (2) - 대표 결정 방식

248 하중상 ••서술형

다음 글을 읽고 물음에 답하시오.

> 절대 다수제의 한 유형인 (㉠)은/는 1차 투표에서 과반수 득표자가 없을 경우, 상위 득표자 2인에 대해서만 2차 투표를 하여 당선자를 확정하는 투표 제도를 말한다.

(1) ㉠에 들어갈 대표 결정 방식을 쓰시오.

(2) (1)의 장점과 단점을 각각 서술하시오.

249 하중상

자료는 갑국의 대통령 선거 결과를 나타낸 것이다. 이를 통해 파악할 수 있는 갑국의 대통령 선출 방식에 대한 옳은 설명을 〈보기〉에서 고른 것은?

〈1차 투표 득표율〉

구분	A 후보	B 후보	C 후보	D 후보
득표율	28%	25%	24%	23%

〈2차 투표 득표율〉

구분	A 후보	B 후보
득표율	66.1%(당선)	33.9%

〈 보기 〉
ㄱ. 사표를 줄일 수 있다.
ㄴ. 선거 비용이 적게 든다.
ㄷ. 선거 운영이 비교적 단순하다.
ㄹ. 당선자의 대표성을 높일 수 있다.

① ㄱ, ㄴ ② ㄱ, ㄹ ③ ㄴ, ㄷ
④ ㄴ, ㄹ ⑤ ㄷ, ㄹ

빈출 **250** 하중상

대표 결정 방식 A, B에 대한 설명으로 옳은 것은?

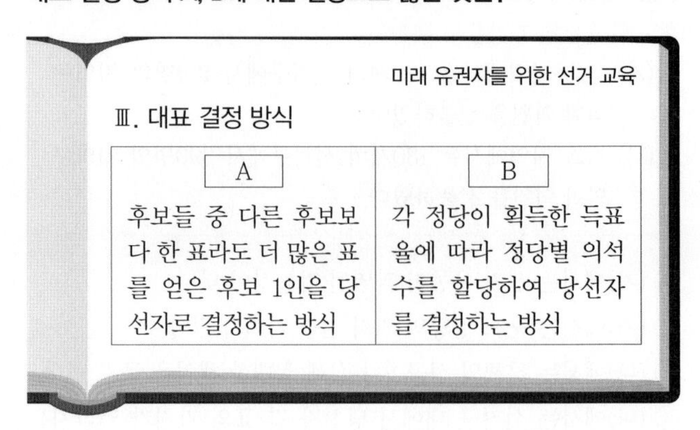

① A는 후보자가 당선되기 위한 득표율의 절대적 기준이 정해져 있다.
② A는 B에 비해 사표가 비교적 적게 발생한다.
③ B는 A에 비해 군소 정당의 의회 진출 가능성이 높다.
④ B는 A와 달리 정당별 득표율과 의석률이 일치하지 않는다.
⑤ A는 비례 대표제, B는 단순 다수제이다.

251 하중상

그림은 선거 제도상의 대표 결정 방식을 분류한 것이다. A~C의 일반적인 특징에 대한 설명으로 옳은 것은? (단, A~C는 각각 절대 다수제, 단순 다수제, 비례 대표제 중 하나이다.)

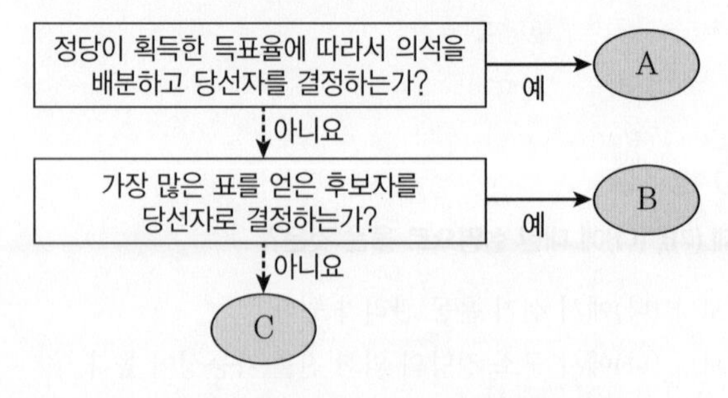

① A는 양당제를 촉진하여 정국 안정에 유리하다.
② B는 다양한 국민의 의견을 수렴하기에 유리하다.
③ C는 선거 운영이 단순하고 선거 비용이 적게 든다.
④ B는 C에 비해 당선자의 대표성을 높일 수 있다.
⑤ 군소 정당의 의회 진출 가능성은 A가 B, C보다 높다.

252 하중상

표는 우리나라 21대 국회 의원 선거 당시 어느 선거구의 선거 결과이다. 이에 대한 학생들의 분석으로 가장 적절한 것은?

후보자	득표수	득표율	순위
A	21,724표	30.43%	1(당선)
B	21,232표	30.16%	2
C	20,352표	28.51%	3
D	6,517표	9.13%	4

① 갑: A 후보는 대표로서의 정당성이 없습니다.
② 을: B, C 후보는 득표율을 근거로 재선거를 요구할 수 있습니다.
③ 병: 과반수의 사표가 발생하는 문제가 있습니다.
④ 정: 국민들의 정치적 무관심이 심각한 수준입니다.
⑤ 무: 중·대선거구 단순 다수제가 시행되고 있습니다.

253 하중상

다음 사례에 대한 타당한 분석을 〈보기〉에서 고른 것은? (단, 영국은 전형적인 의원 내각제를 채택하고 있다.)

> 1987년 영국 총선거에서 보수당은 42.0%의 득표율로 58.3%의 의석을 점유한 반면에 자유 사회 연합은 22.4%의 득표율을 기록하고도 불과 3.4%의 의석을 차지하는 데 그쳤다.

〈 보기 〉
ㄱ. 보수당에 대한 표는 과대평가되었다.
ㄴ. 총선거 과정에서 평등 선거 원칙이 위배되었다.
ㄷ. 책임 정치를 구현하기에 유리한 정국이 나타났다.
ㄹ. 보수당과 자유 사회 연합의 연립 내각 구성이 필수적이었을 것이다.

① ㄱ, ㄴ ② ㄱ, ㄷ ③ ㄴ, ㄷ
④ ㄴ, ㄹ ⑤ ㄷ, ㄹ

254-255 빈출자료

(가), (나)는 서로 다른 대표 결정 방식을 적용한 대통령 선거의 과정과 결과를 나타낸 것이다. 물음에 답하시오. (단, (가), (나)에는 각각 절대 다수제, 단순 다수제 중 하나의 대표 결정 방식이 적용되었다.)

(가)

〈1차 투표〉

후보	1번	2번	3번
득표율	35%	42%	23%

〈2차 투표〉

후보	1번	2번
득표율	56%(당선)	44%

(나)

후보	1번	2번	3번
득표율	39%(당선)	35%	26%

254 하중상

(가)에 대한 설명으로 옳지 않은 것은?

① 절대 다수제로 대통령 당선자가 결정되었다.
② 2차 투표는 당선인의 대표성을 높이는 기능을 한다.
③ 시간과 비용이 많이 드는 대표 결정 방식이 적용되었다.
④ 상대적으로 적은 사표가 발생하는 대표 결정 방식이 적용되었다.
⑤ 군소 정당의 영향력이 축소될 가능성이 높은 대표 결정 방식이 적용되었다.

빈출 255 하중상

(가), (나)에 적용된 대표 결정 방식에 대한 옳은 설명을 〈보기〉에서 고른 것은?

〈 보기 〉
ㄱ. (가)는 50% 미만의 득표율로 정권 획득이 가능할 것이다.
ㄴ. (나)는 절대 다수제에 의한 대표 결정 방식이다.
ㄷ. (가)는 (나)보다 후보자 간 정책 연대 가능성이 더 클 것이다.
ㄹ. (나)는 (가)보다 정권의 대표성을 강화하기에 불리할 것이다.

① ㄱ, ㄴ ② ㄱ, ㄷ ③ ㄴ, ㄷ
④ ㄴ, ㄹ ⑤ ㄷ, ㄹ

256-257 빈출자료

자료를 보고 물음에 답하시오.

다음 표는 갑국의 t대 의원 선거의 득표 수를 나타낸 것이다.

구분	A당	B당	C당	D당
1 선거구	200	400	300	100
2 선거구	400	150	150	300
3 선거구	350	250	200	200
4 선거구	150	450	250	150
5 선거구	250	100	450	200
6 선거구	400	150	150	300
7 선거구	300	150	100	450
8 선거구	200	150	400	250
9 선거구	150	350	300	200
10 선거구	200	100	250	450

* 소선거구제를 적용하며, 투표율은 100%이고 무효표는 없다.

갑국은 t+1대 선거에 비례 대표제를 도입하고 의회 의원 정수를 t대보다 60% 늘리기로 하였다. 변경안은 다음과 같다.

- 지역구 의원 선거: 기존 선거구를 1-2, 3-4, 5-6, 7-8, 9-10 순으로 통합(5개)하고, 소선거구 ㉠ 단순 다수제를 적용한다.
- 비례 대표 의원 선거: 비례 대표 의원 정수에 별도의 정당 투표에 따른 각 정당의 정당 득표율을 곱하여 산출된 수의 정수만큼 의석을 각 정당에 먼저 배분하고, 잔여 의석은 소수점 이하의 수가 큰 순서대로 각 정당에 1석씩 배분한다. 별도 투표에서 예상되는 정당 득표율은 아래 표와 같다.

정당	A당	B당	C당	D당
예상 정당 득표율(%)	16	28	23	33

* t+1대의 지역구 의원 선거 결과는 t대의 지역구 의원 선거 결과를 기준으로, 비례 대표 의원 선거 결과는 예상 정당 득표율로 판단한다.

256 (하/중/상)

밑줄 친 ㉠에 대한 설명으로 옳은 것은?

① 후보자는 과반수 득표를 해야만 당선된다.
② 후보자가 아닌 정당에 투표하는 방식이다.
③ 결선 투표제를 포함하며 사표가 적게 발생한다.
④ 당선자의 대표성은 높으나 선거 관리가 어렵다.
⑤ 다른 후보보다 한 표라도 더 많은 표를 얻은 후보가 당선된다.

257 (하/중/상)

위 자료에 대한 옳은 분석만을 <보기>에서 있는 대로 고른 것은?

〈 보기 〉
ㄱ. t대에서는 과반수 의석을 차지하는 정당이 없다.
ㄴ. t대에서 B당은 C당과 달리 과소 대표되었다.
ㄷ. t+1대에서 D당은 A당보다 비례 대표 의석이 2석 더 많다.
ㄹ. t대에 비해 t+1대에서 A당은 C당과 달리 불리해진다.

① ㄱ, ㄴ ② ㄱ, ㄷ ③ ㄴ, ㄹ
④ ㄱ, ㄷ, ㄹ ⑤ ㄴ, ㄷ, ㄹ

258 (하/중/상)

표는 갑국의 의회 의원 선거 결과를 나타낸 것이다. 이에 대한 분석 및 추론으로 옳지 않은 것은? (단, 갑국의 의회 의원은 지역구 의회 의원과 비례 대표 의회 의원으로 구성된다.)

구분	A당	B당	C당	D당	E당
지역구 득표율(%)	35	30	20	10	5
지역구 의석수(석)	80	50	30	30	10
총의석수(석)	100	80	60	40	20

① 비례 대표 의석수는 총 100석이다.
② 비례 대표 의석은 지역구 득표율에 따라 배분되지 않았을 것이다.
③ D당의 지역구 득표율과 비례 대표 의석률은 동일하다.
④ 비례 대표 의석률은 A당이 40%로 가장 높고, E당이 5%로 가장 낮다.
⑤ 지역구 의원 선거에서 과소 대표된 정당은 B당과 C당이다.

259 (하/중/상)

자료에 대한 옳은 분석을 <보기>에서 고른 것은?

갑국의 의회는 지역구 의원 200인과 비례 대표 의원 50인으로 구성된다. 지역구 의원 선거에서 각 선거구별로 선출되는 지역구 의원의 수는 동일하며 각 정당은 선거구별로 1인의 후보자만 공천한다. 비례 대표 의석은 비례 대표 의원 선거에서 각 정당이 얻은 득표율에 비례하여 각 정당에 배분한다. 유권자는 지역구 의원 선출을 위해 후보자에 1표, 비례 대표 의원 선출을 위해 정당에 1표를 행사한다. 표는 최근 갑국의 의회 의원 선거 결과이다.

구분	A당	B당	C당	D당
지역구 의석률(%)	56	32	8	4
비례 대표 의원 선거 정당별 득표율(%)	32	56	4	8

* 정당은 A당~D당만 존재하고 무소속 후보는 없음
** 투표율은 100%이고 무효표는 없음

〈 보기 〉
ㄱ. 지역구 의원 선거의 선거구제는 중·대선거구제이다.
ㄴ. 모든 정당은 비례 대표 의석보다 지역구 의석을 더 많이 확보하였다.
ㄷ. B당과 달리 A당은 지역구 의원 선거에서 전체 유권자 과반의 표를 얻었다.
ㄹ. C당과 D당은 의회 의석률이 다르다.

① ㄱ, ㄴ ② ㄱ, ㄷ ③ ㄴ, ㄷ
④ ㄴ, ㄹ ⑤ ㄷ, ㄹ

260 하/중/상

표는 A국의 의회 의원 선거 결과를 나타낸 것이다. 이에 대한 분석으로 옳은 것은?

정당	지역구 의석(석)	비례 대표 의석(석)	비례 대표 득표율(%)
A	163	17	33.35%
B	84	19	33.84%
C	1	5	9.67%
D	0	3	6.9%
E	0	3	6.79%
무소속	5	0	0
기타			9.45%
총합	253	47	100%

* A국에는 전국에 253개의 지역 선거구가 있음

① 지역구 의원 선거에서 유권자의 후보자 파악이 어렵다.
② 지역구 의원 선거에서 정치적 신인이 진입하기 용이하다.
③ 지역구 의원 선거에서 선거구별 표의 가치에 차이가 없다.
④ 지역구 의원 선거에서 양당제보다 다당제 형성 가능성이 크다.
⑤ 지역구 의원 선거에서의 소수 정당의 불리함을 비례 대표 의원 선거로 보완하고 있다.

261 하/중/상

표는 우리나라의 2016년 20대 국회 의원 선거 결과를 나타낸 것이다. 이에 대한 옳은 분석을 〈보기〉에서 고른 것은? (단, 2016년 기준 우리나라의 지역 선거구 수는 총 253개이다.)

의석 분포			비례 대표 선거 결과		
구분	의석수(석)	의석률(%)	구분	의석수(석)	의석률(%)
A당	123	41.0	A당	13	25.5
B당	122	40.7	B당	17	33.5
C당	38	12.7	C당	13	26.7
D당	6	2.0	D당	4	7.2
무소속	11	3.7	기타	0	7.0
계	300	100	계	47	100

* 의석은 지역구 의석과 비례 대표 의석을 합한 것임
** 비례 대표 선거는 별도의 정당 투표를 통해 이루어짐

〈 보기 〉
ㄱ. 지역구 선거에서 득표율과 의석률이 불일치할 수 있다.
ㄴ. 여대야소 상황으로 입법부와 행정부 간의 긴밀한 협력 관계가 강화될 것이다.
ㄷ. 거대 정당보다 소수 정당에 불리하여 국민의 다양한 의사가 반영되기 힘들 수 있다.
ㄹ. 중·대선거구제로의 전환과 비례 대표 의원의 감원을 통해 소수 정당의 의회 진출 가능성을 높일 수 있다.

① ㄱ, ㄴ ② ㄱ, ㄷ ③ ㄴ, ㄷ
④ ㄴ, ㄹ ⑤ ㄷ, ㄹ

262 하/중/상

표는 ○○국의 의회 의원 선거 결과이다. 이에 대한 옳은 분석을 〈보기〉에서 고른 것은? (단, 지역구는 갑~무로 총 5개이다.)

구분	지역구별 득표율(%)					비례 대표 의석수(석)
	갑	을	병	정	무	
A당	1	32	40	65	20	1
B당	5	30	20	25	20	0
C당	46	35	30	8	35	3
D당	48	3	10	2	25	1

* 지역구별 당선자 인원은 동일하며, 각 정당에서 지역구별로 1명씩 출마함
** 총의석수는 15석이며, 지역구별 유권자 수는 같고 투표율은 100%임

〈 보기 〉
ㄱ. 사표가 가장 많이 발생한 선거구는 무 선거구이다.
ㄴ. 지역구 선거에서 중·대선거구제를 채택하였다.
ㄷ. 지역구 선거에서 B당과 달리 C당은 과소 대표되었다.
ㄹ. D당의 지역구 의석 점유율은 비례 대표 의석 점유율보다 높다.

① ㄱ, ㄴ ② ㄱ, ㄷ ③ ㄴ, ㄷ
④ ㄴ, ㄹ ⑤ ㄷ, ㄹ

C 우리나라의 선거 제도

263 하/중/상

우리나라의 공직 선거에 대한 설명으로 옳은 것은?

① 국회 의원과 대통령의 임기는 동일하다.
② 광역 자치 단체장은 절대 다수제로 선출한다.
③ 교육감은 지방 선거에서 광역 자치 단체별로 선출한다.
④ 지역구 시·도의원은 중·대선거구 단순 다수제로 선출된다.
⑤ 비례 대표 국회 의원은 후보자별 득표율에 따라 의석이 배분된다.

264 하/중/상

㉠, ㉡에 들어갈 대표 결정 방식을 옳게 연결한 것은?

우리나라 국회 의원 선거에서 지역구 의원 선거는 (㉠)를, 비례 대표 의원 선거는 (㉡)를 채택하고 있다.

	㉠	㉡
①	절대 다수제	정당 명부식 비례 대표제
②	소선거구 단순 다수제	권역별 비례 대표제
③	소선거구 단순 다수제	정당 명부식 비례 대표제
④	중·대선거구 단순 다수제	권역별 비례 대표제
⑤	중·대선거구 단순 다수제	정당 명부식 비례 대표제

빈출
265 하중상

다음 헌법 조항의 ㉠에 들어갈 국가 기관에 대한 설명으로 옳은 것은?

> 제114조
> ① 선거와 국민 투표의 공정한 관리 및 정당에 관한 사무를 처리하기 위하여 (㉠)을/를 둔다.
> ② 중앙 (㉠)은/는 대통령이 임명하는 3인, 국회에서 선출하는 3인과 대법원장이 지명하는 3인의 위원으로 구성한다. 위원장은 위원 중에서 호선한다.

① 각종 선거의 선거구를 획정한다.
② 선거에 관한 법률을 제·개정한다.
③ 정치 자금에 관한 사무를 처리한다.
④ 행정부 소속 기관으로 공무원의 직무를 감찰한다.
⑤ 국가 기관 사이의 권한을 둘러싼 쟁의를 심판한다.

266-267 빈출자료*

다음 글을 읽고 물음에 답하시오.

> 1812년 미국 매사추세츠주의 주지사였던 게리(Gerry, E)는 선거에서 자신이 속한 정당에 유리하도록 만들기 위해서 선거구를 자의적으로 분할하였다. 분할한 선거구의 모양은 그리스 신화에서 나오는 괴물인 샐러맨더를 닮았는데, 이후에 특정 정당에 유리하게 자의적으로 선거구를 획정하는 것에 대해서 게리와 합성하여 (㉠)(이)라고 부르게 되었다.

빈출
266 하중상

㉠을 방지하기 위해 우리나라에서 채택하고 있는 제도로 옳은 것은?

① 비밀 선거　② 사전 투표제
③ 선거 공영제　④ 선호 투표제
⑤ 선거구 법정주의

267 하중상

㉠의 문제점으로 가장 적절한 것은?

① 사표가 많이 발생하게 된다.
② 선거구 내 투표 가치의 차등 문제가 발생한다.
③ 선거구 획정에 대한 공정성 확보가 어려워진다.
④ 각 선거구에서 유권자의 투표 참여율이 낮아진다.
⑤ 모든 선거구에서 선거 비용과 개표 시간이 많이 들게 된다.

268 하중상

다음은 우리나라 공직 선거의 종류를 정리한 필기노트이다. 밑줄 친 ㉠~㉤에 대한 설명으로 옳은 것은?

> **우리나라 공직 선거의 종류**
> 1. ㉠ 대통령 선거
> 2. 국회 의원 선거: 지역구 의원과 ㉡ 비례 대표 의원 선출
> 3. ㉢ 지방 선거
> 1) 지방 자치 단체장 선거: 광역 자치 단체장, 기초 자치 단체장 선출
> 2) 지방 의회 의원 선거: 지역구 시·도의원, ㉣ 비례 대표 시·도의원 등 선출
> 3) ㉤ 교육감 선출

① ㉠은 전국을 하나의 선거구로 하여 4년마다 실시되고 있다.
② ㉡은 ㉣과 달리 정당 명부식 비례 대표제로 선출된다.
③ ㉢은 특별시나 광역시 단위에서는 1인 7표제로 실시되고 있다.
④ ㉤은 교육 자치를 위해 기초 자치 단체 단위에서 선출한다.
⑤ ㉠과 달리 ㉤을 뽑는 선거는 다수 대표제를 채택하고 있다.

269 하중상

공정한 선거를 위한 제도 (가), (나)에 대한 옳은 설명만을 〈보기〉에서 있는 대로 고른 것은?

> (가) 선거 과정을 국가 기관이 관리하고 선거 비용의 일부를 국가 또는 지방 자치 단체에서 부담하는 제도이다.
> (나) 법률에 따라 선거구를 획정함으로써 선거구가 특정 정당이나 인물에게 유리하도록 정해지는 것을 방지하기 위한 제도이다.

〈보기〉
ㄱ. (가)는 선거 비용의 집행을 공적으로 관리하기 위한 제도이다.
ㄴ. (나)는 인구 대표성, 지역 대표성을 고려한다.
ㄷ. (가)와 달리 (나)는 선거 과열을 방지하고 선거 운동 기회를 균등하게 보장하는 것을 목적으로 한다.
ㄹ. (나)와 달리 (가)를 통해 방지하고자 하는 것은 게리맨더링이다.

① ㄱ, ㄴ　② ㄱ, ㄷ　③ ㄴ, ㄹ
④ ㄱ, ㄷ, ㄹ　⑤ ㄴ, ㄷ, ㄹ

270 하 중 상

A~C에 대한 설명으로 옳지 않은 것은?

우리나라는 공정한 선거를 치르기 위해 다양한 제도를 갖추고 있다. A는 선거 과정을 국가 기관이 관리하고 선거 비용의 일부를 국가나 지방 자치 단체가 부담하는 제도이며, B는 특정 정당이나 인물에게 유리하도록 선거구가 정해지는 것을 방지하기 위해 선거구를 법률로써 획정하는 제도이다. 또한 선거와 국민 투표의 공정한 관리 및 정당에 관한 사무를 담당하는 기관인 C를 두고 있다.

① A는 후보자들의 선거 운동 기회를 균등하게 보장하기 위한 제도이다.
② B는 게리맨더링의 확산을 목적으로 하는 제도이다.
③ B는 평등 선거의 원칙에 부합하도록 지리적 여건, 인구수, 행정 구역 등을 고려하도록 되어 있다.
④ C는 헌법상 독립 기관이다.
⑤ C의 위원은 정당에 가입하거나 정치에 관여할 수 없다.

271 하 중 상

교사의 질문에 옳게 답변한 학생만을 고른 것은?

- 교사: 우리나라 국회 의원 선거 제도 중 지역구 선거 제도의 문제점에는 무엇이 있을까요?
- 갑: 선거구 범위가 비교적 넓기 때문에 선거 비용이 많이 듭니다.
- 을: 정당별 득표율과 의석률의 불일치가 나타나기도 합니다.
- 교사: 그렇다면 지역구 선거 제도의 문제점을 개선하기 위한 방안으로는 무엇이 있을까요?
- 병: 과도한 선거 비용을 절감하기 위해 절대 다수제를 도입해야 합니다.
- 정: 정당별 득표율과 의석률의 불일치를 줄이기 위해 기존의 선거구를 통합하여 한 선거구에서 2~3명의 대표를 선출해야 합니다.

① 갑, 을　② 갑, 병　③ 을, 병
④ 을, 정　⑤ 병, 정

272 하 중 상

표는 우리나라 공직 선거의 특징을 구분한 것이다. (가), (나)에 들어갈 질문으로 적절한 것을 〈보기〉에서 고른 것은? (단, A~C는 각각 국회 의원 선거, 광역 의회 의원 선거, 기초 의회 의원 선거 중 하나이다.)

질문	A	B	C
(가)	예	예	아니요
(나)	예	아니요	아니요

〈 보기 〉
ㄱ. (가) – 소선거구제를 채택하고 있는가?
ㄴ. (가) – 절대 다수제가 도입되어 있는가?
ㄷ. (나) – 원칙적으로 4년마다 시행되는가?
ㄹ. (나) – 전국 단위 정당 명부식 비례 대표제를 채택하는가?

① ㄱ, ㄴ　② ㄱ, ㄹ　③ ㄴ, ㄷ
④ ㄴ, ㄹ　⑤ ㄷ, ㄹ

273 하 중 상

자료는 우리나라 특정 지역의 지방 의회 지역구 의원 선거 결과를 나타낸 것이다. 이에 대한 분석으로 옳은 것은?

선거구	후보자별 득표율				
광역 의회 의원 선거 A 선거구	갑당 a 48.9% (→ 당선)	을당 b 28.5%	병당 c 13.4%	무소속 d 9.2%	
기초 의회 의원 선거 B 선거구	갑당 e 39.3% (→ 당선)	갑당 f 11.0%	을당 g 23.2% (→ 당선)	을당 h 12.1%	병당 i 14.4% (→ 당선)

* a~i는 선거에 출마한 후보자이다.

① A 선거구에서는 양당제보다 다당제를 촉진하는 방식의 선거가 치러졌다.
② B 선거구에서는 각 정당의 총 득표율에 따라 당선자가 결정되었다.
③ A 선거구가 B 선거구보다 사표 비율이 낮다.
④ 광역 의회 의원 선거는 단순 다수제를 채택하였다.
⑤ 기초 의회 의원 선거보다 광역 의회 의원 선거에서 군소 정당의 의회 진출 가능성이 더 높다.

정치 참여의 방법과 한계

A 정당을 통한 정치 참여

1 정당의 의미와 기능

정당이 국민에게 공약하여 실현하고자 하는 정책과 이념을 나타낸 것

① 정당: 정치적 견해를 같이하는 사람들이 정권을 획득하여 자신들의 정강을 실현하기 위해 조직한 단체 → 공적 이익을 추구함, 공직 획득 및 정부 내 영향력 행사를 목적으로 함

② 정당의 기능

정치적 충원	선거에 후보자를 공천하여 대표자를 배출함
여론 형성과 조직	국민의 다양한 의사를 수렴하여 여론을 형성하고 이를 조직화하여 정책으로 제시함
정부 구성과 견제	선거를 통해 정부를 구성(여당)하고 비판 및 견제함(야당) → 정부의 책임성 강화
의회와 정부의 매개	당정 협의회 등을 통해 정부에 의회의 의견을 전달함으로써 매개 역할을 담당함
정치 사회화	정치적 현안에 대한 정보를 제공하고 시민의 관심과 참여를 유도함

당정 협의회: 행정부와 정당이 중요 정책을 결정함에 있어 서로 협의하는 기구

2 정당을 통한 정치 참여 방법과 한계

① 정당을 통한 정치 참여

당헌과 당규를 준수해야 하며 당비를 납부할 의무가 있다.

정당에 가입한 경우	정당 지도부 선출, 공천을 받아 공직 후보자로 출마 등
정당에 가입하지 않는 경우	선거에서 특정 정당의 후보나 정당에 투표, 정당 주최 공청회 참여 등

② 정당을 통한 정치 참여의 한계: 정당의 거대화·관료화에 따른 권위적 운영으로 인해 국민의 다양한 요구가 정당의 정책에 반영되지 못함

③ 우리나라 정당 정치의 문제점: 특정 인물 중심, 지역주의 심화, 비민주적 조직과 운영 등

④ 우리나라 정당 정치의 과제: 당내 민주주의 실현, 정책 중심의 정당 운영 등

정당이 특정 인물이나 특정 지역의 영향을 받게 되면 국민의 요구를 수렴하여 정책으로 연결하는 정당의 기능을 제대로 수행하기 어려워진다.

기출 Tip A-2

정당의 다양한 공천 방식

개방형 예비 선거	당원과 일반 국민이 후보 선출에 참여
폐쇄형 예비 선거	당원들만 참가하여 후보 선출
지역당 중심 공천	지역당의 당원 대표나 대의원들이 후보 선출
중앙당 중심 공천	중앙당의 공천 기구에서 후보 결정
정당 지도자 1인의 공천	정당 지도자가 단독으로 후보 결정

국민 참여 경선 제도

국민 참여 경선 제도는 정당의 공직 후보자 선출 시 당원뿐만 아니라 일반 국민도 후보자 선출에 참여하도록 하는 제도이다. 대표적인 사례로 미국의 개방형 예비 선거(open primary)를 들 수 있다.

B 정당 제도의 유형

1 일당제 실질적으로 하나의 정당만 존재하거나 특정 정당이 계속해서 집권하는 것 → 독재 정치의 가능성이 크고 국민의 다양한 의사가 정치 과정에 반영되기 어려움

2 복수 정당제 두 개 이상의 정당이 경쟁함 → 민주주의 국가의 정당 제도

양당제	• 의미: 정권 교체가 가능한 두 개의 주요 정당이 권력 획득을 위해 경쟁하는 것 • 장점: 정국이 비교적 안정적으로 운영됨, 정치적 책임 소재가 분명함(→ 책임 정치 확립 가능) • 단점: 과반수 의석을 차지한 다수당의 횡포가 우려됨, 정당 선택의 폭이 제한되어 다양한 국민의 의견이 정치에 반영되기 어려움
다당제	• 의미: 세 개 이상의 정당이 권력 획득을 위해 경쟁하는 것 • 장점: 정당 선택의 범위가 넓어 국민의 다양한 의사가 반영될 수 있음, 정당 간 대립 시 중재가 비교적 쉬움 • 단점: 군소 정당이 난립할 경우 정국 불안정이 우려됨, 강력한 정책 추진이 어려움, 정치적 책임 소재가 불분명함

양당제는 주로 거대 정당에 유리한 소선거구 단순 다수제를 채택하는 국가에서 나타나고, 다당제는 주로 군소 정당에 유리한 중·대선거구 다수 대표제나 비례 대표제를 채택하는 국가에서 나타난다.

3 복수 정당제 빈출자료 Link • 283-284번 문제

(우리나라 헌법과 복수 정당제)

제8조 ① 정당의 설립은 자유이며, 복수 정당제는 보장된다.

② 정당은 그 목적·조직과 활동이 민주적이어야 하며, 국민의 정치적 의사 형성에 참여하는 데 필요한 조직을 가져야 한다.

기출 Tip B-3

우리나라 헌법에 의해 보장되는 복수 정당제

민주주의 국가는 복수 정당제를 채택하여 다양성을 보장하고 정당들의 정책 경쟁을 통해 다양한 이해관계를 반영하고자 한다. 우리 헌법에서는 정당 설립의 자유, 복수 정당제 보장, 정당의 요건 등을 규정하여 정당을 보호하고 있다.

C 이익 집단과 시민 단체를 통한 정치 참여

1 이익 집단을 통한 정치 참여

① 이익 집단: 특정한 이해관계를 같이하는 사람들이 집단의 특수 이익 실현을 위해 결성한 집단
② 이익 집단의 기능: 국민의 다양한 정치적 의사 표출, 정치 사회화, 정부 정책 감시·비판 등
• 지역 대표제나 정당의 한계를 보완할 수 있다.
③ 이익 집단을 통한 정치 참여: 선거 자금 후원, 전문 지식 활용, 의회 의원이나 정부 관료에게 영향력 행사(로비 활동) 등
• 이익 집단들이 자기들의 특수 이익을 보호하기 위하여 의원들에게 입법을 촉진하거나 저지하기 위한 압력을 주로 행사하는 활동
④ 이익 집단의 문제점: 집단의 특수 이익과 공익 간 충돌 우려, 집단 이기주의로의 변질 우려, 정부의 정책 결정 지연이나 혼란 발생 우려, 정치권력과 결탁하여 부정부패 초래 가능성

2 시민 단체를 통한 정치 참여

① 시민 단체: 공공의 이익을 실현하기 위해 시민이 자발적으로 만든 비영리 단체
② 시민 단체의 기능: 정부 정책 감시·비판, 사회 문제에 대한 여론 형성, 정치 사회화 등
③ 시민 단체를 통한 정치 참여: 사회적 쟁점에 관한 토론회·공청회 개최, 서명 운동·캠페인 활동 등
④ 우리나라 시민 단체의 문제점: 낮은 시민 참여도, 시민 단체의 관료화 및 자율성 훼손
⑤ 극복 방안: 의사 결정 구조의 민주화, 재정 자립 실현, 사회적 책임성 강조 등

3 정치 참여 방법 빈출자료 Link • 290-291번 문제

• 정당, 이익 집단, 시민 단체는 모두 정부의 정책 결정 과정에 영향력을 행사한다는 공통점이 있다.

(정당, 이익 집단, 시민 단체의 특징 비교)

구분	정당	이익 집단	시민 단체
목적	정치권력 획득	특수 이익 실현	공공선과 공익 실현
추구하는 이익	공익	사익(특수 이익)	공익
정치적 책임	있음	없음	없음

D 언론을 통한 정치 참여

1 언론의 의미와 기능

① 언론: 신문, 텔레비전, 인터넷 등의 대중 매체를 통해 사실을 알리거나 여론을 형성하는 활동
② 언론의 기능: 국민의 알 권리 보장, 국가 권력에 대한 감시·견제, 여론 형성 및 주도 등
③ 언론을 통한 정치 참여: 독자 투고, 인터넷 게시판 등을 통해 각종 정보를 언론사에 제보 등

2 언론을 대하는 시민의 태도 비판적·중립적 시각에서 언론 보도를 분석하는 자세를 가져야 함

기출 Tip C-2

시민 단체의 자율성 훼손에 따른 문제점

시민 단체의 운영 자금이 정부 지원금이나 외부 후원에 의존하게 되면 시민 단체의 자율성이 훼손되고 정부와 기업을 제대로 감시하지 못하는 현상이 나타날 수 있다.

기출 Tip D-1

언론의 의제 설정 기능

언론은 특정한 주제를 선택 및 강조하여 보도함으로써 사람들이 그것을 중요한 문제로 인식하도록 만드는 의제 설정 기능을 통해 특정 여론을 형성하고 주도한다.

언론의 자유와 책임

언론의 자유	권력과 자본에 대한 비판과 감시, 국민의 알 권리 보장
언론의 책임	객관적 사실 전달(정확성), 다양한 의견 보도(공정성), 공공의 이익 우선 고려(공공성)

개념 확인 문제

정답과 해설 29쪽

274 (   )은 정치적 견해를 같이하는 사람들이 자신들의 정강을 실현하기 위해 조직한 단체로, 정치권력 획득을 목적으로 한다.

275 정당 제도에 대한 설명이 맞으면 ○표, 틀리면 ×표를 하시오.

(1) 일당제는 독재 정치의 가능성이 작다. (   )
(2) 양당제는 정치적 책임 소재가 분명하다. (   )
(3) 다당제는 정당 간 대립 시 중재가 불가능하다. (   )

276 다음 정치 주체와 그 특징을 옳게 연결하시오.

(1) 시민 단체 •　　　　• ㉠ 특수 이익 실현 추구
(2) 이익 집단 •　　　　• ㉡ 공공선과 공익 실현 추구

277 다음 괄호 안의 내용 중 알맞은 말에 ○표를 하시오.

(1) (언론, 이익 집단)은 의제 설정 기능을 통해 여론을 주도한다.
(2) (시민 단체, 이익 집단)은/는 로비 활동을 통해 영향력을 행사한다.

A 정당을 통한 정치 참여

278 하 중 상

밑줄 친 '이 집단'의 기능에 대한 옳은 설명만을 〈보기〉에서 있는 대로 고른 것은?

> 대의제 정부의 출현과 선거권 확대를 계기로 등장한 이 집단은 정치적 견해를 같이 하는 사람들이 정권 획득을 추구하며 책임 있는 정치적 주장이나 정책을 추진한다.

〈 보기 〉
ㄱ. 각종 공직 선거에 후보자를 공천한다.
ㄴ. 정부와 의회를 매개하는 역할을 한다.
ㄷ. 특수 이익 실현을 위해 정책 결정 과정에서 영향력을 행사한다.
ㄹ. 정부를 구성할 뿐만 아니라 정부를 견제함으로써 정부의 책임성을 강화한다.

① ㄱ, ㄴ ② ㄱ, ㄷ ③ ㄷ, ㄹ
④ ㄱ, ㄴ, ㄹ ⑤ ㄴ, ㄷ, ㄹ

279 하 중 상

다음은 정당에 대한 설명이다. 밑줄 친 ㉠~㉤ 중 옳지 않은 것은?

> 정당은 정치적 견해를 같이하는 사람들이 ㉠ 정권을 획득하여 자신들의 강령을 실현하는 것을 목적으로 하는 집단이다. 그래서 ㉡ 각종 선거에 후보자를 공천함으로써 정치 참여의 기회와 정치권력을 담당할 수 있는 경험을 제공하여 정치 지도자를 배출하는 ㉢ 정치적 충원의 기능을 수행한다. 또한 국민의 다양한 의사와 요구를 수렴하여 ㉣ 여론을 형성하고 이를 정책으로 제시한다. 정당은 이러한 활동에 대하여 ㉤ 정치적 책임을 지지 않는다.

① ㉠ ② ㉡ ③ ㉢ ④ ㉣ ⑤ ㉤

280 하 중 상

㉠에 들어갈 정당의 공천 방식으로 옳은 것은?

> 최근 우리나라에서는 선거에 나갈 정당의 후보자 경선에서 당원이 아닌 일반 시민의 자격으로 참여하여 지지하는 후보자에게 투표할 수 있도록 하는 국민 참여 경선 제도를 도입하고 있는데, 이는 공천 방식 중 (㉠)에 해당한다.

① 개방형 예비 선거 ② 중앙당 중심 공천
③ 지역당 중심 공천 ④ 폐쇄형 예비 선거
⑤ 정당 지도자 1인 공천

빈출 281 하 중 상

제시된 두 사례에서 공통적으로 추론할 수 있는 정당의 기능으로 가장 적절한 것은?

> • A당은 대중 매체와 언론을 통해 정책을 홍보하고, 강연회나 공청회 등을 개최하여 정치에 관한 지식과 정보를 제공한다.
> • B당은 청소년들의 정치 교육을 후원하기 위해 '모의 국회', '청소년 리더 캠프', '예비 유권자 교육' 등의 프로그램을 적극 실시한다.

① 대표자를 충원한다.
② 정치 사회화를 담당한다.
③ 사회 통합의 기능을 수행한다.
④ 정부 활동을 비판하고 통제한다.
⑤ 사회적 이익을 집약하고 표출한다.

282 하 중 상 ••서술형

다음 내용을 읽고 물음에 답하시오.

> 오늘날의 정당 정치에서는 정당 조직 자체가 거대해지면서 당원들의 의견이 무시되거나, 소수 지도자에 의해 정당이 운영되는 문제가 발생하고 있다.

(1) 위 내용과 관련 지어 정당을 통한 정치 참여의 한계를 서술하시오.

(2) (1)에 나타난 한계를 해결하기 위한 방안을 서술하시오.

B 정당 제도의 유형

283-284 빈출자료

다음은 우리나라 헌법의 정당 관련 규정이다. 물음에 답하시오.

> 제8조
> ① 정당의 설립은 자유이며, ㉠ 복수 정당제는 보장된다.
> ② ㉡ 정당은 그 목적·조직과 활동이 민주적이어야 하며, ㉢ 국민의 정치적 의사 형성에 참여하는 데 필요한 조직을 가져야 한다.
> ③ 정당은 법률이 정하는 바에 의하여 국가의 보호를 받으며, ㉣ 국가는 법률이 정하는 바에 의하여 정당 운영에 필요한 자금을 보조할 수 있다.

283 하중상 (빈출) •서술형

민주 국가에서 밑줄 친 ㉠을 채택하고 있는 목적을 서술하시오.

284 하중상

밑줄 친 ㉠~㉣에 대한 옳은 설명을 〈보기〉에서 고른 것은?

〈 보기 〉
ㄱ. ㉠의 보장은 국민 주권주의의 실현에 기여한다.
ㄴ. 정당의 상향식 공천은 ㉡에 어긋날 수 있다.
ㄷ. ㉢은 당원 중심의 당론 형성보다 정당 지도자 중심의 당론 형성에 용이한 조직으로 구성되어야 민주적이다.
ㄹ. ㉣에도 불구하고 정당은 당원들에게 당비를 징수할 수 있다.

① ㄱ, ㄷ ② ㄱ, ㄹ ③ ㄴ, ㄷ
④ ㄴ, ㄹ ⑤ ㄷ, ㄹ

285 하중상

그림은 각국의 정당 분포와 영향력의 크기를 나타낸 것이다. 갑국과 을국의 정치 상황에 대한 설명으로 옳지 않은 것은? (단, 갑국과 을국의 정당 제도는 각각 양당제, 다당제 중 하나이다.)

〈갑국〉

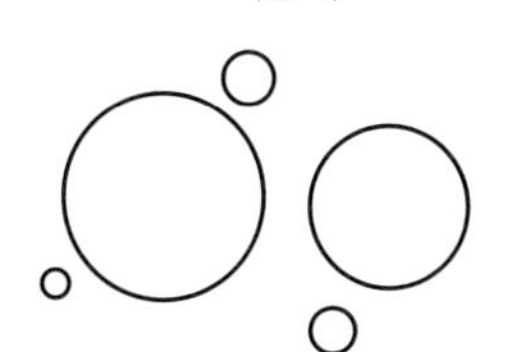

〈을국〉

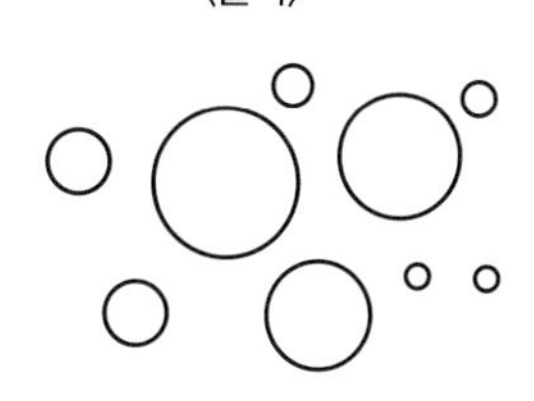

① 갑국은 정국이 불안해질 가능성이 높다.
② 갑국은 정치적 책임 소재가 분명할 것이다.
③ 을국은 군소 정당이 난립할 가능성이 높다.
④ 을국은 국민의 다양한 의견이 국정에 반영될 수 있다.
⑤ 을국은 갑국에 비해 정당 간 대립 시 조정이 용이할 것이다.

286 하중상 (빈출)

정당 제도 (가)~(다)에 대한 옳은 설명을 〈보기〉에서 고른 것은?

> (가) 세 개 이상의 정당이 정책 대결을 펼치는 정당 체제
> (나) 여러 정당이 존재하지만 특정 정당이 계속해서 장기간 집권하는 정당 체제
> (다) 실질적으로 두 개의 정당이 자유 선거를 통하여 정권을 획득하기 위해 경쟁하는 정당 체제

〈 보기 〉
ㄱ. (다)는 (가)에 비해 정국이 비교적 안정적으로 운영된다.
ㄴ. (다)보다 (가)에서 국민의 다양한 여론 수렴이 가능하다.
ㄷ. (가)는 (나), (다)에 비해 정치적 책임 소재가 명확하다.
ㄹ. (나)는 (가), (다)와 달리 강력한 정책 추진이 어렵다.

① ㄱ, ㄴ ② ㄱ, ㄷ ③ ㄴ, ㄷ
④ ㄴ, ㄹ ⑤ ㄷ, ㄹ

287 하중상

그림은 정당 제도의 유형 A~C의 일반적인 특징을 구분한 것이다. 이에 대한 옳은 설명을 〈보기〉에서 고른 것은? (단, A~C는 각각 일당제, 양당제, 다당제 중 하나이다.)

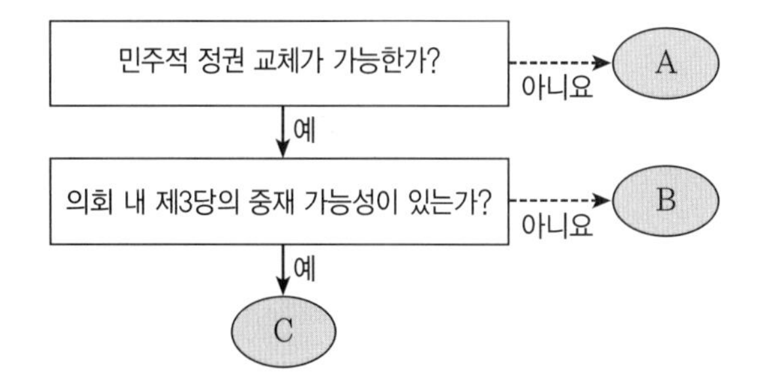

〈 보기 〉
ㄱ. B는 C에 비해 군소 정당 난립의 가능성이 높다.
ㄴ. C는 B에 비해 정책 실패에 대한 책임 소재가 불분명하다.
ㄷ. C는 B에 비해 국정에 국민의 다양한 의견을 반영하기가 용이하다.
ㄹ. A는 B, C에 비해 유권자의 정당 선택 폭이 넓다.

① ㄱ, ㄴ ② ㄱ, ㄷ ③ ㄴ, ㄷ
④ ㄴ, ㄹ ⑤ ㄷ, ㄹ

288 하 중 상

그림은 민주 국가에서 나타나고 있는 서로 다른 정당 제도 A, B의 특징을 비교한 것이다. A, B의 일반적 특징을 옳게 연결한 것만을 〈보기〉에서 있는 대로 고른 것은?

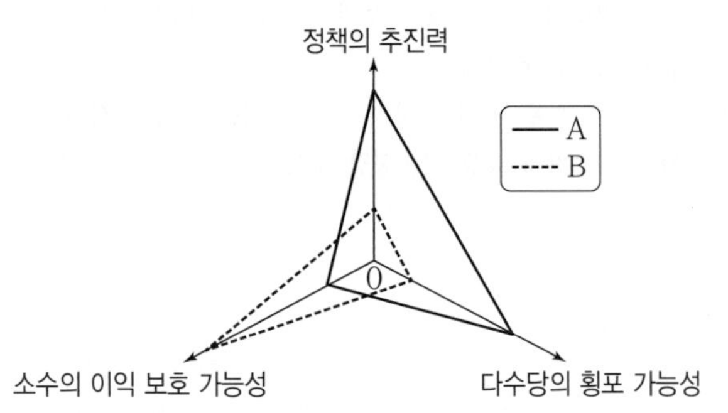

* 단, 0에서 멀어질수록 그 정도가 높거나 강함

〈 보기 〉

ㄱ. A – 정국 안정에 도움이 된다.
ㄴ. A – 책임 정치의 확립이 어렵다.
ㄷ. B – 정당 간의 대립 시 중재가 용이하다.
ㄹ. B – 국민의 다양한 의견이 반영될 수 있다.

① ㄱ, ㄴ ② ㄱ, ㄷ ③ ㄴ, ㄹ
④ ㄱ, ㄷ, ㄹ ⑤ ㄴ, ㄷ, ㄹ

C 이익 집단과 시민 단체를 통한 정치 참여

289 하 중 상

밑줄 친 (가), (나) 단체의 공통점으로 가장 적절한 것은?

- □□시의 송전탑 건설에 반대하여 (가) 환경 운동 연합 등 여러 단체가 지역 주민과 함께 연대하여 반대 집회와 시위 행진을 이어가고 있다.
- ○○ 회사의 구조 조정으로 인한 정리해고 문제에 반대하여 (나) ○○ 회사 노동조합이 파업에 돌입하는 등 단체 행동을 하고 있다.

① 공공선과 공익 추구를 목적으로 한다.
② 자신들의 행위에 정치적 책임을 진다.
③ 정책 결정 과정에 영향력을 행사하고자 한다.
④ 정부 각 부처의 갈등을 조정하는 역할을 한다.
⑤ 정권 획득을 통해 자신들의 정강을 실현하고자 한다.

290-291 빈출자료

표는 정치 참여 집단 (가)~(다)의 특징을 구분한 것이다. 물음에 답하시오.

구분	(가)	(나)	(다)
목적	특수 이익 실현	공공선 실현	정치권력 획득
추구 이익	사익	공익	

290 하 중 상

빈출

정치 참여 집단 (가)~(다)를 옳게 연결한 것은?

	(가)	(나)	(다)
①	정당	이익 집단	시민 단체
②	시민 단체	정당	이익 집단
③	시민 단체	이익 집단	정당
④	이익 집단	정당	시민 단체
⑤	이익 집단	시민 단체	정당

291 하 중 상

••서술형

정치 참여 집단 (가)~(다)의 특징을 '정치적 책임의 유무'를 기준으로 비교하여 서술하시오.

292 하 중 상

다음 글에 나타난 시민 단체의 문제점으로 적절한 것을 〈보기〉에서 고른 것은?

행정 안전부의 '비영리 민간단체 공익 활동 지원 사업 관리 정보 시스템(NPAS)'이 2015년 10월부터 11월까지 국내 718개 시민 단체를 대상으로 진행한 설문 조사 결과, 시민 단체의 예산 중 정부 보조금 비율이 평균 25.2%에 달하는 것으로 조사되었다. 회원들의 회비는 전체 예산의 43.5%에 불과했고, 자체 수익 사업으로 충당하는 비용은 8.6%밖에 되지 않았다. 안정적인 재정의 기반이 되는 회원 회비는 전체 예산의 절반에도 못 미치고, 정부 지원금이 4분의 1을 차지한 것이다.

〈 보기 〉

ㄱ. 소수의 엘리트 출신을 중심으로 운영되고 있다.
ㄴ. 시민의 참여가 과열되어 사회적 혼란을 유발하고 있다.
ㄷ. 정부와 기업을 제대로 감시하지 못하는 현상이 나타날 수 있다.
ㄹ. 정부 지원금이나 외부 후원에 의존함으로써 시민 단체의 자율성이 훼손되고 있다.

① ㄱ, ㄴ ② ㄱ, ㄷ ③ ㄴ, ㄷ
④ ㄴ, ㄹ ⑤ ㄷ, ㄹ

293 (하/중/상)

그림은 정치 참여 주체의 일반적 특징을 구분한 것이다. (가)~(다)에 대한 옳은 설명만을 〈보기〉에서 있는 대로 고른 것은? (단, (가)~(다)는 각각 정당, 이익 집단, 시민 단체 중 하나이다.)

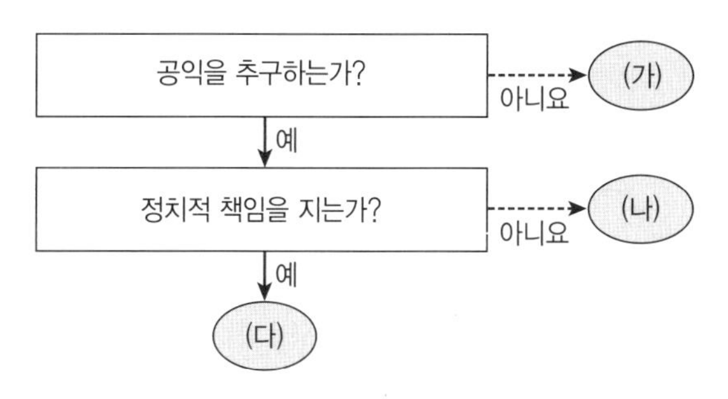

〈 보기 〉

ㄱ. (가)는 정책을 형성하고 선거에서 후보자를 배출한다.
ㄴ. (나)는 공공 문제를 해결하기 위한 시민들의 자발적 결사 단체이다.
ㄷ. (다)는 정권을 획득하고 유지하기 위해 노력한다.
ㄹ. (가)~(다) 모두 정치 사회화 기능을 담당한다.

① ㄱ, ㄴ ② ㄴ, ㄷ ③ ㄷ, ㄹ
④ ㄱ, ㄴ, ㄹ ⑤ ㄴ, ㄷ, ㄹ

빈출 294 (하/중/상)

정치 참여 집단 A~C의 일반적 특징에 대한 설명으로 옳은 것은? (단, A~C는 각각 시민 단체, 이익 집단, 정당 중 하나이다.)

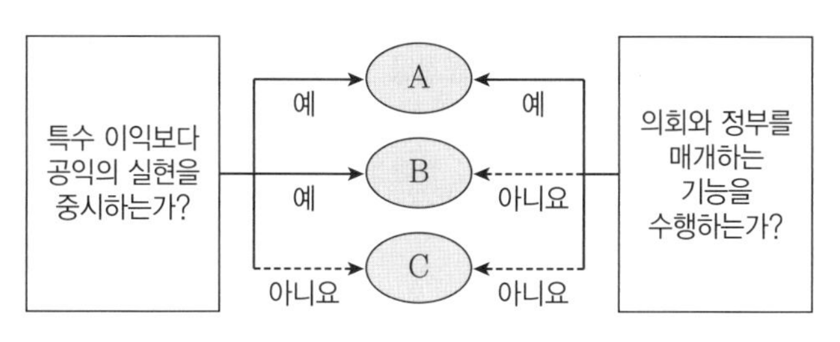

① B는 영리를 목적으로 로비 활동을 한다.
② C는 정치권력 획득을 목적으로 한다.
③ A는 B와 달리 공천 기능을 수행한다.
④ B는 C와 달리 대의제의 한계를 보완한다.
⑤ B, C는 A와 달리 정치 사회화 기능을 수행한다.

295-296 빈출자료

자료는 정치 참여 집단 A, B의 결성 목적과 주요 사업을 나타낸 것이다. 물음에 답하시오. (단, A, B는 각각 시민 단체와 이익 집단 중 하나이다.)

A	B
제2조 목적 ○○법에 의한 회원의 직업적 이익을 보호하고 직업 윤리를 확립하여 복지 증진에 기여한다. ⋮ 제4조 사업 ① 회원의 권익 보호를 위한 정책 추진 및 국민의 인식 개선을 위한 직업 홍보 활동 ② 회원의 우호 증진을 위한 친목 활동 ⋮	제2조 목적 복지 사회를 구현하는 데 필요한 시민으로서의 역할을 다하여 사회 통합에 기여한다. ⋮ 제4조 사업 ① 성숙한 시민 사회 발전을 위한 캠페인 활동 및 시민 교육과 참여 활동 ② 소외된 이웃을 위한 모금 및 봉사 활동 ⋮

295 (하/중/상)

정치 참여 집단 A, B에 대한 옳은 설명만을 〈보기〉에서 있는 대로 고른 것은?

〈 보기 〉

ㄱ. A는 정치적 책임을 지지 않는다.
ㄴ. A는 B와 달리 정부 정책을 비판 및 감시하여 정치권력을 견제한다.
ㄷ. A, B 모두 다양한 의견을 표출하여 대의제의 한계를 보완한다.
ㄹ. A는 시민 단체, B는 이익 집단이다.

① ㄱ, ㄴ ② ㄱ, ㄷ ③ ㄴ, ㄹ
④ ㄱ, ㄷ, ㄹ ⑤ ㄴ, ㄷ, ㄹ

296 (하/중/상)

정치 참여 집단 A, B에 대한 설명으로 옳지 않은 것은?

① A는 사회 전체의 보편적 이익과 충돌할 수 있다.
② B는 구성원들이 자발적으로 결성한 비영리 집단이다.
③ A는 B와 달리 특수 이익 실현을 목적으로 한다.
④ B는 A와 달리 로비 활동을 펼치기도 한다.
⑤ A, B 모두 정부의 정책 결정 과정에 영향력을 행사한다.

297-298 빈출자료

(가)~(다)는 서로 다른 정치 참여 집단에 대한 설명이다. 물음에 답하시오. (단, (가)~(다)는 각각 정당, 이익 집단, 시민 단체 중 하나이다.)

> (가) 특정 분야의 특정 쟁점에 대한 자신들의 이익을 표출하고, 자신의 이익을 대변해 줄 후보를 지지하거나 후원하는 활동을 한다.
> (나) 공공 문제를 해결하기 위해 자발적으로 만들어진 집단으로 정치권력의 집중과 남용을 감시하고 풀뿌리 민주주의 실현에도 기여한다.
> (다) 정치권력 획득을 목적으로 하며, 이익을 표출하고 집약하는 동시에 정부를 조직하고 통제하는 집단으로 정치 사회화 기능도 수행한다.

297 하 중 상

정치 참여 집단 (가)~(다) 모두 긍정의 대답을 할 질문만을 〈보기〉에서 있는 대로 고른 것은?

〈 보기 〉
ㄱ. 공익을 추구하는가?
ㄴ. 정치 사회화를 담당하는가?
ㄷ. 자신의 행위에 정치적 책임을 지는가?
ㄹ. 정부의 정책 결정에 영향력을 발휘하는가?

① ㄱ, ㄴ ② ㄱ, ㄷ ③ ㄴ, ㄹ
④ ㄱ, ㄷ, ㄹ ⑤ ㄴ, ㄷ, ㄹ

298 하 중 상

정치 참여 집단 (가)~(다)에 대한 설명으로 옳은 것은?

① (가)는 사익을 추구하기도 하지만, 기본적으로 공익의 실현을 목적으로 한다.
② (나)는 정보 및 정치 후원금 제공, 로비 활동 등의 방법으로 자신들의 특수 이익을 추구한다.
③ (다)는 선거를 통해 유권자와 대표자를 연결하며, 정책과 공약을 개발한다.
④ (가)는 (나)와 달리 대의 민주 정치의 한계를 보완하는 기능을 한다.
⑤ (나)는 비영리성을 가지지만, 정치권력의 획득을 목적으로 한다는 점에서 (다)와 유사하다.

299 하 중 상

정치 참여 집단 A~C의 일반적인 특징에 대한 설명으로 옳은 것은? (단, A~C는 각각 정당, 시민 단체, 이익 집단 중 하나이다.)

> • '특수 이익보다 공익을 우선시하는가?'라는 질문을 통해 A와 B를 구분할 수 없다.
> • '정권 획득을 목적으로 조직되었는가?'라는 질문을 통해 B와 C를 구분할 수 있다.

① A는 정책 결정 기구에 해당한다.
② B는 정부와 의회를 매개하는 역할을 수행한다.
③ A는 C와 달리 정부의 정책 결정 과정에 영향력을 행사한다.
④ B는 C와 달리 정치 사회화 기능을 수행한다.
⑤ A, B는 모두 공직 선거에 후보자를 공천한다.

300 하 중 상

정치 참여 집단 A~C에 대한 설명으로 옳은 것은? (단, A~C는 각각 정당, 이익 집단, 시민 단체 중 하나에 해당한다.)

> A와 B는 대기 오염을 줄이기 위해 관련된 법 개정을 목적으로 공동의 노력을 하고 있다. A는 법 개정에 필요한 대기 오염 원인 및 해결 방안에 대한 정보를 B에 제공하기도 하며, B는 다가올 선거에서 관련 내용을 공약으로 제시하고 대기 환경 전문가도 영입하여 공천할 예정이다. 반면 대기 오염 규제로 매출 감소가 예상되는 기업들로 조직된 C는 A와 B가 추진하고 있는 법안이 산업 발전을 저해할 것이라며 반대 여론 형성을 위한 방안을 모색하고 있다.

① A의 활동은 정치 과정에서 산출에 해당한다.
② B는 정치권력의 획득에는 관심을 두지 않는다.
③ C는 사적 이익을 추구하며 다양한 정보를 제공한다.
④ C와 달리 A는 대의 정치의 한계를 보완하는 역할을 한다.
⑤ B와 달리 A, C는 정책 결정 과정에서 정치 사회화 기능을 수행한다.

D 언론을 통한 정치 참여

301 하중상

다음 글을 통해 추론할 수 있는 언론을 대하는 시민의 태도로 가장 적절한 것은?

> 언론 보도에 완전한 중립성을 요구하기는 어렵다. 수많은 뉴스 소재 가운데서 어느 것을 보도할지를 선택하는 순간부터 해당 언론사의 가치 판단이 개입되기 때문이다. 문제는 의도적으로 언론사의 이념적 지향과 이해관계를 충족시키는 용도로 기사를 사용하는 것이다. 이렇게 되면 기사에는 다양한 의견이 들어가기 어렵고, 한쪽으로 치우친 정보만 전달하게 된다.

① 언론이 보도한 내용은 그대로 수용한다.
② 언론의 보도가 일관성을 유지하도록 요구한다.
③ 언론이 정치권력에 대한 견제 기능을 수행하도록 촉구한다.
④ 가장 빠르게 정보를 전달하는 언론 매체의 내용을 신뢰한다.
⑤ 언론 매체로부터 정보를 수용할 때 비판적인 태도로 검토한다.

302 하중상

다음 글의 필자가 강조하고자 하는 언론을 대하는 바람직한 자세로 적절한 것을 〈보기〉에서 고른 것은?

> 인포데믹(infodemic)이라는 합성어가 관심을 받고 있다. 인포데믹은 정보(information)와 전염병(epidemic)의 합성어로 정보 감염 현상, 즉 바이러스, 잘못된 루머, 그 밖의 나쁜 소식이 순식간에 퍼지게 한다는 뜻을 지닌다. '주목받고 싶어서', '진짜인 줄 믿고서', '상상을 현실로 만들고 싶어서' 등 가짜 뉴스를 만든 동기는 그 정치·경제적 파장에 비하면 단순할 수 있다. 그러나 이처럼 단순한 동기에서 만들어진 가짜 뉴스나 정보는 이를 진짜로 믿고 싶은 이들에게 널리 퍼지고 확산될수록 진짜 뉴스로서의 힘을 얻게 되고 심각한 사회 문제의 원인이 되기도 한다.

〈 보기 〉
ㄱ. 언론 매체에 심층적인 정보를 적극적으로 제보한다.
ㄴ. 언론이 전달하는 여러 정보를 맹목적으로 신뢰해서는 안 된다.
ㄷ. 정치권력에 의해 언론의 자유가 침해되지 않도록 감시하고 견제한다.
ㄹ. 언론이 제공하는 정보를 비판적 태도로 분석 및 평가하고 선별적으로 수용한다.

① ㄱ, ㄴ　② ㄱ, ㄷ　③ ㄴ, ㄷ
④ ㄴ, ㄹ　⑤ ㄷ, ㄹ

303 하중상

갑~병의 입장에 대한 추론으로 가장 적절한 것은?

> 사회자: 언론의 바람직한 역할에 대한 의견을 말해봅시다.
> 갑: 언론은 정치 과정에 참여하는 사람들, 특히 권력자들이 그 힘을 남용하지 않는지 감시하고 견제하는 데 노력을 기울여야 합니다.
> 을: 언론은 단순히 어떤 쟁점에 대해 국민에게 알리는 것을 넘어서 그와 관련된 심층적인 정보를 제공하는 한편, 사회가 나아가야 할 올바른 방향을 보여 주어야 한다고 생각합니다.
> 병: 한 사회에서 볼 수 있는 다양한 사회 현상 및 쟁점에 대해 충실하게 보도하고 해설하는 것이 언론의 가장 중요한 역할이라고 생각합니다.

① 갑은 언론이 권력의 남용을 방지하는 데 있어서 중요한 역할을 하지 않는다고 볼 것이다.
② 을은 언론이 대중의 정치적 태도 변화에 영향을 미쳐 바람직한 사회로 나아가는 촉매제 역할을 한다고 볼 것이다.
③ 병은 언론의 가장 중요한 역할은 사회적 쟁점에 대한 여론을 적극적으로 형성하는 것이라고 볼 것이다.
④ 갑, 을은 언론이 사회의 유지 또는 발전에 기여할 수 없으며, 권력자에 대한 감시와 견제는 불가능하다고 볼 것이다.
⑤ 갑, 병은 을과 달리 언론이 정부의 주요 정책을 국민에게 홍보하는 데 중점을 두어야 한다고 볼 것이다.

304 하중상

자료는 □□법의 제정을 둘러싼 여러 정치 주체의 활동을 시간 순으로 정리한 것이다. 이에 대한 옳은 설명을 〈보기〉에서 고른 것은?

㉠ 언론	부정부패 방지를 요구하는 여론이 많아짐을 보도
㉡ 정당	여당인 ○○당은 부정 청탁 금지를 규정하는 □□법 제정을 위해 당정 협의회를 요구
㉢ 국회	(가) □□법 제정
㉣ 이익 집단	(나) □□법 적용 대상 완화를 요구하는 집회를 개최
㉤ 시민 단체	(다) □□법 적용 대상 확대를 요구하는 집회를 개최

〈 보기 〉
ㄱ. (가)는 정치 과정 중 산출에 해당한다.
ㄴ. (나), (다) 모두 정치 과정 중 환류에 해당한다.
ㄷ. ㉢은 정책 결정 기구에 해당한다.
ㄹ. ㉡은 ㉣과 달리 집단의 특수 이익을 추구한다.
ㅁ. ㉠은 ㉣, ㉤과 달리 여론을 형성하는 기능이 있다.

① ㄱ, ㄴ, ㄷ　② ㄱ, ㄴ, ㄹ　③ ㄱ, ㄹ, ㅁ
④ ㄴ, ㄷ, ㅁ　⑤ ㄷ, ㄹ, ㅁ

305

그림은 정책 결정 과정을 도식화한 것이다. ㉠~㉤에 대한 옳은 설명을 〈보기〉에서 고른 것은?

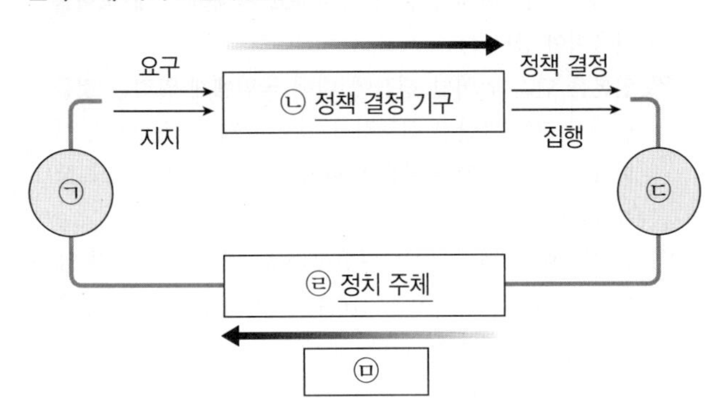

〈 보기 〉
ㄱ. ㉠은 개인이 아닌 집단을 통해서만 이루어진다.
ㄴ. ㉡에 의해 결정된 정책은 ㉢ 과정에서 정당에 의해 집행이 된다.
ㄷ. ㉢에 대한 ㉣의 평가가 자유로울수록 민주적 국가이다.
ㄹ. ㉣에 의한 ㉤이 활발할수록 정책 결정 과정의 신속성이 떨어질 수 있다.

① ㄱ, ㄴ ② ㄱ, ㄷ ③ ㄴ, ㄷ
④ ㄴ, ㄹ ⑤ ㄷ, ㄹ

306

그래프는 시민의 정치 참여와 정치 발전의 관계에 대한 갑과 을의 주장을 표현한 것이다. 이에 대한 설명으로 옳은 것은?

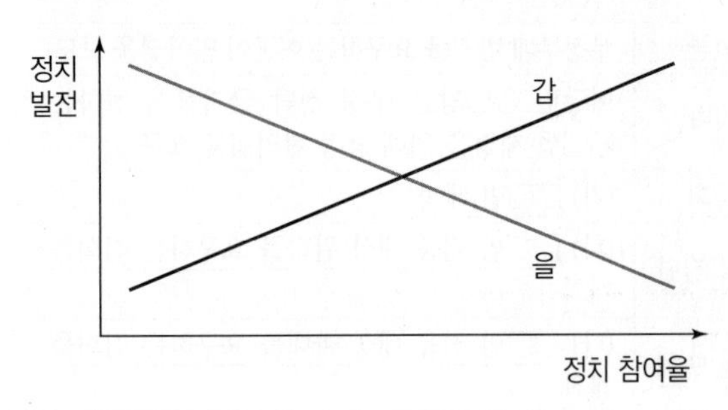

① 갑은 정치 발전이 정치 참여의 양보다는 질과 관련이 깊다고 볼 것이다.
② 정치 참여의 활성화가 정치적 혼란을 가져온다고 보는 것은 갑의 입장에 부합한다.
③ 갑보다 을이 엘리트에 의한 통치가 바람직하다고 볼 것이다.
④ 갑보다 을이 정치 발전을 위해서 정치적 무관심을 해소해야 한다고 주장할 것이다.
⑤ 을보다 갑이 대의 민주제의 한계를 보완하기 위해 정치 참여가 활성화되어야 한다는 주장에 반대할 것이다.

307

그림은 사회별 정치 문화의 유형 분포를 나타낸 것이다. 정치 문화의 유형 A~C에 대한 설명으로 옳은 것은? (단, A~C는 각각 참여형 정치 문화, 신민형 정치 문화, 향리형 정치 문화 중 하나이다.)

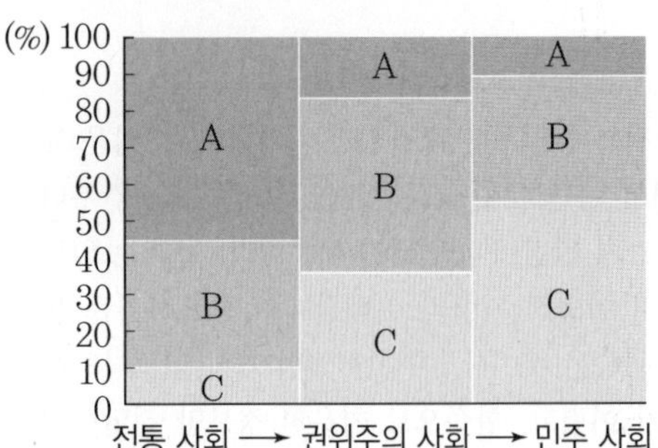

① A는 구성원 다수가 정치와 정부가 하는 일에 관심을 두지 않는다.
② A는 전통 사회에서 근대 사회로 발전하면서 비중이 높아지는 유형이다.
③ B는 구성원들이 스스로 정치와 관련이 있다고 생각하지 않으므로 정치 참여에도 소극적이다.
④ B는 구성원들이 정치 체제의 투입과 산출 과정을 잘 알고 자신들의 역할에 적극적인 태도를 보인다.
⑤ C는 B와 달리 자신을 스스로 적극적 참여자로 인식하지 않고 정책 집행, 지시 또는 정치적 동원의 대상으로만 간주한다.

308

정치 참여 사례 (가)~(라)에 대한 옳은 설명을 〈보기〉에서 고른 것은?

(가) A는 자신이 활동하고 있는 동물 보호 협회의 정기 집회에 참여하였다.
(나) B는 국회 의원을 뽑는 선거에 참여하여 자신이 지지하는 후보자와 정당에 투표하였다.
(다) C는 공공 기관 누리집의 온라인 정책 제안 서비스를 활용하여 반려동물의 복지 향상을 위한 정책을 제안하였다.
(라) D는 자신이 지지하고 있는 ○○ 정당의 전당 대회에 참여하여 당 대표 후보자의 공약을 듣고 당 대표를 뽑는 투표에 참여하였다.

〈 보기 〉
ㄱ. (가)는 (나)와 달리 집단적인 정치 참여 방법이다.
ㄴ. (나), (라)는 산출 기능을 담당하는 모습이다.
ㄷ. (다)는 (가), (나), (라)에 비해 시·공간의 제약이 적은 정치 참여 활동이다.
ㄹ. (라)는 (가), (나), (다)와 달리 정치권력을 감시하고 통제하는 기능을 가진다.

① ㄱ, ㄴ ② ㄱ, ㄷ ③ ㄴ, ㄷ
④ ㄴ, ㄹ ⑤ ㄷ, ㄹ

309

표는 갑국의 시기별 정치 상황을 정리한 것이다. 이에 대한 분석 및 추론으로 가장 적절한 것은?

1960년대	정치 과정에서 국민의 의견을 전혀 반영하지 않는 정책 결정이 이루어졌다.
1970년대	정치 과정에서 국민의 투입 기능이 활발해졌고 정책 결정 기구로부터 인정을 받았지만 산출 기능이 이에 미치지 못하였다.
1980년대	정책 결정을 위해 국민을 참여 대상으로 하는 각종 공청회, 토론회 등을 자주 개최하였다.
1990년대	의회를 통과한 법률에 대해 반대하는 각종 집회나 시위가 빈번하게 나타났다.

① 1960년대에는 국민의 정치적 효능감이 낮았을 것이다.
② 1970년대에는 권위주의적인 정부의 모습이 나타났을 것이다.
③ 1980년대에는 산출 기능이 활발하게 나타났을 것이다.
④ 1990년대에는 환류 기능이 나타나지 않았을 것이다.
⑤ 1960년대에서 1990년대로 갈수록 정책 결정 과정에서 국민의 요구 표출이 약해졌을 것이다.

310

자료의 내용을 고려할 때 ○○국의 대통령 당선자는?

○○국은 대통령 선거에서 선호 투표제 방식을 도입한다. 투표 후 1순위 표를 집계하여 과반수 득표자가 있으면 당선자를 결정한다. 과반수 득표자가 없으면 최저 득표자를 탈락시키고, 그 후보자를 1순위로 표시한 유권자의 표를 그 유권자가 2순위로 표시한 후보자에게 넘긴 후, 다시 표를 집계한다. 과반수 득표자가 나타날 때까지 이 과정을 반복한다. 아래 표는 ○○국의 대통령 선거 결과이다.

유권자 \ 후보자	갑	을	병	정	무
A	1	4	2	5	3
B	2	1	4	3	5
C	5	2	1	3	4
D	4	2	1	3	5
E	2	3	4	1	5
F	1	5	2	3	4
G	3	2	4	5	1
H	3	5	2	1	4
I	1	3	2	4	5
J	3	2	1	4	5
K	2	1	4	3	5
L	1	2	3	4	5
M	2	3	1	4	5

* 숫자는 선호 순위를 나타내며, 유권자는 A~M으로 총 13명이다.

① 갑　② 을　③ 병　④ 정　⑤ 무

311

㉠, ㉡에 해당하는 민주 선거의 원칙에 대한 설명으로 옳은 것은?

• 「공직 선거법」에서 선거인은 투표한 후보자의 성명이나 정당명을 누구에게도 또한 어떠한 경우에도 진술할 의무가 없다고 규정한 것은 (㉠)을/를 실현하기 위한 것이다.
• 헌법 재판소는 단지 해외에 거주한다는 이유만으로 재외국민에게 선거권을 부여하지 않는 것은 (㉡)을/를 위배된다고 보았다.

① 교도소 수형자의 선거권에 대한 전면적·획일적 제한은 ㉠에 위배된다.
② 기표소 안에서 자신이 기표한 투표지를 촬영하여 외부에 공개하는 행위는 ㉠에 위배된다.
③ 유권자가 대리인을 통해 투표하는 것은 ㉡에 위배된다.
④ 선거구 간 인구 편차를 줄이려는 노력은 ㉡을 실현하기 위한 것이다.
⑤ 한 선거구에 3년 미만 거주한 자에게 2표, 3년 이상 거주한 자에게 3표를 부여하는 것은 ㉠, ㉡에 모두 위배된다.

312

표는 갑국과 을국의 선거 제도를 설명한 것이다. 이에 대한 옳은 분석을 〈보기〉에서 고른 것은? (단, 갑국과 을국 모두 정당에 속하지 않은 후보자가 있다고 전제한다.)

갑국	지역구 의원은 100개의 선거구에서 200명을 선출한다. 비례 대표 의원은 전국을 하나의 선거구로 하는 정당 투표에서의 득표율에 따라 의석을 배분하여 100명을 선출한다.
을국	지역구 의원은 200개의 선거구에서 200명을 선출한다. 비례 대표 의원은 별도의 정당 투표 없이 지역구 후보의 득표율을 합산하여 정당 득표율을 계산한 후 비례 대표 의석을 배분하여 100명을 선출한다.

〈 보기 〉

ㄱ. 갑국의 지역구 의원 선거구제는 선거 운동이 과열될 가능성이 높고 대량의 사표가 발생한다는 단점이 있다.
ㄴ. 을국의 지역구 의원 선거구제는 주요 정당에 유리하여 양당제를 촉진할 수 있다.
ㄷ. 갑국의 비례 대표제 방식보다 을국의 비례 대표제 방식이 평등 선거의 원칙에 더 부합할 것이다.
ㄹ. 을국과 달리 갑국의 지역구 의원 선거에서는 한 선거구 내 당선자들이 얻은 표의 가치에 차등이 발생할 수 있다.

① ㄱ, ㄴ　② ㄱ, ㄷ　③ ㄴ, ㄷ
④ ㄴ, ㄹ　⑤ ㄷ, ㄹ

313

자료에 대한 분석으로 옳은 것은?

갑국의 의회 의원 정수는 80명이며, 지역구 의원과 비례 대표 의원으로 구성된다. 지역구 의원은 25개 선거구에서 50명을 선출하며, 선거구당 선출되는 의원 수는 같다. 비례 대표 의원은 각 정당의 지역구 의석률에 비례 대표 의석수를 곱하여 산출된 수의 정수만큼 의석을 각 정당에 먼저 배분하고, 잔여 의석은 소수점 이하 수가 큰 순서대로 각 정당에 1석씩 배분한다. 갑국의 최근 의회 의원 선거 결과는 아래 표와 같다.

정당	지역구 의석률(%)	B/A
(가)	40	1.6
(나)	42	1.0
(다)	14	0.5
(라)	4	0.8

* A = 지역구 득표율(%), B = 지역구 의석률(%)
** 투표율은 100%이고, 무효표는 없다.

① 과반 의석을 차지한 정당이 존재한다.
② 유권자는 지역구 의원 선거와 비례 대표 의원 선거에 각각 표를 행사하였다.
③ 지역구 의원 선거에서는 선거구 내 당선자 간 표의 등가성 문제가 나타날 수 없다.
④ (가) 정당은 총의석률과 지역구 의석률이 다르다.
⑤ 지역구 의원 선거 결과 (다) 정당은 과소 대표되었다.

314

자료에 대한 분석으로 옳은 것은?

현재 갑국의 의회는 지역구별 최다 득표자로 선출된 지역구 의원으로만 구성되고 의석수는 100석이며 선거구는 총 100개이다. 갑국은 향후 비례 대표 100석을 추가해 의석수를 총 200석으로 변경하고자 한다. 비례 대표 의석은 각 정당의 지역구 후보들 전체가 전국적으로 얻은 득표율에 비례하여 배분된다.

〈갑국의 최근 의회 의원 선거 결과〉

구분	A당	B당	C당
득표율(%)	45	35	20
의석수(석)	70	25	5

① 현행 선거구제는 중·대선거구제이다.
② 현행 선거 제도는 군소 정당의 난립 가능성이 큰 편이다.
③ 최근 선거 결과, 득표율 대비 의석률은 B당이 가장 낮다.
④ 변경될 선거 제도를 최근 선거 결과에 적용해도 A당은 여전히 과반수 의석을 확보한다.
⑤ 변경될 선거 제도를 최근 선거 결과에 적용한다면, 각 정당의 득표율과 의석률 간의 격차가 커진다.

315

자료에 대한 분석 및 추론으로 옳은 것은?

갑국의 의회 의원 정수는 5명이며, 5개의 선거구에서 최다 득표자 1인을 의원으로 선출하고 있다. 그러나 차기 선거를 앞두고 의원 정수는 유지하면서 현재의 선거구제인 ___(가)___를 ___(나)___로 변경하여 전국을 하나의 선거구로 통합하고자 한다. 개편안에 따르면 한 선거구에서 5명의 의원을 선출하며, 의석수는 정당 득표율에 비례하여 각 정당에 배분한다. 아래 표는 현행 선거 제도에서 실시된 갑국의 의회 의원 선거 결과이다.

(단위: 표)

선거구 \ 정당	A당	B당	C당	D당	합계
1 선거구	160	140	80	20	400
2 선거구	90	270	220	20	600
3 선거구	135	120	35	10	300
4 선거구	120	180	80	20	400
5 선거구	125	100	45	30	300
합계	630	810	460	100	2,000

* 유권자 1인은 1표를 행사하고, 전체 유권자 수는 2,000명임
** 개편안의 경우 위 표를 근거로 차기 선거 결과를 판단함
*** 개편안의 경우 각 정당 득표율에 의석수를 곱하여 산출된 정수만큼 의석을 각 정당에 배분하고, 잔여 의석은 소수점 이하 수가 큰 순서대로 각 정당에 1석씩 배분함

① (가)는 (나)에 비해 군소 정당의 난립 가능성이 높다.
② A당은 선거 제도가 개편되면 기존보다 의석수가 줄어든다.
③ B당은 선거 제도 개편 전과 개편 이후 의석수가 다르다.
④ C당은 선거 제도가 개편되면 기존보다 사표가 많이 발생하여 정당 득표율과 의석률의 불일치가 심화된다.
⑤ D당은 현행 선거 제도에서 과소 대표되었지만, 선거 제도 개편 이후에는 과대 대표된다.

316

우리나라 지방 자치 단체의 기관 A~E를 뽑는 선거에 대한 설명으로 옳은 것은?

구분	의결 기관	집행 기관	
		일반 업무	교육·학예 업무
광역 자치 단체	A	C	E
기초 자치 단체	B	D	–

① A의 비례 대표 의원을 뽑는 선거에는 결선 투표제가 적용된다.
② A, B 중 지역구 의원은 모두 중·대선거구 단순 다수제로 선출한다.
③ C, D는 모두 소선거구 단순 다수제로 선출한다.
④ D는 C와 달리 간접 선거를 통해 선출된다.
⑤ A~D와 달리 E를 뽑는 선거는 5년마다 진행된다.

317

표는 전형적인 대통령제 국가인 갑국의 A, B당 의석 점유율 변화를 나타낸 것이다. (가)~(다) 시기에 나타날 수 있는 정치 상황에 대한 분석 및 추론으로 옳지 않은 것은?

구분	(가) 시기	(나) 시기	(다) 시기
A당 의석 점유율	57%	59%	36%
B당 의석 점유율	43%	41%	29%

* 갑국에는 세 개의 정당만이 존재하고 무소속 의원은 없음
** (가)~(다) 시기에 대통령은 A당에 속해 있음

① (가) 시기의 정당 제도는 정치적 책임 소재가 분명할 것이다.
② (나) 시기의 정당 제도는 국민의 다양한 의견을 정치에 반영하기 어려운 측면이 있을 것이다.
③ (가) 시기의 정당 제도는 양당제, (다) 시기의 정당 제도는 다당제이다.
④ (나) 시기보다 (다) 시기에 의회와 행정부의 대립 가능성이 낮을 것이다.
⑤ (가), (나) 시기보다 (다) 시기에 정당 간 대립 발생 시 중재가 용이할 것이다.

318

그림은 정당 제도의 일반적인 특징을 비교한 것이다. 이에 대한 옳은 설명만을 〈보기〉에서 있는 대로 고른 것은? (단, A, B는 각각 양당제, 다당제 중 하나이다.)

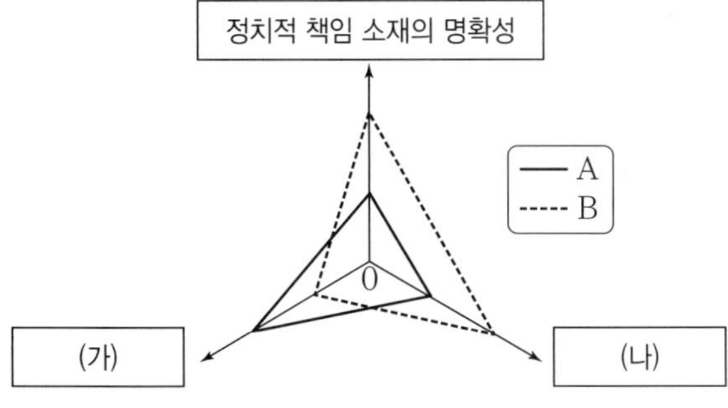

* 단, 0에서 멀어질수록 그 정도가 높거나 강함

〈 보기 〉
ㄱ. (가)에는 '다수당의 횡포 가능성', (나)에는 '정당 간 대립 발생 시 중재 용이'가 들어갈 수 있다.
ㄴ. A는 B에 비해 유권자의 정당 선택 범위가 넓다.
ㄷ. B는 A에 비해 군소 정당의 난립으로 정국이 불안정해질 가능성이 낮다.
ㄹ. A와 B 모두 민주주의 국가의 정당 제도라는 의의를 갖는다.

① ㄱ, ㄷ　② ㄱ, ㄹ　③ ㄴ, ㄷ
④ ㄱ, ㄴ, ㄹ　⑤ ㄴ, ㄷ, ㄹ

319

자료에 대한 설명으로 옳은 것은? (단, 질문에 대한 응답은 '예' 또는 '아니요'이다.)

• A~C는 각각 시민 단체, 이익 집단, 정당 중 하나이다.
• '공직 선거에 후보자를 공천하는가?'라는 질문에 대한 B, C의 응답은 ___(가)___로 같다.
• ______(나)______라는 질문에 대한 C의 응답과 달리 A, B의 응답은 '예'로 같다.

① (가)에는 '아니요'가 들어간다.
② B가 시민 단체이면 (나)에 '정부의 정책 결정 과정에 영향력을 행사하는가?'가 들어갈 수 있다.
③ C가 이익 집단이면 '(나)에 공익보다 집단의 특수 이익을 우선시하는가?'가 들어갈 수 있다.
④ B, C는 A와 달리 정치 사회화 기능을 수행한다.
⑤ A~C는 모두 자신들의 활동에 대한 정치적 책임을 진다.

320

자료에 대한 설명으로 옳은 것은? (단, A~C는 각각 시민 단체, 이익 집단, 정당 중 하나에 해당한다.)

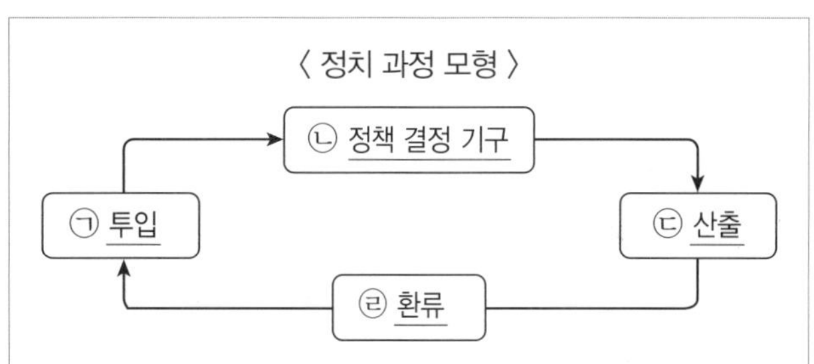

〈 사례로 보는 정치 과정 〉
(가) 환경 보호를 목적으로 활동하는 A는 일회용 플라스틱의 사용을 제한하자는 내용의 입법 청원을 하였다.
(나) B에서 공천을 받은 공직 선거 후보자들이 일회용 플라스틱 사용을 금지하는 정책을 제시하였다.
(다) 일회용 플라스틱 사용을 전면 금지하는 내용을 담은 법률안이 의회에서 의결되어 확정되었다.
(라) 플라스틱 제조사들의 이익을 대변하는 C는 법률 시행 이후 관련 업체들이 재정적 어려움에 처해 있으며, 친환경 기술 개발을 위한 정부 지원이 필요하다는 의견을 표출하였다.

① (가)는 ㉠, (나)는 ㉢에 해당한다.
② (다)는 (라)와 달리 ㉣에 해당한다.
③ B는 ㉡에 해당한다.
④ A, C는 모두 대의제의 한계를 보완하는 역할을 한다.
⑤ B, A는 C와 달리 정권 획득을 목적으로 한다.

민법의 의의와 기본 원리

Ⓐ 민법의 의미와 기능

1 민법 사적인 법률관계에서 발생하는 권리와 의무의 종류 및 내용을 다루는 대표적인 사법(私法) → 개인 간 갈등 및 분쟁 해결을 위한 법적 기준이 됨

2 민법의 기능 자유로운 법률관계 형성 보장 → 개인 간의 법률관계 조율 및 갈등 해소

① **재산 관계 규율:** 개인의 경제 활동, 경제적 권리를 둘러싼 이익과 손해를 합리적으로 조정함

② **가족 관계 규율:** 가족과 친족의 문화와 질서를 유지함

③ **법의 일반 원칙 제시:** 신의 성실의 원칙, 권리 남용 금지의 원칙 등 법질서 전체에 적용될 수 있는 일반 원칙을 제시함

기출 Tip Ⓐ-1

법의 분류

공법	헌법, 형법, 행정법, 소송법 등
사법	민법, 상법 등
사회법	노동법, 경제법, 사회 보장법 등

공법은 국가 기관 간 또는 국가와 개인 간의 공적 생활 관계를 규율하고, 사법은 개인 간의 사적 생활 관계를 규율한다. 사회법은 사법적 영역에 공법적 제재를 가할 수 있도록 만든 법이다.

기출 Tip Ⓐ-2

민법의 구성

구분	주요 내용
총칙	권리의 주체, 소멸 시효 등
재산법	• 물권법: 소유권, 임차권, 저당권 등 • 채권법: 계약 관계, 불법 행위 등
가족법	• 친족법: 출생, 혼인, 이혼, 입양 등 • 상속법: 유언 방식, 상속 순위 등

Ⓑ 민법의 기본 원리

개인주의	국가나 사회보다 개인이 우선한다는 사상 → 개인의 독립성과 자유 강조
자유주의	개인의 자유를 가장 중요한 가치로 여기는 사상 → 사유 재산권 강조

1 근대 민법의 기본 원리 개인주의와 자유주의를 근본이념으로 함

사유 재산권 존중의 원칙 (소유권 절대의 원칙)	개인 소유의 재산에 대해 절대적 지배권을 인정하고, 국가나 다른 개인은 함부로 이를 간섭하거나 제한하지 못한다는 원칙
사적 자치의 원칙 (계약 자유의 원칙)	개인은 자신의 의사에 따라 자유롭게 계약을 맺어 권리를 취득하거나 의무를 부담하는 법률관계를 형성해 나갈 수 있다는 원칙
과실 책임의 원칙 (자기 책임의 원칙)	자신의 고의나 과실에 따른 위법한 행위로 타인에게 손해를 끼친 경우에만 책임을 진다는 원칙

2 근대 민법의 기본 원리에 대한 수정·보완

• 근대 민법의 기본 원리는 여전히 사회생활의 기본 원리로 작용하고 있으며, 현대 사회에서는 예외적 상황에서 이 원칙들의 수정·보완을 통해 더욱 폭넓게 권리를 보장받을 수 있다.

① 수정·보완 배경: 자본주의의 발전 과정에서 빈부 격차, 환경 오염, 독과점 기업의 횡포 등 사회 문제 발생 → 권리의 사회성과 공공성을 고려하는 방향으로 수정·보완됨

② 수정·보완된 근대 민법의 기본 원리

소유권 공공복리의 원칙	개인의 소유권 행사라도 공공복리를 위해 필요한 경우 제한할 수 있다는 원칙
계약 공정의 원칙	사회 질서에 위반하거나 공정성을 잃은 계약은 법적 효력이 인정되지 않는다는 원칙
무과실 책임의 원칙	가해자에게 고의나 과실이 없더라도 타인에게 피해를 준 경우 일정한 요건에 따라 책임을 져야 한다는 원칙 → 제조물 책임, 사업자의 환경 침해 등에 적용됨

3 근대 민법의 기본 원리에 대한 수정·보완 빈출자료 Link • 329-330번 문제

수정·보완된 근대 민법의 기본 원리의 적용 사례

(가) 법원은 개인 소유의 땅이더라도 오랫동안 주민들의 통행로로 이용되어 왔다면 재산권 행사를 이유로 통행로를 폐쇄할 수 없다고 판결하였다.

(나) 법원은 근로 계약에서 근로자의 결근이나 지각 시 임금을 무조건 삭감하도록 한 조항은 근로자에게 지나치게 불리한 내용이므로 무효라고 판결하였다.

기출 Tip Ⓑ-3

근대 민법의 수정 원리

• (가): 공익을 위해 개인의 소유권 행사를 일부 제한함 ➔ 소유권 공공복리의 원칙 적용
• (나): 근로자에게 불리한 근로 계약 조항의 법적 효력을 잃게 함 ➔ 계약 공정의 원칙 적용

개념 확인 문제

정답과 해설 34쪽

321 민법에 대한 설명이 맞으면 ○표, 틀리면 ×표를 하시오.

(1) 공법의 대표적인 사례이다. ( )

(2) 재산 관계와 가족 관계를 규율하는 기능을 한다. ( )

(3) 법질서 전체에 적용될 수 있는 일반 원칙을 제시한다. ( )

322 다음 빈칸에 들어갈 수정·보완된 근대 민법의 기본 원리를 쓰시오.

(1) ( )은 제조물 책임, 사업자의 환경 침해 등에 적용된다.

(2) ( )은 사회 질서에 위반하거나 공정성을 잃은 계약은 법적 효력이 인정되지 않는다는 원칙이다.

A 민법의 의미와 기능

323 하 중 상

밑줄 친 ㉠, ㉡이 규율하는 생활 관계의 사례로 옳지 않은 것은?

법률관계는 크게 공적인 법률관계와 사적인 법률관계로 구분할 수 있다. 공적인 법률관계는 국가를 조직·유지하는 생활 관계로서 ㉠ 공법(公法)이 적용되고, 사적인 법률관계는 개인의 삶과 관련된 생활 관계로서 ㉡ 사법(私法)이 적용된다.

① ㉠ – 갑은 음주 운전을 하다가 경찰에 체포되었다.
② ㉠ – 을은 사업 확장을 위해 친구에게 돈을 빌렸다.
③ ㉠ – 병은 현역 복무 판정을 받고 군대에 입대하였다.
④ ㉡ – 정은 재산 분배를 위한 유언장을 작성하였다.
⑤ ㉡ – 무는 스마트폰을 구매하는 계약을 체결하였다.

324 하 중 상

밑줄 친 '한 학생'에 해당하는 사람으로 옳은 것은?

- 교사: 민법에 대해 발표해 볼까요?
- 갑: 대표적인 사법에 해당합니다.
- 을: 혼인, 이혼 등과 같은 가족 관계를 다룹니다.
- 병: 물권, 채권, 친족, 상속 등을 다루고 있습니다.
- 정: 계약이나 불법 행위 등 재산 관계도 다룹니다.
- 무: 개인 간 생활 관계에 대한 국가의 개입을 강조합니다.
- 교사: 한 학생만 제외하고 모두 옳게 말하였습니다.

① 갑　② 을　③ 병　④ 정　⑤ 무

325 하 중 상

표는 규율하는 생활 관계에 따라 법의 유형 (가)~(다)를 구분한 것이다. 이에 대한 설명으로 옳은 것은?

(가)	헌법, 형법, 행정법, 소송법 등
(나)	노동법, 경제법 등
(다)	민법, 상법 등

① (가)는 '사회법'이다.
② (나)는 혼인, 이혼, 상속 등과 관련한 생활 관계를 다룬다.
③ (다)는 '제3의 법'이라고도 한다.
④ (나)는 (가)의 영역에 (다)에 의한 규제를 가할 수 있도록 제정된 법이다.
⑤ (가)는 공적 생활 관계, (다)는 사적 생활 관계를 규율한다.

326 하 중 상

㉠에 들어갈 법에 대한 설명으로 옳은 것은?

(㉠)의 구성
- 제1편 총칙: 권리의 주체, 법률 행위 등
- 제2편 물권: 소유권, 점유권, 전세권 등
- 제3편 채권: 계약, 불법 행위 등
- 제4편 친족: 혼인, 이혼 등
- 제5편 가족: 유언, 상속 등

① 국가와 개인 간의 관계를 규율한다.
② 법익이 범죄에 의해 침해당하지 않도록 보호한다.
③ 신의 성실의 원칙과 권리 남용 금지의 원칙을 제시한다.
④ 공적인 법률관계에서 발생하는 권리와 의무를 규율한다.
⑤ 재판 규범으로 작용할 뿐 행위 규범으로 작용하지는 않는다.

빈출 327 하 중 상

표는 규율하는 생활 관계에 따라 법을 A, B로 분류한 것이다. 이에 대한 옳은 설명만을 〈보기〉에서 있는 대로 고른 것은? (단, A, B는 각각 공법과 사법 중 하나이다.)

구분	A	B
규율 대상	공적 생활 관계	사적 생활 관계
적용 사례	(가)	(나)
종류	(다)	(라)

〈 보기 〉
ㄱ. A는 공법, B는 사법이다.
ㄴ. (가)에는 '개인들이 매매 계약을 체결하는 것'이 들어갈 수 있다.
ㄷ. (나)에는 '경찰이 범죄자를 연행하는 것'이 들어갈 수 있다.
ㄹ. 헌법과 형법은 (다)에 들어갈 수 있고, 민법과 상법은 (라)에 들어갈 수 있다.

① ㄱ, ㄴ　② ㄱ, ㄹ　③ ㄷ, ㄹ
④ ㄱ, ㄴ, ㄷ　⑤ ㄴ, ㄷ, ㄹ

B 민법의 기본 원리

328 하중상

다음 판결에 적용된 민법의 기본 원리로 옳은 것은?

> 재판부는 "임대 보증금은 매매 대금과 달리 임대차 기간이 종료되면 임차인에게 반환해 주어야 할 돈이고, 임대인은 해당 임대 계약이 해제되더라도 새 임차인과 계약을 체결할 수 있으므로 손해가 그리 크다고 볼 수 없으며, 아울러 전체 보증금의 10%를 위약금으로 한 특약은 임차인에게 부당할 정도로 불리하고, 과중한 손해 배상 의무를 부담시키는 약관 조항이어서 무효"라고 보았다.

① 계약 공정의 원칙 ② 사적 자치의 원칙
③ 무과실 책임의 원칙 ④ 소유권 공공복리의 원칙
⑤ 사유 재산권 존중의 원칙

329-330 빈출자료

다음 사례를 읽고 물음에 답하시오.

> (가) 법원은 개인 소유의 땅이더라도 오랫동안 주민들의 통행로로 이용되어 왔다면 재산권 행사를 이유로 통행로를 폐쇄할 수 없다고 판결하였다.
> (나) 법원은 근로 계약에서 근로자의 결근이나 지각 시 임금을 무조건 삭감하도록 한 조항은 근로자에게 지나치게 불리한 내용이므로 무효라고 판결하였다.

329 하중상

(가), (나) 판결의 근거가 된 민법의 기본 원리를 옳게 연결한 것은?

	(가)	(나)
①	사적 자치의 원칙	소유권 공공복리의 원칙
②	소유권 절대의 원칙	계약 공정의 원칙
③	소유권 절대의 원칙	사적 자치의 원칙
④	소유권 공공복리의 원칙	계약 공정의 원칙
⑤	소유권 공공복리의 원칙	사적 자치의 원칙

330 하중상 ••서술형

(가), (나) 판결의 근거가 된 민법의 기본 원리들이 등장하게 된 공통적인 배경에 대해 서술하시오.

331 하중상

민법의 기본 원리 A~C에 대한 설명으로 옳지 않은 것은?

> 근대 사회로 접어들면서 개인주의, 자유주의, 합리주의를 기본 이념으로 하여 등장한 민법은 이를 실현하기 위한 근대 민법의 기본 원리를 형성하였다. 따라서 개인은 자신의 의지에 따라 자유롭게 법률관계를 형성할 수 있으며, 이는 계약의 영역에서 A로, 소유권 영역에서는 B로 구체화된다. 또한 C를 통해 책임져야 하는 이유가 있는 개인의 행위에 의한 결과만 책임을 지게 함으로써 행위의 자유를 보장한다.

① A는 현대 민법에서도 기본 원리로 작용한다.
② A에 의해 반사회적이거나 현저히 불공정한 계약은 법적 효력이 발생하지 않는다.
③ B에 의해 개인은 사유 재산에 대한 절대적 지배권을 인정받는다.
④ C에 의해 개인은 자신에게 고의나 과실이 없을 때에는 손해배상의 책임을 지지 않는다.
⑤ A~C를 수정·보완한 원칙이 현대 민법에서 활용되고 있다.

332 하중상

근대 민법의 기본 원리인 (가)~(다)에 대한 옳은 설명을 〈보기〉에서 고른 것은?

구분	의미
(가)	개인은 자율적 판단에 기초하여 법률관계를 형성해 나갈 수 있음
(나)	고의나 과실에 따른 위법한 행위로 타인에게 손해를 끼친 경우에만 책임을 짐
(다)	개인 소유의 재산에 대한 사적 지배를 인정하고, 국가나 다른 개인은 함부로 이를 간섭하거나 제한할 수 없음

〈 보기 〉
ㄱ. (가)는 계약의 대상, 방법 등을 결정할 자유를 포함한다.
ㄴ. (나)는 기업이 환경 오염의 책임을 회피하는 수단으로 악용되기도 한다.
ㄷ. (다)는 개인의 소유권이 공공의 이익에 부합되도록 행사해야 한다는 것이다.
ㄹ. (가)~(다)는 오늘날 권리의 사회성과 공공성을 고려하도록 모두 대체되었다.

① ㄱ, ㄴ ② ㄱ, ㄷ ③ ㄴ, ㄷ
④ ㄴ, ㄹ ⑤ ㄷ, ㄹ

333 (하)(중)(상)

다음 판결의 근거가 된 민법의 기본 원리에 부합하는 진술은?

> 법원은 "공장들의 폐수 배출과 인근 양식장에서 발생한 손해 사이에 인과 관계가 증명되었다. 따라서 공장들이 책임을 면하기 위해서는 폐수 중에 양식장 피해를 발생시킨 원인 물질이 들어 있지 않음을 입증해야 한다. 폐수 중에 원인 물질이 들어있더라도 양식장에 피해를 일으킬 농도가 아니라는 사실 또는 피해가 전적으로 다른 원인에 의한 것임을 증명하지 못하는 한 공장들은 책임을 면할 수 없다."라고 판결하였다.

① 개인의 사유 재산에 대한 절대적 지배권을 인정한다.
② 사회 질서에 반하고 공익을 위협하는 계약은 무효로 한다.
③ 개인은 자유로운 의사에 기초하여 법률관계를 형성할 수 있다.
④ 개인의 소유권은 공공복리를 위해 권리 행사가 제한될 수 있다.
⑤ 과실이 없더라도 일정한 상황에서 관계자가 책임을 질 수 있다.

334-335 빈출자료

자료를 보고 물음에 답하시오.

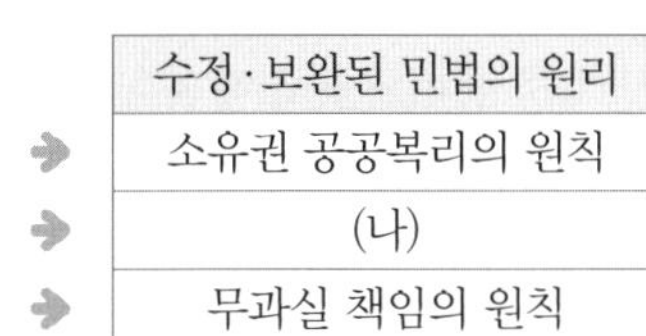

㉠ 근대 민법의 기본 원리		수정·보완된 민법의 원리
(가)	➔	소유권 공공복리의 원칙
사적 자치의 원칙	➔	(나)
(다)	➔	무과실 책임의 원칙

334 (하)(중)(상) 빈출

밑줄 친 ㉠에 대한 옳은 설명을 〈보기〉에서 고른 것은?

〈 보기 〉
ㄱ. 실질적 평등의 이념을 바탕으로 한다.
ㄴ. 권리의 절대성과 불가침성을 강조한다.
ㄷ. 자유주의와 개인주의를 바탕으로 한다.
ㄹ. 자본주의 사회의 문제점 발생을 배경으로 등장하였다.

① ㄱ, ㄴ ② ㄱ, ㄷ ③ ㄴ, ㄷ
④ ㄴ, ㄹ ⑤ ㄷ, ㄹ

335 (하)(중)(상)

(가)~(다)에 대한 옳은 설명을 〈보기〉에서 고른 것은?

〈 보기 〉
ㄱ. (가) – 자기 책임의 원칙이라고도 한다.
ㄴ. (나) – 경제적 약자를 지배하는 수단으로 악용될 수 있다.
ㄷ. (다) – 불합리한 연대 책임에서 벗어나는 근거가 된다.
ㄹ. (가), (다) – 현대 사회에서 여전히 적용되는 원리이다.

① ㄱ, ㄴ ② ㄱ, ㄹ ③ ㄴ, ㄷ
④ ㄴ, ㄹ ⑤ ㄷ, ㄹ

336 (하)(중)(상) 빈출

다음 법률 조항들이 공통적으로 추구하고자 하는 민법의 기본 원리에 대한 옳은 설명을 〈보기〉에서 고른 것은?

- **환경 정책 기본법 제44조** ① 환경 오염 또는 환경 훼손으로 피해가 발생한 경우에는 해당 환경 오염 또는 환경 훼손의 원인자가 그 피해를 배상하여야 한다.
- **제조물 책임법 제3조** ① 제조업자는 제조물의 결함으로 생명, 신체 또는 재산에 손해(그 제조물에 대하여만 발생한 손해는 제외한다.)를 입은 자에게 그 손해를 배상하여야 한다.

〈 보기 〉
ㄱ. 권리의 사회성과 공공성을 고려하는 원리이다.
ㄴ. 소유권을 행사함에 있어서 공공복리에 적합해야 함을 강조한다.
ㄷ. 고의 또는 과실이 없어도 일정한 상황에서 관계된 자가 책임을 질 수 있는 근거가 된다.
ㄹ. 근대 자본주의의 발전 과정에서 여러 문제점이 발생한 것을 계기로 과실 책임의 원칙으로 수정되었다.

① ㄱ, ㄴ ② ㄱ, ㄷ ③ ㄴ, ㄷ
④ ㄴ, ㄹ ⑤ ㄷ, ㄹ

337 (하)(중)(상)

민법의 기본 원리 (가)~(라)에 대한 설명으로 옳지 <u>않은</u> 것은?

〈근대 민법의 3대 원칙〉		〈근대 민법의 3대 원칙의 수정〉
사유 재산권 존중의 원칙	➔	(가)
(나)	➔	(다)
(라)	➔	무과실 책임의 원칙

① (가)에 따르면 공익을 위하여 개인의 재산권 행사를 제한할 수 있다.
② (나)는 개인의 자유로운 의사에 기초하여 타인과 법률관계를 형성할 수 있다는 원칙이다.
③ 최저 임금을 지키지 않은 근로 계약 조항은 (다)에 근거하여 무효가 될 수 있다.
④ (라)는 자신에게 고의나 과실이 없다면 책임을 부담하지 않는다는 원칙이다.
⑤ 현대 사회에서는 원칙적으로 (다)가 적용되고, 예외적으로 (나)가 적용된다.

재산관계와 법

Ⓐ 계약의 이해

1 계약의 법적 효과와 성립 요건

① 계약의 법적 효과: 당사자에게 계약에서 정한 권리(채권)와 의무(채무) 발생 → 채무 불이행이 발생할 경우 계약의 해제, 강제 이행, 손해 배상 등의 법적 책임을 질 수 있음

② 계약의 성립 시점: 계약 당사자 사이에 청약과 승낙의 의사 표시가 합치된 때

③ 계약의 성립 요건: 계약 당사자가 의사 능력과 행위 능력을 갖고 있어야 함, 계약 내용이 적법하고 실현 가능해야 하며 선량한 풍속이나 기타 사회 질서에 반하지 않아야 함

청약	계약을 체결하고 싶다는 의사 표시
승낙	청약을 받아들이겠다는 의사 표시

2 계약의 무효와 취소

무효인 계약	의사 능력이 없는 자의 계약, 계약 내용을 실현할 수 없는 계약, 한쪽 당사자에게 지나치게 불공정한 계약, 선량한 풍속과 사회 질서를 위반한 계약
취소 가능한 계약	제한 능력자가 단독으로 맺은 계약, 사기나 강요 또는 착오에 의해 맺은 계약

• 예 도박이나 범죄를 내용으로 하는 계약, 신체 일부를 포기하는 계약 등

• 미성년자, 피한정 후견인 등 민법에 따라 객관적으로 행위 능력이 부족한 것으로 평가를 받는 사람

Ⓑ 미성년자와의 계약

1 미성년자의 법적 지위와 법률 행위

• 법률의 규정에 따라 어떤 사람의 행위를 대리할 권한을 가진 사람으로서 미성년자의 경우 친권자가 법정 대리인이 되고, 친권자가 없을 때는 미성년 후견인이 법정 대리인이 된다.

① 법적 지위: 19세 미만인 자 → 민법상 제한 능력자로서 행위 능력이 제한됨

② 법률 행위: 미성년자는 단독으로 법률 행위를 할 수 없고, 법정 대리인의 동의를 얻어야 함 → 법정 대리인의 동의를 얻지 않은 법률 행위는 본인이나 법정 대리인이 취소할 수 있음

• 미성년자 본인이 취소할 때는 그 취소에 대해 법정 대리인의 동의를 얻을 필요는 없다.

③ 미성년자 단독으로 할 수 있는 법률 행위: 단순히 권리만을 얻거나 의무만을 면하는 행위, 법정 대리인이 범위를 정하여 처분을 허락한 재산(예 용돈)의 처분 행위 등

• 일단은 유효한 법률 행위이다.

2 미성년자와 거래한 상대방의 보호

확답을 촉구할 권리	거래 상대방은 미성년자의 법정 대리인에게 계약을 취소할 것인지 아닌지를 확정하도록 요구할 수 있음
철회권	거래 상대방은 해당 거래에 대한 미성년자의 법정 대리인의 확답(추인)이 있기 전까지 거래의 의사 표시를 철회할 수 있음(단, 거래 당시 미성년자임을 몰랐을 경우만 해당함)
취소권의 배제	미성년자가 거래 상대방을 속여 성인인 것처럼 행동하거나 법정 대리인의 동의를 받은 것처럼 믿게 한 경우 취소권이 배제됨

Ⓒ 불법 행위와 손해 배상

1 불법 행위

① 불법 행위: 어떤 사람이 고의 또는 과실로 위법하게 다른 사람에게 손해를 끼치는 행위

② 불법 행위의 성립 요건

고의 또는 과실	가해자의 행위가 일부러 한 행동이거나 실수로 저지른 행위여야 함
위법성	가해자의 행위가 법이 보호할 가치가 있는 이익을 위법하게 침해해야 함
손해 발생	가해자의 행위 때문에 피해자에게 손해가 발생해야 함 → 손해에는 재산적인 손해뿐만 아니라 생명, 자유, 명예 등의 침해에 따른 정신적인 손해도 포함됨
인과 관계	가해자의 위법 행위와 피해자의 손해 사이에 상당 인과 관계가 있어야 함
책임 능력	가해자에게 자신의 행위가 불법 행위로서 법률상 책임이 발생한다는 것을 판단할 수 있는 능력이 있어야 함 → 일반적으로 어린아이나 심신 상실자 등은 책임 능력이 없다고 봄

• 정당방위나 긴급 피난 등이 인정되면 위법성이 조각되어 불법 행위가 성립하지 않는다.

기출 Tip Ⓐ-1

계약의 의미

계약은 일정한 법률 효과를 발생시킬 목적으로 사람들 사이에 이루어지는 합의 또는 약속이다. 매매, 임대차, 증여, 용역의 제공, 고용 등이 계약의 사례에 해당한다.

계약서의 작성

계약의 내용을 명확히 하고, 다툼이 발생했을 때 증거 자료로 활용하기 위해 계약서를 작성하며, 구두로 한 계약도 당사자들이 계약의 내용을 충분히 이해하고 합의했다면 법적 효력을 인정받을 수 있다.

• 어린아이, 만취한 사람은 의사 능력이 없다고 본다.

의사 능력과 행위 능력

의사 능력	자기 행위의 의미나 결과를 판단하여 정상적인 의사 결정을 할 수 있는 정신적 능력
행위 능력	단독으로 완전하고 유효하게 법률 행위를 할 수 있는 능력

기출 Tip Ⓐ-2

무효와 취소

무효	법률 행위에 어떠한 흠이 있어서 법률 행위의 효력이 처음부터 당연히 발생하지 않음
취소	특정인의 취소의 의사 표시가 있어야 효력이 없어지며, 취소한 법률 행위는 처음부터 무효인 것으로 봄

2 손해 배상

→ 손해 배상 책임은 일반적으로 불법 행위, 채무 불이행 등으로 인해 발생한다.

① 손해 배상: 가해자의 위법한 행위로 발생한 손해를 보전해 주는 것

② 손해 배상 방식

→ 손해 배상금은 치료비, 임금 손실분, 장애로 인해 앞으로 예상되는 수입 감소분, 정신적인 고통에 대한 위자료 등을 고려하여 산정한다.

금전 배상 원칙	민법에서는 손해에 대해 금전으로 배상하는 것을 원칙으로 함 → 재산적 손해에 대한 배상, 정신적 고통에 대한 위자료 지급 (→ 불법 행위로 발생하는 정신적인 손해에 대한 배상)
금전 배상 외의 처분	타인의 명예를 훼손한 경우 법원은 피해자의 청구에 따라 명예 회복에 필요한 적당한 처분을 내릴 수 있음 예 정정 보도문 게재 등

D 특수 불법 행위

1 특수 불법 행위 특수한 성립 조건이 정해져 있는 불법 행위

→ 타인이나 공동으로 저지른 불법 행위, 사람 또는 물건의 관리 감독 소홀 등에 대해서도 책임을 지도록 하는 것이다.

2 특수 불법 행위의 유형

책임 무능력자의 감독자 책임	책임 능력이 없는 미성년자나 심신 상실자가 타인에게 손해를 입힌 경우 이를 감독할 법정 의무가 있는 자가 배상 책임을 짐
사용자의 배상 책임	피용자(직원)가 업무와 관련하여 타인에게 손해를 입힌 경우 사용자(업주)도 피용자의 선임 및 사무 감독상의 과실에 대해 배상 책임을 짐 (→ 피용자가 배상하면 사용자는 배상할 책임이 없어진다.)
공작물 점유자 및 소유자의 배상 책임	• 공작물 등의 설치 또는 보존상의 하자로 타인에게 손해를 입힌 경우 점유자가 일차적으로 배상 책임을 짐 → 점유자가 손해 방지를 위한 주의를 다하였음을 증명하면 책임이 면제됨 (→ 점유자에게 과실이 없다는 것을 의미한다.) • 점유자의 책임이 면제되는 경우 공작물 등의 소유자가 배상 책임을 짐 → 이 경우 소유자는 과실 여부와 관계없이 책임을 짐
동물 점유자의 배상 책임	동물이 타인에게 손해를 입힌 경우 그 동물의 점유자가 배상 책임을 짐
공동 불법 행위자 책임	여러 사람이 공동으로 타인에게 손해를 입힌 경우 연대하여 배상 책임을 짐

→ 점유자가 동물의 종류와 성질에 따라 그 보관에 상당한 주의를 기울였음을 증명하면 책임이 면제된다.

3 특수 불법 행위의 유형 빈출자료

Link • 369-370번 문제

(미성년자의 책임 능력과 감독자 책임)

(가) A(17세)는 친구들과 야구를 하던 중 실수로 옆집의 유리창을 깨뜨렸다.
(나) B(5세)는 혼자서 야구공을 가지고 놀던 중 재미삼아 옆집에 공을 던져 유리창을 깨뜨렸다.

→ 미성년자가 몇 세부터 책임 능력을 갖는지는 법에 규정되어 있지 않아 판례로 확립되는 경우가 많은데, 대개 중학생 정도면 책임 능력이 있다고 보고 있다.

기출 Tip C-2

후발 손해 배상의 인정

배상액 합의 이후 합의 당시에는 예상하지 못했던 심각한 손해가 발생하여 합의된 액수와 발생한 손해 사이에 큰 차이가 생겼을 경우 별도의 배상이 인정된다.

기출 Tip D-2

점유자와 소유자

점유자	어떤 물건을 자신의 지배 아래 두고 있는 사람
소유자	어떤 물건을 자신의 것으로 가지고 있는 사람

기출 Tip D-3

미성년자의 불법 행위에 대한 법정 대리인의 책임

- (가): A에게 책임 능력이 존재 ➔ 법정 대리인이 일반 불법 행위에 대한 책임을 질 수 있음
- (나): B에게 책임 능력이 부재 ➔ 법정 대리인이 책임 무능력자의 감독자로서 특수 불법 행위에 대한 책임을 질 수 있음

개념 확인 문제

정답과 해설 35쪽

338 계약은 계약 당사자 사이에 청약과 (㉠)의 의사 표시가 합치된 때에 성립되며, 계약 당사자 간에 일정한 권리(채권)와 (㉡)를 발생시키는 법적 효력이 있다.

339 다음 괄호 안의 내용 중 알맞은 말에 ○표를 하시오.

(1) 계약 내용이 실현 가능하지 않은 계약은 성립될 수 (있다, 없다).

(2) 제한 능력자가 법정 대리인의 동의 없이 단독으로 맺은 계약은 원칙적으로 취소할 수 (있다, 없다).

(3) 미성년자와 거래한 상대방은 거래 당시 미성년자임을 몰랐을 경우에 한하여 해당 거래에 대한 미성년자의 법정 대리인의 추인이 있기 전까지 거래의 의사 표시를 철회할 수 (있다, 없다).

340 다음 빈칸에 들어갈 용어를 쓰시오.

(1) ( )는 고의 또는 과실로 위법하게 다른 사람에게 손해를 끼치는 행위를 말한다.

(2) ( )은 가해자의 위법한 행위로 발생한 손해를 보전해 주는 것으로, 민법에서는 손해에 대해 금전으로 배상하는 것을 원칙으로 한다.

341 다음 설명이 맞으면 ○표, 틀리면 ×표를 하시오.

(1) 동물이 타인에게 손해를 입힌 경우 그 동물의 점유자가 아닌 소유자가 배상 책임을 진다. ( )

(2) 책임 능력이 없는 미성년자가 타인에게 손해를 입힌 경우 이를 감독할 법정 의무가 있는 자가 배상 책임을 진다. ( )

상 8문항
중 18문항
하 10문항

A 계약의 이해

342 하중상

㉠에 대한 설명으로 옳지 않은 것은?

> 우리는 일상생활에서 다른 사람들과 다양한 거래를 하며 일정한 관계를 맺고 있다. 버스를 이용하여 등교하고, 문구점에서 학용품을 구매하며, 인터넷으로 강의를 듣기도 한다. 이러한 거래가 성립되기 위해서는 사람과 사람 사이에 일정한 합의 또는 약속이 있어야 하는데, 두 사람 이상 사이에 체결되는 법률적인 합의 또는 약속을 (㉠)(이)라고 한다.

① ㉠의 내용은 실현 가능하고 적법해야 한다.
② 의사 능력이 없는 사람의 ㉠은 무효로 한다.
③ 행위 능력이 부족한 것으로 평가받는 사람의 ㉠은 취소할 수 있다.
④ ㉠은 당사자 간 청약과 승낙의 의사 표시가 합치된 때에 성립한다.
⑤ 사회 질서에 반하는 ㉠은 일정 기간 내에 취소권을 행사하지 않으면 취소할 수 없다.

343 하중상 ••서술형

다음 사례에서 갑과 을에게 발생하는 권리와 의무의 내용을 각각 서술하시오.

> 갑은 을에게 자신이 소유한 부동산을 구입할 것을 제안하였다. 이에 을은 갑의 제안을 수락하고 부동산 매매 계약서를 작성하였다.

(1) 갑의 권리와 의무:

(2) 을의 권리와 의무:

344-345 빈출자료

(가)~(다)는 민법에서의 능력을 구분한 것이다. 물음에 답하시오.

> (가) 권리의 주체가 될 수 있는 능력
> (나) 자기 행위의 의미와 결과를 판단할 수 있는 능력
> (다) 단독으로 완전하고 유효한 법률 행위를 할 수 있는 능력

344 하중상

(가)~(다)를 지니는 사람을 〈보기〉에서 모두 골라 옳게 연결한 것은?

〈 보기 〉
ㄱ. 3세 유아　ㄴ. 18세 고등학생　ㄷ. 19세 직장인

	(가)	(나)	(다)
①	ㄷ	ㄷ	ㄷ
②	ㄷ	ㄴ, ㄷ	ㄴ, ㄷ
③	ㄴ, ㄷ	ㄴ, ㄷ	ㄷ
④	ㄱ, ㄴ, ㄷ	ㄷ	ㄴ, ㄷ
⑤	ㄱ, ㄴ, ㄷ	ㄴ, ㄷ	ㄷ

345 하중상

(가)~(다)에 대한 옳은 설명을 〈보기〉에서 고른 것은?

〈 보기 〉
ㄱ. 어린아이는 법정 대리인의 동의를 통해 (가)를 갖게 된다.
ㄴ. (나)가 없는 자의 법률 행위는 처음부터 효력이 발생하지 않는다.
ㄷ. 만취 상태에서 계약했음을 입증하면 (나)가 없음을 이유로 계약이 무효가 되지는 않으나 취소할 수는 있다.
ㄹ. (다)가 제한된 자의 법률 행위는 취소해야 무효가 된다.

① ㄱ, ㄴ　② ㄱ, ㄷ　③ ㄴ, ㄷ
④ ㄴ, ㄹ　⑤ ㄷ, ㄹ

346 하중상

다음 사례에 대한 설명으로 옳은 것은?

> ㉠ 갑이 을에게 전화로 2천만 원을 빌려 달라고 하였고, ㉡ 을은 갑에게 2천만 원을 빌려주기로 하였다. 갑과 을은 만나서 2년 후에 원금과 이자를 한꺼번에 갚는다는 내용의 ㉢ 계약서를 작성하였고, 을은 갑에게 돈을 빌려주었다. 그러나 2년이 지나도록 ㉣ 갑은 을에게 돈을 갚지 않고 있다.

① 갑은 채무자, 을은 채권자이다.
② 신의 성실의 원칙은 갑에게만 적용된다.
③ ㉠은 승낙, ㉡은 청약에 해당한다.
④ 갑과 을의 계약은 ㉢ 시점부터 성립한다.
⑤ ㉣을 이유로 을은 갑에게 손해 배상을 청구할 수 없다.

347 하중상

밑줄 친 부분의 법적 근거로 가장 적절한 것은?

> ○○ 음식점의 사장 갑은 가게의 메뉴를 유명한 요리 연구가인 을이 개발한 메뉴인 것처럼 광고하였으나, 사실은 손님들을 속인 채 자신이 직접 개발한 메뉴를 손님들에게 판매하였다. 손님들은 을이 개발한 음식을 먹기 위해 음식점을 찾았고 음식점 측에서도 그렇게 홍보했지만, 제공받은 음식이 을이 개발한 메뉴가 아님을 손님이 알게 된다면 손님은 주문을 취소하고 음식 값을 돌려달라고 할 수도 있을 것이다.

① 의사 능력이 없는 상태에서의 계약이기 때문이다.
② 권리 능력이 제한되는 법인과의 계약이기 때문이다.
③ 속임수로 인해 맺은 계약은 취소할 수 있기 때문이다.
④ 현실적으로 실현 가능한 계약이어야 효력이 있기 때문이다.
⑤ 선량한 풍속에 반하는 계약은 효력이 인정되지 않기 때문이다.

빈출

348 하중상

자료에 대한 옳은 설명만을 〈보기〉에서 있는 대로 고른 것은?

- 2019년 3월 6일: 갑이 을에게 전화하여 2천만 원을 빌려달라고 하였고, 을은 갑의 제안을 수락하였다.
- 2019년 3월 7일: 갑과 을은 만나서 다음과 같은 금전 차용 계약서에 서명하였고, 을은 갑에게 2천만 원을 빌려주었다.

> 금전 차용 계약서
> 갑은 을에게 2천만 원을 빌리고 아래 조항을 이행한다.
> 제1조 변제일은 2020년 3월 6일로 한다.
> 제2조 이자는 매월 말일 지급한다.
> 2019년 3월 7일
> 갑 (인)갑 을 (인)을

〈 보기 〉

ㄱ. 갑은 채무자, 을은 채권자이다.
ㄴ. 이 계약은 2019년 3월 7일에 성립되었다.
ㄷ. 갑의 청약과 을의 승낙으로 계약이 체결되었다.
ㄹ. 이 계약서에 공증을 받으면 법정에서 유력한 증거로 사용될 것이다.

① ㄱ, ㄴ ② ㄱ, ㄷ ③ ㄴ, ㄹ
④ ㄱ, ㄷ, ㄹ ⑤ ㄴ, ㄷ, ㄹ

349 하중상

다음 사례에 대한 옳은 설명을 〈보기〉에서 고른 것은?

> 가수 지망생인 갑(18세)은 한 소속사의 제안을 받아들여 10년의 전속 계약을 맺었다. 이 계약에는 갑이 데뷔 후 5년간 수익금을 받을 수 없고, 중도에 계약을 해지하면 5배의 위약금을 물어야 한다는 내용이 포함되어 있었다. 갑은 계약 내용과 관련하여 소속사를 상대로 소송을 제기하여 승소하였다.

〈 보기 〉

ㄱ. 법원의 판결에는 계약 공정의 원칙이 적용되지 않았다.
ㄴ. 갑은 불공정한 내용의 계약에 대한 무효 소송을 제기하였을 것이다.
ㄷ. 전속 계약 체결 시 갑의 법정 대리인의 동의가 없어 갑이 취소 소송을 제기한 것이다.
ㄹ. 갑과 소속사가 체결한 전속 계약은 청약과 승낙의 의사 표시 합치로 성립되었다.

① ㄱ, ㄴ ② ㄱ, ㄷ ③ ㄴ, ㄷ
④ ㄴ, ㄹ ⑤ ㄷ, ㄹ

350 하중상

다음 글의 A~E에 대한 설명으로 옳은 것은?

> A는 일정한 법률 효과를 발생시킬 목적으로 사람들 간에 이루어지는 합의를 의미한다. 일반적으로 A는 B와 C라는 서로 다른 두 의사 표시의 합치로 성립한다. 이때 B는 일정한 조건을 정하여 계약을 체결하고 싶다는 의사 표시이고, C는 이를 받아들이겠다는 의사 표시이다. A가 성립되면 A를 체결한 당사자 간에 D와 E가 발생하는 법적 효과가 나타난다.

① 원칙적으로 A는 구두(口頭)에 의해서도 성립된다.
② B는 계약서를 작성한 시점부터 효력이 발생한다.
③ 금전이 필요한 사람이 이자 지급을 약속하면서 돈을 빌려달라고 요청하는 것은 C의 사례에 해당한다.
④ D와 E는 모두 신의 성실의 원칙의 적용을 받지 않는다.
⑤ D가 '의무'라면, E의 불이행에 따라 손해 배상과 같은 법적 책임을 질 수 있다.

IV

351-352 빈출자료

(가), (나)는 갑과 을의 대화 내용이다. 물음에 답하시오.

(가)	• 갑: 12시까지 피자 네 판을 배달해 주세요. • 을: 예, 알겠습니다.
(나)	• 갑: 왜 배달이 오지 않나요? • 을: 주문 착오로 피자를 아직 만들지 못했습니다.

351 하 중 상

(가) 상황에 대한 옳은 법적 판단을 〈보기〉에서 고른 것은?

〈 보기 〉

ㄱ. 갑의 피자 주문은 청약에 해당한다.
ㄴ. 을이 피자를 배달하면 계약이 성립한다.
ㄷ. 을의 승낙으로 인해 을에게 피자 배달이라는 채무가 발생한다.
ㄹ. 갑과 을의 계약은 그 내용을 문서로 작성해야 효력이 발생한다.

① ㄱ, ㄴ ② ㄱ, ㄷ ③ ㄴ, ㄷ
④ ㄴ, ㄹ ⑤ ㄷ, ㄹ

빈출
352 하 중 상

(가), (나) 상황에 대한 옳은 법적 판단을 〈보기〉에서 고른 것은?

〈 보기 〉

ㄱ. (가)에서 피자 주문으로 계약이 성립되었다.
ㄴ. (가)에서 갑과 을의 합의로 계약이 성립되었다.
ㄷ. (나)에서 을은 일방적으로 계약의 취소를 주장할 수 있다.
ㄹ. (나)에서 을은 갑에 대해 채무 불이행에 대한 책임을 지게 될 수 있다.

① ㄱ, ㄴ ② ㄱ, ㄷ ③ ㄴ, ㄷ
④ ㄴ, ㄹ ⑤ ㄷ, ㄹ

빈출
353 하 중 상

다음 사례에 대한 법적 판단으로 옳은 것은?

(가)	A는 중고 거래 사이트에 중고 카메라를 판매한다는 글을 올렸다.
(나)	A의 글을 읽은 B는 직접 만나서 상품을 살펴보고 거래를 결정하고 싶다는 의사를 밝혔다.
(다)	B는 A를 직접 만난 후 A가 중고 거래 사이트에 올린 내용처럼 거래를 하겠다는 의사를 밝혔다.

① (가)에서 A는 청약의 의사 표시를 하였다.
② (나)에서 A의 청약에 대한 B의 승낙이 이루어졌다.
③ (다)에서 A에게는 채권만, B에게는 채무만 발생한다.
④ A와 B가 거래를 완료한 시점에 계약이 성립한다.
⑤ A와 B가 계약서를 쓰지 않으면 거래의 법적 효과는 없다.

354 하 중 상

그림은 법률 행위의 법적 효력에 따라 (가)~(다)를 구분한 것이다. 이에 대한 옳은 법적 판단만을 〈보기〉에서 있는 대로 고른 것은? (단, (가)~(다)는 각각 취소, 무효, 확정적 유효 중 하나이다.)

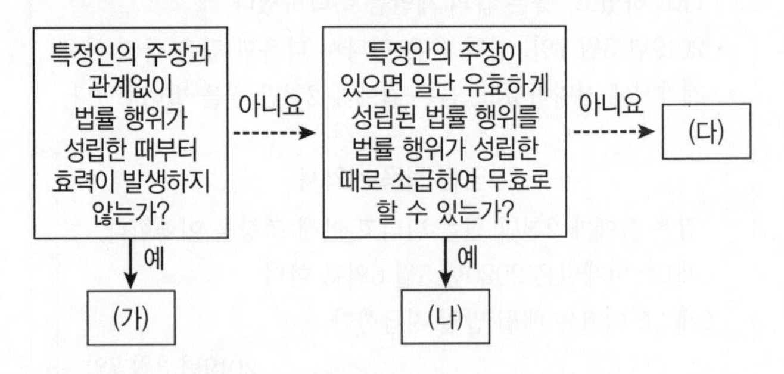

〈 보기 〉

ㄱ. 갑(27세)이 계약서를 작성하지 않고 전동 자전거를 구입한 행위는 (가)에 해당한다.
ㄴ. 을(22세)이 만취한 상태에서 자신의 운동화를 친구에게 판매한 행위는 (나)에 해당한다.
ㄷ. 병(18세)이 부모의 동의서를 위조하여 고가의 가방을 구입한 행위는 (다)에 해당한다.
ㄹ. 정(17세)이 용돈으로 받은 5만 원으로 법정 대리인의 동의를 얻지 않고 학용품을 구매한 행위는 (다)에 해당한다.

① ㄱ, ㄴ ② ㄱ, ㄷ ③ ㄷ, ㄹ
④ ㄱ, ㄴ, ㄹ ⑤ ㄴ, ㄷ, ㄹ

B 미성년자와의 계약

355 하 중 상

다음은 모둠별 수행 평가 내용이다. 과제를 잘못 수행한 모둠은?

• 과제: 미성년자가 단독으로 완전하고 유효하게 할 수 있는 법률 행위 조사하기

모둠	수행 과제 내용
1 모둠	재산을 증여받는 등 권리를 얻는 행위
2 모둠	채무를 면제받는 등 의무를 면하는 행위
3 모둠	용돈의 범위 내에서 화장품을 구입하는 행위
4 모둠	법정 대리인의 동의하에 노트북을 구입하는 행위
5 모둠	미성년자임을 밝히고 단독으로 고가의 명품 운동화를 구입하는 행위

① 1 모둠 ② 2 모둠 ③ 3 모둠 ④ 4 모둠 ⑤ 5 모둠

356 하 중 상

교사의 질문에 옳게 대답한 학생만을 고른 것은?

• 교사: 민법에서 미성년자와 거래한 상대방을 보호하는 제도와 관련된 내용에는 무엇이 있나요?
• 갑: 계약 취소 여부에 대한 확답은 촉구할 수 없어요.
• 을: 계약 당시 미성년자임을 알고 있었어도 계약을 철회할 수 있어요.
• 병: 미성년자임을 몰랐을 경우 법정 대리인의 추인이 있기 전까지 거래 의사를 철회할 수 있어요.
• 정: 미성년자가 성년자로 믿도록 속임수를 사용하여 체결한 계약은 미성년자 또는 법정 대리인이 취소할 수 없어요.

① 갑, 을 ② 갑, 병 ③ 을, 병
④ 을, 정 ⑤ 병, 정

357 하 중 상

갑, 을의 법률 행위에 대한 공통적인 법적 판단으로 옳은 것은?

• 고등학생인 갑(17세)은 법정 대리인의 동의 없이 편의점 주인과 근로 계약을 체결하였다.
• 대학교 신입생인 을(18세)은 법정 대리인의 동의 없이 최신 노트북을 가전 대리점에서 구입하였다.

① 의사 무능력자의 법률 행위이므로 취소할 수 있다.
② 행위자나 법정 대리인이 법률 행위를 취소할 수 있다.
③ 미성년자가 단독으로 행한 법률 행위이므로 무효이다.
④ 행위자 본인은 이미 행해진 법률 행위를 취소할 수 없다.
⑤ 행정 관청의 허가를 받아 단독으로 할 수 있는 행위이다.

358 하 중 상

(가), (나)의 계약에 대한 옳은 법적 판단을 〈보기〉에서 고른 것은?

(가) 갑(17세)은 법정 대리인의 동의 없이 판매자 을(30세)과 고가의 자전거 매매 계약을 체결하였다.
(나) 병(16세)은 법정 대리인의 동의를 받은 것처럼 판매자 정(40세)을 속여 고가의 화장품 매매 계약을 체결하였다.

〈 보기 〉
ㄱ. (가), (나)의 계약 모두 무효가 된다.
ㄴ. 갑의 법정 대리인은 (가)의 계약을 취소할 수 있다.
ㄷ. 을이 계약 당시 갑이 미성년자임을 알았다면 을은 (가)의 계약에 대해 철회권을 행사할 수 없다.
ㄹ. 병 또는 병의 법정 대리인은 (나)의 계약을 취소할 수 있다.

① ㄱ, ㄴ ② ㄱ, ㄹ ③ ㄴ, ㄷ
④ ㄴ, ㄹ ⑤ ㄷ, ㄹ

359 하 중 상

다음은 연극 대본의 일부이다. 제시된 상황에 대한 옳은 법적 판단을 〈보기〉에서 고른 것은?

#12 자전거 가게 안
• 갑: 제 열일곱 살 생일 기념으로 자전거를 사려고 해요.
• 을: 이 산악용 자전거는 최신형이라 300만 원입니다.
• 갑: 최신형이라 정말 멋지네요! 이것으로 주세요.
• 을: (자전거를 팔아도 될지 미심쩍어 하며) 예, 알겠습니다.

〈 보기 〉
ㄱ. 갑은 법정 대리인의 동의 없이 계약을 취소할 수 없다.
ㄴ. 갑이 법정 대리인의 동의를 얻지 않았다면 갑의 법정 대리인은 계약을 취소할 수 있다.
ㄷ. 을은 갑의 행위 능력이 제한됨을 몰랐으므로 계약을 철회할 수 있다.
ㄹ. 을은 갑의 법정 대리인에게 계약의 취소 여부에 대한 확답을 촉구할 수 있다.

① ㄱ, ㄴ ② ㄱ, ㄷ ③ ㄴ, ㄷ
④ ㄴ, ㄹ ⑤ ㄷ, ㄹ

360 하중상

다음 사례에 대한 옳은 법적 판단을 <보기>에서 고른 것은?

17세인 A, B, C는 판매업자 D로부터 고가의 노트북을 구매하는 계약을 체결하였다. A는 부모의 동의를 얻지 않았고, B와 C는 모두 부모의 동의서를 제시하였으나, C는 동의서를 위조하여 제시하였다. 계약 체결 당시에 D는 A가 미성년자임을 알지 못했다.

〈 보기 〉
ㄱ. B의 부모는 계약을 취소할 수 있다.
ㄴ. B는 A와 달리 계약을 취소할 수 없다.
ㄷ. A의 부모와 달리 C의 부모는 계약을 취소할 수 있다.
ㄹ. D는 A에 대해 계약 체결의 의사 표시를 철회할 수 있다.

① ㄱ, ㄴ ② ㄱ, ㄷ ③ ㄴ, ㄷ
④ ㄴ, ㄹ ⑤ ㄷ, ㄹ

C 불법 행위와 손해 배상

361 하중상

••서술형

다음은 인터넷 검색창의 검색 내용이다. 물음에 답하시오.

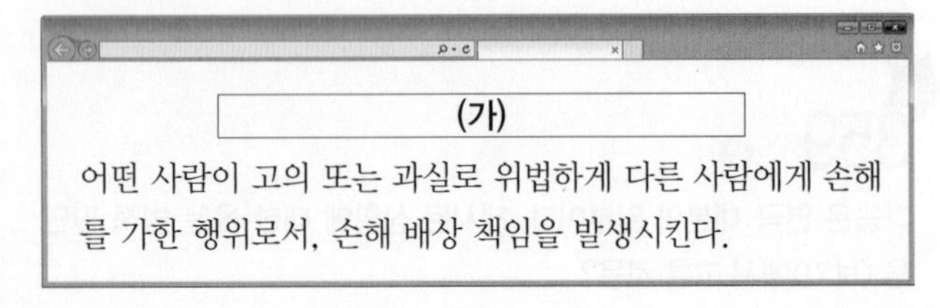

(1) (가)에 들어갈 검색어를 쓰시오.

(2) (1)의 성립 요건을 서술하시오.

362 하중상

불법 행위의 성립 요건에 대한 설명으로 옳은 것은?

① 가해자의 행위와 피해자의 손해 간에 상당 인과 관계가 없어야 한다.
② 가해자의 행위로 인해 피해자에게 재산의 손실만이 발생해야 한다.
③ 가해자의 행위가 법이 보호할 가치가 있는 이익을 침해한 것이어야만 한다.
④ 가해자의 가해 행위가 피해자에게 일부러 피해를 주기 위한 것이어야만 한다.
⑤ 가해자에게 자신의 위법한 행위에 대해 책임질 수 있는 경제적 능력이 있어야만 한다.

363 하중상

(가)에 들어갈 내용으로 가장 적절한 것은?

• 학생: 불법 행위로 인해 피해를 입었을 때의 손해 배상에 대해 자세히 알고 싶어요.
• 교사: 우리 민법에서 손해 배상은 ______(가)______

① 무과실 책임주의가 원칙입니다.
② 후발 손해에 대한 배상은 인정하지 않습니다.
③ 재산적 손해나 정신적 손해에 대해 금전으로 배상하는 것을 원칙으로 합니다.
④ 손해 배상금 산정 시 치료비는 고려되지만, 임금 손실분은 고려되지 않습니다.
⑤ 타인의 명예를 훼손한 경우 손해 배상은 청구할 수 있지만, 정정 보도는 요구할 수 없습니다.

364 하중상

(가), (나)에 대한 옳은 설명만을 <보기>에서 있는 대로 고른 것은?

(가) 자신의 가해 행위로 인해 법률상 책임이 발생한다는 것을 판단할 수 있는 능력
(나) 법이 보호할 가치가 있는 이익을 위법하게 침해하는 것으로서 가해 행위가 법질서에 반하는 것

〈 보기 〉
ㄱ. 유아는 일반적으로 (가)가 인정되지 않는다.
ㄴ. 가해자의 행위가 정당방위로 인정되더라도 (가)는 조각되지 않는다.
ㄷ. (나)는 (가)와 달리 불법 행위의 성립 요건에 해당한다.
ㄹ. (가)는 책임 능력, (나)는 위법성을 의미한다.

① ㄱ, ㄴ ② ㄱ, ㄹ ③ ㄴ, ㄷ
④ ㄱ, ㄷ, ㄹ ⑤ ㄴ, ㄷ, ㄹ

365 하중상

다음 사례에서 법원이 밑줄 친 결정을 내린 이유로 가장 적절한 것은?

> ○○ 법원은 갑이 1년 전에 발생한 교통사고로 인해 신경증의 정도가 더욱 심해졌다는 이유로 제기한 손해 배상 청구서를 기각하였다. 재판부는 "신경 정신과적 증상은 그 원인이 복합적이어서 … (중략) … 사고 이후 회복을 위한 자기 노력의 정도와 심리적 동기 등에 따라 증상의 정도가 심하게 다를 수 있다. 갑의 경우 이미 사고 이전부터 신경 정신과적 증상이 있었고, 사고 이후 회복을 위한 노력을 게을리하여 증상이 확대된 점이 인정되기 때문에 손해 배상 책임을 물을 수 없다."고 밝혔다.

① 가해자의 가해 행위가 사회 전체의 법질서에 위배되지 않기 때문에
② 가해 행위와 관련하여 가해자에게 고의 또는 과실이 존재하기 때문에
③ 피해자에게 정신적 손해만 발생하고 재산적 손해가 발생하지 않았기 때문에
④ 가해자에게 자신의 행동이 위법하다는 사실을 인식할 수 있는 능력이 없기 때문에
⑤ 가해자의 가해 행위와 피해자의 손해 발생 간에 상당한 인과 관계가 존재하지 않기 때문에

366 하중상

(가), (나) 사례에 대한 옳은 법적 판단을 〈보기〉에서 고른 것은?

> (가) 갑은 늦은 밤 고속도로에서 무단횡단을 하다가 자신이 지나가는 것을 알지 못한 을이 과속으로 운전하던 차량에 치여 숨졌다.
> (나) ○○ 마트 사장인 병은 소비자들이 경품 행사 응모를 위해 제출한 전화번호를 소비자들의 동의 없이 보험 회사에 제공하였고, 소비자들은 광고 전화에 시달렸다.

〈 보기 〉
ㄱ. (가) – 을이 갑을 차량으로 친 것은 고의가 아닌 과실로서 불법 행위의 성립 요건에 해당한다.
ㄴ. (가) – 을은 보행이 금지된 고속도로를 운전 중이었기 때문에 을의 행위와 갑의 손해 사이에 인과 관계가 없다.
ㄷ. (나) – 소비자들에게 실제로 손해가 발생하지는 않았으므로 불법 행위가 성립되지 않는다.
ㄹ. (나) – 병이 보험 회사에 소비자들의 전화번호를 제공한 행위로 인해 소비자들이 광고 전화에 시달렸음이 증명되면 인과 관계가 인정되어 불법 행위가 성립된다.

① ㄱ, ㄴ　② ㄱ, ㄹ　③ ㄴ, ㄷ
④ ㄴ, ㄹ　⑤ ㄷ, ㄹ

D 특수 불법 행위

367 하중상

다음 사례에 나타난 특수 불법 행위의 유형으로 옳은 것은?

> 아파트 7층에 사는 갑은 8층에서 흘러 내려온 물 때문에 벽지가 젖어서 곰팡이가 생기는 등 큰 피해를 입었다. 이에 8층에 살고 있는 을에게 배상을 요구했으나 을은 임차인으로서 정작 이사 온 지 며칠 되지 않아서 누수 사실을 전혀 모르고 있었다. 이에 ○○ 법원은 을이 살고 있는 집의 소유자인 병이 누수 원인을 찾아내 수리하고 7층 벽지 훼손 등 피해를 모두 배상하라고 판결하였다.

① 사용자의 배상 책임
② 공동 불법 행위자 책임
③ 동물 점유자의 배상 책임
④ 공작물 소유자의 배상 책임
⑤ 책임 무능력자의 감독자 책임

368 하중상

그림은 특수 불법 행위의 유형을 나타낸 것이다. 을의 손해 배상 책임이 인정된다고 할 때, 갑과 을의 관계로 적절한 것을 〈보기〉에서 고른 것은?

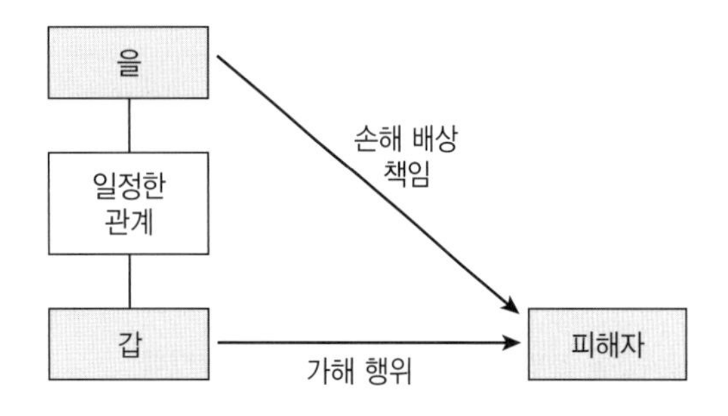

〈 보기 〉
ㄱ. 갑 – 유아 A(3세), 을 – A의 부모
ㄴ. 갑 – 음식점 직원 B(30세), 을 – B의 사장
ㄷ. 갑 – 아르바이트생 C(17세), 을 – C의 부모
ㄹ. 갑 – 반려동물 D, 을 – D를 점유하지 않은 상태의 소유자

① ㄱ, ㄴ　② ㄱ, ㄷ　③ ㄴ, ㄷ
④ ㄴ, ㄹ　⑤ ㄷ, ㄹ

369-370 빈출자료

(가), (나) 사례를 읽고 물음에 답하시오.

> (가) A(17세)는 친구들과 야구를 하던 중 실수로 옆집의 유리창을 깨뜨렸다.
> (나) B(5세)는 혼자서 야구공을 가지고 놀던 중 재미삼아 옆집에 공을 던져 유리창을 깨뜨렸다.

369 하중상 ••서술형

A, B의 행위가 불법 행위로 성립될 수 있는지 여부를 책임 능력과 관련지어 서술하시오. (단, 특수 불법 행위 여부는 고려하지 않는다.)

빈출 370 하중상

(가), (나) 사례에 대한 법적 판단으로 옳은 것은?

① B의 부모는 손해에 대해 금전이 아닌 현물로써 원상회복해야 할 의무가 있다.
② A는 B와 달리 책임 능력이 있다.
③ A의 행위와 달리 B의 행위는 불법 행위에 해당한다.
④ (가)는 특수 불법 행위가 발생한 상황이다.
⑤ (가), (나) 사례의 피해자는 재산적 손해만을 배상받을 뿐이며, 정신적 손해는 배상받을 수 없다.

371 하중상

교사의 질문에 옳게 대답한 학생은?

> • 교사: A가 운영하는 손 세차장에 고용되어 있는 대학생 B는 세차를 하던 중 실수로 손님 C의 자동차 일부를 파손하였습니다. C는 자신의 피해에 대해 손해 배상을 청구하려고 합니다. 이에 대한 법적 판단을 이야기해 볼까요?

① 갑: A와 B는 공동 불법 행위자의 책임을 져야 합니다.
② 을: B의 행위가 불법 행위로 성립해야 A가 사용자의 배상 책임을 지게 됩니다.
③ 병: C는 B가 아닌 A에게만 손해에 대한 배상을 청구할 수 있습니다.
④ 정: A가 C에게 특수 불법 행위 책임을 지는 경우, B는 C에게 손해 배상 책임이 없습니다.
⑤ 무: B가 C에게 일반 불법 행위 책임을 지더라도 A는 C에게 손해 배상 책임이 있습니다.

빈출 372 하중상

다음 사례의 A~D 중 손해 배상 책임을 질 수 있는 사람만을 있는 대로 고른 것은?

> • A(21세)는 B가 운영하는 전자 제품 대리점의 배달 사원으로 고객 갑이 구매한 정수기를 배달하였다. 그런데 정수기를 설치하는 과정에서 실수로 정수기를 넘어뜨렸고, 옆에서 있던 갑이 떨어지는 물통에 발을 다쳐 병원에서 3주간 치료를 받았다.
> • 초등학생 C(8세)는 어머니 D가 식사 준비를 하는 틈을 타 자유 낙하 실험을 하였다. C는 아파트 고층에서 풍선과 골프공을 동시에 떨어뜨렸고, 이로 인해 1층 정원에서 텃밭을 가꾸고 있던 을이 C가 떨어뜨린 골프공에 맞아 크게 다쳤다.

① A, B ② A, C ③ C, D
④ A, B, D ⑤ B, C, D

373 하중상

다음 대화에 나타난 손해 배상 책임에 대한 법적 분석으로 가장 적절한 것은?

> • 갑: 점주님의 가게에서 유리창이 떨어져서 제 차가 부서졌습니다. 배상해 주세요.
> • 을: 저는 이 건물의 임차인에 불과합니다. 창틀이 부실해서 위험하다고 임대인 병에게 수차례 말했지만 고쳐 주지 않았을 뿐입니다.

① 을은 손해 방지를 위한 주의를 다하였음을 증명하더라도 손해 배상 책임을 진다.
② 을에게 과실이 없음이 입증되면 병이 손해 배상 책임을 진다.
③ 을에게 고의가 없을 경우에만 병에게 손해 배상 책임이 있다.
④ 을의 책임이 면제되더라도 병이 자신의 과실이 없음을 입증하면 병은 손해 배상 책임을 지지 않는다.
⑤ 을은 특수 불법 행위 책임, 병은 일반 불법 행위 책임을 지게 된다.

374-375 빈출자료

다음 사례를 읽고 물음에 답하시오.

> 갑은 퇴근길에 재건축 공사 중인 주택 앞을 지나가다가 쌓아 놓은 건축 자재가 강풍에 무너져 머리를 크게 다쳤다. 재건축 중인 주택의 건물주인 을(50세)은 건축 자재가 무너질 것이라고는 전혀 예상하지 못했기 때문에 안전장치를 설치하지 않았다. 갑은 전치 4주의 진단을 받아 현재 병원에서 입원 치료를 받고 있다.

빈출

374 하 중 상

위 사례에 대한 법적 판단으로 옳은 것은?

① 을이 안전장치를 설치하지 않은 것은 고의에 해당한다.
② 을의 불법 행위로 인해 갑에게 전치 4주라는 손해가 발생하였다.
③ 을의 행위와 갑의 손해 사이에 상당 인과 관계가 존재하지 않는다.
④ 을은 건축 자재가 무너질 것이라고 예상하지 못했기 때문에 위법성이 조각된다.
⑤ 을은 자신의 행위가 다른 사람의 법익을 침해할 것이라고 인식하는 책임 능력이 없다.

375 하 중 상

위 사례에 대한 옳은 법적 판단 및 추론만을 〈보기〉에서 있는 대로 고른 것은?

〈 보기 〉
ㄱ. 을의 행위는 과실에 의한 행위이므로 불법 행위가 성립하지 않는다.
ㄴ. 갑은 을에게 정신적 고통에 대한 위자료도 받을 수 있다.
ㄷ. 갑이 을과 합의한 후에 예상하지 못한 심각한 후유증이 발생하면 추가 배상을 받을 수 있다.
ㄹ. 을은 갑이 치료 기간에 받지 못한 임금의 손실분까지 포함하여 손해 배상금을 지급해야 한다.

① ㄱ, ㄴ ② ㄱ, ㄷ ③ ㄴ, ㄹ
④ ㄱ, ㄷ, ㄹ ⑤ ㄴ, ㄷ, ㄹ

376 하 중 상

(가), (나) 사례에 대한 법적 판단으로 가장 적절한 것은?

> (가) 갑(9세)은 놀이터에서 축구를 하다가 길가에 주차된 을(50세)의 승용차 유리창을 파손하였다.
> (나) 회사원 병(30세)이 친구 정(30세)에게 개를 맡겼는데, 정이 관리를 소홀히 하여 개가 행인 무(40세)를 물어 전치 4주의 부상을 입혔다.

① 을은 갑에게 불법 행위의 책임을 물을 수 있다.
② 병과 정은 공동 불법 행위자로 연대하여 책임을 진다.
③ 정은 무에 대해 동물 점유자의 배상 책임을 진다.
④ 무는 을과 달리 정신적 손해에 대한 배상도 청구할 수 있다.
⑤ 갑, 병, 정 모두 특수 불법 행위의 책임이 인정된다.

377 하 중 상

다음 사례에 대한 옳은 법적 판단을 〈보기〉에서 고른 것은?

> 갑(20세)은 개를 데리고 공원을 산책하던 중 스마트폰으로 게임을 하느라 개의 목줄을 놓치고 말았다. 이때 잔디밭에서 놀고 있던 을(7세)에게 개가 갑자기 달려들자, 을은 개의 공격을 피할 다른 방법이 없어 길가에 세워둔 병의 자전거와 부딪쳐서 넘어졌다. 이로 인해 병의 자전거가 파손되었고 을은 전치 2주의 부상을 입었다.

〈 보기 〉
ㄱ. 갑은 을의 부모와 함께 병에게 공동 불법 행위자 책임을 진다.
ㄴ. 갑은 개의 소유자가 아니더라도 을에게 특수 불법 행위에 대한 책임을 진다.
ㄷ. 갑은 병의 자전거 파손에 대해 고의가 없으므로 손해 배상 책임을 지지 않는다.
ㄹ. 을의 행위는 위법성이 조각되므로 을의 부모는 병에게 책임 무능력자의 감독자 책임을 지지 않는다.

① ㄱ, ㄴ ② ㄱ, ㄷ ③ ㄴ, ㄷ
④ ㄴ, ㄹ ⑤ ㄷ, ㄹ

가족관계와 법

Ⓐ 혼인

1 혼인의 의미와 성립 요건

① 혼인: 두 남녀가 부부 관계를 맺는 것

② 혼인의 성립 요건

- 사기나 협박에 의해 이루어진 결혼은 법적인 효력이 없거나 취소할 수 있다.
- 성년자(19세 이상)는 자신의 의사에 따라 자유롭게 혼인할 수 있으며, 18세인 미성년자는 부모의 동의를 얻어 혼인할 수 있다.

실질적 요건	당사자 모두 혼인의 의사가 있을 것, 법적으로 혼인 가능한 나이일 것, 법적으로 혼인할 수 없는 친족 관계가 아닐 것, 중혼(重婚)이 아닐 것
형식적 요건	혼인 신고를 할 것 → 법률혼주의

- 예 8촌 이내의 혈족 등
- 혼인의 실질적 요건을 갖추었더라도 혼인 신고라는 형식적 요건을 갖추어야만 법적 부부로 인정하는 것

2 혼인의 법적 효과

친족 관계 발생	부부는 배우자의 지위를 갖게 되며, 배우자의 가족과 인척 관계가 형성됨
부부간의 동거·부양·협조의 의무 발생	부부는 원칙적으로 함께 살면서 서로 부양하고 협조해야 함 → 생계비 공동 부담, 생계를 같이하는 친족 부양 등의 의무가 있음
일상 가사에 관한 대리권 발생	부부의 공동생활에 필요한 일상적인 거래 행위를 서로 대신해서 처리할 수 있음 → 혼인 관계에 적용되는 부부 별산제를 보완함
성년 의제	18세인 미성년자가 부모의 동의를 얻어 법적으로 유효한 혼인을 한 경우 성년으로 의제되어 민법상 행위 능력이 인정됨

- 부부가 재산을 따로 소유·관리·처분한다는 원칙
- 원칙적으로 생활비, 자녀 교육비 등 일상 가사와 관련하여 부부 중 한 사람이 단독으로 결정한 일이라고 하더라도 그 결정에 대한 책임은 부부가 공동으로 지게 되어 있다.
- 미성년자가 결혼하여 성년으로 의제되면 그 후 이혼, 배우자의 사망 등으로 혼인 관계가 해소되더라도 성년 의제의 효과는 소멸하지 않는다.

Ⓑ 이혼

1 이혼의 의미와 유형

① 이혼: 부부가 인위적으로 혼인 관계를 끝내는 일

② 이혼의 유형

협의 이혼	• 의미: 당사자 간의 합의로 이루어지는 이혼 • 절차: 이혼 의사 확인 신청 → 이혼 숙려 기간 → 법원의 이혼 의사 확인 → 이혼 신고 • 효력 발생: 이혼 신고를 함으로써 이혼의 효력 발생
재판상 이혼	• 의미: 법이 정한 사유가 있는 경우에 법원의 판결로써 강제로 이루어지는 이혼 • 절차: 재판상 이혼 청구 → 이혼 조정 → 이혼 소송(판결) → 이혼 신고 • 효력 발생: 법원의 판결이 확정된 때에 이혼의 효력 발생

- 법원에 이혼 의사 확인 신청과 재판상 이혼 청구를 하며, 행정 기관에 이혼 신고를 한다.
- 당사자 일방의 청구로 가능하다.
- 법원의 이혼 조정으로 당사자 간 합의가 이루어지면 이혼이 성립한다.

2 이혼의 의미와 유형 빈출자료 Link • 397-398번 문제

(재판상 이혼 사례)

갑은 배우자 을이 도박에 빠져 자녀(9세)의 양육을 등한시하고 생활비를 주지 않는 등 가정생활이 파탄되어 이혼을 요구하였다. 갑과 을은 이혼에 합의하여 법원에 이혼 의사 확인 신청을 하였으나 이혼 숙려 기간 중에 이혼을 다시 생각해 보기로 하였다. 그러나 1년 후 을이 예전과 같이 가정에 소홀한 모습을 보이자 갑은 법원에 이혼 청구 소송을 제기하였고, 법원의 이혼 판결이 확정되었다.

3 이혼의 법적 효과

친족 관계 소멸	혼인에 의해 발생한 친족 관계가 소멸됨
재산 분할 청구권 발생	혼인 중 형성한 부부의 공동 재산에 대한 분할 청구권이 발생함
손해 배상 청구권	이혼의 책임이 있는 상대방에게 손해 배상을 청구할 수 있음
면접 교섭권 발생	미성년인 자녀를 양육하지 않는 부 또는 모, 그 자녀에게 면접 교섭권이 발생함

- 혼인 중 형성한 부부의 공동 재산에 대한 청산을 의미하기 때문에 이혼에 책임이 있는 당사자도 재산 분할 청구가 가능하다.

- 부부로서 생활하고 있으나 혼인 신고를 하지 않은 혼인 관계

기출 Tip Ⓐ-1

사실혼 관계에서 발생하는 효력과 발생하지 않는 효력

발생하는 효력	동거·부양·협조의 의무, 일상 가사 대리권 등
발생하지 않는 효력	친족 관계, 상속권 등

기출 Tip Ⓐ-2

성년 의제의 효과

성년 의제된 미성년자는 부모의 동의 없이도 부동산 거래 등 단독으로 완전하고 유효한 법률 행위를 할 수 있고, 자신의 자녀에 대해 친권을 행사할 수 있다.

- 단, 「청소년 보호법」상 술, 담배의 구매가 금지된다.

기출 Tip Ⓑ-1

이혼 숙려 제도

협의 이혼에서 이혼을 신중하게 결정할 수 있도록 일정 기간(양육할 자녀가 있을 때는 3개월, 자녀가 없을 때는 1개월) 생각할 시간을 가지게 하는 것

재판상 이혼 사유

- 배우자가 부정한 행위를 했을 때
- 배우자가 악의로 다른 일방을 유기한 때
- 배우자 또는 그 직계 존속으로부터 심히 부당한 대우를 받은 때
- 자기의 직계 존속이 배우자로부터 심히 부당한 대우를 받은 때
- 배우자의 생사가 3년 이상 분명하지 않은 때
- 기타 혼인을 계속하기 어려운 중대한 사유가 있을 때

기출 Tip Ⓑ-2

갑과 을에게 효력이 발생한 이혼의 유형

갑의 이혼 청구 소송 제기 이후 법원의 이혼 판결 확정 ➜ 법원의 판결로써 강제로 이루어지는 이혼 ➜ 재판상 이혼

C 친자 관계와 친권

1 친자 관계 부모와 자녀 간의 법률관계 → 혈연 또는 입양을 통해 형성됨

친생자	부모와 혈연관계가 있는 자녀 → 혼인 중의 출생자는 출생한 때부터 친자 관계 발생, 혼인 외의 출생자는 인지 절차를 통해 친자 관계 인정 (• 생부 또는 생모가 자신의 자녀임을 인정함으로써 법률상의 친자 관계를 형성하는 것)
양자	• 양자: 혈연관계는 없으나 입양을 통해 친자 관계가 형성된 자녀 → 양부모의 친생자와 같은 지위를 가짐 • 친양자: 가정 법원에 친양자 입양을 청구하여 판결을 통해 친양자 입양이 확정되면 양부모의 혼인 중 출생자로 간주됨 → 양부모의 성과 본을 따름

2 친권

• 자녀에 대한 부모의 권리보다 보호와 양육의 의무로서의 성격이 강하다.

의미	부모가 미성년 자녀에 대해 갖는 신분·재산상의 여러 권리와 의무
내용	자녀의 재산 관리권, 법률 행위의 동의·대리권, 거소 지정권 등
행사	• 부모가 공동으로 행사하는 것이 원칙이며, 이혼 시 친권 행사자를 지정함 • 부 또는 모가 친권을 남용하거나 중대한 사유가 있을 때 가정 법원이 친권 상실을 선고할 수 있음

• 부모 중 한쪽이 친권을 행사할 수 없는 경우에는 다른 한쪽이 행사한다.

• 부모가 협의하여 친권자를 지정하되, 협의가 되지 않을 때는 가정 법원에서 친권자를 지정한다.

D 유언과 상속

1 유언 사망한 때 효력이 발생하며, 법에 정한 형식을 갖추어야 함(요식주의) → 유언의 방법에는 자필 증서, 녹음, 공정 증서, 비밀 증서, 구수 증서에 의한 유언이 있음

• 유언자가 자필로 유언의 전문, 주소, 내용, 이름 등을 정확히 기재한 후 반드시 날인해야 한다.

2 상속 피상속인이 사망함으로써 그가 남긴 재산상 법률관계가 상속인에게 승계되는 것

유언 상속	법적으로 유효한 유언이 있을 경우 유류분을 제외하고 상속이 개시됨
법정 상속	• 피상속인이 유언을 남기지 않은 경우에는 법률에서 정한 방식에 따라 법정 상속이 이루어짐 • 상속 순위: 배우자와 직계 비속(1순위) – 배우자와 직계 존속(2순위) – 형제자매(3순위) – 4촌 이내의 방계 혈족(4순위) 순임 → 상속분은 상속자 간에 균등 분할하되, 배우자는 공동 상속인의 상속분에 50%를 가산하여 상속을 받음

유언을 따르되 일정 범위 법정 상속인의 상속 재산 중 일정 비율을 법적으로 보장해 주는 제도 •

3 상속 빈출자료 Link • 411-412번 문제

(상속의 개시)

갑은 법률혼 관계인 배우자 을, 그리고 두 사람 사이에서 태어난 병, 혼인 후 입양한 정(17세)과 함께 살고 있다. 갑의 부모님 두 분은 다른 지역에 살고 계신다. 그러던 어느 날 갑을 찾아온 무는 자신이 갑의 친생자라고 밝혔고, 이후 갑은 교통사고로 사망하였다.

기출 Tip C-1

입양과 친족 관계

일반 입양된 경우에는 친생부모와의 친족 관계가 소멸하지 않지만, 친양자로 입양된 경우에는 친생부모와의 친족 관계가 종료된다.

기출 Tip D-2

상속의 대상

상속 시에는 피상속인의 채무도 함께 상속되며, 민법에서는 상속인이 상속받을 재산과 채무를 확인한 후 상속 방법을 선택할 수 있도록 하고 있다.

직계 비속과 직계 존속

직계 비속	자기를 기준으로 수직으로 아래로 내려가는 혈족 예 자녀, 손자녀 등
직계 존속	자기를 기준으로 수직으로 위로 올라가는 혈족 예 부모, 조부모 등

기출 Tip D-3

갑의 법정 상속인 판단

갑(피상속인)이 법적으로 유효한 유언을 남긴 경우 유언 상속이 개시되며, 유언을 남기지 않은 경우 법정 상속이 개시됨 → 갑의 배우자인 을과 직계 비속인 병, 정이 공동으로 1순위 법정 상속자이며, 무는 인지 절차를 거친 경우에 한하여 법정 상속인이 될 수 있음

개념 확인 문제

정답과 해설 39쪽

378 다음 설명이 맞으면 ○표, 틀리면 ×표를 하시오.

(1) 당사자 중 일방의 혼인 의사만 있어도 혼인은 성립된다. ( )

(2) 법률혼주의에 따라 혼인 신고를 해야만 법적 부부로 인정된다. ( )

(3) 혼인을 통해 부부 상호 간에 일상 가사에 대한 대리권이 발생한다. ( )

379 이혼의 유형과 그 특징을 옳게 연결하시오.

(1) 협의 이혼 • 　　• ㉠ 당사자 간의 합의로 이루어지는 이혼

(2) 재판상 이혼 • 　　• ㉡ 법원의 판결로써 강제로 이루어지는 이혼

380 (㉠ 　　　)는 부모와 혈연관계가 있는 자녀를 말하며, (㉡ 　　　)는 혈연관계는 없으나 입양을 통해 친자 관계가 형성된 자녀를 말한다.

381 다음 괄호 안의 내용 중 알맞은 말에 ○표를 하시오.

(1) 친양자는 (양부모, 친생부모)의 성과 본을 따른다.

(2) 친권 남용 시 (가정, 행정) 법원이 친권 상실을 선고할 수 있다.

(3) 법정 상속의 경우 1순위 상속자는 배우자와 직계 (비속, 존속)이다.

A 혼인

382 하 중 상

••서술형

다음 글을 읽고 물음에 답하시오.

> 혼인이란 남녀가 부부가 되는 일로, 법적으로는 일종의 계약에 해당한다. 혼인은 개인적인 사건임과 동시에 사회적으로도 의미 있는 행위이기 때문에 적법하고 유효한 혼인으로 인정받기 위해서는 ㉠ 실질적 요건과 법률혼 관계로 인정받을 수 있는 ㉡ 형식적 요건을 갖추어야 한다.

(1) ㉠에 해당하는 요건 네 가지를 서술하시오.

(2) ㉡에 해당하는 요건에 대해 서술하시오.

383 하 중 상

혼인의 성립 요건에 대한 옳은 설명만을 <보기>에서 있는 대로 고른 것은?

> 〈 보기 〉
> ㄱ. 배우자가 있는 사람은 혼인할 수 없다.
> ㄴ. 18세인 미성년자는 부모의 동의가 있더라도 혼인할 수 없다.
> ㄷ. 혼인의 형식적 요건이 갖추어져야만 법률혼의 효력이 생긴다.
> ㄹ. 당사자 간에 혼인의 합의가 없는 때에는 혼인이 성립되지 않는다.

① ㄱ, ㄴ ② ㄱ, ㄷ ③ ㄴ, ㄹ
④ ㄱ, ㄷ, ㄹ ⑤ ㄴ, ㄷ, ㄹ

384 하 중 상

(가)에 들어갈 답변으로 적절하지 않은 것은?

① 부부간에 일상 가사에 관한 대리권이 발생해.
② 생계를 같이하는 친족에 대한 부양의 의무를 지니게 돼.
③ 부부가 혼인 전 각자 형성한 재산이 부부의 공유 재산이 돼.
④ 부부가 원칙적으로 서로 부양하고 협조해야 할 의무를 지니게 돼.
⑤ 부부는 배우자의 지위를 갖게 되며, 배우자의 가족과 인척 관계가 형성돼.

385 하 중 상

••서술형

㉠에 들어갈 용어를 쓰고, 그 효력을 서술하시오.

> 민법 제826조의 2에 따르면 미성년자라도 혼인을 한 때에는 성년으로 인정해 주는데, 이것을 (㉠)(이)라고 한다.

386 하 중 상

표의 (가)~(라) 중 혼인이 가능한 경우만을 고른 것은? (단, A, C, E, G는 남자이고, B, D, F, H는 여자이며, 혼인의 형식적 요건은 고려하지 않는다.)

(가)	A(20세)와 B(20세)는 서로 사랑하는 사이이다. 양가 부모님은 A와 B가 너무 어리다는 이유로 결혼을 반대하지만 부모님의 만류에도 불구하고 둘은 결혼하려 한다.
(나)	C(19세)와 D(18세)는 중학교 때 만나 서로에게 긍정적인 영향을 주며 사귀어 왔다. 둘을 좋게 여기신 D의 부모님도 둘의 결혼을 허락하였고, 둘은 곧 결혼하려 한다.
(다)	E(22세)는 F(29세)에게서 1천만 원을 빌리면서 2년 안에 갚지 못하면 F와 결혼하기로 약속했다. 약속된 기간에 빚을 다 갚지 못한 E는 원치 않지만 F와 결혼하려 한다.
(라)	G(30세)와 H(30세)는 5년의 긴 연애 끝에 결혼하기 위해 양가 부모님께 인사를 드리러 갔다가 둘이 6촌 사이임을 알게 되었다. 하지만 오랜 기간 만났기 때문에 둘은 결혼하려 한다.

① (가), (나) ② (가), (다) ③ (나), (다)
④ (나), (라) ⑤ (다), (라)

387 하중상

혼인의 유형 (가), (나)에 대한 옳은 설명만을 〈보기〉에서 있는 대로 고른 것은?

> (가) 혼인의 실질적 요건과 형식적 요건을 모두 갖춘 혼인
> (나) 혼인의 실질적 요건은 갖추었으나 형식적 요건을 갖추지 못한 혼인

〈 보기 〉
ㄱ. (가)의 경우 배우자의 재산 상속권이 발생한다.
ㄴ. 18세인 미성년자가 부모의 동의를 얻어 법적으로 유효한 (가)를 하면 성년으로 의제되어 민법상 행위 능력이 인정된다.
ㄷ. (나)의 경우 부부간 동거·협조·부양의 의무가 발생하지 않는다.
ㄹ. (가), (나) 모두 부부간 일상 가사에 대한 대리권이 발생한다.

① ㄱ, ㄴ　② ㄱ, ㄷ　③ ㄷ, ㄹ
④ ㄱ, ㄴ, ㄹ　⑤ ㄴ, ㄷ, ㄹ

388 하중상

(가)에 들어갈 내용으로 가장 적절한 것은?

> • Q: 제가 교통사고로 입원해 있는 사이에 아내가 저의 동의 없이 딸의 대학 등록금을 마련하기 위해 을에게서 돈을 빌린 모양입니다. 갑이 저에게 돈을 갚으라고 요구하고 있는데요, 제가 갚아야 하나요?
> • A: 네, ＿＿＿(가)＿＿＿ 부부가 함께 갚아야 할 법적 책임이 있습니다.

① 자녀 학비는 부부 별산제가 적용되므로
② 부모는 자녀에 대한 친권을 갖고 있으므로
③ 부부간 일상 가사로 인한 채무에 해당하므로
④ 돈을 빌릴 당시 아내는 의사 능력이 있었으므로
⑤ 혼인 중 취득한 재산은 부부의 공유 재산으로 인정하므로

389 하중상

(가), (나) 사례에 대한 법적 판단으로 옳지 않은 것은? (단, (가), (나) 모두 혼인의 실질적 요건을 갖추었다고 전제한다.)

> (가) 18세의 갑과 을은 양가 부모의 허락을 받아 결혼식을 올리고 혼인 신고를 마쳤다.
> (나) 30세의 병과 정은 부모의 반대를 무릅쓰고 결혼식을 올렸으며 혼인 신고를 마쳤다.

① 갑과 을은 성년으로 의제된다.
② 갑과 을은 이혼하여 혼인 관계가 해소되더라도 민법상 성년자로 인정된다.
③ 병과 정 사이에는 상속권이 발생한다.
④ (가)와 달리 (나)는 법률혼으로 인정받지 못한다.
⑤ (가), (나) 모두 혼인의 형식적 요건을 갖추었다.

390 하중상

(가), (나) 사례에 대한 옳은 법적 판단을 〈보기〉에서 고른 것은?

> (가) 갑과 을은 각각 21세의 여성과 남성으로서 결혼식을 올리고 신혼여행을 다녀왔으나, 아직 혼인 신고를 하지 않고 함께 살고 있다.
> (나) 병과 정은 각각 18세의 여성과 남성으로서 양가 부모의 동의를 얻어 혼인하여 함께 살고 있다.

〈 보기 〉
ㄱ. (가)에서 갑과 을은 일상 가사에 대한 연대 책임을 진다.
ㄴ. (가)에서 갑과 을의 혼인 관계에서는 법적 의무와 권리가 전혀 발생하지 않는다.
ㄷ. (나)에서 혼인 신고를 하였어도 병과 정은 법률상 부부라고 할 수 없다.
ㄹ. (나)에서 혼인 신고를 하였다면 병과 정은 단독으로 유효한 법률 행위를 할 수 있다.

① ㄱ, ㄴ　② ㄱ, ㄹ　③ ㄴ, ㄷ
④ ㄴ, ㄹ　⑤ ㄷ, ㄹ

IV

391 하 중 상

그림의 (가)~(다)에 해당하는 사례를 〈보기〉에서 골라 옳게 연결한 것은?

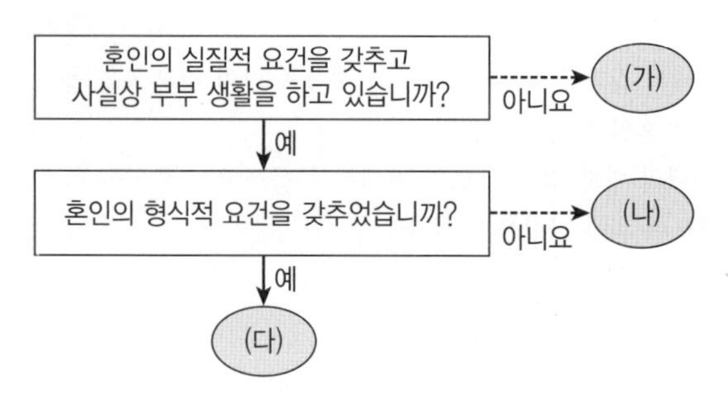

〈 보기 〉

ㄱ. 고등학생(18세)인 A와 B는 양가 부모의 동의를 얻어 결혼식을 했고 혼인 신고를 마쳤다.
ㄴ. C(25세)는 직장 동료인 D(27세)에게 청혼을 거절당하였음에도 D 몰래 혼인 신고를 하였다.
ㄷ. E(40세)와 F(41세)는 결혼식을 치르고 10년간 동거하였으나 아직 혼인 신고를 하지 않았다.

	(가)	(나)	(다)
①	ㄱ	ㄴ	ㄷ
②	ㄱ	ㄷ	ㄴ
③	ㄴ	ㄱ	ㄷ
④	ㄴ	ㄷ	ㄱ
⑤	ㄷ	ㄴ	ㄱ

B 이혼

392 하 중 상

다음은 이혼에 대한 설명이다. 밑줄 친 ㉠~㉤ 중 옳은 것은?

협의 이혼은 이혼에 대한 당사자 간의 ㉠ 자율적인 합의에 의해 이루어지는 이혼이다. 협의 이혼은 경솔한 이혼과 그에 따른 폐해를 막기 위해 원칙적으로 ㉡ 양육할 자녀가 있는 때에는 6개월, ㉢ 그렇지 않은 때에는 3개월의 이혼 숙려 기간을 거친다. 이후 ㉣ 행정 기관의 이혼 의사 확인을 받고, 이혼 신고를 하면 이혼의 효력이 발생한다. 재판상 이혼은 법이 정한 사유에 해당하는 경우 법원의 판결에 의하여 혼인 관계를 해소하는 이혼이다. 소송 전에 ㉤ 검찰의 이혼 조정 절차를 거치도록 하고 있는데, 조정이 성립하면 확정 판결과 같은 효력이 인정된다. 만약 조정에 실패한 때에는 소송이 진행되며, 소송을 통해 이혼 판결이 확정되면 이혼의 효력이 발생한다.

① ㉠ ② ㉡ ③ ㉢ ④ ㉣ ⑤ ㉤

393 하 중 상

표는 이혼의 유형 (가), (나)를 구분한 것이다. 이에 대한 옳은 설명만을 〈보기〉에서 있는 대로 고른 것은?

구분	진행 절차
(가)	이혼 청구 → 이혼 조정 → 이혼 소송 → 판결 → 이혼 신고
(나)	이혼 의사 확인 신청 → 이혼 숙려 기간 → 법원의 이혼 의사 확인 → 이혼 신고

〈 보기 〉

ㄱ. (가)에서 소송 전에 이혼 조정에 합의할 경우 이혼 확정 판결과 동일한 효력이 발생한다.
ㄴ. (나)에서 이혼 숙려 기간은 양육할 자녀가 있는 경우 3개월이 주어진다.
ㄷ. (가)는 (나)와 달리 당사자 간 합의가 있는 경우에만 이루어진다.
ㄹ. (나)는 (가)와 달리 이혼에 책임이 있는 당사자는 재산 분할 청구권을 행사할 수 없다.

① ㄱ, ㄴ ② ㄱ, ㄷ ③ ㄴ, ㄹ
④ ㄱ, ㄴ, ㄹ ⑤ ㄴ, ㄷ, ㄹ

394 하 중 상

밑줄 친 ㉠~㉤에 대한 법적 판단으로 옳지 않은 것은?

갑은 을과 혼인 신고를 하고 혼인 생활을 계속 유지해 오다가 ㉠ 을의 부정한 행위를 이유로 이혼을 하고자 한다. 갑은 을과 ㉡ 협의 이혼을 하려고 하는데, 만약 을이 이혼에 대해 합의해 주지 않으면 ㉢ 다른 방법으로 이혼을 하려고 한다. 갑과 을에게는 ㉣ 유치원에 다니는 자녀가 있으며, ㉤ 혼인 중에 형성된 공동의 재산으로는 갑의 명의로 된 집이 한 채 있다.

① ㉠은 재판상 이혼의 사유에 해당한다.
② ㉡의 경우에는 유책 배우자에게 위자료를 청구할 수 없다.
③ ㉢은 법원을 거치지 않고서는 혼인 관계를 해소할 수 없다.
④ ㉤은 재산 분할 청구의 대상이 될 수 있다.
⑤ ㉣이 있음을 이유로 ㉡의 경우에는 3개월의 이혼 숙려 기간을 거쳐야 한다.

395 하 중 상

그림은 이혼의 유형 A, B를 구분한 것이다. 이에 대한 옳은 설명을 〈보기〉에서 고른 것은?

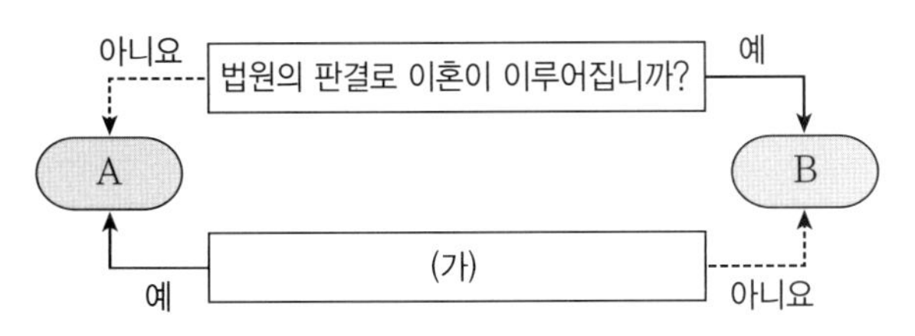

〈 보기 〉

ㄱ. A는 이혼의 사유에 제한이 없다.
ㄴ. B는 이혼 신고를 해야 이혼의 효력이 발생한다.
ㄷ. A와 B 모두 양육하지 않는 미성년 자녀에 대한 면접 교섭권이 인정된다.
ㄹ. (가)에는 '이혼 숙려 기간이 없습니까?'가 들어갈 수 있다.

① ㄱ, ㄴ ② ㄱ, ㄷ ③ ㄴ, ㄷ
④ ㄴ, ㄹ ⑤ ㄷ, ㄹ

396 하 중 상

(가)~(다) 사례에 대한 설명으로 옳지 않은 것은? (단, A~F는 모두 19세 이상의 성인이다.)

(가) A와 B는 동거를 하고 있지만 결혼할 생각은 없다.
(나) C는 D와 결혼식을 올린 후 혼인 신고를 끝마치고 함께 살고 있다.
(다) E는 F와 결혼식을 하였지만 바빠서 아직 혼인 신고를 하지 않았다.

① (가)는 혼인의 실질적 요건을 갖추었다.
② (나)는 혼인의 형식적 요건을 갖추었다.
③ (나)에서 C가 사망할 경우 D는 법정 상속권을 가진다.
④ (다)에서 결혼식 이후에 태어난 자녀는 혼인 외의 출생자이다.
⑤ (가), (다)와 달리 (나)에서는 일정한 친족 관계가 형성된다.

397-398 빈출자료

다음 사례를 읽고 물음에 답하시오.

갑은 배우자 을이 도박에 빠져 ㉠ 자녀(9세)의 양육을 등한시하고 생활비를 주지 않는 등 가정생활이 파탄되어 이혼을 요구하였다. 갑과 을은 이혼에 합의하여 ㉡ 법원에 이혼 의사 확인 신청을 하였으나 ㉢ 이혼 숙려 기간 중에 이혼을 다시 생각해 보기로 하였다. 그러나 1년 후 을이 예전과 같이 가정에 소홀한 모습을 보이자 갑은 ㉣ 법원에 이혼 청구 소송을 제기하였고, 법원의 ㉤ 이혼 판결이 확정되었다.

397 하 중 상

위 사례에 대한 법적 판단으로 옳은 것은?

① 이혼 판결 후 법원에 이혼 신고를 한 경우에만 이혼의 효력이 발생한다.
② 갑과 을 두 사람 중 자녀 양육권을 갖지 못한 사람에게 면접 교섭권이 발생한다.
③ 을은 이혼에 책임이 있는 유책 배우자로서 재산 분할 청구권을 행사하지 못한다.
④ 갑과 을은 미성년 자녀가 있으므로 이혼 판결 후 3개월의 이혼 숙려 기간을 갖게 된다.
⑤ 갑은 일상 가사 대리를 이유로 결혼 생활 중 발생한 을의 도박 빚에 대해 연대 책임을 져야 한다.

빈출
398 하 중 상

밑줄 친 ㉠~㉤에 대한 옳은 설명을 〈보기〉에서 고른 것은?

〈 보기 〉

ㄱ. ㉣은 당사자 간 합의를 전제로 진행되는 절차이다.
ㄴ. ㉤은 을의 행위가 법에 규정된 이혼 사유에 해당했기 때문에 내려진 결과이다.
ㄷ. ㉢은 갑과 을에게 ㉠이 있음을 이유로 3개월이 주어진다.
ㄹ. ㉡에 의해 진행되는 이혼과 ㉣에 의해 진행되는 이혼은 모두 이혼 신고를 한 때에 이혼의 효력이 발생한다.

① ㄱ, ㄴ ② ㄱ, ㄷ ③ ㄴ, ㄷ
④ ㄴ, ㄹ ⑤ ㄷ, ㄹ

399 하/중/상

(가), (나)와 관계 깊은 이혼의 유형에 대한 옳은 설명만을 〈보기〉에서 있는 대로 고른 것은?

(가) 갑은 을과 혼인 신고를 마치고, 1명의 자녀도 낳았다. 그런데 을은 독선적인 인식을 가지고 있어서 혼인 후 갑을 천대하면서 복종을 강요하였고, 지속적으로 갑을 억압해 왔다. 또한 을은 경제권을 갖고도 생활 유지에 필요한 돈을 갑에게 지급하지 않았다. 더 이상 참을 수 없었던 갑은 법원에 이혼 소송을 제기하였다.

(나) 병은 군복무 중이던 정과 혼인 신고를 하고 아이도 1명 낳았다. 병은 정이 제대할 때까지 부업을 하면서 생활비를 마련하였다. 제대한 정은 곧바로 일본으로 유학을 떠나 자연스럽게 유학 기간 별거하게 되었다. 근근이 생활비를 마련하며 살던 병은 결혼 생활을 유지하기 어렵다고 판단하였고, 이에 병과 정은 합의하여 법원에 이혼 의사 확인 신청서를 제출하였다.

〈 보기 〉

ㄱ. (가)는 (나)와 달리 이혼의 효력이 이혼 신고 시 발생한다.
ㄴ. (나)는 (가)와 달리 원칙적으로 이혼 숙려 기간을 거쳐야만 이혼할 수 있다.
ㄷ. (가)와 (나) 모두 이혼할 경우 일반적으로 자녀를 양육하지 않는 부모 일방은 면접 교섭권을 가지게 된다.
ㄹ. (가)와 (나) 모두 이혼할 경우 각각의 이혼에 책임이 있는 배우자들도 혼인 생활 중 취득한 부부 고유의 재산에 대해 분할 청구권을 갖는다.

① ㄱ, ㄴ ② ㄱ, ㄷ ③ ㄷ, ㄹ
④ ㄱ, ㄴ, ㄹ ⑤ ㄴ, ㄷ, ㄹ

400 하/중/상

표는 갑, 을의 혼인 관계에 대한 내용을 정리한 것이다. 이를 통해 알 수 있는 갑, 을의 법률관계에 대한 분석으로 옳지 않은 것은?

2000년 1월	갑과 을은 혼인하기로 합의하고 혼인 신고를 함
2002년 6월	갑은 을의 출산일이 다가오자 태아를 위해 20만 원 상당의 유모차를 구입함
2002년 8월	갑과 을 사이에서 딸 병이 태어남
2015년 7월	을이 도박에 빠지는 등 가정을 소홀히 하여 갑은 소송을 통해 혼인 관계를 해소하였고, 병은 갑이 양육하기로 함

① 갑과 을은 법률혼 관계였다.
② 갑과 을 사이에 재판상 이혼이 진행되었다.
③ 갑의 유모차 구매 행위에 대해 을은 연대 책임을 지지 않는다.
④ 갑, 을 모두 혼인 중 공동으로 마련한 재산에 대해 재산 분할을 청구할 수 있다.
⑤ 을에게는 병에 대한 면접 교섭권이 발생한다.

C 친자 관계와 친권

401 하/중/상

밑줄 친 '이것'에 대한 옳은 설명만을 〈보기〉에서 있는 대로 고른 것은?

이것은 부모가 미성년 자녀에 대해 갖는 신분·재산상의 여러 권리와 의무를 의미하며, 자녀의 복리 보호를 목적으로 한다.

〈 보기 〉

ㄱ. 부모가 공동으로 행사하는 것이 원칙이다.
ㄴ. 오늘날 의무보다 권리로서의 성격이 더 강하다.
ㄷ. 자녀의 재산 관리권, 거소 지정권 등을 내용으로 한다.
ㄹ. 부모가 남용할 경우 가정 법원의 선고에 의해 상실될 수 있다.

① ㄱ, ㄴ ② ㄱ, ㄹ ③ ㄴ, ㄷ
④ ㄱ, ㄷ, ㄹ ⑤ ㄴ, ㄷ, ㄹ

402 하/중/상

밑줄 친 ㉠~㉤에 대한 옳은 설명만을 〈보기〉에서 있는 대로 고른 것은?

갑과 을은 혼인 신고를 하지 않고 함께 살다가 아들 A를 낳았다. 이들은 5년 후에 ㉠ 성격 차이로 심하게 다툰 후 ㉡ 헤어졌다. 갑은 A를 키우며 살다가 작년에 병과 ㉢ 결혼식을 올리고 ㉣ 혼인 신고까지 마쳤다. 이후 병은 A를 ㉤ 친양자로 입양하였다.

〈 보기 〉

ㄱ. ㉠은 민법에서 정한 재판상 이혼 사유에 해당한다.
ㄴ. 갑과 을은 ㉡을 이유로 하여 이혼 숙려 기간을 거치지는 않는다.
ㄷ. ㉤에 의해 A는 갑과 병의 혼인 중 출생자로 간주된다.
ㄹ. ㉢은 혼인의 실질적 요건, ㉣은 혼인의 형식적 요건에 해당한다.

① ㄱ, ㄴ ② ㄴ, ㄷ ③ ㄷ, ㄹ
④ ㄱ, ㄴ, ㄹ ⑤ ㄴ, ㄷ, ㄹ

403 하중상

밑줄 친 ㉠~㉣에 대한 설명으로 옳지 않은 것은?

> 친자 관계는 부모와 자녀 간의 법률관계를 말하는데, 크게 친생자와 양자로 구분할 수 있다. 친생자의 경우 법률혼 관계에서 출생한 자녀는 ㉠ 혼인 중의 출생자이고, 법률혼 관계가 아닌 남녀 사이에서 태어난 자녀는 ㉡ 혼인 외의 출생자이다. 양자는 ㉢ 일반 입양에 의한 양자와 ㉣ 친양자로 구분한다.

① ㉠, ㉡은 모두 부모와 혈연관계가 있는 자녀에 해당한다.
② ㉣은 친생부모와의 친족 관계가 종료된다.
③ 법원의 ㉣ 입양이 확정되면 양부모의 ㉠으로 간주된다.
④ ㉢과 ㉣의 법정 상속분은 같다.
⑤ ㉢과 ㉣은 모두 양부모의 성과 본을 따른다.

404 하중상

A~D에 대한 옳은 설명을 〈보기〉에서 고른 것은?

> 부모와 혈연관계에 있는 자녀는 A라고 한다. A는 B와 C로 구분한다. B는 법률혼 관계에서 출생한 자녀를 의미하고, C는 법률혼이 아닌 관계에서 출생한 자녀를 의미한다. 한편, 입양한 자녀는 D라고 한다. D는 입양된 때부터 양부모의 A와 동일한 지위를 가지게 되며, 입양이 된 이후에도 친생부모의 성과 본을 따른다.

〈 보기 〉
ㄱ. A는 '친양자'이다.
ㄴ. 부모는 B에 대해 재산 관리권을 가질 수 있다.
ㄷ. B의 경우 C와 달리 인지 절차를 거쳐 A로 인정받을 수 있다.
ㄹ. D의 경우 일반 입양되었다면 입양 전 친족 관계가 그대로 유지된다.

① ㄱ, ㄴ ② ㄱ, ㄷ ③ ㄴ, ㄷ
④ ㄴ, ㄹ ⑤ ㄷ, ㄹ

405 하중상

표는 친자 관계 (가)~(다)를 구분한 것이다. 이에 대한 설명으로 옳은 것은? (단, (가)~(다)는 각각 친생자, 친양자, 일반 입양에 의한 양자 중 하나이다.)

질문	(가)	(나)	(다)
혈연관계입니까?	예	아니요	아니요
양부모의 성과 본을 따르게 됩니까?	아니요	예	아니요

① (가)는 인지 절차를 거쳐야만 친자 관계가 형성된다.
② (나)는 양부모의 혼인 외의 출생자의 지위를 갖는다.
③ (나)는 (다)와 달리 양부모의 재산에 대한 상속권을 갖는다.
④ (나)와 달리 (다)를 입양하려는 자는 법원에 청구하여야 한다.
⑤ (다)는 (나)와 달리 입양 전의 친족 관계가 유지된다.

D 유언과 상속

406 하중상

다음 내용에서 설명하는 유언의 방식으로 옳은 것은?

> • 반드시 자신이 직접 작성해야 한다.
> • 유언의 전문(全文), 주소, 내용, 이름 등을 정확히 기재한 후 반드시 날인해야 한다.
> • 증인을 필요로 하지 않는다.

① 공정 증서 유언 ② 구수 증서 유언
③ 비밀 증서 유언 ④ 자필 증서 유언
⑤ 녹음에 의한 유언

빈출 407 하중상 ••서술형

우리나라 민법에서 제시하고 있는 법정 상속 순위를 〈작성 요령〉에 맞게 서술하시오. (단, 4순위까지 서술하며, 배우자의 상속은 제외한다.)

〈 작성 요령 〉
'1순위는 …, 2순위는 …, 3순위는 …, 4순위는 …이다.'의 형식으로 작성한다.

408 하중상

다음 사례에 대한 옳은 분석을 〈보기〉에서 고른 것은?

> A는 최근 교통사고로 유언 없이 사망하였다. 전 부인인 B와는 2년 전에 협의 이혼하였고, 이후 현재의 부인 C와 결혼하였다. 사망 당시 A의 가족 관계는 다음과 같으며, 재산은 9억 원이다.
>
> 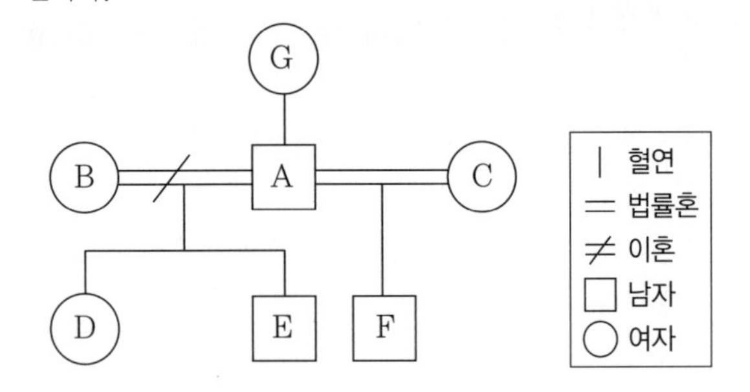
>

〈 보기 〉
ㄱ. C는 3억 원을 상속받는다.
ㄴ. B와 C가 공동 상속인이 된다.
ㄷ. D, E, F의 상속분은 모두 같다.
ㄹ. C가 상속을 포기할 경우 G가 상속인이 된다.

① ㄱ, ㄴ ② ㄱ, ㄷ ③ ㄴ, ㄷ
④ ㄴ, ㄹ ⑤ ㄷ, ㄹ

409 하중상

다음 사례에 대한 법적 분석으로 옳은 것은?

> 서로 사랑한 갑과 을은 ㉠ 결혼식 후 병을 낳았다. 그러나 다툼이 잦았던 갑과 을은 ㉡ 협의 이혼을 하였고, 을이 병의 양육을 맡기로 하였다. 이후 갑은 정과 재혼(법률혼)하였으나 불의의 사고를 당해 사망하였다. 사망 당시 갑의 전 재산은 10억 원이었고, 갑은 유언을 남기지 않았다.

① ㉠으로 인해 갑과 을 사이에 친족 관계가 발생하였다.
② 갑과 을은 이혼 과정에서 법원의 이혼 의사 확인을 거쳤을 것이다.
③ 갑은 재혼을 이유로 병에 대한 면접 교섭권을 상실한다.
④ 병은 갑의 재산을 상속받을 수 없다.
⑤ 을은 정과 달리 갑의 재산을 상속받을 수 있다.

410 하중상 ••서술형

다음 사례를 읽고 물음에 답하시오.

> 갑은 교통사고를 당하여 현장에서 사망하였다. 갑은 갑작스럽게 사망한 관계로 유언을 남기지 못했다. 유족으로는 법률혼 배우자인 아내 을과 두 자녀(병, 정)가 있고, 어머니인 무가 있다. 갑의 재산은 14억 원이고 빚은 없다.

(1) 위 사례에서 갑의 법정 상속인을 모두 쓰시오.

(2) 갑의 법정 상속인들이 받게 될 법정 상속분을 금액으로 환산하여 각각 쓰시오.

411-412 빈출자료

다음 사례를 읽고 물음에 답하시오.

> 남편 갑은 법률혼 관계인 배우자 을, 그리고 두 사람 사이에서 태어난 병(10세), 혼인 후 입양한 정(17세)과 함께 살고 있다. 갑의 부모님 두 분은 다른 지역에 살고 계신다. 그러던 어느 날 갑을 찾아온 무는 자신이 갑의 친생자라고 밝혔고, 이후 갑은 교통사고로 사망하였다.

411 하중상

위 사례에 대한 법적 판단으로 옳지 않은 것은?

① 정이 친양자로 입양되었다면 친생부모의 재산을 상속받을 수 있다.
② 정이 친양자로 입양되었다면 가정 법원의 판결이 필요했을 것이다.
③ 갑과 을은 병뿐만 아니라 정에게도 친권을 행사했을 것이다.
④ 을은 병과 정을 보호할 의무를 갖는다.
⑤ 무는 병, 정과 달리 인지 절차를 거쳤을 경우에 한하여 갑의 재산을 상속받을 수 있다.

412 하중상

갑의 사망 이후 이루어질 상속에 대한 분석으로 옳은 것은? (단, 무는 인지 절차를 거치지 못하였다.)

① 갑에게 재산보다 채무가 더 많았더라도 재산만 상속된다.
② 법정 상속에 따라 을, 병, 정은 균등한 금액을 상속받게 된다.
③ 갑의 재산이 채무 없이 3억 5천만 원이라면, 정의 법정 상속분은 1억 원이다.
④ 법정 상속이 이루어지게 된다면 갑의 부모도 갑의 재산 일부를 상속받게 된다.
⑤ 갑이 사망 전에 컴퓨터로 작성하여 날인이 없는 유언을 남겼다면 그 유언대로 상속이 이루어진다.

413-414 빈출자료*

자료를 보고 물음에 답하시오.

〈 자료 1 〉

어려서 부모를 모두 여읜 갑은 을과 결혼식을 올린 후 유일한 혈육인 동생 병과 같이 살고 있었다. 얼마 전 갑은 "모든 재산 5억 원을 ○○ 재단에 기부한다."라는 내용의 유언장을 남기고 채무 없이 사망하였다. 갑은 을과의 사이에 자녀는 없다. 한편, 민법 1112조에서는 피상속인의 직계 비속과 배우자는 법정 상속분의 1/2, 피상속인의 직계 존속과 형제자매는 법정 상속분의 1/3의 유류분을 보장하도록 규정하고 있다.

〈 자료 2 〉

아래 그림은 위 상황에 따른 상속의 유형 A~C를 나타낸 것이다.

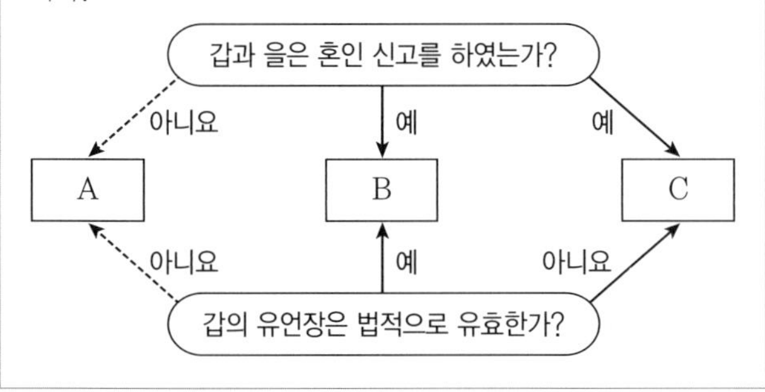

413 하중상

위 자료에 대한 옳은 법적 판단을 〈보기〉에서 고른 것은?

〈 보기 〉

ㄱ. A의 경우 병만 상속을 받을 수 있다.
ㄴ. 을은 A, C 모두 1순위 상속인이다.
ㄷ. 을은 A와 달리 C의 경우에 상속을 받을 수 있다.
ㄹ. 병은 C와 달리 B의 경우에는 상속을 받을 수 없다.

① ㄱ, ㄴ ② ㄱ, ㄷ ③ ㄴ, ㄷ
④ ㄴ, ㄹ ⑤ ㄷ, ㄹ

414 하중상

A~C에 대한 법적 판단으로 옳은 것은?

① A의 경우 을은 갑의 재산을 상속받을 수 있다.
② B의 경우 병은 ○○ 재단을 상대로 유류분에 대한 반환을 청구할 수 있다.
③ B의 경우 을은 병이 받게 될 상속액의 50%를 가산하여 상속받는다.
④ C의 경우 을의 상속액은 5억 원이다.
⑤ C와 달리 B의 경우 을의 상속액은 3억 5천만 원이다.

415 하중상

다음 사례에 대한 법적 판단으로 옳은 것은?

갑은 아내인 을과 결혼하여 함께 살고 있고, 자녀로 딸인 병과 아들인 정이 있다. 갑은 아들 정과 단둘이 고향에 있는 어머니 무를 방문하기 위해 나섰다가 교통사고를 당해 두 사람 모두 그 자리에서 죽음을 맞게 되었다. 갑작스러운 사고로 사망하였기 때문에 두 사람 모두 유언장이 없는 상태였다. 장례를 치르고 나서 갑의 남은 재산을 계산해 보니 7억 원이었고, 아들인 정의 재산은 따로 없었다. 조사를 통해 갑이 아들 정보다 먼저 사망하였다는 사실이 확인되었다.

① 을이 사실혼 배우자라면 병이 7억 원을 모두 상속받는다.
② 을이 사실혼 배우자라면 을은 2억 원을, 병은 2억 원을, 무는 3억 원을 상속받는다.
③ 을이 법률혼 배우자라면 병이 7억 원을 모두 상속받는다.
④ 을이 법률혼 배우자라면 을은 5억 원을, 병은 2억 원을 상속받는다.
⑤ 을이 법률혼 배우자라면 을은 3억 원을, 병은 2억 원을, 무는 2억 원을 상속받는다.

416 하중상

다음 사례에 대한 법적 판단으로 옳은 것은?

A는 B와 결혼하였고, 슬하에 미혼인 딸 C와 입양한 아들 D를 두었으며, 모친인 E를 모시고 살고 있었다. 어느 날 A는 등산 중 실족하여 사망하였다. 자수성가한 A는 자식들도 그러길 바라면서 자신의 모든 재산을 ○○ 대학에 기부한다는 내용으로 자필 유언장을 작성해 놓았다. 그런데 A의 사망 신고가 이루어진 후 생계의 위협을 받게 된 A의 가족들은 유류분권을 행사하려고 한다. 갑의 재산은 35억 원이고 채무는 없다. 한편, 민법에 따르면 피상속인의 직계 비속과 배우자는 법정 상속분의 1/2, 피상속인의 직계 존속과 형제자매는 법정 상속분의 1/3의 유류분을 보장받도록 규정하고 있다.

① 법정 상속만을 고려하면 B가 상속을 포기할 경우 C, D, E가 공동 상속인이 된다.
② 유언이 무효일 경우 B의 상속분은 20억 원이다.
③ 유언이 무효일 경우 C, D는 공동 상속인이 되고 C에게는 상속분의 50%가 가산된다.
④ 유언이 유효할 경우 B~E 중 C만 ○○ 대학에 유류분 반환을 청구할 수 있다.
⑤ 유언이 유효할 경우 C가 받게 되는 유류분과 D가 받게 되는 유류분의 액수는 같다.

417

자료에 대한 분석으로 옳은 것은?

상황: 갑은 1년 후에 원금과 이자를 갚기로 하고 을에게서 5백 만 원을 빌렸다.

> (가) 갑이 약속한 기간이 지나도록 원금은 물론 이자도 지급하지 않자 을은 갑에게 채무 불이행을 이유로 손해 배상을 청구하였다.
> (나) 을은 약속한 기간이 되어서야 갑이 처음부터 갚을 생각 없이 자신에게서 돈을 빌린 것을 알게 되었고, 수사 기관에 갑을 고소하였다.

법은 규율하는 생활 관계에 따라 크게 A와 B로 구분할 수 있다. (가)에서 갑이 을에게 채무 불이행을 지는 데 근거가 되는 법률은 A에 해당한다. 그러나 (나)에서 을의 행위가 범죄로 성립되는지에 대한 판단 근거가 되는 법률은 B에 해당한다.

① A는 B와 달리 죄형 법정주의를 원칙으로 한다.
② A는 B와 달리 개인 간에 체결되는 법률적 합의에 따른 권리와 의무 관계를 규율한다.
③ B는 A와 달리 사회 구성원들이 법을 위반하면 적용될 수 있는 재판 규범이다.
④ B는 A와 달리 사회를 구성하는 각 개인이 자유롭고 평등하다는 사상을 기반으로 한다.
⑤ A는 국민의 기본권을 규정하고, B는 재산 관계와 가족 관계 등 사적 법률관계 전반을 다룬다.

418

다음 대화에 대한 분석으로 옳은 것은?

갑: 개인의 재산권은 보호받아야 하는 것이 마땅합니다. 하지만, 도시의 무질서한 확장을 막고 자연환경과 생태계를 보호하기 위해서는 개발 제한 구역을 설정해야 합니다.
을: 개발 제한 구역 안에 땅을 소유하고 있는 사람들은 그 땅을 제대로 활용할 수도 없고 땅값도 떨어지는 등 직접적인 피해를 보고 있습니다. 따라서 개발 제한 구역 제도의 도입을 반대합니다.

① 갑은 소유권 절대의 원칙에 수정이 필요하다고 본다.
② 갑은 토지 소유자에게 무과실 책임이 있음을 강조한다.
③ 을은 사적 자치의 원칙이 오늘날에도 유효하다고 본다.
④ 갑은 을과 달리 소유권 공공복리의 원칙을 부정한다.
⑤ 갑, 을 모두 공익보다 사익이 중시되어야 한다고 본다.

419

그림은 근대 민법의 기본 원리를 구분한 것이다. (가)~(마)에 대한 옳은 설명만을 〈보기〉에서 있는 대로 고른 것은?

영역 \ 구분	기본 원리		수정·보완된 원리
계약 영역	(가)	➔	(나)
재산 영역	소유권 절대의 원칙	➔	(다)
책임 영역	(라)	➔	(마)

〈 보기 〉
ㄱ. (가)는 계약 공정의 원칙으로 불리기도 한다.
ㄴ. (다)에 따라 개인의 소유권 행사라도 공공복리를 위하여 필요한 경우에는 제한할 수 있다.
ㄷ. (라)는 자신의 고의나 과실에 따른 행위로 다른 사람의 권리를 침해하여 손해를 발생시킨 경우에만 책임을 진다는 원칙이다.
ㄹ. (나)는 (마)와 달리 자본주의 발달 과정에서 발생하는 사회 문제로부터 경제적 약자를 보호하기 위해 등장하였다.

① ㄱ, ㄴ　② ㄱ, ㄹ　③ ㄴ, ㄷ
④ ㄱ, ㄷ, ㄹ　⑤ ㄴ, ㄷ, ㄹ

420

(가)~(라)에 대한 옳은 설명을 〈보기〉에서 고른 것은?

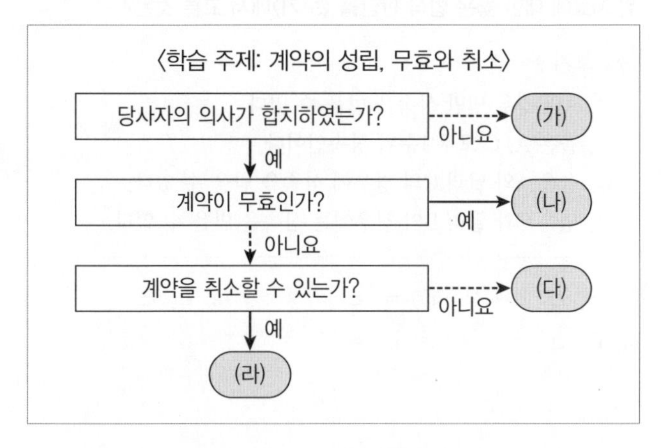

〈 보기 〉
ㄱ. 회사원인 갑(40세)이 중고 노트북은 판매하기로 약속하고 약속한 날짜가 지나도록 물건을 구매자에게 넘기지 않은 경우는 (가)에 해당한다.
ㄴ. 심각한 지적 장애를 가진 을(30세)이 중고 노트북 매매 계약서에 서명을 한 경우는 (나)에 해당할 수 있다.
ㄷ. 대학생인 병(22세)이 매매 계약서를 작성하지 않고 중고 노트북을 판매한 경우는 (다)에 해당한다.
ㄹ. 고등학생인 정(17세)이 법정 대리인의 동의를 받아 중고 노트북을 용돈으로 구입한 경우는 (라)에 해당한다.

① ㄱ, ㄴ　② ㄱ, ㄷ　③ ㄴ, ㄷ
④ ㄴ, ㄹ　⑤ ㄷ, ㄹ

421

다음 사례에 대한 법적 판단으로 옳지 않은 것은?

> 갑, 을, 병은 모두 17세이며, 법정 대리인의 동의 없이 각각 다음의 계약을 체결하였다. A, B, C는 모두 30세이다.
> • 갑은 A에게서 고가의 자전거를 구입했는데, A는 갑과 거래할 당시에는 갑이 미성년자임을 몰랐으나 다음날 알게 되었다.
> • 을은 B에게서 고가의 노트북을 구입했는데, B는 을이 미성년자임을 알고 있는 상태에서 거래하였다.
> • 병은 C에게서 고가의 핸드폰을 구입했는데, 병이 성인인 것처럼 주민등록증을 위조하여 제시하였고, C는 이것을 본 후 병이 성인인 것을 믿고 계약을 체결하였다.

① A는 갑의 법정 대리인에게 계약의 취소 여부를 확정해 줄 것을 촉구할 수 있다.
② A는 갑의 법정 대리인의 확답이 있기 전까지 계약 체결의 의사 표시를 철회할 수 있다.
③ 을은 법정 대리인의 동의를 얻어야만 자신이 미성년자임을 이유로 B와의 계약을 취소할 수 있다.
④ 병이 주민등록증을 위조한 속임수로 계약을 체결했으므로 병과 C의 계약은 유효하다.
⑤ 갑과 을은 자신의 계약을 취소할 수 있고, 병은 자신의 계약을 취소할 수 없다.

422

다음 사례에 대한 옳은 법적 판단을 〈보기〉에서 고른 것은?

> A의 아들인 갑(9세)은 평소 다른 사람과 다툼이 잦았다. 어느 날 갑은 게임방에서 B의 아들인 을(18세)과 게임을 하다 말다툼이 심해져 싸움을 하게 되었다. 을 역시 평소 행실이 불량하여 다툼이 잦았으나 B는 바쁘다는 이유로 감독에 소홀하였다. 게임방 주인 병이 이를 말리는 과정에서 갑의 주먹에 얼굴을 맞은 후, 곧바로 을이 휘두른 팔꿈치에 얼굴을 맞았다. 그 결과 치아가 부러진 병은 치료비 등 1천만 원을 청구하기 위해 소송을 준비하고 있다.

〈 보기 〉
ㄱ. A는 책임 무능력자의 감독자 책임을 질 수 있다.
ㄴ. B는 병에게 정신적 손해를 제외한 재산적 손해의 일부에 한하여 손해 배상의 책임이 있다.
ㄷ. A는 특수 불법 행위로, B는 일반 불법 행위로 책임을 질 수 있다.
ㄹ. 갑과 을은 병에 대해 공동 불법 행위자 책임을 지게 된다.

① ㄱ, ㄴ ② ㄱ, ㄷ ③ ㄴ, ㄷ
④ ㄴ, ㄹ ⑤ ㄷ, ㄹ

423

다음 사례에 대한 법적 판단으로 가장 적절한 것은?

> 카페 사장 갑은 건물주 을이 소유한 건물을 빌려 카페를 운영하고 있다. 그런데 지난 밤 강풍이 불어 유리창이 주차장에 있던 차 위로 떨어졌고 차량이 파손되었다. 이 일로 갑이 전화 통화를 하느라 카페를 제대로 살피지 못하던 중, 카페 직원 병이 뜨거운 커피를 나르다가 손님 정의 팔과 가방에 커피를 쏟는 일마저 일어났다.

① 갑은 공작물의 점유자 책임과 사용자의 배상 책임을 모두 지게 될 수 있다.
② 갑의 책임이 면제가 될 경우 을은 건물 관리에 소홀함이 없었음을 입증하면 차량 파손에 대한 책임을 지지 않는다.
③ 갑과 병은 정에게 공동 불법 행위자 책임을 진다.
④ 병이 미성년자일 경우, 병의 부모가 정에게 특수 불법 행위에 대한 책임을 질 수 있다.
⑤ 병이 퇴근 후 행인과 싸우다가 행인을 폭행했다면, 행인은 갑과 병 모두에게 손해 배상을 청구할 수 있다.

IV

424

표는 질문과 응답을 통해 불법 행위의 사례를 구분한 것이다. (가), (나)에 해당하는 사례를 〈보기〉에서 골라 옳게 연결한 것은?

질문	(가)	(나)
민법상 손해 배상 책임이 발생하는가?	예	예
자신의 가해 행위에 대한 책임인가?	예	아니요

〈 보기 〉
ㄱ. 갑은 아들(8세)에게 장난감 자동차를 사주었는데, 아들이 장난감을 창밖으로 던져 지나가던 중학생이 다쳤다.
ㄴ. 강아지를 데리고 나와 산책하던 을(45세)이 잠시 한눈을 판 사이에 강아지가 판매용으로 전시해 놓은 상점의 과일을 물어뜯었다.
ㄷ. 병(23세)은 친구와 배드민턴을 치다가 배드민턴장 밖으로 떨어지려는 공을 받아 치는 과정에서 지나가던 행인을 배드민턴 채로 쳐서 상해를 입혔다.
ㄹ. 직장인 정(33세)은 출근 시간에 늦어 평소보다 속도를 내어 운전하던 중 보행 신호가 켜져 급하게 정차하였고, 자전거를 끌면서 횡단보도를 건너던 보행자와 부딪혀 자전거가 고장 났다.

	(가)	(나)
①	ㄱ, ㄴ	ㄷ, ㄹ
②	ㄱ, ㄷ	ㄴ, ㄹ
③	ㄴ, ㄷ	ㄱ, ㄹ
④	ㄴ, ㄹ	ㄱ, ㄷ
⑤	ㄷ, ㄹ	ㄱ, ㄴ

425

다음 사례에 대한 법적 판단으로 옳은 것은?

> A는 ○○ 건물의 소유자인 B에게서 ○○ 건물의 일부를 임차하여 음식점을 운영하고 있다. 음식점에 방문한 C는 종업원 D에게 음식을 주문하면서, 자신은 새우 알레르기가 있으니 새우를 빼고 요리를 해 달라고 부탁하였다. 그런데 이를 귀찮게 여긴 D는 C의 요구를 주방장에게 전달하지 않았고, 이에 새우가 들어간 음식을 먹게 된 C는 알레르기 반응에 의해 성대가 훼손되었다. 이 사고로 성악가의 꿈을 포기하게 된 C는 자신의 처지를 비관하던 중, ○○ 건물에 방화를 하였다. 그런데 ○○ 건물의 화재경보기가 작동하지 않아 음식점 안에 있던 E가 중상을 입게 되었다.

① A와 D는 연대하여 C에게 채무 불이행 책임을 진다.
② C와 D 사이에 일반 불법 행위가 성립하지 않는 경우에는 A가 특수 불법 행위 책임을 진다.
③ A가 E에게 건물 점유자로서 특수 불법 행위 책임을 질 경우, 건물 소유자인 B는 특수 불법 행위 책임을 지지 않는다.
④ C가 B에게 건물에 대한 손해를 금전으로 모두 배상하였다면 E는 C에게 위자료를 청구할 수 없다.
⑤ D에게 불법 행위의 책임이 없다면 A와 B가 C에게 손해 배상을 하여야 한다.

426

그림은 공동생활 중인 남녀 A, B 간에 형성될 수 있는 법적 관계를 나타낸 것이다. 이에 대한 옳은 설명을 〈보기〉에서 고른 것은?

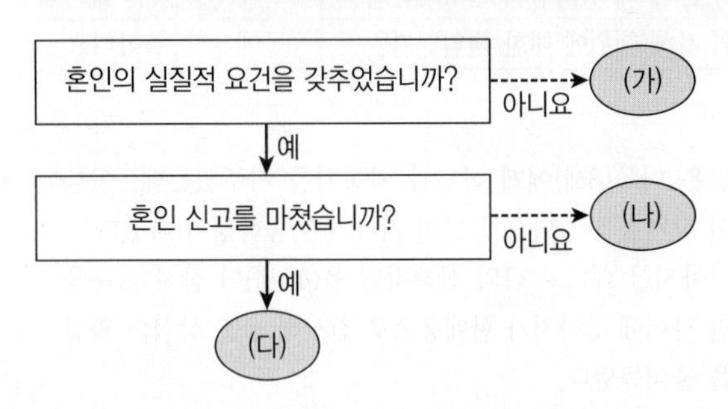

〈 보기 〉
ㄱ. (가)~(다) 모두 A, B 간에 친족 관계가 발생한다.
ㄴ. A가 18세인 경우 (가)~(다) 모두에서 성년으로 의제된다.
ㄷ. (가)는 (나)와 달리 A, B 간에 동거·협조·부양의 의무가 발생한다.
ㄹ. (나), (다)의 경우 A, B 간에 일상의 가사에 대한 대리권이 발생한다.
ㅁ. A나 B가 사망할 경우 (나)와 달리 (다)의 배우자는 법정 상속을 받을 수 있다.

① ㄱ, ㄴ ② ㄴ, ㄷ ③ ㄴ, ㅁ
④ ㄷ, ㄹ ⑤ ㄹ, ㅁ

427

자료에 대한 옳은 설명을 〈보기〉에서 고른 것은?

> • 교사: 이혼의 법적 효과에 대해 설명해 보세요.
> • 갑: 자녀를 직접 양육하지 않는 부 또는 모에 대해 자녀도 면접 교섭권을 갖습니다.
> • 을: 부부 중 어느 일방에게 이혼의 책임이 있을 때는 다른 상대방이 손해 배상을 청구할 수 있습니다.
> • 병: 이혼이 성립되면 부부 중 일방은 상대방에게 혼인 중 공동으로 마련한 재산에 대한 분할을 청구할 수 있습니다.
> • 정: ______(가)______
> • 교사: ___(나)___ 만 옳게 답했어요.

〈 보기 〉
ㄱ. (나)는 '2명'이 될 수 있다.
ㄴ. (가)에 '재판상 이혼과 달리 협의 이혼 시에는 자녀를 직접 양육하지 않는 부 또는 모에게 면접 교섭권이 발생합니다.'가 들어가면 (나)는 '4명'이다.
ㄷ. (가)에 '이혼시 손해 배상을 청구하는 것은 재산 분할을 청구하는 것과 그 성격과 목적이 다르므로 두 가지를 함께 청구할 수 없다.'가 들어가면 (나)는 '3명'이다.
ㄹ. (나)가 '3명'이면 (가)에는 '혼인으로 성립된 친족 관계가 소멸됩니다.'가 들어갈 수 없다.

① ㄱ, ㄴ ② ㄱ, ㄹ ③ ㄴ, ㄷ
④ ㄴ, ㄹ ⑤ ㄷ, ㄹ

428

자료에 대한 옳은 설명을 〈보기〉에서 고른 것은? (단, A~C는 각각 혼인 중의 출생자, 친양자, 친양자가 아닌 양자 중 하나이며, 모두 미성년자이다.)

> • '법원의 판결을 통해 양부모의 혼인 중 출생자로 간주되는가?'라는 질문으로 A와 B를 구분할 수 있다.
> • ______(가)______라는 질문으로 B와 C를 구분할 수 있다.
> • '친자 관계가 혈연관계를 기반으로 하는가?'라는 질문으로 B와 C를 구분할 수 없다.

〈 보기 〉
ㄱ. A는 인지 절차를 거쳐야 친자 관계가 형성된다.
ㄴ. B는 C와 달리 친생부모와의 친족 관계가 종료된다.
ㄷ. C는 B와 달리 양부모와 상속 관계를 갖는다.
ㄹ. (가)에 '양부모의 성과 본을 따르는가?'가 들어갈 수 있다.

① ㄱ, ㄴ ② ㄱ, ㄷ ③ ㄴ, ㄷ
④ ㄴ, ㄹ ⑤ ㄷ, ㄹ

429

(가)~(라)에 대한 옳은 법적 판단을 〈보기〉에서 고른 것은?

갑은 최근 교통사고로 사망하였다. 사망 후 전 재산을 ○○ 재단에 증여한다는 취지의 유언장이 발견되었다. 갑이 남긴 재산은 10억 원(채무 없음)이고, 갑의 유족으로는 배우자 을, 어머니 병이 있으며, 자녀는 없다.

구분		갑과 을은 혼인 신고를 하였는가?	
		예	아니요
갑의 유언장은 법적 효력이 있는가?	예	(가)	(나)
	아니요	(다)	(라)

〈 보기 〉

ㄱ. (가)의 경우 을, 병은 모두 ○○ 재단에 유류분의 반환을 청구할 수 있다.
ㄴ. (나)의 경우 을, 병은 모두 갑의 재산을 물려받지 못한다.
ㄷ. (다)와 달리 (가)의 경우 을의 법정 상속권은 인정되지 않는다.
ㄹ. 병의 법정 상속액은 (다)보다 (라)의 경우에 6억 원 더 많다.

① ㄱ, ㄴ ② ㄱ, ㄹ ③ ㄴ, ㄷ
④ ㄴ, ㄹ ⑤ ㄷ, ㄹ

430

자료의 상속 관계에 대한 분석으로 옳은 것은?

C는 D와 재혼 후 혼인 신고를 마쳤다. C는 전 재산인 예금 14억 원을 D에게 상속한다는 내용의 유언장을 남기고 사망하였고, 채무는 없다. C의 가족 관계는 아래 그림과 같다.

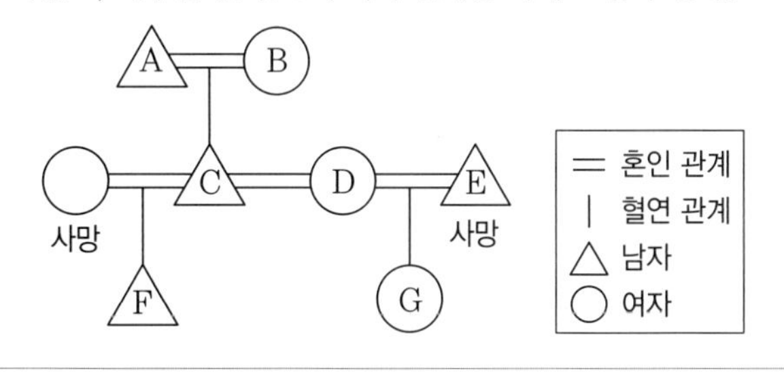

① C가 G를 친양자로 입양하고 유언의 효력이 없다면, F와 G의 상속액의 합은 D의 상속액보다 적다.
② C가 G를 친양자로 입양하고 유언의 효력이 없다면, F와 G는 각각 최대 2억 원씩 상속받을 수 있다.
③ C가 G를 친양자로 입양하지 않고 유언의 효력이 있다면, F는 D에게 유류분의 반환을 청구할 수 없다.
④ C가 G를 친양자로 입양하지 않고 유언의 효력이 있다면, F는 최대 2억 8천만 원의 유류분을 받을 수 있다.
⑤ C가 G를 친양자로 입양하지 않고 유언의 효력이 없다면, D는 7억 9천만 원을 상속받을 수 있다.

431

제시된 상황에 따른 C의 법정 상속분으로 옳은 것은?

홀어머니 A의 외동아들 갑은 을과 법률혼을 하여 B를 낳았다. 그 후 갑은 을과 이혼하고, B에 대한 친권과 양육권은 을이 갖기로 하였다. 2년 후, 갑은 병과 법률혼을 하면서 병과 병의 전 배우자 사이에서 태어난 C를 친양자로 입양하기로 약속하였다. 1년 후 A와 갑, 병은 여행 중 사고를 당하여 A는 곧바로 사망하고 다음 날 갑과 병도 사망하였다. A와 병은 유언을 남기지 않았으나, '전 재산의 1/2을 ○○ 재단에 기부한다.'라는 갑의 유언장이 발견되었다. 사고 당시 A와 갑은 모두 채무가 없었고 A에게는 18억 원, 갑에게는 10억 원의 재산이 있었으며, 병은 재산과 채무가 모두 없었다. 표는 갑의 상속 관련 상황을 정리한 것이다.

구분	상황	
갑이 C를 친양자로 입양하였는가?	㉠ 입양함	㉡ 입양하지 않음
갑의 유언장이 유효한가?	㉢ 유효함	㉣ 유효하지 않음
갑, 병 중 누가 먼저 사망하였는가?	㉤ 갑이 먼저 사망함	㉥ 병이 먼저 사망함

① ㉠, ㉢, ㉤의 상황에서는 14억 원이다.
② ㉠, ㉣, ㉤의 상황에서는 16억 4천만 원이다.
③ ㉠, ㉣, ㉥의 상황에서는 7억 원이다.
④ ㉡, ㉢, ㉤의 상황에서는 8억 4천만 원이다.
⑤ ㉡, ㉣, ㉤의 상황에서는 20억 원이다.

432

자료에 대한 법적 판단으로 옳은 것은?

- 2014년 5월: 갑과 을은 이혼하면서 두 자녀 A(3세)와 B(13세) 모두에 대한 양육권은 갑이, 친권은 을이 가지기로 함
- 2015년 1월: 갑은 병과 재혼함
- 2016년 10월: 병은 A를 친양자로 입양함
- 2019년 7월: 병이 갑을 상대로 법원에 재판상 이혼을 청구함
- 2019년 8월: 병은 전 재산을 ○○ 대학에 기부한다는 유언장을 작성함
- 2019년 9월: 병이 사망함

① 병의 사망 당시 을은 A에 대한 면접 교섭권을 가진다.
② 병의 유언이 유효한 경우, 갑은 ○○ 대학을 상대로 유류분 반환을 청구할 수 없다.
③ 18세가 된 B가 갑의 동의를 얻어 혼인하였더라도 B에 대한 갑의 친권은 1년 동안 유지된다.
④ 을이 사망하면 A와 B가 을에 대한 법정 상속인이 된다.
⑤ 병의 사망 전 재판상 이혼이 성립한다면 갑은 병에게 재산 분할 청구권을 행사할 수 있다.

Ⅳ

형법의 이해

A 형법의 의미와 기능

1 형법의 의미

① 일반적 의미: 어떤 행위가 범죄에 해당하고, 범죄에 대해 어떤 형벌이 부과되는지를 규정한 법

② 형식적 의미: '형법'이라는 명칭이 붙은 법률(형법전)

③ 실질적 의미: 법의 명칭과 형식에 관계없이 범죄와 그에 대한 형사 제재를 규율하고 있는 모든 법규범 예 도로 교통법, 폭력 행위 등 처벌에 관한 법률 등

2 형법의 기능

범죄 행위에 대한 개인적인 응징과 보복을 금지함으로써 타인에 의한 인권 침해와 사회적 혼란을 방지한다.

보호적 기능	범죄 행위를 규정하고, 형벌을 부과함으로써 개인 또는 사회나 국가의 법익을 보호함
보장적 기능	형벌권의 한계를 규정하여 국가의 자의적 권력 행사로부터 국민의 자유와 권리를 보장함

이밖에도 범죄 행위에 형벌이 부과됨을 알려 국민이 안전한 생활을 할 수 있도록 범죄를 예방(규제적 기능)하고, 범죄자가 다시 범죄를 저지르지 않도록 교화하여 사회로 복귀하는 데 도움(교화적 기능)을 주는 등의 기능을 한다.

기출 Tip B-1

성문법과 불문법

성문법	일정한 법 제정 절차를 거쳐 문서의 형식으로 만들어진 법
불문법	일정한 법 제정 절차를 거치지 않고 형성된 법 예 관습법, 판례법

우리나라 헌법의 죄형 법정주의 규정

> **헌법 제12조** ① … 법률과 적법한 절차에 의하지 아니하고는 처벌·보안 처분 또는 강제 노역을 받지 아니한다.
> **헌법 제13조** ① 모든 국민은 행위 시의 법률에 의하여 범죄를 구성하지 아니하는 행위로 소추되지 아니하며, ….

우리나라 헌법은 죄형 법정주의에 입각하여 법률에서 범죄로 규정한 행위만 처벌할 수 있고, 사회적으로 유해한 행위라도 법률이 정하지 않은 형벌을 가할 수 없도록 하고 있다.

B 죄형 법정주의

1 죄형 법정주의의 의미

① 죄형 법정주의: 어떤 행위를 범죄로 처벌하려면 범죄와 형벌이 반드시 법률로 정해져 있어야 한다는 원칙 → 근대 형법의 기본 원리

② 죄형 법정주의의 의미 변천

국가의 형벌권 행사의 기준을 정하여 시민의 자유와 권리를 온전히 보장하기 위해 필요하다.

근대적 의미	• "법률이 없으면 범죄도 없고 형벌도 없다." → 범죄의 종류와 형벌의 내용은 미리 성문의 법률에 규정되어 있어야 한다는 원칙(형식적 법치주의) • 법률의 내용을 문제 삼지 않아 입법자의 자의적 판단에 의한 형벌권의 남용을 초래함
현대적 의미	• "적정한 법률이 없으면 범죄도 없고 형벌도 없다." → 범죄와 형벌을 법률로 규정할 뿐만 아니라 법률의 내용도 실질적 정의에 합치되고 적정해야 한다는 원칙(실질적 법치주의) • 국가의 형벌권뿐만 아니라 입법권의 자의적 행사를 제한하여 국민의 자유와 권리를 보호함

2 죄형 법정주의의 내용(파생 원칙)

관습 형법 금지의 원칙	범죄와 형벌은 국민의 대표 기관인 국회가 제정한 성문법에 규정되어야 한다는 원칙 → 불문법인 관습법을 근거로는 처벌할 수 없음
소급효 금지의 원칙	범죄와 형벌은 행위 시의 법률에 따라 결정되어야 하며, 행위 후에 제정한 법률로 이전의 행위를 소급하여 처벌해서는 안 된다는 원칙
명확성의 원칙	어떤 행위가 범죄이며 각각의 범죄에 대해 어떤 형벌이 부과되는지가 법률에 명확하게 규정되어야 한다는 원칙 → 범죄와 형벌을 일반 국민이 이해할 수 있도록 공포해야 함
유추 해석 금지의 원칙	법률에 규정이 없는 사항에 대하여 그것과 유사한 내용을 가지는 법률을 적용해서는 안 된다는 원칙 → 행위자에게 유리한 유추 해석은 예외적으로 허용됨
적정성의 원칙	범죄가 되는 행위와 그에 따른 형벌의 질과 양은 비례해야 한다는 원칙 → 법률에 의해 규정된 범죄와 형벌의 내용이 사회적 가치에 부합하는 적정한 것이어야 함

행위자에게 유리한 경우, 소급 입법이 오히려 정의에 부합하는 경우, 심히 중대한 공익상의 사유가 있는 경우에는 예외적으로 소급효가 적용된다.

형벌 법규의 내용이 추상적이거나 불명확하면 법관이 자의적으로 해석할 수 있기 때문이다.

범죄에 대한 형벌이 과도해서는 안 된다는 것으로서 비례성의 원칙 또는 과잉 금지의 원칙이라고도 한다.

3 죄형 법정주의의 내용(파생 원칙) 빈출자료 Link • 444-445번 문제

(죄형 법정주의의 내용이 적용된 사례)

(가) 대법원은 흑염소도 양에 해당한다고 보아 흑염소를 도살한 사람에게 소, 돼지, 말, 양을 위생 처리 시설이 아닌 장소에서 도축하면 처벌하는 법 규정을 적용하여 처벌하는 것은 잘못이라고 판단하였다.

(나) 헌법 재판소는 '가려야 할 곳을 내놓아 다른 사람에게 부끄러운 느낌이나 불쾌감을 준 사람'을 처벌하는 「경범죄 처벌법」 조항에 관해 법 조항의 용어가 사람마다 평가의 기준이 다르고 의미를 확정하기 곤란하다며 위헌 결정을 내렸다.

기출 Tip B-3

죄형 법정주의의 파생 원칙 적용

• (가): 흑염소도 양에 해당한다고 보고 법률을 적용함 ➔ 규정에 없는 사항에 대해 유사한 내용의 법률을 적용한 것 ➔ 유추 해석 금지의 원칙 위배

• (나): 「경범죄 처벌법」의 내용이 명확히 규정되지 않음 ➔ 범죄에 해당하는 행위를 판단하는 기준과 내용이 법 조항에 구체화되지 않은 것 ➔ 명확성의 원칙 위배

C 범죄

1 범죄 국가가 법률로 금지하여 형벌이 부과되는 행위

- 형법에 규정된 형벌은 특정한 행위를 제한해야 할 절실한 필요성이 있을 때만 최후의 수단으로 부과되어야 한다.

2 범죄의 성립 요건 구성 요건 해당성, 위법성, 책임의 요건이 모두 충족되어야 범죄가 성립됨

① 구성 요건 해당성: 범죄가 성립하려면 특정 행위가 법률에서 범죄로 정해 놓은 행위여야 함

② 위법성: 예외적으로 위법성을 없애 주는 위법성 조각 사유가 있는 경우 범죄가 성립하지 않음

의미	법질서 전체의 관점에서 그 행위가 위법하다고 판단할 수 있어야 함	
위법성 조각 사유	정당방위	자기 또는 타인의 법익에 대한 현재의 부당한 침해를 방위하기 위한 상당한 이유가 있는 행위
	긴급 피난	자기 또는 타인의 법익에 대한 현재의 위난을 피하기 위한 상당한 이유가 있는 행위
	자구 행위	법적 절차를 기다릴 수 없는 긴급 상황에서 청구권을 보전하기 위한 상당한 이유가 있는 행위
	피해자의 승낙	피해자가 가해자에게 자신에게 손해가 되는 행위를 하도록 허락한 행위
	정당 행위	법령 또는 업무로 인한 행위, 기타 사회 상규에 어긋나지 않는 행위

③ 책임: 위법 행위를 하였다는 데 대하여 행위자가 법적으로 비난받을 가능성

- 심신 장애로 사물을 판단할 능력이 없는 사람

책임 조각 사유	형사 미성년자(14세 미만)의 행위, 심신 상실자의 행위, 폭력이나 협박으로 강요된 행위 등
책임 경감 사유	심신 미약자의 행위, 듣거나 말하는 데 모두 장애가 있는 사람의 행위 등

- 책임 조각 사유는 책임을 물을 수 없어 범죄가 성립하지 않는 경우이고, 책임 경감 사유는 책임은 있지만 형을 감경할 수 있는 경우이다.

D 형벌과 보안 처분

1 형벌 국가가 범죄를 저지른 사람에게 공권력을 행사하여 부과하는 제재

- 신체의 자유를 제한하는 형벌이다.

생명형	사형: 범죄자의 생명을 박탈함
자유형	징역(1개월 이상 교정 시설에 구금, 정해진 노역을 부과함), 금고(1개월 이상 교정 시설에 구금, 정해진 노역이 없음), 구류(1일 이상 30일 미만 교정 시설에 구금, 정해진 노역이 없음)
재산형	벌금(5만 원 이상 부과), 과료(2천 원 이상 5만 원 미만 부과), 몰수
명예형	자격 상실, 자격 정지

- 몰수: 범죄 행위에 제공하였거나 범죄 행위로 취득한 물건을 국고에 귀속시키는 것

- 예방적 성격의 제재로 형벌과 함께 부과할 수 있다.

2 보안 처분 범죄자의 재범을 방지하고 사회 복귀를 돕기 위한 대안적 제재 수단

보호 관찰	범죄자가 선고 유예, 집행 유예, 가석방 처분 등을 받은 경우 구금되지 않은 상태에서 사회생활을 하면서 보호 관찰관의 지도·감독을 받도록 함
치료 감호	심신 장애가 있거나 알코올, 마약 등에 중독된 상태에서 죄를 저지른 사람에게 형벌을 집행하기 전에 치료 감호 시설에서 보호와 치료를 받도록 함

기출 Tip C-2

범죄의 성립 요건

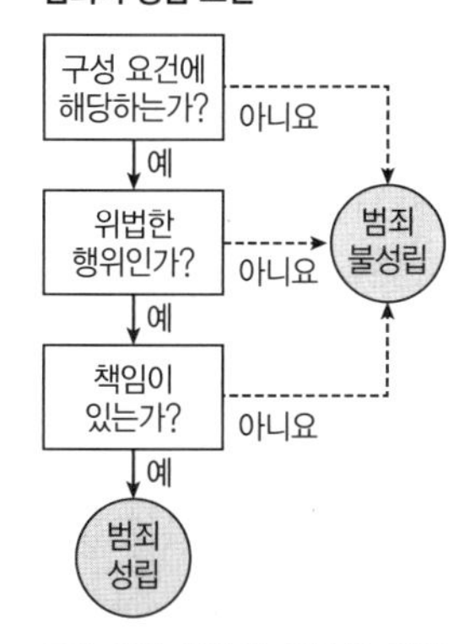

구성 요건 해당성, 위법성, 책임 중 어느 하나라도 충족되지 않으면 범죄가 되지 않으므로 형벌을 부과할 수 없다.

정당방위와 긴급 피난의 비교

정당방위는 현재의 불법에 대해 방위하는 것이고, 긴급 피난은 불법인지 여부를 문제 삼지 않는다는 점에서 차이가 있다.

기출 Tip D-1

자격 상실과 자격 정지

자격 상실	사형, 무기 징역, 무기 금고를 선고받은 자에 대하여 일정한 자격을 박탈함
자격 정지	자격 상실에서 규정한 권리를 일정 기간 정지시킴

- 예) 공무원이 될 자격, 공법상의 선거권과 피선거권 등

- 사회봉사 명령(유죄가 인정된 사람에게 사회봉사를 하도록 명령하는 것), 수강 명령(유죄가 인정된 범죄자 등에게 범죄성 개선을 위한 상담, 교육 등을 받도록 명령하는 것) 등의 보안 처분도 있다.

개념 확인 문제

정답과 해설 45쪽

433 (　　　　　)는 어떤 행위를 범죄로 처벌하려면 범죄와 형벌이 반드시 법률로 정해져 있어야 한다는 원칙을 말한다.

434 죄형 법정주의에 대한 설명이 맞으면 ○표, 틀리면 ×표를 하시오.

(1) 범죄와 형벌은 불문법인 관습법에 근거해야 한다. (　　)

(2) 범죄가 되는 행위와 그에 따른 형벌의 질과 양은 비례해야 한다. (　　)

435 범죄의 성립 요건 중 정당방위는 (㉠　　　　　) 조각 사유에, 형사 미성년자의 행위는 (㉡　　　　　) 조각 사유에 해당한다.

436 형벌과 보안 처분의 종류를 옳게 연결하시오.

(1) 형벌 •　　　　• ㉠ 보호 관찰, 치료 감호 등

(2) 보안 처분 •　　　　• ㉡ 사형, 징역, 벌금, 자격 상실 등

A 형법의 의미와 기능

437 하/중/상

형법과 죄형 법정주의에 대한 옳은 설명만을 〈보기〉에서 있는 대로 고른 것은?

〈 보기 〉

ㄱ. 형법은 개인 또는 사회나 국가의 법익을 보호하는 기능을 한다.
ㄴ. 「도로 교통법」과 달리 「폭력 행위 등 처벌에 관한 법률」은 실질적 의미의 형법에 해당한다.
ㄷ. 죄형 법정주의는 국가의 과도한 형벌권의 행사로부터 시민의 자유와 권리를 보호하려는 근대 인권 사상의 요청으로 등장한 원리이다.
ㄹ. 오늘날의 죄형 법정주의는 법관의 자의로부터 국민의 자유를 보호할 뿐만 아니라, 입법권의 자의로부터도 국민의 자유를 보호하는 근거가 된다.

① ㄱ, ㄴ ② ㄱ, ㄹ ③ ㄴ, ㄷ
④ ㄱ, ㄷ, ㄹ ⑤ ㄴ, ㄷ, ㄹ

438 하/중/상

다음 글을 통해 알 수 있는 형법의 기능으로 가장 적절한 것은?

형법에서 금지하는 행위를 하지 않으면 어떤 경우에도 처벌받지 않으며, 범죄를 저질러 처벌받더라도 형법에 규정된 범위를 벗어나지 않는다.

① 범죄자를 교화한다.
② 국민의 자유와 권리를 보장한다.
③ 처벌을 통해 가해자를 응징한다.
④ 국가의 자의적 권력 행사를 보장한다.
⑤ 개인이 자신의 행위를 책임지도록 한다.

439 하/중/상

A~C에 대한 설명으로 옳지 않은 것은?

형법이란 사회 질서를 유지하기 위해 특별히 중대한 반사회적 행위를 A로 규정하고 이에 대해 어떠한 B를 부과할 것인가를 규정한 C이다. 형법은 법익을 보호하고, 국민의 자유와 권리를 보장하는 기능을 한다.

① 14세 미만인 자의 행위는 A가 성립되지 않는다.
② 사회적으로 비난받는 행위가 모두 A가 되는 것은 아니다.
③ 범죄자의 교화와 재범 방지는 B의 보장적 기능에 해당한다.
④ 오늘날 B에 대한 권한은 사사로운 복수를 막기 위해 국가가 독점하고 있다.
⑤ C는 국민의 대표 기관인 국회가 제정한 법률을 포함한다.

440 하/중/상

밑줄 친 ㉠, ㉡의 일부 조항을 나타낸 것이다. 이에 대한 설명으로 옳은 것은?

• ㉠ 도로 교통법: 자동차 운전자가 업무상 필요한 주의를 게을리 하거나 중대한 과실로 다른 사람의 재물을 손괴한 경우에는 2년 이하의 금고나 500만 원 이하의 벌금에 처한다.
• ㉡ 형법: 판매할 목적으로 내국 또는 외국에서 유통하는 화폐나 지폐를 제조, 수입 또는 수출한 자는 3년 이하의 징역 또는 700만 원 이하의 벌금에 처한다.

① ㉠은 ㉡에 규정된 실제적 사항을 실현하기 위한 절차를 규정한 법이다.
② ㉠은 ㉡과 달리 행위자의 내면적 동기의 위험성에 대한 제재 방법을 규정하고 있다.
③ ㉡은 ㉠과 달리 범죄와 그에 대한 형사 제재를 규율하고 있는 모든 법 규범을 의미한다.
④ ㉠, ㉡은 모두 국가가 자의적으로 형벌을 부과하지 못하도록 한다.
⑤ ㉠은 형식적 의미의 형법, ㉡은 실질적 의미의 형법에 해당한다.

B 죄형 법정주의

441 하 중 상 ••서술형

다음 내용을 읽고 물음에 답하시오.

> (㉠)은/는 어떤 행위를 범죄로 처벌하려면 범죄와 형벌이 반드시 법률로 정해져 있어야 한다는 원칙으로, 근대 형법의 기본 원리에 해당한다.

(1) ㉠에 들어갈 원리를 쓰시오.

(2) (1)의 파생 원칙 다섯 가지를 서술하시오.

442 하 중 상

밑줄 친 '이 원칙'으로 옳은 것은?

> 이 사건의 전제가 되는 법률 조항이 설사 반국가 행위자의 고의적인 소환 불응을 범죄 행위라고 규정하는 취지라고 해도 피고인의 소환 불응에 대해 전 재산의 몰수라는 형벌은 행위의 가벌성에 비해 지나치게 무거워 죄형 법정주의의 이 원칙에 위반된다. – 헌법 재판소 95헌가5, 1996. 1. 25.

① 적정성의 원칙 ② 명확성의 원칙
③ 소급효 금지의 원칙 ④ 관습 형법 금지의 원칙
⑤ 유추 해석 금지의 원칙

443 하 중 상

(가), (나)에 해당하는 죄형 법정주의의 의미에 대한 옳은 설명을 〈보기〉에서 고른 것은?

> (가) 법률이 없으면 범죄도 없고 형벌도 없다.
> (나) 적정한 법률이 없으면 범죄도 없고 형벌도 없다.

〈 보기 〉
ㄱ. (나)는 법률의 내용까지도 정의로워야 함을 강조한다.
ㄴ. (가)보다 (나)가 역사적으로 먼저 나타났다.
ㄷ. (가)는 (나)와 달리 입법부의 자의적 형벌권 남용을 방지하고자 한다.
ㄹ. (가), (나)의 법률은 모두 성문법을 의미한다.

① ㄱ, ㄴ ② ㄱ, ㄹ ③ ㄴ, ㄷ
④ ㄴ, ㄹ ⑤ ㄷ, ㄹ

444-445 빈출자료

(가), (나)는 죄형 법정주의의 파생 원칙과 관련된 사례이다. 물음에 답하시오.

> (가) 대법원은 흑염소도 양에 해당한다고 보아 흑염소를 도살한 사람에게 소, 돼지, 말, 양을 위생 처리 시설이 아닌 장소에서 도축하면 처벌하는 법 규정을 적용하여 처벌하는 것은 잘못이라고 판단하였다.
> (나) 헌법 재판소는 '가려야 할 곳을 내놓아 다른 사람에게 부끄러운 느낌이나 불쾌감을 준 사람'을 처벌하는 「경범죄 처벌법」 조항에 관해 법 조항의 용어가 사람마다 평가의 기준이 다르고 의미를 확정하기 곤란하다며 위헌 결정을 내렸다.

빈출 444 하 중 상

(가), (나) 사례와 관련 있는 죄형 법정주의의 파생 원칙을 옳게 연결한 것은?

	(가)	(나)
①	적정성의 원칙	명확성의 원칙
②	적정성의 원칙	소급효 금지의 원칙
③	소급효 금지의 원칙	관습 형법 금지의 원칙
④	유추 해석 금지의 원칙	명확성의 원칙
⑤	유추 해석 금지의 원칙	관습 형법 금지의 원칙

445 하 중 상

(가), (나) 사례와 관련 있는 죄형 법정주의의 파생 원칙에 대한 옳은 설명만을 〈보기〉에서 있는 대로 고른 것은?

〈 보기 〉
ㄱ. (가)는 국가의 형벌권 남용을 방지하는 기준이 된다.
ㄴ. '나쁜 짓을 한 사람은 벌한다.'라는 법률의 내용은 (나)에 위반된다.
ㄷ. (가)는 (나)와 달리 형벌의 질과 양은 비례해야 함을 강조한다.
ㄹ. (가), (나) 모두 일반 시민에게는 적용되나 범죄 혐의가 있는 사람에 대해서는 적용되지 않는다.

① ㄱ, ㄴ ② ㄱ, ㄹ ③ ㄴ, ㄷ
④ ㄱ, ㄴ, ㄹ ⑤ ㄴ, ㄷ, ㄹ

446 하중상

죄형 법정주의와 관련하여 (가)에 들어갈 내용으로 가장 적절한 것은?

> 만약 갑이 사회 질서를 어지럽히는 A 행위를 하였다고 가정해 보자. 갑이 A 행위를 하였을 당시 A 행위를 처벌할 수 있는 법률이 존재하지 않는다면 갑을 처벌할 수 없다. 그러나 1년 후 A 행위를 처벌할 수 있는 법률을 제정했다면 1년 전 갑의 A 행위에 대해 처벌할 수 있을까? 그렇지 않다. 이는 죄형 법정주의의 내용인 "______(가)______"에 근거하여 인정될 수 없다.

① 국회에서 제정한 성문의 법률에 따라 규정되어야 한다.
② 범죄와 형벌 사이에는 적정한 균형이 유지되어야 한다.
③ 범죄와 형벌은 국민이 이해할 수 있도록 명확하게 규정하여 공포해야 한다.
④ 법률에 규정이 없는 사항에 대하여 그것과 유사한 내용을 가지는 법률을 적용해서는 안 된다.
⑤ 범죄와 형벌은 행위 시의 법률에 따라 결정되어야 하며, 법률 시행 이전의 행위까지 소급하여 적용할 수 없다.

447 하중상

밑줄 친 '이 원칙'에 대한 설명으로 옳은 것은?

> 갑은 을의 컴퓨터에 저장된 전자 파일을 자신의 이동식 저장 장치에 몰래 복사한 행위와 관련하여 절도죄로 공소 제기되었다. 갑은 1심 재판에서 컴퓨터 파일과 같은 전자 정보를 복사하는 행위는 절도죄의 구성 요건에 해당하지 않음에도 불구하고 절도 행위와 유사하다는 이유만으로 절도죄의 규정을 그대로 적용하는 것은 죄형 법정주의의 이 원칙에 위반된다고 주장하였다.

① 범죄 행위에 어떤 형벌이 부과되는지는 법관이 결정해야 한다는 원칙이다.
② 형법 법률이 그 시행 이후에 이루어진 행위에 대해서만 적용된다는 것이다.
③ 사회적으로 큰 비난을 받는 행위라도 관습에 의해 처벌할 수 없다는 것이다.
④ 수사 기관 및 재판 기관의 자의로부터 국민의 자유를 보호하기 위한 것이다.
⑤ 최소한의 인간다운 삶을 보장하는 적극적인 기본권을 실현하기 위한 것이다.

빈출

448 하중상

죄형 법정주의의 파생 원칙 (가), (나)에 대한 옳은 설명을 〈보기〉에서 고른 것은?

> (가) 범죄와 그 처벌은 행위 당시의 법률에 의해야 하고, 사후 입법으로 이전의 행위를 처벌하면 안 된다.
> (나) 어떤 사항에 대해 직접 규정한 법규가 없을 때, 그와 비슷한 사항에 대해 규정한 법률을 적용하면 안 된다.

〈 보기 〉
ㄱ. (나)는 국가의 자의적 형벌권 남용으로부터 국민의 자유를 보호한다.
ㄴ. (가)는 (나)와 달리 의회에서 제정한 성문 법률의 적용을 전제로 한다.
ㄷ. (가), (나) 모두 피고인에게 법이 불리하게 적용되는 것을 방지한다.
ㄹ. (가)는 유추 해석 금지의 원칙, (나)는 소급효 금지의 원칙에 해당한다.

① ㄱ, ㄴ ② ㄱ, ㄷ ③ ㄴ, ㄷ
④ ㄴ, ㄹ ⑤ ㄷ, ㄹ

449 하중상

밑줄 친 ㉠, ㉡에 대한 설명으로 옳지 않은 것은?

> 죄형 법정주의는 봉건적 정치권력에 의한 형벌권 남용으로부터 개인의 자유와 권리를 보장하려는 정치적 요청에 따라 형성된 것이다. 근대에 들어와 자연권적인 인권의 보장을 강조한 계몽주의 사상가 등의 주장으로 ㉠ "법률이 없으면, 범죄도 없고 형벌도 없다."라는 원칙이 확립되었다. 그러나 법률의 형식만을 강조한 법치주의의 문제점이 부각되면서 이 원칙은 오늘날에는 ㉡ "적정한 법률이 없으면, 범죄도 없고 형벌도 없다."라는 원칙으로 확립되었다.

① ㉠에 의하면 사회적으로 비난받을 만한 행위라도 법률에 규정되어 있지 않으면 처벌할 수 없다.
② ㉡은 법률의 내용이 정의의 원칙에 부합해야 함을 강조한다.
③ ㉠보다는 ㉡에서 입법부에 의한 자의적 형벌권 남용이 나타날 가능성이 높다.
④ ㉠, ㉡ 모두 법관의 자의적 형벌권 남용을 방지한다.
⑤ ㉠, ㉡ 모두 범죄와 형벌이 성문의 법률로 규정되어야 함을 강조한다.

C 범죄

450 하 중 상

••서술형

다음 내용을 읽고 물음에 답하시오.

> (㉠)은/는 법익을 침해하고 사회의 안전과 질서를 어지럽히는 반사회적 행위 중 국가가 법률로 금지하여 형벌이 부과되는 행위를 말한다.

(1) ㉠에 들어갈 용어를 쓰시오.

(2) (1)의 성립 요건을 서술하시오.

451 하 중 상

밑줄 친 '이것'이 조각되는 사례가 아닌 것은?

> 범죄가 성립되기 위해서는 법질서 전체의 관점에서 그 행위가 위법하다고 판단할 수 있어야 하며, 예외적으로 이것을 없애 주는 사유가 있을 경우 범죄가 성립하지 않는다.

① 타인의 가방을 훔쳐간 범인을 붙잡는 행위
② 경찰이 법령에 근거하여 범인을 제압하는 행위
③ 쫓아오는 개를 피하기 위해 허락 없이 남의 집에 들어간 행위
④ 집에 들어온 강도로부터 도망가기 위해 강도를 넘어뜨려 다치게 한 행위
⑤ 은행 직원이 권총을 든 강도의 강요로 금고의 현금을 강도에게 넘겨준 행위

452 하 중 상

㉠에 들어갈 위법성 조각 사유로 가장 적절한 것은?

> 자신이 빌려준 거액을 갚지 않고 몰래 이민을 가려는 채무자를 비행기에 탑승하지 못하도록 붙잡았다면, 이는 (㉠)에 해당하여 범죄가 성립하지 않는다.

① 정당방위 ② 긴급 피난
③ 자구 행위 ④ 정당 행위
⑤ 피해자의 승낙

453-454 빈출자료

다음 사례를 읽고 물음에 답하시오.

> (가) 갑은 동네 골목길에서 불량 청소년에게 폭행을 당하여 생명에 위협을 느꼈고, 자신을 방어하기 위해 그 불량 청소년을 때려 상해를 입혔다.
> (나) 을은 인도로 달려오는 자동차로 인해 생명의 위협을 느꼈고, 이를 피할 수 있는 다른 방법이 없어 편의점의 출입문을 부수고 그 안으로 들어갔다.

453 하 중 상

(가), (나) 사례에 나타난 위법성 조각 사유를 옳게 연결한 것은?

	(가)	(나)
①	정당방위	긴급 피난
②	정당방위	정당 행위
③	긴급 피난	자구 행위
④	정당 행위	긴급 피난
⑤	정당 행위	자구 행위

454 하 중 상

(가), (나) 사례에서 갑, 을의 행위에 대한 옳은 법적 분석을 〈보기〉에서 고른 것은?

〈 보기 〉
ㄱ. 갑의 행위는 긴급 상황에서 청구권을 보전하기 위한 상당한 이유가 있는 행위이다.
ㄴ. 을의 행위는 자신의 법익에 대한 현재의 위난을 피하기 위한 상당한 이유가 있는 행위이다.
ㄷ. 을의 행위는 갑의 행위와 달리 법령에 따른 정당 행위로서 위법성이 조각된다.
ㄹ. 갑의 행위와 을의 행위는 모두 구성 요건 해당성을 갖추고 있다.

① ㄱ, ㄴ ② ㄱ, ㄷ ③ ㄴ, ㄷ
④ ㄴ, ㄹ ⑤ ㄷ, ㄹ

V

455 하중상

위법성 조각 사유 (가)~(라)에 해당하는 사례로 적절한 것을 〈보기〉에서 고른 것은?

(가) 법령 또는 업무로 인한 행위나 기타 사회 상규에 어긋나지 않는 행위이다.
(나) 자기 또는 타인의 법익에 대한 현재의 위난을 피하기 위한 상당한 이유가 있는 행위이다.
(다) 법적 절차를 기다릴 수 없는 긴급 상황에서 청구권을 보전하기 위한 상당한 이유가 있는 행위이다.
(라) 자기 또는 타인의 법익에 대한 현재의 부당한 침해를 방위하기 위한 상당한 이유가 있는 행위이다.

〈 보기 〉
ㄱ. 격투기 선수가 시합 과정에서 상대 선수에게 중상을 입힌 행위는 (가)에 해당한다.
ㄴ. 점심 식사를 하던 사람이 자신의 지갑을 훔치려던 사람을 의자로 때려 상처를 입힌 행위는 (나)에 해당한다.
ㄷ. 자신의 아들을 인질로 잡고 생명을 위협하는 테러범의 협박에 못 이겨 테러범을 숨겨준 것은 (다)에 해당한다.
ㄹ. 자신과 가족의 생명을 지키기 위해 흉기를 휘두르며 집에 침입한 강도를 제압하는 과정에서 강도에게 상처를 입힌 행위는 (라)에 해당한다.

① ㄱ, ㄴ ② ㄱ, ㄹ ③ ㄴ, ㄷ
④ ㄴ, ㄹ ⑤ ㄷ, ㄹ

456 하중상

다음 두 사례에 대한 옳은 법적 판단을 〈보기〉에서 고른 것은?

- 갑은 자신의 딸을 인질로 잡고 생명을 위협하는 테러범의 협박에 못 이겨 테러범을 숨겨 주었다.
- 을은 운전 중 갑자기 중앙선을 넘어 자신의 차를 향해 돌진하는 화물차를 피하기 위해 급하게 운전대를 돌리는 바람에 행인을 치어 경미한 상처를 입혔다.

〈 보기 〉
ㄱ. 갑의 행위는 정당방위에 해당한다.
ㄴ. 갑의 행위에 대해서는 책임이 경감된다.
ㄷ. 을의 행위는 긴급 피난에 해당한다.
ㄹ. 갑과 을의 행위는 모두 범죄로 성립하지 않는다.

① ㄱ, ㄴ ② ㄱ, ㄹ ③ ㄴ, ㄷ
④ ㄴ, ㄹ ⑤ ㄷ, ㄹ

457 하중상

다음 사례에 나타난 갑의 행위에 대한 옳은 설명을 〈보기〉에서 고른 것은?

○○ 소방서에서 근무하는 소방관 갑은 관내 가옥에 불이 나서 이를 진압하기 위해 옆집 대문과 창문 일부를 파손하였다. 옆집 주인 을은 자신의 재물을 손괴하였다는 이유로 갑을 경찰에 고소하였으나 법원은 죄가 되지 않는다고 판단하였다.

〈 보기 〉
ㄱ. 정당방위로서 법적 비난 가능성이 없다.
ㄴ. 정당 행위에 해당하므로 위법성이 조각된다.
ㄷ. 업무로 인해 강요된 행위이므로 책임이 감경된다.
ㄹ. 형법에 규정된 재물 손괴에 해당하고 고의가 있기 때문에 구성 요건에 해당된다.

① ㄱ, ㄴ ② ㄱ, ㄷ ③ ㄴ, ㄷ
④ ㄴ, ㄹ ⑤ ㄷ, ㄹ

458 하중상

갑의 행위에 해당하는 상황을 그림의 A~E 중에서 고른 것은?

갑은 ○○ 은행에서 직원들을 흉기로 위협한 후 돈을 훔쳐 도주하다 경찰에 체포되었다. 경찰 조사 결과 갑은 몇 년 전부터 수차례 정신과 치료를 받아왔으며, 사건 당일에도 정신 분열 증세가 심해 의사를 결정할 능력이 없는 것으로 드러났다.

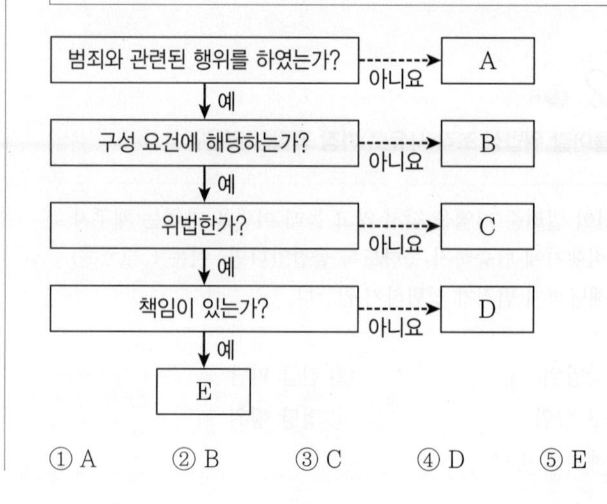

① A ② B ③ C ④ D ⑤ E

459 하 중 상

••서술형

다음 사례에서 병의 행위가 무죄로 판단된 근거를 범죄의 성립 요건과 관련지어 서술하시오.

〈사례〉

○○ 은행 앞에서 30대 남성 갑이 현금을 찾아 나오고 있는 여성 을의 가방을 빼앗아 달아났다. 이를 본 □□ 고등학교 학생 병(18세)은 갑을 쫓아가 그를 제압하여 체포한 후, 신고를 받고 온 경찰관에게 넘겼다.

〈판단〉

형사 소송법 제212조에 따르면 현행 범인은 누구든지 영장 없이 체포할 수 있으므로 병이 갑을 체포한 행위는 무죄이다.

460 하 중 상

그림은 범죄의 성립 요건을 나타낸 것이다. A, B에 대한 옳은 설명을 〈보기〉에서 있는 대로 고른 것은?

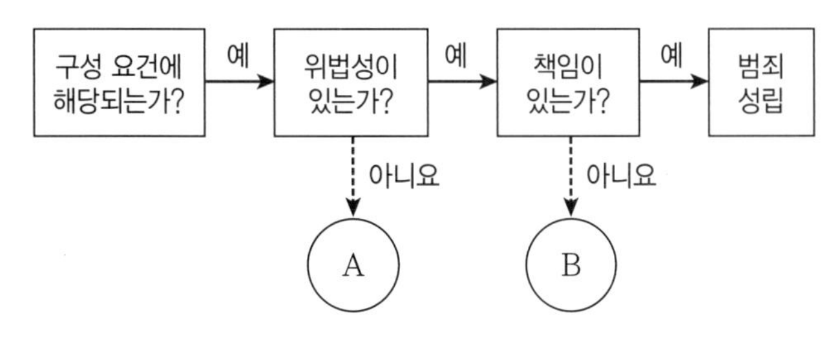

〈 보기 〉

ㄱ. A는 가해자의 행위에 고의가 없어야 한다.
ㄴ. 자신에게 돌진하는 자동차를 피하는 도중 가게의 물건을 파손한 행위는 A에 해당한다.
ㄷ. 17세 소년이 온라인상에서 친구에게 심한 욕설을 하고, 학교에서 지속적으로 폭력을 행사한 경우는 B에 해당한다.
ㄹ. A는 '행위'를 대상으로 판단한다면, B는 '행위자'를 대상으로 판단한다.

① ㄱ, ㄴ　② ㄱ, ㄷ　③ ㄴ, ㄷ
④ ㄴ, ㄹ　⑤ ㄷ, ㄹ

461-462 빈출자료

그림은 범죄의 성립 요건을 구분한 것이다. 물음에 답하시오.

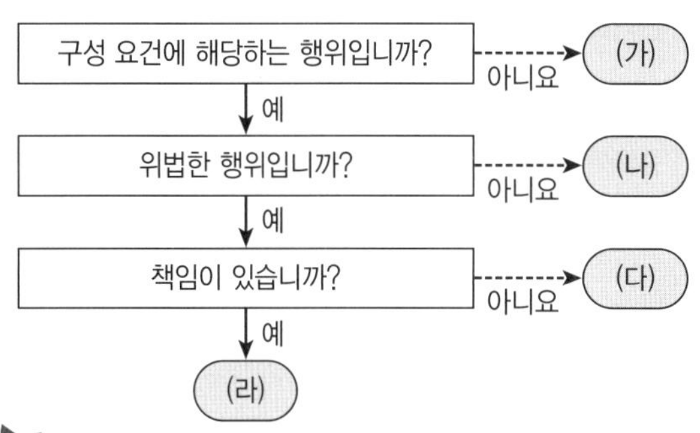

빈출 461 하 중 상

(나)~(라)에 해당하는 사례로 적절한 것만을 〈보기〉에서 있는 대로 고른 것은?

〈 보기 〉

ㄱ. 암에 걸린 환자를 수술하기 위해 복부를 절개한 의사 갑(37세)의 행위는 (나)에 해당한다.
ㄴ. 직원 을(43세)이 협박에 못 이겨 자기 회사의 신기술을 몰래 경쟁업체에 넘긴 행위는 (다)에 해당한다.
ㄷ. 병(50세)이 빚을 갚지 않고 해외로 도피하려는 채무자를 공항에서 강제로 붙잡은 행위는 (다)에 해당한다.
ㄹ. 정(9세)이 친구와 다투다가 친구를 밀쳐 다치게 한 행위는 (라)에 해당한다.

① ㄱ, ㄴ　② ㄱ, ㄷ　③ ㄴ, ㄷ
④ ㄱ, ㄴ, ㄹ　⑤ ㄴ, ㄷ, ㄹ

462 하 중 상

(가)~(라)에 대한 설명으로 옳지 않은 것은?

① (가)의 행위는 법률에서 범죄로 정해 놓은 행위에 포함되지 않는다.
② (나)의 행위는 형법상 범죄를 구성하는 요건이 충족되었다고 볼 수 있다.
③ (다)에는 심신이 미약한 사람의 폭력 행위가 해당한다.
④ (라)에는 14세인 중학생의 절도 행위가 해당될 수 있다.
⑤ (라)의 행위는 (가), (나), (다)의 행위와 달리 범죄가 성립된다.

463 하 중 상 ••서술형

다음 사례의 갑~병의 행위가 범죄로 성립되지 않는 이유를 범죄 성립의 요건에 근거하여 서술하시오.

구분	사례
사례 1	갑(8세)이 돌을 던져 타인의 차량을 파손하였다.
사례 2	을(25세)은 가족의 생명을 해치겠다는 협박을 받아 불가피하게 자기 회사의 기밀문서를 상대 회사에 넘겼다.
사례 3	병(30세)이 심신 상실의 상태에서 타인에게 상해를 가하였다는 것이 인정되었다.

D 형벌과 보안 처분

464 하 중 상

우리나라의 형벌에 대한 옳은 설명을 〈보기〉에서 고른 것은?

〈 보기 〉
ㄱ. 자격 상실은 명예형에 해당한다.
ㄴ. 구류는 징역과 달리 자유형에 해당한다.
ㄷ. 벌금은 원칙적으로 5만 원 이상, 과료는 2천 원 이상 5만 원 미만이다.
ㄹ. 금고는 교정 시설에 수용되어 있어야 하는 기간이 1일 이상 30일 미만이다.

① ㄱ, ㄴ ② ㄱ, ㄷ ③ ㄴ, ㄷ
④ ㄴ, ㄹ ⑤ ㄷ, ㄹ

465 하 중 상

우리나라 현행법상 형벌에 포함되는 것만을 〈보기〉에서 있는 대로 고른 것은?

〈 보기 〉
ㄱ. 구류 ㄴ. 벌금 ㄷ. 과태료
ㄹ. 보호 관찰 ㅁ. 자격 정지

① ㄱ, ㄴ ② ㄷ, ㄹ ③ ㄹ, ㅁ
④ ㄱ, ㄴ, ㅁ ⑤ ㄴ, ㄷ, ㄹ

466 하 중 상

자료는 우리나라 형벌의 종류를 정리한 것이다. (가)~(마)에 대한 설명으로 옳은 것은?

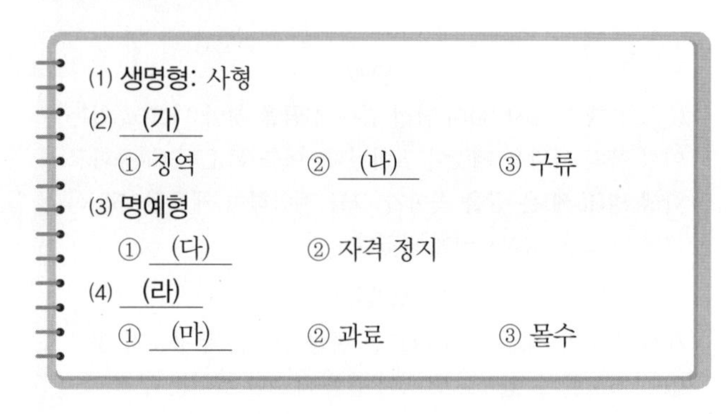
(1) 생명형: 사형
(2) (가)
① 징역 ② (나) ③ 구류
(3) 명예형
① (다) ② 자격 정지
(4) (라)
① (마) ② 과료 ③ 몰수

① (가) – 신체의 자유를 제한하지 않는 형벌이다.
② (나) – 범죄자를 교정 시설에 수용하는 형벌로서 정해진 노역이 부과되지 않는다.
③ (다) – 공법상의 선거권과 피선거권을 박탈하는 것은 포함되지 않는다.
④ (라) – 동일한 범죄라도 재산의 양에 따라 다르게 부과된다.
⑤ (마) – 2천 원에서 5만 원 미만의 금액이 해당된다.

467 하 중 상

밑줄 친 '이것'에 대한 설명으로 옳지 않은 것은?

이것은 재범의 위험성이 있는 범죄인으로부터 사회를 보호하고 교육·개선 및 치료를 통하여 이러한 범죄인의 사회 복귀를 촉진하기 위한 대안적 형사 제재이다.

① 형벌과 동시에 선고하기도 한다.
② 범죄자의 재범 방지를 목적으로 한다.
③ 법률과 적법한 절차에 의하지 않고도 부과할 수 있다.
④ 범죄 성립 요건 중 책임이 인정되지 않아도 부과할 수 있다.
⑤ 치료 감호, 보호 관찰, 수강 명령, 사회봉사 명령 등이 포함된다.

468 하 중 상 ••서술형

표는 형사 제재 수단 A~C를 비교한 것이다. 물음에 답하시오.

질문	A	B	C
형벌에 해당하는가?	×	○	○
자유형에 해당하는가?	×	○	○
30일 이상 구금되어 있는가?	×	○	×
정해진 노역을 부과할 수 있는가?	×	×	×
범죄자의 재사회화를 위한 대안적 제재 수단인가?	○	×	×

(1) A에 해당하는 형사 제재 수단을 두 가지 이상 서술하시오.

(2) B, C에 해당하는 형벌의 종류를 각각 쓰시오.

빈출 469 하 중 상

(가), (나)에 대한 옳은 설명을 〈보기〉에서 고른 것은? (단, (가)와 (나)는 각각 형벌과 보안 처분 중 하나이다.)

(가) 범죄 행위를 한 자의 재범 위험성을 막기 위하여 행하는 개선 및 교육 처분
(나) 범죄 행위를 한 자에게 국가가 공권력을 행사하여 책임을 전제로 부과하는 처벌

〈 보기 〉
ㄱ. 자격 상실과 과료는 (가)에 해당한다.
ㄴ. (나)에 대한 권한은 형법을 통해 국가가 독점하고 있다.
ㄷ. (가)는 (나)와 달리 적법한 절차에 의하지 않고도 부과될 수 있다.
ㄹ. (가)와 (나) 모두 범죄의 예방을 목적으로 한다.

① ㄱ, ㄴ ② ㄱ, ㄷ ③ ㄴ, ㄷ
④ ㄴ, ㄹ ⑤ ㄷ, ㄹ

470 하 중 상

다음은 한 학생의 형성 평가 답안지이다. 이 학생이 받을 점수는?

〈 형성 평가 〉

다음의 카드 A~E에는 '형벌의 종류'가 적혀 있으며, 뒷면에는 각각에 해당하는 형벌의 내용과 특징이 적혀 있다. 각 카드에 해당하는 뒷면의 내용과 특징이 맞으면 '○', 틀리면 '×'로 답하시오. (점수는 표시한 답이 옳으면 1점, 옳지 않으면 0점을 부여함)

A	B	C	D	E
명예형	자유형	생명형	재산형	자유형

카드	형벌의 내용 – 특징	답안
A	자격 정지 – 일정 기간 자격의 전부 또는 일부를 정지함	×
B	금고 – 1개월 이상 교정 시설에 수감하며 정해진 노역을 부과하지 않음	○
C	몰수 – 범죄 행위에 이용했거나 범죄 행위로 인해 취득한 물건 등을 압수하여 국고에 귀속함	×
D	벌금 – 원칙적으로 5만 원 이상의 금액이 부과됨	○
E	구류 – 1개월 이상 교정 시설에 수감하며 정해진 노역을 부과함	○

① 1점 ② 2점 ③ 3점 ④ 4점 ⑤ 5점

빈출 471 하 중 상

다음 사례에 대한 법적 판단으로 옳은 것은?

갑, 을, 병은 다수를 상대로 보이스 피싱을 한 혐의로 기소되었다. 1심 법원은 갑에게 징역 2년, 을에게 금고 2년, 병에게 벌금형을 선고하였다. 이에 갑, 을, 병은 항소를 하였고 2심 법원에서 갑에게 금고 2년, 을에게 징역 1년에 집행 유예 2년, 병에게 벌금형 판결이 확정되었다.

① 1심 법원은 을에게 교정 시설에 구금되지 않는 형벌을 선고하였다.
② 1심 법원은 병에게 자유형에 해당하는 형벌을 선고하였다.
③ 2심 법원에서 병이 받은 형벌은 5만 원 미만의 금전 납부를 전제한다.
④ 2심 법원의 선고에 따라 을과 달리 갑은 교정 시설에 구금된다.
⑤ 1심 법원과 달리 2심 법원은 갑에게 자유형에 해당하는 형벌을 선고하였다.

14 형사 절차와 인권 보장

형사 절차는 범죄가 발생하였을 때 이를 수사·심판하고 선고된 형을 집행하는 과정으로, 크게 수사 절차, 공판 절차, 형 집행 절차로 구분된다.

A 형사 절차의 이해

1 수사 절차

범인을 발견·확보하고 증거를 수집·보전하는 수사 기관의 활동

수사는 1차적으로 사법 경찰관이 담당하며, 제한된 범위에서 검사의 직접 수사가 가능하다.

구분	내용
수사 개시	고소 및 고발, 현행범의 체포, 범인의 자수, 수사 기관의 인지 등에 의해 수사를 시작함
수사	피의자를 신문하거나 목격자나 피해자를 참고인으로 소환하여 조사함 → 불구속 수사가 원칙이나 정당한 사유가 있는 경우 영장을 발부받아 피의자를 체포·구속할 수 있음
검찰 송치	피의자와 관련 서류를 검찰에 보냄
수사 종료	• 검사의 공소 제기(기소) 또는 불기소 처분에 의해 수사가 종결될 수 있음 • 불기소 처분을 하는 경우: 수사 결과 범죄 혐의가 인정되지 않는 경우(혐의 없음), 공소 시효가 지난 경우(공소권 없음), 범인의 성품이나 행실 및 동기를 참작하여 기소하지 않는 경우(기소 유예) 등

영장: 체포·구속, 압수 등을 허가 또는 명령하는 법원의 재판서로, 검사의 청구에 의해 적법한 절차에 따라 법관이 발부한다.

우리나라에서는 원칙적으로 검사만이 기소할 수 있다.

2 공판 절차 검사의 공소 제기로 공판 절차가 시작됨 → 피의자는 피고인이 됨

구분	내용
모두 절차	재판장이 피고인에게 진술 거부권을 고지함 → 피고인의 성명, 연령 등을 물음(인정 신문) → 검사가 공소 사실을 읽고 피고인이 공소 사실을 인정하는지 확인함(모두 진술)
심리 절차	'증거 조사 → 피고인과 증인 신문 및 변론 → 검사의 구형 → 피고인과 변호인의 최후 진술' 순으로 진행됨
판결 선고	심리 결과 유죄의 증거를 얻지 못하면 무죄를 선고하고, 유죄가 입증되면 유죄 판결을 내림

3 형의 선고 및 형 집행 절차

① 형의 선고

피고인과 검사는 형 선고에 불복 시 판결의 선고일로부터 7일 이내에 상소를 제기할 수 있다.

구분	내용
유죄 선고	범죄가 인정되면 유죄 판결을 하여 형을 선고함 → 형을 선고할 때 실형을 선고하는 것 외에 형의 집행을 유예하거나 선고를 유예하는 판결을 내릴 수 있음
무죄 선고	유죄를 인정할 증거가 없거나 범죄가 성립하지 않는 경우 무죄 판결을 내림

② 형의 집행: 형벌이 확정되면 검사의 지휘로 형을 집행함

기출 Tip A-2

공판 절차

공판은 피고인의 유무죄를 판단하는 형사 재판 절차를 의미한다. 공판(형사 재판)에서 재판 당사자는 검사와 피고인이며, 피해자는 재판 당사자가 아니다.

기출 Tip A-3

집행 유예와 선고 유예

구분	내용
집행 유예	형을 선고하면서 형의 집행을 일정 기간 미루었다가 그 기간이 지나면 형의 선고가 효력을 잃는 것
선고 유예	형의 선고를 미루었다가 일정 기간이 지나면 면소된 것으로 간주하는 것

집행 유예: 보안 처분을 함께 부과할 수 있다.

선고 유예와 집행 유예는 저지른 죄가 가볍거나 정상 참작이 가능한 범죄자에게 사회 복귀의 길을 열어 주기 위한 판결이다.

가석방 제도

교도소에 수용된 수형자가 성실히 복역하고 잘못을 뉘우치면 일정한 조건에 따라 형 집행이 완료되기 전에 석방하는 제도이다.

일정한 조건: 무기 징역은 20년, 유기 징역은 형기의 3분의 1이 경과한 후 행정 처분으로 가석방할 수 있다.

B 소년 사건과 국민 참여 재판

1 소년 사건의 처리 19세 미만의 소년이 저지른 범죄를 대상으로 함

① 경찰: 가정(지방) 법원 소년부 송치 또는 검사에게 사건 송치

② 검사: 가정(지방) 법원 소년부 송치, 조건부 기소 유예 처분, 공소 제기

③ 가정(지방) 법원 소년부: 「소년법」상 보호 처분을 내리거나 검사에게 사건 송치

보호 처분: 사회 방위 및 특별 예방적 목적으로 소년범이나 가정 폭력 행위자 등에 대해 가하는 보안 처분으로, 전과 기록이 남지 않는다.

2 국민 참여 재판 재판의 공정성과 신뢰를 높인다는 의의가 있음

구분	내용
내용	일반 국민이 배심원으로 형사 재판에 참여하여 사실의 인정과 형벌의 수준 등에 관한 의견을 판사에게 제시하는 제도 → 지방 법원 합의부(1심) 관할 사건 중 피고인이 원하는 경우 진행됨
특징	배심원의 평결은 권고적 효력만을 가지므로 법원을 구속하지는 않지만, 재판장은 배심원의 평결과 다른 판결을 내릴 때는 판결문에 그 이유를 기재해야 함

3 국민 참여 재판 빈출자료 Link • 487-488번 문제

(국민 참여 재판의 절차)

배심원 선정 → 공판 → 평의 및 평결 → 판결 선고

평결: 국민 참여 재판에서 배심원이 피고인의 행위에 대해 유죄 또는 무죄의 판단을 내리는 것

배심원 선정: 우리나라에서는 20세 이상 국민 중 일정한 범죄 경력자, 경찰관, 변호사 등을 제외하고 배심원을 선정한다.

기출 Tip B-1

소년 사건의 대상

- 촉법 소년: 형벌 법령에 저촉되는 행위를 한 10세 이상 14세 미만의 소년 → 보호 처분만 가능
- 범죄 소년: 형벌 법령에 저촉되는 행위를 한 14세 이상 19세 미만의 소년 → 형벌과 보호 처분을 선택적으로 부과
- 우범 소년: 형벌 법령에 저촉되는 행위를 할 우려가 있는 10세 이상 19세 미만의 소년 중 보호자의 정당한 감독에 복종하지 않거나 이유 없이 가정에서 이탈한 소년 → 보호 처분만 가능

Ⓒ 형사 절차에서의 인권 보호

1 형사 절차에서의 인권 보장 원칙

• 이 원칙들은 수사 절차와 재판 절차 전반에 걸쳐 보장된다.

적법 절차의 원칙	공권력에 의한 개인의 자유와 권리 제한은 반드시 적법한 절차를 따라야 한다는 원칙
무죄 추정의 원칙	피의자와 피고인은 유죄 판결이 확정될 때까지는 무죄로 추정된다는 원칙
진술 거부권	피의자나 피고인이 수사 및 형사 재판 절차에서 불리한 진술을 강요당하지 않을 권리
변호인의 조력을 받을 권리	피의자나 피고인이 수사 기관과 대등한 관계에서 자신을 방어할 수 있도록 변호인의 도움을 받을 권리

• 이에 따라 수사와 재판은 불구속 상태에서 하는 것을 원칙으로 한다.

• 피고인의 범죄를 증명할 책임은 검사에게 있으며, 진술 거부권을 침해하여 얻은 진술은 증거 능력을 인정받지 못한다.

• 스스로 변호인을 구할 수 없을 경우 국선 변호인의 도움을 받을 수 있다.

2 수사 절차에서의 인권 보장 제도

영장 제도	피의자에 대한 체포·구속·압수·수색 시 법관이 발부한 영장을 제시해야 하는 제도
구속 전 피의자 심문 제도	검사가 피의자에 대한 구속 영장을 청구한 경우 법관(판사)이 피의자를 직접 심문하여 구속 사유가 인정되는지를 판단하는 제도 → '구속 영장 실질 심사 제도'라고도 함
체포·구속 적부 심사 제도	체포되거나 구속된 피의자가 체포 또는 구속의 적법성과 필요성을 심사해 줄 것을 법원에 청구하는 제도 → 심사 결과 적법하지 않을 경우 피의자를 석방해야 함

3 재판 절차에서의 인권 보장 제도

• 증거 재판주의에 따라 다른 증거 없이 피고인의 자백만으로는 유죄 판결을 내릴 수 없으며, 확정된 판결이라도 재판에 중대한 오류가 있을 경우 재심을 청구할 수 있다.

보석 제도	보증금 납입을 조건으로 구속된 피고인의 구속 집행을 정지하고 석방하도록 신청할 수 있음
상소 제도	피고인이 재판에 불복할 경우 상급 법원에 다시 재판을 청구할 수 있음

Ⓓ 범죄 피해자 보호와 형사 구제를 위한 제도

• 상해·폭행·사기 등 일부 사건에만 해당한다.

범죄 피해자 구조 제도	범죄 행위로 인해 생명 또는 신체에 피해를 당했음에도 가해자로부터 피해를 배상받지 못한 경우 국가가 피해자 또는 유족에게 일정한 한도의 구조금을 지급하는 제도
배상 명령 제도	일정한 사건의 형사 재판에서 유죄 판결을 선고할 때 법원이 직접 또는 피해자의 신청에 따라 간편하게 민사상 손해 배상까지 명령할 수 있는 제도
형사 절차 참여권	피해자는 수사 상황과 판결 내용을 제공받고, 재판에 출석하여 의견을 진술할 수 있음
형사 보상 제도	피의자 또는 피고인으로서 구금되었다가 법률이 정하는 불기소 처분을 받거나 무죄 판결을 받은 경우 국가에 보상을 청구할 수 있는 제도
명예 회복 제도	형사 재판에서 무죄 판결을 받은 당사자가 청구하면 명예 회복을 위해 해당 사건의 재판서를 1년 동안 법무부 누리집에 게재할 수 있는 제도

• 범죄 피해에 대한 손해를 배상받기 위해 소송을 두 번이나 해야 하는 피해자의 불편을 해결하기 위해서이다.

기출 Tip Ⓒ-1

형사 절차에서의 미란다 원칙

수사 기관이 피의자를 체포 또는 신문할 때는 미란다 원칙에 따라 일정한 권리(진술 거부권, 변호인의 조력을 받을 권리 등)를 미리 알려 주어야 하는 의무가 있다.

기출 Tip Ⓒ-3

형사 재판 절차에서의 불이익 변경 금지의 원칙

형사 재판에서는 피고인만이 항소한 사건에 대하여 원심 판결보다 무거운 형을 선고하지 못한다는 불이익 변경 금지의 원칙이 적용된다.

기출 Tip Ⓓ

형사 보상 제도의 요건

- 피의자로서 구금된 사람이 무죄의 취지로 불기소 처분을 받은 경우
- 피고인으로서 미결 구금되었던 사람이 무죄 판결을 받은 경우
- 판결이 확정되어 형의 집행을 받은 사람이 재심을 통해 무죄 판결을 받은 경우

개념 확인 문제

정답과 해설 48쪽

472 다음 빈칸에 들어갈 내용을 쓰시오.

(1) (　　　　　)의 기소 또는 불기소 처분으로 수사가 종결된다.

(2) 공소 제기 이후 형사 재판 절차가 시작되면 피의자는 (　　　　　)의 신분이 된다.

473 (　　　　　)은 일반 국민 중에서 선정된 배심원이 공판 절차에 참여하는 형사 재판으로, 지방 법원 합의부(1심) 관할 사건을 대상으로 한다.

474 다음 괄호 안의 내용 중 알맞은 말에 ○표를 하시오.

(1) 형사 절차에서는 (무죄, 유죄) 추정의 원칙이 적용된다.

(2) 구속된 피고인은 (보석, 구속 적부 심사)을/를 신청할 수 있다.

475 다음 설명이 맞으면 ○표, 틀리면 ×표를 하시오.

(1) 배상 명령 제도를 통해 민사상 손해 배상을 명령할 수 없다. (　)

(2) 피고인으로서 미결 구금되었던 사람이 무죄 확정 판결을 받은 경우 국가에 보상을 청구할 수 있다. (　)

A 형사 절차의 이해

476 하 중 상

다음은 공판 절차에 대한 설명이다. A~E에 해당하는 내용을 옳게 연결한 것은?

> 수사 결과 혐의가 인정되어 검사가 A를 하면 형사 재판이 시작되는데, 형사 재판이 시작되면 그동안 수사 대상이었던 사람은 B가 된다. 제1심 공판 절차는 C, D, E의 순서로 진행된다. C에서는 재판장이 B에게 진술 거부권을 알려준 후 인정 신문을 한다. 다음으로 검사가 공소 사실을 읽고 B가 공소 사실을 인정하는지 확인한 후에는 D가 시작되어 증거 조사, 피고인 신문 등이 이루어진다. D 이후 E를 할 때는 판사가 유죄의 증거를 얻지 못하면 무죄를 선고하고, 증거를 통해 피고인의 유죄가 입증될 때만 유죄 판결을 내린다.

① A - 기소 유예　② B - 피의자
③ C - 심리 절차　④ D - 모두 절차
⑤ E - 판결 선고

477 하 중 상

형 선고 및 집행 절차에 대한 옳은 설명을 〈보기〉에서 고른 것은?

〈 보기 〉

ㄱ. 재판 결과 무죄로 인정되면 가석방된다.
ㄴ. 피고인이 유죄로 확정되고 실형이 선고되면 검사의 지휘로 형이 집행된다.
ㄷ. 1, 2심 판결에 불복할 경우 검사 또는 피고인은 일정 기간 내에 상소할 수 있다.
ㄹ. 선고 유예는 형의 집행을 일정 기간 미루었다가 그 기간이 지나면 형의 선고가 효력을 잃는 것이다.

① ㄱ, ㄴ　② ㄱ, ㄷ　③ ㄴ, ㄷ
④ ㄴ, ㄹ　⑤ ㄷ, ㄹ

478 하 중 상

밑줄 친 ㉠, ㉡에 대한 설명으로 옳은 것은?

> • ○○ 지방 검찰청은 학교 폭력으로 적발된 고등학생 갑에게 일정 기간 봉사 활동을 조건으로 ㉠ 기소 유예 처분을 내렸다.
> • △△ 법원은 보복 운전을 하여 사고를 유발한 운전자 을에게 징역 2년에 ㉡ 집행 유예 4년을 선고하였다.

① ㉠은 판사의 권한이다.
② ㉠은 형이 집행되는 도중에 석방되는 제도이다.
③ ㉡과 함께 보안 처분이 부과될 수 있다.
④ ㉡은 일정 기간이 지나면 면소된 것으로 간주한다.
⑤ ㉠, ㉡은 모두 피고인의 유죄가 인정될 때 적용할 수 있다.

479-480 빈출자료

다음 글을 읽고 물음에 답하시오.

> 사건이 발생했을 때, 범인으로 상당한 의심이 가지만 뚜렷한 혐의가 발견되지 않은 사람을 용의자라고 한다. 그러나 조사가 진행되는 과정에서 범죄 혐의가 인정되어 입건하면 그 때부터 용의자는 수사의 대상이 되는 (㉠)이/가 된다. 수사가 끝난 후 검사는(㉠)에 대해 공소를 제기할 수 있는데, 이 때 기소된 자를 (㉡)(이)라고 한다.

479 하 중 상 (빈출)

㉠, ㉡에 해당하는 명칭을 옳게 연결한 것은?

	㉠	㉡
①	수형자	피고인
②	피고인	수형자
③	피고인	피의자
④	피의자	수형자
⑤	피의자	피고인

480 하 중 상

㉠, ㉡에 대한 설명으로 옳은 것은?

① ㉠의 범죄 혐의가 인정되면 법관이 법원에 재판을 요청한다.
② ㉠이 구속 수사 후 무죄 취지의 불기소 처분을 받았다면 형사 보상을 청구할 수 있다.
③ ㉡은 불구속 상태였더라도 무죄 판결 시 형사 보상을 청구할 수 있다.
④ ㉠은 ㉡과 달리 변호인으로부터 조력을 받을 권리를 갖는다.
⑤ ㉠, ㉡ 모두 구속 적부 심사 청구권이 인정된다.

481 하중상

다음은 형사 소송과 관련된 사례와 절차이다. 이에 대한 옳은 설명을 〈보기〉에서 고른 것은?

〈사례〉

갑은 친구들과 술을 마시다가 옆 테이블의 손님 을과 다툼이 발생하여 을을 폭행하였고 전치 6주의 상해를 입혔다.

〈갑의 폭행에 대한 형사 절차〉

(가) 수사 → (나) 기소 → (다) 공판 → (라) 판결

〈 보기 〉

ㄱ. (가)에서는 갑을 구속한 상태로 수사를 진행하는 것이 원칙이다.
ㄴ. (나)는 법관에 의해 이루어진다.
ㄷ. (다)에서는 증거 조사 및 의견 진술이 이루어진다.
ㄹ. (라)에서 유죄가 확정되기 전까지 갑은 무죄로 추정된다.

① ㄱ, ㄴ ② ㄱ, ㄷ ③ ㄴ, ㄷ
④ ㄴ, ㄹ ⑤ ㄷ, ㄹ

482 하중상 ••서술형

다음은 형의 선고에 대해 교사와 학생이 나눈 대화이다. (가), (나)에 들어갈 수 있는 학생의 옳은 대답을 각각 서술하시오.

- 교사: 법원이 일정 기간 형의 집행을 유예하고 그 기간이 경과하면 어떻게 되나요?
- 학생: ______(가)______
- 교사: 법원이 선고 유예를 선고할 수 있는 형벌은 어떤 것일까요?
- 학생: 1년 이하의 징역 또는 금고에 해당하는 형의 경우입니다.
- 교사: 법원이 일정 기간 형의 선고를 유예하고 그 기간이 경과하면 어떻게 되나요?
- 학생: ______(나)______

(1) (가):

(2) (나):

483 하중상

갑, 을의 사례에 대한 옳은 법적 판단을 〈보기〉에서 고른 것은?

- 갑은 1심 법원에서 징역 1년에 집행 유예 2년의 형을 선고받았다.
- 을은 1심 법원에서 정상을 참작하여 유예 기간이 지나면 면소된 것으로 간주하는 형사적 제재를 받았다.

〈 보기 〉

ㄱ. 갑, 을 모두 범죄 혐의가 인정되었다.
ㄴ. 1심 재판 결과에 불복하여 검사와 갑이 모두 항소할 수 있다.
ㄷ. 갑의 경우 징역 1년을 복역한 후 2년이 지나면 형 선고의 효력이 상실된다.
ㄹ. 을의 경우 1심 재판 결과를 근거로 법원에 가석방을 청구할 수 있다.

① ㄱ, ㄴ ② ㄱ, ㄹ ③ ㄴ, ㄷ
④ ㄴ, ㄹ ⑤ ㄷ, ㄹ

484 하중상

자료는 갑에 대하여 진행된 형사 절차를 나타낸 것이다. (가)~(다) 단계에 대한 옳은 설명만을 〈보기〉에서 있는 대로 고른 것은?

(가)	갑은 절도죄로 현장에서 경찰에게 체포되었다.

(나)	갑의 범죄를 심판하기 위한 형사 재판이 열렸다.

(다)	법관은 갑에게 징역 6월을 선고하였다.

〈 보기 〉

ㄱ. (가) 단계에서 갑은 변호인의 조력을 받을 권리를 가진다.
ㄴ. (나) 단계 전에 검사의 공소 제기가 있었을 것이다.
ㄷ. (나) 단계에서 재판의 당사자는 갑과 피해자이다.
ㄹ. (다) 단계에서 법원의 판결로 선고된 형은 검사의 지휘에 따라 집행된다.

① ㄱ, ㄴ ② ㄱ, ㄷ ③ ㄷ, ㄹ
④ ㄱ, ㄴ, ㄹ ⑤ ㄴ, ㄷ, ㄹ

485-486 빈출자료

다음 내용을 읽고 물음에 답하시오.

> (가) 법원이 내부적으로 형을 결정해 놓고 그 선고만을 일정 기간 유예하였다가 그 기간 동안 다른 범행이 없다면 면소된 것으로 간주하는 것이다.
> (나) 형을 선고하면서 그 집행만을 일정 기간 유예하였다가 그 기간 동안 다른 범행이 없다면 형의 선고를 실효시켜 실형을 집행하지 않는 것이다.

485 하/중/상

(가), (나)에 대한 옳은 설명을 〈보기〉에서 고른 것은?

〈 보기 〉
- ㄱ. (나)의 판결을 내릴 경우에는 보호 관찰을 부과할 수 없다.
- ㄴ. (가)와 달리 (나)는 범죄자에게 사회 복귀의 길을 열어 주기 위한 판결이다.
- ㄷ. (가), (나) 모두 유죄 판결의 일종이다.
- ㄹ. (가)는 선고 유예, (나)는 집행 유예이다.

① ㄱ, ㄴ ② ㄱ, ㄹ ③ ㄴ, ㄷ
④ ㄴ, ㄹ ⑤ ㄷ, ㄹ

486 하/중/상

(가), (나)에 대한 설명으로 옳은 것은?

① (가)는 피고인의 교정 시설 수용을 전제로 하지 않는다.
② (가)의 판결과 달리 (나)의 판결에 대해서는 불복할 수 있다.
③ (나)와 달리 (가)는 죄를 저지르지 않고 유예 기간이 지난 경우에 무죄로 확정된다.
④ (나)와 달리 (가)를 받은 피고인이 공판 과정에서 구속되어 있었다면 형사 보상을 청구할 수 있다.
⑤ (가), (나) 모두 불기소 처분으로 사건을 종결할 수 있다.

487-488 빈출자료

그림은 우리나라의 형사 절차를 나타낸 것이다. 물음에 답하시오.

(가) 수사 → ㉠ 기소 → (나) 공판 → ㉡ 선고 → (다) 형 집행

487 하/중/상

형사 절차 (가)~(다)에 대한 옳은 설명을 〈보기〉에서 고른 것은?

〈 보기 〉
- ㄱ. (가)는 피해자의 고소가 있어야만 진행될 수 있다.
- ㄴ. (나)는 검사가 공소를 제기한 경우에만 이루어진다.
- ㄷ. (다)에서 수형자는 보증금을 납부한 후 석방을 신청할 수 있다.
- ㄹ. (가)와 달리 (나)에서는 인정 신문이 이루어진다.

① ㄱ, ㄴ ② ㄱ, ㄷ ③ ㄴ, ㄷ
④ ㄴ, ㄹ ⑤ ㄷ, ㄹ

빈출

488 하/중/상

위 그림에 나타난 형사 절차에 대한 설명으로 옳지 않은 것은?

① ㉠은 검사에 의해서만 이루어진다.
② ㉡의 판결에 불복 시 검사와 피고인 모두 항고가 가능하다.
③ (나)의 당사자는 검사와 피고인이다.
④ (나) 단계에는 보석 제도가 적용된다.
⑤ (다)는 피고인의 유죄 확정 시 검사의 지휘로 이루어진다.

489 하/중/상

그림은 형사 절차를 나타낸 것이다. 이에 대한 설명으로 옳은 것은?

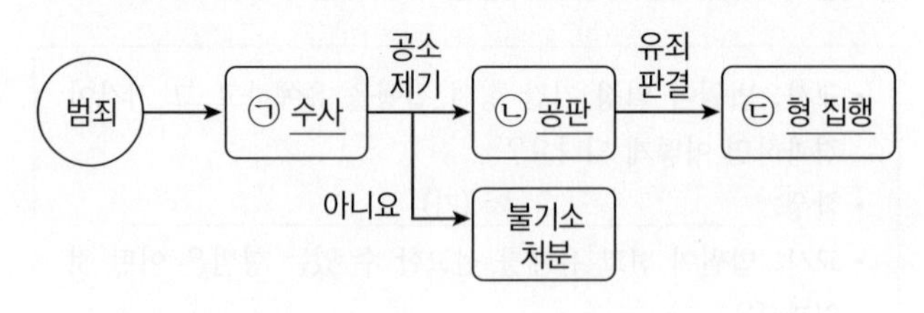

① ㉠ 단계에서 수사 기관은 진술 거부권을 고지하고 인정 신문을 한다.
② ㉠ 단계에서 구속되었다면 검사의 청구에 의해서 구속의 적합성에 대한 심사를 받을 수 있다.
③ ㉡ 단계에서 구금된 자는 영장 실질 심사를 통해 석방된 상태로 재판에 임할 수 있다.
④ ㉢ 단계에서 수형자는 형의 집행이 완료되기 전에 일정한 조건에 따라 석방될 수 있다.
⑤ ㉠과 달리 ㉢은 판사의 지휘로 집행한다.

B 소년 사건과 국민 참여 재판

490 하중상

밑줄 친 '이 제도'의 도입 취지로 가장 적절한 것은?

> 이 제도는 국민이 배심원으로 재판에 참여하는 형사 재판 제도이다. 배심원이 인정된 증거를 토대로 유·무죄에 관한 평결을 내리고 담당 재판부와 토의하면서 어느 정도의 형벌을 부과할지에 대한 의견을 밝히면 재판부가 이를 참고하여 판결을 내린다.

① 공공복리의 증진
② 재판의 신뢰 향상
③ 사법부의 독립성 강화
④ 범죄 피해자의 인권 보호
⑤ 수사 과정의 적법성 확보

491 하중상

소년 사건에 대한 옳은 설명만을 〈보기〉에서 있는 대로 고른 것은?

〈 보기 〉
ㄱ. 어떠한 경우에도 형벌을 부과하지 않는다.
ㄴ. 19세 미만인 자가 저지른 범죄 사건에 해당한다.
ㄷ. 처벌보다는 보호와 선도를 목적으로 특별 취급한다.
ㄹ. 「소년법」상 보호 처분을 받으면 전과 기록이 남지 않는다.

① ㄱ, ㄷ ② ㄱ, ㄹ ③ ㄴ, ㄹ
④ ㄱ, ㄴ, ㄷ ⑤ ㄴ, ㄷ, ㄹ

492 하중상

미성년자인 갑~정에 대한 설명으로 옳은 것은?

> 갑, 을, 병, 정은 모두 절도 행위로 경찰에 체포되었다. 경찰서장은 갑을 연령상의 이유로 가정 법원 소년부로 송치하였고, 을, 병, 정은 검찰로 송치하였다. 검사는 을을 형사 법원에 보내 재판을 받게 하였고, 병은 가정 법원 소년부로 송치하였으며, 정은 혐의 없음을 이유로 기소하지 않았다. 재판 결과 을은 징역 1년 6개월을 선고받았고, 병은 「소년법」상 보호 처분을 받았다.

① 갑의 연령이 가장 낮다.
② 을은 범죄 소년에 해당하지 않는다.
③ 병은 무죄 판결을 받았다.
④ 정은 선도 조건부 기소 유예 처분을 받았다.
⑤ 을~정이 받은 형사 제재는 모두 전과로 기록된다.

493-494 빈출자료

그림은 우리나라에서 시행되는 재판 제도의 절차를 나타낸 것이다. 물음에 답하시오.

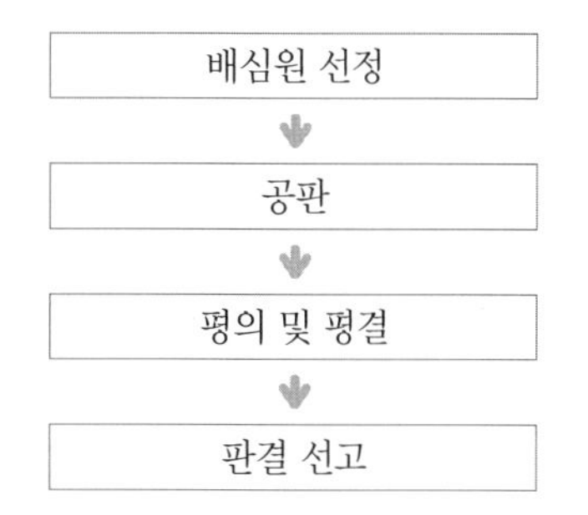

493 하중상

위 재판 제도에 대한 설명으로 옳지 않은 것은?

① 지방 법원 합의부의 1심 관할 형사 사건을 대상으로 한다.
② 20세 이상 국민이면 누구나 제한없이 배심원이 될 수 있다.
③ 배심원은 유죄 평결 후 양형에 관한 의견을 개진할 수 있다.
④ 법관은 배심원의 유·무죄 평결과 다른 판결을 내릴 수 있다.
⑤ 위 제도에 따른 재판을 진행하기 위해서는 피고인이 재판을 원하는지 그 의사를 확인하여야 한다.

빈출
494 하중상

위와 같은 절차로 진행되는 재판에 대한 옳은 설명을 〈보기〉에서 고른 것은?

〈 보기 〉
ㄱ. 형사 사건에서만 실시될 수 있다.
ㄴ. 재판장은 배심원의 평결을 반드시 따라야 한다.
ㄷ. 19세인 미성년자는 배심원으로 참여할 수 없다.
ㄹ. 지방 법원 합의부의 1심 관할 사건 중 죄가 무거운 경우에는 피고인의 동의 없이 진행될 수 있다.

① ㄱ, ㄴ ② ㄱ, ㄷ ③ ㄴ, ㄷ
④ ㄴ, ㄹ ⑤ ㄷ, ㄹ

495 하 중 상

(가)에 들어갈 수 있는 내용만을 〈보기〉에서 있는 대로 고른 것은?

> 같은 동네에 사는 갑(9세), 을(12세), 병(15세)은 동네에 있는 대형 마트에 들어가 상습적으로 물건을 훔쳤다. 이를 알게 된 마트 주인은 경찰서에 신고를 하였고, CCTV를 확인한 결과 갑, 을, 병의 행위로 밝혀졌다. 경찰은 갑, 을, 병에 대한 수사를 개시하였다. 이후 이들에 대한 법적 처리 결과는 다음과 같은데, ______(가)______

〈 보기 〉

ㄱ. 갑은 형벌과 보호 처분을 모두 받지 않았다.
ㄴ. 검사는 을에게 보호 처분을 내렸다.
ㄷ. 가정 법원 소년부는 병에게 선고 유예 판결을 내렸다.
ㄹ. 을은 가정 법원 소년부에서 보호 처분을 받았고, 병은 형사 법원에서 집행 유예를 선고받았다.

① ㄱ, ㄷ ② ㄱ, ㄹ ③ ㄴ, ㄷ
④ ㄱ, ㄴ, ㄹ ⑤ ㄴ, ㄷ, ㄹ

C 형사 절차에서의 인권 보호

496 하 중 상 ••서술형

다음 내용을 읽고 물음에 답하시오.

> 수사 기관은 피의자를 체포 또는 신문할 때 일정한 권리를 미리 알려 주어야 하는 의무가 있다. 이를 (㉠)(이)라고 하는데, 형사 소송법 제244조의 3에 규정되어 있다.

(1) ㉠에 들어갈 원칙이 무엇인지 쓰시오.

(2) 밑줄 친 '일정한 권리'에 해당하는 것을 두 가지 이상 제시하시오.

빈출 497 하 중 상

자료의 (가)에 대한 옳은 법적 판단만을 〈보기〉에서 있는 대로 고른 것은?

> ______(가)______ 청구
>
> • 사건: 폭행
> • 피의자: 갑
> • 구속 장소: ○○ 구치소
>
> 아래와 같이 ______(가)______을/를 청구하오니 청구 취지와 같이 결정하여 주시기 바랍니다.
>
> **청구 취지**
>
> "갑의 석방을 명한다."라는 결정을 구합니다.
>
> **청구 이유**
>
> 1. 피의자는 피해자를 때려 상해를 입힌 사실이 있으나, 치료비 전액을 피의자가 부담하였습니다.

〈 보기 〉

ㄱ. 기소 이전 시기에 청구할 수 있다.
ㄴ. 검사가 구속 영장을 청구하는 제도이다.
ㄷ. 수사 절차에서의 인권 보장을 위한 제도이다.
ㄹ. 불구속 수사를 요청하는 것으로서 심사 결과 구속이 적법하지 않을 경우 피의자를 석방해야 한다.

① ㄱ, ㄴ ② ㄱ, ㄷ ③ ㄴ, ㄹ
④ ㄱ, ㄷ, ㄹ ⑤ ㄴ, ㄷ, ㄹ

498 하 중 상 ••서술형

다음 글을 읽고 물음에 답하시오.

> 수사 과정에서 검사가 영장 발부를 청구하면 판사는 피의자와 직접 대면하여 그의 입장을 듣고 구속 여부를 결정하여야 하는데, 이를 (㉠)(이)라고 한다. 또한 피의자는 체포 또는 구속된 때에 체포·구속의 적법성과 필요성의 심사를 요청하고 석방을 청구할 수 있는데, 이를 (㉡)(이)라고 한다.

(1) ㉠, ㉡에 해당하는 인권 보장을 위한 제도를 각각 쓰시오.

(2) ㉠, ㉡에 해당하는 인권 보장을 위한 제도를 마련하고 있는 목적을 서술하시오.

499-500 빈출자료

그림은 특정 사건에 대한 형사 절차 흐름을 나타낸 것이다. 물음에 답하시오.

강도 사건 발생 후 경찰관은 목격자 진술 등을 근거로 갑이 범인이라고 판단하였다.

 ㉠

경찰관은 갑을 긴급 체포하였다. 을은 구속 영장을 청구하였고, 병은 구속 영장을 발부하였다. 이로 인해 갑은 구속되었다.

 ㉡

을은 갑을 강도죄로 기소하였다.

㉢

2심 법원에서 판결이 선고되었다.

㉣

판결이 확정되었다.

499 하 중 상

㉠~㉣에서 나타날 수 있는 형사 절차에 대한 법적 판단으로 옳은 것은?

① ㉠에서 형사 재판이 열렸다.
② ㉡에서 갑에 대한 피고인 신문이 가능하다.
③ ㉢에서 항소가 이루어졌다.
④ ㉣에서 기소 유예 처분이 선고되었다.
⑤ ㉢, ㉣에서 판사의 지휘로 형의 집행이 이루어졌다.

500 하 중 상

위 사례에 대한 옳은 법적 판단만을 〈보기〉에서 있는 대로 고른 것은?

〈 보기 〉
ㄱ. 구속된 갑은 기소 이전에 법원에 구속 적부 심사를 청구할 수 있다.
ㄴ. 갑은 구속 영장이 발부되기 전까지는 변호인의 조력을 받을 수 없다.
ㄷ. 갑에 대해 무죄 판결이 선고되어 확정되면 갑은 형사 보상을 청구할 수 있다.
ㄹ. 갑의 형 집행 중 진범이 나타나 갑이 범인이 아니라고 판단하는 경우 즉시 갑에게 가석방을 허가해야 한다.

① ㄱ, ㄴ　② ㄱ, ㄷ　③ ㄴ, ㄹ
④ ㄱ, ㄷ, ㄹ　⑤ ㄴ, ㄷ, ㄹ

501 하 중 상

밑줄 친 ㉠~㉤에 대한 설명으로 옳지 않은 것은?

> 변호인 제도는 헌법 제12조 제4항 "누구든지 체포 또는 구속을 당한 때에는 즉시 ㉠ 변호인의 조력을 받을 권리를 가진다. 다만, 형사 피고인이 스스로 변호인을 구할 수 없을 때에는 법률이 정하는 바에 의하여 ㉡ 국가가 변호인을 붙인다."와 제5항 "㉢ 누구든지 체포 또는 구속의 이유와 변호인의 조력을 받을 권리가 있음을 고지 받지 아니하고는 체포 또는 구속을 당하지 아니한다."에 근거를 둔다. 이외에도 헌법은 국가의 형벌권 행사 과정에서 피의자 또는 피고인의 신체의 자유가 부당하게 침해되지 않도록 헌법과 법률에 정한 법관에 의하여 법률에 의한 재판을 받을 권리, 적법 절차 원리와 ㉣ 무죄 추정을 받을 권리, 고문을 받지 아니할 권리와 ㉤ 진술 거부권, 지체 없이 공개 재판을 받을 권리 등 여러 가지 장치를 규정하고 있다.

① ㉠은 피의자와 달리 피고인이 갖는 권리이다.
② ㉡에 따라 국선 변호인의 도움을 받을 수 있다.
③ ㉢은 '미란다 원칙'과 관련이 있다.
④ ㉣은 수사 절차에서 형사 재판 절차에 이르기까지 적용되는 원칙이다.
⑤ ㉤을 침해하여 얻은 진술은 증거 능력을 인정하지 않는다.

502 하 중 상

갑~을의 사례에 대한 옳은 법적 판단만을 〈보기〉에서 있는 대로 고른 것은?

- 갑은 절도 혐의로 수사를 받고 있다.
- 을은 폭행 혐의로 구속 상태에서 항소심 재판을 받고 있다.
- 병은 상해 혐의로 구속 기소되어 징역 2년의 확정 판결을 받았다.

〈 보기 〉
ㄱ. 을은 보증금 납부를 조건으로 불구속 상태에서 재판을 받게 해 달라고 청구할 수 있다.
ㄴ. 병은 형 확정 후 구금되지 않는다.
ㄷ. 을은 갑과 달리 무죄 추정의 원칙이 적용되지 않는다.
ㄹ. 갑과 을 모두 진술 거부권을 행사할 수 있다.

① ㄱ, ㄴ　② ㄱ, ㄹ　③ ㄴ, ㄷ
④ ㄱ, ㄷ, ㄹ　⑤ ㄴ, ㄷ, ㄹ

D 범죄 피해자 보호와 형사 구제를 위한 제도

503 하중상

••서술형

(가)에 들어갈 적절한 대답을 서술하시오.

504 하중상

(가), (나)에서 피해자 또는 피해자의 유족이 활용을 고려할 수 있는 인권 보호 제도를 옳게 연결한 것은?

(가) 갑을 폭행한 A는 현재 형사 재판을 받고 있다. 전치 6주의 상해를 입은 갑은 별도의 민사 소송을 거치지 않고 형사 재판에서 치료비를 배상받고자 한다.

(나) 을은 아파트 주차장에서 강도를 만나 흉기에 찔려 병원으로 옮겨졌으나 다음날 사망하였다. 강도는 도주한 후 잡히질 않고 있어 을의 유족들은 손해 배상금도 전혀 받지 못하고 있다. 가장을 잃은 을의 유족들은 생계까지 막막한 상태이다.

	(가)	(나)
①	배상 명령 제도	형사 보상 제도
②	배상 명령 제도	범죄 피해자 구조 제도
③	형사 보상 제도	배상 명령 제도
④	형사 보상 제도	범죄 피해자 구조 제도
⑤	범죄 피해자 구조 제도	형사 보상 제도

505-506 빈출자료

다음 사례를 읽고 물음에 답하시오.

A는 퇴근길 버스에서 절도 혐의를 받아 경찰 조사를 받고 구속 기소되었다. 사건 당시 버스에서 세상 모르게 자고 있었던 A는 B의 지갑을 A가 훔치는 것을 목격했다는 C의 증언으로 1심 재판에서 유죄 판결을 받았다. 하지만 A의 항소로 이루어진 2심 재판에서 C가 진범을 숨기기 위해 거짓 증언을 한 사실이 밝혀지면서 무죄 판결을 받았고, 그 판결이 확정되었다. A는 교도소에서 곧바로 석방되었고, <u>이 제도</u>를 통해 억울하게 복역한 기간에 대한 보상을 국가에 청구하고자 한다.

505 하중상

밑줄 친 '이 제도'로 옳은 것은?

① 배상 명령 제도
② 형사 보상 제도
③ 구속 적부 심사 제도
④ 범죄 피해자 구조 제도
⑤ 구속 전 피의자 심문 제도

506 하중상

밑줄 친 '이 제도'에 대한 옳은 설명만을 〈보기〉에서 있는 대로 고른 것은?

〈 보기 〉
ㄱ. 명예 회복 제도와 함께 활용할 수 있다.
ㄴ. 재심에서 무죄 판결을 받은 경우에도 활용될 수 있다.
ㄷ. 미결 구금된 사람이 기소 유예 처분을 받은 경우에는 활용할 수 없다.
ㄹ. 구속된 피고인이 선고 유예 판결을 받고 그 판결이 확정된 경우에도 활용할 수 있다.

① ㄱ, ㄴ　② ㄱ, ㄹ　③ ㄷ, ㄹ
④ ㄱ, ㄴ, ㄷ　⑤ ㄴ, ㄷ, ㄹ

507 하 중 상

다음 사례에서 B의 가족에게 해줄 수 있는 조언으로 가장 적절한 것은?

> A의 음주 운전으로 교통사고가 발생하여 상대 운전자인 B가 사망하였다. B는 2남 1녀를 둔 홀벌이 가정의 가장이다. 하루아침에 가장을 잃은 B의 가족은 생계가 막막한 상황이다. 그런데 A의 가정도 딱하다. A는 트럭 한 대로 화물 운송을 하며 근근이 살았는데, 이 사고로 A도 크게 다쳐 수입이 끊기면서 B의 사망에 대한 배상금을 지급할 수 있는 형편이 안 된다.

① 배상 명령 제도를 활용하세요.
② 형사 보상 제도를 활용하세요.
③ 형사 절차 참여권을 행사하세요.
④ 범죄 피해자 구조 제도를 활용하세요.
⑤ 국선 변호인 선정을 청구해서 도움을 받으세요.

508 하 중 상

인권 보호 제도 (가)~(다)에 대한 설명으로 옳은 것은?

> (가) 검사가 구속 영장을 청구한 경우 법관이 피의자를 직접 심문하여 구속 사유가 인정되는지를 판단하는 제도
> (나) 피고인으로서 미결 구금되었던 사람의 무죄 판결이 확정된 경우 국가가 그로 인해 발생된 물질적·정신적 피해를 보상하는 제도
> (다) 범죄 행위로 인해 피해를 당했으나 가해자로부터 적절한 배상을 받지 못한 경우 국가가 피해자 또는 유족에게 일정한 한도의 구조금을 지급하는 제도

① (가)를 통해 법관이 구속 사유가 타당하지 않다고 판단하면 피의자는 보증금 납부를 조건으로 석방될 수 있다.
② (나)는 구속된 피의자가 무죄 취지의 불기소 처분을 받은 경우에도 활용될 수 있다.
③ (다)는 형사 재판 과정에서 피해자의 간단한 신청 절차만으로 민사상 손해 배상을 받을 수 있게 한 제도이다.
④ (가)는 피의자에게만, (나)는 피고인에게만 적용된다.
⑤ (나), (다)는 모두 범죄 피해자를 보호하기 위한 제도이다.

509 하 중 상

다음 사례에 대한 옳은 법적 판단만을 〈보기〉에서 있는 대로 고른 것은?

> 고등학생인 A는 동네 깡패인 B에게 계속해서 괴롭힘을 당해 왔으며, 한 달 전에는 B에게 구타를 당해 다리가 부러졌다. 이 일로 B는 재판을 받게 되어 1심 재판에서 유죄 판결을 받았고, 2심 재판과 3심 재판에서도 모두 유죄 판결을 받았다.

〈 보기 〉
ㄱ. A는 배상 명령 제도를 활용할 수 없다.
ㄴ. A에게는 형사 절차 참여권이 보장된다.
ㄷ. B에게는 진술 거부권이 보장된다.
ㄹ. B가 변호인을 구할 수 없을 때에는 국선 변호인의 도움을 받을 수 있다.

① ㄱ, ㄴ ② ㄱ, ㄹ ③ ㄷ, ㄹ
④ ㄱ, ㄴ, ㄷ ⑤ ㄴ, ㄷ, ㄹ

510 하 중 상

다음 사례에서 갑이 취할 수 있는 법적 조치로 적절한 것을 〈보기〉에서 고른 것은?

> 유명 연예인 갑은 폭행을 당했다고 주장하는 한 여성에 의해 고소당하여 구속되었고, 이후 고등 법원에서 무죄 판결이 확정되었다. 하지만 재판 과정에서 그의 실명이 공개되었고 파렴치한으로 손가락질을 받았던 갑은 그로 인한 물질적·정신적 피해를 국가로부터 보상받고, 자신이 무죄임을 세상에 알려 억울함을 풀고자 한다.

〈 보기 〉
ㄱ. 대법원에 상고한다.
ㄴ. 형사 보상을 청구한다.
ㄷ. 무죄 재판 사건의 재판서를 법무부 누리집에 게재해 달라고 청구한다.
ㄹ. 「범죄 피해자 보호법」에 따라 범죄 피해자 구조금 지급을 신청한다.

① ㄱ, ㄴ ② ㄱ, ㄹ ③ ㄴ, ㄷ
④ ㄴ, ㄹ ⑤ ㄷ, ㄹ

V

근로자의 권리

A 노동법의 이해

노동법: 근로관계를 규율하며, 계약 자유의 원칙을 수정 또는 제한하는 것을 중시한다.

1 노동법 국가가 노동 문제를 해결하고 근로자를 보호하기 위해 제정한 법 → 근로자의 인간다운 생활과 생존권 보장을 위해 국가가 개입하는 과정에서 제정됨

근로자의 인간다운 생활과 생존권 보장: 자본주의의 모순으로 인해 노동 문제가 발생하여 근로자의 삶의 질이 낮아졌다.

2 노동법의 종류 근로 기준법, 노동조합 및 노동관계 조정법, 최저 임금법 등

노동법: 자본주의의 발달 과정에서 발생한 문제의 해결을 목적으로 하였다.

기출 Tip A-1

사회법의 내용과 종류

내용	국가가 개인의 사적 영역에 개입하기 위해 제정한 법 → 공법과 사법의 중간 영역에 해당
종류	노동법, 경제법, 사회 보장법 등

대표적인 노동법

- 근로 기준법: 근로자의 실질적 지위를 보호하고 기본적 생활을 보장할 목적으로 근로 조건의 최저 기준을 규정함
- 노동조합 및 노동관계 조정법: 노동조합과 사용자 간 집단적 노사 관계를 규율함 → 근로 3권의 보장을 구체적으로 규정

B 법으로 보장되는 근로자의 권리

1 법률에 보장된 근로 조건

근로 조건: 근로 계약을 맺을 때 근로 조건을 근로 계약서에 명시해야 하며, 「근로 기준법」에 규정된 최저 기준에 미달하는 근로 계약 조항은 무효이다.

임금	근로자에게 직접 통화로 전액을 매월 1회 이상 일정한 날짜를 지정하여 지급해야 함
근로 시간	휴게 시간을 제외하고 1일 8시간, 1주 40시간을 초과할 수 없음
휴게 시간	근로 시간이 4시간일 때 30분 이상, 8시간일 때 1시간 이상을 근로 시간 도중에 주어야 함
휴일	일정 기간 개근한 근로자에게 1주에 1회 이상의 유급 휴일을 주어야 함

임금: 임금은 최저 임금 이상이어야 하며, 휴일 근무나 초과 근무에 대해서는 통상 임금의 50%를 가산하여 지급해야 한다.

근로 시간: 당사자 간 합의 시 1주 12시간 이내 연장 근로가 가능하다.

2 단체로서 근로자의 권리 근로 3권(노동 3권)인 단결권, 단체 교섭권, 단체 행동권을 보장함

근로 3권(노동 3권): 근로자가 사용자와 대등한 지위에서 근로 조건을 정할 수 있도록 해 준다.

단결권	근로자들이 자주적으로 노동조합을 조직·운영할 권리
단체 교섭권	노동조합이 근로 조건에 관하여 사용자와 교섭할 권리
단체 행동권	단체 교섭이 결렬될 경우 근로자가 자신의 주장을 관철하기 위해 쟁의 행위를 할 권리

단결권: 사용자 측은 정당한 사유 없이 교섭을 거부할 수 없다.

쟁의 행위: 파업, 태업 등의 행위로서 일정한 절차를 거친 정당한 쟁의 행위에 대해서는 노동조합의 민·형사상 책임이 면제된다.

3 청소년의 근로 보호

① 임금: 미성년자도 성인과 같은 최저 임금 제도의 적용을 받으며, 독자적인 임금 청구가 가능함

② 근로 시간: 18세 미만인 연소 근로자는 원칙적으로 1일 7시간, 1주 35시간 이상 일할 수 없음

청소년의 근로 보호: 미성년자의 근로 계약은 법정 대리인의 동의를 얻어 본인이 직접 체결해야 하며, 법정 대리인이 미성년자의 근로 계약을 대리할 수 없다.

1주 35시간 이상 일할 수 없음: 당사자 간 합의 시 1주 5시간 이내 연장 근로가 가능하다.

기출 Tip B-3

청소년의 취업 제한

- 15세 미만인 사람은 원칙적으로 고용할 수 없다.
- 사용자는 연소자를 위험한 일이나 유해 업종의 일에 사용할 수 없다.
- 연소자를 고용하는 사용자는 그 연령을 증명하는 가족 관계 기록 사항에 관한 증명서와 친권자 또는 후견인의 동의서를 사업장에 갖추어 두어야 한다.

C 근로자의 권리 보호

1 근로자의 권리 침해 시의 구제 방법

부당 노동 행위 시	노동 위원회에 구제 신청, 법원에 민사 소송 제기 등을 통해 구제
부당 해고 시	노동 위원회에 구제 신청, 법원에 해고 무효 확인 소송 제기 등을 통해 구제

부당 노동 행위: 예 근로자의 노동조합 결성·가입·활동 등을 이유로 근로자를 해고하거나 불이익을 주는 것, 노동조합에 가입하지 않는 것을 고용 조건으로 하는 것, 정당한 사유 없이 단체 교섭을 거부하는 것 등

해고 무효 확인 소송 제기: 노동 위원회의 구제 절차를 거치지 않고 바로 제기할 수 있다.

2 근로자의 권리 침해 시의 구제 방법 빈출자료 Link • 533-534번 문제

(부당 노동 행위 및 부당 해고 구제 절차)

피해 당사자 —(3개월 이내 구제 신청)→ 지방 노동 위원회 —(불복 시 10일 이내 재심 신청)→ 중앙 노동 위원회 —(불복 시 15일 이내 행정 소송 제기)→ 법원

피해 당사자: 부당 노동 행위의 경우 근로자 개인뿐 아니라 노동조합도 구제 신청을 할 수 있다.

기출 Tip C-1

부당 노동 행위와 부당 해고

부당 노동 행위	사용자가 불공정한 방법으로 근로 3권을 침해하는 행위
부당 해고	사용자가 정당한 이유 없이 근로자를 해고하거나 해고 절차를 지키지 않는 것

해고 절차: 30일 이전에 해고를 예고하여야 하며, 해고의 사유와 시기를 반드시 서면으로 통지하지 않으면 그 해고는 효력이 없다.

개념 확인 문제

정답과 해설 52쪽

511 다음 괄호 안의 내용 중 알맞은 말에 ○표를 하시오.

(1) 노동법은 (공법, 사회법)의 한 종류로서 근로관계를 규율한다.

(2) 근로 시간은 원칙적으로 1일 (8시간, 10시간)을 초과할 수 없다.

(3) 미성년자는 법정 대리인의 동의 없이 임금을 청구할 수 (있다, 없다).

512 다음 설명이 맞으면 ○표, 틀리면 ×표를 하시오.

(1) 단체 교섭권은 근로자들이 쟁의 행위를 할 권리를 말한다. ( )

(2) 미성년자는 성인과 달리 최저 임금의 적용을 받지 않는다. ( )

(3) 부당 해고를 당한 경우 해고 무효 확인 소송을 제기할 수 있다. ( )

정답과 해설 52쪽

A 노동법의 이해

513 하 중 상

밑줄 친 '이 법'의 종류로 옳은 것만을 〈보기〉에서 있는 대로 고른 것은?

〈 보기 〉

ㄱ. 민법　　ㄴ. 노동법
ㄷ. 경제법　　ㄹ. 사회 보장법

① ㄱ, ㄴ　② ㄱ, ㄷ　③ ㄷ, ㄹ
④ ㄱ, ㄴ, ㄷ　⑤ ㄴ, ㄷ, ㄹ

514 하 중 상

㉠에 들어갈 법에 대한 설명으로 옳지 않은 것은?

(㉠)은/는 경제적 약자인 근로자들을 보호하기 위해 노사 관계를 규정함으로써 근로자의 인간다운 생활과 생존권을 보장하려는 목적으로 등장한 법이다.

① 사회법의 한 종류이다.
② 계약 자유의 원칙을 수정 또는 제한한다.
③ 사용자와 근로자 간 근로관계를 규율한다.
④ 「근로 기준법」, 「노동조합 및 노동관계 조정법」이 포함된다.
⑤ 노동 시장에 대한 국가의 지나친 개입이 문제가 되어 등장하였다.

515 하 중 상

㉠에 들어갈 법의 유형에 대한 옳은 설명을 〈보기〉에서 고른 것은?

국가는 자본주의의 발달에 따라 빈익빈 부익부, 독점 기업의 발생 등의 문제가 심각해지자 이를 해결하기 위하여 개인의 법률관계에 적극적으로 개입하여 경제적 약자를 보호하는 다양한 제도를 시행하게 된다. 이때 등장한 새로운 법 영역이 (㉠)이다.

〈 보기 〉

ㄱ. 형법, 민법, 상법 등을 포함한다.
ㄴ. 공법과 사법의 중간 영역에 해당한다.
ㄷ. 실질적 평등의 실현을 목적으로 한다.
ㄹ. 개인과 개인 간의 사적 관계를 규율한다.

① ㄱ, ㄴ　② ㄱ, ㄷ　③ ㄴ, ㄷ
④ ㄴ, ㄹ　⑤ ㄷ, ㄹ

516 하 중 상

다음은 한 학생이 작성한 형성 평가지의 답안이다. 이 학생이 얻을 점수는?

형성 평가

※ 수행 과제: 사회법과 노동법에 대한 설명이 맞으면 ○표, 틀리면 ×표를 하시오.(문항당 맞으면 1점, 틀리면 0점임.)

문항	내용	답안
1	사회법은 국가가 개인의 사적 영역에 개입하여 규제하는 법이다.	×
2	사회법은 경제적 약자의 인간다운 삶과 생존권 보장을 목적으로 등장하였다.	○
3	노동법의 종류에 「근로 기준법」은 포함되지만, 「노동조합 및 노동관계 조정법」은 포함되지 않는다.	×
4	노동법은 열악한 조건에서 일하는 근로자를 보호하기 위해 계약 자유의 원칙을 수정 또는 제한하지 않을 것을 중시한다.	○

① 0점　② 1점　③ 2점　④ 3점　⑤ 4점

B 법으로 보장되는 근로자의 권리

517 하 중 상

우리나라 법률에 보장된 근로 시간에 대한 옳은 설명만을 〈보기〉에서 있는 대로 고른 것은?

〈 보기 〉

ㄱ. 사용자와 근로자(20세)의 합의가 있으면 1주 12시간 내에서 연장 근로가 가능하다.

ㄴ. 사용자는 일정 기간 개근한 근로자에게 1주에 1회 이상의 유급 휴일을 보장해야 한다.

ㄷ. 15세 이상 18세 미만인 연소 근로자는 원칙적으로 1일에 6시간, 1주에 30시간 이상 일할 수 없다.

ㄹ. 휴게 시간은 근로 시간이 4시간인 경우 30분 이상, 8시간인 경우 1시간 이상을 근로 시간 도중에 주어야 한다.

① ㄱ, ㄴ ② ㄱ, ㄷ ③ ㄷ, ㄹ
④ ㄱ, ㄴ, ㄹ ⑤ ㄴ, ㄷ, ㄹ

518 하 중 상

밑줄 친 ㉠~㉤에 대한 설명으로 옳지 않은 것은?

개별적인 근로관계에서 근로자는 ㉠ 「근로 기준법」을 통해 최소한의 근로 조건과 그 밖의 생활 조건을 보장받을 수 있다. 「근로 기준법」에는 ㉡ 근로 계약과 ㉢ 임금, ㉣ 근로 시간, ㉤ 휴게 시간 등 근로자를 보호하는 내용이 담겨 있다.

① ㉠은 근로자의 실질적 지위를 보호 및 개선하고 기본적인 생활을 보장하기 위해 규정되었다.
② 사용자가 연소 근로자와 ㉡을 체결하기 위해서는 친권자 또는 후견인의 동의를 받아야 한다.
③ ㉢은 근로 계약서에 명시해야 하며, 유통 및 지급 수단으로서 쉽게 사용할 수 있는 통화 형태로 지급해야 한다.
④ ㉣은 사용자와 근로자(21세)가 합의한 경우 원칙적으로 1주 24시간까지 연장 근로가 가능하다.
⑤ ㉤이 「근로 기준법」에 어긋나는 경우 해당 계약 조항은 무효가 된다.

519 하 중 상

(가)에 들어갈 법적 내용으로 옳지 않은 것은?

- 갑: 요즘 아르바이트를 원하는 청소년들이 많아졌어. 나도 연소 근로자를 한번 고용해 볼까도 생각 중이야.
- 을: 연소 근로자는 성인과 달리 법에 의해 보호되고 있으니까 관련 규정의 내용을 알고 있어야 해.
- 갑: 그렇구나. 그럼 관련 규정 좀 알려줄 수 있어?
- 을: ________(가)________

① 연소 근로자를 보건상 유해한 사업에 고용할 수 없어.
② 15세 미만인 청소년은 원칙적으로 취업이 금지되어 있어.
③ 연소 근로자의 근로 계약은 법정 대리인이 대신 체결할 수 있어.
④ 연소 근로자의 근로 시간은 원칙적으로 1일에 7시간, 1주에 35시간을 초과할 수 없어.
⑤ 연소 근로자를 고용한 경우 그 연령을 증명하는 가족 관계 기록 사항에 관한 증명서를 사업장에 비치해 두어야 해.

520 하 중 상

밑줄 친 ㉠에 대한 옳은 설명만을 〈보기〉에서 있는 대로 고른 것은?

헌법 제32조 ① 모든 국민은 근로의 권리를 가진다. 국가는 사회적·경제적 방법으로 근로자의 고용의 증진과 적정 임금의 보장에 노력하여야 하며, 법률이 정하는 바에 의하여 ㉠ 최저 임금제를 시행하여야 한다.

〈 보기 〉

ㄱ. 근로자의 생활 안정을 위해 ㉠을 보장하고 있다.

ㄴ. 성인은 미성년자에 비해 20% 가산된 ㉠이 적용된다.

ㄷ. 사용자는 현행 법규에 따라 ㉠을 초과하는 임금을 근로자에게 지급할 수 없다.

ㄹ. 근로 계약에서 ㉠에 미치지 못하는 임금을 받기로 한 조항은 해당 조항에 한하여 무효가 된다.

① ㄱ, ㄴ ② ㄱ, ㄹ ③ ㄷ, ㄹ
④ ㄱ, ㄴ, ㄷ ⑤ ㄴ, ㄷ, ㄹ

521-522 빈출자료

표는 근로 3권의 내용을 정리한 것이다. 물음에 답하시오.

(가)	근로자가 노동조합을 결성하고 가입하여 활동할 수 있는 권리
(나)	노동조합이 근로 조건에 관하여 사용자와 대등한 입장에서 교섭할 수 있는 권리
(다)	근로자가 자신들의 주장을 관철하기 위하여 쟁의 행위를 할 수 있는 권리

521 하중상

(가)~(다)에 해당하는 권리를 옳게 연결한 것은?

	(가)	(나)	(다)
①	단결권	단체 교섭권	단체 행동권
②	단결권	단체 행동권	단체 교섭권
③	단체 교섭권	단결권	단체 행동권
④	단체 교섭권	단체 행동권	단결권
⑤	단체 행동권	단체 교섭권	단결권

빈출

522 하중상

(가)~(다)에 해당하는 권리에 대한 옳은 설명만을 〈보기〉에서 있는 대로 고른 것은?

〈 보기 〉

ㄱ. 사용자가 (가)를 침해하는 행위는 부당 노동 행위에 해당한다.

ㄴ. 사용자는 정당한 사유가 있어도 (나)의 행사를 거부할 수 없다.

ㄷ. (다)는 노동조합이 파업, 태업 등의 행위를 할 수 있는 근거가 된다.

ㄹ. (가)~(다)는 「근로 기준법」에서 구체적으로 규정하여 보장하고 있다.

① ㄱ, ㄴ ② ㄱ, ㄷ ③ ㄴ, ㄹ
④ ㄱ, ㄴ, ㄹ ⑤ ㄴ, ㄷ, ㄹ

빈출

523 하중상

다음은 인터넷에서 특정 법률 ㉠을 검색한 결과이다. ㉠에 대한 옳은 설명을 〈보기〉에서 고른 것은?

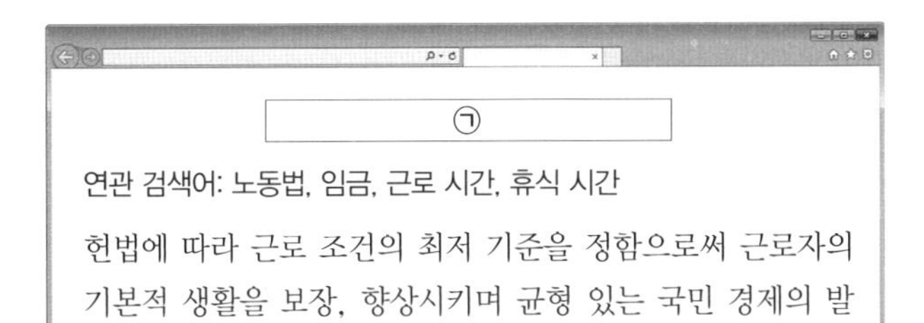

연관 검색어: 노동법, 임금, 근로 시간, 휴식 시간

헌법에 따라 근로 조건의 최저 기준을 정함으로써 근로자의 기본적 생활을 보장, 향상시키며 균형 있는 국민 경제의 발전을 꾀하는 것을 목적으로 하는 법을 말한다.

〈 보기 〉

ㄱ. 근로 3권의 보장을 구체적으로 규정한 법률이다.

ㄴ. 근로자의 실질적 지위를 보장하는 것을 목적으로 한다.

ㄷ. 근로 계약의 일부 조항이 ㉠에 어긋나는 경우 근로 계약 전체 조항이 무효가 된다.

ㄹ. ㉠에 따라 근로 계약을 맺을 때 임금, 근로 시간, 휴일 등을 명시하여 서면으로 작성해야 한다.

① ㄱ, ㄴ ② ㄱ, ㄷ ③ ㄴ, ㄷ
④ ㄴ, ㄹ ⑤ ㄷ, ㄹ

524 하중상

밑줄 친 ㉠~㉣에 대한 설명으로 옳은 것은?

헌법에서는 ㉠ 근로자를 위한 기본적 권리에 대해 언급하고 있다. 그러한 기본적 권리 중 근로관계에서 상대적 약자인 근로자가 사용자와 대등한 지위에서 근로 조건을 결정할 수 있도록 규정한 권리를 근로 3권이라고 하는데, 근로 3권으로는 ㉡ 단결권, ㉢ 단체 교섭권, ㉣ 단체 행동권이 있다.

① ㉠은 어떤 경우에도 제한할 수 없는 권리이다.
② ㉡은 근로 조건에 관하여 노동조합을 통해 사용자와 협상할 수 있는 권리이다.
③ ㉢의 행사 방법으로는 파업, 태업 등이 있다.
④ ㉣을 행사하는 과정에서 행해지는 모든 쟁의 행위에 대해서 노동조합의 민·형사상 책임이 면제된다.
⑤ 사용자가 ㉡~㉣을 침해하는 행위를 부당 노동 행위라고 한다.

V

525 하 중 상

사회자의 질문에 잘못 답변한 사람은?

- 사회자: 청소년 근로권을 침해받은 경험을 말해 볼까요?
- 갑: 월급날이 되어 월급을 달라고 하니 사장님이 부모님께 월급을 보내셨어요.
- 을: 사장님이 갑자기 한 달 후부터는 일을 나오지 말라고 문자 메시지를 보내셨어요.
- 병: 주차장에서 아르바이트를 하는 줄 알았는데, 사장님이 유흥업소에서 계산 업무를 보는 일을 시키셨어요.
- 정: 휴일이었는데 갑자기 사장님이 전화해서 바쁘니까 나오라고 하셔서 시급을 최저 임금으로 받고 일했어요.
- 무: 저는 근로 계약서를 직접 작성하기가 싫었는데, 사장님이 저에게 직접 근로 계약서를 작성하라고 시키셨어요.

① 갑 ② 을 ③ 병 ④ 정 ⑤ 무

526 하 중 상

••서술형

다음 사례를 읽고 물음에 답하시오.

갑은 17세의 고등학생이다. 갑은 ㉠ 용돈을 벌고 싶어 어머니의 허락을 받고 ㉡ 겨울 방학 동안 삼촌이 경영하는 편의점에서 아르바이트를 하였다. 갑은 ㉢ 2주 동안 오전 11시부터 오후 8시까지 휴식 시간 없이 하루 9시간씩 근무하면서 ㉣ 물품 판매 업무를 담당하였다. 그리고 한 달 후 갑의 삼촌은 ㉤ 갑의 어머니에게 임금을 지급하였다.

(1) 밑줄 친 ㉠~㉤ 중 갑의 노동권이 침해된 부분을 있는 대로 찾아 쓰시오.

(2) (1)과 같이 생각한 이유를 「근로 기준법」의 내용을 근거로 들어 서술하시오.

527 하 중 상

성인 근로자와 연소 근로자의 공통적인 특징으로 적절한 것을 〈보기〉에서 고른 것은?

〈 보기 〉
ㄱ. 최저 임금제 적용
ㄴ. 독자적인 임금 청구 가능
ㄷ. 법정 대리인의 동의 없이 근로 계약 체결 가능
ㄹ. 당사자 간 협의에 따라 1주 5시간까지 연장 근로 가능

① ㄱ, ㄴ ② ㄱ, ㄷ ③ ㄴ, ㄷ
④ ㄴ, ㄹ ⑤ ㄷ, ㄹ

528 하 중 상

다음은 갑과 을이 체결한 근로 계약서의 일부이다. 이에 대한 법적 판단으로 옳은 것은? (단, 2022년 최저 임금은 시간당 9,160원이다.)

근로 계약서

갑(사업주, 45세)과 을(종업원, 17세)은 다음과 같이 ㉠ 근로 계약을 체결한다.
1. 계약 기간: 2022. 1. 1.~2022. 5. 31.
… 중략 …
4. ㉡ 근로 시간: 오전 10시부터 오후 6시까지(휴게 시간 1시간 포함)
5. 임금: 9,000(시급)

① 을의 법정 대리인은 을을 대리하여 ㉠을 체결할 수 있다.
② ㉡은 1일 법정 근로 시간을 초과한다.
③ 을은 법정 대리인의 동의 없이 임금을 청구할 수 있다.
④ 을이 계약에 합의했으면 갑에게 최저 임금을 요구할 수 없다.
⑤ 을은 갑과의 합의가 없더라도 1주에 5시간까지 연장 근로를 할 수 있다.

529 하 중 상

다음은 을의 근로 계약서 일부이다. 이에 대한 옳은 법적 판단만을 〈보기〉에서 있는 대로 고른 것은? (단, 을은 17세이다.)

근로 계약서

사용자(이하 '갑'이라 함)와 근로자(이하 '을'이라 함)는 다음과 같이 근로 계약을 체결한다.
1. 근로 계약 기간: 2019. 1. 2. ~ 2019. 2. 2.
2. 근무 장소: □□시 △△구 ◇◇동 ○○ 패스트푸드점
3. 업무의 내용: 피자, 햄버거 등 판매와 청소 및 정리
4. 근로 시간: 오전 9시~오후 5시 (휴게 시간 1시간)
* 단, 휴게 시간은 근로 시간에서 제외된다.
5. 근무일 및 휴일: 월요일~금요일 근무
(토요일은 무급, 일요일은 유급 휴무일)
6. 임금: 매출 실적에 따라 수시로 지급함
… 후략 …

〈 보기 〉
ㄱ. 임금 지급 방식은 「근로 기준법」을 준수하였다.
ㄴ. 을은 하루에 1시간 연장 근로에 합의할 수도 있었다.
ㄷ. 을은 법정 대리인의 동의가 있어야 임금을 지급받을 수 있다.
ㄹ. 을은 계약 체결 시 법정 대리인의 동의서를 제출해야만 한다.

① ㄱ, ㄴ ② ㄱ, ㄷ ③ ㄴ, ㄹ
④ ㄱ, ㄴ, ㄹ ⑤ ㄴ, ㄷ, ㄹ

C 근로자의 권리 보호

530 하 중 상

밑줄 친 '이것'에 해당하는 사례로 옳지 않은 것은?

> 사용자가 노동조합의 활동을 방해하기 위해 불공정한 방법으로 근로 3권을 침해하는 행위를 이것이라고 한다.

① 노동조합에서 탈퇴할 것을 강요하는 행위
② 노동조합 활동을 이유로 근로자에게 불이익을 주는 행위
③ 정당한 사유로 노동조합과의 단체 교섭을 거부하는 행위
④ 노동조합에 가입하지 않을 것을 고용 조건으로 하는 행위
⑤ 특정 노동조합의 조합원이 될 것을 고용 조건으로 하는 행위

531 하 중 상

다음은 부당 노동 행위와 부당 해고로 인한 권리 침해 시의 구제 절차를 설명한 것이다. ㉠~㉢에 해당하는 내용을 옳게 연결한 것은?

> 부당 노동 행위나 부당 해고를 당한 근로자는 3개월 이내에 (㉠)에 구제 신청을 할 수 있다. (㉠)의 결정에 불복할 경우 10일 이내에 (㉡)에 재심을 청구할 수 있고, (㉡) 결정에도 불복 시 15일 이내에 법원에 (㉢)을/를 제기할 수 있다.

	㉠	㉡	㉢
①	고용 노동부	중앙 노동 위원회	형사 소송
②	중앙 노동 위원회	고용 노동부	민사 소송
③	중앙 노동 위원회	지방 노동 위원회	행정 소송
④	지방 노동 위원회	고용 노동부	민사 소송
⑤	지방 노동 위원회	중앙 노동 위원회	행정 소송

532 하 중 상

••서술형

다음 글을 읽고 물음에 답하시오.

> 해고는 사용자의 일방적인 의사에 의한 근로관계 종료를 의미하는데, 해고의 일방성은 근로자에게 사회적·경제적으로 커다란 타격을 줄 수 있다. 따라서 우리나라에서는 ㉠ 해고 통지 시기와 해고 통지 방법에 대해 법률로 명시하고 있으며, 이와 같은 요건과 절차를 갖추지 못한 것을 (㉡)(이)라고 한다.

(1) 밑줄 친 ㉠의 내용을 서술하시오.

(2) ㉡에 해당하는 용어를 쓰고, 그로 인한 권리 침해 시의 구제 방법을 두 가지 이상 서술하시오.

533-534 빈출자료

자료를 읽고 물음에 답하시오.

> 갑은 ○○ 회사와 근로 계약을 체결하였다. 입사 후 업무량과 근로 시간 때문에 고민하던 갑은 근로 조건 개선을 위해 노동조합에 가입하여 활동하였다. ○○ 회사는 이를 이유로 갑을 기존의 업무와 무관한 부서로 발령하고 연봉을 삭감하였다. 이러한 조치가 부당하다고 생각한 갑은 다음과 같은 구제 절차를 고려하고 있다.
>
> 피해 당사자
> ↓ (A)개월 이내 구제 신청
> ㉠ 지방 노동 위원회
> ↓ 불복 시 (B)일 이내 재심 신청
> ㉡ 중앙 노동 위원회
> ↓ 불복 시 (C)일 이내 소송 제기
> ㉢ 법원

533 하 중 상

A~C에 해당하는 숫자를 모두 더한 값은?

① 23 ② 25 ③ 28 ④ 33 ⑤ 38

534 하 중 상

위 자료에 대한 옳은 법적 판단만을 <보기>에서 있는 대로 고른 것은?

> <보기>
> ㄱ. 갑에 대한 ○○ 회사의 조치는 부당 노동 행위에 해당한다.
> ㄴ. 갑이 받은 불이익에 대해 갑이 속한 노동조합은 ㉠에 구제 신청을 할 수 없다.
> ㄷ. 갑은 ○○ 회사에 의한 부당한 권리 침해를 이유로 ㉠에 구제 신청을 할 수 있다.
> ㄹ. 갑은 ㉡의 재심 판정에 불복할 경우 ㉢에 민사 소송을 제기할 수 있다.

① ㄱ, ㄴ ② ㄱ, ㄷ ③ ㄴ, ㄹ
④ ㄱ, ㄷ, ㄹ ⑤ ㄴ, ㄷ, ㄹ

535

(가), (나)에 대한 옳은 설명을 〈보기〉에서 고른 것은?

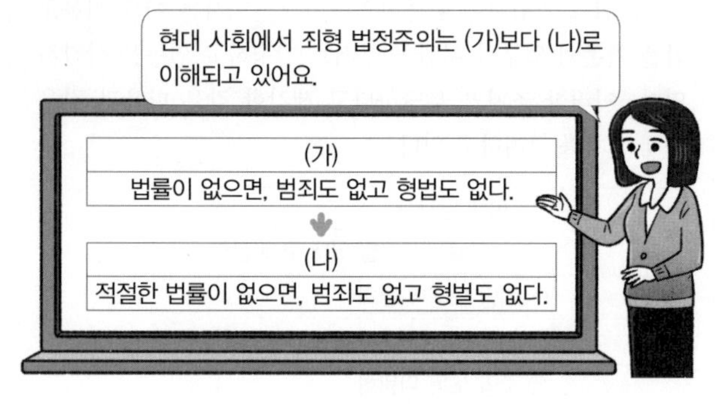

〈 보기 〉

ㄱ. (가)는 합법성에 근거한 독재 정치의 출현을 초래할 수 있다.
ㄴ. (가)에 비해 (나)는 법률의 내용이 정의에 부합해야 됨을 강조한다.
ㄷ. (가)에 비해 (나)에서 입법부에 의한 자의적 형벌권 남용이 나타날 가능성이 높다.
ㄹ. (나)는 (가)와 달리 관습에 의한 범죄의 성립과 형벌의 부과를 인정하지 않는다.

① ㄱ, ㄴ ② ㄱ, ㄹ ③ ㄴ, ㄷ
④ ㄴ, ㄹ ⑤ ㄷ, ㄹ

536

다음 사례들에 대한 법적 판단으로 옳지 않은 것은?

- 갑은 친구 A의 승낙을 얻고 A 아버지의 자동차를 훔쳤다.
- 을은 형사 소송법 제212조에 의거하여 소매치기 현행범 B를 체포하여 경찰에게 즉시 인도하였다.
- 병은 흉기를 들고 자신의 자녀를 살해하겠다고 위협하는 C의 협박에 못 이겨 회사의 기밀 자료를 C에게 넘겼다.
- 자신의 고가의 시계를 훔쳐 달아난 친구 D를 일주일 만에 발견한 정은 절도당한 시계를 되찾는 과정에서 D에게 경미한 상해를 입혔다.

① 갑의 행위는 위법성이 조각되지 않는다.
② 을의 행위는 범죄의 구성 요건에 해당되지 않는다.
③ 병의 행위는 책임이 조각된다.
④ 병의 행위와 달리 갑의 행위는 범죄가 성립할 수 있다.
⑤ 정의 행위는 범죄의 구성 요건에 해당한다.

537

다음 과제를 옳게 수행한 모둠은?

※ 과제: 〈자료〉의 내용을 토대로 제시된 사례의 범죄 성립 여부를 모둠별로 판단하시오.

〈자료〉

범죄가 성립하려면 A, B, C가 있어야 한다. A는 구체적 사실이 범죄의 구성 요건에 해당하는 성질, B는 해당 행위가 법률상 허용되지 않는 성질, C는 행위자에 대한 비난 가능성이다.

〈모둠별 과제 결과물〉

구분	사례	범죄 성립 여부
1모둠	갑(11세)이 돌을 던져 타인의 차량을 파손하였다.	A, B, C가 모두 인정되어 범죄가 성립함
2모둠	을(25세)이 절도를 한 것이 강요된 행위로 인정되었다.	B가 조각되어 범죄가 성립하지 않음
3모둠	병(30세)이 심신 상실의 상태에서 타인에게 상해를 가하였다는 것이 인정되었다.	A가 인정되지 않고 C가 조각되어 범죄가 성립하지 않음
4모둠	정(40세)이 타인을 때린 것이 정당방위로 인정되었다.	A, B가 인정되어 범죄가 성립함
5모둠	무(50세)가 타인의 집에 무단으로 침입한 것이 긴급 피난으로 인정되었다.	B가 조각되어 범죄가 성립하지 않음

① 1모둠 ② 2모둠 ③ 3모둠 ④ 4모둠 ⑤ 5모둠

538

그림은 범죄의 성립 요건을 나타낸 것이다. (가)~(라)에 대한 설명으로 옳은 것은?

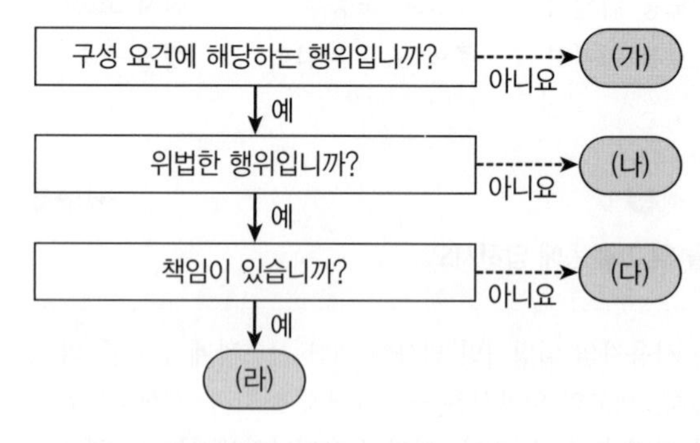

① 일반인이 현행 범인을 체포하는 경우는 (가)에 해당하여 범죄가 성립하지 않는다.
② 피해자의 승낙에 의한 행위는 (나)에 해당하여 범죄가 성립하지 않는다.
③ 듣거나 말하는데 모두 장애가 있는 자의 행위는 (다)에 해당하여 범죄가 성립하지 않는다.
④ 형사 미성년자의 행위도 예외적인 경우 (라)에 해당할 수 있다.
⑤ (가)에 해당하는 행위에 위법성과 책임이 인정되면 (라)에 포함될 수 있다.

539

자료에 대한 법적 판단으로 옳은 것은?

> 범죄가 성립하려면 먼저 어떤 행위가 구성 요건에 해당하고, A, B가 충족되어야 한다. 구성 요건 해당성이 충족되더라도 ㉠ A가 조각되는 경우나 ㉡ B가 조각되는 경우에는 범죄가 성립되지 않는다.

① '8세 어린이가 남의 집에 방화를 한 행위'가 ㉠의 사례라면, A는 '위법성'이다.
② '격투기 선수가 시합 과정에서 상대 선수에게 중상을 입힌 행위'가 ㉠의 사례라면, 정당방위는 ㉡에 해당한다.
③ B가 '책임'이라면, ㉡의 사례로 '자신에게 돌진하는 멧돼지를 피하기 위해 가게 물건을 파손한 행위'를 들 수 있다.
④ '자신의 생명에 대한 위해를 방어할 방법이 없는 협박을 받아 법정에서 위증한 행위'가 ㉡의 사례라면, B는 '위법성'이다.
⑤ A가 '위법성'이라면, ㉠의 사례로 '법적 절차를 기다릴 수 없는 매우 긴급한 상황에서 자신의 청구권을 보전하기 위한 행위'를 들 수 있다.

540

자료에 대한 법적 판단 및 추론으로 옳은 것은?

> 〈사례〉
> 1년 전에 희귀 정신병으로 인해 입원 치료를 받은 경력이 있는 갑은 을의 자동차를 파손한 혐의로 기소되었다.
> 〈판결〉
> • 1심 법원: 갑이 을의 자동차를 파손할 당시 갑은 심신 상실 상태에 있었다.
> • 2심 법원: 갑이 을의 자동차를 파손할 당시 갑은 심신 미약 상태에 있었다.

① 1심 법원은 갑의 행위에 위법성이 조각된다고 보았다.
② 1심 법원은 책임과 관련하여 갑이 형사 미성년자와 같은 취급을 받아야 한다고 보았다.
③ 2심 법원은 갑에게 책임이 인정되어 형을 감경할 수 없다고 보았다.
④ 1심 법원과 달리 2심 법원은 갑의 행위가 범죄의 구성 요건에 해당하지 않는다고 보았다.
⑤ 1심 법원과 2심 법원은 모두 갑이 무죄라고 판단하였을 것이다.

541

자료에 대한 옳은 법적 판단을 〈보기〉에서 고른 것은?

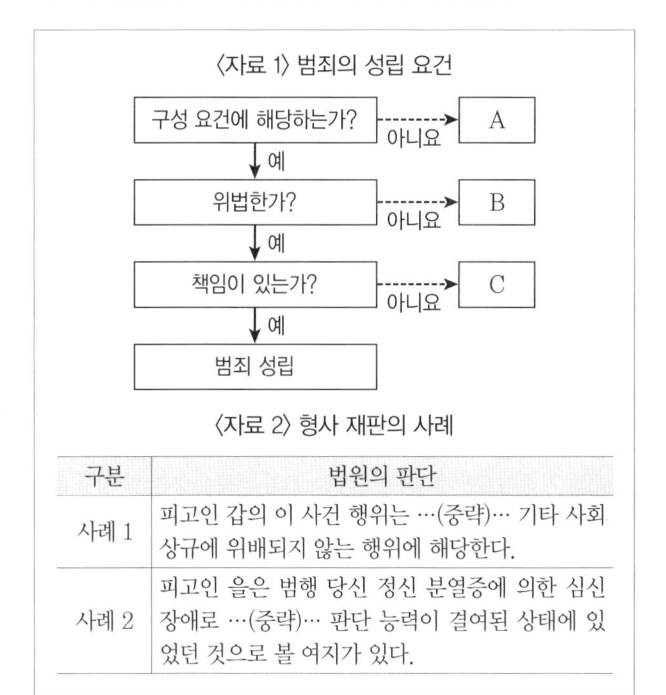

〈자료 2〉 형사 재판의 사례

구분	법원의 판단
사례 1	피고인 갑의 이 사건 행위는 …(중략)… 기타 사회 상규에 위배되지 않는 행위에 해당한다.
사례 2	피고인 을은 범행 당시 정신 분열증에 의한 심신 장애로 …(중략)… 판단 능력이 결여된 상태에 있었던 것으로 볼 여지가 있다.

〈 보기 〉
ㄱ. 흉악 범죄는 A에 해당되어도 형사 처벌을 할 수 있다.
ㄴ. 반사회적 행위라도 B에 해당할 경우 형사 처벌을 할 수 없다.
ㄷ. 법원은 갑의 행위를 정당 행위로 보아 C로 판단하였다.
ㄹ. 법원은 을의 행위가 C에 해당한다고 판단하더라도 을에게 치료 감호 처분을 내릴 수 있다.

① ㄱ, ㄴ　② ㄱ, ㄷ　③ ㄴ, ㄷ　④ ㄴ, ㄹ　⑤ ㄷ, ㄹ

542

다음 사례에 대한 설명으로 옳은 것은?

> • ○○ 법원은 ㉠「도로 교통법」 등을 위반한 혐의로 기소된 갑에게 ㉡ 징역 6월을 선고하였다.
> • △△ 법원은 ㉢「성폭력 범죄의 처벌 등에 관한 특례법」 위반 혐의로 기소된 을에게 ㉣ 금고 6월에 집행 유예 2년을 선고하였다. 또한 법원은 을에게 ㉤ 사회봉사 80시간, 성폭력 치료 강의 24시간 수강 명령도 하였다.

① ㉡은 보안 처분에 해당한다.
② ㉤은 범죄자의 재사회화를 위한 대안적 제재 수단이다.
③ ㉢은 ㉠과 달리 실질적 의미의 형법에 해당한다.
④ ㉣은 ㉡과 달리 정해진 노역을 부과한다.
⑤ ㉤은 ㉣과 달리 범죄자에게 불리한 처우가 아니므로 반드시 법률과 적법한 절차에 따라야 할 필요는 없다.

543

표는 우리나라 형벌의 종류를 구분한 것이다. 이에 대한 설명으로 옳지 않은 것은?

생명형	(A)
자유형	징역, (B), 구류
재산형	(C), (D), 몰수
(E)	자격 상실, 자격 정지

① A는 범죄자의 생명을 박탈하는 형벌이다.
② B는 1개월 이상 교정 시설에 구금하지만, 정해진 노역을 부과하지는 않는다.
③ E의 사례로는 선거권과 피선거권을 박탈하거나 일시 정지하는 것이 있다.
④ C의 기준이 5만 원 이상이라면, D의 기준은 2천 원 이상 5만 원 미만이다.
⑤ C와 D 중 하나는 범죄 행위로 취득한 재산 등을 국고에 귀속시키는 형벌에 해당한다.

544

그림은 갑에 대한 형사 절차를 나타낸 것이다. 이에 대한 옳은 설명만을 〈보기〉에서 있는 대로 고른 것은?

(가)	갑은 폭행 혐의로 체포되어 구속 수사를 받음
↓	
(나)	검사 을은 갑에 대해 수사한 후 갑을 구속 기소함
↓	
(다)	1심 법원은 갑에 대해 징역 1년에 집행 유예 2년을 선고함
↓	
(라)	2심 법원은 갑에 대해 징역 1년을 선고함

〈 보기 〉
ㄱ. (가)에서 갑은 법원에 구속 적부 심사를 청구할 수 있다.
ㄴ. (나)로 인해 갑에게 무죄 추정의 원칙이 적용되지 않는다.
ㄷ. (다)에서의 선고로 인해 갑에게 형이 집행될 수 없다.
ㄹ. (다), (라)에서는 증거 없이 피고인의 자백만으로 유죄 판결을 내릴 수 없다.

① ㄱ, ㄴ ② ㄱ, ㄷ ③ ㄴ, ㄹ
④ ㄱ, ㄷ, ㄹ ⑤ ㄴ, ㄷ, ㄹ

545

그림은 질문 (가)를 통해 형사 절차 A~C를 구분한 것이다. 이에 대한 설명으로 옳지 않은 것은? (단, A~C는 각각 수사, 공판, 형 집행 중 하나이다.)

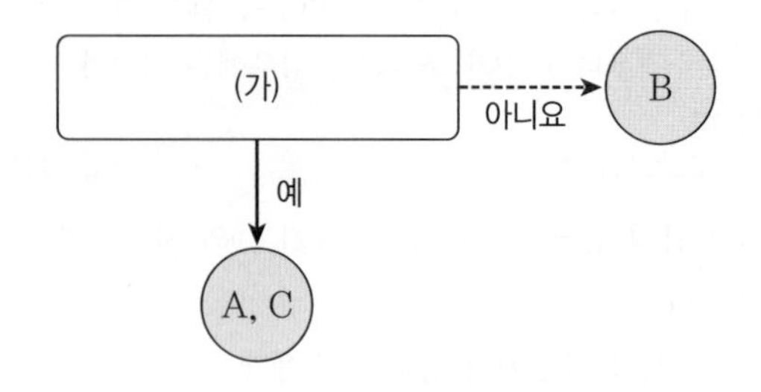

① (가)에 '구속 적부 심사를 청구할 수 있는가?'가 들어갈 수 없다.
② (가)에 '무죄 추정의 원칙이 적용되는가?'가 들어가면 B는 수사에 해당한다.
③ B가 형 집행이면 (가)에는 '검사의 지휘로 이루어질 수 있는 형사 절차인가?'가 들어갈 수 없다.
④ (가)에 '진술 거부권을 고지해야 하는가?'가 들어가면 A와 C는 각각 수사와 공판 중 하나에 해당한다.
⑤ (가)에 '일정한 경우 국선 변호인의 조력을 받을 권리가 보장되는가?'가 들어가고 C가 공판이면 A는 수사에 해당한다.

546

그림의 (가)~(라)에 해당하는 법원의 선고에 대한 설명으로 옳은 것은?

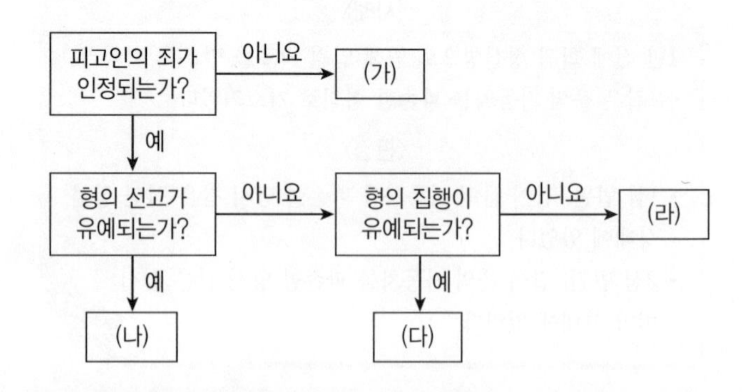

① (가)의 판결이 확정된 당사자는 항소할 것이다.
② (가)의 판결이 확정된 당사자는 명예 회복 제도를 활용할 수 있다.
③ (나)의 경우 형은 선고되지만 집행되지는 않는다.
④ (다)는 일정 기간 형의 선고 자체를 미루었다가 유예 기간이 지나면 형의 선고가 없었던 것과 같은 효과가 발생한다.
⑤ (나)와 달리 (라)가 1심 법원에서 내려졌다면 피고인과 검사 모두 항소할 수 있다.

547

다음 사례에 대한 옳은 법적 판단만을 〈보기〉에서 있는 대로 고른 것은?

> 갑은 고속도로에서 인접 차량의 운전자 을의 차량에 보복 운전을 하여 을에게 상해를 입혔다. ㉠ 형사 법규 위반 혐의로 구속된 상태에서 수사를 받던 갑은 ㉡ 구속 적부심을 신청하였지만 기각되었다. 이후 검사는 갑이 형사 법규를 위반한 것으로 판단하고 A를 하였다. 이로 인해 공판 절차가 진행되었으며, 재판부는 갑에게 B라는 선고를 하였다.

〈 보기 〉

ㄱ. 재판 중 ㉠이 개정되어 처벌 규정이 강화되더라도 갑은 행위 시의 법률을 적용받는다.
ㄴ. ㉡으로 인해 갑은 피고인으로 신분이 바뀐다.
ㄷ. 갑은 A 이후에 보석을 청구할 수 있다.
ㄹ. B가 '징역 1년에 처한다. 다만 형 집행을 2년간 유예한다.'라면 갑은 석방된다.

① ㄱ, ㄴ ② ㄱ, ㄷ ③ ㄴ, ㄹ
④ ㄱ, ㄷ, ㄹ ⑤ ㄴ, ㄷ, ㄹ

548

자료에 대한 법적 판단으로 옳은 것은?

근로 계약서

갑(사업자)과 을(근로자, 19세)은 다음과 같이 근로 계약을 체결한다.

계약 기간: 2022년 3월 1일부터 2022년 4월 30일까지
1. 근로 장소: ○○ 사업장
2. 업무 내용: 주차 안내
3. 근로 시간: 오전 9시~오후 6시(휴게 시간 1시간 포함)
4. 근무일: 매주 월요일부터 금요일까지
 (유급 휴일: 매주 토요일)
5. 임금: 시간당 9,500원
6. 특약 사항: 필요한 경우에는 연장 근로를 할 수 있음(연장 근로 시 임금의 50%를 가산하여 연장 근로 수당을 지급함)

* 2022년 시간당 최저 임금액은 9,160원이다.

① 을의 근로 시간 조항은 무효가 된다.
② 을이 받기로 한 임금은 최저 임금액을 초과하므로 해당 조항은 효력이 없다.
③ 을이 근무일에 정해진 근로 시간을 일했다면 하루 임금은 85,500원이 된다.
④ 을이 하루 2시간의 연장 근로를 한 경우 해당일의 하루 임금은 142,500원이다.
⑤ 갑이 을에게 매 근무일 오후 9시까지 근로를 시키는 것은 서로의 합의가 있어도 원칙적으로 위법하다.

549

자료에 대한 설명으로 옳지 않은 것은?

〈 사례 〉

A는 노동조합에 가입하여 적극적으로 활동하였다는 이유로 회사로부터 해고를 당했다.

〈 부당 해고 및 부당 노동 행위 구제 절차 〉

㉠ 피해 당사자 → ㉡ 지방 노동 위원회 → ㉢ 중앙 노동 위원회 → ㉣ 법원

① 위 사례에서 ㉠은 A뿐만 아니라 노동조합도 해당된다.
② A는 3개월 이내에 ㉡에 구제 신청을 해야 한다.
③ A는 ㉢의 판정에 불복 시 ㉣에 행정 소송을 제기할 수 있다.
④ A는 위와 같은 절차를 거치지 않고 해고 무효 확인 소송을 제기할 수 있다.
⑤ A에 대한 해고는 부당 해고에만 해당되고 부당 노동 행위에는 해당하지 않는다.

550

표는 근로자의 권리 A~C를 질문에 따라 구분한 것이다. 이에 대한 옳은 설명만을 〈보기〉에서 있는 대로 고른 것은? (단, A~C는 각각 단결권, 단체 교섭권, 단체 행동권 중 하나이다.)

질문	답변		
	A	B	C
사용자에 의한 권리 침해는 부당 노동 행위에 해당하는가?	예	예	㉠
근로자들이 자주적으로 노동조합을 조직·운영할 수 있는 권리인가?	예	아니요	아니요
근로자가 자신들의 주장을 관철할 목적으로 쟁의 행위를 할 수 있는 권리인가?	아니요	㉡	아니요

〈 보기 〉

ㄱ. ㉠과 ㉡에 모두 '예'가 들어간다.
ㄴ. A는 사용자는 갖지 못하는 권리이다.
ㄷ. B는 경영에 관여할 목적으로는 행사할 수 없는 권리이다.
ㄹ. B는 A, C와 달리 사용자에 의한 권리 침해 시 노동조합이 노동 위원회에 구제 신청을 할 수 없다.

① ㄱ, ㄴ ② ㄱ, ㄹ ③ ㄴ, ㄹ
④ ㄱ, ㄴ, ㄷ ⑤ ㄴ, ㄷ, ㄹ

V

국제 관계와 국제법

Ⓐ 국제 관계

1 국제 관계의 특성

국제 관계: 국제 사회에서 국가를 비롯한 다양한 행위 주체가 정치, 경제, 사회, 문화 등 여러 영역에서 상호 작용을 통해 만드는 관계

① 국가를 기본 단위로 구성: 독립된 주권 국가를 기본 단위로 함 → 각국은 원칙적으로 평등한 주권을 가지므로, 국가 내의 문제에 관해 다른 국가의 간섭을 받지 않을 권리를 가짐

② 힘의 논리 작용: 군사력이나 경제력의 차이를 앞세워 자국의 이익을 다른 국가에 강제하기도 함

③ 세계 정부의 부재: 국제 사회에는 강제력을 행사할 수 있는 세계 정부가 존재하지 않음

→ 이로 인해 주권 국가 간에 갈등이나 분쟁이 발생할 경우 해결이 어렵다.

2 국제 관계를 바라보는 관점

현실주의적 관점	• 힘의 논리로 국제 관계를 설명함 → 국제 사회에서 국가는 자국의 이익을 경쟁적으로 추구하기 때문에 국가 간 갈등은 필연적이라고 봄 (→ 국가 간 상호 의존적 관계를 간과한다는 한계가 있다.) • 국제 사회의 평화를 실현하기 위해서는 국제 사회의 여러 세력 간에 힘의 균형이 이루어지는 '세력 균형' 전략이 필요하다고 봄 (→ 국력 증강, 동맹 등을 통해 이루어진다.)
자유주의적 관점	• 국제 관계의 평화 실현을 위해 국제법, 국제기구 등의 국제 제도가 필요하다고 봄 → 국제 사회에서 국가는 국민의 복지를 추구하고 서로 협력하는 존재라고 인식함 • 국제 사회의 평화 실현을 위해 어느 한 국가가 공격을 받을 때 국제 사회가 이에 함께 저항하는 '집단 안보' 체제가 필요하다고 봄

→ 현실주의적 관점은 국제 사회는 만인에 대한 만인의 투쟁 상태라는 홉스의 입장을, 자유주의적 관점은 국제 사회에서는 보편적 규범이 준수될 수 있다는 로크의 입장을 따른다.

3 국제 관계를 바라보는 관점 빈출자료 Link • 561-562번 문제

(현실주의적 관점과 자유주의적 관점)

(가) 인간은 기본적으로 이기적이고, 인간이 모여 만든 국가 역시 자국의 이익을 추구한다. 이러한 상황에서 세계 평화를 실현하려면 '세력 균형' 전략이 필요하다.

(나) 인간은 이성을 가진 존재이므로 이기적 욕망을 제어하고 공동의 이익을 추구할 수 있다. 따라서 국제 사회가 평화를 실현하기 위해서는 '집단 안보' 체제가 필요하다.

기출 Tip Ⓐ-1

국제 사회의 행위 주체

• 주요 행위 주체: 국가, 정부 간 국제기구, 국제 비정부 기구, 다국적 기업 등
• 그 밖의 행위 주체: 지방 자치 단체, 시민 단체, 소수 인종, 국제적 영향력이 있는 개인 등
  → 예 강대국의 전직 국가 원수, 국제 연합의 전직 사무총장 등

기출 Tip Ⓐ-3

국제 사회를 보는 다양한 관점

• (가): 홉스의 인간관을 배경으로 하며 세력 균형 전략을 강조함 ➔ 현실주의적 관점
• (나): 로크의 인간관을 배경으로 하며 집단 안보 체제를 강조함 ➔ 자유주의적 관점

Ⓑ 국제 관계의 변화

1 국제 관계의 변천 과정

베스트팔렌 조약 체결(1648)	• 종교에 대한 국가의 우위가 확립됨 • 주권과 영토를 가진 국가가 국제 사회의 주체로 등장함 (→ 베스트팔렌 조약에 참가한 국가들이 주권 평등, 국내 문제 불간섭 등의 원칙에 합의하였다.)
제국주의 시대 (19세기 후반)	• 유럽 열강들이 식민지 확보 경쟁을 벌임 → 제1차 세계 대전 발발의 배경이 됨 • 유럽의 주권 국가 체제가 전 세계로 확산됨
제1, 2차 세계 대전 (20세기 초반~중반)	• 제1차 세계 대전(1914~1918) 이후 세계 평화 유지를 위해 국제 연맹이 창설됨(1920) → 강대국의 불참과 탈퇴 등으로 실질적인 영향력을 행사하지 못함 • 제2차 세계 대전(1939~1945) 이후 전쟁 방지와 국제 평화를 위해 국제 연합(UN)이 창설됨(1945)
냉전 체제 (20세기 중반~1990년대 초반)	• 미국 중심의 자유 진영과 소련 중심의 공산 진영으로 나뉘어 대립하는 양극 체제가 형성되면서 냉전이 시작됨 → 미국의 트루먼 독트린(1947) 발표로 냉전이 본격화됨 (→ 트루먼 독트린: 공산화 위협에 직면한 국가에 대한 경제적·군사적 지원을 내용으로 한다.) • 제3 세계의 등장, 공산 진영의 결속력 약화로 냉전 체제가 서서히 완화됨 → 몰타 선언(1989), 독일 통일(1990), 구소련의 해체(1991) 등으로 냉전 체제가 종식됨 (→ 몰타 선언: 미국과 소련의 동서 협력을 선언하였다.)
탈냉전, 세계화 (1990년대 중반 이후)	• 다양한 국제 사회 행위 주체의 영향력이 확대되고 경제적 실리를 추구하는 경향이 강화됨 → 국가 간 협력과 교류가 증가하며 상호 의존성이 증가함 • 이념에 따른 갈등은 줄었지만 민족, 종교, 영토 등을 이유로 국제 분쟁이 증가함

→ 탈냉전: 국제 사회가 다극 체제로 재편되었다.

2 세계화에 따른 국제 관계의 변화

국내 정치와 국제 정치의 구별이 약화됨(→ 국가 간 상호 의존성이 심화함), 국제 사회의 행위 주체가 다양해짐, 국제법과 같은 국제 규범의 역할이 확대됨

→ 세계화: 국제 사회가 국경을 초월하여 하나의 지구촌으로 통합되어 가는 현상

→ 국제 규범의 역할 확대: 행위 주체 간의 상호 신뢰와 협력이 중요해졌기 때문이다.

기출 Tip Ⓑ-1

냉전 시대의 주요 사건

• 냉전 체제 형성: 미국의 봉쇄 정책(트루먼 독트린 발표, 북대서양 조약 기구 결성 등), 소련의 팽창 정책(바르샤바 조약 기구 결성 등)
• 냉전 체제 완화: 닉슨 독트린 발표, 미국과 중국의 수교, 제3 세계 비동맹 국가들의 등장
  (→ 닉슨 독트린: 아시아 지역에 대한 미국의 군사적 개입 자제를 선언하였다.)
• 냉전 체제 종식: 몰타 선언, 동유럽의 공산주의 포기, 독일의 통일, 구소련의 해체

기출 Tip Ⓑ-2

세계화와 국제 관계의 변화 양상

정치 영역	국제 정치와 국내 정치의 상호 의존성이 확대됨, 다양한 국제기구가 등장함
경제 영역	전 세계가 하나의 시장으로 통합됨, 다국적 기업이 성장함
사회·문화 영역	다양한 문화 교류로 문화 향유의 기회가 확대됨, 선진국 문화가 일방적으로 확산되기도 함

Ⓒ 국제법

1 국제법의 의미와 법원

① 국제법: 국제 사회 행위 주체들의 관계를 규율하고 국제 질서를 유지하는 규범 (과거에는 주로 국가 간의 관계를 규율했지만 오늘날에는 그 적용 영역이 확대되고 있다.)

② 국제법의 효력: 우리나라 헌법에 의하여 체결·공포된 조약과 일반적으로 승인된 국제 법규는 국내법인 법률과 같은 효력을 가짐

③ 국제법의 법원(法源) (법이 적용될 수 있는 근거로서 법의 존재 형식)

구분	내용
조약	• 의미: 국가 간, 국제기구와 국가 간, 국제기구 간에 체결하는 법적 구속력을 가진 약속 • 의의: 주로 문서 형식의 합의로서 조약을 체결한 당사국을 구속함 • 종류: 양자 조약(당사국이 둘인 경우), 다자 조약(당사국이 셋 이상인 경우) • 사례: 한미 상호 방위 조약, 한중 어업 협정, 교토 의정서, 파리 기후 변화 협약 등
국제 관습법	• 의미: 국제 사회의 반복적인 관행이 법 규범으로 승인되어 효력을 가지게 된 규범 (일반적으로 서로에게 일정한 행위를 하거나 하지 않을 것을 내용으로 한다.) • 의의: 문서화된 법이 아니므로 별도의 체결 절차 없이도 국제 사회의 다른 국가에 법적 구속력이 발생함 → 원칙적으로 국제 사회의 모든 국가에 대해 구속력을 가짐 • 사례: 외교관 특권과 면제, 전쟁 포로에 대한 인도적 대우, 국내 문제 불간섭 원칙 등
법의 일반 원칙	• 의미: 문명국들이 공통적으로 승인하여 따르는 국내법에 수용된 법의 보편적인 원칙 • 의의: 국제 분쟁 발생 시 조약이나 국제 관습법이 없을 때 재판의 준거로 활용됨 • 사례: 신의 성실의 원칙, 권리 남용 금지의 원칙, 손해 배상 책임의 원칙 등

└ 이밖에도 판례나 국제법 학자의 학설 등이 국제법적 판단의 보조 수단으로 활용되기도 한다.

2 국제법의 의의와 한계

① 국제법의 의의: 분쟁 해결 수단을 제공함, 국제 사회의 협력을 유도함, 국제 사회 행위 주체들의 행동 규범과 판단 기준을 제시함

② 국제법의 한계: 고유한 입법 기구가 없어 국제 사회 전반에 적용할 수 있는 국제법을 제정하기 어려움, 국제 사법 재판소는 양 당사자가 동의해야만 재판을 할 수 있으며 판결을 이행하지 않아도 강제할 방법이 없음(→ 실효성이 떨어져 재판 규범으로서 한계가 있음)

3 국제법의 의의와 한계 빈출자료 Link • 575-576번 문제

(국제 포경 규제 협약 위반 사례를 통해 본 국제법의 한계)

1986년부터 상업적 목적의 고래잡이는 전 세계적으로 금지되고 있다. 이는 국제 포경 규제 협약이 체결되고, 국제 포경 위원회(IWC)가 구성되면서 내려진 결정이다. 그러나 일본은 학술 조사를 빙자하여 남극해에서 상업적 고래잡이를 계속하였다. 국제 포경 규제 협약을 위반한 일본에 대해 국제 사법 재판소가 고래잡이 중지 명령을 내리기도 하였으나, 일본은 고래잡이를 멈추지 않고 있다.

기출 Tip Ⓒ-1

법의 일반 원칙

• 권리 남용 금지의 원칙: 권리 행사의 실질적인 내용이 권리의 본래 목적이나 공공성에 반하면 안 된다는 원칙
• 손해 배상 책임의 원칙: 국제적인 위법 행위를 저지른 국가는 그 피해에 대하여 배상 의무를 지게 된다는 원칙

기출 Tip Ⓒ-2

국제법의 의의

국제법은 서로 다른 법과 문화를 지닌 행위 주체들의 공통 규범으로서 행동 규범과 판단 기준을 제시하여 세계 시민의 일상적 삶에 편리함을 제공한다.

국내법과 국제법

구분	국내법	국제법
법 제정	입법 기관(입법부)	당사국 합의 등
법 적용	사법 기관(사법부)	국제 사법 재판소

기출 Tip Ⓒ-3

재판 규범으로서의 국제법의 한계

일본이 국제 포경 규제 협약을 계속해서 위반하고 있음 ➔ 국제 사법 재판소의 판결을 이행하지 않아도 강제할 방법이 없어 국제법의 실효성이 떨어짐

개념 확인 문제

정답과 해설 56쪽

551 국제 관계를 바라보는 관점과 그 특징을 연결하시오.

(1) 현실주의적 관점 • 　　• ㉠ 세력 균형 전략의 필요성 강조
(2) 자유주의적 관점 • 　　• ㉡ 집단 안보 체제의 필요성 강조

552 다음 빈칸에 들어갈 내용을 쓰시오.

(1) 1648년 (　　　　　)이 체결되면서 종교에 대한 국가의 우위가 확립되고, 주권 국가가 국제 사회의 주체로 등장하였다.
(2) 제2차 세계 대전 이후 미국 중심의 자유 진영과 소련 중심의 공산 진영이 대립하는 양극 체제가 형성되면서 (　　　　　)이 시작되었다.

553 다음 설명이 맞으면 ○표, 틀리면 ×표를 하시오.

(1) 국제법은 국제 사회 행위 주체의 행동 규범을 제시한다. (　)
(2) 국제 관습법과 법의 일반 원칙은 국제법의 법원에 해당한다. (　)
(3) 국제법은 고유한 입법 기구가 마련되어 있어 제정이 용이하다. (　)

554 다음 괄호 안의 내용 중 알맞은 말에 ○표를 하시오.

(1) (조약, 국제 관습법)은 원칙적으로 모든 국가에 대해 구속력을 가진다.
(2) (조약, 법의 일반 원칙)은 국가 간, 국제기구와 국가 간, 국제기구 간에 체결하는 법적 구속력을 가진 약속을 말한다.

A 국제 관계

555 하 중 상

(가)에 들어갈 답변으로 옳지 않은 것은?

① 국가를 기본 단위로 하여 구성됩니다.
② 국제법 등의 국제 규범이 존재합니다.
③ 강제력을 가진 세계 정부가 존재합니다.
④ 힘의 논리가 작용하기도 하는 사회입니다.
⑤ 원칙적으로 각국은 평등한 주권을 가집니다.

556 하 중 상

밑줄 친 '이 전략'에 대한 설명으로 옳지 않은 것은?

> 이 전략은 국제 사회의 평화 실현을 위해 국제 사회의 여러 세력 간에 힘의 균형이 이루어져야 한다고 본다.

① 군사력의 증강을 중요시한다.
② 안보 딜레마에 빠질 우려가 있다.
③ 인간과 국가는 이기적인 존재라고 본다.
④ 국제 사회에 대한 현실주의적 관점을 반영하고 있다.
⑤ 국제 사회에서 국가 간 갈등은 필연적이지 않다고 전제한다.

557 하 중 상

A, B에 해당하는 국제기구만을 〈보기〉에서 있는 대로 골라 옳게 연결한 것은?

> 국제기구를 회원 자격, 지리적 범위, 기능적 범위로 분류하였을 때, A와 달리 B는 정부 간 기구이다. 또한 A는 세계적 기구이자 전문적 기구인 반면, B는 지역적 기구이자 일반적 국제기구이다.

〈 보기 〉
ㄱ. 유럽 연합(EU)　ㄴ. 국제 사면 위원회(AI)
ㄷ. 세계 무역 기구(WTO)　ㄹ. 그린피스(Greenpeace)

	A	B
①	ㄴ	ㄱ, ㄹ
②	ㄹ	ㄴ, ㄷ
③	ㄱ, ㄴ	ㄷ, ㄹ
④	ㄱ, ㄷ	ㄴ
⑤	ㄴ, ㄹ	ㄱ

빈출 558 하 중 상

다음 사례들을 종합하여 추론할 수 있는 국제 사회의 특징으로 가장 적절한 것은?

> • 미국은 중국이 남중국해 도서를 군사 기지화 하려는 시도에 대해 우려를 표명하면서 관련 수역에 자국 군함을 주기적으로 진입시키고 있다. 중국이 이를 주권 침해 행위라고 비난하며 군용기 등을 동원한 대응 작전에 나서면서 위기감이 고조되고 있다.
> • 중국과 말레이시아 정부가 합동으로 중국 북서 지역 간쑤성에 '할랄 식품* 연구소'를 설립할 예정이다. 간쑤성은 할랄 식품 인증 기관과 선도 기업을 갖춘 말레이시아와 식품 가공, 생물학적 물질 연구, 인증 분야에 걸쳐 폭넓게 협력하기로 합의하였다.
>
> * 할랄 식품: 이슬람 율법에서 허락된 식품

① 개별 국가를 구속하는 국제 규범이 존재한다.
② 힘의 논리에 의해 국제 사회의 평화가 유지된다.
③ 국제 행위 주체 간의 협력과 갈등 관계가 공존한다.
④ 각국은 자국의 이익보다 국제 규범 준수를 더 중시한다.
⑤ 국제 사회에는 강제력을 가진 중앙 정부가 있어 국가 간 분쟁 해결이 용이하다.

559 하중상

국제 정치를 바라보는 관점 (가), (나)의 입장을 〈보기〉에서 골라 옳게 연결한 것은? (단, (가), (나)는 각각 현실주의적 관점과 자유주의적 관점 중 하나이다.)

(가) 세력 균형 전략을 강조하는 관점이다.
(나) 집단 안보 체제를 강조하는 관점이다.

〈 보기 〉

ㄱ. 국제법과 국제기구를 통해 세계 평화와 안정이 달성될 수 있다.
ㄴ. 인간은 이성적 존재이므로 국제 사회 역시 조화와 질서가 유지된다.
ㄷ. 국제 사회에서는 권력 투쟁으로 말미암아 국가 간 분쟁이 발생한다.
ㄹ. 개별 국가들의 생존을 위한 노력은 국제 사회를 홉스식의 자연 상태로 만들기도 한다.

	(가)	(나)		(가)	(나)
①	ㄱ, ㄴ	ㄷ, ㄹ	②	ㄱ, ㄷ	ㄴ, ㄹ
③	ㄴ, ㄷ	ㄱ, ㄹ	④	ㄴ, ㄹ	ㄱ, ㄷ
⑤	ㄷ, ㄹ	ㄱ, ㄴ			

560 하중상

다음은 한 학생이 국제 관계와 관련하여 작성한 형성 평가의 답안이다. 이 학생이 받을 총 점수는?

형성 평가

※ 과제: 국제 관계에 대한 설명이 맞으면 '○', 틀리면 '×'로 표시하시오. (문항당 맞으면 1점, 틀리면 0점임.)

문항	내용	답안
1	국제 관계는 국가를 기본 단위로 하여 구성된다.	○
2	국제 관계는 주권 평등의 원칙을 따르므로 힘의 논리가 작용하지 않는다.	×
3	국제 사회에는 국제 문제나 분쟁을 조정하고 해결할 수 있는 세계 정부가 존재하지 않는다.	×
4	국제 사회에서 개별 국가들은 자국의 이익을 실현하기 위하여 다른 나라와 경쟁하고 갈등하며 무력을 동원하기도 한다.	○
5	국제 관계는 국제 사회에서 국가 등 다양한 행위 주체가 정치, 경제, 사회, 문화와 같은 영역에서 상호 작용을 통해 만드는 관계를 의미한다.	○

① 1점 ② 2점 ③ 3점 ④ 4점 ⑤ 5점

561-562 빈출자료

다음은 국제 관계를 바라보는 두 가지 관점에 대한 설명이다. 물음에 답하시오. (단, (가), (나)는 각각 현실주의적 관점과 자유주의적 관점 중 하나이다.)

(가) 인간은 기본적으로 이기적이고, 인간이 모여 만든 국가 역시 자국의 이익을 추구한다. 국제 사회는 주권 국가들이 자국의 이익을 경쟁적으로 추구하는 무대에 불과하기 때문에 무정부 상태라고 할 수 있다. 이러한 상황에서 세계 평화를 실현하려면 국제 사회의 여러 세력 간에 힘의 균형이 이루어지는 전략이 필요하다.

(나) 인간은 이성을 가진 존재이므로 이기적 욕망을 제어하고 공동의 이익을 추구할 수 있다. 따라서 국제법이 강화되고 각국 간의 교류가 활발해지면 국가 간 협력이 가능하다. 또한 국제 사회가 평화를 실현하기 위해서는 어느 한 국가가 공격을 받을 때 국제 사회가 이에 함께 저항하는 체제가 필요하다.

561 하중상 서술형

(가), (나)에 해당하는 관점을 쓰고, 그 특징을 각각 두 가지 이상 서술하시오.

빈출 562 하중상

(가), (나)에 해당하는 관점에 대한 설명으로 옳은 것은?

① (가)는 자국의 안보를 위해 동맹 및 군사력 강화를 강조한다.
② (나)는 국가 간 상호 의존적 관계를 간과한다.
③ (가)는 (나)에 비해 국제 사회에서 국제기구와 국제법의 역할을 중시한다.
④ (나)는 (가)와 달리 각국이 자국의 이익을 위하여 힘의 우위 확보를 추구한다고 본다.
⑤ (가), (나) 모두 개별 국가의 이익과 국제 사회 전체의 이익이 조화될 수 있다고 본다.

563 하중상

국제 관계를 바라보는 갑, 을의 관점에 대한 설명으로 옳은 것은?

> 갑: 국제 사회에서 평화는 곧 힘의 균형이야. 국제 관계는 국익에 도움이 되는지, 되지 않는가를 두고 '선'과 '악'으로 구분할 수 있어.
> 을: 그렇지 않아. 인간은 이성을 가진 존재이기 때문에 이기적 욕망을 제어하고 협력을 통해 공동의 이익을 추구할 수 있어.

① 갑은 국가 간 세력 균형을 통해 국제 평화를 유지할 수 있다고 본다.
② 갑은 국제기구의 의결에서 모든 국가가 동등한 표결권을 행사해야 한다고 강조할 것이다.
③ 을은 국제 사회의 모습을 홉스가 가정한 자연 상태와 유사하다고 본다.
④ 갑은 을보다 국제법과 국제기구의 역할을 중시한다.
⑤ 을은 갑과 달리 국제 사회에서의 상호 의존성을 경시한다.

B 국제 관계의 변화

564 하중상

(가)~(마)는 국제 관계의 형성과 변화 과정에서 나타난 역사적 사건들이다. 이를 일어난 순서대로 옳게 나열한 것은?

> (가) 냉전 체제가 완화되었다.
> (나) 국제 연맹이 창설되었다.
> (다) 국제 연합(UN)이 창설되었다.
> (라) 베스트팔렌 조약이 체결되었다.
> (마) 제1차 세계 대전이 발발하였다.

① (가) - (나) - (다) - (마) - (라)
② (나) - (가) - (다) - (마) - (라)
③ (나) - (가) - (라) - (다) - (마)
④ (라) - (마) - (나) - (다) - (가)
⑤ (라) - (마) - (가) - (다) - (나)

565 하중상

국제 관계의 형성과 변화에 대한 옳은 설명을 〈보기〉에서 고른 것은?

〈 보기 〉

ㄱ. 소련의 붕괴를 계기로 냉전 체제가 형성되었다.
ㄴ. 베스트팔렌 조약이 체결되면서 국가 중심의 국제 질서가 형성되었다.
ㄷ. 제3 세계의 등장을 배경으로 유럽 열강은 제국주의적인 팽창을 도모하였다.
ㄹ. 제2차 세계 대전 이후 양극 체제가 자리 잡으면서 이념과 체제를 중심으로 국제 관계가 형성되었다.

① ㄱ, ㄴ　② ㄱ, ㄷ　③ ㄴ, ㄷ
④ ㄴ, ㄹ　⑤ ㄷ, ㄹ

566-567 빈출자료

그림은 역사적 사건들을 일어난 순서대로 나열한 것이다. 물음에 답하시오.

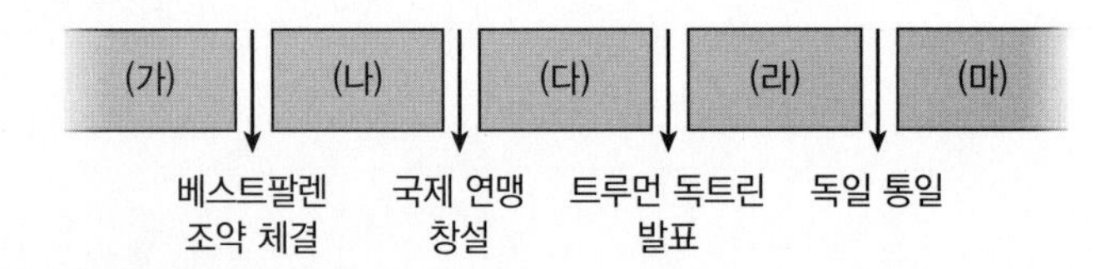

566 하중상

(가)~(마) 시기 중 다음 사건이 일어난 시기로 옳은 것은?

> 1989년 지중해의 섬나라에서 미하일 고르바초프 소련 공산당 서기장과 조지 부시 미국 대통령이 정상 회담을 가졌다. 이들은 동유럽의 시장 경제 체제 도입에 대한 소련의 불간섭, 군비의 축소, 지역 분쟁의 평화적 해소 등을 논의하는 등 미국과 소련의 동서 협력을 선언하였다.

① (가)　② (나)　③ (다)　④ (라)　⑤ (마)

빈출 567 하중상

(다) 시기에 일어난 사건만을 〈보기〉에서 있는 대로 고른 것은?

〈 보기 〉

ㄱ. 구소련의 해체　ㄴ. 국제 연합 창설
ㄷ. 제1차 세계 대전 발발　ㄹ. 제2차 세계 대전 발발

① ㄱ, ㄴ　② ㄱ, ㄷ　③ ㄴ, ㄹ
④ ㄱ, ㄷ, ㄹ　⑤ ㄴ, ㄷ, ㄹ

568 (하)(중)(상)

㉠에 들어갈 사건으로 인해 나타난 변화로 적절한 것만을 〈보기〉에서 있는 대로 고른 것은?

> 국가 중심의 국제 질서는 30년 전쟁을 끝내기 위해 1648년에 체결된 (　㉠　)을/를 계기로 형성되었다. 이후 유럽에서 주권 국가 체제가 일반화되었으며, 근대적 형태의 국제 질서 체제가 구축되었다.

〈 보기 〉
ㄱ. 주권 평등의 원칙이 합의되었다.
ㄴ. 국가에 대한 종교의 우위가 확립되었다.
ㄷ. 국민 국가가 국제 사회의 주체로 등장하였다.
ㄹ. 각국은 타국의 국내 문제에 불간섭하기로 결정하였다.

① ㄱ, ㄴ　② ㄱ, ㄷ　③ ㄴ, ㄹ
④ ㄱ, ㄷ, ㄹ　⑤ ㄴ, ㄷ, ㄹ

569 (하)(중)(상)

다음과 같은 현상에 따른 국제 관계의 변화 양상으로 적절하지 않은 것은?

> 국제 사회가 국경을 초월하여 하나의 지구촌으로 통합되어 가는 현상이 나타나고 있다.

① 국제 규범의 역할이 확대되고 있다.
② 국가 간 상호 의존성이 심화되고 있다.
③ 국내 정치와 국제 정치의 구별이 약화되고 있다.
④ 다양한 국제 사회 행위 주체들의 영향력이 확대되고 있다.
⑤ 이념에 따른 갈등은 증가한 반면, 민족이나 종교 등에 따른 국제 분쟁은 감소하고 있다.

570 (하)(중)(상)

㉠의 발표가 국제 사회에 미친 영향으로 가장 적절한 것은?

> 미국은 1947년 3월 12일 의회 상하 합동 회의에서 공산화의 위험에 처해 있는 그리스와 튀르키예에 4억 달러의 경제 원조를 제공할 것과 군사 고문단을 파견할 것이라는 이른바 (　㉠　)을/를 발표하였다. (　㉠　)은/는 미국이 앞으로 공산주의자들이나 외부의 지원을 받는 반란 세력과 싸우는 자유 진영의 국가를 지원할 것을 주된 내용으로 삼고 있었다. 이것은 미국이 전통적인 고립주의에서 벗어나 국제주의로 전환하였으며, 자유 진영의 대부로서 국제 문제, 특히 이념 갈등과 관련된 문제에 적극적으로 개입할 것을 의미하였다.

① 구소련이 해체되었다.
② 미·소 양극 체제를 촉발하였다.
③ 국제 연맹의 창설에 기여하였다.
④ 자유 진영과 공산 진영의 대립을 완화하였다.
⑤ 주권 국가를 기본으로 하는 국제 사회가 형성되었다.

571 (하)(중)(상)

그림은 국제 사회의 변천 과정에서 일어난 주요 역사적 사건을 순서대로 나타낸 것이다. (가)~(라)에 대한 옳은 설명만을 〈보기〉에서 있는 대로 고른 것은?

(가)	베스트팔렌 조약의 체결
(나)	제2차 세계 대전의 발발
(다)	냉전 체제의 완화
(라)	독일의 통일과 구소련의 해체

〈 보기 〉
ㄱ. (가) 이후 주권 국가 중심의 국제 사회가 형성되었다.
ㄴ. (나) 이후 국제 연맹이 창설되고 양극 체제가 형성되었다.
ㄷ. (다)의 배경으로 제3 세계의 등장을 들 수 있다.
ㄹ. (라) 이후 국제 사회의 상호 의존성이 감소하면서 국지적 분쟁은 줄어들었다.

① ㄱ, ㄴ　② ㄱ, ㄷ　③ ㄴ, ㄹ
④ ㄱ, ㄷ, ㄹ　⑤ ㄴ, ㄷ, ㄹ

C 국제법

572 하 중 상

㉠에 대한 옳은 설명을 〈보기〉에서 고른 것은?

(㉠)은/는 국제 사회 행위 주체들의 관계를 규율하고 국제 질서를 유지하는 규범으로서 조약, 국제 관습법, 법의 일반 원칙 등 다양한 형태로 존재한다.

〈 보기 〉
ㄱ. 행동 규범과 판단 기준을 제시하지 못한다.
ㄴ. 국제 분쟁 당사자들에게 유용한 분쟁 해결 수단을 제공한다.
ㄷ. 오늘날 적용 영역이 국가 간의 관계를 규율하는 것으로 제한된다.
ㄹ. 전 지구적 문제를 해결하기 위한 국제 사회의 유기적인 협력을 유도한다.

① ㄱ, ㄴ ② ㄱ, ㄷ ③ ㄴ, ㄷ
④ ㄴ, ㄹ ⑤ ㄷ, ㄹ

빈출 573 하 중 상

밑줄 친 '이것'의 사례만으로 옳게 짝지은 것은?

국제법의 법원 중 이것은 국제 사회의 반복적인 관행이 법적으로도 요구되거나 허용된다는 확신이 뒷받침될 때 형성되며, 국제 사회의 묵시적인 합의에 따라 모든 국가에 널리 적용된다.

① 생물 다양성 협약, 외교관의 면책 특권
② 생물 다양성 협약, 국내 문제 불간섭 원칙
③ 외교관의 면책 특권, 한·미 상호 방위 조약
④ 한·중 어업 협정, 전쟁 포로의 인도적 대우
⑤ 국내 문제 불간섭 원칙, 전쟁 포로의 인도적 대우

574 하 중 상

밑줄 친 ㉠~㉤ 중 그 내용이 옳지 않은 것은?

국내법은 국민의 대표 기관인 ㉠ 입법부에 의해 제정되어 영토 내의 모든 구성원을 구속하지만, ㉡ 국제법은 입법 기구는 존재하나 사법 기구가 없어 국제 사회의 모든 국가에 적용할 수 있는 국제법을 제정하기가 쉽지 않다. 또한 ㉢ 한 국가의 국민이 국내법을 지키지 않을 때는 국가의 공권력에 의해 일정한 제재가 가해진다. 하지만 ㉣ 국제법의 경우에는 이를 강제적으로 집행할 세계 정부가 존재하지 않아 국제법을 지키지 않는 국가에 국제법의 이행을 강제하기가 어렵다. 이러한 한계에도 불구하고 국제법을 준수해야 한다는 인식은 점점 높아지고 있으며, 국가 간의 관계가 밀접해지는 오늘날에 국제법은 ㉤ 국가 간 분쟁의 평화적 해결 수단으로서 그 중요성이 더욱 커지고 있다.

① ㉠ ② ㉡ ③ ㉢ ④ ㉣ ⑤ ㉤

575-576 빈출자료

다음 글을 읽고 물음에 답하시오.

1986년부터 상업적 목적의 고래잡이는 전 세계적으로 금지되고 있다. 무분별한 남획으로 멸종 위기에 처한 고래를 보호하기 위해 ㉠ 국제 포경 규제 협약이 체결되고, 국제 포경 위원회(IWC)가 구성되면서 내려진 결정이다. 그러나 일본은 학술 조사를 빙자하여 남극해에서 상업적 고래잡이를 계속하였다. 국제 포경 규제 협약을 위반한 일본에 대해 ㉡ 국제 사법 재판소가 고래잡이 중지 명령을 내리기도 하였으나, 일본은 고래잡이를 멈추지 않고 있다.

빈출 575 하 중 상

밑줄 친 ㉠을 포함하는 국제법의 법원에 대한 옳은 설명만을 〈보기〉에서 있는 대로 고른 것은?

〈 보기 〉
ㄱ. 국제기구와 국가 간에도 체결이 가능하다.
ㄴ. 국제법 주체 간에 체결된 명시적 합의이다.
ㄷ. 원칙적으로 모든 국가에 대해 구속력을 갖는다.
ㄹ. 국제 사회의 관행이 법적 의무로 인정됨으로써 성립하였다.

① ㄱ, ㄴ ② ㄱ, ㄷ ③ ㄴ, ㄹ
④ ㄱ, ㄷ, ㄹ ⑤ ㄴ, ㄷ, ㄹ

576 하 중 상 ••서술형

밑줄 친 ㉡을 통해 유추할 수 있는 국제법의 한계에 대해 서술하시오.

577 하/중/상

국제법의 법원 A, B에 대한 설명으로 옳지 않은 것은? (단 A, B는 각각 국제 관습법과 조약 중 하나이다.)

> 외교 사절은 직무의 효율적 수행을 보장하기 위하여 특권이 인정되는데, 그중 한 가지가 공관 및 신체의 불가침이다. 외교 공관에 동의 없이 들어가는 것이나 외교 사절의 체포, 억류는 불가능하다. 이러한 외교 특권은 국제 사회에서 오래된 관행으로서 A로 인정되어 왔다. 이후 1961년 외교 관계에 관한 빈 협약으로 성문화되면서 또 다른 국제법의 법원인 B로 발전하게 되었다.

① A는 국제 사회에서 포괄적으로 적용된다.
② A는 국제 사법 재판소에서 판결의 근거로 사용하지 않는다.
③ B는 원칙적으로 체결 당사국에만 법적 구속력이 발생한다.
④ B는 A와 달리 당사국 간 명시적 합의 절차가 존재한다.
⑤ A, B 모두 위반할 경우 강력한 제재 수단을 행사할 집행 기구가 없다.

빈출

578 하/중/상

국제법의 법원 (가)~(다)에 대한 설명으로 옳은 것은?

> (가) 국가 간에 체결되는 법적 구속력을 가진 약속이다.
> (나) 문명국들이 공통으로 승인하여 따르는 법의 보편적이고 일반적인 원칙이다.
> (다) 반복적인 관행이 국제 사회에서 법 규범으로 승인되어 효력을 가지게 된 유형이다.

① 국내 문제 불간섭 원칙은 (나)의 사례로 볼 수 있다.
② (가)는 (다)와 달리 원칙적으로 체결 주체에 대해서만 구속력을 갖는다.
③ (나)는 헌법에 의하여 체결·공포된 (가)와 달리 우리나라에서 국내법과 같은 효력을 가진다.
④ (나)는 (다)와 달리 국제 사회에서 포괄적인 구속력을 갖는다.
⑤ (가), (나)는 (다)와 달리 국제 사회에서 별도의 체결 절차 없이 형성된다.

579 하/중/상

표는 국제법의 법원 A, B를 구분한 것이다. 이에 대한 옳은 설명을 〈보기〉에서 고른 것은? (단, A와 B는 각각 조약과 국제 관습법 중 하나이다.)

구분	A	B
주로 문서 형식으로 이루어진 합의인가?	예	아니요
(가)	아니요	아니요

〈 보기 〉
ㄱ. A는 당사국이 셋 이상이면 체결할 수 없다.
ㄴ. A는 협정, 헌장, 협약, 의정서, 규정, 규약 등 다양한 명칭으로 존재한다.
ㄷ. B는 별도의 체결 절차 없이도 다른 국가에 법적 구속력이 발생한다.
ㄹ. (가)에는 '국내법과 동등한 효력을 가지는가?'가 들어갈 수 있다.

① ㄱ, ㄴ　② ㄱ, ㄷ　③ ㄴ, ㄷ
④ ㄴ, ㄹ　⑤ ㄷ, ㄹ

580 하/중/상

국제법의 법원 A~C에 대한 옳은 설명을 〈보기〉에서 고른 것은? (단, A~C는 각각 조약, 국제 관습법, 법의 일반 원칙 중 하나이다.)

> • A는 국제 사회의 반복적인 관행이 법적 확신을 얻어 법적 효력을 가지게 된 것이다.
> • 권리 남용 금지의 원칙은 B가 아닌 C에 해당된다.

〈 보기 〉
ㄱ. A의 예로 국내 문제 불간섭 원칙을 들 수 있다.
ㄴ. B는 체결 주체가 셋 이상인 경우에도 성립 가능하다.
ㄷ. C는 별도의 체결 절차가 필요하다.
ㄹ. A는 B와 달리 문서의 형식으로 존재하는 것이 일반적이다.

① ㄱ, ㄴ　② ㄱ, ㄷ　③ ㄴ, ㄷ
④ ㄴ, ㄹ　⑤ ㄷ, ㄹ

VI

국제 문제와 국제기구 및 우리나라의 국제 관계

A 국제 문제

1 국제 문제의 특징과 양상

특징	국경을 초월하여 발생하며, 전 지구적으로 영향을 끼침 → 어느 한 국가의 노력만으로 해결하기 어렵기 때문에 국가 간 상호 협력이 필요함
양상	• 안보 문제: 종교·민족·인종·자원을 둘러싼 국지적 분쟁과 테러 증가, 대량 살상 무기 증가 • 경제 문제: 선진국과 개발 도상국 간 경제적 불평등 심화, 저개발 국가의 기아 문제 • 환경 문제: 자원 고갈, 환경 오염 심화(예 산성비, 오존층 파괴, 지구 온난화 등) • 인권 문제: 여성 및 아동 학대, 난민 등 사회적 약자의 인권이 보장되지 않아 나타나는 문제

경제 성장이 앞선 북반구 국가와 뒤처진 남반구 국가 간의 경제적 격차가 생기는 문제를 통틀어 남북문제라고 한다.

환경 문제는 전 지구적 문제이지만, 자국의 이익 우선 추구로 문제 해결이 쉽지 않다.

2 국제 문제의 해결 방안

① 국제법을 통한 해결: 기후 변화 협약, 난민의 지위에 관한 협약 등 국제법에 근거하여 협력함

② 국제기구를 통한 해결: 국제기구를 강화하여 협력을 제도화하고, 공조 체제를 구축해야 함

③ 외교 활동을 통한 해결: 분쟁 당사국 간 협상, 제3자의 조정 등을 통해 문제를 평화적으로 해결함

B 국제 문제 해결을 위한 국제기구의 역할

국제기구: 국제 문제 해결을 통한 세계 평화 유지, 세계 경제의 안정적 발전 등을 목적으로 한다.

기출 Tip B-1

절차 사항과 실질 사항

국제 연합 헌장에는 절차 사항과 실질 사항이 명시되어 있지 않지만, 과거의 예로 보면 토의 순서의 결정, 새로운 의제의 삽입, 회의 참석국의 초대 등은 절차 문제로 처리되었다.

국제 연합의 기관

• 사무국: 국제 연합 및 산하 기구의 운영에 대한 사무를 담당하는 기관
• 경제 사회 이사회: 인류 전반의 생활 수준 향상을 목적으로 경제, 사회, 교육, 문화, 보건, 식량 등 국제 사회의 다양한 문제를 연구하는 기관
• 국제 연합 산하 기구: 경제, 환경, 인권 등 다양한 분야의 국제 문제를 해결하기 위해 활동하는 국제 연합 산하의 전문 기구
예 국제 연합 개발 계획(UNDP), 국제 연합 환경 계획(UNEP) 등

1 국제 연합(UN)

① 설립 목적: 국제 사회의 평화와 안전 유지, 국가 간 우호와 협력 증진 등

② 주요 기관

총회	• 모든 회원국이 참여하는 최고 의사 결정 기관 → 주권 평등의 원칙에 따라 1국 1표로 표결 • 총회의 의결은 권고적 효력만 있을 뿐 법적 구속력은 없음
안전 보장 이사회	• 5개의 상임 이사국(미국, 영국, 프랑스, 러시아, 중국)과 10개의 비상임 이사국으로 구성된 실질적 의사 결정 기관 → 국제 분쟁 해결을 위해 필요한 수단의 사용 여부를 결정함 • 15개 이사국 중 9개국 이상의 찬성으로 의결하는데, 절차 사항이 아닌 실질 사항의 경우에는 상임 이사국 중 한 국가라도 거부권을 행사하면 안건이 부결됨
기타	국제 사법 재판소, 사무국, 경제 사회 이사회, 신탁 통치 이사회, 국제 연합 산하 기구 등

최고 의사 결정 기관: 국제 사회의 합의된 규범으로서 존중받아야 한다는 도덕적 권위를 가짐

10개의 비상임 이사국: 매년 5개국씩 총회에서 선출되며 임기는 2년으로 연임할 수 없다.

실질 사항: 예 경제·외교적 제재, 군사적 개입 등

③ 한계: 상임 이사국의 잦은 거부권 행사로 중요한 의사 결정이 지연되기도 함, 회원국들이 분담금을 제대로 내지 않아 재정적인 어려움을 겪고 있음, 중요한 국제 문제가 국제 연합이 배제된 채 각국 대표 간의 협상으로 해결되고 있음

국제 연합은 각 회원국의 경제 수준과 지불 능력을 고려하여 분담금을 책정하고 있다.

국제 연합의 권고안이 현실적으로 구속력을 가지지 못하기 때문이다.

2 국제 연합(UN) 빈출자료 Link • 599-600번 문제

(국제 연합의 한계)

안전 보장 이사회에서 시리아의 화학 무기 사용을 제재하는 결의안이 러시아와 중국의 거부권 행사로 무산되었다. 특히 시리아 정부를 지원하는 러시아는 과거에도 여러 차례 시리아 관련 결의안에 대해 거부권을 행사하여 시리아 독재 정권에 대한 조사나 제재에 관한 결의안이 채택되는 것을 저지하였다.

3 국제 사법 재판소

지위	국제 연합의 주요 사법 기관 → 국제법에 따라 국가 간의 분쟁을 해결하고, 총회와 안전 보장 이사회 등의 법적 질의에 대해 권고적 의견을 제시함
구성	국제 연합 총회와 안전 보장 이사회에서 선출한 국적이 다른 15인의 법관으로 구성
판결	출석 재판관 과반수 찬성으로 결정하며, 판결은 당해 사건에만 효력이 있음
한계	• 원칙적으로 강제적 관할권이 없어 분쟁 당사국 모두가 동의한 사건에 대해서만 처리할 수 있음 • 재판 당사국이 판결에 따르지 않을 경우 현실적으로 이를 제재할 방법이 없음

국가 간의 분쟁: 국제기구나 개인은 재판의 당사자가 될 수 없다.

판결은 당해 사건에만 효력이 있음: 국제 사법 재판소의 판결은 다음 사건을 구속하지 않는다.

C 우리나라의 국제 관계

1 우리나라 국제 관계의 변화

우리나라는 광복 이후 공적 개발 원조(ODA)를 받아 경제 성장을 이루었고, 이후 개발 원조 위원회(DAC) 회원국 지위를 획득하였다.

시기	내용
1950년대	냉전 체제 심화 → 국가 안보를 위해 반공 외교, 미국 중심 외교 정책에 치중함
1960년대	제3 세계 비동맹 국가들의 성장에 맞추어 외교 대상 국가를 확대함
1970년대	냉전 체제 완화 → 공산권 외교 강화, 일부 사회주의 국가들에 문호를 개방함
1980년대	소련, 중국, 동유럽 국가 등 사회주의 국가들과 관계 개선을 추진함 → 북방 외교 전개
1990년대	국제 연합(UN) 가입, 중국과 수교, 세계 무역 기구(WTO) 가입, 자유 무역 협정(FTA) 체결, 경제 협력 개발 기구(OECD) 가입 → 실리 중심의 외교 전개
2000년대 이후	공공 외교, 기여 외교, 인권 외교, 다자 외교 등으로 외교 방법을 다원화함

북방 외교 전개: 이를 통해 평화 통일 기반을 조성하고, 한반도의 평화를 안정적으로 관리하고자 하였다.

2 우리나라의 국제 관계와 국제 분쟁

구분	내용
안보	• 미국을 비롯한 강대국들이 한반도의 상황 변화를 주시하고 있음 • 북한의 핵 개발로 인해 한반도를 둘러싼 국가 간 군사적 긴장이 심화되고 있음
무역	각국과 치열한 무역 경쟁을 치르는 한편, 긴밀한 경제적 상호 의존 관계를 형성하고 있음
역사	• 일본의 독도 영유권 주장, 침략 전쟁 정당화, 일본군 '위안부' 문제에 대한 국가 차원의 책임 회피, 동해 명칭 표기 분쟁 등 발생 → 과거사 왜곡으로 동아시아 국가 간 신뢰 구축 저해 • 중국은 동북공정을 통해 고조선 및 고구려, 발해가 중국의 역사라는 왜곡된 주장을 펼침

미국: 우리나라, 일본 등 우방국과의 협력을 강화하고 있다.

북한의 핵 개발: 국제기구가 경제적으로 제재하는 한편 우리나라가 이를 주도적으로 해결하기 위한 방안을 모색하고 있다.

독도: 독도는 역사적·지리적·국제법적으로 명백한 우리나라의 고유 영토로서 외교 협상이나 사법적 해결의 대상이 될 수 없다.

D 우리나라의 바람직한 외교 정책

1 외교 정책의 의미와 중요성

외교: 한 국가가 자국의 이익을 위하여 국제 사회에서 평화적인 방법으로 펼치는 모든 대외 활동

① 외교 정책: 외교를 통해 자국의 이익 증진을 목적으로 시행하는 정책

② 외교 정책의 중요성: 국제 분쟁 해결 및 국제 사회의 평화 유지에 이바지할 수 있음 → 국가 내부적 상황과 국가 간의 관계 등 다양한 요인을 고려하여 외교 정책을 신중하게 결정해야 함

2 우리나라의 바람직한 외교 방향과 과제

과제	내용
한반도 평화 정착	북한의 핵 개발과 군사적 도발을 막고, 남북 관계를 평화적으로 개선해야 함
주변국과 동맹 유지	여러 주변 국가와 이해관계를 조정하고 긴밀히 협력해야 함
국제기구 활동 참여	국제기구를 통한 국제 문제 해결에 적극적으로 참여해야 함
민간 외교 자원 활용	정부의 공식적 외교뿐만 아니라 민간 외교 자원을 적극적으로 활용해야 함
국제법의 활용	외교적 해결의 주요 수단으로 국제법을 효과적으로 활용해야 함

국제법의 활용: 국제법은 국제 사회의 합의에 바탕을 두고 있어 강대국도 함부로 무시할 수 없는 권위를 지니기 때문에 한반도 주변 강대국들을 상대로 우리의 주장을 효과적으로 펼칠 수 있다.

기출 Tip D-1

외교 정책의 영향

외교 정책을 제대로 수행할 경우 자국의 대외적 위상이 상승하고 정치적·경제적 이익을 획득할 수 있다. 하지만 외교 정책을 제대로 수행하지 못할 경우 국제 사회에서 고립으로 이어질 수 있으며 국익에 손실이 발생할 수 있다.

기출 Tip D-2

다양한 외교 전략

구분	내용
공공 외교	문화, 예술, 미디어 등 다양한 외교 수단과 통로를 활용하고 있음
다자 외교	셋 이상의 국가가 특정 의제에 관해 이해관계를 조정하고 협력 방안을 찾아가는 외교 활동 → 세계화 시대에 그 중요성이 부각되고 있음
기여 외교	개발 도상 국가에 대해 적극적인 대외 원조를 하고 원조 관련 제도와 정책을 꾸준히 개선하며 국가의 위상을 높임
인권 외교	여성, 아동, 난민 등 취약 계층의 인권 보호와 증진을 위해 노력함

VI

개념 확인 문제

정답과 해설 59쪽

581 국제 문제에 대한 설명이 맞으면 ○표, 틀리면 ×표를 하시오.

(1) 특정 국가만의 노력으로 해결하기 용이하다. ( )

(2) 저개발 국가의 기아 문제, 지구 온난화를 예로 들 수 있다. ( )

582 국제 연합의 기관과 그 특징을 옳게 연결하시오.

(1) 총회 • • ㉠ 국제 연합의 최고 의사 결정 기관

(2) 안전 보장 이사회 • • ㉡ 국제 연합의 실질적 의사 결정 기관

583 ( )는 국제 연합의 주요 사법 기관으로서 15인의 법관으로 구성되며, 국제법에 따라 국가 간의 분쟁을 해결한다.

584 다음 괄호 안의 내용 중 알맞은 말에 ○표를 하시오.

(1) 1950년대 우리나라는 국가 안보를 위한 (반공, 북방) 외교에 치중하였다.

(2) (일본, 중국)은 동북 공정 사업을 펼쳐 역사를 왜곡하고 있어 우리나라와 갈등을 빚고 있다.

A 국제 문제

585 하 중 상

㉠의 특징에 대한 설명으로 옳지 않은 것은?

(㉠)은/는 개별 국가나 지역을 넘어서 여러 국가나 국제 사회 전반에 악영향을 미치는 문제로서 전쟁과 테러, 국가 간 경제적 격차와 빈곤 문제 등이 있다.

① 책임 소재가 불분명한 경우가 많다.
② 국가 간 이해관계의 충돌로 인해 발생할 수 있다.
③ 해결 방안에 대한 국가 간의 합의 도출이 용이하다.
④ 인간의 물질에 대한 무한한 욕구로 인해 발생하기도 한다.
⑤ 당사국만의 노력으로는 해결하기 곤란하며 다수의 국가에 영향을 미친다.

586 하 중 상

다음 두 사례에 공통으로 나타난 문제의 특징에 대한 옳은 설명을 〈보기〉에서 고른 것은?

• 유럽 곳곳에서 테러 조직이 일으킨 테러로 수많은 민간인이 희생되었다.
• 시리아 내전이 악화되면서 국지적 분쟁이 증가하여 수많은 시리아인이 자국에서 인권을 보장받지 못하게 되었고, 이들의 수용과 보호 문제는 국제적인 문제가 되고 있다.

〈 보기 〉
ㄱ. 국제 문제 중 안보 문제가 나타나 있다.
ㄴ. 국경을 초월하여 전 지구적 차원에서 발생한다.
ㄷ. 국제법이나 국제기구를 통해서는 해결이 불가능하다.
ㄹ. 다른 국가의 개입 없이 문제를 초래한 국가가 모든 책임을 지고 단독으로 해결해야 한다.

① ㄱ, ㄴ ② ㄱ, ㄷ ③ ㄴ, ㄷ
④ ㄴ, ㄹ ⑤ ㄷ, ㄹ

587 하 중 상

다음은 한 학생이 작성한 형성 평가지의 답안이다. 이 학생이 받을 점수는?

형성 평가

※ 과제: 국제 문제에 대한 설명 중 옳은 것은 '○', 옳지 않은 것은 '×'로 표시하시오. (문항당 맞으면 1점, 틀리면 0점임.)

문항	문항	답안
1	환경 분야의 국제 문제에는 대표적으로 지구 온난화가 있다.	×
2	안보 문제는 최근 들어 국제 관계에서 일시적으로 발생하고 있는 국제 문제이다.	○
3	사회적 약자의 인권이 보장되지 않아 발생하는 인권 문제도 국제 문제에 해당한다.	○
4	국제 사회에서 선진국과 개발 도상국 간 경제 격차가 심화되는 문제가 나타나고 있다.	○

① 0점 ② 1점 ③ 2점 ④ 3점 ⑤ 4점

588 하 중 상

다음 두 사례에 나타난 문제의 공통적인 특징에 대한 옳은 설명을 〈보기〉에서 고른 것은?

• 선진국 기업들은 최신 기술의 설비는 자국 내에 유지하지만, 섬유, 화학, 금속, 기계 등 오래된 제조 설비들은 개발 도상국으로 이주시켰다. 이는 개발 도상국의 과다한 에너지 소비에 영향을 미쳤으며, 다양한 직업병과 환경 오염 문제의 원인이 되었다.
• 국제 하천 메콩강 일대의 가뭄으로 인해 중국과 메콩강 유역 4개국 간의 물 분쟁이 일어날 조짐이다. 태국, 베트남, 라오스, 캄보디아는 메콩강의 수위가 20년 만에 최저로 낮아져 큰 타격을 입고 있다. 4개국은 이것을 중국이 메콩강 상류에 건설한 댐 때문이라고 성토했다.

〈 보기 〉
ㄱ. 문화적 가치와 신념이 충돌하여 발생한다.
ㄴ. 남북 문제가 심화되는 경향이 나타나고 있다.
ㄷ. 국경을 초월하여 발생하며 여러 국가에 영향을 미친다.
ㄹ. 문제 해결을 위해 국제 사회의 긴밀한 공조가 요구된다.

① ㄱ, ㄴ ② ㄱ, ㄷ ③ ㄴ, ㄷ
④ ㄴ, ㄹ ⑤ ㄷ, ㄹ

589 하중상

다음 글에 나타난 국제 문제의 해결 방안에 대한 설명으로 가장 적절한 것은?

> 국제 사회는 온실 가스의 감축을 위한 파리 기후 변화 협약, 난민 문제 해결을 위한 난민의 지위에 관한 협약, 인종 차별의 근절을 위한 인종 차별 철폐에 관한 국제 협약 등을 체결함으로써 국제 문제의 해결을 위해 노력하고 있다.

① 민간 부문의 외교 활동을 통해 지구촌에 국제 문제의 심각성을 알린다.
② 국제기구에서 일부 국가를 선정하여 구속력과 강제성을 갖는 협약을 맺는다.
③ 국제기구에서 국제 문제 관련 분야의 전문가를 선정하여 해결 방안을 제시한다.
④ 국제 관계를 규율하고 질서를 유지하기 위한 규범인 국제법에 근거하여 협력한다.
⑤ 특정 문제와 관련하여 직접적인 영향을 받고 있는 국가들이 별도로 회의를 개최하여 협력한다.

B 국제 문제 해결을 위한 국제기구의 역할

590 하중상

(가)~(라)에 해당하는 국제 연합의 주요 기관을 옳게 연결한 것은?

> (가) 국제 연합의 최고 의사 결정 기관이다.
> (나) 국제 연합의 실질적 의사 결정 기관이다.
> (다) 국제법에 근거한 판결을 통해 국가 간의 분쟁을 해결하는 기관이다.
> (라) 국제 연합 및 산하 기관의 운영에 대한 사무를 담당하는 기관이다.

① (가) – 경제 사회 이사회
② (나) – 사무국
③ (다) – 국제 사법 재판소
④ (라) – 총회
⑤ (라) – 안전 보장 이사회

591 하중상

다음은 국제 사법 재판소에 대한 설명이다. 밑줄 친 ㉠~㉤ 중 옳지 않은 것은?

> 국제 사법 재판소는 국가 간의 법적 분쟁을 ㉠ 국제법에 따라 해결하기 위하여 1946년에 창설된 국제 연합의 주요 사법 기구이다. 국제 사법 재판소는 국제 연합 총회 및 안전 보장 이사회에서 선출한 ㉡ 10인의 법관으로 구성되며, 선출된 재판관들의 ㉢ 국적은 모두 다르다. 국제 사법 재판소의 주된 역할은 국가 간의 분쟁에 대해 사법적 판단을 내리는 것인데, 이때 원칙적으로 ㉣ 분쟁 당사국 일방의 제소에 상대국이 응하여야 재판을 진행할 수 있다. 그 밖에도 국제 사법 재판소는 ㉤ 국제 연합 관련 기관의 법적 질의에 권고적 의견을 제시하는 역할을 하기도 한다.

① ㉠ ② ㉡ ③ ㉢ ④ ㉣ ⑤ ㉤

592 하중상

국제 연합과 국제 사법 재판소의 한계로 적절하지 않은 것은?

① 안전 보장 이사회 상임 이사국의 이해관계에 반하는 안건은 의결되기 어렵다.
② 재판 당사국이 국제 사법 재판소의 판결을 이행하지 않아도 이를 강제하기 어렵다.
③ 국제 연합 총회의 의결은 권고적 효력을 가질 뿐이어서 회원국의 행동을 강제할 수 없다.
④ 국제 연합의 정책 결정 시 분담금 비율이 높은 강대국의 영향력을 배제하기가 쉽지 않다.
⑤ 국제 사법 재판소는 한쪽 당사자의 동의가 없어도 재판을 진행할 수 있어 약소국에 불리할 수 있다.

빈출 593 하중상

㉠에 들어갈 국제기구에 대한 설명으로 옳은 것은?

> (㉠)은/는 제2차 세계 대전 이후 창설된 대표적인 국제기구로서 사무국, 경제 사회 이사회, 신탁 통치 이사회 등의 기관을 두고 있다.

① 개인과 민간단체를 회원으로 한다.
② 최고 의사 결정 기관은 안전 보장 이사회이다.
③ 세계 평화 유지와 국가 간 협력 증진을 목적으로 한다.
④ 총회의 의결 과정에서 주권 평등의 원칙이 적용되지 않는다.
⑤ 각 회원국의 경제 수준과 지불 능력에 상관없이 동등한 분담금을 책정하고 있다.

594 하중상

다음은 국제 연합 헌장의 일부이다. 밑줄 친 ㉠~㉣에 대한 옳은 설명만을 〈보기〉에서 있는 대로 고른 것은?

> • 제7조 ① ㉠ 국제 연합의 주요 기관으로서 ㉡ 총회, 안전 보장 이사회, 경제 사회 이사회, 신탁 통치 이사회, 국제 사법 재판소 및 사무국을 설치한다.
> • 제23조 ① ㉢ 안전 보장 이사회는 15개 국제 연합 회원국으로 구성된다.
> • 제92조 ㉣ 국제 사법 재판소는 국제 연합의 주요한 사법 기관이다.

〈 보기 〉

ㄱ. ㉠은 국제 사회를 구성하는 기본 단위로, 탈냉전 시대에 역할이 줄어들었다.
ㄴ. ㉡은 강대국의 힘의 논리가 반영된 표결 방식을 채택하고 있다.
ㄷ. ㉢은 침략 발생 시 해당 국가에 대해 경제적 제재나 군사적 개입 여부를 결정할 수 있다.
ㄹ. ㉣은 원칙적으로 분쟁 당사국들의 동의가 있을 때에만 재판할 권리를 가진다.

① ㄱ, ㄴ ② ㄱ, ㄷ ③ ㄷ, ㄹ
④ ㄱ, ㄴ, ㄹ ⑤ ㄴ, ㄷ, ㄹ

595 하중상

다음은 국제 연합의 특정 기관인 ㉠의 회의 결과이다. 이에 대한 분석으로 옳은 것은?

> **(㉠)의 안건 표결 결과**
> • 안건: 갑국에 대한 제재 결의
> • 표결: 15개 이사국 중 을국을 제외한 14개국이 찬성함
> • 결과: 갑국에 대한 제재안이 부결됨

① ㉠은 총회이다.
② ㉠의 상임 이사국은 10개국이다.
③ 을국은 ㉠의 상임 이사국에 해당하지 않는다.
④ ㉠은 국제 연합 산하의 주요 사법 기관이다.
⑤ ㉠은 국제 분쟁 해결을 위해 군사적 개입을 결의할 수 있다.

596 하중상 (빈출)

국제 연합의 주요 기관 A, B에 대한 옳은 설명만을 〈보기〉에서 있는 대로 고른 것은?

> 국제 연합은 A와 B 및 다양한 기구들로 구성된다. A는 국제 연합의 모든 회원국이 참여하는 최고 의결 기구이고, B는 국제 연합의 실질적 의사 결정 기관으로서 국제 분쟁의 해결을 위해 필요한 수단의 사용 여부를 결정할 수 있다.

〈 보기 〉

ㄱ. A에서 회원국은 모두 1표씩 행사할 수 있다.
ㄴ. A의 의결은 권고적 효력을 가지며, 법적 구속력이 없다.
ㄷ. B는 5개의 상임 이사국과 10개의 비상임 이사국으로 구성된다.
ㄹ. A와 달리 B는 침략국에 대한 경제적 제재는 가능하나 군사 개입은 하지 않는다.

① ㄱ, ㄴ ② ㄱ, ㄹ ③ ㄷ, ㄹ
④ ㄱ, ㄴ, ㄷ ⑤ ㄴ, ㄷ, ㄹ

597 하중상

밑줄 친 '이 기구'에 대한 설명으로 옳지 않은 것은?

> 이 기구는 국제 연합의 주요 사법 기관으로서 1946년에 창설되어 다양한 국가 간의 분쟁을 법적으로 해결하고 있다. 본부는 네덜란드 헤이그에 있으며, 국제 연합의 주요 기관이나 산하 기구가 요청하는 법적 질의와 문제에 대해 권고적 의견을 제시한다.

① 국가만이 재판을 청구할 수 있다.
② 국가 간 분쟁에 대하여 강제적 관할권이 있다.
③ 출석 재판관의 과반수의 찬성으로 판결이 결정된다.
④ 판결은 법적 구속력이 있으나 집행에는 한계가 있다.
⑤ 국제 연합 총회 및 안전 보장 이사회에서 선출된 15명의 재판관으로 구성된다.

598 하 중 상

••서술형

다음 사례에서 도출할 수 있는 국제 사법 재판소의 한계를 서술하시오.

A국과 B국 사이에 ○○섬에 대한 영토 분쟁이 발생하여 오랫동안 갈등이 발생하자 두 국가가 상호 합의하여 국제 사법 재판소에 재판을 제기하였다. 국제 사법 재판소는 ○○섬이 국제법상 A국의 영토라는 판결을 내렸다. 하지만 B국은 이에 반발하여 해당 섬에 머물고 있는 A국 국민들을 강제로 추방하였다. A국은 국제 사법 재판소의 판결을 이행할 것을 요구하였지만, B국은 강력한 군사력을 바탕으로 ○○섬을 결국 자신의 영토로 강제 귀속하였다.

599-600 빈출자료

다음 기사를 읽고 물음에 답하시오.

○○ 신문

국제 연합의 주요 기관인 (㉠)에서 시리아의 화학 무기 사용을 제재하는 결의안이 러시아와 중국의 거부권 행사로 무산되었다. 특히 시리아 정부를 지원하는 러시아는 과거에도 여러 차례 시리아 관련 결의안에 대해 거부권을 행사하여 시리아 독재 정권에 대한 조사나 제재에 관한 결의안이 채택되는 것을 저지하였다.

599 하 중 상

••서술형

위 기사의 내용을 통해 파악할 수 있는 국제 연합의 한계를 서술하시오.

빈출 600 하 중 상

㉠에 대한 옳은 설명을 〈보기〉에서 고른 것은?

〈 보기 〉

ㄱ. ㉠은 신탁 통치 이사회이다.
ㄴ. ㉠의 상임 이사국은 미국, 영국, 일본, 중국, 러시아이다.
ㄷ. ㉠의 의사 결정은 절차 사항의 경우 15개 이사국 중 9개국의 찬성으로 이루어진다.
ㄹ. 실질 사항의 경우 ㉠의 상임 이사국 중 한 국가라도 거부권을 행사하면 안건은 부결된다.

① ㄱ, ㄴ ② ㄱ, ㄷ ③ ㄴ, ㄷ
④ ㄴ, ㄹ ⑤ ㄷ, ㄹ

601-602 빈출자료

다음은 국제 연합의 주요 기관 A~C의 활동을 나타낸 것이다. 물음에 답하시오. (단, A~C는 각각 총회, 안전 보장 이사회, 국제 사법 재판소 중 하나이다.)

- 15개 이사국으로 구성된 A는 자국민의 인권을 탄압하고 있는 갑국에 대해 만장일치로 경제적 제재를 결정하였다.
- 모든 회원국이 참여하는 B는 을국 정부에 대해 소수 민족 탄압 정책을 중지하도록 촉구하는 결의안을 채택하였다.
- 15인의 재판관으로 구성된 C는 병국과 정국이 영토 분쟁을 겪고 있는 ○○ 지역에 대해 병국이 소유권을 가진다고 판결하였다.

601 하 중 상

A, B에 대한 옳은 설명을 〈보기〉에서 고른 것은?

〈 보기 〉

ㄱ. A의 상임 이사국이 가지는 거부권에는 힘의 논리가 반영되어 있다.
ㄴ. B는 의사 결정 과정에서 1국 1표의 원칙을 적용한다.
ㄷ. A의 비상임 이사국은 B에서 2년마다 10개국씩 선출된다.
ㄹ. B는 A와 달리 국제 연합의 실질적 의사 결정 기구이다.

① ㄱ, ㄴ ② ㄱ, ㄷ ③ ㄴ, ㄷ
④ ㄴ, ㄹ ⑤ ㄷ, ㄹ

빈출 602 하 중 상

A~C에 대한 옳은 설명만을 〈보기〉에서 있는 대로 고른 것은?

〈 보기 〉

ㄱ. A의 상임 이사국은 국제 연합 회원국의 투표로 결정된다.
ㄴ. 국가와 개인은 모두 분쟁 해결을 위해 C에 제소할 수 있다.
ㄷ. B의 표결 방식과 달리 실질 사항에 대한 A의 표결 방식은 국제 사회를 바라보는 현실주의적 관점으로 설명될 수 있다.
ㄹ. A와 B는 모두 C의 재판관을 선출하는 권한을 가진다.

① ㄱ, ㄴ ② ㄱ, ㄹ ③ ㄷ, ㄹ
④ ㄱ, ㄴ, ㄷ ⑤ ㄴ, ㄷ, ㄹ

VI

603 하중상

그림은 국제 연합의 주요 기관 (가), (나)를 구분한 것이다. 이에 대한 옳은 설명만을 〈보기〉에서 있는 대로 고른 것은? (단, (가)와 (나)는 각각 안전 보장 이사회와 국제 사법 재판소 중 하나이다.)

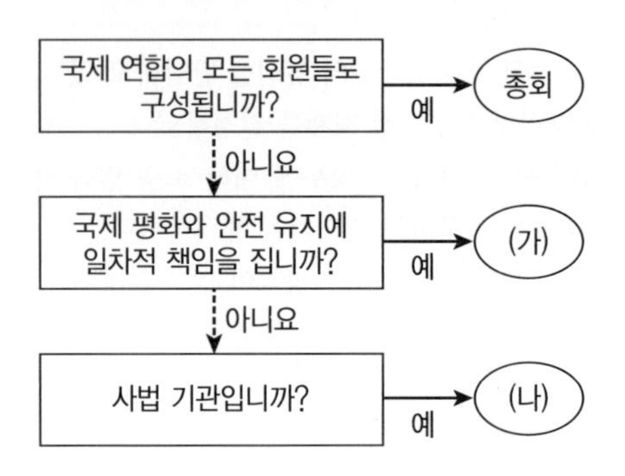

〈 보기 〉

ㄱ. (가)는 국제 평화를 위해 군사적 제재 조치를 취할 수 있다.
ㄴ. (나)는 조약, 국제 관습법, 법의 일반 원칙 등을 적용하여 판결을 내린다.
ㄷ. (가)는 총회와 달리 (나)의 재판관을 선출할 수 있는 권한을 갖는다.
ㄹ. (나)는 (가)의 법적 질의에 대한 권고적 의견을 제시하기도 한다.

① ㄱ, ㄴ ② ㄱ, ㄷ ③ ㄷ, ㄹ
④ ㄱ, ㄴ, ㄹ ⑤ ㄴ, ㄷ, ㄹ

C 우리나라의 국제 관계

604 하중상

우리나라 국제 관계의 변화에 대한 설명으로 옳지 않은 것은?

① 1950년대에는 국가 안보를 최우선으로 추구하는 외교 전략을 활용하였다.
② 1960년대에는 제3 세계 비동맹 국가들의 성장에 맞추어 외교 대상 국가를 확대하였다.
③ 1970년대에는 중국과 수교를 맺고 세계 무역 기구(WTO)에 가입하는 등 실리 외교를 추진하였다.
④ 1980년대에는 소련, 중국, 동유럽 국가 등 사회주의 국가들과의 관계 개선을 추진하는 북방 외교를 전개하였다.
⑤ 2000년대 이후 공공 외교, 기여 외교 등으로 외교 방법을 다원화하였다.

빈출

605 하중상

㉠에 들어갈 국가에 대한 옳은 설명을 〈보기〉에서 고른 것은?

> 우리나라는 주변 국가들과 여러 분야에서 협력하는 동시에 안보, 무역, 역사 등 여러 측면에서 크고 작은 갈등과 분쟁을 겪고 있는데, 특히 (㉠)과/와는 동해 명칭의 표기 방식을 두고 갈등을 빚고 있다.

〈 보기 〉

ㄱ. 일본군 '위안부' 문제에 대한 국가 차원의 책임을 회피하고 있다.
ㄴ. 명백한 우리나라의 고유 영토인 독도에 대한 영유권을 주장하고 있다.
ㄷ. 동북 공정을 통해 고조선 및 고구려, 발해의 역사를 자신들의 역사로 왜곡하고 있다.
ㄹ. 한반도를 미국의 영향력으로부터 차단하기 위해 한반도의 상황 변화를 주시하고 있다.

① ㄱ, ㄴ ② ㄱ, ㄹ ③ ㄴ, ㄷ
④ ㄴ, ㄹ ⑤ ㄷ, ㄹ

D 우리나라의 바람직한 외교 정책

빈출

606 하중상

교사의 질문에 대해 가장 적절하게 답한 학생을 고른 것은?

- 교사: 외교에 대해 설명해 볼까요?
- 갑: 한 국가가 자국의 이익을 위하여 국제 사회에서 폭력적인 수단을 사용하는 것도 일종의 외교에 포함됩니다.
- 을: 오늘날 외교 활동은 대통령이 임명하는 외교관에 의한 공식적인 대외 활동에 국한되어 있습니다.
- 병: 외교 정책을 제대로 수행하더라도 자국의 대외적 위상이 높아지지는 않습니다.
- 정: 외교 정책을 제대로 수행하지 못할 경우 국제 사회에서 고립될 우려가 있습니다.
- 무: 외교 정책은 국제 분쟁의 해결과 국제 사회의 평화 유지에 기여하지 못하는 한계가 있습니다.

① 갑 ② 을 ③ 병 ④ 정 ⑤ 무

607 하중상

(가), (나)에 해당하는 외교의 유형을 옳게 연결한 것은?

> (가) 외국 국민과 다양한 수단 및 통로를 활용한 직접적인 소통을 통해 자국의 역사, 전통, 문화, 정책 등에 대한 공감대를 확산하고 신뢰를 확보하는 외교이다.
> (나) 개발 원조 위원회(DAC) 회원국으로서 개발 도상국에 대한 원조 관련 제도와 정책을 꾸준히 개선하며, 국가 위상을 제고하고 국제 사회와의 공존을 추구하는 외교이다.

	(가)	(나)		(가)	(나)
①	공공 외교	기여 외교	②	공공 외교	인권 외교
③	기여 외교	공공 외교	④	다자 외교	기여 외교
⑤	다자 외교	인권 외교			

608 하중상

㉠~㉢에 들어갈 외교 정책을 옳게 연결한 것은?

> 우리나라는 1950년대 남북 분단과 냉전이라는 특수한 상황 속에서 국가 안보를 위해 (㉠) 외교에 치중하였다. 이후 냉전 체제가 완화됨에 따라 사회주의 국가들과의 관계 개선을 추진하는 (㉡) 외교를 전개하였고, 탈냉전 시대가 도래한 1990년대 이후에는 (㉢) 외교를 전개하였다.

	㉠	㉡	㉢		㉠	㉡	㉢
①	반공	북방	실리	②	반공	실리	북방
③	북방	반공	실리	④	북방	실리	반공
⑤	실리	북방	반공				

609 하중상

(가), (나)에 해당하는 내용으로 가장 적절한 것은?

> **바람직한 외교 정책**
> 1. 외교 활동의 변화: ______(가)______
> 2. 우리나라 외교 정책의 과제: ______(나)______

① (가) – 과거 다자 외교 중심에서 최근 양자 외교 중심으로 변화하였다.
② (가) – 최근 공식적인 외교관의 활동과 더불어 민간 외교의 비중이 커지고 있다.
③ (나) – 주변국과 동맹을 유지하기보다는 주체적이고 독자적인 외교 노선을 유지해야 한다.
④ (나) – 주권 국가의 자주성 보존을 위해 국제기구를 통한 국제 문제 해결 활동을 축소해야 한다.
⑤ (나) – 한반도 주변 강대국을 상대로 우리의 주장을 효과적으로 펼치기 위해 국제법에 대한 의존도를 낮추어야 한다.

610 하중상

(가), (나) 활동에 대한 옳은 설명을 〈보기〉에서 고른 것은?

> (가) 우리나라 고등학교 학생들이 반크(VANK) 동아리를 만들어 전 세계 누리꾼에게 우리나라를 바르게 알리는 활동을 하고 있다.
> (나) 우리나라는 개발 도상국의 이산화 탄소 절감과 기후 변화에 대응하기 위하여 만들어진 녹색 기후 기금(GCF)에 참여하고 있다.

〈 보기 〉
ㄱ. (가)는 공식적인 외교 활동에 해당한다.
ㄴ. (가)는 우리나라에 대한 자긍심을 높일 수 있다.
ㄷ. (나)는 국제기구를 통한 외교 활동이다.
ㄹ. (가), (나) 모두 국가 발전을 위한 민간 외교 활동이다.

① ㄱ, ㄴ ② ㄱ, ㄹ ③ ㄴ, ㄷ
④ ㄴ, ㄹ ⑤ ㄷ, ㄹ

611 하중상

다음 글을 통해 파악할 수 있는 내용으로 적절한 것을 〈보기〉에서 고른 것은?

> 공공 외교는 외국 국민과의 직접적인 소통을 통해 우리나라의 역사, 전통, 문화, 예술, 가치, 정책, 비전 등에 대한 공감대를 확산하고 국가 이미지를 높여 국제 사회에서 우리나라의 영향력을 높이는 외교 활동을 말한다. 공공 외교는 정부 간 소통과 협상 과정을 일컫는 전통적 의미의 외교와 달리 문화, 예술, 지식, 미디어 등 다양한 수단과 통로를 활용하여 외국 대중에게 직접 다가가 그들의 마음을 사고 감동을 주어 긍정적인 국가 이미지를 만들어 나가는 것을 목표로 한다.

〈 보기 〉
ㄱ. 외교의 범위가 예전보다 확대되고 있다.
ㄴ. 사법적 외교의 중요성이 더욱 강화되고 있다.
ㄷ. 외교적 분쟁 해결에 국제 사법 재판소의 역할이 강화되고 있다.
ㄹ. 정부뿐만 아니라 민간 주체들도 외교 활동을 수행하는 주체가 될 수 있다.

① ㄱ, ㄴ ② ㄱ, ㄹ ③ ㄴ, ㄷ
④ ㄴ, ㄹ ⑤ ㄷ, ㄹ

612

자료에 대한 옳은 분석만을 〈보기〉에서 있는 대로 고른 것은?

갑은 '국제 사회를 바라보는 관점'을 주제로 한 카드 게임을 하였다. 게임 규칙은 국제 사회를 바라보는 관점인 현실주의적 관점과 자유주의적 관점 중 어느 한 관점에 부합하는 내용이 뒷면에 적힌 카드를 두 장 가졌을 경우 두 카드를 뒤집으면서 게임이 종료되는 것이다. 단, 게임 시작 시 카드 두 장을 받게 된다. 다음은 갑이 경험한 게임 진행 과정을 순서대로 정리한 것이다.

1단계	갑은 B, C 두 장의 카드를 받았다. B 뒷면에는 "국제 관계에서 보편적 윤리는 중요한 원칙이다."가 적혀 있다.
2단계	갑은 카드 A를 추가로 받았고, 자신이 가진 카드 중 A, B 카드를 뒤집어서 게임이 종료됐다.

〈 보기 〉

ㄱ. A에 적힌 내용은 자유주의적 관점에 부합하는 내용이다.
ㄴ. "집단 안보 체제를 통한 평화 유지가 가능하다."는 A에 적힐 수 없는 내용이다.
ㄷ. "국제 사회는 힘이 지배하는 무정부 상태이다."는 C에 적힐 수 있는 내용이다.
ㄹ. C와 달리 A에는 "국제 사회에는 인간의 이성이 작동한다."는 내용이 적힐 수 있다.

① ㄱ, ㄴ ② ㄱ, ㄷ ③ ㄴ, ㄹ
④ ㄱ, ㄷ, ㄹ ⑤ ㄴ, ㄷ, ㄹ

613

표는 국제 관계를 바라보는 관점 (가), (나)를 구분한 것이다. 이에 대한 설명으로 옳지 않은 것은?

구분	(가)	(나)
국제 상태	무정부 상태	도덕, 법률 존재
행위자	국가	국가, 국제기구 등

① (가)는 국제 관계에서 힘의 논리가 주로 작용한다고 본다.
② (나)는 국가 간 갈등이 발생하는 것은 필연적이라고 본다.
③ (나)는 (가)와 달리 국제 제도의 필요성을 강조한다.
④ (가)는 현실주의적 관점, (나)는 자유주의적 관점이다.
⑤ 세계 평화를 위해 (가)는 세력 균형 전략을, (나)는 집단 안보 전략을 추구한다.

614

다음 대화에 대한 옳은 설명만을 〈보기〉에서 있는 대로 고른 것은?

- 교사: 세계화에 따른 국제 관계의 변화 양상에 대해 발표해 보세요.
- 갑: 국제 규범의 역할이 확대되고 있습니다.
- 을: (가)
- 병: 선진국 문화가 일방적으로 확산되기도 합니다.
- 정: (나)
- 교사: 한 명을 제외하고 모두 옳게 발표했습니다.

〈 보기 〉

ㄱ. 행위 주체 간의 상호 신뢰와 협력이 중요해진 것은 갑의 주장을 뒷받침하는 근거가 된다.
ㄴ. 을이 옳게 말했다면 (나)에 "다국적 기업의 활동이 증가하고 있습니다."가 들어갈 수 있다.
ㄷ. 정이 옳게 말했다면 (가)에 "문화 향유의 기회가 확대되고 있습니다."가 들어갈 수 없다.
ㄹ. (가)에 "국내 정치와 국제 정치의 구별이 약화되고 있습니다."와 (나)에 "국가 간 상호 의존성이 심화되고 있습니다."가 동시에 들어갈 수 있다.

① ㄱ, ㄴ ② ㄱ, ㄷ ③ ㄷ, ㄹ
④ ㄱ, ㄴ, ㄹ ⑤ ㄴ, ㄷ, ㄹ

615

(가)~(라)는 시기별 국제 사회의 모습을 나타낸 것이다. 이에 대한 설명으로 옳은 것은?

(가) 유럽의 열강들이 식민지 확보를 위해 아시아와 아프리카 등을 침략하면서 제국주의 시대가 열렸다.
(나) 미국을 중심으로 한 자본주의 진영과 소련을 중심으로 한 공산주의 진영의 이념 대립으로 냉전을 맞이하게 되었다.
(다) 30년 전쟁을 종결하기 위해 유럽 각국이 맺은 베스트팔렌 조약을 계기로 주권 국가 중심의 국제 질서가 형성되었다.
(라) 대공황으로 국제 사회가 혼란에 빠진 상황에서 전체주의 국가에 의해 세계 대전이 발발하였다. 종전 후 국제 평화를 위한 국제 기구로 (㉠)이/가 설립되었다.

① ㉠은 국제 연맹이다.
② (가)는 제2차 세계 대전을 배경으로 한다.
③ (나)는 몰타 선언 이후 일어난 사건이다.
④ (다)를 계기로 종교에 대한 국가의 우위가 확립되었다.
⑤ 국제 사회는 (다) → (라) → (나) → (가) 순서로 변화되었다.

616

국제법의 법원 A~C에 대한 옳은 설명만을 〈보기〉에서 있는 대로 고른 것은? (단, A~C는 각각 조약, 국제 관습법, 법의 일반 원칙 중 하나이다.)

A~C는 모두 국제 사회 행위 주체들의 관계를 규율하고 국제 질서를 유지한다. B, C는 당사자 간 명시적 합의인 A와 달리, 별도의 체결 절차 없이 국제 사회 행위 주체에 대하여 법적 구속력을 갖는다. B는 문명국들이 공통적으로 승인하여 따르는 법의 보편적인 원칙이고, C는 국제 사회의 반복적인 관행이 국제 사회에서 법 규범으로 승인되어 효력을 가지게 된 것이다.

〈 보기 〉

ㄱ. 국가뿐 아니라 국제기구도 A의 체결 주체가 될 수 있다.
ㄴ. B의 사례에는 외교관의 면책 특권, 국내 문제 불간섭 원칙 등이 있다.
ㄷ. C는 A와 달리 포괄적인 구속력을 가진다.
ㄹ. 우리나라에서 B는 A, C와 달리 국내법과 같은 효력을 가진다.

① ㄱ, ㄴ ② ㄱ, ㄷ ③ ㄷ, ㄹ
④ ㄱ, ㄴ, ㄹ ⑤ ㄴ, ㄷ, ㄹ

617

표는 국제법의 법원 (가)~(다)를 질문에 따라 구분한 것이다. 이에 대한 옳은 설명을 〈보기〉에서 고른 것은? (단, (가)~(다)는 각각 조약, 국제 관습법, 법의 일반 원칙 중 하나이다.)

질문	(가)	(나)	(다)
국가 또는 국제기구 간의 명시적 합의에 의해 성립한 것입니까?	아니요	아니요	예
문명국들이 공통적으로 승인하여 따르는 법의 보편적 원칙입니까?	예	아니요	아니요
국제 사회의 반복적 관행이 법 규범으로 승인된 것입니까?	아니요	예	아니요

〈 보기 〉

ㄱ. (가)의 사례에는 신의 성실의 원칙, 손해 배상 책임의 원칙이 있다.
ㄴ. (나)는 우리나라의 경우 국회의 동의가 있어야만 효력을 갖는다.
ㄷ. (다)는 체결 주체가 국가로 한정된다.
ㄹ. (가)~(다) 모두 국제 사법 재판소 판결의 준거로 사용될 수 있다.

① ㄱ, ㄴ ② ㄱ, ㄹ ③ ㄴ, ㄷ
④ ㄴ, ㄹ ⑤ ㄷ, ㄹ

618

그림은 국제 연합의 주요 기관 A~C를 구분한 것이다. 이에 대한 옳은 설명만을 〈보기〉에서 있는 대로 고른 것은? (단, A~C는 각각 총회, 안전 보장 이사회, 국제 사법 재판소 중 하나이다.)

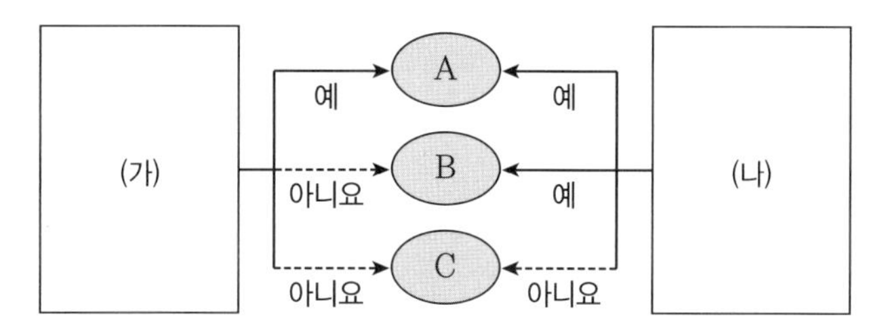

〈 보기 〉

ㄱ. (가)에 "군사적 제재를 통해 분쟁에 개입하는가?"가 들어가면, A는 안전 보장 이사회에 해당된다.
ㄴ. (나)에 "최고 의사 결정 기구로서 모든 회원국이 참여하는가?"가 들어갈 수 있다.
ㄷ. (가)에 "기본적으로 분쟁 당사국들이 합의하여 요청한 사건에 대한 관할권만 갖는가?"가 들어가면 A의 재판관은 B와 C에서 선출된다.
ㄹ. (가)에 "상임 이사국의 거부권 행사가 가능한가?"가 들어가면 (나)에 "판결이 당사국에만 구속력을 미치는가?"가 들어갈 수 있다.

① ㄱ, ㄴ ② ㄱ, ㄷ ③ ㄷ, ㄹ
④ ㄱ, ㄴ, ㄹ ⑤ ㄴ, ㄷ, ㄹ

619

다음 대화에 대한 설명으로 옳지 않은 것은?

- 교사: 국제 연합의 주요 기관 A에 대해 설명해 볼까요?
- 갑: A는 5개의 상임 이사국과 10개의 비상임 이사국으로 구성됩니다.
- 을: A는 국가 간의 분쟁을 해결하는 사법 기관입니다.
- 병: (가)
- 교사: A에 대해 ㉠ 한 명만 옳게 설명하였습니다.

① A가 안전 보장 이사회라면 (가)에는 'A는 국제 연합의 실질적 의사 결정 기관입니다.'가 들어갈 수 없다.
② A가 국제 사법 재판소라면 (가)에는 'A는 국제법을 적용하여 심리를 진행하고 최종 판결을 내립니다.'가 들어갈 수 있다.
③ ㉠이 갑이라면 (가)에는 'A의 판결은 법적 구속력이 있으나 불복하는 당사국을 직접 제재할 수 없습니다.'가 들어갈 수 있다.
④ ㉠이 을이라면 (가)에는 'A는 국제 연합의 형식상 최고 의결 기구로 1국이 1표를 행사합니다.'가 들어갈 수 있다.
⑤ (가)에 'A의 상임 이사국 중 한 국가라도 거부권을 행사하면 안건이 부결됩니다.'가 들어가면 ㉠은 을이다.

Memo

141 ⑤ 142 ② 143 ④ 144 ④ 145 ⑤
146 ④ 147 ② 148 ② 149 ④ 150 ⑤
151 ① 152 ③ 153 ④ 154 ③ 155 ⑤
156 ③ 157 ④ 158 ① 159 ②
160 (1) (가): 헌법 소원 심판, (나): 위헌 법률 심판
(2) 헌법 소원 심판은 국민이 직접 청구하는 반면, 위헌 법률 심판은 법원이 청구한다.
161 ④ 162 ① 163 ④ 164 ② 165 ①
166 ① 167 ⑤

06 지방 자치

개념 확인 문제 46쪽

168 (1) ○ (2) ○ (3) ×
169 (1) 광역 (2) 소환 (3) 강화

난이도별 필수 기출 47~51쪽

170 ① 171 ④ 172 ③ 173 ②
174 (1) A: 지방 의회, B: 지방 자치 단체장
(2) 지방 의회는 조례 제정 및 개폐, 지방 자치 단체 예산의 심의·확정, 지방 행정 사무에 대한 감사와 조사 등의 역할을 담당하고, 지방 자치 단체장은 규칙 제정, 지역의 행정 사무 처리 등의 역할을 담당한다.
175 ⑤ 176 ② 177 ③ 178 ② 179 ①
180 ⑤ 181 ② 182 ④ 183 ④ 184 ⑤
185 ③ 186 ①
187 우리나라에서 시행 중인 주민 참여 제도의 사례에는 주민 투표, 주민 소환, 주민 조례 제정 및 개폐 청구, 주민 참여 예산제, 주민 감사 청구, 주민 소송, 주민 청원 등이 있다.
188 ④ 189 ④ 190 ③ 191 ② 192 ①

최고수준 도전 기출 (04~06강) 52~55쪽

193 ② 194 ④ 195 ⑤ 196 ③ 197 ③
198 ① 199 ② 200 ② 201 ③ 202 ④
203 ② 204 ③ 205 ⑤ 206 ④ 207 ④
208 ②

07 정치 과정과 시민 참여

개념 확인 문제 56쪽

209 (1) × (2) × (3) ○
210 (1) 국민 주권 (2) 선거 (3) 집단적

난이도별 필수 기출 57~59쪽

211 ① 212 ③
213 (1) 산출
(2) 산출은 투입된 국민의 요구와 지지를 바탕으로 정책 결정 기구가 구체적인 정책을 결정하고 결정된 정책을 집행하는 과정을 말한다.
214 ④ 215 ③ 216 ④ 217 ② 218 ④
219 ①
220 시민들의 정치 참여를 활성화하여 정치적 효능감을 신장시키고 국민 주권의 원리를 실현하기 위해서이다.
221 ④
222 (1) 신민형 정치 문화
(2) 신민형 정치 문화는 구성원들이 정치 체제를 알고 있으나 자신을 적극적인 참여자로 인식하지 않는 유형으로서 구성원들이 정치 과정과 그 산물인 정책에 대해 알지만, 정치 과정에 자신들의 요구를 투입하려는 태도는 부족하다.
223 ③ 224 ⑤

08 선거 제도

개념 확인 문제 61쪽

225 (1) 보장 (2) 보통
226 (1) – ㉡ (2) – ㉠
227 (1) ○ (2) ×
228 ㉠ 선거 공영제 ㉡ 선거구 법정주의

난이도별 필수 기출 62~71쪽

229 ⑤ 230 ① 231 ③ 232 ① 233 ②
234 ⑤
235 평등 선거(㉠)는 모든 유권자가 평등하게 같은 수의 표를 행사하고 표의 등가성을 보장하는 원칙이고, 직접 선거(㉡)는 유권자가 대리인을 거치지 않고 직접 대표자를 선출하는 원칙이다.
236 ② 237 ④ 238 ① 239 ④
240 (1) ㉠: 소선거구제, ㉡: 중·대선거구제
(2) 선거구제가 소선거구제에서 중·대선거구제로 변경됨에 따라 상대적으로 사표가 적게 발생할 것이다.
241 ⑤ 242 ④ 243 ④ 244 ② 245 ②
246 ⑤ 247 ⑤
248 (1) 결선 투표제
(2) 결선 투표제는 당선자의 대표성을 높일 수 있다는 장점이 있지만, 선거 운영이 복잡하고 선거 비용이 많이 든다는 단점이 있다.
249 ② 250 ③ 251 ⑤ 252 ③ 253 ②
254 ⑤ 255 ⑤ 256 ⑤ 257 ② 258 ④
259 ④ 260 ⑤ 261 ② 262 ① 263 ③
264 ③ 265 ③ 266 ⑤ 267 ③ 268 ③
269 ① 270 ② 271 ④ 272 ② 273 ④

09 정치 참여의 방법과 한계

개념 확인 문제 73쪽

274 정당
275 (1) × (2) ○ (3) ×
276 (1) – ㉡ (2) – ㉠
277 (1) 언론 (2) 이익 집단

난이도별 필수 기출 74~79쪽

278 ④ 279 ⑤ 280 ① 281 ②
282 (1) 정당 조직의 규모가 거대해지고 관료화되면서 소수의 당 지도부에 의한 권위적 운영이 나타나고 있으며, 이로 인해 당내 의사 결정 과정에서 일반 당원의 의사가 제대로 반영되지 못하는 문제가 나타날 수 있다.
(2) 당내 의사 결정 과정에서 일반 당원의 의사가 잘 반영될 수 있도록 상향식 의사 결정 구조를 확립하여 당내 민주주의를 실현해야 한다.
283 민주 국가는 복수 정당제를 채택하여 다양성을 보장하고 정당들의 정책 경쟁을 통해 국민들의 다양한 이해관계를 반영함으로써 국민 주권주의를 실현하고자 한다.
284 ② 285 ① 286 ① 287 ③ 288 ④
289 ③ 290 ⑤
291 정당은 자신들의 활동에 대하여 정치적 책임을 지지만, 시민 단체와 이익 집단은 정치적 책임을 지지 않는다.

292 ⑤ 293 ⑤ 294 ③ 295 ② 296 ④
297 ③ 298 ③ 299 ② 300 ③ 301 ⑤
302 ④ 303 ② 304 ①

최고수준 도전 기출 (07~09강) 80~83쪽

305 ⑤ 306 ③ 307 ① 308 ② 309 ①
310 ① 311 ② 312 ④ 313 ⑤ 314 ④
315 ② 316 ③ 317 ④ 318 ⑤ 319 ①
320 ④

10 민법의 의의와 기본 원리

개념 확인 문제 84쪽

321 (1) × (2) ○ (3) ○
322 (1) 무과실 책임의 원칙 (2) 계약 공정의 원칙

난이도별 필수 기출 85~87쪽

323 ② 324 ⑤ 325 ⑤ 326 ③ 327 ②
328 ① 329 ④
330 자본주의 발전 과정에서 빈부 격차, 환경 오염, 독과점 기업의 횡포 등과 같은 사회 문제가 발생하였고, 이에 따라 권리의 사회성과 공공성을 고려하는 방향으로 근대 민법의 기본 원리가 수정 및 보완되었다.
331 ② 332 ① 333 ⑤ 334 ③ 335 ⑤
336 ② 337 ⑤

11 재산관계와 법

개념 확인 문제 89쪽

338 ㉠ 승낙 ㉡ 의무(채무)
339 (1) 없다 (2) 있다 (3) 있다
340 (1) 불법 행위 (2) 손해 배상
341 (1) × (2) ○

난이도별 필수 기출 90~97쪽

342 ⑤
343 (1) 을에게서 부동산 대금을 받을 권리와 을에게 부동산을 인도해야 할 의무가 생긴다.
(2) 갑에게서 부동산을 인도받을 권리와 갑에게 부동산 대금을 지급해야 할 의무가 생긴다.
344 ⑤ 345 ④ 346 ① 347 ③ 348 ④
349 ④ 350 ① 351 ② 352 ④ 353 ①
354 ③ 355 ⑤ 356 ⑤ 357 ② 358 ③
359 ④ 360 ④
361 (1) 불법 행위
(2) 불법 행위의 성립 요건에는 가해 행위, 고의 또는 과실, 위법성, 손해의 발생, 상당 인과 관계, 책임 능력이 있다.
362 ③ 363 ③ 364 ② 365 ⑤ 366 ②
367 ④ 368 ①
369 (가)에서는 책임 능력이 있는 A의 행위로 인하여 옆집 유리창이 깨지는 피해가 발생하였으므로, A의 행위는 불법 행위로 성립될 수 있다. 이와 달리 (나)에서는 B의 행위로 인하여 옆집 유리창이 깨지는 피해가 발생하였으나 B는 5세로서 책임 능력이 없으므로, B의 행위는 불법 행위로 성립될 수 없다.
370 ② 371 ② 372 ④ 373 ② 374 ②
375 ⑤ 376 ③ 377 ④

12 가족관계와 법

개념 확인 문제 99쪽

378 (1) × (2) ○ (3) ○
379 (1) – ㉠ (2) – ㉡
380 ㉠ 친생자 ㉡ 양자
381 (1) 양부모 (2) 가정 (3) 비속

난이도별 필수 기출 100~107쪽

382 (1) 당사자 모두 혼인의 의사가 있어야 하고, 법적으로 혼인 가능한 나이여야 하며, 법적으로 혼인할 수 없는 친족 관계가 아니어야 하고, 중혼이 아니어야 한다.
(2) 혼인의 형식적 요건은 혼인 신고를 하는 것이며, 혼인 신고를 함으로써 법률혼으로 인정받게 된다.
383 ④ 384 ③
385 성년 의제. 혼인한 미성년자는 성년 의제되어 부모의 동의 없이도 단독으로 완전하고 유효한 법률 행위를 할 수 있고, 자신의 자녀에 대해 친권을 행사할 수 있다.
386 ① 387 ④ 388 ③ 389 ④ 390 ②
391 ④ 392 ① 393 ① 394 ② 395 ②
396 ① 397 ② 398 ③ 399 ⑤ 400 ③
401 ④ 402 ② 403 ⑤ 404 ④ 405 ⑤
406 ④
407 1순위는 피상속인의 직계 비속이고, 2순위는 피상속인의 직계 존속이며, 3순위는 피상속인의 형제자매이고, 4순위는 피상속인의 4촌 이내의 방계 혈족이다.
408 ② 409 ②
410 (1) 을, 병, 정
(2) 을은 6억 원, 병과 정은 각각 4억 원을 상속받게 된다.
411 ① 412 ③ 413 ② 414 ④ 415 ④
416 ⑤

최고수준 도전 기출 (10~12강) 108~111쪽

417 ② 418 ① 419 ③ 420 ③ 421 ③
422 ② 423 ① 424 ⑤ 425 ③ 426 ⑤
427 ⑤ 428 ④ 429 ② 430 ④ 431 ④
432 ⑤

13 형법의 이해

개념 확인 문제 113쪽

433 죄형 법정주의
434 (1) × (2) ○
435 ㉠ 위법성 ㉡ 책임
436 (1) – ㉡ (2) – ㉠

난이도별 필수 기출 114~121쪽

437 ④ 438 ② 439 ③ 440 ④
441 (1) 죄형 법정주의
(2) 죄형 법정주의의 파생 원칙에는 관습 형법 금지의 원칙, 소급효 금지의 원칙, 명확성의 원칙, 유추 해석 금지의 원칙, 적정성의 원칙이 있다.
442 ① 443 ② 444 ④ 445 ① 446 ⑤
447 ④ 448 ② 449 ③
450 (1) 범죄
(2) 범죄는 구성 요건 해당성, 위법성, 책임을 모두 갖추어야 성립된다.

451 ⑤ 452 ③ 453 ① 454 ④ 455 ②
456 ⑤ 457 ④ 458 ④
459 현행범 체포는 사회 상규에 어긋나지 않는 행위로서 정당 행위에 해당되므로, 위법성이 조각되어 범죄로 성립하지 않는다.
460 ④ 461 ① 462 ③
463 갑의 행위는 형사 미성년자의 행위, 을의 행위는 협박에 의해 강요된 행위, 병의 행위는 심신 상실자의 행위에 해당한다. 따라서 갑, 을, 병의 행위는 모두 책임이 조각되어 범죄가 성립하지 않는다.
464 ② 465 ④ 466 ② 467 ③
468 (1) A는 보안 처분으로 치료 감호, 보호 관찰, 수강 명령, 사회봉사 명령 등이 이에 해당한다.
(2) B는 금고, C는 구류에 해당한다.
469 ④ 470 ③ 471 ④

14 형사 절차와 인권 보장

개념 확인 문제 123쪽

472 (1) 검사 (2) 피고인
473 국민 참여 재판
474 (1) 무죄 (2) 보석
475 (1) × (2) ○

난이도별 필수 기출 124~131쪽

476 ⑤ 477 ③ 478 ③ 479 ⑤ 480 ②
481 ⑤
482 (1) 형의 선고가 효력을 잃습니다.
(2) 면소된 것으로 간주합니다.
483 ① 484 ④ 485 ⑤ 486 ① 487 ④
488 ② 489 ④ 490 ② 491 ⑤ 492 ①
493 ② 494 ② 495 ②
496 (1) 미란다 원칙
(2) 진술 거부권, 변호인의 조력을 받을 권리 등
497 ④
498 (1) ㉠: 구속 전 피의자 심문 제도(구속 영장 실질 심사 제도), ㉡: 체포·구속 적부 심사 제도
(2) 국민의 신체의 자유를 보장하기 위해서이다.
499 ③ 500 ② 501 ① 502 ②
503 피의자로서 구금된 사람이 무죄 취지의 불기소 처분을 받은 경우, 피고인으로서 미결 구금되었던 사람에 대한 무죄 판결이 확정된 경우, 판결이 확정되어 형의 집행을 받거나 받았던 사람이 재심을 통해 무죄 판결이 확정된 경우여야 해.
504 ② 505 ② 506 ④ 507 ④ 508 ②
509 ⑤ 510 ③

15 근로자의 권리

개념 확인 문제 132쪽

511 (1) 사회법 (2) 8시간 (3) 있다
512 (1) × (2) × (3) ○

난이도별 필수 기출 133~137쪽

513 ⑤ 514 ⑤ 515 ③ 516 ③ 517 ④
518 ④ 519 ③ 520 ② 521 ① 522 ②
523 ④ 524 ⑤ 525 ⑤
526 (1) ㉢, ㉤
(2) ㉢의 경우 연소 근로자의 근로 시간은 1일 7시간을 초과할 수 없고 근로 시간이 8시간 이상일 때 1시간 이상의 휴게 시간을 근로 시간 도중에 주어야 하는데, 갑은 휴식 시간 없이 1일 9시간을 근무하였으므로 「근로 기준법」을 위반하였다. ㉤의 경우 사용자는 임금을 근로자 본인에게 직접 지급해야 하는데, 사용자인 갑의 삼촌은 갑이 아닌 갑의 어머니에게 임금을 지급하였으므로 「근로 기준법」을 위반하였다.
527 ① 528 ③ 529 ③ 530 ③ 531 ⑤
532 (1) 사용자는 원칙적으로 적어도 30일 전에 해고를 예고해야 하고, 해고의 사유와 시기를 반드시 서면으로 통지해야 한다.
(2) 부당 해고, 부당 해고를 당한 경우 노동 위원회에 구제 신청을 하거나 법원에 해고 무효 확인 소송을 제기할 수 있다.
533 ③ 534 ②

최고수준 도전 기출 (13~15강) 138~141쪽

535 ① 536 ② 537 ⑤ 538 ② 539 ⑤
540 ② 541 ④ 542 ② 543 ⑤ 544 ④
545 ② 546 ② 547 ④ 548 ⑤ 549 ⑤
550 ④

16 국제 관계와 국제법

개념 확인 문제 143쪽

551 (1) – ㉠ (2) – ㉡
552 (1) 베스트팔렌 조약 (2) 냉전
553 (1) ○ (2) ○ (3) ×
554 (1) 국제 관습법 (2) 조약

난이도별 필수 기출 144~149쪽

555 ③ 556 ⑤ 557 ⑤ 558 ③ 559 ⑤
560 ④
561 (가): 현실주의적 관점, (나): 자유주의적 관점. 현실주의적 관점은 힘의 논리로 국제 관계를 설명하며, 국제 평화를 위해 국력 증강, 동맹 등을 통한 세력 균형 전략이 필요하다고 본다. 자유주의적 관점은 국제법과 국제기구의 중요성을 강조하며, 국제 평화를 위해 집단 안보 체제가 필요하다고 본다.
562 ① 563 ① 564 ④ 565 ④ 566 ④
567 ③ 568 ④ 569 ⑤ 570 ② 571 ②
572 ④ 573 ⑤ 574 ② 575 ①
576 국제법은 제정된 법을 강제할 집행 기구가 없어 국제법 위반 행위에 대한 실질적인 제재가 어렵기 때문에 실효성이 떨어진다는 한계가 있다.
577 ② 578 ② 579 ③ 580 ①

17 국제 문제와 국제기구 및 우리나라의 국제 관계

개념 확인 문제 151쪽

581 (1) × (2) ○
582 (1) – ㉠ (2) – ㉡
583 국제 사법 재판소
584 (1) 반공 (2) 중국

난이도별 필수 기출 152~157쪽

585 ③ 586 ① 587 ③ 588 ⑤ 589 ④
590 ③ 591 ② 592 ⑤ 593 ③ 594 ③
595 ⑤ 596 ④ 597 ②
598 국제 사법 재판소는 재판 당사국이 판결에 따르지 않을 경우 현실적으로 이를 제재할 방법이 없다.
599 국제 연합은 안전 보장 이사회 상임 이사국의 잦은 거부권 행사로 인해 중요한 의사 결정이 지연되기도 한다는 한계를 지닌다.
600 ⑤ 601 ① 602 ③ 603 ④ 604 ③
605 ① 606 ④ 607 ① 608 ① 609 ②
610 ③ 611 ②

최고수준 도전 기출 (16~17강) 158~159쪽

612 ④ 613 ② 614 ② 615 ④ 616 ②
617 ② 618 ② 619 ②

01 정치와 법

개념 확인 문제 5쪽

1 (1) – ㉠ (2) – ㉡
2 (1) 법 (2) 정의 (3) 법적 안정성
3 (1) × (2) ○ (3) ×
4 ㉠ 민주주의 ㉡ 법치주의

난이도별 필수 기출 6~13쪽

5 ① 6 ② 7 ④ 8 ④ 9 ⑤
10 ⑤ 11 ④ 12 ④ 13 ③
14 평균적 정의는 차이를 고려하지 않고 누구나 똑같이 대우하는 것으로서 절대적·형식적 평등을 추구하는 정의를 말하며, 배분적 정의는 개인의 능력과 상황 등의 차이를 고려하는 것으로서 상대적·비례적·실질적 평등을 추구하는 정의를 말한다.
15 ② 16 ⑤ 17 ③ 18 ⑤ 19 ⑤
20 ③ 21 ① 22 ① 23 ④
24 (1) 대의제는 선출된 대표자들이 국민의 의사를 제대로 반영하지 않아 국민의 의사가 정치에 정확히 반영되지 못하며, 국민이 정치에 무관심해질 수 있다는 문제점을 갖는다.
(2) 국민 투표, 국민 발안, 국민 소환 등이 있다.
25 ⑤ 26 ⑤ 27 ③
28 (1) (가): 로크, (나): 홉스
(2) 로크와 홉스는 계약에 의해 국가가 성립한다는 주장을 하였다는 공통점이 있다. 반면, 로크는 자연권을 통치자에게 일부 양도할 것을 주장하고 저항권을 인정하였지만, 홉스는 자연권을 통치자에게 전부 양도할 것을 주장하고 저항권을 인정하지 않았다는 차이점이 있다.
29 ④ 30 ③ 31 ⑤
32 A: 홉스, B: 로크, C: 절대 군주제(전제 정치), D: 입헌 군주제(간접 민주 정치)
33 ② 34 ④ 35 ① 36 ① 37 ②
38 ⑤ 39 ③ 40 ③

02 헌법의 의의와 기본 원리

개념 확인 문제 14쪽

41 (1) × (2) ○ (3) ○
42 (1) – ㉢ (2) – ㉠ (3) – ㉡

난이도별 필수 기출 15~17쪽

43 헌법, 헌법은 국가 창설, 기본권 보장, 조직 수권 규범, 공동체 유지 및 통합, 정치적 평화 실현 등의 기능을 한다.
44 ③ 45 ① 46 ① 47 ⑤ 48 ⑤
49 ②
50 문화 국가의 원리, 문화 국가의 원리는 국가로부터 문화의 자유가 보장되고, 국가가 문화를 보호 및 지원해야 한다는 원리이다.
51 ① 52 ⑤ 53 ③ 54 ③ 55 ⑤
56 ③

03 기본권의 내용과 제한

개념 확인 문제 19쪽

57 ㉠ 기본권 ㉡ 행복 추구권
58 (1) 자유권 (2) 평등권 (3) 국민 주권
59 (1) × (2) ○
60 ㄱ, ㄷ

난이도별 필수 기출 20~25쪽

61 ⑤ 62 ⑤ 63 ① 64 ④ 65 ③
66 ⑤ 67 ① 68 ⑤ 69 ① 70 ⑤
71 (1) 청구권
(2) 청구권은 다른 기본권의 보장을 위한 수단적이고 절차적인 권리이자 적극적인 권리이며, 국가의 존재를 전제로 인정되는 권리이다.
72 ④ 73 ④ 74 ③ 75 ⑤ 76 ②
77 ⑤ 78 ③ 79 ① 80 ① 81 ②
82 ②
83 (1) 국가 안전 보장, 질서 유지, 공공복리
(2) 국가 권력의 남용을 막아 국가 권력이 함부로 국민의 기본권을 침해할 수 없도록 함으로써 국민의 기본권을 보장하기 위해서이다.
84 법익의 균형성, 기본권 제한을 통해 보호하려는 공익과 침해되는 사익을 비교할 때 보호되는 공익이 더 커야 함을 말한다.
85 ② 86 ② 87 ①

최고수준 도전 기출 (01 ~ 03강) 26~27쪽

88 ⑤ 89 ① 90 ④ 91 ③ 92 ①
93 ③ 94 ④ 95 ①

04 정부 형태

개념 확인 문제 29쪽

96 (1) – ㉠ (2) – ㉡
97 (1) 수상 (2) 있다 (3) 없다 (4) 법률안 거부권
98 (1) 의 (2) 대
99 ㄱ, ㄹ

난이도별 필수 기출 30~35쪽

100 ④ 101 ① 102 ② 103 ④ 104 ①
105 ② 106 ①
107 (1) A: 의원 내각제, B: 대통령제
(2) 의원 내각제에서는 의회 다수당이 과반수 의석을 차지할 경우 다수당의 횡포를 견제하기 어렵다. 대통령제에서는 대통령에게 권한이 집중되어 독단적으로 국정이 운영될 우려가 있다.
108 ① 109 ④ 110 ⑤ 111 ⑤ 112 ②
113 ④ 114 ③ 115 ③ 116 ⑤ 117 ④
118 ② 119 ⑤ 120 ① 121 ④ 122 ③
123 ①
124 (1) ㉠: 법률안 거부권, ㉡: 탄핵 소추권
(2) 국무총리 제도, 국무 회의 제도, 국회의원의 국무총리 또는 국무 위원 겸직 가능, 행정부의 법률안 제출권 인정 등
125 ① 126 ③

05 우리나라의 국가 기관

개념 확인 문제 37쪽

127 (1) 위원회 (2) 입법
128 (1) – ㉡ (2) – ㉠
129 (1) × (2) ○
130 ㉠ 헌법 재판소 ㉡ 헌법 소원 심판

난이도별 필수 기출 38~45쪽

131 ① 132 ②
133 (1) ㉠: 불체포 특권, ㉡: 면책 특권
(2) 한번 부결된 안건은 같은 회기 중에 다시 발의 및 제출하지 못하는 원칙입니다.
134 ③ 135 ⑤ 136 ④ 137 ② 138 ⑤
139 ③
140 (1) 국무 회의
(2) 의장인 대통령과 부의장인 국무총리, 일정 수의 국무 위원으로 구성된다.

15개정 교육과정

기출PICK

정답과 해설

정치와 법
619제

책 속의 가접 별책 (특허 제 0557442호)

'답과해설'은 본책에서 쉽게 분리할 수 있도록 제작되었으므로
통 과정에서 분리될 수 있으나 파본이 아닌 정상제품입니다.

visang

ABOVE IMAGINATION

우리는 남다른 상상과 혁신으로
교육 문화의 새로운 전형을 만들어
모든 이의 행복한 경험과 성장에 기여한다

기출 PICK

정답과 해설

정치와 법

정답과 해설

1 정치와 법

개념 확인 문제 5쪽

1 (1) - ㉠ (2) - ㉡　2 (1) 법 (2) 정의 (3) 법적 안정성　3 (1) × (2) ○ (3) ×　4 ㉠ 민주주의 ㉡ 법치주의

난이도별 필수 기출 6~13쪽

5 ①	6 ②	7 ④	8 ④	9 ⑤	10 ⑤
11 ④	12 ④	13 ③	14 해설 참조		15 ②
16 ⑤	17 ③	18 ⑤	19 ⑤	20 ③	21 ①
22 ①	23 ④	24 해설 참조		25 ⑤	26 ⑤
27 ③	28 해설 참조		29 ④	30 ③	31 ⑤
32 해설 참조		33 ②	34 ④	35 ①	36 ①
37 ②	38 ⑤	39 ③	40 ③		

5 좁은 의미의 정치는 국가만의 고유한 현상으로서 정치권력을 형성하고 정책을 결정하여 집행하는 일련의 활동을 의미한다. ㄱ. 군수 후보로 출마한 것은 정치권력을 획득하기 위한 활동이므로 좁은 의미의 정치의 사례이다. ㄴ. 국회 의원의 입법 활동은 정책을 결정하는 국가 작용과 관련한 활동이므로 좁은 의미의 정치의 사례이다.
바로알기 | ㄷ, ㄹ은 사회 구성원 간의 이해관계를 조정 및 해결하는 과정에서 나타나는 활동이므로 넓은 의미의 정치의 사례이다.

6 (가)는 좁은 의미의 정치, (나)는 넓은 의미의 정치이다. ㄱ. 학생 자치회 학생회장을 뽑는 선거는 학교라는 사회 집단에서 이루어지는 정치 활동이므로 넓은 의미의 정치의 사례이다. ㄷ. △△ 기업에서 진행되는 임금 협상은 사회 구성원 간 이해관계를 조정하는 활동이므로 넓은 의미의 정치의 사례이다.
바로알기 | ㄴ과 같은 국회 의원의 입법 활동, ㄹ과 같은 대통령의 국정 운영은 정치권력을 행사하는 활동이므로 좁은 의미의 정치의 사례이다.

7 ④ 넓은 의미의 정치는 좁은 의미의 정치를 포함하므로 정부의 정책 수립은 좁은 의미의 정치와 넓은 의미의 정치에서 모두 정치라고 본다.
바로알기 | ① 국가 성립 이전에도 정치 현상이 있었다고 보는 것은 넓은 의미의 정치이다. ② 좁은 의미의 정치는 정치를 국가 특유의 현상으로 인식하므로 국가와 다른 사회 집단 간의 차이점에 주목한다. ③ 다원화된 현대 사회의 다양한 이해관계 조정을 설명하기에 적합한 것은 넓은 의미의 정치이다. ⑤ 좁은 의미의 정치와 넓은 의미의 정치는 정치의 의미에 대한 관점으로서, 각각 투쟁으로서의 정치나 질서로서의 정치와는 관련이 없다.

8 A는 좁은 의미의 정치, B는 넓은 의미의 정치이다. ④ 넓은 의미의 정치는 국가뿐만 아니라 개인, 이익 집단, 시민 단체, 정당 등도 정치 주체로 간주하므로 좁은 의미의 정치보다 공동의 문제를 해결하는 과정에 참여하는 주체가 다양하다고 본다.
바로알기 | ① 학급 규칙을 만드는 과정은 국가가 아닌 학교라는 사회 집단에서 이해관계의 대립을 조정해 나가는 것이므로, 넓은 의미의 정치에 해당한다. ② 정치의 범위를 정부 활동의 영역과 일치하는 것으로 보는 것은 좁은 의미의 정치이다. ③ 다원화된 현대 사회의 갈등 해결 과정을 설명하는 데 적합한 것은 넓은 의미의 정치이다. ⑤ 아파트 주민 회의를 정치라고 보는 것은 넓은 의미의 정치이다.

개념 보충

정치를 보는 관점

좁은 의미의 정치	• 국가만의 고유한 현상 • 정치권력의 획득·유지·행사와 관련된 활동
넓은 의미의 정치	• 국가를 포함한 모든 사회 집단에서 나타나는 현상 • 개인이나 집단 간 이해관계의 대립과 갈등을 합리적으로 조정하고 해결하는 활동

9 (가)는 넓은 의미의 정치, (나)는 좁은 의미의 정치에 해당한다. ㄷ. 넓은 의미의 정치는 국가뿐만 아니라 다른 사회 집단의 활동도 정치로 보므로, 좁은 의미의 정치에 비해 정치의 주체를 포괄적으로 본다. ㄹ. 국무 회의에서 주요 정책을 심의하는 것은 국가의 통치 행위로서 좁은 의미의 정치에 해당하며, 좁은 의미의 정치를 포함하는 넓은 의미의 정치 역시 이를 정치로 본다.
바로알기 | ㄱ. 넓은 의미의 정치는 정부 활동의 영역을 넘어 모든 집단의 갈등 조정 및 해결 활동을 정치로 보므로, 정치의 범위가 정부 활동의 영역과 일치하지 않는다. ㄴ. 국가 형성 이전의 정치 현상을 설명하기에 적합한 것은 넓은 의미의 정치이다.

10 지방 자치 단체와 노점상이 협약을 체결하여 갈등을 해결하는 과정에서 노점상의 생존권과 시민의 보행권 보장, 거리 환경 개선 등 '공동체의 바람직한 상태를 설정하고 실현'하는 정치의 기능을 찾을 수 있다.
바로알기 | ① 제시된 사례에는 정부 정책의 감시 및 비판 기능이 나타나 있지 않다. ② 제시된 사례에서는 사익을 배제하지 않고 공익과 사익의 조화를 추구하고 있다. ③ 노점상 운영이 반사회적 행위라고 보기는 어려우며, 제시된 사례에는 국가 권력에 의한 통제가 나타나 있지 않다. ④ 제시된 사례에서는 지방 자치 단체와 노점상 간 이해관계의 충돌이 있었으나, 당사자들의 합리적 협의를 통해 갈등을 해결하였다.

11 넓은 의미의 정치는 좁은 의미의 정치와 달리 일상생활에서 이해관계를 조정하는 과정을 정치 현상으로 본다. 따라서 A는 넓은 의미의 정치, B는 좁은 의미의 정치이다. ① 넓은 의미의 정치는 좁은 의미의 정치를 포함하므로, 소수의 엘리트에 의한 통치도 정치로 본다. ② 좁은 의미의 정치는 국가에 의한 통치 행위만을 정치로 보므로, 국가 형성 이전의 정치 현상을 설명하기 곤란하다. ③ 넓은 의미의 정치는 좁은 의미의 정치와 달리 국가뿐만 아니라 시민 단체의 정부 감시 활동도 정치라고 본다. ⑤ 정치를 국가 특유의 현상으로 보는 것은 좁은 의미의 정치에만 해당하는 내용이므로, 주어진 질문은 (가)에 들어갈 수 있다.
바로알기 | ④ 정치권력의 형성 과정을 정치의 본질적 요인으로 보는 것은 좁은 의미의 정치에만 해당한다.

12 A는 좁은 의미의 정치, B는 넓은 의미의 정치이다. ④ (가)에는 좁은 의미의 정치와 넓은 의미의 정치 모두 '예'로 답할 수 있는 질문이 들어가야 한다. 좁은 의미의 정치와 넓은 의미의 정치는 모두 의회 의원의 입법 활동을 정치로 인식하므로, 주어진 질문은 (가)에 들어갈 수 있다.
바로알기 | ① 정치를 다양한 사회 집단에서 보편적으로 나타나는 현상으로 이해하는 것은 넓은 의미의 정치이다. ② 국가를 전형적인 정치 주체로 보고 정치 현상과 국가 현상을 동일시하는 것은 좁은 의미의 정치이다. ③ 좁은 의미의 정치는 정치를 국가의 통치 행위에만 한정하므로, 넓은 의미의 정치에 비해 복잡하고 다원화된 현대 사회의 정치 현상을 설

명하는 데 적합하지 않다. ⑤ 국가 권력과 무관한 정치 현상을 설명할 수 있는 것은 넓은 의미의 정치에만 해당하는 내용이므로, (가)에는 주어진 질문이 들어갈 수 없다.

13 ㄷ. 법은 개인의 사회생활이 안정적으로 보호되어야 한다는 이념인 법적 안정성을 추구하며, 법적 안정성을 실현하기 위해서는 국민이 법을 믿고 법에 따라 안심하고 생활할 수 있게 만들어야 한다. ㄹ. 법은 해당 시대나 사회가 지향하는 가치나 목적에 부합해야 한다는 이념, 즉 합목적성을 추구한다.
바로알기 | ㄱ. 법이 실현하고자 하는 궁극적 이념은 정의이다. ㄴ. 시대와 사회에 따라 옳고 그름, 공정성, 공평성 등은 다르게 규정되므로, 정의가 시대와 장소에 상관없이 동일한 의미를 가진다고 단언할 수 없다.

14 **모범 답안** 평균적 정의는 차이를 고려하지 않고 누구나 똑같이 대우하는 것으로서 절대적·형식적 평등을 추구하는 정의를 말하며, 배분적 정의는 개인의 능력과 상황 등의 차이를 고려하는 것으로서 상대적·비례적·실질적 평등을 추구하는 정의를 말한다.

15 ② 누진세는 소득이나 재산이 많아 과세 금액이 커질수록 높은 세율을 적용하는 것이므로, 개인의 능력이나 형편 등을 고려한 배분적 정의의 사례이다.
바로알기 | ① 평균적 정의는 차이를 고려하지 않고 누구에게나 똑같이 대우해 주는 형식적 평등을 추구한다. ③ 평균적 정의는 합리적 차별을 인정하지 않고 똑같이 대우하는 것이다. 합리적 차별을 인정하는 것은 배분적 정의이다. ④ 배분적 정의는 평균적 정의와 달리 상대적 평등을 통해 실현된다. ⑤ 평균적 정의와 배분적 정의는 모두 법이 실현하고자 하는 최고의 이념인 정의에 포함된다.

개념 보충

평균적 정의와 배분적 정의

평균적 정의	차이를 고려하지 않고 누구나 똑같이 대우하는 것 → 절대적·형식적 평등을 추구함
배분적 정의	개인의 능력과 상황, 필요 등에 따른 차이를 고려하는 것 → 상대적·실질적 평등을 추구함

16 (가)는 정의이다. ⑤ '세상이 망하더라도 정의는 세우라.'는 어떤 일이 있어도 정의를 법의 궁극적 이념으로 삼아야 함을 강조한 법언이다.
바로알기 | ① '인간은 정치적 동물이다.'는 인간이 다른 사람과의 관계에서 이해관계를 조정하고 해결해야 하는 정치적 동물임을 의미하는데, 법의 이념 중 정의와는 관련이 적다. ② '국민이 원하는 것이 법이다.'는 법은 국민이 원하는 것을 규율해야 한다는 것으로서 합목적성과 관련 깊다. ③ '민중의 행복이 최고의 법률이다.'는 법이 민중의 행복 실현을 목표로 해야 한다는 것으로서 합목적성과 관련 깊다. ④ '정의의 극치는 부정의의 극치이다.'는 정의만 지나치게 추구하다 보면 정의롭지 못한 결과가 나타날 수 있다는 것으로서 법적 안정성과 관련 깊다.

17 첫 번째 법률 조항은 공직 선거에서 여성을 남성보다 우대하여 정치 참여의 기회를 우선적으로 보장하는 것으로, 그동안 여성의 정치 참여 기회가 상대적으로 제한되었음을 고려한 조치이다. 또한 두 번째 법률 조항은 공무원 선발 시 일정 비율을 장애인으로 선발하도록 하는 것으로, 비장애인에 비해 장애인의 고용 기회가 부족했음을 고려한 조치이다. 이는 개인이 처한 상황이나 사회 여건 등에 따른 합리적 차별을 허용한 배분적 정의의 사례이다.
바로알기 | ④ 배분적 정의는 실현을 위한 국가의 적극적 노력을 필요로 하며, 현대 복지 국가에서 강조된다. ⑤ 배분적 정의는 각 개인이 처한 선천적, 후천적 조건의 차이를 인정하고 이를 반영하여 같은 것은 같게, 다른 것은 다르게 대우하는 것을 말한다.

18 제시된 내용은 법의 이념 중에서 법적 안정성에 대한 설명이다. 병. 법은 개인의 사회생활이 안정적으로 보호되어야 한다는 이념, 즉 법적 안정성을 추구한다. 정. 법이 국민으로부터 신뢰를 얻고 안정적으로 기능하기 위해서는 법의 내용이 명확히 규정되어야 하고, 실현 가능성이 있어야 하며 일반인의 법의식에 부합해야 하는 것처럼 법적 안정성을 지녀야 한다.
바로알기 | 갑. 본질적 내용이 '평등'인 법의 이념은 정의이다. 을. 법이 추구하는 궁극적 목표는 정의이다.

19 A는 법적 안정성이다. 법적 안정성을 구현하기 위해서는 법이 함부로 변동되어서는 안 되며, 법의 내용이 명확하고 실현 가능해야 한다. 그리고 법의 내용이 국민의 법의식과 합치되어야 한다.
바로알기 | ⑤ 법에 대한 해석은 구체적 타당성을 추구해야 한다는 것은 합목적성과 관련 깊은 내용이다.

20 B는 정의이다. ③ '악법에 복종하는 것은 범죄 행위이다.'는 정의에 어긋나는 악법에는 복종하지 않아야 한다는 것으로서 정의를 강조한다.
바로알기 | ①은 합목적성, ②, ④, ⑤는 법적 안정성을 강조한 법언이다.

21 A 대학교는 특별 전형에서 국민 기초 생활 보장 제도의 수급권자 등을 특별히 모집하고 있다. 이는 개인의 빈곤한 처지를 고려하여 배려하는 것이므로 배분적 정의와 관련된다. ㄱ. 배분적 정의는 개인의 능력과 상황 등에 따른 차이를 반영하므로 실질적 평등을 추구한다. ㄴ. 배분적 정의는 사회 보장을 중시하는 현대 복지 국가에서 강조되고 있다
바로알기 | ㄷ. '악법도 법이다.'라는 표현은 법적 안정성과 맥락을 같이한다. ㄹ. 배분적 정의는 합리적 기준에 의한 차별은 허용한다는 입장이다.

22 A는 일반적 정의, B는 배분적 정의, C는 평균적 정의이다. ① 일반적 정의는 공동생활의 일반 원칙인 법을 준수하는 것을 의미한다. 아리스토텔레스는 당시 아테네의 법을 준수하는 것을 정의라고 보았다.
바로알기 | ② 배분적 정의는 실질적 평등을 추구한다. ③ 사람을 죽인 사람에게 그에 상응하는 형벌을 부여하는 것은 평균적 정의의 예이다. ④ 평균적 정의는 절대적·형식적 평등을 추구한다. ⑤ 성적이 우수한 학생에게 상을 주는 것, 열심히 일한 사람에게 더 많은 임금을 주는 것은 능력에 따른 차이를 고려하는 것이므로 배분적 정의에 해당한다.

23 제시된 역사적 사건들은 시민 혁명의 사례이다. ㄱ. 시민 혁명은 무지와 미신을 타파하고 합리적인 이성에 따라 낡고 모순된 제도를 개혁해야 한다는 계몽사상, 인간의 권리는 하늘로부터 부여받은 것으로서 누구도 이를 침해할 수 없다는 천부 인권 사상의 영향을 받았다. ㄴ. 시민 혁명을 통해 시민은 정치적 자유와 법 앞의 평등을 확보하였으며, 이는 자유와 평등에 기초한 근대 민주주의가 탄생하는 배경이 되었다. ㄷ. 시민 혁명은 절대 왕정을 무너뜨렸으며, 자유와 평등을 기반으로 하여 헌법에 따라 통치하는 입헌 군주제 국가로 거듭나는 계기가 되었다.
바로알기 | ㄹ. 시민 혁명은 신분제에 근거한 봉건 제도의 모순을 극복하기 위해 평등 이념을 내세웠을 뿐, 직접 민주 정치의 문제점을 보완하기 위해 평등 이념을 내세우지는 않았다.

24 **모범 답안** (1) 대의제는 선출된 대표자들이 국민의 의사를 제대로 반영하지 않아 국민의 의사가 정치에 정확히 반영되지 못하며, 국민이 정치에 무관심해질 수 있다는 등의 문제점을 갖는다.
(2) 국민 투표, 국민 발안, 국민 소환 등이 있다.

25 ① 고대 아테네에서는 공동체에 속한 모든 시민이 정치에 직접 참여하는 직접 민주 정치를 실시하였다. ② 고대 아테네의 민회는 의회의 역할을 하는 최고 의사 결정 기구였다. ③ 고대 아테네에서는 자유민인 성인 남성만이 시민으로서 민회에 참여할 수 있었고 여성, 노예, 외국인 등은 시민에서 제외되어 정치에 참여할 권리를 갖지 못하였다. ④ 고대 아테네에서는 윤번과 추첨으로 공직을 맡을 사람을 뽑았음을 고려할 때 공직 담당의 기회가 모든 시민에게 주어졌다.

바로알기 | ⑤ 고대 아테네는 대표가 아닌 모든 시민이 직접 정치에 참여하였으므로 대표성이 높지 않았으며, 시민의 의사를 왜곡할 가능성 역시 높지 않았다.

26 제시된 내용은 홉스의 주장이다. ⑤ 홉스는 자연 상태에서는 인간이 자연권을 보장받을 수 없으므로, 사람들은 자기 보존을 위해 계약을 맺어 국가를 수립하였다고 주장하였다.

바로알기 | ①은 루소의 주장과 관련 깊다. ② 홉스는 개인이 자연권을 모두 군주에게 양도해야 한다고 주장하였다. ③은 로크의 주장과 관련 깊다. ④ 홉스는 국민이 국가의 보호를 받는 대가로 자연권을 전부 양도하는 복종 계약에 동의하였으므로, 통치자의 권력에 절대 복종해야 한다고 주장하였다.

27 제시된 내용과 같이 주장한 사상가는 로크이다. ③ 로크는 생명과 자유, 재산을 보호하는 것을 사회 계약의 목적으로 보았으므로, 사회 계약에서 재산권 보호가 필수적이라고 주장하였다.

바로알기 | ①, ②는 홉스의 주장과 관련 깊다. ④ 로크는 사회 계약을 맺는 과정에서 주권은 위임되거나 일부 양도될 수 있다고 주장하였다. ⑤는 루소의 주장과 관련 깊다.

개념 보충

홉스, 로크, 루소의 사회 계약설

구분	자연 상태	이상적인 정치 형태
홉스	만인에 대한 만인의 투쟁 상태	통치자에게 자연권을 전부 양도하는 절대 군주제 옹호
로크	자연법이 지배하는 상태이나 권리 보장이 불확실한 상태	통치자에게 자연권을 일부 위임하는 입헌 군주제 추구
루소	자유롭고 평화롭지만, 개인의 삶을 온전히 보장하기 어려운 상태	시민 모두가 공적 의사 결정에 참여하는 민주 공화정 추구

28 모범 답안 (1) (가): 로크, (나): 홉스

(2) 로크와 홉스는 계약에 의해 국가가 성립한다는 주장을 하였다는 공통점이 있다. 반면, 로크는 자연권을 통치자에게 일부 양도할 것을 주장하고 저항권을 인정하였지만, 홉스는 자연권을 통치자에게 전부 양도할 것을 주장하고 저항권을 인정하지 않았다는 차이점이 있다.

29 ④ 근대 사회에서는 사회 구성원의 합의를 담은 헌법에 시민의 자유와 권리를 규정하고, 이를 보장하기 위하여 국가 기관이 헌법에 따라 구성되고 운영되어야 한다는 원리인 입헌주의를 특징으로 하는 정치 체제가 성립하였다.

바로알기 | ① 홉스는 근대 시민 혁명 시기에 사회 계약설에 근거하여 강력한 절대 군주제를 주장하였다. ② 계몽사상은 종교의 힘이 아니라 합리적인 이성에 따라 낡고 모순된 제도를 개혁해야 한다고 보는 사상이다. ③ 현대 복지 국가의 등장 이후 재산권의 공공성이 강조되기 시작하면서 정부의 권한이 커졌다. ⑤ 시민 혁명을 주도한 계층은 상공업으로 부를 형성한 부르주아로서 시민 혁명 시기에 정치에 참여할 수 있는 권리를 획득하였다.

30 제시된 사건들은 참정권 확대 운동에 해당한다. ③ 참정권 확대 운동을 통해 노동자, 여성, 흑인 등 사회적 약자가 참정권을 획득하게 됨으로써 사회 구성원 누구나 선거권을 갖게 되는 보통 선거제가 확립되었다.

바로알기 | ① 참정권 확대 운동을 통해 직접 민주 정치가 실현된 것은 아니다. ② 법치주의의 발전은 참정권 확대 운동과 관련이 적다. ④ 참정권 확대 운동 이전 시민 혁명을 통해 '국가로부터의 자유', 즉 자유권이 보장되었다. ⑤ 현대 사회에 들어서면서 사회권의 보장 노력이 대두됨에 따라 모든 국민의 인간다운 생활을 보장하는 복지 국가의 기틀이 마련되었다.

31 ⑤ 시민 혁명 과정에서 등장한 프랑스 인권 선언과 미국 독립 선언은 자유와 평등, 인간의 존엄성 등을 중시하는 천부 인권 사상의 영향을 받았다.

바로알기 | ① 프랑스 인권 선언을 통해 사회 구성원 전체에게 참정권이 부여된 것은 아니며, 노동자, 여성 등에게는 여전히 참정권이 부여되지 않았다. ② 프랑스 인권 선언은 전제 군주정을 입헌 군주정으로 전환시키는 계기가 되었다. ③ 미국 독립 선언은 대의제를 바탕으로 한 민주주의 시대를 열었다. ④ 미국 독립 선언은 자유와 평등을 기반으로 한 인간의 존엄성을 선포한 것일 뿐, 보통 선거의 확립을 가져오지는 않았다.

32 모범 답안 A: 홉스, B: 로크, C: 절대 군주제(전제 정치), D: 입헌 군주제(간접 민주 정치)

33 ㄱ. 홉스는 인간이 자연적 욕구인 허영심을 가진 악한 존재라고 보았다. ㄹ. 로크는 국가가 재산 보호에 충실하지 않으면 언제든지 계약을 파기할 수 있다고 보았으므로, 국민의 자유와 권리를 침해하는 부당한 권력에 대한 저항권을 인정하였다.

바로알기 | ㄴ. 홉스는 군주가 절대적인 권력을 가진 절대 군주제를 이상적인 정치 체제로 본다. ㄷ. 공공선을 추구하는 일반 의지에 따라 국가가 운영되어야 한다고 본 사회 계약론자는 루소이다. ㅁ. 홉스와 로크는 모두 계약을 맺는 과정에서 주권은 위임되거나 양도될 수 있다고 주장한다.

34 ㄴ. A가 시민 혁명 직후에 확립되었다면 A는 근대 민주 정치이다. 근대 민주 정치에서는 고대 아테네 민주 정치와 달리 법치주의가 확립되었으므로, 주어진 질문은 (가)에 들어갈 수 있다. ㄹ. 모든 시민이 국가의 정책을 직접 결정한 것은 고대 아테네 민주 정치의 특징이므로, (나)에 주어진 질문이 들어가면 A는 근대 민주 정치, B는 고대 아테네 민주 정치이다. 고대 아테네에서는 시민들이 민회에 참여하여 주요 정책을 결정하였다.

바로알기 | ㄱ. 보통 선거제가 확립된 것은 현대 민주 정치의 특징이므로, 주어진 질문은 (가)에 들어갈 수 없다. ㄷ. 일부 사회 구성원의 정치 참여가 제한된 것은 고대 아테네 민주 정치와 근대 민주 정치의 공통적인 특징에 해당하므로, 주어진 질문은 (나)에 들어갈 수 없다.

35 A는 근대 민주 정치, B는 고대 아테네 민주 정치, C는 현대 민주 정치이다. ① 근대 민주 정치는 계몽사상과 사회 계약설의 영향을 받은 시민 혁명을 계기로 성립되었다.

바로알기 | ② 현대 민주 정치에서 국민 투표, 국민 소환 등의 직접 민주 정치 요소가 도입되고 있다. ③ 근대 민주 정치와 고대 아테네 민주 정치 모두 신분제를 바탕으로 정치 참여가 이루어졌으며, 일부 계층은 정치 참여가 제한되었다. ④ 고대 아테네에서는 선거가 아닌 윤번제와 추첨제를 통해 공직을 맡을 대표를 선출하였다. ⑤ 근대 민주 정치와 현대 민주 정치는 모두 입헌주의를 통해 기본권을 보장하였다.

개념 보충

민주 정치의 발전

고대 아테네 민주 정치	• 모든 시민이 참여하는 민회에서 정책을 결정하는 직접 민주 정치 실현 → 민주주의의 기원 • 여성, 노예, 외국인이 시민에서 배제됨
근대 민주 정치	• 국민 주권과 권력 분립 등에 기반을 둔 대의 민주제 성립, 법치주의와 입헌주의 원리 확립 • 재산, 인종, 성별 등에 따라 참정권이 제한됨
현대 민주 정치	• 보통 선거제 확립 → 대의 민주제의 일반화 • 국민 투표, 국민 발안, 국민 소환 등 직접 민주 정치 요소를 도입하여 대의 민주제의 한계를 보완하고자 함

36 ㄱ. 제2조에서 헌법과는 다른 규정을 행정부인 라이히 정부가 둘 수 있다고 하였으므로 입헌주의에 위배된다. ㄴ. 제1조에서 입법부가 아닌 행정부도 법률을 만들 수 있도록 하고, 제2조에서 헌법과는 다른 규정을 행정부가 둘 수 있도록 하여 행정부에 국가 권력을 집중시켰으므로 권력 분립주의에 위배된다.

바로알기 | ㄷ. 형식적 법치주의는 법적 절차만 지키면 법의 내용은 상관하지 않는 것이므로 제시된 수권법의 조항을 통해 위배된 내용을 찾을 수 없다. ㄹ. 제시된 수권법 조항에는 지방 자치의 원리에 대한 내용이 언급되어 있지 않다.

37 ㄱ. 제시된 수권법 조항에는 입법 절차와 그에 따른 통치 방식 등이 규정되어 있으므로 법에 의한 통치가 이루어지고 있음을 알 수 있다. ㄷ. 수권법은 권력 분립의 원리와 헌법의 최고 규범성을 무시하고 있는 것으로 보아 실질적 법치주의에 어긋난다. 그러나 법의 내용과 관계없이 법의 형식만을 중시하는 것으로 보아 극단적인 형식적 법치주의를 추구하고 있음을 알 수 있다.

바로알기 | ㄴ. 제2조에서 헌법과 다른 규정을 둘 수 있다는 것은 헌법이 최고법으로서 역할을 하고 있지 못함을 보여 준다. ㄹ. 제시된 수권법 조항에서 헌법과 다른 규정을 둘 수 있도록 하거나 입법부가 아닌 행정부에서 마음대로 법을 만들 수 있도록 하는 것으로 보아 법의 내용이나 목적이 국민의 자유와 권리를 보장하고 있다고 보기 어렵다.

38 ㉠은 형식적 법치주의, ㉡은 실질적 법치주의이다. ⑤ 실질적 법치주의는 법률의 내용이 헌법적 정의에 합치해야 함을 요구한다는 점에서 법률이 헌법에 위배되는지를 판단하는 위헌 법률 심사 제도의 중요성을 강조한다.

바로알기 | ① 형식적 법치주의는 통치 행위의 형식적 합법성만을 중시한다. ② 실질적 법치주의도 법을 통해 개인의 권리가 제한될 수 있다고 본다. ③ 형식적 법치주의와 실질적 법치주의는 모두 법적 절차와 형식의 준수가 강조된다. ④ 실질적 법치주의는 법의 목적과 내용이 정의에 부합해야 한다고 본다.

개념 보충

형식적 법치주의와 실질적 법치주의

형식적 법치주의	• 법의 목적이나 내용에 관계없이 적법한 절차에 의한 통치만을 강조함 • 독재 정치도 정당화될 수 있다는 논리로 악용될 수 있음
실질적 법치주의	• 법률이 법적인 절차에 따라 제정되어야 할 뿐만 아니라, 그 목적과 내용도 정당해야 함을 강조함 • 형식적 합법성과 실질적 정당성을 함께 강조함

39 제시된 글에 따르면 추상적인 민주주의의 이념과 가치는 법치주의의 틀에서 구체화되고, 민주주의의 틀 안에서 법치주의가 정당성을 갖는다. 즉, 민주주의와 법치주의는 상호 보완적인 관계라고 할 수 있다.

40 ③ (마)는 실질적 법치주의이다. 실질적 법치주의는 법률의 형식뿐만 아니라 그 목적과 내용도 정당해야 함을 강조하므로, 위헌 법률 심사제의 중요성을 강조한다.

바로알기 | ① 보통 선거제는 현대 민주 정치에서 확립되었다. ② 현대 민주 정치에서는 사회 구성원 모두 성별, 재산 등에 관계없이 자유롭게 정치에 참여할 권리를 행사할 수 있다. ④ 국가 권력의 정당성이 국민에게서 나온다는 국민 주권주의를 기반으로 하는 것은 근대 민주 정치와 현대 민주 정치의 특징이다. ⑤ (라) 형식적 법치주의와 (마) 실질적 법치주의는 모두 인(人)의 지배에서 벗어나 법의 지배를 추구한다.

헌법의 의의와 기본 원리

개념 확인 문제 14쪽

41 (1) × (2) ○ (3) ○ **42** (1) – ⓒ (2) – ㉠ (3) – ⓛ

난이도별 필수 기출 15~17쪽

43 해설 참조	44 ③	45 ①	46 ①	47 ⑤
48 ⑤	49 ②	50 해설 참조	51 ①	52 ⑤
53 ③	54 ③	55 ⑤	56 ③	

43 모범 답안 헌법. 헌법은 국가 창설, 기본권 보장, 조직 수권 규범, 공동체 유지 및 통합, 정치적 평화 실현 등의 기능을 한다.

44 헌법의 의미는 역사적 흐름에 따라 '(나) 고유한 의미의 헌법 → (가) 근대 입헌주의 헌법 → (다) 현대 복지 국가 헌법'의 순서로 변천해 왔다.

45 제시된 헌법 조항들은 입법, 행정, 사법의 권한이 어느 기관에 부여되는지를 나타낸다. 이처럼 헌법은 국가 기구를 구성하고 각 조직에 일정한 권한을 부여함으로써 국가 기관 조직의 정당성이 헌법에 근거하도록 하는 조직 수권 규범의 기능을 한다.
바로알기 | ②, ③, ④, ⑤는 헌법의 기능에 해당하지만, 제시된 헌법 조항과 관련이 적다.

46 (가)는 헌법을 먼저 제정한 후 그 헌법에 근거하여 대한민국 정부를 수립하였음을 나타내므로, 헌법의 국가 창설 기능을 강조하고 있다. (나)는 헌법에 국민의 기본적 인권을 규정하여 그 불가침성을 선언하였음을 나타내므로, 헌법의 기본권 보장 기능을 강조하고 있다.

47 ① 고유한 의미의 헌법은 국가의 통치 조직을 구성하고 그 권한과 상호 관계 및 국가와 국민의 관계에 관한 기본 원칙을 규정한 규범으로, 조선 시대의 경국대전은 고유한 의미의 헌법의 대표적인 예이다. ② 근대 입헌주의 헌법은 자유권 보장을 중시하였으며, 권력 분립을 성문화하였다. ③ 현대 복지 국가 헌법은 사회권의 수용을 강조하며 국민의 생존권적 기본권을 중시하였다. ④ 현대 복지 국가 헌법은 재산권 제한, 경제에 대한 규제와 조정 등을 통해 실질적 평등과 복지 국가 이념의 구현을 지향하였다.
바로알기 | ⑤ 근대 입헌주의 국가에서는 '국가로부터의 자유'인 자유권이 중시되었다. 이와 달리 현대 복지 국가 헌법에서는 국가의 적극적인 개입에 의해 국민의 복지가 증진되는 '국가에 의한 자유', 즉 사회권이 중시되었다.

48 A는 고유한 의미의 헌법, B는 근대 입헌주의 헌법, C는 현대 복지 국가 헌법이다. ⑤ 고유한 의미의 헌법에서 규정되기 시작한 국가 통치 조직의 존립 근거는 이후 등장한 근대 입헌주의 헌법과 현대 복지 국가 헌법에서도 유효하다.
바로알기 | ① 근대 입헌주의 헌법과 현대 복지 국가 헌법에서 입헌주의가 중시된다. ② 근대 입헌주의 헌법에서는 국가의 역할이 제한적이었다. 국가의 적극적 역할이 강조된 것은 현대 복지 국가 헌법이다. ③ 헌법의 의미는 역사적 흐름에 따라 '고유한 의미의 헌법 → 근대 입헌주의 헌법 → 현대 복지 국가 헌법'의 순서로 변천되었다. ④ 자유권은 근대 입헌주의 헌법에서 강조되기 시작하여 현대 복지 국가 헌법으로 확대되었다.

49 자유주의와 민주주의가 결합된 헌법의 기본 원리는 자유 민주주의이다. ② 복수 정당제를 기반으로 하는 자유로운 정당 활동은 자유 민주주의의 실현에 기여한다.
바로알기 | ①은 문화 국가의 원리, ③, ④, ⑤는 복지 국가의 원리와 관련 깊다.

50 모범 답안 문화 국가의 원리. 문화 국가의 원리는 국가로부터 문화의 자유가 보장되고, 국가가 문화를 보호 및 지원해야 한다는 원리이다.

51 (가)는 국민 주권주의, (나)는 국제 평화주의이다. 국민 주권주의는 국가의 최고 의사를 결정하는 주권이 국민에게 있고 모든 국가 권력의 근거가 국민에게 있다는 원리이며, 국제 평화주의는 국제 질서를 존중하고 세계 평화와 인류의 번영을 위해 노력한다는 원리이다.

52 (다)는 자유 민주주의이다. ⑤ 우리 헌법은 자유 민주주의를 실현하기 위해 국민의 기본권을 명시하고 있으며, 국가 권력이 이를 함부로 침해하지 못하도록 서로 다른 국가 기관에 국가 권력을 부여하고 각 기관이 서로 견제하도록 하는 권력 분립을 지향하고 있다.
바로알기 | ① 민족 문화의 계승을 통해 문화 국가의 원리를 실현할 수 있다. ② 국가로부터 문화의 자유가 보장되어야 한다는 원리는 문화 국가의 원리이다. ③ 침략적 전쟁을 부인하는 것은 국제 평화주의와 관련 깊다. ④ 우리 헌법에 규정된 수정 자본주의 시장 경제 질서, 최저 임금제 등은 복지 국가의 원리와 관련 깊다.

개념 보충

국민 주권주의와 자유 민주주의

국민 주권주의	• 의미: 국가 의사를 결정할 수 있는 최고의 권력인 주권이 국민에게 있다는 원리 • 실현 방안: 참정권 보장(민주적 선거 제도 규정, 국민 투표제), 언론·출판·집회·결사의 자유 및 복수 정당제 보장
자유 민주주의	• 의미: 인간의 존엄성을 바탕으로 국민의 자유와 권리를 보호하고, 대표자들이 국민 주권주의에 입각해서 통치하는 원리 • 실현 방안: 법치주의, 적법 절차의 원리, 권력 분립 제도와 사법권의 독립, 복수 정당제를 기반으로 하는 자유로운 정당 활동 등

53 제시된 헌법 전문 및 조항과 관련 깊은 헌법의 기본 원리는 자유 민주주의이다. ㄴ. 자유 민주주의는 인간의 존엄성을 바탕으로 국민의 자유와 권리를 보호하는 원리로서 인간의 존엄성과 기본적 인권 보장을 핵심으로 한다. ㄷ. 우리 헌법은 자유 민주주의를 실현하기 위해 법에 따른 통치를 의미하는 법치주의, 국민의 기본권 제한 시 반드시 적법한 절차에 따르도록 하는 적법 절차의 원리 등을 규정하고 있다.
바로알기 | ㄱ. 국민 복지에 대한 책임을 국가에 부여하는 근거가 되는 것은 복지 국가의 원리이다. ㄹ. 조약과 일반적으로 승인된 국제 법규에 국내법과 같은 효력을 인정하는 것은 국제 평화주의의 실현 방안이다.

54 제시된 내용들은 국민 복지에 대한 책임을 국가에 부여하는 복지 국가의 원리를 추구하고 있다. ㄱ, ㄷ, ㄹ. 근로자의 인간다운 생활을 보장하기 위한 최저 임금제와 사회 보험, 공공부조 등의 사회 보장 제도를 채택하고, 여성 및 연소 근로자의 특별 보호를 법으로 규정하는 것은 복지 국가의 원리를 실현하기 위한 방안에 해당한다.
바로알기 | ㄴ은 문화 국가의 원리, ㅁ은 자유 민주주의를 실현하기 위한 방안에 해당한다.

55 ⑤ ㉤은 국민 주권주의와 관련 깊다. 국민 주권주의는 참정권 보장을 위한 민주적 선거 제도와 국민 투표제 등을 통해 실현될 수 있다.
바로알기 | ① ㉠은 문화 국가의 원리와 관련 깊다. 언론·출판·집회·결사의 자유 보장은 국민 주권주의의 실현 방안이다. ② ㉡은 자유 민주주의와 관련 깊다. 사회 보장 제도 및 정책 시행은 복지 국가의 원리의 실현 방안이다. ③ ㉢은 복지 국가의 원리와 관련 깊다. 권력 분립과 법치주의 지향은 자유 민주주의의 실현 방안이다. ④ ㉣은 국제 평화주의와 관련 깊다. 국제 평화주의는 국제 평화 유지 및 침략적 전쟁 부인을 실현 방안으로 한다.

56 사법권의 독립을 통해 자유 민주주의를 실현할 수 있고, 종교·학문·예술의 자유 보장을 통해 자유 민주주의와 문화 국가의 원리를 실현할 수 있다. 따라서 (가)는 자유 민주주의, (나)는 문화 국가의 원리이다. ㄴ. 민주적인 정당 활동을 규정한 헌법 조항은 자유 민주주의를 실현하는 근거가 된다. ㄷ. 문화 국가의 원리는 국가가 문화의 자율성을 인정하면서 문화의 자유를 보장하고 문화를 보호 및 지원함으로써 문화의 발전을 도모해야 한다는 원리이다.
바로알기 | ㄱ. ㉠에는 문화 국가의 원리의 실현 방안이 들어가야 한다. 최저 임금제 실시는 복지 국가의 원리의 실현 방안이므로, 제시된 실현 방안은 ㉠에 적절하지 않다. ㄹ. "모든 국민은 인간다운 생활을 할 권리를 가진다."라는 헌법 조항은 복지 국가의 원리를 실현하는 근거가 된다.

03 기본권의 내용과 제한

개념 확인 문제 19쪽

57 ㉠ 기본권 ㉡ 행복 추구권 **58** (1) 자유권 (2) 평등권 (3) 국민 주권 **59** (1) × (2) ○ **60** ㄱ, ㄷ

난이도별 필수 기출 20~25쪽

61 ⑤	62 ⑤	63 ①	64 ④	65 ③	66 ⑤
67 ①	68 ⑤	69 ①	70 ⑤	71 해설 참조	
72 ④	73 ④	74 ③	75 ⑤	76 ②	77 ⑤
78 ③	79 ①	80 ①	81 ②	82 ②	
83 해설 참조		84 해설 참조		85 ②	86 ②
87 ①					

61 제시된 글은 국민이 인간으로서 누려야 할 기본권을 가지고 태어난다고 보았으므로, 기본권이 자연법상의 권리임을 강조하고 있다. ①, ③ 자연법상의 권리로서 기본권은 인간이 태어나면서 가지는 천부적인 권리이므로 타인에게 양도할 수 없다. ④ 자연법상의 권리로서 기본권은 초국가적 권리이므로 국가는 국민의 기본권을 함부로 제한할 수 없다.
바로알기 | ⑤ 제시된 글에 따르면 기본권은 국가 성립 이전에도 이미 존재하였던 자연법상의 권리이므로, 국가의 헌법에 따라 보장되는 실정법상의 권리로 볼 수 없다.

62 갑은 기본권을 자연법상의 권리로, 을은 기본권을 실정법상의 권리로 인식하고 있다. ⑤ 갑, 을 모두 기본권의 보장을 중시하므로, 적법 절차에 따른 법의 제정과 그에 따른 정치권력 행사를 요구할 것이다.
바로알기 | ② 을은 기본권을 헌법과 법률에 규정되어야만 권리로 보장받을 수 있는 권리로 인식하는 것과 달리 갑은 기본권을 초국가적인 불가침의 권리로 인식한다. ③ 을은 기본권을 실정법상의 권리로 인식하므로 국가에 의한 기본권의 제한을 인정한다. ④ 갑은 을과 달리 기본권을 자연법상의 권리로 인식하므로, 기본권을 반드시 문서화하여 보장해야 한다고 보지는 않는다.

63 죄형 법정주의, 구속 적부 심사제, 형사 피고인의 무죄 추정 원칙은 모두 신체의 자유, 즉 자유권을 보장하기 위한 제도들이다.

64 A는 사회권이다. ㄴ. 사회권은 국민이 인간다운 생활의 보장을 국가에 요구할 수 있는 적극적 권리이자, 가장 최근에 등장한 현대적 권리이다. ㄹ. 자본주의가 발달하면서 빈부 격차, 절대 빈곤, 계급 갈등 등이 심화함에 따라 모든 사회 구성원이 최소한의 인간다운 삶과 실질적 평등을 누릴 수 있어야 한다는 인식이 확산된 것을 배경으로 사회권이 등장하였다.
바로알기 | ㄱ은 청구권에 대한 설명이다. ㄷ. 사회권은 헌법에서 규정하고 있는 것에 한해서만 보장되는 열거적 권리이다.

65 ㉠은 청구권에 속하는 범죄 피해자 구조 청구권에 해당한다. ㄴ. 청구권은 침해당한 기본권의 구제를 청구할 수 있는 권리로서 기본권 보장을 위한 수단적 기본권에 해당한다. ㄷ. 청구권은 국민이 국가에 대해 일정한 행위를 요구할 수 있는 권리이므로 국가의 존재를 전제로 한 적극적 권리이다.

바로알기 | ㄱ은 평등권, ㄹ은 참정권에 대한 설명이다.

66 (가)는 법 앞에 평등을 보장한 것으로 평등권, (나)는 신체의 자유를 보장한 것으로 자유권, (다)는 선거권을 보장한 것으로 참정권, (라)는 재판을 받을 권리를 보장한 것으로 청구권, (마)는 근로의 권리를 보장한 것으로 사회권과 관련 깊다.

67 ① 평등권은 모든 국민을 원칙적으로 평등하게 대우하고 국가에 대하여 차별적 대우를 받지 않을 것을 요구할 수 있는 권리로서, 다른 기본권을 실현하는 데 전제가 되는 기본권이다.
바로알기 | ② 국가에 의한 자유로서 실질적 평등을 지향하는 것은 사회권이다. ③ 다른 기본권 실현을 위한 수단적 성격을 가지는 것은 청구권이다. ④ 국가로부터의 자유는 국가의 간섭에서 벗어나는 것으로서 자유권을 의미한다. ⑤ 초국가적 권리로서 가장 역사가 오래된 것은 자유권이다.

개념 보충

기본권의 유형

자유권	• 의미: 개인의 자유로운 생활에 대하여 국가 권력에 의한 간섭이나 침해를 받지 않을 권리 • 성격: 소극적 권리, 방어적 권리, 포괄적 권리, 역사적으로 가장 오래된 권리
평등권	• 의미: 모든 국민이 원칙적으로 평등하게 대우받고, 합리적 이유 없이 불평등한 대우를 받지 않을 권리 • 성격: 다른 기본권 보장의 전제가 되는 기본권
참정권	• 의미: 국민이 국가 기관의 형성과 국가의 정치적 의사 형성 과정에 참여할 수 있는 권리 • 성격: 능동적 권리, 국민 주권의 원리를 구현하는 기본권
사회권	• 의미: 모든 국민의 인간다운 생활 보장과 실질적 평등의 실현을 국가에 요구할 수 있는 권리 • 성격: 적극적 권리, 복지 국가와 밀접한 연관이 있는 권리, 가장 최근에 등장한 현대적 권리
청구권	• 의미: 국민이 국가에 일정한 행위를 요구하거나 국민의 기본권이 침해당하였을 때 그 구제를 청구할 수 있는 권리 • 성격: 다른 기본권의 보장을 위한 수단적 권리, 적극적 권리

68 헌법 제10조는 인간의 존엄과 가치 및 행복 추구권을 보장하고 있다. ⑤ 인간의 존엄과 가치는 헌법상 모든 기본권의 근거이자 원천이며, 행복 추구권은 국민이 행복을 추구하는 데 필요한 모든 자유와 권리의 내용을 담고 있는 포괄적인 권리이다.
바로알기 | ①, ② 헌법 제10조는 '개인이 가지는 불가침의 기본적 인권'을 규정한다는 점에서 자연권 사상을 인정하고 있으므로, 기본권이 실정법상의 권리라기보다는 자연법상의 권리임을 강조한다. ③ 헌법 제10조를 통해서는 인간의 기본권이 특정한 상황에 한해서 부여됨을 확인할 수 없다. ④ 헌법 제10조는 국가가 국민의 자유와 권리를 제한하는 근거가 되기보다는 국민의 자유와 권리를 보장하기 위한 근거가 된다.

69 거주 이전의 자유, 직업 선택의 자유, 양심의 자유는 모두 자유권에 해당한다. ㄱ. 자유권은 국가의 부당한 권력 행사에서 벗어나기 위한 소극적·방어적 권리이다. ㄴ. 자유권은 국가의 존재와 관계없이 인정되는 초국가적인 권리에 해당한다.
바로알기 | ㄷ. 수단적이고 절차적인 권리는 청구권이다. ㄹ. 자유권은 헌법에 열거되지 않아도 보장되는 포괄적 권리이다.

70 밑줄 친 '이 기본권'은 사회권이다. ⑤ 사회권은 인간다운 생활의 보장을 국가에 요구할 수 있는 권리로서 인간다운 생활을 할 권리, 교육을 받을 권리, 근로의 권리, 근로 3권, 환경권 등이 이에 해당한다.
바로알기 | ① 국민 투표권, 공무 담임권, 선거권은 참정권에 해당한다. ② 자기 의사 결정권, 휴식권, 일조권은 행복 추구권에 해당한다. ③ 형사 보상 청구권, 재판 청구권, 국가 배상 청구권은 청구권에 해당한다. ④ 신체의 자유, 직업 선택의 자유, 학문과 예술의 자유는 자유권에 해당한다.

71 모범 답안 (1) 청구권
(2) 청구권은 다른 기본권의 보장을 위한 수단적이고 절차적인 권리이자 적극적인 권리이며, 국가의 존재를 전제로 인정되는 권리이다.

72 후보 갑은 경제적 약자인 영세 자영업자의 생존권 보호를, 후보 을은 영유아 보육료 지원을 공약으로 내세우고 있다. 이러한 공약들은 인간다운 생활을 할 권리의 실현에 기여하므로, 갑과 을이 공통적으로 구현하려는 기본권은 사회권에 해당한다. ㄴ. 사회권은 실질적인 평등과 인간다운 생활의 보장을 국가에 요구할 권리로, '국가에 의한 자유'를 실현하기 위한 적극적 권리이다. ㄹ. 사회권은 자본주의 발전에 따른 문제점인 빈부 격차, 노동자의 생활 여건 악화 등을 해결하기 위해 등장한 권리이다.
바로알기 | ㄱ은 청구권, ㄷ은 자유권에 대한 설명이다.

73 제시된 사례에서 갑은 신체의 자유를 침해당하였고, 을은 선거권을 침해당하였다. 따라서 A는 자유권, B는 참정권이다. ㄱ. 자유권은 근대 시민 혁명에서 강조된 권리로서 역사가 가장 오래된 기본권이다. ㄷ. 참정권은 근대 민주 국가에서 재산, 신분, 성별에 따라 제한되어 왔으나, 오늘날 대부분 민주 국가에서는 보통 선거 원칙에 따라 모든 국민의 참정권이 보장되고 있다. ㄹ. 자유권은 국가의 간섭과 침해를 배제함으로써 누릴 수 있는 권리이므로 소극적 권리 또는 방어적 권리로서의 성격을 가진다. 한편, 참정권은 국민이 국가 기관의 형성과 국가의 정치적 의사 결정 과정에 참여할 수 있는 능동적 권리이다.
바로알기 | ㄴ. 국가에 특정 행위를 요구할 수 있는 절차적 권리는 청구권이다.

74 ㉠은 청원권으로서 청구권에 속하고, ㉡은 통신의 자유로서 자유권에 속한다. ㄴ. 청구권은 다른 기본권을 보장하기 위한 수단적 성격을 가진 기본권이다. ㄹ. 청구권과 자유권은 모두 국가 안전 보장, 질서 유지, 공공복리를 위해 제한될 수 있다.
바로알기 | ㄱ. 청구권은 권리에 해당할 뿐이며, 의무에 해당하지는 않는다. ㄷ. 기본권의 이념이자 포괄적인 권리에 해당하는 것은 인간의 존엄과 가치이다.

75 사회권과 청구권은 적극적 성격의 권리이며, 기본권 침해 시 국가에 구제를 청구할 수 있는 권리는 청구권이다. 따라서 (가)는 청구권, (나)는 자유권, (다)는 사회권이다. ㄴ. 자유권은 근대 시민 혁명을 통해 보장된 권리로서 역사적으로 볼 때 가장 오래된 권리이다. ㄷ. 청구권과 사회권은 국가 내적인 권리이지만, 자유권은 국가의 존재와 관계없이 인정되는 초국가적 성격이 강한 권리이다. ㄹ. 청구권은 자유권과 사회권을 비롯한 다른 기본권의 보장을 위한 수단적 성격의 권리이다.
바로알기 | ㄱ. 청구권은 국가의 존재를 전제로 인정되는 권리이다.

76 참정권은 능동적 성격을 지닌 권리이며, 청구권은 수단적 성격과 적극적 성격을 지닌 권리이다. 따라서 A는 자유권, B는 참정권, C는 청구권이다. ② 국민 투표권은 헌법 개정을 확정하거나 국가의 중요 정책을 결정할 때 국민이 직접 투표할 수 있는 권리로서 참정권에 해당한다.

바로알기 | ① 인간다운 생활의 보장을 국가에 요구할 수 있는 권리는 사회권이다. ③ 소극적·방어적 권리로 역사가 가장 오래된 기본권은 자유권이다. ④ 자유권은 초국가적 권리로서 국가의 존재를 전제로 하지 않는 권리이다. ⑤ 자유권은 포괄적 권리로서 헌법에 열거하지 않아도 인정되는 권리이다.

77 다른 기본권 보장을 위한 수단적·절차적 권리는 청구권이고, 실질적 평등의 실현을 추구하는 권리는 사회권이다. 따라서 A는 청구권, B는 사회권, C는 자유권이다. ⑤ (가)에는 자유권의 특징이 들어가야 한다. 자유권은 국가의 간섭과 침해를 배제함으로써 누릴 수 있는 권리로서 소극적 권리 또는 방어적 권리로서의 성격을 가지므로, 제시된 내용은 (가)에 들어갈 수 있다.

바로알기 | ① '교육을 받을 권리'는 사회권에 해당한다. ② 국민 주권의 원리를 구현하는 정치적 기본권은 참정권이다. ③ 자유권은 근대 시민 혁명을 통해 보장된 권리이다. 바이마르 헌법에서 최초로 규정된 기본권은 사회권이다. ④ 자유권은 헌법에 열거되지 않아도 보장되는 포괄적 권리이다.

78

〈자료 1〉

기본권	헌법 조항
(가)	제31조 ① 모든 국민은 능력에 따라 균등하게 교육을 받을 권리를 가진다. → 교육을 받을 권리(사회권)
(나)	제26조 ① 모든 국민은 법률이 정하는 바에 의하여 국가 기관에 문서로 청원할 권리를 가진다. → 청원권(청구권)

〈자료 2〉

구분 (→ 청구권)	(가) (→ 사회권)	(나) (→ 청구권)
기본권 보장을 위한 기본권인가?	㉠→ 아니요	㉡→ 예
국가에 대해 일정한 행위를 요구할 수 있는 기본권인가? (→ 청구권, 사회권)	㉢→ 예	㉣→ 예

(가)는 사회권, (나)는 청구권이다. 기본권 보장을 위한 기본권은 청구권이고, 사회권과 청구권은 모두 국가에 대해 일정한 행위를 요구할 수 있는 적극적 권리이므로 ㉠은 '아니요', ㉡은 '예', ㉢은 '예', ㉣은 '예'이다.

79 청구권은 다른 기본권 보장을 위한 수단적 권리이며, 자유권은 사회권, 청구권과 달리 소극적 성격의 권리이다. 따라서 A는 청구권, B는 자유권, C는 사회권이다. ② 자유권은 매우 광범위하여 헌법에 열거하지 않아도 인정되는 포괄적 권리이다. ③ 사회권은 인간다운 생활의 보장을 요구하는 권리로서 사회권의 보장은 복지 국가를 실현하기 위한 필수적 요소이다. ④ 자유권은 근대 시민 혁명에서 강조되었고, 사회권은 산업 혁명 이후에 강조되었다. 즉, 자유권은 사회권보다 역사적으로 오래된 권리이다. ⑤ 청구권과 사회권은 자유권과 달리 국가의 존재를 전제로 인정되는 권리이므로 (가)~(다)에 들어갈 대답은 순서대로 '예', '아니요', '예'이다.

바로알기 | ① 다른 기본권을 보장하기 위한 전제 조건이 되는 기본권은 평등권이다.

80 (가)는 자유권, (나)는 청구권, (다)는 사회권, (라)는 참정권이다. ② 청구권은 국가에 대해 일정한 행위를 요구하거나 침해당한 기본권의 구제를 청구할 수 있는 권리로 청원권, 재판 청구권, 범죄 피해자 구조 청구권, 형사 보상 청구권 등이 포함된다. ③ 사회권은 1919년 독일의 바이마르 헌법에서 최초로 규정되었다. ④ 청구권과 사회권은 국가에 대해 일정한 행위를 요구할 수 있는 권리이므로, 모두 적극적 기본권으로 분류할 수 있다. ⑤ 사회권은 국가의 적극적인 역할이 강조되는 권리로서 '국가에 의한 자유'와 관련이 깊고, 참정권은 국민이 국가의 정치 과정에 적극적으로 참여할 수 있는 권리로서 '국가에의 자유'와 관련이 깊다.

바로알기 | ① 자유권은 헌법과 법률에 규정이 없어도 포괄적으로 보장되는 권리이다.

81 A는 평등권, B는 사회권이다. ㄱ. 평등권은 사회생활에서 합리적 이유 없이 불평등한 대우를 받지 않을 권리로서 다른 기본권 보장의 전제 조건이 된다. ㄷ. 주거의 자유는 자유권에 해당하므로, 주어진 헌법 조항은 (가)에 들어갈 수 있다.

바로알기 | ㄴ. 침해당한 기본권의 구제를 위한 수단적 권리는 청구권이다. ㄹ. 근로의 권리는 사회권에 해당하므로, 주어진 헌법 조항은 (나)에 들어갈 수 없다.

82 ㄱ. 기본권의 제한은 국민의 대표 기관인 국회가 제정한 법률로써만 가능하다. ㄷ. 기본권을 제한할 경우 법익의 균형성을 고려하여 기본권의 제한을 통해 보호하려는 공익이 침해되는 사익보다 커야 한다.

바로알기 | ㄴ. 기본권의 제한은 국가 안전 보장, 질서 유지, 공공복리를 위해서만 가능하며, 신속한 행정 처리를 목적으로 기본권을 제한할 수는 없다. ㄹ. 기본권을 제한할 때는 어떠한 경우에도 자유와 권리의 본질적 내용을 침해할 수 없다.

개념 보충

기본권의 제한

목적	국가 안전 보장, 질서 유지, 공공복리
형식	국회가 제정한 법률에 의거하여 제한해야 함
방법적 요건	• 과잉 금지의 원칙 적용: 기본권의 제한은 정당한 목적을 달성하는 데 필요한 범위 안에서만 이루어져야 함 • 과잉 금지 원칙의 세부 기준: 목적의 정당성, 방법의 적절성, 피해의 최소성, 법익의 균형성
한계	자유와 권리의 본질적인 내용은 침해할 수 없음

83 모범 답안 (1) 국가 안전 보장, 질서 유지, 공공복리
(2) 국가 권력의 남용을 막아 국가 권력이 함부로 국민의 기본권을 침해할 수 없도록 함으로써 국민의 기본권을 보장하기 위해서이다.

84 모범 답안 법익의 균형성. 기본권 제한을 통해 보호하려는 공익과 침해되는 사익을 비교할 때 보호되는 공익이 더 커야 함을 말한다.

85 ㄱ. 헌법 재판소는 「건축법」 제11조 제7항 제1호가 과잉 금지의 원칙의 세부 기준인 목적의 정당성, 법익의 균형성, 방법의 적절성 등을 갖추었기 때문에 합헌이라고 결정하였으므로 과잉 금지의 원칙에 위배되지 않는다고 보았다. ㄷ. 갑이 헌법 재판소에 행사한 기본권은 헌법 소원 심판 청구권으로서 청구권에 해당한다. 청구권은 수단적이고 절차적인 성격을 지닌 권리이다.

바로알기 | ㄴ. 갑이 침해받았다고 주장하는 기본권은 재산권 행사의 자유로서 자유권이며, 자유권은 '국가로부터의 자유'와 관련 깊다. '국가에 의한 자유'는 사회권과 관련 깊다. ㄹ. 자유권은 포괄적 권리로서 국가의 존재를 전제로 하지 않는 권리이다.

86 ㉠은 환경 보전의 의무이다. ㄱ. 환경 보전의 의무는 그 의무에 상응하는 권리인 환경권이 존재한다. ㄹ. 환경 오염은 국경을 넘어 광범위한 영향을 주기 때문에 환경 보전의 의무는 전 인류가 함께 이행해야 한다는 점에서 단순히 한 국가의 국민만이 갖는 의무를 넘어선다.

바로알기 | ㄴ. 환경 보전의 의무는 이행하지 않을 경우 각종 제재가 따르게 되는 법적 의무이다. ㄷ은 국방의 의무에 대한 설명이다.

87 (가)는 평등권, (나)는 자유권에 속하는 재산권의 보장과 재산권 행사의 공공복리 적합 의무, (다)는 납세의 의무이다. ① 평등권은 다른 기본권을 실현하는 데 전제가 되는 기본권이다.

바로알기 | ② 자유권은 구체적 내용이 헌법에 열거되지 않아도 경시되어서는 안 되는 권리이다. ③ 납세의 의무는 국가 운영의 재원 충당을 목적으로 하는 의무일 뿐, 재산권 보장과는 관련이 적다. ④ 납세의 의무와 재산권의 보장은 연관성이 적으며, 납세의 의무를 수행한 경우에 한하여 재산권을 보장받는다고 단정 지을 수 없다. ⑤ 기본권은 국회에서 만든 법률로써 제한해야 하며, 기본권을 제한하는 경우에도 자유와 권리의 본질적인 내용은 제한할 수 없다.

최고 수준 도전 기출 (01 ~ 03강)

26~27쪽

88 ⑤ 89 ① 90 ④ 91 ③ 92 ① 93 ③ 94 ④ 95 ①

88 좁은 의미의 정치는 정치를 정치권력의 획득·유지·행사를 위한 활동으로만 본다. 따라서 A는 좁은 의미의 정치, B는 넓은 의미의 정치이다. ㄷ. 넓은 의미의 정치는 정치를 모든 집단에서 나타나는 현상으로 보므로, 회사 내에서도 정치 현상이 나타날 수 있다고 본다. 따라서 ㉠에 들어갈 답변은 '예'이다. ㄹ. 정치를 정치인들의 전유물로 보는 것은 좁은 의미의 정치이므로, (가)에 주어진 질문이 들어가면 ㉡에 들어갈 답변은 '예'이다.

바로알기 | ㄱ. 좁은 의미의 정치에서는 국가의 통치 행위만을 정치로 보므로, '학급의 규칙 제정'을 정치 현상으로 보지 않는다. ㄴ. 넓은 의미의 정치는 국가를 포함한 모든 집단에서 나타나는 사회 구성원 간 이해관계의 조정 행위를 정치로 보므로, 국가 형성 이전의 정치 현상을 설명할 수 있다.

89 갑은 로크, 을은 루소, 병은 홉스이다. ① 로크는 국가 권력을 입법권과 집행권으로 분리하고, 대표자를 뽑아서 통치하는 대의 민주주의를 강조하였다.

바로알기 | ② 국가 권력에 대한 시민의 저항권을 강조한 사회 계약론자는 로크이다. ③ 홉스는 자연권을 전부 양도하는 계약을 체결하여 군주 주권을 확립해야 한다고 보았다. ④ 로크와 루소는 모두 자연 상태는 평화롭다고 주장하였다. 자연 상태를 '만인에 대한 만인의 투쟁 상태'로 본 사회 계약론자는 홉스이다. ⑤ 홉스, 로크, 루소는 모두 국가를 시민의 권리 보장을 위한 수단으로 보았다.

90 현대 민주 정치에서 보통 선거를 채택하고 있으며, 근대 민주 정치와 현대 민주 정치 모두에서 대의 민주제를 바탕으로 정치가 이루어졌다. 따라서 A는 현대 민주 정치, B는 고대 아테네 민주 정치, C는 근대 민주 정치이다. ④ 근대 민주 정치는 천부 인권 사상, 사회 계약설의 영향을 받은 시민 혁명을 통해 성립 및 발전하였다.

바로알기 | ① 고대 아테네에서는 추첨제나 윤번제로 대표를 뽑았으므로, 대표 선출에 있어 탁월성과 전문성의 원리보다는 기회 평등의 원리를 중시하였다. ② 근대 민주 정치와 현대 민주 정치는 모두 입헌주의 원리를 통해 민주주의를 추구하였다. ③ 시민 혁명을 통해 성립된 근대 민주 정치에서부터 법치주의가 성립되었다. ⑤ 고대 아테네 민주 정치와 근대 민주 정치 모두에서 여성의 정치 참여가 제한되었으므로, 주어진 질문은 (가)에 들어갈 수 없다.

91 A는 형식적 법치주의, B는 실질적 법치주의이다. ㄴ. 형식적 법치주의는 법의 목적이나 내용은 문제 삼지 않고 법의 형식만을 강조하므로, 통치권자의 합법적 독재 수단으로 악용될 수 있다. ㄷ. 우리나라의 위헌 법률 심판 제도는 법률이 헌법의 정의에 어긋나는지를 심판하는 제도이므로, 실질적 법치주의를 실현하는 데 기여한다.

바로알기 | ㄱ. 형식적 법치주의는 법의 내용보다 법의 형식을 강조하므로, 악법이라도 법적 절차에 따라 제정되었다면 그 법을 지켜야 한다고 주장한다. ㄹ. 형식적 법치주의와 실질적 법치주의는 모두 국가 권력의 자의적 지배를 배척하고 법에 근거하여 통치하고자 한다.

92 A는 현대 복지 국가 헌법, B는 근대 입헌주의 헌법, C는 고유한 의미의 헌법이다. ① 현대 복지 국가 헌법은 국민의 삶의 질 향상이라는 복지 이념 실현을 국가의 의무로 간주한다.

바로알기 | ② 근대 입헌주의 헌법에서는 국민의 기본권 보장을 위해 국가의 역할을 제한하였다. ③ 재산권의 불가침성을 강조한 것은 근대 입헌주의 헌법이다. ④ 사회권을 강조하는 현대 복지 국가 헌법이 근대 입헌주의 헌법보다 실질적 평등을 중시한다. ⑤ 근대 입헌주의 헌법은 권력 분립을 규정하였다.

93 갑이 발표한 노인과 청소년의 복지 향상, 병이 발표한 근로자의 고용 증진은 모두 복지 국가의 원리를 실현하는 방안에 해당한다. 따라서 교사의 평가를 고려할 때 A는 복지 국가의 원리이다. ㄴ. 복지 국가의 원리는 경제 주체 간의 조화를 통해 최저 임금제, 소득 재분배 정책 등과 같은 경제 민주화 정책을 시행하는 근거가 된다. ㄷ. 인간다운 생활을 할 권리와 같은 사회권을 보장하는 것은 복지 국가의 원리를 실현하는 방안에 해당하므로, 주어진 헌법 조항은 ㉠에 들어갈 수 있다.

바로알기 | ㄱ. 국민적 합의에 근거하여 국가 권력이 창출된다고 보는 헌법의 기본 원리는 국민 주권주의이다. ㄹ. 을이 발표한 사생활과 통신의 비밀 보장은 자유 민주주의의 실현 방안에 해당한다. 따라서 다른 기본 원리에 해당하는 내용을 말한 한 명(㉡)은 을이며, 을은 우리 헌법의 기본 원리 중 복지 국가의 원리가 아닌 자유 민주주의에 부합하는 내용을 언급하였다.

94 자유권은 사회권, 청구권과 달리 소극적, 방어적 성격의 권리이다. ㄱ. ㉠이 '예'라면 A는 자유권이다. 자유권은 헌법에 열거되지 않아도 보장된다는 점에서 천부 인권적 성격을 가진다. ㄴ. (가)에 '기본권 보장을 위한 절차적 기본권인가?'가 들어간다면 A는 청구권이다. 청구권은 국가에 대해 일정한 행위를 요구하는 적극적 권리이므로 ㉠은 '아니요'이다. ㄷ. (가)에 '실질적 평등을 보장하기 위한 기본권인가?'가 들어가고 ㉡에 '예'가 들어간다면 A는 사회권, B는 자유권, C는 청구권이다.

바로알기 | ㄹ. 국가의 존재를 전제로 하지 않아도 보장되는 기본권은 자유권이다. 따라서 (가)에 주어진 질문이 들어가면 A는 자유권이고, B와 C는 각각 사회권과 청구권 중 하나이므로 ㉠~㉢에 들어갈 대답은 순서대로 '예', '아니요', '아니요'이다.

95 ㄱ. 헌법 재판소는 구치소장의 CCTV 설치 행위가 과잉 금지의 원칙의 요건인 목적의 정당성, 법익의 균형성, 방법의 적절성, 피해의 최소성을 모두 갖추었기 때문에 과잉 금지의 원칙에 위배되지 않는다고 보았다. ㄴ. 헌법 재판소는 구치소장의 CCTV 설치 행위가 수용자의 사고 발생 방지라는 공공복리를 위해 개인의 기본권을 제한하고 있음을 인정하였다.

바로알기 | ㄷ. 갑이 침해당했다고 주장하는 기본권은 자유권에 속하는 사생활의 비밀과 자유이다. 수단적이고 절차적인 성격을 지니는 권리는 청구권이다. ㄹ. 갑의 헌법 소원 심판 청구는 인간다운 생활의 보장을 국가에 요구하기 위한 권리 행사가 아니라, 자신이 침해당한 기본권의 구제를 위한 권리 행사에 해당한다.

04 정부 형태

개념 확인 문제 29쪽

96 (1) – ㉠ (2) – ㉡ **97** (1) 수상 (2) 있다 (3) 없다 (4) 법률안 거부권 **98** (1) 의 (2) 대 **99** ㄱ, ㄹ

난이도별 필수 기출 30~35쪽

100 ④	101 ①	102 ②	103 ④	104 ①	105 ②
106 ①	107 해설 참조		108 ①	109 ④	110 ⑤
111 ⑤	112 ②	113 ④	114 ③	115 ③	116 ⑤
117 ④	118 ②	119 ⑤	120 ①	121 ④	122 ③
123 ①	124 해설 참조		125 ①	126 ③	

100 현대 민주 국가의 정부 형태는 국가 기관 중 입법부와 행정부가 어떤 관계를 맺고 있느냐에 따라 크게 입법부와 행정부가 상호 밀접한 관계를 유지하는 의원 내각제와 입법부와 행정부가 엄격하게 분리되어 상호 견제와 균형을 이루는 대통령제로 구분된다.

101 그림에 나타난 전형적인 정부 형태는 의원 내각제이다. ① 의원 내각제에서 의회는 내각이 국민의 의사를 충실히 따르지 않을 때 내각 불신임권을 행사하여 내각의 총사퇴를 결의할 수 있다.

바로알기 | ② 의원 내각제에서 내각과 수상은 자신의 존립 기반인 의회에 대하여 정치적 책임을 진다. ③ 의원 내각제에서 수상은 행정부 수반으로서 행정에 관한 전반적인 권한을 가지며, 실질적으로 행정부를 지휘한다. ④ 의원 내각제는 의회의 다수당이 내각을 구성하므로 입법부와 행정부의 긴밀한 협조를 통해 국정을 능률적으로 수행할 수 있다. 행정부와 입법부가 독립적으로 구성되어 운영되면서 상호 견제와 균형을 이루고 있는 것은 대통령제의 특징이다. ⑤ 의회가 제출한 법률안에 대해 행정부가 거부권을 행사함으로써 입법부를 견제할 수 있는 것은 대통령제의 특징이다.

개념 보충

의원 내각제

구성	국민이 선거를 통해 의회 의원을 선출함 → 의회 다수당의 대표가 수상이 되어 내각을 구성함
특징	• 의회 의원이 수상 또는 각료를 겸직할 수 있음 • 의회 의원과 내각 모두 법률안 제출권을 가짐 • 의회는 내각 불신임권, 내각은 의회 해산권을 행사하여 서로를 견제할 수 있음 • 국가 원수와 행정부 수반이 불일치함

102 그림에 나타난 전형적인 정부 형태는 대통령제이다. ㄱ. 대통령제는 입법부와 행정부가 독립적으로 구성 및 운영되므로, 상호 견제와 균형의 원리를 실현할 수 있다. ㄹ. 대통령제에서는 입법부와 행정부가 엄격히 분리되므로, 여소야대 상황에서 의회와 행정부가 대립할 경우 조정이 곤란하다.

바로알기 | ㄴ. 대통령제에서 의회는 행정부를 불신임할 수 없고, 대통령은 의회를 해산할 수 없다. ㄷ. 대통령제는 의회와 행정부가 각각 국민으로부터 국가 권력을 위임받아 독립적으로 구성되므로, 행정부와 의회 간 권력이 분리되어 있다.

103 갑국은 대통령제, 을국은 의원 내각제를 채택하고 있다. ④ 법률안 거부권은 의원 내각제와 달리 대통령제에서 행정부 수반이 행사할 수 있는 권한이다. 대통령제에서 행정부 수반인 대통령은 의회에서 통과된 법률안에 대해 재의를 요구함으로써 다수당의 횡포를 방지할 수 있다.

바로알기 | ① 의회 해산권은 의원 내각제의 행정부 수반이 행사할 수 있는 권한이다. ② 공무원 임면권은 정부 형태와 관계없이 행정부 수반이 공통적으로 가지는 권한이다. ③ 내각 불신임권은 의원 내각제에서 의회가 행사할 수 있는 권한이다. ⑤ 행정부 수반의 법률안 제출권은 의원 내각제에서만 인정된다.

104 ① 대통령제에서 입법권은 의회의 고유 권한이므로, 의회 의원만이 법률안을 제출할 수 있다.

바로알기 | ② 내각의 정치적 책임감이 높고 국민의 요구에 민감하게 반응할 가능성이 높은 정부 형태는 의원 내각제이다. ③ 갑국은 대통령제를 채택하고 있으므로 대통령이 속한 정당이 여당으로서 정국을 운영한다. 따라서 과반수 의석을 확보한 정당이 없더라도 연립 내각이 구성되지 않는다. ④ 의원 내각제에서는 원칙적으로 행정부 수반의 법률안 거부권 행사나 의회의 탄핵 소추권 행사가 인정되지 않는다. ⑤ 행정부 수반인 대통령의 임기가 엄격히 보장되어 정국 안정을 이룰 수 있고, 국가 정책의 지속성이 확보될 수 있는 정부 형태는 대통령제이다.

105 그림에 나타난 전형적인 정부 형태는 의원 내각제이다. ㉠은 행정부가 입법부를 견제하는 권한이므로 의회 해산권에 해당하며, ㉡은 입법부가 행정부를 견제하는 권한이므로 내각 불신임권에 해당한다.

106 그림에 나타난 전형적인 정부 형태는 대통령제이다. ① 대통령제에서 대통령은 의회가 의결한 법률안에 대해 거부권을 행사함으로써 의회를 견제할 수 있다. 따라서 법률안 거부권은 ㉠에 해당한다.

바로알기 | ② 내각 불신임권은 의원 내각제에서 의회가 내각을 견제할 수 있는 권한으로서 ㉡에 해당하지 않는다. ③ 대통령제에서는 국가 원수이자 행정부 수반인 대통령을 중심으로 국정이 운영된다. ④ 대통령제에서 입법권은 의회의 고유 권한이므로, 법률안 제출권은 원칙적으로 의회에만 있다. ⑤ 대통령제에서는 여소야대 상황에서 의회와 행정부가 대립할 경우 중재가 용이하지 않다.

개념 보충

대통령제

구성	국민이 별도의 선거를 통해 의회 의원과 대통령을 각각 선출함 → 대통령이 임명하는 각료들로 행정부가 구성됨
특징	• 행정부의 각료는 의회 의원을 겸직할 수 없음 • 행정부는 법률안 제출권을 갖지 않음 • 대통령은 법률안 거부권을 가지며, 의회는 탄핵 소추권과 각종 동의·승인권을 가짐 • 대통령이 국가 원수와 행정부 수반의 지위를 동시에 가짐

107 모범 답안 (1) A: 의원 내각제, B: 대통령제

(2) 의원 내각제에서는 의회 다수당이 과반수 의석을 차지할 경우 다수당의 횡포를 견제하기 어렵다. 대통령제에서는 대통령에게 권한이 집중되어 독단적으로 국정이 운영될 우려가 있다.

108 (가)는 대통령제, (나)는 의원 내각제이다. ㄱ, ㄷ. 정부 형태를 대통령제에서 의원 내각제로 변경할 경우 일반적으로 내각의 존속이 의회의 신임 여부에 달려 있어 정치적 책임과 국민적 요구에 민감해지며, 의회와 내각이 긴밀하게 협력하게 되므로 의회와 정부의 대립 시 해결이 용이해진다.

바로알기 | ㄷ, ㄹ. 정부 형태를 대통령제에서 의원 내각제로 변경할 경우 일반적으로 행정부 수반이 법률안 거부권을 행사할 수 없어 의회 다수당의 횡포를 방지하기가 어려워지며, 의회가 행정부에 대한 불신임 결의권을 갖게 되므로 행정부 수반의 임기가 안정적으로 보장되지 않는다.

109 갑국은 의원 내각제, 을국은 대통령제를 채택하고 있다. ①, ② 의원 내각제에서 내각은 의회 의원과 마찬가지로 법률안을 제출할 수 있고, 의회는 내각이 국민의 의사를 충실히 따르지 않을 때 내각 불신임권을 행사할 수 있다. ③ 대통령제에서 대통령은 국민으로부터 국가 권력을 위임받으므로, 의회가 아닌 국민에 대하여 정치적 책임을 진다. ⑤ 의원 내각제에서의 입헌 군주나 대통령은 형식적으로 국가 원수의 지위를 가지며 수상이 행정부 수반의 지위를 갖는다. 이와 달리 대통령제에서는 대통령이 행정부 수반과 국가 원수의 지위를 모두 갖는다.

바로알기 | ④ 을국이 채택한 대통령제는 몽테스키외의 삼권 분립론에 기초한 정부 형태이다.

110 행정부의 법률안 제출이 가능한 것은 의원 내각제의 특징이므로 A는 의원 내각제, B는 대통령제이다. 따라서 (가)에는 의원 내각제와 구분되는 대통령제의 특징을 묻는 질문이 들어가야 한다. ⑤ 의원 내각제는 입법부와 행정부가 상호 의존적으로 구성되는 반면, 대통령제는 입법부와 행정부가 상호 독립적으로 구성된다. 따라서 주어진 질문은 (가)에 들어갈 수 있다.

바로알기 | ① 정부 형태와 관계없이 현대의 민주적인 정부는 사법권이 독립되어 있다. ② 연립 정권이 구성될 수 있는 것은 대통령제와 구분되는 의원 내각제의 특징이다. ③ 대통령제에서는 대통령이 국가 원수와 행정부 수반의 역할을 모두 수행하므로, 국가 원수와 행정부 수반이 동일하다. ④ 의원 내각제와 대통령제 모두 국민의 직접 선거를 통해 의회가 구성된다.

111 프랑스는 행정부의 권한을 이원화한 정부 형태인 이원 집정부제를 채택하고 있다. ⑤ 전형적인 대통령제와 이원 집정부제 모두 대통령과 의회 의원을 별도의 선거를 통해 국민이 직접 선출한다.

바로알기 | ① 이원 집정부제에서는 총리가 내각을 구성한다. ② 이원 집정부제에서 외교와 국방 분야는 대통령이, 일반 행정 분야는 총리가 담당한다. ③ 대통령제에서 대통령은 의회 해산권을 가지지 않지만, 이원 집정부제에서 대통령은 의회 해산권을 가진다. ④ 대통령제와 달리 이원 집정부제에서 의회는 내각에 대해 불신임권을 행사할 수 있다.

112 (가)는 의원 내각제, (나)는 대통령제이다. ㄱ. ㉠은 의원 내각제에서 입법부가 행정부를 견제하는 수단이다. 의원 내각제에서 의회는 내각의 정책 추진에 문제가 있을 경우 내각의 총사퇴를 결의할 수 있으므로, 내각 불신임권은 ㉠에 해당한다. ㄷ. ㉢은 대통령제에서 입법부가 행정부를 견제하는 수단이다. 대통령제에서 의회는 행정부의 고위 공무원에 대한 탄핵 소추권을 행사하여 행정부를 견제할 수 있으므로, 탄핵 소추권은 ㉢에 해당한다.

바로알기 | ㄴ. ㉡은 의원 내각제에서 행정부가 입법부를 견제하는 수단이다. 법률안 거부권은 대통령제에서 대통령이 입법부를 견제하는 수단으로서 ㉣에 해당한다. ㄹ. ㉣은 대통령제에서 행정부가 입법부를 견제하는 수단이다. 대통령제에서 행정부는 법률안 제출권을 갖지 못하므로, 법률안 제출권은 ㉣에 해당하지 않는다.

113 ④ 대통령제는 입법부와 행정부가 엄격히 분리되어 있으므로, 의원 내각제와 달리 의회 의원이 행정부의 각료를 겸직할 수 없다.

바로알기 | ① 대통령제는 대통령이 법률안 거부권을 행사할 수 있으므로, 의원 내각제에 비해 의회 다수당의 횡포를 견제하기 용이하다. ② 권력 집중으로 인한 독재의 위험성은 정부 형태만으로 단정하기 어렵다. ③ 의원 내각제에서 의회의 신임을 잃은 내각은 사퇴하게 될 가능성이 크므로, 내각이 정치적 책임과 국민의 요구에 민감하다. ⑤ 대통령제는 입법부와 행정부 간에 엄격한 권력 분립이 이루어지는 반면, 의원 내각제는 입법부와 행정부가 융합되어 긴밀하게 협력한다.

114 제시된 자료를 통해 갑국에서 t 시기에는 여소야대 정국이, t+1 시기에는 여대야소 정국이 나타남을 알 수 있다. ㄴ. t 시기는 여소야대 정국으로서 대통령이 정책을 추진하고자 할 때 야당이 모두 반대하면 어려움에 처할 수 있다. 따라서 t 시기는 여대야소 정국인 t+1 시기에 비해 대통령의 강력한 정책 추진이 어렵다. ㄷ. t 시기는 의회에서 비슷한 의석을 가진 정당이 여러 개 존재하므로, t+1 시기에 비해 군소 정당 난립으로 인해 정국이 불안해질 가능성이 높다. 이와 달리 t+1 시기는 여당이 의회에서 과반 의석을 확보하여 정국을 이끌어 가기 용이하므로, 정국이 불안해질 가능성이 낮다.
바로알기 | ㄱ. 갑국에서 t+1 시기는 여당인 B당이 과반 의석을 차지하고 있는 여대야소 정국이므로, 국정 실패가 나타날 경우 책임 소재는 B당에 있음이 명확하다. ㄹ. t+1 시기에는 의회에서 과반 의석을 확보한 정당이 존재하므로 t 시기에 비해 다수당의 횡포가 나타날 가능성이 높다.

115 을, 병. ○○국의 총선 결과 과반 의석을 획득한 정당이 없으므로 두 개 이상의 정당이 연합하여 연립 내각을 구성할 가능성이 높으며, 연립 내각 구성으로 인해 정치적 책임 소재가 불명확해질 우려가 있다.
바로알기 | 갑. 행정부 수반이 법률안 거부권을 행사할 수 있는 것은 대통령제의 특징이다. ○○국은 의원 내각제를 채택하고 있으므로, 행정부 수반의 법률안 거부권이 행사될 가능성이 없다. 정. A당은 과반 의석을 차지하지 못하고 있으므로 제1당이라 하더라도 단독으로 정국을 안정적으로 이끌어갈 수 없다.

116 갑국의 행정부 수반은 의회 의원 선거와 별도로 시행되는 국민의 직접 선거로 선출되므로, 대통령제 정부 형태를 채택하고 있다. ⑤ 대통령제는 입법부와 행정부가 엄격히 분리되어 있으므로 여소야대 상황에서 의회와 행정부가 대립할 때 원만한 해결이 곤란하다.
바로알기 | ① 대통령제에서 의회는 행정부를 불신임할 수 없다. ② 대통령제에서는 행정부 수반인 대통령이 국민에 의해 선출되므로 그 임기가 비교적 안정적으로 보장된다. ③ 대통령제는 의회 의원과 행정부 각료의 겸직이 허용되지 않는다. ④ 대통령제에서 행정부 수반은 의회가 아닌 국민에 대해 정치적 책임을 진다.

117 ㄴ. 24대 의회에서는 과반수 의석을 차지한 A당 단독으로 법률안 의결이 가능한 상황이므로 D당의 영향력이 약하였지만, 25대 의회에서는 D당이 A당 또는 B당 중 어느 한쪽과 연합하면 법률안 의결이 가능해진다. 따라서 D당은 24대 의회에 비해 25대 의회에서의 영향력이 더 강했을 것이다. ㄹ. 행정부 수반이 A당 소속이라면 24대 의회에서는 여대야소 상황이 나타나게 되지만, 25대 의회에서는 여소야대 정국이 나타나게 되므로 행정부의 경우 24대 의회에 비해 25대 의회와의 대립 가능성이 더 높을 것이다.
바로알기 | ㄱ. 연립 내각은 의원 내각제 국가에서 의회 과반수 의석을 차지한 정당이 없을 때 구성된다. 대통령제에서는 연립 내각이 구성되지 않으며, 여소야대 정국이더라도 대통령이 속한 정당이 정국을 이끌어 간다. ㄷ. 과반수 의석을 차지한 정당이 있는 24대 의회는 과반수 의석을 차지한 정당이 없는 25대 의회에 비해 의회 내 신속한 의사 결정이 이루어질 확률이 높을 것이다.

118 ㄱ. 민주 국가에서는 정부 형태와 관계없이 사법부의 독립이 보장되므로, ㉡에 '사법부의 독립 보장'이 들어갈 수 있다. ㄷ. A가 권력이 융합된 정부 형태라면 A는 의원 내각제, B는 대통령제이다. 행정부 수반이 법률안 거부권을 행사할 수 있는 것은 의원 내각제와 구분되는 대통령제의 특징이므로, ㉢에는 '행정부 수반의 법률안 거부권 인정'이 들어갈 수 있다.
바로알기 | ㄴ. A에서 의회 의원직과 각료직의 겸직이 허용된다면, A는 의원 내각제이다. 의원 내각제에서 행정부는 의회를 바탕으로 구성되기 때문에 의회에 대해 책임을 지므로, ㉠에 '행정부는 의회에 대해 책임지지 않음'이 들어갈 수 없다. ㄹ. B에서 행정부 수반이 국가 원수의 지위도 갖는다면, B는 대통령제이다. 의회가 내각 불신임권을 행사할 수 있는 것은 대통령제와 구분되는 의원 내각제의 특징이므로, ㉢에 '의회의 내각 불신임권 인정'이 들어갈 수 없다.

119 내각이 의회를 해산할 수 있는 것은 의원 내각제의 특징이고, 여소야대 상황이 발생할 수 있는 것은 대통령제의 특징이다. 따라서 A는 의원 내각제, B는 대통령제이다. ⑤ 행정부 수반의 임기가 엄격히 보장되는 것은 행정부 수반인 대통령이 국민의 직접 선거로 선출되는 대통령제만의 특징이므로, 주어진 질문은 (가)에 들어갈 수 있다.
바로알기 | ① 의원 내각제에서 행정부와 입법부는 상호 융합되어 긴밀한 관계에 있다. ② 대통령제에서 행정부 수반은 의회가 아닌 국민에 대해 정치적 책임을 진다. ③ 의원 내각제에서 행정부 수반과 국가 원수가 각각 존재하는 것과 달리 대통령제에서는 대통령이 행정부 수반과 국가 원수의 지위를 모두 가진다. ④ 의회 다수당이 과반수 의석을 차지할 경우 의원 내각제보다는 대통령이 법률안 거부권을 행사할 수 있는 대통령제에서 다수당의 횡포를 견제하기 용이하다.

120 ② 초대 대통령의 독재와 장기 집권, 부정 선거 등으로 1960년 4·19 혁명이 일어난 이후, 제3차 개헌을 통해 의원 내각제가 도입되었다. ③ 의원 내각제 정부 형태가 제대로 정착되기도 전에 5·16 군사 정변(1961)이 일어나며 제5차 개헌을 통해 다시 대통령제 정부 형태가 도입되었다. ④ 1972년에 이루어진 제7차 개헌에서는 권력 분립의 원칙에 어긋나게 대통령에게 초헌법적 권한을 부여하는 유신 체제가 나타났고, 이로 인해 대통령이 입법부와 사법부 위에 군림하는 권위주의적 정부 형태가 등장하였다. ⑤ 6월 민주 항쟁의 결과로 1987년 제9차 개헌이 이루어져 대통령 직선제가 부활하였고, 대통령의 임기가 5년 단임제로 결정되어 지금까지 유지되고 있다.
바로알기 | ① 1948년에 만들어진 제헌 헌법에서는 의원 내각제 요소를 가미한 대통령제가 채택되었다.

121 우리나라 정부 형태에 나타난 의원 내각제 요소로는 행정부의 법률안 제출권을 인정하는 것, 국회 의원의 각료 겸직이 가능한 것, 국회의 국무총리 해임 건의권을 인정하는 것, 국회의 요구가 있을 때 국무총리, 국무 위원이 국회에 출석하여 답변하도록 하는 것 등을 들 수 있다.
바로알기 | ④ 우리나라에서는 대통령이 국회를 해산시킬 수 있는 권한을 가지고 있지 않다.

122 (나) 행정부의 법률안 제출권과 (라) 국회의 국무총리 또는 국무위원에 대한 해임 건의권은 의원 내각제 요소에 해당한다.
바로알기 | (가), (마) 입법권과 행정권의 분립, (다) 대통령의 법률안 거부권은 대통령제 요소에 해당한다.

개념 보충

우리나라 정부 형태의 대통령제 요소와 의원 내각제 요소

대통령제 요소	• 국민이 선거를 통해 대통령과 국회 의원을 각각 선출함 • 대통령은 법률안 거부권, 국회는 탄핵 소추권을 가짐
의원 내각제 요소	• 국무총리를 두어 행정 각부를 통할하게 하며, 내각 회의 성격을 갖는 국무 회의를 두고 있음 • 행정부의 법률안 제출권이 인정됨 • 국회 의원이 국무총리나 국무 위원을 겸할 수 있음 • 국회가 대통령에게 국무총리나 국무 위원의 해임을 건의할 수 있으며, 국무총리나 국무 위원에 대하여 국회 출석 요구 및 질문권을 가짐

123 ㄱ. 행정부의 법률안 제출권은 의원 내각제 요소에 해당하는 반면, 대통령의 법률안 거부권은 대통령제 요소에 해당한다. ㄴ. 대통령이 행정부 수반이 되어 행정권을 갖는 것은 전형적인 대통령제 요소에 해당하는 반면, 국회가 국무총리 또는 국무 위원에 대한 해임 건의권을 갖는 것은 의원 내각제 요소에 해당한다.

바로알기 | ㄷ. 우리나라에서는 제3차 개헌을 통해 의원 내각제가 도입되었으나 이후 다시 대통령제가 채택되었다. ㄹ. 우리나라의 정부 형태는 대통령제를 기본으로 하면서 의원 내각제적 요소를 가미한 정부 형태이다.

124 모범 답안 (1) ㉠: 법률안 거부권, ㉡: 탄핵 소추권

(2) 국무총리 제도, 국무 회의 제도, 국회 의원의 국무총리 또는 국무 위원 겸직 가능, 행정부의 법률안 제출권 인정 등

125 ① 국민이 직접 대통령을 선출할 수 있는 것은 전형적인 대통령제의 특징이며, 국회의 국무 위원 해임 건의권을 인정하는 것은 의원 내각제 요소에 해당한다.

바로알기 | ②, ③, ④ 행정부의 법률안 제출권을 인정하는 것, 국회 의원이 국무 위원을 겸할 수 있는 것, 국무총리와 국무 회의가 헌법 기관으로 존재하는 것은 의원 내각제 요소에 해당한다. ⑤ 국회가 탄핵 소추권을 행사하는 것은 대통령제의 특징이다.

126 ① 제2차 개헌에서 초대 대통령의 중임 제한 철폐 조항은 초대 대통령의 장기 집권을 가능하게 한 근거가 되었다. ② 제3차 개헌을 통해 입법권과 행정권이 상호 융합된 정부 형태인 의원 내각제가 등장하였다. ④ 제9차 개헌을 통해 대통령 직선제가 도입되면서 국민이 행정부 수반인 대통령을 직접 선출하게 되었다. ⑤ 4·19 혁명을 배경으로 제3차 개헌이 이루어져 의원 내각제가 도입되었으며, 6월 민주 항쟁을 배경으로 제9차 개헌이 이루어져 직선제에 의한 대통령 단임제가 채택되었다.

바로알기 | ③ 제7차 개헌을 통해 대통령에게 초헌법적 권한을 부여하는 유신 헌법이 만들어져 대통령이 국회 해산권을 갖는 등 입법부와 사법부 위에 군림하는 권위주의적 정부 형태가 도입되어 권력 분립의 원리가 훼손되었다.

05 우리나라의 국가 기관

개념 확인 문제 37쪽

127 (1) 위원회 (2) 입법　128 (1) – ㉡ (2) – ㉠
129 (1) × (2) ○　130 ㉠ 헌법 재판소 ㉡ 헌법 소원 심판

난이도별 필수 기출 38~45쪽

131 ①	132 ②	133 해설 참조		134 ③	135 ⑤
136 ④	137 ②	138 ⑤	139 ③	140 해설 참조	
141 ⑤	142 ②	143 ④	144 ④	145 ⑤	146 ④
147 ②	148 ②	149 ④	150 ⑤	151 ①	152 ③
153 ④	154 ③	155 ⑤	156 ③	157 ④	158 ①
159 ②	160 해설 참조		161 ④	162 ①	163 ④
164 ②	165 ①	166 ①	167 ⑤		

131 ㄱ. 국회는 정부가 제출한 국가 예산안을 심의·확정하고, 예산 집행에 대한 결산을 심사한다. ㄴ. 국회는 원활한 운영을 위해 국회 의원 중에서 선출되는 국회 의장 1인과 부의장 2인을 둔다.

바로알기 | ㄷ. 정기회는 매년 1회 100일 이내로 진행된다. 대통령 또는 재적 의원 4분의 1 요구가 있을 때 30일 이내로 개회되는 것은 임시회이다. ㄹ. 국무총리, 대법원장, 대법관, 감사원장에 대한 임명 권한은 대통령이 가지며, 국회는 국무총리, 대법원장, 대법관, 감사원장 임명에 대한 동의권을 가진다.

개념 보충

국회의 조직과 회의

조직	• 위원회: 본회의에서 심의할 안건을 미리 조사함 → 상임 위원회, 특별 위원회 • 교섭 단체: 국회 의원 20인 이상으로 구성되는 단체 → 국회의 의사 진행에 필요한 중요한 안건을 협의·조정함
회의	• 종류: 정기회(매년 1회), 임시회(대통령 또는 재적 의원 4분의 1 이상 요구 시) • 의결 방식: 일반적으로 재적 의원 과반수의 출석과 출석 의원 과반수의 찬성으로 의결됨

132 ① 국회는 국정 통제 기관으로서 매년 정기적으로 국정 전반에 대하여 감사할 수 있는 국정 감사권과 수시로 특정한 국정 사안에 대하여 조사할 수 있는 국정 조사권을 행사할 수 있다. ③ 국회의 위원회는 본회의에서 심의할 안건을 미리 조사하는 조직으로서 국회 운영의 능률성을 강화하고 의안 심사의 전문성을 제고한다. ④ 국회의 임시회는 대통령 또는 국회 재적 의원 4분의 1 이상의 요구가 있을 때 수시로 개최될 수 있다. ⑤ 국회 의원의 면책 특권은 국회 의원이 국회에서 직무상 행한 발언과 표결에 관하여 책임을 지지 않을 권한으로서 국회 의원의 자주성과 독립성을 보장하기 위한 목적에서 부여된 것이다.

바로알기 | ② 국회에서 법률안의 최초 의결은 재적 의원 과반수 출석과 출석 의원 과반수 찬성으로 의결된다.

133 모범 답안 (1) ㉠: 불체포 특권, ㉡: 면책 특권

(2) 한번 부결된 안건은 같은 회기 중에 다시 발의 및 제출하지 못하는 원칙입니다.

134 ③ 우리나라에서 법률안 발의는 국회 의원 10인 이상 또는 위원회가 할 수 있으며, 정부도 법률안을 국회에 제출할 수 있다.

135 ㄷ. 법률안이 본회의에서 통과되려면 재적 의원 과반수 출석과 출석 의원 과반수 찬성이 요구된다. ㄹ. 대통령은 국회에서 의결된 법률안에 대해 거부권을 행사할 수 있는데, 국회가 해당 법률안을 재의결할 경우에는 더 이상 거부권을 행사할 수 없다.

바로알기 | ㄱ. 정부가 제출한 법률안 역시 국회가 발의한 법률안과 마찬가지로 상임 위원회의 심사를 거쳐야 한다. ㄴ. 법률의 개정은 법률의 제정과 마찬가지로 본회의에서 의결한다.

136 ① 국회 본회의에서 법률안이 의결되기 위해서는 재적 의원 과반수 출석과 출석 의원 과반수의 찬성이 있어야 한다. ② 국회에서 의결한 법률안은 정부로 이송되며 15일 이내에 대통령이 공포한다. ③ 대통령은 법률안에 대하여 이의가 있을 때 국회로 환부하고 재의를 요구할 수 있는데, 이를 대통령의 법률안 거부권 행사라고 한다. ⑤ 법률안의 공포와 법률안에 대한 재의 요구는 모두 행정부 수반인 대통령에 의해 이루어진다.

바로알기 | ④ 대통령이 법률안 거부권을 행사한 경우 국회가 재적 의원 과반수의 출석과 출석 의원 3분의 2 이상의 찬성으로 재의결하면 해당 법률안은 법률로 확정되므로 대통령은 더 이상 거부권을 행사할 수 없다.

137 우리나라에서 예산안에 대한 심의·의결권은 국회가 가지며, 조약 체결·비준권은 대통령이 갖는다. 따라서 A는 국회, B는 대통령이다. ② 국회는 대통령을 비롯한 고위 공무원이 직무상 헌법이나 법률을 위반한 경우 탄핵 소추를 의결함으로써 대통령을 견제할 수 있다.

바로알기 | ① 탄핵 심판권은 헌법 재판소의 권한이다. ③ 국무 위원 임명 제청권은 국무총리의 권한이다. ④ 명령·규칙·처분 심사권은 법원이 행정부를 견제하는 권한이다. ⑤ 대법원장 및 대법관 임명권은 대통령이 법원을 견제하는 권한이다.

138 ⑤ 정부가 법률안을 제출할 수 있는 것은 의원 내각제 요소이다.

바로알기 | ① 본회의는 정기회뿐만 아니라 임시회에서도 열릴 수 있다. ② 국회에서 법률안이 의결된다고 해서 바로 법률로 확정되는 것은 아니며, 정부에 이송되어 대통령이 공포해야 법률로 확정된다. ③ 장관을 임명하고 해임할 수 있는 권한은 대통령의 고유 권한으로서 국회가 장관에 대한 해임 건의권을 행사한다고 해서 대통령이 반드시 해당 장관을 해임해야 하는 것은 아니다. ④ 국회에 20인 이상의 소속 의원을 가진 정당은 하나의 교섭 단체가 되며, 다른 교섭 단체에 속하지 않은 20인 이상의 의원은 따로 교섭 단체를 구성할 수 있다.

139 A는 헌법, B는 법률이다. ㄴ. 헌법 개정은 국회의 의결을 거쳐 국민 투표를 통해 확정된다. ㄷ. 헌법 개정은 국회 의결 시 재적 의원 3분의 2 이상의 찬성이 필요한 반면, 법률 개정은 국회 의결 시 재적 의원 과반수의 출석과 출석 의원 과반수의 찬성이 필요하다.

바로알기 | ㄱ. 헌법이 법률의 상위법에 해당한다. ㄹ. 법률 개정안의 국회 의결과 달리 헌법 개정안의 국회 의결에 대해서는 대통령이 거부권을 행사할 수 없다.

140 모범 답안 (1) 국무 회의

(2) 국무 회의는 의장인 대통령과 부의장인 국무총리, 일정 수의 국무 위원으로 구성된다.

141 ⑤ 행정 각부의 장은 국무 위원 중에서 국무총리의 제청을 받아 대통령이 임명한다.

바로알기 | ① 대통령의 임기는 5년이다. ② 국무총리는 행정부의 이인자로서 행정부 수반인 대통령을 보좌하면서 국정을 통할한다. ③ 국무총리는 국무 회의에 부의장으로서 참여한다. ④ 감사원장은 국회의 동의를 얻어 대통령이 임명한다.

142 ① 대통령은 국가 원수와 행정부 수반의 지위를 동시에 가지며 그에 따른 역할을 수행한다. ③ 감사원은 조직상으로는 대통령에 소속되어 있지만, 직무에 관하여는 독립된 지위를 가지는 헌법 기관이다. ④ 행정 각부의 장은 담당 부처의 소관 사무를 집행하고 소관 사무에 관해 부령을 발할 수 있다. ⑤ 행정 각부 장관은 국회의 동의 없이 대통령이 임명할 수 있지만, 국무총리를 임명하기 위해서는 국회의 동의를 받아야 한다.

바로알기 | ② 국무총리는 국무 회의에서 부의장 역할을 담당하며 대통령 자리가 공석일 때 권한을 대행한다.

143 헌법 제66조 제1항은 대통령의 국가 원수로서의 지위를, 제4항은 행정부 수반으로서의 지위를 규정하고 있다. ㄱ, ㄹ, ㅁ. 헌법 재판소장을 임명하여 헌법 기관을 구성한 것, 정상 회의에 참석하여 국가를 대표한 것, 자유 무역 협정(FTA) 합의안에 서명하여 조약을 체결한 것은 대통령이 국가 원수로서의 권한을 행사한 것이다. ㄴ, ㄷ. 국군을 지휘한 것과 정부 부처별 핵심 정책을 심의한 것은 대통령이 행정부 수반으로서의 권한을 행사한 것이다.

개념 보충

대통령의 지위에 따른 권한

국가 원수로서의 권한	• 대외적 국가 대표권: 조약 체결 및 비준권, 외교 사절 신임·접수·파견권, 선전 포고 및 강화권 등 • 국가와 헌법 수호권: 긴급 재정·경제 명령 및 처분권, 긴급 명령권, 계엄 선포권 등 • 국정 조정권: 국민 투표 부의권, 헌법 개정안 제안권, 국회 임시회 소집 요구권, 사면권 등 • 국가 기관 구성권: 대법원장, 대법관, 헌법 재판소장, 헌법 재판소 재판관 등 임명권
행정부 수반으로서의 권한	행정부 지휘·감독권, 국군 통수권, 공무원 임면권, 대통령령 발포권 등

144 ④ 대통령은 법률안 거부권을 행사함으로써 입법부를 견제할 수 있다.

바로알기 | ① 대통령령 발포권은 대통령이 사법부를 견제하는 수단에 해당하지 않는다. ② 국군 통수권은 대통령이 행정부 수반으로서 행사하는 권한이다. ③ 계엄 선포권은 대통령이 국가 원수로서 행사하는 권한이다. ⑤ 대통령은 권한 행사 시 국무총리의 동의를 필요로 하지 않는다.

145 A는 국무총리, B는 국회, C는 국무 회의이다. ⑤ 국회는 국무총리 및 국무 위원 해임 건의권을 가지므로, 국무총리의 해임을 대통령에게 건의할 수 있다.

바로알기 | ① 대법관 임명 동의권은 국회가 가진다. ② 감사원장 및 대법원장 임명권은 대통령이 가진다. ③ 국정 감사 및 국정 조사권은 국회가 갖는다. ④ 대통령의 부재 시 국회가 아닌 국무총리가 대통령의 권한을 대행할 수 있다.

146 A는 대통령, B는 국회, C는 국무총리, D는 감사원, E는 헌법 재판소이다. ④ 감사원은 대통령 소속의 독립성을 갖는 헌법 기관으로서 국가의 세입·세출의 결산, 행정 기관 및 공무원의 직무에 대한 감찰 등을 담당하는 행정부 내 최고 감사 기관이다.

147 ㄴ. 국회는 정부가 제출한 국가 예산안을 심의·의결하고, 예산 집행에 대한 결산을 심사한다. ㅁ. 헌법 재판소는 법관의 자격을 가진 9명의 재판관으로 구성되며, 이들은 모두 대통령이 임명한다.

바로알기 | ㄱ. 대통령의 모든 국법상 행위는 문서로써 하며, 이 문서에는 국무총리와 관계 국무 위원이 부서한다. ㄷ. 국가 기관 상호 간의 권한 쟁의에 대한 심판권, 즉 권한 쟁의 심판권은 헌법 재판소가 가진다. ㄹ. 국무총리와 감사원은 모두 조직상 행정부에 속하는 기관이다.

148 A는 국회, B는 국무 위원, C는 대통령이다. ② 국회의 임시회는 대통령과 국회 의원 4분의 1 이상이 소집을 요구할 수 있을 뿐이며, 국무 위원은 국회 임시회 소집을 요구할 수 없다.

바로알기 | ① 세입·세출의 결산을 매년 검사하여 대통령과 국회에 그 결과를 보고하여야 하는 기관은 감사원이다. ③ 대통령은 국회의 동의를 얻어 국무총리를 임명한다. ④ 행정부 최고 심의 기관은 국무 회의이다. 국무 회의는 대통령과 국무총리, 일정 수의 국무 위원으로 구성된다. ⑤ 국회 의장과 달리 대통령은 탄핵 소추 대상에 포함된다.

149 제시된 헌법 조항들은 법원과 법관의 독립, 즉 사법권의 독립을 보장하고 있다. 이처럼 사법권의 독립을 보장하는 목적은 공정한 재판을 통해 국민의 자유와 권리를 보장하기 위해서이다.

150 ① 사법(司法)은 공적 영역이나 사적 영역에서 발생하는 분쟁이나 사건에 법을 적용하여 옳고 그름이나 권리관계 등을 판단 또는 심판하는 작용을 말한다. ② 사법권의 독립은 공정한 재판의 실현을 통한 국민의 기본권 보장을 추구한다. ③ 법원의 독립은 법원이 입법부와 행정부로부터 독립된 별도의 조직을 가지며, 입법부와 행정부는 법원의 재판에 영향력을 행사할 수 없음을 의미한다. ④ 사법권의 독립을 실현하기 위해서는 법관의 신분상 독립이 이루어져야 하며, 이를 위해 우리나라에서는 법관의 자격을 법률로 정하고 있다.

바로알기 | ⑤ 사법권의 독립을 규정하는 궁극적인 목적은 법관의 권위 실현이 아닌 공정한 재판을 통한 국민의 기본권 보장이므로, (가)에 들어갈 말로 '법관의 권위'는 적절하지 않다.

151 ㉠은 1심 법원, ㉡은 2심 법원이다. ① 1심 법원의 판결에 불복하여 2심 법원에 재판을 다시 청구하는 것을 항소라고 한다. 갑은 ○○ 법원의 판결에 불복하여 항소한 것을 고려할 때 ○○ 법원은 1심 재판을 담당하였음을 알 수 있다.

바로알기 | ② △△ 법원은 항소심 재판을 맡고 있으므로 2심 법원이다. 사법부의 최고 기관은 대법원이다. ③ 항소심 법원의 판결에 대한 상고 사건은 대법원이 담당한다. ④ 모든 법원은 위헌 법률 심판 제청권을 가진다. ⑤ 법원의 결정·명령에 대한 재항고 사건은 대법원이 담당한다.

152 ③ 대법원은 대통령 및 국회 의원에 대한 선거 소송 재판권을 가진다.

바로알기 | ① 하급 법원의 판결에 불복하는 경우에는 항소와 상고를 할 수 있고, 하급 법원의 결정이나 명령에 불복하는 경우에는 항고와 재항고를 할 수 있다. 따라서 동일 사건에 대해 ㉠이 항고라면 ㉡은 재항고이다. ② 1심 법원이 '지방 법원 및 지원 단독 판사'이면 2심 법원은 '지방 법원 본원 합의부'이다. ④ 대법원은 최고 법원으로서 상고 및 재항고 사건을 담당한다. ⑤ 위법한 명령에 대한 최종 심사권은 대법원이 가진다.

153 (가)는 대법원, (나)는 고등 법원이다. ④ 고등 법원은 민사 사건의 2심을 담당하지만, 가벼운 민사 사건의 경우 1심은 지방 법원 및 지원 단독 판사, 2심은 지방 법원 본원 합의부에서 담당하기도 한다.

바로알기 | ① 대법원은 상고 사건과 재항고 사건을 담당한다. ② 권한 쟁의 심판권은 헌법 재판소가 가진다. ③ 위헌 법률 심사는 고등 법원을 비롯한 모든 법원에서 제청할 수 있다. ⑤ 대통령 및 국회 의원에 대한 선거 소송은 대법원에서만 담당한다.

154 A는 고등 법원, B는 지방 법원 본원 합의부이다. ③ 고등 법원 아래 지방 법원이 설치되어 있으므로, 고등 법원은 지방 법원 본원 합의부보다 상급 법원이다.

바로알기 | ① 형사 사건의 최종 재판은 대법원에서 담당한다. ② B는 지방 법원 및 지원 단독 판사의 판결·결정에 대한 상소 사건을 심판하므로 지방 법원 본원 합의부이다. ④ (나)는 가벼운 사건의 3심 재판이 진행되는 절차이다. 헌법 소원 심판을 진행하는 절차는 헌법 재판소가 담당한다. ⑤ 일반적으로 (가)는 무거운 사건, (나)는 가벼운 사건을 다루는 절차이다.

개념 보충

법원의 조직

대법원	민사·형사·행정·특허 및 가사 사건에 대한 최종 재판 담당, 위헌·위법 명령 및 규칙·처분에 대한 최종 심사, 대통령 및 국회 의원에 대한 선거 소송 재판 담당 등
고등 법원	지방 법원의 판결·심판·결정·명령에 대한 상소 사건 심판
지방 법원	민사·형사 사건에 대한 1심 심판, 지방 법원 단독 판사의 판결·결정에 대한 상소 사건 심판

155 법률안 거부권은 행정부 수반인 대통령이 입법부를 견제하기 위한 권한이므로 A는 입법부, B는 행정부, C는 사법부이다. ⑤ ㉠은 입법부가 행정부를 견제하는 권한에 해당하고, ㉢은 입법부가 사법부를 견제하는 권한에 해당한다. 탄핵 소추권은 입법부인 국회가 가진 권한으로서 행정부와 사법부의 고위 공무원을 대상으로 하므로, ㉠, ㉢ 모두에 들어갈 수 있다.

바로알기 | ① 국가의 세입·세출 결산 검사권은 행정부에 속한 조직인 감사원이 가지며, 입법부인 국회는 국가의 세입·세출 결산 심사권을 가진다. ② 행정부 수반인 대통령은 임시회의 소집을 요구하는 권한을 가진다. ③ 법률을 제정하는 기관은 입법부이다. ④ ㉡은 사법부가 행정부를 견제하는 권한에 해당한다. 국정 감사권은 입법부가 행정부를 견제하는 권한으로서 ㉡에 들어갈 수 없다.

156 탄핵 소추권은 국회가 행정부와 사법부의 고위 공무원을 대상으로 행사하는 권한이다. 따라서 (가)는 입법부이며, (나)와 (다)는 각각 행정부와 사법부 중 하나이다. ③ 명령과 규칙은 행정부가 만드는 법령이고, 이를 심사하는 권한은 법원에 있다. 따라서 C가 '명령·규칙 심사권'이면 (나)는 사법부, (다)는 행정부이다.

바로알기 | ① 입법부는 법률을 제정 및 개정하는 기관이다. 법률을 집행하는 기관은 행정부이다. ② (다)가 행정부라면 (가)는 입법부, (나)는 사법부이다. ④ A가 '국무총리 해임 건의권'이면 (나)는 사법부, (다)는 행정부이므로 B에는 사법부가 입법부를 견제하는 권한이 들어가야 한다. '국정 조사권'은 입법부가 행정부를 견제하는 권한이므로, B에는 포함되지 않는다. ⑤ D가 '법률안 거부권'이면 (나)는 사법부, (다)는 행정부이므로 E에는 행정부가 사법부를 견제하는 권한이 들어가야 한다. '국정 감사권'은 입법부가 행정부를 견제하는 권한이므로, E에는 포함되지 않는다.

157 ㉠은 헌법 재판소이다. ①, ② 헌법 재판소는 헌법 재판을 통해 공권력이 헌법에 부합하는 방향으로 행사되게 하고 민주적 기본 질서 등 헌법 질서를 보호하므로, 기본권 보장 기관이자 헌법 수호 기관이다.

③ 헌법 재판소는 법관의 자격을 가진 9명의 재판관으로 구성된다. ⑤ 헌법 재판소장은 국회의 동의를 얻어 헌법 재판소 재판관 중에서 대통령이 임명한다.
바로알기 | ④ 사법 조직에서 최고 법원에 해당하는 기관은 대법원이다.

158 갑. 헌법 재판소는 헌법의 해석과 관련한 분쟁을 해결하는 독립된 헌법 기관으로서 헌법을 수호하고 국민의 기본권을 보장하는 역할을 한다. 을. 헌법 재판소는 법관의 자격을 가진 9명의 재판관으로 구성된다.
바로알기 | 병. 헌법 재판소 재판관은 대통령이 임명한다. 정. 헌법 재판소의 결정에 불복하더라도 이에 대해 당사자에게 상소의 기회를 부여하지는 않는다. 무. 헌법 재판소에서 법률의 위헌 결정, 탄핵의 결정, 정당 해산의 결정, 헌법 소원에 관한 인용 결정을 할 때에는 재판관 6인 이상의 찬성이 있어야 하지만, 권한 쟁의 심판은 재판관 과반수의 찬성으로 인용 결정을 한다.

159 ㄱ. 헌법 재판소에서 헌법 소원에 관한 인용 결정을 할 때에는 재판관 6인 이상의 찬성이 있어야 한다. ㄷ. 위헌 심사형 헌법 소원 심판은 법률의 위헌 여부가 재판의 전제가 된 경우 일정한 절차를 거쳐 재판 당사자가 해당 법률의 위헌 심사를 헌법 재판소에 청구하는 심판으로, 재판 당사자가 위헌 법률 심판을 헌법 재판소에 제청해 줄 것을 법원에 신청했으나 기각된 경우에 재판 당사자가 직접 헌법 재판소에 청구할 수 있다.
바로알기 | ㄴ. 권리 구제형 헌법 소원 심판은 공권력의 행사로 인해서 기본권을 침해당한 사람뿐만 아니라 공권력의 불행사로 인해서 기본권을 침해당한 사람도 청구할 수 있다. ㄹ. 헌법 소원 심판은 법원의 재판에 대해서는 청구할 수 없다.

160 모범 답안 (1) (가): 헌법 소원 심판, (나): 위헌 법률 심판
(2) 헌법 소원 심판은 국민이 직접 청구하는 반면, 위헌 법률 심판은 법원이 청구한다.

161 청구자가 국민인 것은 헌법 소원 심판이므로 A는 위헌 법률 심판, B는 헌법 소원 심판이다. 따라서 (가)에는 헌법 소원 심판과 구분되는 위헌 법률 심판의 특징을 묻는 질문이 들어가야 한다. ④ 위헌 법률 심판과 헌법 소원 심판은 모두 헌법 재판소가 담당하므로, 주어진 질문은 (가)에 들어갈 수 없다.
바로알기 | ① 위헌 법률 심판은 재판 당사자의 신청이 없어도 법원이 직권으로 제청할 수 있다. ② 위헌 법률 심판과 위헌 심사형 헌법 소원 심판은 입법부에 대한 헌법 재판소의 견제 수단이다. ⑤ 위헌 법률 심판과 마찬가지로 헌법 소원 심판도 법률의 위헌 여부를 심판할 수 있으므로, 주어진 질문은 (가)에 들어갈 수 없다.

개념 보충

헌법 재판소의 권한

위헌 법률 심판	법원의 제청에 따라 재판의 전제가 되는 법률이 헌법에 위반되는지를 판단하는 심판
헌법 소원 심판	헌법에 보장된 국민의 기본권이 공권력에 의하여 침해되었을 때 이를 구제하기 위한 심판
탄핵 심판	국회에서 탄핵 소추된 고위직 공무원의 파면 여부를 심사하는 심판
정당 해산 심판	정부의 제소에 따라 정당의 목적이나 활동이 민주적 기본 질서에 어긋나는지를 판단하여 정당의 해산을 결정하는 심판
권한 쟁의 심판	국가 기관 상호 간, 국가 기관 및 지방 자치 단체 간, 지방 자치 단체 상호 간의 권한과 의무에 대한 다툼을 심판

162 A는 정당 해산 심판, B는 위헌 법률 심판, C는 탄핵 심판, D는 헌법 소원 심판, E는 권한 쟁의 심판이다. ① 정당 해산 심판은 정당의 목적이나 활동이 민주적 기본 질서에 어긋나는지를 판단하여 정당의 해산을 결정하는 심판으로, 정당 해산의 결정은 재판관 9인 중 6인 이상의 찬성이 필요하다.
바로알기 | ② 위헌 법률 심판은 법률이 헌법에 위반되는지 여부가 재판의 전제가 된 경우에 법원의 제청에 의해 해당 법률의 위헌 여부를 결정하는 심판으로, 재판 진행 중에 제청할 수 있다. ③ 대통령을 비롯하여 국무총리, 법관 등의 고위 공직자가 탄핵 심판의 대상에 포함된다. ④ 공권력의 행사로 기본권을 침해당했을 경우 모든 법적 구제 절차를 거친 후 마지막 수단으로 헌법 소원 심판을 청구할 수 있다. ⑤ 국가 기관뿐만 아니라 지방 자치 단체도 권한 쟁의 심판을 청구할 수 있다.

163 ㉠은 법원, ㉡은 헌법 재판소이다. ④ 헌법 재판소는 정당의 목적이나 활동이 민주적 기본 질서에 어긋날 때 정부의 제소에 의해 정당의 해산 여부를 결정할 수 있는 정당 해산 심판권을 가진다.
바로알기 | ① 법원의 최고 기관은 대법원이다. ② 법원에서 최종심은 대법원이 담당한다. ③ 헌법 재판소 재판관은 대통령이 임명하며 이 중 3명은 국회에서 선출한 자를, 3명은 대법원장이 지명하는 자를 임명한다. ⑤ 법원과 헌법 재판소의 권한은 모두 사법권의 독립 원칙을 적용받는다.

164 법률안 거부권은 행정부가 국회를 견제하는 수단이므로 A는 국회, B는 법원, C는 행정부이다. ② 국무총리 임명 동의권은 국회가 행정부를 견제하는 수단이다.
바로알기 | ① 위헌 법률 심판 제청권은 법원이 국회를 견제하는 수단이다. ③ 명령·규칙·처분 심사권은 법원이 행정부를 견제하는 수단이다. ④ 대법원장 임명 동의권은 국회가 법원과 행정부를 견제하는 수단이다. ⑤ 권리 구제형 헌법 소원 심판권은 헌법 재판소가 행정부를 견제하는 수단이다.

개념 보충

국가 기관의 주요 견제 수단

국회	• 행정부 견제 수단: 국정 감사 및 조사권, 국무총리·감사원장 임명 동의권, 탄핵 소추권 • 법원 견제 수단: 대법원장·대법관 임명 동의권, 탄핵 소추권
행정부	• 국회 견제 수단: 법률안 거부권 • 법원 견제 수단: 대법원장·대법관 임명권
법원	• 국회 견제 수단: 위헌 법률 심판 제청권 • 행정부 견제 수단: 명령·규칙·처분 심사권

165 ① 탄핵 소추권은 국회의 고유 권한이며, 탄핵의 대상에는 행정부와 법원, 헌법 재판소의 고위 공직자가 포함된다. 따라서 '탄핵 소추권'은 국회가 행정부, 법원, 헌법 재판소를 견제하는 수단이 되므로 ㉠, ㉡, ㉢에 들어갈 수 있다.
바로알기 | ② '명령·규칙·처분 심사권'은 법원이 행정부를 견제하는 수단이므로, ㉣에 들어갈 수 없다. ③ '헌법 소원 심판권'은 헌법 재판소의 권한이므로, ㉤에 들어갈 수 없다. ④ 법률의 집행에 필요한 명령을 발할 수 있는 기관은 행정부에 속하는 대통령, 국무총리, 각부 장관이다. ⑤ 위헌 정당 해산에 대한 심판권은 헌법 재판소가 가진다.

166 A는 국회, B는 헌법 재판소, C는 정부, D는 대법원장, E는 대통령이다. ① 국회는 국민이 직접 선거로 선출한 대표들로 구성된 국민의 대표 기관이자 법률을 제정하거나 개정하는 입법 기관이다.
바로알기 | ② 헌법 재판소는 사법과 관련된 국가의 역할 중 헌법 재판에

관한 권한을 가진 독립된 국가 기관이다. ③ 국가의 법 적용의 옳고 그름을 가리고 재판권을 행사하는 헌법 기관은 법원이다. ④ 민사·형사·가사 사건의 최종심을 담당하는 대법원은 대법원장과 대법관으로 구성된다. ⑤ 대법원장은 대통령이 국회의 동의를 얻어 임명한다.

167

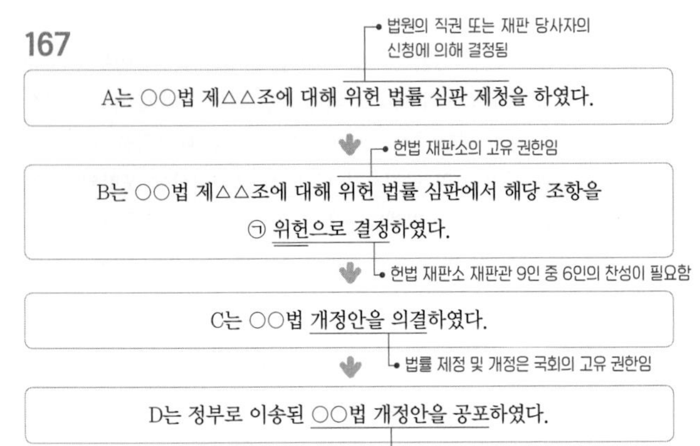

A는 법원, B는 헌법 재판소, C는 국회, D는 대통령이다. ⑤ 대통령은 국회의 동의를 얻어 헌법 재판소 재판관 중에서 헌법 재판소장을 임명한다.

바로알기 | ① 위헌 정당 해산 제소권은 정부가 가진다. ② 대통령과 국회의원 선거 소송 재판은 대법원이 담당한다. ③ 위헌 법률 심판에서 법률의 위헌 결정은 헌법 재판소 재판관 9인 중 6인 이상이 찬성해야 한다. ④ 국가의 예산안을 심의 및 확정하는 것은 국회의 권한이지만, 국가의 예산안을 편성하는 것은 행정부의 역할이다.

06 지방 자치

개념 확인 문제 46쪽

168 (1) ○ (2) ○ (3) × **169** (1) 광역 (2) 소환 (3) 강화

난이도별 필수 기출 47~51쪽

170 ①	171 ④	172 ③	173 ②	174 해설 참조	
175 ⑤	176 ②	177 ③	178 ②	179 ①	180 ⑤
181 ②	182 ④	183 ④	184 ⑤	185 ③	186 ①
187 해설 참조		188 ④	189 ④	190 ③	191 ②
192 ①					

170 밑줄 친 '이것'은 지방 자치이다. ②, ③ 지방 자치는 지역의 정책 결정 및 집행 과정에 주민이 참여함으로써 정치에 관한 주민의 관심과 지식, 주권 의식을 배양하는 데 기여할 수 있다. ④, ⑤ 지방 자치는 정치 권력이 중앙 정부에 지나치게 집중되는 것을 막고 이를 각 지방에 분산하여 수직적 권력 분립의 원리를 실현하는 데 이바지한다.

바로알기 | ① 지방 자치는 주민들이 직접 지방 행정에 참여할 수 있는 방식으로 이루어지므로 직접 민주제를 실현하는 데 기여할 수 있다.

171 A는 법령, B는 조례, C는 규칙이다. 지방 자치 단체가 특정 사무에 관하여 법령의 범위 내에서 지방 의회의 의결을 거쳐 제정한 법규는 조례이며, 지방 자치 단체의 장이 그 권한에 속하는 사항에 관하여 법령 또는 조례가 위임한 범위 안에서 정하는 법규는 규칙이다.

172 ③ 기초 자치 단체의 일반 업무를 담당하는 집행 기관에는 시장, 군수, 구청장이 포함된다.

바로알기 | ① 도지사는 광역 자치 단체의 집행 기관이지만, 군수는 기초 자치 단체의 집행 기관이다. ② 군수와 구청장은 기초 자치 단체의 집행 기관이다. ④ 시장은 기초 자치 단체의 집행 기관에 포함되지만, 도지사는 광역 자치 단체의 집행 기관이다. ⑤ 교육감은 교육·학예 업무를 담당하는 광역 자치 단체의 집행 기관이지만, 구청장은 일반 업무를 담당하는 기초 자치 단체의 집행 기관이다.

173 ② 지방 자치 단체장은 그 권한에 속하는 사항에 관하여 법령과 조례의 범위 안에서 규칙을 제정할 수 있다.

바로알기 | ① 기초 자치 단체의 의결 기관은 지방 의회인 시·군·구 의회로서 지역구 의원과 비례 대표 의원으로 구성된다. ③ 지방 자치 단체의 예산을 심의·확정하는 기관은 지방 의회이다. ④ 지방 의회 의원 중 지역구 의원과 지방 자치 단체장은 모두 주민 소환의 대상이므로, 주민 투표로 해임할 수 있다. ⑤ 지방 자치 단체장과 교육감은 모두 주민의 직접 선거에 의해 선출된다.

174 모범 답안 (1) A: 지방 의회, B: 지방 자치 단체장

(2) 지방 의회는 조례 제정 및 개폐, 지방 예산의 심의·확정, 지방 행정 사무에 대한 감사와 조사 등의 역할을 담당하고, 지방 자치 단체장은 규칙 제정, 지역의 행정 사무 처리 등의 역할을 담당한다.

175 A는 지방 의회, B는 지방 자치 단체장이다. ⑤ 지방 의회와 지방 자치 단체장의 권한은 정치권력이 중앙 정부에 지나치게 집중되는 것을

막고, 이를 각 지방에 분산하여 수직적 권력 분립을 실현하는 데 이바지한다.

바로알기 | ① 교육과 학예에 관한 업무를 집행하는 기관은 교육감이다. ② 지방 자치 단체장은 선출직 지역 공직자로서 주민 소환의 대상이 될 수 있다. ③ 법률 제정 및 개정은 국회의 고유 권한이다. 지역 주민은 일정한 요건을 갖추어 해당 지역의 지방 의회에 법률이 아닌 조례를 제정 또는 개정 및 폐지할 것을 청구할 수 있다. ④ 지방 회의가 지방 자치 단체의 예산안을 심의·확정한다.

개념 보충

지방 의회와 지방 자치 단체장의 권한

구분	권한
지방 의회 (의결 기관)	조례 제·개정 및 폐지권, 예산 심의 및 확정권, 지방 자치 단체의 사무 전반에 대한 감사권 및 특정 사안에 관한 조사권 등
지방 자치 단체장 (집행 기관)	해당 지방 자치 단체의 통할 대표권, 지방 자치 단체 사무의 관리 및 집행권, 규칙 제·개정 및 폐지권, 조례안 환부 및 재의 요구권 등

176 ㄱ. ○○도지사의 말을 통해 ○○도 의회가 집행 기관의 예산 삭감을 결정하였음을 알 수 있는데, 이는 지방 자치 단체장과 지방 의회 간 권력 분립의 모습을 나타낸다. ㄹ. 지방 자치 단체의 집행 기관인 ○○도지사가 의결 기관인 ○○도 의회의 예산 삭감 결정을 존중하고 있다.

바로알기 | ㄴ. ○○도지사의 발표 내용에서 중앙 정부와 지방 자치 단체 간의 의견 차이에 대한 언급은 나타나 있지 않다. ㄷ. 광역 지방 자치 단체의 장인 ○○도지사는 광역 지방 의회인 ○○도 의회의 결정을 따르고 있으며, □□군의 예산 집행 과정을 본받겠다고 언급하였을 뿐 기초 지방 의회의 결정을 따르고 있지는 않다.

177 1. 주민 투표는 주민에게 과도한 부담을 주거나 중대한 영향을 미치는 주요 정책 등을 주민의 투표로 결정하는 제도이다. 즉, 지방 자치 단체의 주요 결정 사항은 주민 투표로 확정될 수 있으므로, 옳은 답안은 '○'이다. 2. 지역 내 행정 사무는 집행 기관인 지방 자치 단체장이 총괄한다. 즉, 옳은 답안은 '×'이다. 3. 지방 자치는 정치권력이 중앙 정부에 지나치게 집중되는 것을 막고, 이를 각 지방에 분산하여 수직적 권력 분립의 원리를 실현하는 데 이바지한다. 즉, 옳은 답안은 '○'이다. 4. 지방 자치가 본격적으로 시행된 이후 지방의 정책 결정과 집행 과정에서 주민 참여 예산제, 주민 투표제 등을 통한 주민의 참여가 확대되고 있다. 즉, 옳은 답안은 '×'이다. 학생은 문항 1, 4에만 옳게 답하였으므로 2점을 얻게 된다.

178 ② 지방 의회는 지역 내 최고 의사 결정 기관으로서 조례 제정 및 개폐권, 지방 자치 단체의 사무 전반에 대한 감사권을 가진다.

바로알기 | ① 지역 주민은 지방 의회 의원과 지방 자치 단체장을 모두 직접 선거로 선출한다. ③ 지방 자치 단체장은 집행 기관에 해당한다. 의결 기관으로서 지방 예산의 심의 및 확정권을 가지는 기관은 지방 의회이다. ④ 기초 지방 의회는 시, 군, 자치구에서 구성된다. ⑤ 지방 의회는 지방 자치 단체 예산의 심의·확정, 지방 행정 사무에 대한 감사 및 조사 등을 통해 지방 자치 단체장을 견제할 수 있다.

179 ㄱ. 세종특별자치시는 광역 자치 단체에 해당한다. ㄴ. 서울특별시 용산구는 기초 자치 단체에 해당한다.

바로알기 | ㄷ. 지방 의회는 법령의 범위 내에서 조례를 제정할 수 있다. ㄹ. 기초 자치 단체의 장은 광역 자치 단체의 장이 임명하는 것이 아니라 주민의 선거로 선출된다.

180 A는 주민 자치, B는 단체 자치이다. ㄱ, ㄴ. 지방 자치 단체가 지방세를 징수하는 것과 도로 정비 사업을 시행하는 것은 지방 자치 단체가 스스로 지역 사무를 처리하는 단체 자치의 사례에 해당한다. ㄷ, ㄹ. 주민 투표로 통합 지역명을 변경하는 것과 주민들이 지방 자치 단체장에게 조례안을 제출하는 것은 지역 주민들이 지역의 정책을 스스로 결정하고 처리하는 주민 자치의 사례에 해당한다.

181 ①, ③ 주민 자치는 지역 주민 스스로 자신들의 일을 처리한다는 점에서 행정적 의미보다 정치적 의미가 중심이 되며, 단체 자치는 지방 자치 단체에 의한 자율적인 행정 활동이 중심이 된다. ④, ⑤ 우리나라의 지방 자치에는 주민 자치와 단체 자치가 모두 포함되어 있으며, 주민 자치와 단체 자치는 모두 해당 지역 주민의 의사에 따라 운영된다.

바로알기 | ② 단체 자치를 통해 지역 실정에 맞는 정책이 실시될 수는 있지만, 반드시 국가 전체의 통일적인 정책이 실시되는 것은 아니다.

182 ① 지방 의회가 제·개정하는 조례는 법령의 범위 내에서 제정되어야 하지만, 이 범위를 놓고 중앙 정부와 갈등을 빚기도 한다. ② 지방 자치 단체장은 지역의 행정 사무를 처리하는 기관으로서 해당 지역에서 중앙 정부의 행정부와 같은 역할을 한다. ③ 지방 의회는 지방 행정 사무 감사 및 조사 등을 통해 지방 자치 단체장을 견제 및 감시할 수 있는 권한을 갖는다. ⑤ 지방 의회는 지역 내 의사를 결정하는 의결 기관이고, 지방 자치 단체장은 지역 내 행정 사무를 총괄하는 집행 기관이다.

바로알기 | ④ 지방 자치 단체장은 지방 의회의 의결에 대해 재의 요구권을 행사함으로써 지방 의회를 견제할 수 있다.

183 ㄱ. 지방 의회 의원과 지방 자치 단체장의 임기는 각각 4년으로 같다. ㄴ. 지방 의회와 지방 자치 단체장은 특별시, 광역시, 도 등의 광역 자치 단체와 시·군·구와 같은 기초 자치 단체에 각각 존재한다. ㄹ. 지방 의회는 법령의 범위 내에서 조례를 제정할 권한을 가지며, 지방 자치 단체장은 법령 또는 조례가 위임한 범위 내에서 규칙을 제정할 권한을 가진다.

바로알기 | ㄷ. 지역 주민은 주민 소환을 통해 지방 의회 의원 중 지역구 의원과 지방 자치 단체장을 해임할 수 있다.

184 A는 중앙 정부, B는 지방 정부이다. ㄷ, ㄹ. 지방 정부는 정치권력이 중앙 정부에 지나치게 집중되어 폐단이 발생하는 것을 막고 이를 각 지방에 분산하는 역할을 하는데, 이는 중앙 정부와 지방 정부 간 수직적 권력 분립의 원리를 실현하는 데 이바지한다.

바로알기 | ㄱ. 중앙 정부는 지방 자치 단체장에 대한 해임권을 가지지 않으며, 주민 소환을 통해 선출직 지역 공직자인 지방 자치 단체장을 해임할 수 있다. ㄴ. 중앙 정부는 국가 전체에 대한 통치권을, 지방 정부는 관할 구역에 대한 통치권을 가진다.

185 (가)는 광역 의회이다. (나)는 기초 자치 단체장이다. ㄴ. 광역 의회와 기초 의회는 모두 주민의 선거를 통해 선출된 지역구 의원과 비례 대표 의원으로 구성된다. ㄹ. 광역 의회는 광역 자치 단체 내 의사를 결정하는 의결 기관이고, 기초 자치 단체장은 기초 자치 단체 내 행정 사무를 총괄하는 집행 기관이다.

바로알기 | ㄱ. 광역 의회는 법령의 범위 안에서 조례를 제정할 수 있다. ㄷ. 기초 자치 단체장과 광역 자치 단체장은 모두 지방 의회의 의결에 의해 파면되는 것이 아니라 주민 소환에 의해 해임될 수 있다.

186 제시된 사례에서 ○○시 주민들은 지방 자치 단체장인 갑을 주민 투표를 통해 해임하고자 하므로, 주민 소환 제도를 활용하였음을 알 수

있다. 주민 소환은 위법·부당한 행위를 저지르거나 직무가 태만한 지방 자치 단체장이나 지방 의회 의원을 주민 소환 투표권자 총수의 3분의 1 이상 투표와 유효 투표 총수의 과반수 찬성으로 해임할 수 있는 제도를 말한다.

187 **모범 답안** 우리나라에서 시행 중인 주민 참여 제도의 사례에는 주민 투표, 주민 소환, 주민 조례 제정 및 개폐 청구, 주민 참여 예산제, 주민 감사 청구, 주민 소송, 주민 청원 등이 있다.

188 ①은 주민 참여 예산제, ②는 주민 감사 청구, ③은 주민 청원, ⑤는 주민 조례 제정 및 개폐 청구에 대한 설명으로 모두 주민 참여 제도에 해당한다.

바로알기 | ④ 주민 투표는 선출직 지역 공직자인 지방 자치 단체장이나 지방 의회 의원(비례 대표 의원 제외)을 주민 투표로 해임할 수 있는 제도로서, 임명직 지역 공직자를 대상으로 하지 않는다.

개념 보충

다양한 주민 참여 제도

제도	내용
주민 투표	주민에게 과도한 부담을 주거나 중대한 영향을 미치는 주요 결정 사항 등에 대하여 주민 투표로 결정하는 제도
주민 소환	지방 자치 단체장이나 지방 의회 의원(비례 대표 의원 제외)을 임기 중에 주민의 투표에 의하여 해임하는 제도
주민 조례 제정 및 개폐 청구	일정 수 이상의 주민이 정해진 요건을 갖추어 직접 조례 제정안이나 개정안, 폐지안을 제출할 수 있는 제도
주민 참여 예산제	주민이 지방 자치 단체의 예산 편성 과정에 참여하여 사업 제안 등 의견을 제시할 수 있는 제도
주민 감사 청구	잘못된 행정으로 권리와 이익을 침해당한 주민이 직접 감사를 청구하는 제도

189 (가)는 주민 감사 청구, (나)는 주민 소환이다. ㄴ. 주민 소환은 지방 자치 단체장 및 지방 의회 의원의 비리나 독단적인 운영과 관련하여 공직자를 주민 투표를 통해 선출직에서 물러나게 하는 제도로서 국민 주권의 원리 실현에 기여한다. ㄹ. 주민 감사 청구와 주민 소환은 모두 주민들이 정치에 직접 참여할 수 있는 제도로서 지방 자치에의 주민 참여 활성화에 기여한다.

바로알기 | ㄱ. 주민 감사 청구는 지방 자치 단체의 행정 사무 전반에 적용된다. ㄷ. 주민 감사 청구와 주민 소환은 모두 선출직 공직자의 독립적인 권한 행사를 제약하는 측면이 있다.

190 ③ 주민 감사 청구는 지방 자치 단체의 사무 처리가 법령에 위반되거나 공익을 현저히 해친다고 인정될 때 주민이 감사를 청구할 수 있는 제도이다.

바로알기 | ① 주민 감사 청구는 주민의 직접적인 정치 참여 기회를 넓혀 풀뿌리 민주주의가 확대되는 계기가 된다. ② 지방 의회가 통과시킨 조례안에 대한 거부권을 행사하는 권한은 지방 자치 단체장이 가지며, 주민 조례 제정 및 개폐 청구를 통해 조례안에 대한 거부권을 행사할 수는 없다. ④ 주민 참여 예산제를 통해 주민들은 지방 자치 단체의 예산 편성에 대한 의견을 제시할 수 있을 뿐이며, 지방 자치 단체의 예산안에 대한 의결은 지방 의회가 담당한다. ⑤ 선거에 의해 선출된 지역구 지방 의회 의원을 주민의 투표에 의하여 해임할 수 있는 제도는 주민 소환이다.

191 제시된 내용을 통해 우리나라 지방 자치 단체의 재정 자립도가 낮음을 알 수 있다. 이로 인해 대부분의 지방 자치 단체는 독자적 재원이 부족하여 중앙 정부의 경제적 지원에 크게 의존하는 경향이 나타나며, 그 결과 지방 자치 단체들이 중앙 정부의 요구에 제약되어 독립성과 자율성이 약화된 측면이 있다.

192 (가)는 중앙 정부의 지나친 간섭으로 인해 지방 자치 단체의 자율성이 저하되고 있음을, (나)는 지방 자치 단체 상호 간에 갈등이 나타나고 있음을 나타낸다. ① 지방 자치 단체의 자율성 저하 문제를 해결하기 위해서는 지방 자치 단체가 지역 정책을 자율적으로 수립하고 실행할 수 있도록 지방 분권을 강화할 필요가 있다.

바로알기 | ② 지방세 대비 국세 비중을 높일 경우 지방 자치 단체의 재정이 더욱 악화되어 자율성이 낮아질 수 있다. ③ 지방 자치 단체 간의 갈등을 조정할 수 있는 제도를 강화시키는 것은 (나)의 해결 방안으로 적합하다. ④ 지방 자치 단체의 독립성을 강화시키는 것은 (가)의 해결 방안으로 적합하다. ⑤ (가)는 지방 자치 단체 상호 간의 갈등 상황을 나타낸다. 중앙 정부와 지방 자치 단체 간의 협력 관계를 구축하는 것은 (가)의 해결 방안으로 적합하다.

최고 수준 도전 기출 (04~06강)

52~55쪽

193 ②	194 ④	195 ⑤	196 ③	197 ③	198 ①
199 ②	200 ②	201 ③	202 ④	203 ②	204 ③
205 ⑤	206 ④	207 ④	208 ②		

193 ㄱ. 갑국에서 행정부 수반이 별도의 선거를 통해 A당에서 배출된다면, 갑국의 정부 형태는 대통령제이다. 대통령제에서는 의회 의원과 각료의 겸직이 불가능하다. ㄷ. 을국의 의회가 내각 불신임권을 가지고 있다면, 을국의 정부 형태는 의원 내각제이다. 을국의 경우 과반수 의석을 확보한 정당이 없으므로 연립 내각이 형성될 것이다.

바로알기 | ㄴ. 갑국에서 다수당인 B당의 대표가 행정부를 구성한다면, 갑국의 정부 형태는 의원 내각제이다. 의원 내각제에서는 의회가 내각 불신임권을 행사할 수 있으므로, 행정부 수반의 임기가 엄격하게 보장되지는 않는다. ㄹ. 을국의 행정부 수반이 법률안 거부권을 가지고 있다면, 을국의 정부 형태는 대통령제이다. 대통령제에서 행정부 수반은 국민의 직접 선거에 의해 선출되므로, 행정부 수반이 B당 출신인지는 알 수 없다.

194 t+3 시기에는 제1당인 A당이 과반 의석을 확보하였는데도 행정부 수반의 소속 정당은 B당인 것으로 보아 t+3 시기는 대통령제를 채택하였음을 알 수 있다. 또한 t+1 시기와 t+2 시기 모두 제1당이 과반 의석을 확보하지 못하였지만 연립 내각은 1회만 구성되었다고 하였으므로, t+1 시기 이후에 헌법이 개정되어 대통령제로 이행하였음을 알 수 있다. 즉, 갑국의 정부 형태는 t 시기와 t+1 시기는 의원 내각제, t+2 시기와 t+3 시기는 대통령제이다. ④ 의원 내각제를 채택하였던 t+1 시기에는 연립 내각이 구성되었을 것이며, 대통령제를 채택하였던 t+2 시기에는 행정부 수반인 대통령의 소속 정당이 의회에서 소수인 여소야대 현상이 나타났다.

바로알기 | ① t 시기에는 제1당이 과반 의석을 확보하였으므로, 연립 내각이 구성되지 않았다. ② t 시기의 정부 형태는 의원 내각제, t+2 시기의 정부 형태는 대통령제로서 서로 다르다. ③ t+1 시기의 정부 형태는 의원 내각제이므로 행정부 수반은 법률안 거부권을 갖고 있지 않았다. ⑤ t+2 시기와 t+3 시기의 정부 형태는 대통령제이므로 입법부와 행정부 간 권력이 융합되어 있지 않았다.

195 A의 특징을 묻는 교사의 질문에 대한 갑과 을의 답변을 고려할 때 A는 대통령제, B는 의원 내각제이다. ㄴ. 대통령제는 입법부와 행정부가 독립적으로 구성되어 상호 견제와 균형을 이루므로 의원 내각제에 비해 엄격한 권력 분립을 특징으로 한다. ㄷ. (가)에는 의원 내각제만의 특징이 들어가야 한다. 입법부와 행정부 모두 법률안을 제출할 수 있는 것은 의원 내각제의 특징이므로, 주어진 진술은 (가)에 들어갈 수 있다. ㄹ. (나)에는 의원 내각제만의 특징이 들어가야 한다. 의회가 행정부를 불신임할 수 있는 것은 의원 내각제의 특징이므로, 주어진 진술은 (나)에 들어갈 수 있다.

바로알기 | ㄱ. 대통령제(A)의 특징을 묻는 교사의 질문에 갑, 을 모두 대통령제의 특징을 말하였으므로, 교사의 평가에 따르면 의원 내각제(B)의 특징을 말한 한 명(㉠)은 '병'이다. 또한 의원 내각제(B)의 특징을 묻는 교사의 질문에 갑은 의원 내각제의 특징을 말하였고 을은 대통령제의 특징을 말하였으므로, 교사의 평가에 따르면 대통령제(A)의 특징을 말한 한 명(㉡)은 '을'이다.

196 A국은 의원 내각제, B국은 대통령제를 채택하고 있으며, (가)는 입법부, (나)는 행정부이다. ㄴ. 의원 내각제에서는 입헌 군주나 대통령이 형식적으로 국가 원수의 역할을 하고, 수상이 실질적으로 행정부 수반의 역할을 수행한다. 따라서 A국에서는 국가 원수와 행정부 수반이 이원화되어 있다. ㄷ. 대통령제를 채택한 B국에서는 의회 의원이 행정부의 각료를 겸직할 수 없다.

바로알기 | ㄱ. 의회 해산권은 의원 내각제에서 내각이 의회에 대해 갖는 권한이므로 ㉠에 해당하지만, 내각 불신임권은 의원 내각제에서 의회가 내각에 대해 갖는 권한으로서 대통령제에서 행정부가 의회를 견제하는 수단인 ㉡에 해당하지 않는다. ㄹ. 대통령제를 채택한 B국의 행정부는 법률안을 제출할 수 없지만, 의원 내각제를 채택한 A국의 내각은 법률안을 제출할 수 있다.

197 정부가 법률안을 제출할 수 있는 것은 의원 내각제의 특징이므로 A는 의원 내각제이다. 대통령이 법률안 거부권을 갖는 것은 대통령제의 특징이므로 B는 대통령제이다. ③ 대통령제는 의원 내각제와 달리 입법부와 행정부가 별도의 선거에 의해 상호 독립적으로 구성된다.

바로알기 | ① 의회가 행정부 수반에 대해 탄핵 소추권을 가지는 것은 대통령제의 특징이다. ② 대통령제에서 의회 의원은 각료를 겸직할 수 없다. ④ 행정부 수반을 국민의 선거로 선출하는 것은 대통령제의 특징이므로, 주어진 헌법 조항은 (가)에 들어갈 수 없다. ⑤ 국회의 국무총리 및 국무 위원 해임 건의권은 의원 내각제 요소이므로, 주어진 헌법 조항은 (나)에 들어갈 수 없다.

198 갑은 정부의 법률안 제출권을 폐지할 것과 국회 의원의 각료 겸직을 금지할 것을 강조하므로, 전형적인 대통령제를 지향하고 있다. 을은 대통령이 상징적인 역할만을 담당하고 국회에서 선출한 국무총리가 실질적인 권한을 행사할 것을 강조하므로, 의원 내각제 요소를 강조하고 있다. ① 갑은 입법부와 행정부의 상호 견제와 균형을 중시하는 대통령제를 지향하므로 권력 분립의 원리가 엄격하게 구현되어야 한다고 볼 것이다.

바로알기 | ② 을은 의원 내각제를 지향하므로 행정부와 국회 간 권력 융합이 필요하다고 볼 것이다. ③ 갑은 대통령제를 지향하므로 행정부가 국회가 아닌 국민에 대해 정치적 책임을 져야 한다고 볼 것이다. ④ 을은 의원 내각제를 지향하므로 대통령이 국가 원수와 행정부 수반의 역할을 모두 수행하는 대통령제와 달리 국가 원수와 행정부 수반이 이원화되어야 한다고 볼 것이다. ⑤ 갑은 을과 달리 대통령제 요소를 강화할 것을 지향하고 있으므로, 의원 내각제로의 개편을 염두에 두고 있다고 보기는 어렵다.

199 ㄱ. 교섭 단체는 20인 이상의 의원으로 구성되어야 한다. 즉 A당, B당, C당이 교섭 단체를 구성할 수 있으므로, 최소 3개의 교섭 단체가 구성될 수 있다. ㄷ. C당 의원 전원이 표결에 참여하지 않아도 나머지 205명의 의원이 출석하고, 이 중 103명이 찬성하면 재적 의원 과반수 출석과 출석 의원 과반수의 찬성으로 법률안은 의결될 수 있다.

바로알기 | ㄴ. 법률안의 재의결은 재적 의원 과반수 출석과 출석 의원 2/3 이상이 찬성해야 한다. A당 의원 모두가 반대 표를 행사할 경우 나머지 153명의 의원이 모두 찬성 표를 행사하더라도 출석 의원 2/3의 찬성이 되지 않으므로 법률안은 재의결될 수 없다. ㄹ. 헌법 개정안은 국회 재적 의원 과반수가 발의할 수 있다. A당과 B당의 의원을 제외한 나머지 의원들은 과반수가 되지 않으므로 헌법 개정안을 발의할 수 없다.

200 (가)는 법률 제·개정 절차, (나)는 헌법 개정 절차이다. ② 대통령이 거부권을 행사한 법안을 재의결할 때는 재적 의원 과반수 출석과 출석 의원 3분의 2 이상의 찬성이 필요하다.

바로알기 | ① 상임 위원회는 해당 분야의 의안을 전문적으로 심의하기 위한 기구이다. 국회의 의사 진행에 관한 중요한 안건을 협의하기 위한 기구는 교섭 단체이다. ③ 의결된 법률안에 대한 환부 거부는 대통령에 의해서만 이루어지지만, 헌법 개정안의 제안은 대통령뿐만 아니라 국회 재적 의원 과반수에 의해서도 이루어진다. ④ 헌법 개정안의 국회 의결은 재적 의원 3분의 2 이상의 찬성을 필요로 하며, 국민 투표에서 국회의원 선거권자 과반수의 투표 및 투표자 과반수 찬성으로 헌법 개정안이 확정된다. ⑤ 국민 투표는 국가의 중요 사안에 대해 국민이 직접 찬반 의사를 표시하는 것으로서 법률 제·개정 절차는 국민 투표를 거치지 않지만, 헌법 개정 절차는 국민 투표를 거쳐야 한다. 즉, 법률 제·개정 절차보다 헌법 개정 절차가 국민 자치의 이념에 충실한 절차이다.

201 A는 감사원, B는 대통령, C는 국회, D는 국무총리이다. ① 감사원은 행정부의 최고 감사 기관으로, 조직상으로는 대통령에 소속되어 있지만 직무에 관하여는 독립된 지위를 가진다. ② 대통령은 국회에서 의결한 법률안에 대해 거부권을 행사하여 재의를 요구할 수 있다. ④ 국무회의에서 대통령은 의장을 맡아 회의를 주재하며, 국무총리는 부의장을 맡는다. ⑤ 국회는 국무총리 및 국무 위원의 해임을 대통령에게 건의할 수 있다.

바로알기 | ③ 국회는 감사원장의 임명에 대한 동의권을 가지지만, 대통령은 국민이 선거를 통해 직접 선출한다.

202 ㄱ. 조약의 체결·비준에 대한 동의권은 국회에 있으므로 A는 국회이고, B와 C는 각각 감사원과 대통령 중 하나이다. 헌법 재판소 재판관의 구성 권한은 국회, 대법원장, 대통령에게 있으므로, 주어진 질문은 (다)에 들어갈 수 없다. ㄷ. 법률안 재의 요구권은 대통령에게 있고, 헌법 개정안은 일정 수의 국회 의원과 대통령이 발의할 수 있으므로 A는 대통령, B는 국회, C는 감사원이다. 탄핵 소추는 대통령, 법관 등을 대상으로 하며, 국회 의장은 탄핵 소추의 대상이 되지 않는다. ㄹ. 국정 감사권은 국회에 있고, 행정 기관 및 공무원의 직무에 관하여 감찰하는 것은 감사원의 기능이므로 A는 국회, B는 대통령, C는 감사원이다. 감사원장은 국회의 동의를 얻어 대통령이 임명한다.

바로알기 | ㄴ. 국민으로부터 직접 민주적 정당성을 부여받은 것은 국민의 직접 선거를 통해 구성된 국회와 대통령이므로 A와 B는 각각 국회와 대통령 중 하나이고, C는 감사원이다. 감사원은 국가 세입·세출의 결산 검사의 권한을 가지는 기관이므로, 주어진 질문은 (다)에 들어갈 수 있다.

203 ① ㉠은 1심 법원의 판결에 불복하여 2심 법원에 다시 재판을 청구하는 항소, ㉡은 2심 법원의 판결에 불복하여 대법원에 다시 재판을 청구하는 상고이다. ③ 모든 법원은 위헌 법률 심판 제청권을 갖는다. ④ 법원의 판결은 원칙적으로 헌법 재판소의 심판 대상이 되지 않는다. ⑤ 일반적으로 민사·형사 사건 중 (가)는 가벼운 사건, (나)는 무거운 사건을 다루는 절차이다.

바로알기 | ② A는 지방 법원 및 지원 단독 판사의 1심 판결 등에 대한 상소 사건을 담당하는 지방 법원 본원 합의부이고, B는 지방 법원 및 지원 합의부의 판결 등에 대한 상소 사건을 담당하는 고등 법원이다.

204 ① 위헌 법률 심판은 법률이 헌법에 위배되는지 여부를 심판하므로, 헌법이 법률보다 상위의 법임을 전제로 한다. ② 대통령과 국무총리는 탄핵 심판의 대상에 포함된다. ④ 해당 연도의 접수 건수 합계 중 헌법 소원 심판의 비율은 1989년 약 66.6%, 2018년 약 99.2%로 1989년보다 2018년이 더 높다. ⑤ 접수 건수의 합계는 국민의 직접 청구에 의한 심판인 헌법 소원 심판이 법원의 제청에 의한 심판인 위헌 법률 심판보다 많다.

바로알기 | ③ 권한 쟁의 심판을 통해 국가 기관 상호 간의 권한과 의무에 대한 다툼을 해결할 수 있다.

205 A는 지방 법원 본원 합의부 또는 고등 법원, B는 대법원, C는 헌법 재판소이다. ⑤ 법관에 대한 탄핵 소추권은 국회가 가지며, 헌법 재판소는 탄핵 심판을 통해 탄핵 소추된 공직자의 파면 여부를 심판할 수 있다.

바로알기 | ① 국회 의원 선거의 효력을 다투는 소송의 재판권은 대법원이 가진다. ② B는 상고 사건을 담당하므로 대법원이다. ③ 대법원장은 헌법 재판소 재판관 3인을 지명하며, 지명된 재판관은 대통령이 임명한다. ④ 헌법 소원 심판의 청구 주체는 국민이다. 대법원은 직권으로 헌법 재판소에 위헌 법률 심판을 제청할 수 있지만, 헌법 소원 심판을 청구할 수는 없다.

206 위헌 법률 심판권은 헌법 재판소의 국회 견제 권한이고, 명령의 위헌·위법 최종 심사권은 대법원의 대통령 견제 권한이다. 따라서 A는 국회, B는 대법원, C는 헌법 재판소이다. ㄱ. 국회는 국정 감사와 국정 조사를 통해 행정부를 견제할 수 있다. ㄴ. 헌법 재판소의 위헌 법률 심판은 법원의 위헌 법률 심판 제청에 의해서만 이루어진다. ㄷ. 헌법 재판소는 국회에서 탄핵 소추된 고위 공직자의 파면 여부를 결정하는 탄핵 심판을 담당한다.

바로알기 | ㄹ. 대법원장과 헌법 재판소장은 모두 국회의 동의를 얻어 대통령이 임명한다.

207 A는 지방 자치이다. ㄴ. 지방 자치 제도는 정치권력이 중앙 정부에 지나치게 집중되는 것을 막고 이를 각 지방에 분산하여 지방 정부와 중앙 정부 간 수직적 권력 분립을 실현하는 데 이바지한다. 따라서 (가)에는 제시된 내용이 들어갈 수 있다. ㄹ. 광역 자치 단체장과 기초 자치 단체장은 모두 선출직 지역 공직자로서 주민 소환의 대상이 된다.

바로알기 | ㄱ. 지방 자치 제도는 지역 주민이 해당 지역의 문제를 스스로 해결하는 과정을 중시하므로, 국가 정책 결정의 효율성과 신속성을 추구한다고 보기는 어렵다. ㄷ. 광역 의회와 기초 의회는 모두 주민의 직접 선거를 통해 구성된다.

208 (가)는 국회, (나)는 지방 의회이다. ㄱ. 지방 의회는 주민의 대표 기관이자 지방 자치 단체의 최고 의사 결정 기관이다. ㄷ. 국회 의원은 주민 소환의 대상이 아니므로 주민 투표를 통해 해임되지 않지만, 지역구 지방 의회 의원은 주민 소환의 대상이 되므로 주민 투표를 통해 해임될 수 있다.

바로알기 | ㄴ. 우리나라 행정부는 국회와 지방 의회를 해산할 수 있는 권한이 없다. ㄹ. 자치 행정권을 가지며 중앙 정부에서 내려온 위임 사무를 담당하는 기관은 집행 기관인 지방 자치 단체장이다.

정치 과정과 시민 참여

개념 확인 문제 56쪽

209 (1) × (2) × (3) ○ **210** (1) 국민 주권 (2) 선거 (3) 집단적

난이도별 필수 기출 57~59쪽

211 ①	212 ③	213 해설 참조		214 ④	215 ③
216 ④	217 ②	218 ④	219 ①	220 해설 참조
221 ④	222 해설 참조		223 ③	224 ⑤

211 ① 국회는 국가의 입법 기관으로서 국민의 요구와 지지를 바탕으로 정책을 결정하는 정책 결정 기구에 해당한다.
바로알기 | ②, ③, ④, ⑤는 주로 정부에 정책을 요구하거나 정부의 정책에 대한 의사를 표현하는 투입 단계에서 표출 또는 집약 기능을 담당하는 정치 주체이다.

212 ① 행정부는 구체적인 정책을 결정하고 집행하는 정책 결정 기구에 해당한다. ② 이익 집단의 로비 활동은 정부에 정책 반영을 요구하는 것이므로 투입의 사례에 해당한다. ④ 정부 정책에 대한 정치 주체의 평가는 환류 과정을 거치면서 이루어지며, 이 과정에서 정책에 대한 국민의 새로운 요구가 표출되기도 한다. ⑤ 일반적으로 권위주의 정치 체제에서는 다양한 정치 주체에 의한 투입 기능보다 정책 결정 기구에 의한 산출 기능이 중시된다.
바로알기 | ③ 정당이 일정한 방향으로 여론을 형성하는 것은 국민의 정치적 요구나 지지를 집약하는 것으로서 투입의 사례에 해당한다.

213 모범 답안 (1) 산출
(2) 산출은 투입된 국민의 요구와 지지를 바탕으로 정책 결정 기구가 구체적인 정책을 결정하고, 결정된 정책을 집행하는 과정을 말한다.

214 (가)는 투입, (나)는 산출, (다)는 환류이다. ㄱ. 시민 단체가 여름철 전기 요금 인하를 요구하고 있는 것은 정부에 정책 수립을 요구하는 것이므로 투입의 사례에 해당한다. ㄴ. 정부가 1인당 담보 대출 건수를 제한한 것은 구체적인 정책을 마련하여 집행한 것이므로 산출의 사례에 해당한다. ㄹ. 개발 제한 구역 확대 정책에 대한 시민들의 반발이 나타난 것은 정책에 대한 평가가 이루어진 것이므로 환류의 사례에 해당한다.
바로알기 | ㄷ. 정당은 정책 결정 기구에 해당하지 않으므로, ○○ 정당이 완전 비례 대표제 실시를 당론으로 채택한 것은 산출의 사례로 볼 수 없다.

215 ㄱ. 이익 집단의 정책 제안은 정책을 요구하는 것이므로 투입의 사례에 해당한다. ㄷ. 정책 결정 기구인 행정부에 의한 정책 결정 및 집행은 산출의 사례에 해당한다. ㅁ. 환류는 정책 결정 기구에 의해 산출된 정책에 대한 사회의 평가가 재투입되는 과정을 말한다.
바로알기 | ㄴ. 입법부와 사법부는 모두 정책 결정 기구에 해당한다. ㄹ. 단체뿐만 아니라 개인 역시 환류의 주체가 될 수 있다.

216 ㉠은 투입, ㉢은 산출이다. ④ 언론도 정책 평가와 관련한 기사를 게재하거나 뉴스를 보도함으로써 환류 과정에 참여할 수 있다.
바로알기 | ① 이익 집단, 시민 단체, 정당 등의 집단과 마찬가지로 개인도 정치 과정의 투입 과정에 참여할 수 있다. ② 정당은 국가 기관이 아니므로 정책 결정 기구에 해당하지 않는다. ③ 시민 단체와 이익 집단은 모두 정책 결정 기구에 해당하지 않는다. ⑤ 투입, 산출, 환류 과정은 모두 정치 외적 요소인 경제, 사회, 문화의 영향을 받는다.

217 ㄱ. 시민의 입법 청원 운동은 국가 기관에 입법을 요구하는 것으로서 투입에 해당한다. ㄹ. 국민의 정치적 요구나 지지를 표출 및 집약하는 투입 과정과 산출된 정책에 대한 정치 주체의 평가와 반응을 통해 새로운 요구를 표출하는 환류는 권위주의 체제보다 민주주의 체제에서 더욱 활발해진다.
바로알기 | ㄴ. 정책 결정 기구 중 행정부는 정책의 실행, 입법부는 정책의 입법화 등으로 그 역할과 권한이 유기적으로 연결되어 있으며, 행정부보다 입법부의 역할과 권한이 강화되어 왔다고 단정 지을 수 없다. ㄷ. 이익 집단과 시민 단체는 모두 산출 과정이 아닌 투입 과정에서 중요한 기능을 한다.

개념 보충

정치 과정의 단계

투입	개인이나 집단이 정책 결정 기구를 대상으로 정책을 요구하거나 기존의 정책에 대하여 지지 또는 불만을 표출하는 과정
산출	정책 결정 기구에 의하여 정책이 수립되고 시행되는 과정
환류	정치 주체가 정책을 평가하고, 평가에 기반하여 정책을 수정·보완하거나 새로운 정책을 요구하는 과정

218 ㉠은 정치 참여이다. 시민들의 정치 참여를 통해 국민 주권의 원리가 구현되어 시민의 주권 의식을 신장시킬 수 있으며, 나아가 자신의 요구가 정책에 반영되면 정치적 효능감이 강화될 수 있다. 또한 시민들의 능동적인 정치 참여를 통해 정부를 비판하고 감시하여 정치권력의 자의적인 행사를 통제함으로써 국가 권력의 남용을 방지할 수 있다.
바로알기 | ④ 시민들은 정치 참여를 통해 정책 결정 과정에 영향을 줄 수는 있지만, 정부 정책의 집행을 대행하지는 못한다.

219 '이 방법'은 집단적 정치 참여 방법이다. ① 환경 관련 시민 단체에 가입하여 공익 추구를 위해 활동하는 것은 집단적 정치 참여 방법에 해당한다.
바로알기 | ② 선거 참여, ③ 언론 투고, ⑤ 청원은 개인적 정치 참여 방법에 해당한다. ④는 정책 결정 과정에 영향을 주고자 하는 활동이 아니므로, 정치 참여의 사례로 보기 어렵다.

220 모범 답안 시민들의 정치 참여를 활성화하여 정치적 효능감을 신장시키고 국민 주권의 원리를 실현하기 위해서이다.

221 A는 향리형 정치 문화, B는 신민형 정치 문화, C는 참여형 정치 문화이다. ① 향리형 정치 문화는 정치적 역할이 미분화된 상태로서 구성원들은 스스로 정치와 관련이 있다고 생각하지 않는다. ② 신민형 정치 문화는 정치 체제와 산출 과정에는 민감하지만, 투입 과정에는 둔감한 상태로서 구성원들이 정치 과정에 자신들의 요구를 투입하려는 태도가 부족하다. ③ 참여형 정치 문화는 정치 과정에서 시민들이 스스로 참여하려는 의지가 강한 상태로서 현대 민주주의 정치 체제에서 지배적으로 나타나는 정치 문화의 유형이다. ⑤ 신민형 정치 문화는 구성원들이 중앙 정부의 요구를 수동적으로 따르는 반면, 참여형 정치 문화는 구성원들이 자발적으로 정치 과정에 참여한다. 따라서 신민형 정치 문화보다 참여형 정치 문화에서 구성원들이 선거나 그 밖의 정치 활동에 적극적으로 참여할 것이다.

바로알기 | ④ 전통 사회에서 권위주의 사회로 올수록 투입보다는 산출에 민감한 신민형 정치 문화의 비중이 더 커진다.

222 모범 답안 (1) 신민형 정치 문화
(2) 신민형 정치 문화는 구성원들이 정치 체제를 알고 있으나 자신을 적극적인 참여자로 인식하지 않는 유형으로서 구성원들이 정치 과정과 그 산물인 정책에 대해 알지만, 정치 과정에 자신들의 요구를 투입하려는 태도는 부족하다.

223 (가)는 구성원 다수가 정치 체제를 알고 주체적으로 참여하는 참여형 정치 문화, (나)는 구성원들이 정치 체제를 알고 있으나 이에 적극적으로 참여하지 않는 신민형 정치 문화, (다)는 구성원 다수가 정치 체제를 알지 못하고 참여도 하지 않는 향리형 정치 문화이다. ③ 향리형 정치 문화에서 구성원 다수는 정치 체제를 인식하지 못하여 이에 참여하지 못하므로, 구성원은 스스로 정치와 관련이 있다고 생각하지 않아 정치 참여에 소극적이다.
바로알기 | ① 참여형 정치 문화는 보통 선거 제도가 확립된 민주 사회의 정치 체제에서 지배적으로 나타나는 유형이다. ② 신민형 정치 문화는 민주 사회보다 구성원의 정치 참여가 소극적인 권위주의 사회에서 지배적으로 나타나는 유형이다. ④ 신민형 정치 문화보다 참여형 정치 문화에서 능동적 정치 참여자로서의 시민의 인식이 더 높을 것이다. ⑤ 정부 활동에 대한 인식은 향리형 정치 문화보다 정치 과정 중 산출 단계에 적극적인 신민형 정치 문화에서 높을 것이다.

224 ① 국회 의원 선거에서 투표하는 것은 일시적이고 개별적인 정치 참여에 해당한다. ② 시민 단체에 가입하여 정기 토론회 등에 참여하는 것은 지속적이고 집단적인 정치 참여에 해당한다. ③ 공공 기관 누리집에 온라인 청원을 올리는 것은 일시적이고 개별적인 정치 참여에 해당한다. ④ 국가 기관의 구성원으로 공무를 담당하는 것은 지속적이고 개별적인 정치 참여에 해당한다.
바로알기 | ⑤ 일반적으로 개별적인 정치 참여보다 집단적인 정치 참여가 정치 과정에 미치는 효과가 크다.

개념 보충

시민의 정치 참여 유형

개인적 참여	선거 및 투표 참여, 언론 투고, 국가 기관에 진정이나 청원 등
집단적 참여	정당·이익 집단·시민 단체 등의 단체에 가입하여 활동, 의견을 같이하는 사람들과 서명 운동을 전개 또는 집회나 시위 참여 등

08 선거 제도

개념 확인 문제 61쪽

225 (1) 보장 (2) 보통 **226** (1) – ㉡ (2) – ㉠ **227** (1) ○ (2) × **228** ㉠ 선거 공영제 ㉡ 선거구 법정주의

난이도별 필수 기출 62~71쪽

229 ⑤	230 ①	231 ③	232 ①	233 ②	234 ⑤
235 해설 참조		236 ②	237 ④	238 ①	239 ④
240 해설 참조		241 ⑤	242 ④	243 ④	244 ②
245 ②	246 ⑤	247 ⑤	248 해설 참조		249 ②
250 ③	251 ⑤	252 ③	253 ②	254 ⑤	255 ⑤
256 ⑤	257 ②	258 ④	259 ④	260 ⑤	261 ②
262 ①	263 ③	264 ③	265 ③	266 ⑤	267 ③
268 ③	269 ①	270 ②	271 ④	272 ②	273 ④

229 합법적인 선거 절차를 거쳐 구성된 정치권력은 국민의 동의와 지지를 기반으로 하므로 정치권력 행사에 정당성과 권위가 부여된다. 이처럼 선거는 정치권력에 민주적 정당성을 부여하는 기능을 한다.
바로알기 | ①, ②, ③, ④ 선거와 기능에 해당하지만 제시된 내용과 관련이 적다.

230 갑국에서 토지를 소유하고 있지 않거나 은행 거래가 없는 국민에게 선거에 참여할 권리를 주지 않고 있는 것과 을국에서 고등학교 재학 이상의 학력자에게만 선거권을 부여하고 있는 것은 모든 국민에게 선거권을 부여하지 않고 일부 국민의 선거권을 제한한 것이므로, 보통 선거의 원칙에 위배된다. 병국에서 직장의 유무에 따라 행사할 수 있는 표의 수를 차등적으로 부여하는 것은 표의 등가성을 보장하지 않은 것이므로, 평등 선거의 원칙에 위배된다.

231 선거구 간 인구 편차가 3대 1일 경우 유권자 1인당 표의 가치는 3배까지 차이가 나지만, 인구 편차가 2대 1일 경우는 2배로 줄어든다. 즉, 헌법 재판소는 표의 등가성이 훼손되는 것을 막고자 유권자 간 표의 가치 격차를 줄이기 위해 선거구 간 인구 편차를 줄이도록 결정하였음을 알 수 있는데, 이는 평등 선거의 원칙을 근거로 내린 결정이다.

232 제시된 글에서의 헌법 재판소의 결정은 평등 선거의 원칙에 근거한다. ① 평등 선거는 모든 유권자의 투표 가치를 동등하게 부여하여 표의 등가성을 보장해야 한다는 원칙을 말한다.
바로알기 | ②는 비밀 선거의 원칙, ③은 보통 선거의 원칙, ④는 직접 선거의 원칙에 대한 진술이다. ⑤는 간접 선거 방식과 관련한 진술이다.

233 ㄱ. 선거는 표출된 국민의 의사를 집약하여 여론을 형성하고 여론이 반영된 정책이 만들어지고 시행되도록 하는데, 이러한 과정을 통해 국민은 자신이 국가의 주권자임을 확인할 수 있게 되므로 주권 의식이 향상될 수 있다. ㄷ. 선거로 뽑힌 대표자가 임기 중 국민의 의사와 다른 정책을 추진하거나 역할을 제대로 수행하지 못하는 경우, 국민은 다음 선거에서 대표자를 재신임하지 않고 책임을 물어 교체할 수 있다. 즉, 선거는 책임 정치를 실현하는 수단으로서 정치권력을 통제하는 기능을 수행함을 알 수 있다.

바로알기 | ㄴ. 선거는 국가의 주요 정책을 대표자를 통해 결정할 수 있도록 한다. ㄹ. 선거는 여론을 집약하여 국민 통합에 기여하는 기능을 수행하지만, (나)에 제시된 내용과는 관련이 적다.

234 유권자의 지역구 후보에 대한 투표만으로 정당 득표율을 계산한 후 정당별로 비례 대표 의석을 배분하는 1인 1표제의 국회 의원 선거 방식은 특정 정당을 지지하는 유권자에 비해 무소속 후보자를 지지하는 유권자가 행사한 표의 가치가 낮아 표의 등가성이 훼손되므로, 평등 선거의 원칙(㉠)에 위배된다. 또한 유권자가 특정 정당을 지지하는 경우라도 유권자가 원하는 후보를 직접 선출할 수 없으므로, 직접 선거의 원칙(㉡)에도 위배된다.

개념 보충

민주 선거의 4대 원칙

보통 선거	재산, 학력, 성별 등을 이유로 선거권을 제한하지 않고 일정 연령에 도달한 모든 국민에게 선거권을 부여한다는 원칙 ↔ 제한 선거
평등 선거	유권자에게 부여하는 표의 수와 유권자가 행사하는 한 표의 가치를 동등하게 해야 한다는 원칙 ↔ 차등 선거
직접 선거	유권자가 대리인을 거치지 않고 직접 대표자를 선출해야 한다는 원칙 ↔ 간접 선거
비밀 선거	유권자가 투표한 후보자의 성명이나 정당명에 관한 비밀이 보장되어야 한다는 원칙 ↔ 공개 선거

235 모범 답안 평등 선거(㉠)는 모든 유권자가 평등하게 같은 수의 표를 행사하고 표의 등가성을 보장하는 원칙이고, 직접 선거(㉡)는 유권자가 대리인을 거치지 않고 직접 대표자를 선출하는 원칙이다.

236 제시된 글에 따르면 갑국 총선거에서 여당이 패배한 것은 정부의 경제 정책 실패에 대한 국민들의 반감 때문인 것으로 분석되고 있다. 이를 통해 선거는 정치권력에 대한 통제를 통해 책임 정치를 구현하도록 기능함을 알 수 있다.

바로알기 | ①, ③, ④, ⑤는 선거의 기능에 해당하지만, 제시된 사례와 관련이 적다.

237 ㄴ. 선거구 간 인구 편차가 매우 큰 경우와 일반 사람과 박사 학위 소지자에게 투표권의 개수를 다르게 부여하는 경우 모두 유권자에게 표의 등가성이 보장되지 않으므로, 평등 선거의 원칙에 어긋난다. ㄹ. 투표용지에 자신의 이름을 기입할 경우 유권자가 어떤 후보자에게 투표했는지 드러나게 되므로, 비밀 선거의 원칙에 어긋난다.

바로알기 | ㄱ. 여성에게만 투표권을 주고 남성에게는 투표권을 주지 않는 것은 모든 국민에게 선거권을 부여하는 보통 선거의 원칙에 어긋난다. ㄷ. 대리인에게 자신의 투표를 대신하도록 위임하는 대리 투표는 우리나라에서 허용하지 않는 투표 방식이다.

238 ㉠은 재외 국민 선거 제도, ㉡은 선상 투표 제도이다. ㄱ, ㄴ. 재외 국민 선거 제도와 선상 투표 제도는 국민의 선거권을 보장하고, 선거권이 부여되지 않음으로써 발생하는 차별을 없애 평등권을 보장하는 제도로서 모든 국민에게 선거권이 보장되어야 한다는 보통 선거의 원칙을 충실히 실현하기 위한 제도이다.

바로알기 | ㄷ. 표의 등가성이 훼손되는 문제를 막고자 시행된 제도들은 평등 선거의 원칙의 위배 방지를 목적으로 하므로, 제시된 제도들과는 관련이 적다. ㄹ. 사표 방지는 선거구제나 대표 결정 방식과 관련이 깊으며, 제시된 제도들은 사표 방지와는 관련이 적다.

239 제시된 특징이 나타나는 선거구제는 소선구제이다. ① 소선거구제는 한 선거구에서 1명의 대표자를 선출하는 제도이므로, 당선자 이외의 후보자가 획득한 표는 모두 사표가 되기 때문에 사표가 많이 발생한다. ② 소선거구제는 주요 정당의 후보자가 당선될 가능성이 높으므로, 정치 신인의 의회 진출이 곤란하다. ③, ⑤ 소선거구제는 선거구의 지리적 범위가 비교적 좁은 편이기 때문에 선거 비용이 적게 들고 선거 관리가 용이한 측면이 있으며, 전국적인 정책보다는 지역적 이해관계가 우선하는 선거가 되기 쉽다.

바로알기 | ④ 당선자 간 득표율 차이로 한 선거구 내에서 투표 가치의 차등 문제가 발생할 수 있는 것은 한 선거구 내에서 2명 이상의 대표자를 선출하는 중·대선거구제에 대한 설명이다.

240 모범 답안 (1) ㉠: 소선거구제, ㉡: 중·대선거구제

(2) 선거구제가 소선거구제에서 중·대선거구제로 변경됨에 따라 상대적으로 사표가 적게 발생할 것이다.

241 A는 소선거구제, B는 중·대선거구제이다. 병. 중·대선거구제보다 개별 선거구의 지역적 범위가 좁은 소선거구제에서 선거 운동 비용이 적게 들고 선거 관리가 쉽다. 정. 중·대선거구제는 후보자 선택의 폭이 넓어 군소 정당의 후보자나 새로운 인물의 의회 진출 가능성이 높으므로, 소선거구제보다 다당제를 형성하기에 유리하다.

바로알기 | 갑. 우리나라 지역구 국회 의원 선거에서는 소선거구제가 적용된다. 을. 개별 선거구의 지역적 범위는 소선거구제보다 중·대선거구제가 넓다.

242 (가)는 하나의 선거구에서 2명 이상의 대표자를 선출하는 중·대선거구제이고, (나)는 하나의 선거구에서 1명의 대표자를 선출하는 소선거구제이다. 즉, 제시된 지역에서는 의회 의원 선거구제를 중·대선거구제에서 소선거구제로 변경하였다. ①, ② 소선거구제는 주요 정당의 후보가 당선될 가능성이 크므로 양당제가 될 가능성이 높아졌으며, 후보 난립이 적어지므로 인물 파악이 쉬워졌다. ③, ⑤ 소선거구제는 최다 득표자 1명만 당선되므로 상대적으로 사표가 많이 발생하게 되며, 최다 득표자가 되기 위한 경쟁으로 선거 운동이 과열될 가능성이 높아졌다.

바로알기 | ④ 소선거구제는 1명의 대표자만 당선되기 때문에 주요 정당의 후보가 당선될 가능성이 높으므로, 군소 정당의 의회 진출 가능성은 낮아졌다.

243 (가)에서는 하나의 선거구에서 1명의 의회 의원을 선출하므로 소선거구제, (나)에서는 하나의 선거구에서 3명의 의회 의원을 선출하므로 중·대선거구제가 나타나 있다. ④ 중·대선거구제에서는 한 선거구 내에서 득표수가 서로 다른 후보자 여러 명이 당선될 경우 당선자 간 득표수의 차이에 따라 표의 가치가 달라지는 문제가 발생한다.

바로알기 | ①, ② 소선거구제에서는 최고 득표자 1명만이 당선되므로 선거 운동이 과열될 가능성이 높으며, 다수당 후보의 당선 가능성이 높아 군소 정당의 의회 진출 기회가 적다. ③ 중·대선거구제에서는 군소 정당의 의회 진출이 활발하여 다당제가 성립될 가능성이 높은데, 다당제에서는 정책의 성공이나 실패에 대한 책임을 묻기가 어렵다. ⑤ 소선거구제에서는 중·대선거구제에서보다 상대적으로 사표가 많이 발생한다.

244 (가)는 소선거구제, (나)는 중·대선거구제이다. ㄱ. 소선거구제는 1명의 당선자 이외의 후보자가 획득한 표는 모두 사표가 되므로, 중·대선거구제에 비해 사표가 많이 발생할 것이다. ㄷ. 소선거구제는 주요 정당의 후보자가 당선될 가능성이 높아 양당제가 촉진되므로, 중·대선거구제에 비해 군소 정당의 난립 가능성이 낮아 정국 안정에 유리할 것이다.

바로알기 | ㄴ. 소선거구제는 지역적 범위가 좁고 출마하는 후보자가 적기

때문에 중·대선거구제에 비해 선거 관리 비용이 적게 들 것이다. ㄹ. 소선거구제는 후보자 선택의 폭이 좁고 군소 정당의 의회 진출이 어렵기 때문에 중·대선거구제에 비해 국민의 다양한 의사가 반영되기 어려울 것이다.

245 ② 소선거구제보다 중·대선거구제에서 군소 정당 후보의 당선 가능성이 높으므로, 군소 정당의 의회 진출 가능성이 높다.

바로알기 | ① 중·대선거구제보다 지역적 범위가 좁고 후보자가 적은 소선거구제에서 선거 운동 관리가 쉽다. ③ 소선거구제에서는 정당 득표율과 의석률의 불일치로 과대 대표, 과소 대표 문제가 발생할 수 있다. ④ 양당제가 형성되기에 유리한 소선거구제보다 다당제가 형성되기에 유리한 중·대선거구제가 국민의 다양한 의사를 반영하는 데 유리하다. ⑤ 중·대선거구제에서는 선거구 내 후보자들의 득표차로 인해 당선자 간 표의 등가성 문제가 발생할 수 있다.

개념 보충

선거구제의 유형

구분	소선거구제	중·대선거구제
의미	한 선거구에서 한 명의 대표자를 선출하는 제도	한 선거구에서 두 명 이상의 대표자를 선출하는 제도
장점	• 선거 비용이 적게 들고 선거 관리가 용이함 • 유권자의 후보자 파악이 용이함	• 사표가 상대적으로 적게 발생함 • 국민의 다양한 의사를 반영하기 유리함
단점	• 사표가 상대적으로 많이 발생함 • 군소 정당 후보자의 의회 진출이 불리함	• 유권자의 후보자 파악이 어려움 • 군소 정당 난립 시 정국 불안정이 우려됨

246 선거 비용이 적게 들고 선거 관리가 용이한 것은 소선거구제이고, 비교적 사표가 적게 발생하는 것은 중·대선거구제이므로 A는 중·대선거구제, B는 소선거구제이다. ㄷ. 중·대선거구제는 군소 정당의 의회 진출 가능성이 높으므로, 소선거구제에 비해 국민의 다양한 의사를 반영하기 용이하다. ㄹ. 현재 우리나라 국회 의원 선거에서는 소선거구제를 채택하고 있으므로, 제시된 질문은 (가)에 들어갈 수 있다.

바로알기 | ㄱ. 중·대선거구제에서는 선거 운동이 과열될 가능성이 낮다. ㄴ. 소선거구제는 소수 정당보다는 주요 정당의 출현이 용이하여 정국 안정에 유리하다.

247 A는 중·대선거구제, B는 소선거구제이다. ㄷ. 전국적인 인물은 중·대선거구제보다 개별 선거구의 지역적인 범위가 좁은 소선거구제에서 불리하다. ㄹ. 중·대선거구제에서는 군소 정당의 의회 진출이 용이하여 다당제가 형성될 가능성이 크므로, 소선거구제보다 국민의 다양한 의사가 반영될 가능성이 높다.

바로알기 | ㄱ. 중·대선거구제에서는 하나의 선거구에서 여러 명의 대표자를 선출하기 때문에 선거구 수와 의석수가 동일하지 않다. ㄴ. 우리나라의 기초 의회 의원 지역구 선거에는 중·대선거구제가 적용된다.

248 모범 답안 (1) 결선 투표제

(2) 결선 투표제는 당선자의 대표성을 높일 수 있다는 장점이 있지만, 선거 운영이 복잡하고 선거 비용이 많이 든다는 단점이 있다.

249 갑국의 대통령 선거에서는 1차 투표에서 과반수 득표자가 나오지 않아 상위 득표자 2인인 A, B 후보에 대해 2차 투표를 하여 과반의 표를 획득한 A 후보가 당선되었으므로, 절대 다수제의 한 유형인 결선 투표제가 활용되었음을 알 수 있다. ㄱ, ㄹ. 결선 투표제는 절대 다수의 표를 얻은 후보자가 당선되므로 당선자의 대표성을 높일 수 있으며, 대표자의 당선에 기여하지 못하는 사표를 줄일 수 있다.

바로알기 | ㄴ, ㄷ. 결선 투표제는 투표를 두 번 시행하기 때문에 선거 비용이 많이 들며, 선거 운영이 비교적 복잡한 편이다.

250 A는 단순 다수제, B는 비례 대표제이다. ③ 비례 대표제는 정당 득표율에 비례하여 의석을 배분하고 당선자를 결정하므로, 후보자 1명이 최다 득표자가 되기 어려운 군소 정당의 의회 진출 가능성을 높일 수 있다.

바로알기 | ① 후보자가 당선되기 위한 득표율의 절대적 기준이 정해져 있는 것은 절대 다수제이다. ② 단순 다수제는 최다 득표자 1명을 대표자로 선출하므로, 비례 대표제에 비해 대량의 사표가 발생할 수 있다. ④ 비례 대표제는 정당이 획득한 득표율에 따라 의석을 배분하고 당선자를 결정하는 방식이므로, 단순 다수제와 달리 정당별 득표율과 의석률이 비례하는 경향이 있다.

251 정당이 획득한 득표율에 따라서 의석을 배분하고 당선자를 결정하는 것은 비례 대표제이고, 가장 많은 표를 얻은 후보자를 당선자로 결정하는 것은 단순 다수제이다. 따라서 A는 비례 대표제, B는 단순 다수제, C는 절대 다수제이다. ⑤ 비례 대표제는 정당별 득표율에 따라 의석을 배분하므로, 단순 다수제나 절대 다수제보다 군소 정당의 의회 진출 가능성이 높다.

바로알기 | ① 비례 대표제는 군소 정당의 의회 진출 가능성이 높아 다당제가 촉진된다. ② 단순 다수제는 주요 정당에 유리하여 양당제가 촉진될 가능성이 크며, 다양한 국민의 의견을 수렴하기에 불리하다. ③ 절대 다수제는 후보자가 유효 표의 일정 비율을 획득하지 못한 경우 결선 투표를 다시 해야 하므로, 선거 운영이 복잡하고 선거 비용이 많이 든다. ④ 단순 다수제는 적은 수의 득표라도 다른 후보자들보다 많으면 당선되므로 당선자의 대표성이 낮을 수 있다. 이에 비해 절대 다수제는 유효 표의 일정 비율을 획득해야 당선되므로 당선자의 대표성을 높일 수 있다.

252 ③ 당선된 A 후보가 얻은 표는 전체 득표의 30% 정도에 불과하므로, 과반이 넘는 나머지 약 70%의 사표가 발생하는 문제가 발생하였다.

바로알기 | ① A 후보는 후보자들 중 가장 많은 표를 얻어 당선되었으므로 대표로서의 정당성이 있다. ② 우리나라에서 지역구 국회 의원 선거의 경우 단순 다수제를 채택하여 최다 득표자 1명을 대표자로 선출하므로 B, C 후보는 득표율을 근거로 재선거를 요구할 수 없다. ④ 투표율을 알 수 있는 자료는 나타나 있지 않으므로, 국민들의 정치적 무관심이 심각한 수준인지 파악할 수 없다. ⑤ 하나의 선거구에서 최다 득표자 1명이 대표자로 선출되었으므로, 소선거구 단순 다수제가 시행되었다.

253 ㄱ. 보수당은 득표율에 비해 의석률이 높았으므로 보수당에 대한 표는 과대평가되었다. ㄷ. 보수당이 과반 의석을 확보하여 단독 내각을 구성하게 되었으므로, 책임 정치를 구현하기에 유리한 정국이 나타났다.

바로알기 | ㄴ. 총선거 과정에서 투표자 간 표의 가치가 다르다는 것을 판단할 근거는 나타나 있지 않으므로, 차등 선거가 실시되었다고 볼 수 없다. ㄹ. 보수당이 과반 의석을 확보하였음을 고려할 때 보수당과 자유 사회 연합의 연립 내각 구성이 필수적이었다고 보기는 어렵다.

254 (가)에서는 1차 투표와 2차 투표가 진행되었고 그 결과 과반수 표를 획득한 1번 후보자가 당선되었으므로, 절대 다수제 중 결선 투표제의 방식으로 대통령을 결정하였다. ② 2차 투표 결과 1번 후보자가 과반의 득표를 하여 당선되었음을 고려할 때 2차 투표는 당선인의 대표성을 높이는 기능을 한다. ③ 절대 다수제는 투표를 여러 번 실시하기 때문에

시간과 비용이 많이 소요되는 문제점이 있다. ④ 당선자의 득표율이 1차 투표에 비해 2차 투표에서 높아졌으므로, 대표 결정 과정에서 상대적으로 적은 사표가 발생하였다.

바로알기 | ⑤ 절대 다수제에서는 2차 투표를 할 때 군소 정당이 어느 정당의 후보를 지지하느냐에 따라 선거 결과가 달라질 수 있기 때문에 군소 정당의 영향력이 확대될 가능성이 높다.

255 (가)는 절대 다수제, (나)는 단순 다수제가 적용되었다. ㄷ. 절대 다수제는 1차 투표 결과 과반의 득표자가 없을 경우 2차 투표를 하게 되므로, 단순 다수제보다 2차 투표에서 후보자 간 정책 연대 가능성이 클 것이다. ㄹ. 단순 다수제는 후보자의 득표율이 낮더라도 다른 후보자들보다 득표율이 높다면 낮은 득표율로도 당선되므로, 절대 다수제에 비해 정권의 대표성을 강화하기에 불리할 것이다.

바로알기 | ㄱ. (가)에서 절대 다수제를 적용하였음을 고려할 때 50% 미만의 득표율로는 정권 획득이 불가능할 것이다. ㄴ. (나)는 다른 후보자보다 한 표라도 많은 표를 얻은 최다 득표자 1명이 당선되므로, 단순 다수제에 의한 대표 결정 방식이다.

개념 보충

다수 대표제의 유형

구분	단순 다수제	절대 다수제
의미	다른 후보보다 한 표라도 더 많은 표를 얻은 최다 득표자 한 명을 대표자로 선출하는 방식	과반수 득표 등 당선에 필요한 유효 득표 기준에 부합하는 후보자 한 명을 대표자로 선출하는 방식
장점	선거 관리가 쉬움, 당선자 결정이 용이함	당선자의 대표성을 높일 수 있음
단점	당선자의 대표성이 낮을 수 있음	선거 비용이 많이 듦

256 ⑤ 단순 다수제는 가장 많은 표를 얻은 후보자를 당선자로 결정하는 방식으로서 다른 후보보다 한 표라도 더 많은 표를 얻은 후보가 당선된다.

바로알기 | ①, ③은 절대 다수제에 대한 설명이다. ② 단순 다수제는 후보자 중 다수 득표자가 당선되는 방식이다. ④ 단순 다수제는 당선자의 대표성이 낮을 수 있으나 선거 관리가 쉽다.

257 갑국의 t대 의원 선거 결과를 정리하면 다음과 같다.

구분	A당	B당	C당	D당	계
의석수(석)	3	3	2	2	10
의석률(%)	30	30	20	20	100
정당 득표율(%)	26	22.5	25.5	25	100

변경안을 적용하면 의회 의원 정수는 기존 10명에서 60%늘어난 16명이 되므로 지역구 의원 정수는 5명, 비례 대표 의회 정수는 11명이 된다. 변경안에 따르면 지역구 의원 선거에서 1–2, 5–6 통합 선거구는 A당 소속 후보자가, 3–4 통합 선거구는 B당 소속 후보자가, 7–8, 9–10 통합 선거구는 D당 소속 후보자가 당선된다. 비례 대표 의원 선거에서 A당은 2석(11명×16% = 1.76), B당은 3석(11명×28% = 3.08), C당은 2석(11명×23% = 2.53), D당은 4석(11명×33% = 3.63)을 차지한다. 이를 토대로 갑국의 t+1대 의원 선거 결과를 정리하면 다음과 같다.

구분	A당	B당	C당	D당	계
지역구 의석수(석)	2	1	0	2	5
비례 대표 의석수(석)	2	3	2	4	11
총의석수(석)	4	4	2	6	16
의석률(%)	25	25	12.5	37.5	100

ㄱ. t대에서는 과반수 의석인 6석을 차지한 정당이 없다. ㄷ. t+1대에서 D당의 비례 대표 의석은 4석, A당의 비례 대표 의석은 2석으로서 D당이 A당보다 2석 더 많다.

바로알기 | ㄴ. t대에서 C당의 정당 득표율은 25.5%, 의석률은 20%이고 B당의 정당 득표율은 22.5%, 의석률은 30%이다. 즉, t대에서 B당은 과대 대표되는 반면, C당은 과소 대표된다. ㄹ. A당의 의석률은 t대에 30%에서 t+1대에 25%로, C당의 의석률은 t대에 20%에서 t+1대에 12.5%로 낮아졌으므로 t대에 비해 t+1대에서 A당과 C당 모두 불리해진다.

258 갑국의 의회 의원 선거 결과를 정리하면 다음과 같다.

구분	A당	B당	C당	D당	E당	계
지역구 득표율(%)	35	30	20	10	5	100
지역구 의석수(석)	80	50	30	30	10	200
지역구 의석률(%)	40	25	15	15	5	100
비례 대표 의석수(석)	20	30	30	10	10	100
비례 대표 의석률(%)	20	30	30	10	10	100
총의석수(석)	100	80	60	40	20	300

① 총의석수는 300석이고 지역구 의석수는 200석이므로, 비례 대표 의석수는 총 100석이다. ② 비례 대표 의석률과 지역구 득표율이 비례하지 않으므로, 비례 대표 의석은 지역구 득표율에 따라 배분되지 않았음을 알 수 있다. ③ D당의 지역구 득표율과 비례 대표 의석률은 10%로 동일하다. ⑤ 지역구 의원 선거에서 B당은 득표율 30%, 의석률 25%로서 과소 대표되었고, C당 역시 득표율 20%, 의석율 15%로서 과소 대표되었다.

바로알기 | ④ 비례 대표 의석률은 A당이 20%, E당이 10%이다.

259 갑국의 의회 의원 선거 결과는 다음과 같다.

구분	A당	B당	C당	D당	계
지역구 의석률(%)	56	32	8	4	100
지역구 의석수(석)	112	64	16	8	200
비례 대표 의원 선거 정당별 득표율(%)	32	56	4	8	100
비례 대표 의석수(석)	16	28	2	4	50
총의석수(석)	128	92	18	12	250

ㄴ. A당~D당 모두 비례 대표 의석보다 지역구 의석을 더 많이 확보하였다. ㄹ. C당의 의회 의석률은 7.2%(18석/250석), D당의 의회 의석률은 4.8%(12석/250석)로 서로 다르다.

바로알기 | ㄱ. 지역구 의원 선거에서 각 정당은 선거구별로 1인의 후보자만 공천하는데, A당의 지역구 의석률이 56%로 과반을 넘었으므로 지역구 의원 선거의 선거구제는 소선거구제이다. ㄷ. A당이 B당과 달리 지역구 의원 선거에서 과반수 의석을 차지한 것은 알 수 있으나, 전체 투표율과 정당별 득표율은 파악할 수 없으므로 A당 또는 B당이 전체 유권자 과반의 표를 얻었는지는 확인할 수 없다.

260 A국의 지역 선거구 수와 지역구 의석수가 동일하므로, A국의 지역구 의원 선거구제는 소선거구제임을 알 수 있다. ⑤ 지역구 의원 선거에서 적은 의석을 차지하거나 의석을 차지하지 못해 불리하였던 C당~E당은 비례 대표 의원 선거에서 상대적으로 많은 의석을 확보함으로써 소수 정당의 불리함을 보완하고 있다.

바로알기 | ①, ②, ④ A국의 지역구 의원 선거구제는 소선구제로서 유권자의 후보자 파악은 쉽지만 정치적 신인의 진입이 용이하지 않으며, 소수 정당 후보자의 당선이 어려워 다당제보다 양당제 형성 가능성이 크다. ③ 지역 선거구별 유권자 수가 제시되어 있지 않으므로, 지역구 의원 선거에서 선거구별 표의 가치에 차이가 있고 없음을 파악할 수 없다.

261 ㄱ. 지역구 국회 의원 선거의 선거구제는 소선거구제이다. 따라서 최다 득표자와 2위 득표자 간에 득표수 차이가 적은 선거구가 많을 경우 전체 득표율이 높더라도 의석률은 낮을 수 있으므로, 득표율과 의석률의 불일치 가능성이 나타날 수 있다. ㄷ. 전체 의석 분포를 보면 A당과 B당이 80% 이상의 의석을 차지하고 있어 양당제가 심화되고 있다. 즉, 거대 정당보다 소수 정당에 불리하여 국민의 다양한 의사가 반영되기 힘들 수 있다.

바로알기 | ㄴ. 의석률을 고려할 때 과반 의석을 차지한 정당이 없어 어느 정당이 여당인지와 관계없이 여소야대 상황이 나타나므로, 입법부와 행정부 간의 긴밀한 협력 관계가 약화될 것이다. ㄹ. 중·대선거구제로 전환하면 소수 정당의 의회 진출 가능성은 높아지지만, 비례 대표 의원을 감원하면 소수 정당의 의회 진출 가능성은 낮아질 수 있다.

262 ○○국의 의회 의원 선거에서 총의석수는 15석이고, 비례 대표 의석수는 5석이므로, 지역구 의석수는 10석이다. 지역구는 총 5개이므로, 지역구당 2명의 의회 의원을 선출하게 된다. 따라서 갑 선거구의 경우 C당과 D당 후보, 을 선거구의 경우 A당과 C당 후보, 병 선거구의 경우 A당과 C당 후보, 정 선거구의 경우 A당과 B당 후보, 무 선거구의 경우 C당과 D당 후보가 당선자가 된다. ○○국의 의회 의원 선거 결과를 정리하면 다음과 같다.

구분	A당	B당	C당	D당	계
지역구 의석수(석)	3	1	4	2	10
비례 대표 의석수(석)	1	0	3	1	5
총의석수(석)	4	1	7	3	15

ㄱ. 지역구별 사표는 갑 선거구 6%(1%+5%), 을 선거구 33%(30%+3%), 병 선거구 30%(20%+10%), 정 선거구 10%(8%+2%), 무 선거구 40%(20%+20%)이다. 즉, 지역구 선거에서 사표가 가장 많이 발생한 선거구는 무 선거구이다. ㄴ. 지역구 선거에서는 하나의 선거구에서 2명의 대표자를 선출하는 중·대선거구제를 채택하였다.

바로알기 | ㄷ. 지역구 선거에서 B당은 득표율 20%, 의석률 10%로서 과소 대표되었고, C당은 득표율 31%, 의석률 40%로서 과대 대표되었다. ㄹ. D당의 지역구 의석 점유율은 20%(2석/10석)이고, 비례 대표 의석 점유율도 20%(1석/5석)로서 서로 같다.

263 ③ 교육감은 지방 선거에서 광역 자치 단체별로 소선거구 단순 다수제로 선출한다.

바로알기 | ① 국회 의원의 임기는 4년, 대통령의 임기는 5년으로 동일하지 않다. ② 광역 자치 단체장은 단순 다수제로 선출한다. ④ 지역구 시·도 의원, 즉 광역 의회 의원은 소선거구 단순 다수제로 선출된다. ⑤ 비례 대표 국회 의원은 정당별 득표율과 지역구 당선자 수에 따라 의석이 배분된다.

개념 보충

우리나라 공직 선거의 선거 제도

대통령 선거	전국 단위 단순 다수제
국회 의원 선거	• 지역구 의원: 소선거구제, 단순 다수제 • 비례 대표 의원: 전국 단위 정당 명부식 비례 대표제
지방 선거	• 지방 자치 단체장: 소선거구 단순 다수제 • 광역 의회 의원: 소선거구 단순 다수제(지역구 의원), 정당 명부식 비례 대표제(비례 대표 의원) • 기초 의회 의원: 중·대선거구 단순 다수제(지역구 의원), 정당 명부식 비례 대표제(비례 대표 의원) • 교육감: 소선거구 단순 다수제

264 우리나라 지역구 국회 의원 선거는 각 선거구에서 최다 득표자 1명을 선출하는 소선거구 단순 다수제(㉠)를, 비례 대표 의원 선거는 정당별 득표율과 지역구 당선자 수에 따라 비례 의원 정수를 배정하고 미리 작성해 둔 명부의 순위에 따라 당선자가 결정되는 정당 명부식 비례 대표제(㉡)를 채택하고 있다.

265 ㉠은 선거 관리 위원회이다. ③ 우리나라는 각종 선거와 국민 투표의 공정한 관리, 정당 및 정치 자금의 투명한 관리와 관련 사무를 처리하기 위하여 헌법상 독립 기관인 선거 관리 위원회를 설치하여 운영하고 있다.

바로알기 | ① 각종 선거의 선거구 획정은 국회에서 제정한 법률에 근거하여 이루어진다. ②는 국회, ④는 감사원, ⑤는 헌법 재판소에 대한 설명이다.

266 ㉠은 게리맨더링이다. 선거구의 자의적인 획정을 의미하는 게리맨더링을 방지하기 위해 우리나라에서는 선거구를 법률로 정하는 선거구 법정주의를 채택하고 있다.

267 ③ 게리맨더링은 특정 후보자나 특정 정당에 유리하도록 선거구를 획정하는 것으로서 선거구 획정에 대한 공정성 확보를 어렵게 하는 문제점을 지닌다.

268 ③ 지방 선거는 특별시나 광역시 단위에서는 광역 자치 단체장, 광역 의회 의원(지역구 의원, 비례 대표 의원), 기초 자치 단체장, 기초 의회 의원(지역구 의원, 비례 대표 의원), 교육감을 선출하는 선거를 동시에 진행하므로 1인 7표제로 실시되고 있다.

바로알기 | ① 대통령 선거는 전국을 하나의 선거구로 하여 5년마다 실시되고 있다. ② 국회 의원 중 비례 대표 의원과 지방 의회 의원 중 비례 대표 의원은 모두 정당 명부식 비례 대표제로 선출된다. ④ 교육감은 교육 자치를 위해 광역 자치 단체 단위에서 선출한다. ⑤ 대통령을 뽑는 선거와 교육감을 뽑는 선거는 모두 다수 대표제를 채택하고 있다.

269 (가)는 선거 공영제, (나)는 선거구 법정주의이다. ㄱ. 선거 공영제는 선거 비용의 집행을 비롯한 선거 과정 전반을 국가 기관이 공적으로 관리하는 제도이다. ㄴ. 선거구 법정주의는 인구 대표성과 지역 대표성 등을 고려하여 선거구를 획정한다.

바로알기 | ㄷ. 선거 공영제는 선거 과열을 방지하고 후보자 간 선거 운동 기회를 균등하게 보장하는 것을 목적으로 한다. ㄹ. 우리나라에서는 게리맨더링을 방지하고자 선거구 법정주의를 채택하고 있다.

270 A는 선거 공영제, B는 선거구 법정주의, C는 선거 관리 위원회이다. ① 선거 공영제는 선거 비용의 일부를 국가 또는 지방 자치 단체가 부담하여 재력이 부족한 사람에게도 후보자로 나설 수 있게 하며, 후보자 간의 선거 운동 기회를 균등하게 보장함으로써 공정 선거를 실현하기 위한 제도이다. ③ 선거구 법정주의는 선거구를 획정할 때 평등 선거의 원칙에 부합하도록 지리적 여건, 인구수, 행정 구역 등을 고려하도록 되어 있다. ④ 선거 관리 위원회는 헌법상 독립 기관으로 국회나 대통령 등에 종속되지 않는다. ⑤ 선거 관리 위원회의 위원은 공정한 선거 관리를 위해 정당에 가입하거나 정치에 관여할 수 없다.

바로알기 | ② 우리나라는 게리맨더링을 방지하기 위해 선거구를 법률로 획정하는 선거구 법정주의를 채택하고 있다.

271 을, 정. 우리나라 국회 의원 선거의 지역구 선거 제도는 소선거구제와 단순 다수제를 채택하고 있어 정당별 득표율과 의석률의 불일치가

나타나는 경향이 있다. 따라서 한 선거구에서 2~3명의 대표를 선출하는 중·대선거구제를 채택하여 정당별 득표율과 의석률의 불일치를 완화시키는 것을 개선 방안으로 제시할 수 있다.

바로알기 | 갑. 우리나라 지역구 국회 의원 선거에서는 선거구 범위가 비교적 좁아 선거 운동 비용이 적게 드는 소선거구제를 채택하고 있다. 병. 절대 다수제는 여러 차례 투표가 진행될 수 있어 선거 비용이 비교적 많이 드는 선거 제도이다.

272 ㄱ. 우리나라에서 국회 의원 선거와 광역 의회 의원 선거는 소선거구제를 채택하고 있지만, 기초 의회 의원 선거는 중·대선거구제를 채택하고 있다. 따라서 제시된 질문은 (가)에 적절하다. ㄹ. 국회 의원 선거에서는 전국 단위 정당 명부식 비례 대표제를 채택하고 있지만, 광역 의회 의원 선거 및 기초 의회 의원 선거에서는 지방 자치 단체 단위 정당 명부식 비례 대표제를 채택하고 있다. 따라서 제시된 질문은 (나)에 적절하다.

바로알기 | ㄴ. 우리나라에서는 모든 공직 선거에서 절대 다수제가 도입되어 있지 않다. ㄷ. 국회 의원 선거와 광역 의회 의원 선거, 기초 의회 의원 선거는 모두 원칙적으로 4년마다 시행된다.

273 ④ 광역 의회 의원 선거는 최고 득표자 1명을 대표로 선출하는 단순 다수제를 채택하였다.

바로알기 | ① A 선거구에서는 소선거구 단수 다수제가 채택되는 광역 의회 의원 선거가 진행되었으므로, 다당제보다 양당제를 촉진하는 방식의 선거가 치러졌다. ② B 선거구에서는 후보자 개인의 득표율을 기준으로 당선자가 결정되었다. ③ 소선거구제의 선거 방식이 적용된 A 선거구의 사표 비율(51.1%)보다 중·대선거구제의 선거 방식이 적용된 B 선거구의 사표 비율(23.1%)이 낮다. ⑤ 기초 의회 의원 선거는 하나의 선거구에서 2명 이상의 대표를 선출하는 중·대선거구제를 채택하고 있으므로, 하나의 선거구에서 1명의 대표자를 선출하는 소선거구제를 채택하는 광역 의회 의원 선거에 비해 군소 정당의 의회 진출 가능성이 더 높다.

09 정치 참여의 방법과 한계

개념 확인 문제

73쪽

274 정당 **275** (1) × (2) ○ (3) × **276** (1) - ㉡ (2) - ㉠
277 (1) 언론 (2) 이익 집단

난이도별 필수 기출

74~79쪽

278 ④	279 ⑤	280 ①	281 ②	282 해설 참조	
283 해설 참조		284 ②	285 ①	286 ①	287 ③
288 ④	289 ③	290 ⑤	291 해설 참조		292 ⑤
293 ⑤	294 ③	295 ②	296 ④	297 ③	298 ③
299 ②	300 ③	301 ⑤	302 ④	303 ②	304 ①

278 밑줄 친 '이 집단'은 정당이다. ㄱ. 정당은 각종 선거에 후보자를 공천하고 선거에서 유권자의 지지를 얻음으로써 대표자를 배출한다. ㄴ. 정당은 당정 협의회 등을 통해 정부와 의회를 매개한다. ㄹ. 여당은 정부를 구성하며, 야당은 정부의 정책을 비판함으로써 정부의 책임성을 강화한다.

바로알기 | ㄷ. 정당은 특수 이익 실현이 아닌 공익 실현을 위해 정책 결정 과정에서 영향력을 행사한다.

279 정당은 정권 획득을 통한 정강 실현을 목적으로 하며, 이를 위해 각종 선거에 후보자를 공천하여 대표자를 배출함으로써 정치적 충원 기능을 수행한다. 또한 국민의 다양한 요구를 집약하여 여론을 형성하고 이를 조직화하여 정책으로 제시한다.

바로알기 | ⑤ 정당은 자신들의 활동에 대하여 선거에서 국민의 심판을 받음으로써 정치적 책임을 진다.

280 ㉠은 개방형 예비 선거이다. 개방형 예비 선거는 폐쇄적인 정당 구조를 민주적으로 변화시킬 수 있고 높은 지지율을 끌어낼 수 있다는 장점이 있지만, 당원의 역할이 축소되며 정당 정치의 기반을 약화시킬 수 있다.

281 정당이 정치에 관한 지식과 정보를 제공하고 청소년들의 정치 교육을 담당하는 것은 정당의 정치 사회화 기능에 해당한다. 정당은 특정 쟁점에 대한 견해 표명, 강연회 개최, 정책 홍보 등을 통해 국민에게 정치적 현안에 대한 정보를 제공함으로써 국민이 정치에 관심을 가지고 능동적으로 참여할 수 있도록 유도한다.

282 **모범 답안** (1) 정당 조직의 규모가 거대해지고 관료화되면서 소수의 당 지도부에 의한 권위적 운영이 나타나고 있으며, 이로 인해 당내 의사 결정 과정에서 일반 당원의 의사가 제대로 반영되지 못하는 문제가 나타날 수 있다.
(2) 당내 의사 결정 과정에서 일반 당원의 의사가 잘 반영될 수 있도록 상향식 의사 결정 구조를 확립하여 당내 민주주의를 실현해야 한다.

283 **모범 답안** 민주 국가는 복수 정당제를 채택하여 다양성을 보장하고, 정당들의 정책 경쟁을 통해 국민들의 다양한 이해관계를 반영함으로써 국민 주권주의를 실현하고자 한다.

284 ㄱ. 복수 정당제의 보장은 국민이 지지하는 정당을 스스로 선택

하여 정치적 의사 표현이나 활동에 참여할 수 있도록 함으로써 국민 주권주의의 실현에 기여한다. ㄹ. 국가가 정당에 보조금을 지원하는 것과는 별개로 정당이 당원들로부터 당비를 징수하는 것은 인정된다.

바로알기 | ㄴ. 정당의 상향식 공천은 민주적 의사 결정 원칙에 부합한다. ㄷ. 정당의 조직은 정당 지도자 중심의 당론 형성보다 당원의 의견을 폭넓게 수용할 수 있는 당원 중심의 당론 형성에 용이한 조직으로 구성되어야 민주적이다.

285 갑국은 두 개의 주요 정당이 권력 획득을 위해 경쟁하는 양당제 형태를 띠고 있으며, 을국은 세 개 이상의 정당이 권력 획득을 위해 경쟁하는 다당제 형태를 띠고 있다. ② 양당제에서는 정치적 책임 소재가 분명하여 책임 정치를 확립할 수 있다. ③ 다당제에서는 비교적 많은 수의 정당이 권력 획득을 위해 경쟁하므로 군소 정당이 난립할 가능성이 높다. ④ 다당제에서는 유권자의 정당 선택 범위가 넓어 국민의 다양한 의사가 국정에 반영될 수 있다. ⑤ 다당제에서는 어느 정도의 규모가 있는 제3의 정당이 존재하므로, 양당제에 비해 정당 간 대립이 발생할 경우 중재가 비교적 쉽다.

바로알기 | ① 양당제에서는 실질적으로 두 개의 주요 정당이 권력 획득을 위해 경쟁하여 군소 정당이 난립할 가능성이 낮으므로 정국이 비교적 안정적으로 운영된다.

개념 보충

복수 정당제의 유형

구분	양당제	다당제
의미	정권 교체가 가능한 대표적인 두 개의 주요 정당이 존재	정권 획득을 위해 경쟁할 수 있는 정당이 세 개 이상 존재
장점	• 정국 안정에 기여 • 정치적 책임 소재 명확	• 국민의 다양한 의사 반영 용이 • 정당 간 대립 시 중재 용이
단점	• 국민의 다양한 의견 반영 곤란 • 양당 간 대립 시 중재 곤란	• 강력한 정책 수행 곤란 • 정치적 책임 소재 불분명

286 (가)는 다당제, (나)는 일당제, (다)는 양당제이다. ㄱ. 양당제는 군소 정당이 난립할 우려가 있는 다당제에 비해 정국이 비교적 안정적으로 운영된다. ㄴ. 양당제보다 다당제에서 유권자의 정당 선택 범위가 넓어 국민의 다양한 의사가 반영될 수 있다.

바로알기 | ㄷ. 일당제와 양당제는 다당제에 비해 정치적 책임 소재가 명확하다. ㄹ. 일당제는 다른 정당의 견제를 받지 않으므로, 정책을 강력하게 추진하기가 쉽다.

287 복수 정당제의 유형인 양당제와 다당제에서 민주적 정권 교체가 가능하며, 다당제에서 의회 내 제3당의 중재 가능성이 있다. 따라서 A는 일당제, B는 양당제, C는 다당제이다. ㄴ. 다당제는 세 개 이상의 정당이 권력 획득을 위해 경쟁하며 의원 내각제 국가에서는 연립 내각을 구성하기도 하므로, 양당제에 비해 정책 실패에 대한 책임 소재가 불분명하다. ㄷ. 다당제는 양당제에 비해 다양한 이념을 가진 정당들이 경쟁하므로, 국민의 정당 선택 폭이 넓어 국정에 국민의 다양한 의견을 반영하기가 용이하다.

바로알기 | ㄱ. 양당제는 두 개의 주요 정당 사이에서 정권 교체가 이루어지므로, 다당제에 비해 군소 정당 난립의 가능성이 낮다. ㄹ. 일당제는 하나의 정당이 모든 권력을 독점하므로 양당제, 다당제와 달리 유권자에게 다른 정당을 선택할 여지가 없다.

288 A는 양당제, B는 다당제이다. ㄱ. 양당제는 군소 정당의 난립 가능성이 낮아 정국 안정에 도움이 된다. ㄷ. 다당제는 세 개 이상의 주요 정당이 정권 획득을 위해 경쟁하므로, 정당 간 대립 시 중재가 비교적 용이하다. ㄹ. 다당제는 유권자의 정당 선택 범위가 넓어 국민의 다양한 의사가 반영될 수 있다.

바로알기 | ㄴ. 양당제는 정치적 책임 소재가 분명하여 책임 정치의 확립이 가능하다.

289 (가)는 공익을 추구하는 시민 단체, (나)는 특수 이익을 추구하는 이익 집단에 해당한다. ③ 시민 단체와 이익 집단은 모두 정치 주체로서 여론을 형성하고 정책 결정 과정에 영향력을 행사하고자 한다.

바로알기 | ① 시민 단체는 이익 집단과 달리 공공선과 공익 추구를 목적으로 한다. ② 시민 단체와 이익 집단은 모두 자신들의 행위에 정치적 책임을 자지는 않는다. ④ 시민 단체와 이익 집단이 정부 각 부처의 갈등을 조정하는 역할을 수행하지는 않는다. ⑤는 정당에 대한 설명이다.

개념 보충

이익 집단과 시민 단체

구분	내용	공통점
이익 집단	• 목적: 특수 이익 실현 • 정치 참여 방법: 선거 자금 후원, 전문 지식 활용, 로비 활동 등 • 문제점: 사회 전체의 보편적 이익과 충돌 우려, 집단 이기주의로의 변질 우려 등	• 정치적 책임을 지지 않음 • 정책 결정 과정에서 영향력을 행사함 • 정부 정책 감시·비판, 여론 형성, 정치 사회화의 기능을 함
시민 단체	• 목적: 공공선과 공익 실현 • 정치 참여 방법: 사회적 쟁점에 관한 토론회 개최, 서명 운동이나 캠페인 활동 등	

290 (가)는 이익 집단, (나)는 시민 단체, (다)는 정당이다. 이익 집단은 집단의 특수 이익 실현을 목적으로 하며, 시민 단체는 공공선과 공익 실현을 목적으로 한다. 정당은 정치권력의 획득을 목적으로 하며 공익을 추구한다.

291 모범 답안 정당은 자신들의 활동에 대하여 정치적 책임을 지지만, 시민 단체와 이익 집단은 정치적 책임을 지지 않는다.

292 제시된 글에 따르면 시민 단체의 예산 중 회원 회비가 절반에도 미치지 못하고 있으며, 정부 지원금이 4분의 1을 차지하고 있다. 이처럼 시민 단체의 운영 자금이 정부 지원금이나 외부 후원에 의존하게 되면 시민 단체의 자율성이 훼손되고 정부와 기업을 제대로 감시하지 못하는 현상이 나타날 수 있다.

바로알기 | ㄱ, ㄴ. 제시된 글을 통해 파악할 수 없는 내용이며, 우리나라 시민 단체는 낮은 시민 참여도가 문제로 나타나고 있다.

293 정당과 시민 단체는 이익 집단과 달리 공익을 추구하며, 정당은 시민 단체와 달리 정치적 책임을 진다. 따라서 (가)는 이익 집단, (나)는 시민 단체, (다)는 정당이다. ㄴ. 시민 단체는 공공 문제 해결과 공공의 이익 실현을 위해 시민이 자발적으로 만든 비영리 단체이다. ㄷ. 정당은 자신들의 정강을 실현하고자 정권의 획득 및 유지를 위해 노력한다. ㄹ. 정당, 이익 집단, 시민 단체는 모두 정치에 대한 시민의 관심과 참여를 유도하는 정치 사회화 기능을 담당한다.

바로알기 | ㄱ. 정책을 형성하고 선거에서 후보자를 배출하는 정치 참여 주체는 정당이다.

294 특수 이익보다 공익의 실현을 중시하는 것은 정당과 시민 단체이고, 의회와 정부를 매개하는 기능을 수행하는 것은 정당이다. 따라서 A는 정당, B는 시민 단체, C는 이익 집단이다. ③ 정당은 시민 단체와 달

리 각종 선거에 후보자를 공천하고 선거에서 유권자의 지지를 얻어 대표자를 배출한다.

바로알기 | ① 영리를 목적으로 로비 활동을 하는 것은 이익 집단이다. ② 이익 집단이 아닌 정당이 정치권력 획득을 목적으로 한다. ④ 시민 단체와 이익 집단은 모두 대의제의 한계를 보완한다. ⑤ 정당, 시민 단체, 이익 집단은 모두 정치 사회화 기능을 수행한다.

295 A는 이익 집단, B는 시민 단체이다. ㄱ. 이익 집단은 자신들의 활동에 대해 정치적 책임을 지지 않는다. ㄷ. 이익 집단과 시민 단체는 모두 정치 과정에서 다양한 의견을 표출하는 투입 기능을 수행함으로써 대의제의 한계를 보완한다.

바로알기 | ㄴ. 이익 집단과 시민 단체는 모두 정부 정책을 비판하고 감시하여 정치권력을 견제한다.

296 ① 이익 집단은 집단의 특수 이익을 추구하는 과정에서 사회 전체의 보편적 이익과 충돌할 수 있다. ② 시민 단체는 공익 실현을 목적으로 구성원들이 자발적으로 결성한 비영리 집단이다. ③ 이익 집단은 특수 이익 실현을 목적으로 하지만, 시민 단체는 공공선과 공익 실현을 목적으로 한다. ⑤ 이익 집단과 시민 단체는 모두 여론을 형성하고 시민의 요구를 표출하는 기능을 함으로써 정부의 정책 결정 과정에 영향력을 행사한다.

바로알기 | ④ 이익 집단은 로비 활동을 통해 의회 의원이나 정부 관료에게 영향력을 행사한다.

297 (가)는 이익 집단, (나)는 시민 단체, (다)는 정당이다. ㄴ, ㄹ. 이익 집단, 시민 단체, 정당은 모두 정치적 현안에 대한 정보를 제공하고 정치에 대한 시민의 관심과 참여를 유도하는 정치 사회화의 기능을 담당하며 정부의 정책 결정에 영향력을 발휘하므로, 제시된 질문에 긍정의 대답을 하게 된다.

바로알기 | ㄱ은 시민 단체와 정당만이, ㄷ은 정당만이 긍정의 대답을 할 질문이다.

298 ③ 정당은 선거를 통해 유권자와 대표자를 연결하며, 여론을 조직화하여 정책과 공약을 개발한다.

바로알기 | ① 이익 집단은 기본적으로 자신들이 속한 집단의 사익을 추구한다. ② 정보 및 정치 후원금 제공, 로비 활동 등의 방법으로 자신들의 특수 이익을 추구하는 것은 이익 집단이다. ④ 이익 집단과 시민 단체는 모두 대의 민주 정치의 한계를 보완하는 기능을 한다. ⑤ 시민 단체는 비영리성을 가지며, 정당과 달리 정치권력의 획득을 목적으로 하지 않는다.

299 A는 시민 단체, B는 정당, C는 이익 집단이다. ② 정당은 당정 협의회 등을 통해 정부와 의회를 매개하는 역할을 수행한다.

바로알기 | ① 시민 단체는 정부 기관이 아니므로 정책 결정 기구에 해당하지 않는다. ③ 시민 단체와 이익 집단은 모두 정부의 정책 결정 과정에 영향력을 행사한다. ④ 정당과 이익 집단은 모두 정치 사회화 기능을 수행한다. ⑤ 정당은 시민 단체와 달리 공직 선거에 후보자를 공천한다.

300 A는 시민 단체, B는 정당, C는 이익 집단이다. ③ 이익 집단은 특정 이해관계에 바탕을 두고 집단 구성원의 사적 이익을 추구하며, 정당 등에 다양한 정보를 제공하는 역할을 한다.

바로알기 | ① 정치 과정에서 시민 단체의 활동은 투입 또는 환류에 해당하며, 정책 결정 기구의 활동이 산출에 해당한다. ② 정당은 정치권력의 획득을 목표로 다양한 활동을 한다. ④ 시민 단체와 이익 집단은 모두 대의 정치의 한계를 보완하는 역할을 한다. ⑤ 시민 단체, 정당, 이익 집단은 모두 정책 결정 과정에서 정치 사회화 기능을 수행한다.

301 언론은 사실을 왜곡하여 거짓을 진실인 것처럼 보도하거나 편파, 과장 보도를 하기도 한다. 이는 시민의 올바른 의사 결정을 방해하여 민주주의가 제대로 작동할 수 없도록 하므로, 시민은 언론 보도 내용을 무조건 수용하기보다는 비판적이고 중립적인 시각에서 분석해 보는 자세를 가져야 한다.

302 ㄴ, ㄹ. 가짜 뉴스가 언론을 통해 진짜 뉴스처럼 유포되는 일이 있을 수 있으므로 언론이 전달하는 여러 정보를 맹목적으로 신뢰해서는 안 되며, 비판적 시각에서 언론 보도 내용을 분석 및 평가하고 선별적으로 정보를 수용하는 자세가 필요하다.

바로알기 | ㄱ. 언론 매체에 심층적인 정보를 적극적으로 제보한다고 해서 가짜 뉴스가 반드시 없어진다고 보기는 어렵다. ㄷ. 제시된 글에는 정치권력에 의해 언론의 자유가 침해된다는 내용은 언급되어 있지 않다.

303 ② 을은 언론이 사실 보도뿐만 아니라 여론 형성에도 중요한 역할을 한다고 여기므로, 언론이 대중의 정치적 태도 변화에 영향을 미쳐 바람직한 사회로 나아가는 역할을 한다고 볼 것이다.

바로알기 | ① 갑은 언론이 권력의 남용을 견제하는 데 중요한 역할을 한다고 보고 있다. ③ 병은 국민에게 정보를 충실하게 보도하는 것을 언론의 가장 중요한 역할로 보고 있다. ④ 갑은 권력에 대한 감시를 통해, 을은 사회적 쟁점에 대한 바람직한 방향 설정을 통해 언론이 사회의 유지 또는 발전에 기여할 수 있다고 보고 있다. ⑤ 갑, 을, 병 모두 언론이 정부의 주요 정책을 국민에게 홍보하는 데 중점을 두어야 한다고 주장하고 있지는 않다.

304 ㄱ. (가)는 국회가 법률을 제정하는 것으로서 정치 과정 중 산출에 해당한다. ㄴ. (나), (다)는 시행 중인 법률에 대한 의견을 모아 개선을 요구하는 것으로서 정치 과정 중 환류에 해당한다. ㄷ. 국회는 정책 결정 기구로서 투입된 국민의 요구를 바탕으로 구체적인 정책을 결정한다.

바로알기 | ㄹ. 이익 집단은 집단의 특수 이익을 추구하지만, 정당은 공익을 추구한다. ㅁ. 언론, 이익 집단, 시민 단체는 모두 여론을 형성하는 기능이 있다.

최고 수준 도전 기출 (07~09강)

80~83쪽

305 ⑤	306 ③	307 ①	308 ②	309 ①	310 ①
311 ②	312 ④	313 ⑤	314 ④	315 ②	316 ③
317 ④	318 ⑤	319 ①	320 ④		

305 ㉠은 투입, ㉢은 산출, ㉤은 환류이다. ㄷ. 산출 과정에서 결정 및 집행된 정책에 대한 정치 주체의 평가가 자유로울수록 민주적인 국가이다. ㄹ. 정치 주체에 의한 환류가 활발할수록 정책의 내용과 방향이 여러 번 수정되므로 정책 결정 과정의 신속성이 떨어질 수 있다.

바로알기 | ㄱ. 집단뿐만 아니라 개인도 정책의 반영을 요구할 수 있으므로, 정책 결정 과정에서 투입의 주체가 될 수 있다. ㄴ. 정당은 국가 기관이 아니므로 정책 집행의 주체가 될 수 없다.

306 갑은 시민의 정치 참여와 정치 발전이 정(+)의 관계에 있음을, 을은 시민의 정치 참여와 정치 발전이 부(−)의 관계에 있음을 주장하고 있다. ③ 을은 시민의 정치 참여율이 높을수록 정치 발전 정도는 낮아진다고 보므로, 갑과 달리 엘리트에 의한 통치가 더 바람직하다고 볼 것이다.

바로알기 | ① 갑은 정치 발전이 정치 참여의 양과 관련이 있다고 보며, 제시된 그래프만으로는 정치 참여의 질적 수준은 파악할 수 없다. ② 갑은 정치 참여의 활성화가 정치적 혼란이 아닌 정치 발전을 가져온다고 보고 있다. ④ 을은 시민의 정치 참여를 부정적으로 보고 있다. 따라서 갑보다 을이 정치 발전을 위한 방안으로 정치적 무관심 해소를 주장한다고 보기 어렵다. ⑤ 갑은 정치 발전을 위해 시민의 정치 참여율을 높여야 한다고 보고 있다. 따라서 을보다 갑이 대의제의 한계를 보완하기 위해 정치 참여가 활성화되어야 한다는 주장에 찬성할 것이다.

307 A는 향리형 정치 문화, B는 신민형 정치 문화, C는 참여형 정치 문화이다. ① 향리형 정치 문화는 구성원 다수가 정치 체제를 알지 못하여 정치와 정부가 하는 일에 관심을 두지 않는다.

바로알기 | ② 향리형 정치 문화는 전통 사회에서 지배적으로 나타나는 유형이다. ③ 신민형 정치 문화는 구성원들이 스스로 정치와 관련이 있다고 생각하고 있지만 정치 참여에는 소극적이다. ④ 구성원들이 정치 체제의 투입과 산출 과정을 잘 알고 자신들의 역할에 적극적인 태도를 보이는 것은 참여형 정치 문화이다. ⑤ 참여형 정치 문화는 구성원이 자신을 적극적인 참여자로 인식하고 정책 결정 과정에 주체적으로 참여한다.

308 (가)는 시민 단체 활동, (나)는 선거 참여, (다)는 온라인 정책 제안, (라)는 정당을 통한 정치 참여에 해당한다. ㄱ. (가)는 시민 단체 활동으로 집단적 정치 참여 방법, (나)는 선거 참여로 개인적 정치 참여 방법이다. ㄷ. (다) 온라인을 통한 정책 제안은 디지털 매체를 통해 참여가 가능하므로 (가), (나), (라)에 비해 시·공간의 제약이 적은 정치 참여 활동이다.

바로알기 | ㄴ. (나) 선거 참여와 (라) 정당을 통한 정치 참여는 정치 과정에서 투입과 환류 기능에 해당한다. ㄹ. (가)~(라)는 모두 정치권력을 감시하고 통제하는 기능을 수행할 수 있다.

309 ① 1960년대에는 국민의 요구가 정책에 제대로 반영되지 않았으므로, 자신의 정치적 요구가 정책에 반영되었을 때 느낄 수 있는 정치적 효능감이 낮게 나타났을 것이다.

바로알기 | ② 1970년대에는 국민의 투입 기능이 활발했음을 고려할 때 권위주의적인 정부의 모습이 나타났다고 보기는 어렵다. ③ 1980년대에는 공청회, 토론회 등이 자주 개최되었으므로 투입 기능이 활발하게 나타났을 것이며, 산출 기능이 활발하게 나타났는지는 제시된 내용을 통해 알 수 없다. ④ 1990년대에는 이미 통과되어 시행 중인 법률에 반대하는 집회가 자주 있었으므로, 정치 과정에서 환류 기능이 활발하게 나타났을 것이다. ⑤ 1960년대에서 1990년대로 갈수록 정치 과정에서의 투입과 환류가 활발해졌으므로, 정책 결정 과정에서 국민의 요구 표출이 약해졌다고 단정 지을 수는 없다.

310 ○○국의 유권자가 13명이므로 과반수인 7표의 1순위 표를 얻어야 대통령에 당선된다. 투표 후 최초 집계에서 얻은 1순위 표는 갑은 4표, 을은 2표, 병은 4표, 정은 2표, 무는 1표이다. 과반수 득표자가 없으므로 최저 득표자 무를 탈락시키고 무에게 1순위 표를 준 G의 표를 2순위인 을에게 넘기면 을의 1순위 표가 추가된다. 2차 집계하면 갑은 4표, 을은 3표, 병은 4표, 정은 2표를 얻어 여전히 과반수 득표자가 없으므로, 최저 득표자 정을 탈락시키고 정에게 1순위 표를 준 E와 H의 표를 각각 2순위인 갑과 병에게 넘긴다. 3차 집계하면 갑은 5표, 을은 3표, 병은 5표를 얻어 여전히 과반수 득표자가 없으므로, 최저 득표자 을을 탈락시킨다. 을에게 1순위 표를 준 B, K의 표를 2순위인 갑에게 넘기고, G의 표 역시 3순위인 갑에게 넘긴다. 4차 집계하면 갑은 8표, 병은 5표를 얻게 되며 과반수 득표를 한 갑이 당선자로 결정된다.

311 ㉠은 비밀 선거, ㉡은 보통 선거이다. ② 기표소 안에서 자신이 기표한 투표지를 촬영하여 외부에 공개하는 행위는 유권자가 누구에게 투표했는지 다른 사람이 알지 못하도록 하는 원칙인 비밀 선거에 위배된다.

바로알기 | ① 교도소 수형자의 선거권에 대한 전면적·획일적 제한은 보통 선거에 위배된다. ③ 유권자가 대리인을 통해 투표하는 것은 직접 선거에 위배된다. ④ 선거구 간 인구 편차를 줄이려는 노력은 평등 선거를 실현하기 위한 것이다. ⑤ 한 선거구에 3년 미만 거주한 자에게 2표, 3년 이상 거주한 자에게 3표를 부여하는 것은 평등 선거에 위배된다.

312 ㄴ. 을국의 지역구 의원 선거구제는 하나의 선거구에서 1명의 대표자를 뽑는 소선거구제로서 주요 정당에 유리하여 양당제를 촉진할 수 있다. ㄹ. 을국의 지역구 의원 선거는 하나의 선거구에서 1명의 당선자가 결정되므로, 한 선거구 내에서 당선자가 얻은 표의 가치에 차등이 발생할 수 없다. 이에 비해 갑국의 지역구 의원 선거는 하나의 선거구에서 2명의 당선자가 결정되므로, 한 선거구 내에서 당선자들이 얻은 표의 가치에 차등이 발생할 수 있다.

바로알기 | ㄱ. 갑국의 지역구 의원 선거구제는 하나의 선거구에서 2명을 선출하는 중·대선거구제로서 선거 운동이 과열될 가능성이 낮고 상대적으로 사표가 적게 발생한다는 특징이 있다. ㄷ. 을국의 비례 대표제 방식보다 별도의 정당 투표가 도입된 갑국의 비례 대표제 방식이 평등 선거의 원칙에 더 부합할 것이다.

313 갑국의 비례 대표 의원 수는 30명이며, 정당별 의석수는 정당 (가)는 12석(40%×30석=12), 정당 (나)는 13석(42%×30석=12.6), 정당 (다)는 4석(14%×30석=4.2), 정당 (라)는 1석(4%×30석=1.2)이다. 갑국의 의회 의원 선거 결과를 정리하면 다음과 같다.

구분 \ 정당	(가)	(나)	(다)	(라)	계
지역구 의석률(%)	40	42	14	4	100
지역구 득표율(%)	25	42	28	5	100
지역구 의석수(석)	20	21	7	2	50
비례 대표 의석수(석)	12	13	4	1	30
총의석수(석)	32	34	11	3	80
총의석률(%)	40	42.5	13.75	3.75	100

⑤ (다) 정당의 지역구 득표율은 28%인데, 지역구 의석률은 14%이므로 지역구 의원 선거 결과 (다) 정당은 과소 대표되었다.

바로알기 | ① 갑국의 의회 의원 선거 결과 과반 의석을 차지한 정당은 존재하지 않는다. ② 비례 대표 의석은 각 정당의 지역구 의석률을 토대로 배분하였으므로, 유권자는 지역구 의원 선거에만 표를 행사하였다. ③ 지역구 의원 선거에서는 선거구 내 당선자가 2명이므로, 당선자 간 득표 차로 인해 표의 등가성 문제가 나타날 수 있다. ④ (가) 정당은 총의석률과 지역구 의석률이 각각 40%로 같다.

314 변경될 선거 제도를 갑국의 최근 의회 의원 선거 결과에 적용할 경우의 결과는 다음과 같다.

구분	A당	B당	C당	계
지역구 의석수(석)	70	25	5	100
비례 대표 의석수(석)	45	35	20	100
총의석수(석)	115	60	25	200

④ 변경될 선거 제도를 최근 선거 결과에 적용해도 A당은 총의석 200석 중 115석을 차지하여 여전히 과반수 의석을 확보한다.

바로알기 | ① 현행 선거구제는 한 선거구에서 1명의 대표자를 선출하는 소선거구제이다. ② 현행 선거 제도는 소선거구제와 다수 대표제로서 군소 정당 후보자가 당선되기 불리하여 군소 정당의 난립 가능성이 낮다. ③ 최근 선거 결과, 득표율 대비 의석률이 가장 낮은 정당은 득표율은 20%인데, 의석률을 5%에 불과한 C당이다. ⑤ 변경될 선거 제도를 최근 선거 결과에 적용한다면, 각 정당의 득표율과 의석률 간의 격차가 줄어든다.

315 개편안에 따르면 정당별 의석수는 A당이 2석(31.5%×5석 = 1.575), B당이 2석(40.5%×5석 = 2.025), C당은 1석(23%×5석 = 1.15), D당은 0석(5%×5석 = 0.25)이다. 갑국의 현행 선거 제도에서 실시된 의회 의원 선거 결과와 개편안을 적용한 의회 의원 선거 결과를 정리하면 다음과 같다.

구분	A당	B당	C당	D당	계
현행 의석수(석)	3	2	0	0	5
개편안 의석수(석)	2	2	1	0	5

② A당은 선거 제도가 개편되는 경우 의석수가 기존 3석보다 1석이 줄어들어 의석수를 확보하는 데 불리해진다.

바로알기 | ① (가)는 소선거구제, (나)는 중·대선거구제이다. 소선거구제는 한 선거구에서 1명의 대표자를 선출하기 때문에 다수당 후보의 당선 가능성이 높으므로, 중·대선거구제에 비해 군소 정당의 난립 가능성이 낮다. ③ B당은 선거 제도 개편 전 의석수와 개편 이후 의석수가 각각 2석으로 같다. ④ C당은 선거 제도가 개편되면 현행보다 의석수가 1석 늘어나므로, 사표가 줄어들어 정당 득표율과 의석률의 불일치가 완화된다. ⑤ D당은 현행 선거 제도와 개편된 선거 제도에서 모두 의석을 얻지 못하므로 과소 대표된다.

316 A는 광역 의회 의원, B는 기초 의회 의원, C는 광역 자치 단체장, D는 기초 자치 단체장, E는 교육감이다. ③ 광역 자치 단체장과 기초 자치 단체장은 모두 소선거구제와 단순 다수제로 선출한다.

바로알기 | ① 광역 의회의 비례 대표 의원을 뽑는 선거를 비롯한 우리나라의 공직 선거에서는 결선 투표제가 적용되지 않는다. ② 기초 의회의 지역구 의원은 중·대선거구 단순 다수제로 선출하지만, 광역 의회의 지역구 의원은 소선거구 단순 다수제로 선출한다. ④ 광역 자치 단체장과 기초 자치 단체장은 모두 해당 지역 주민의 직접 선거를 통해 선출된다. ⑤ 교육감을 비롯하여 지방 자치 단체장, 지방 의회 의원을 뽑는 지방 선거는 4년마다 진행된다.

317 (가), (나) 시기의 정당 제도는 양당제, (다) 시기의 정당 제도는 다당제이다. ① (가) 시기의 정당 제도는 양당제이고 여당인 A당이 과반 의석을 확보하고 있으므로 정치적 책임 소재가 분명하다. ② (나) 시기의 정당 제도는 양당제로서 정당 선택의 폭이 제한되어 있어 국민의 다양한 의견을 정치에 반영하기 어려운 측면이 있다. ⑤ 양당제가 나타나는 (가), (나) 시기보다 다당제가 나타나는 (다) 시기에 정당 간 대립 발생 시 중재가 용이할 것이다.

바로알기 | ④ (나) 시기는 여당이 과반 의석을 확보하여 정국을 안정적으로 이끌 수 있으나, (다) 시기는 여당보다 야당의 의석이 많기 때문에 의회와 행정부의 대립 가능성이 높을 것이다.

318 양당제는 다당제에 비해 정치적 책임 소재가 명확하므로 A는 다당제, B는 양당제이다. ㄴ. 다당제는 권력 획득을 위해 경쟁하는 정당이 세 개 이상 존재하므로, 양당제에 비해 유권자의 정당 선택 범위가 넓다. ㄷ. 양당제는 2개의 정당이 정국의 주도권을 놓고 경쟁하므로, 다당제에 비해 군소 정당의 난립으로 정국이 불안정해질 가능성이 낮다. ㄹ. 양당제와 다당제를 포함하는 복수 정당제는 민주주의 국가의 정당 제도라는 데 의의를 둔다.

바로알기 | ㄱ. 다수당의 횡포 가능성은 양당제가 다당제보다 높고, 정당 간 대립 발생 시 다당제가 양당제보다 중재가 용이하다. 따라서 '다수당의 횡포 가능성', '정당 간 대립 발생 시 중재 용이'는 각각 (가), (나)에 들어갈 수 없다.

319 ① 시민 단체, 이익 집단, 정당 중 공직 선거에 후보자를 공천하는 것은 정당뿐이므로, (가)에는 '아니요'가 들어간다.

바로알기 | ② 시민 단체, 이익 집단, 정당은 모두 정부의 정책 결정 과정에 영향력을 행사하므로, 주어진 질문은 (나)에 들어갈 수 없다. ③ 이익 집단은 공익보다 집단의 특수 이익을 우선시하므로, C가 이익 집단이면 주어진 질문은 (나)에 들어갈 수 없다. ④ 시민 단체, 이익 집단, 정당은 모두 정치 사회화 기능을 수행한다. ⑤ 정당은 이익 집단, 시민 단체와 달리 자신들의 활동에 대한 정치적 책임을 진다.

320 A는 시민 단체, B는 정당, C는 이익 집단이다. ④ 시민 단체와 이익 집단은 모두 정치 과정에서 여론을 형성하고 시민의 요구를 표출함으로써 대의제의 한계를 보완하는 역할을 한다.

바로알기 | ① 시민 단체의 입법 청원과 정당의 정책 제시는 모두 투입(㉠)에 해당한다. ② 국회의 법률 제정은 산출(㉢)에, 시행 중인 법률에 대한 의견 표출은 환류(㉣)에 해당한다. ③ 정당은 국가 기관이 아니므로 정책 결정 기구에 해당하지 않는다. ⑤ 정당은 시민 단체, 이익 집단과 달리 정권 획득을 목적으로 한다.

10 민법의 의의와 기본 원리

개념 확인 문제 84쪽

321 (1) × (2) ○ (3) ○

322 (1) 무과실 책임의 원칙 (2) 계약 공정의 원칙

난이도별 필수 기출 85~87쪽

323 ②	324 ⑤	325 ⑤	326 ③	327 ②	328 ①
329 ④	330 해설 참조		331 ②	332 ①	333 ⑤
334 ③	335 ⑤	336 ②	337 ⑤		

323 ①, ③ 음주 운전을 한 사람을 경찰이 체포한 것은 형사 소송법 등에, 현역 판정을 받은 사람이 군대에 입대하는 것은 「병역법」 등에 근거한 것으로서 모두 개인과 국가 간의 공적인 영역을 다루는 공법이 규율하는 생활 관계의 사례에 해당한다. ④, ⑤ 개인이 유언장을 작성하는 것은 가족 관계, 상품을 구매하는 계약을 체결하는 것은 재산 관계에 관한 내용으로서 민법의 규율 대상이 되므로 모두 개인 간의 사적인 영역을 다루는 사법이 규율하는 생활 관계의 사례에 해당한다.

바로알기 | ② 돈을 빌리는 행위는 금전 대차 계약으로 볼 수 있으므로 민법의 규율 대상이 된다. 따라서 사업 확장을 위해 친구에게 돈을 빌리는 것은 공법이 아닌 사법이 규율하는 생활 관계의 사례에 해당한다.

324 민법은 대표적인 사법으로서 재산 관계와 가족 관계를 규율한다. 재산 관계는 재산과 관련된 권리와 의무 관계, 재산권의 종류, 계약의 종류와 내용, 불법 행위와 손해 배상 등을 규정하고 있으며, 가족 관계는 혼인, 이혼, 친권, 유언, 상속 등을 규정하고 있다.

바로알기 | ⑤ 민법은 자유로운 법률관계의 형성을 보장하므로 개인 간 사적인 생활 관계에 대한 국가의 개입을 강조하지는 않는다.

325 (가)는 공법, (나)는 사회법, (다)는 사법이다. ⑤ 공법은 개인과 국가 간 또는 국가 기관 간의 공적 생활 관계를 규율하는 법이며, 사법은 개인 간의 사적 생활 관계를 규율하는 법이다.

바로알기 | ② 혼인, 이혼, 상속 등의 가족 관계를 다루는 법은 민법으로서 사법에 해당한다. ③, ④ 사회법은 사법의 영역에 국가가 개입하여 공법적 규제를 가할 수 있도록 제정된 법으로서 공법과 사법의 중간 영역에 해당하여 '제3의 법'이라고도 한다.

326 ㉠은 대표적인 사법인 민법이다. ③ 민법은 제2조 제1항에서 '권리의 행사와 의무의 이행은 신의에 좇아 성실히 하여야 한다.'라고 규정하여 신의 성실의 원칙을, 제2항에서 '권리는 남용하지 못한다.'라고 규정하여 권리 남용 금지의 원칙을 제시하고 있다. 이처럼 민법은 법질서 전체에 적용될 수 있는 일반 원칙을 제시하는 기능을 한다.

바로알기 | ① 사법에 속하는 민법은 개인 간의 관계를 규율한다. ② 법익이 범죄에 의해 침해당하지 않도록 보호하는 법은 형법으로서 공법에 해당한다. ④는 공법에 대한 설명이다. ⑤ 민법은 재판 규범으로 작용할 뿐만 아니라 행위 규범으로도 작용한다.

327 공적 생활 관계를 규율하는 A는 공법, 사적 생활 관계를 규율하는 B는 사법이다. ㄹ. 공법의 종류로는 헌법, 형법, 각종 소송법 등이 있으며, 사법의 종류로는 민법, 상법 등이 있다.

바로알기 | ㄴ. 개인들이 매매 계약을 체결하는 것은 재산 관계에 관한 것으로서 그 내용을 민법에 규정하고 있으므로, (가)가 아닌 (나)에 들어갈 수 있다. ㄷ. 경찰이 범죄자를 연행하는 것은 형사 소송법에 근거하고 있으므로, (나)가 아닌 (가)에 들어갈 수 있다.

개념 보충

공법과 사법의 구분

구분	공법	사법
의미	국가 기관 간 또는 국가와 개인 간의 공적 생활 관계를 규율하는 법	개인 간의 사적 생활 관계를 규율하는 법
적용 사례	세금 납부, 국방의 의무 수행, 선거 참여 등	매매, 계약, 혼인, 이혼, 불법 행위, 손해 배상 책임 등
종류	헌법, 형법, 행정법 등	민법, 상법 등

328 법원은 보증금의 10%를 위약금으로 한 특약은 임대인에 비해 임차인에게 매우 불리한 계약이 된다고 판결하였다. 이는 계약의 내용이 사회 질서에 위반되거나 현저하게 공정하지 못한 경우 법적 효력이 발생하지 않는다는 계약 공정의 원칙을 적용한 것이다.

329 (가)의 판결은 개인의 소유권은 공공복리에 적합하도록 행사해야 한다는 소유권 공공복리의 원칙에 근거를 두고 있으며, (나)의 판결은 사회 질서에 위반하거나 공정성을 잃은 계약은 법적 효력이 인정되지 않는다는 계약 공정의 원칙에 근거를 두고 있다.

330 모범 답안 자본주의의 발전 과정에서 빈부 격차, 환경 오염, 독과점 기업의 횡포 등과 같은 사회 문제가 발생하였고, 이에 따라 권리의 사회성과 공공성을 고려하는 방향으로 근대 민법의 기본 원리가 수정 및 보완되었다.

331 A는 사적 자치의 원칙, B는 사유 재산권 존중의 원칙, C는 과실 책임의 원칙이다. ①, ⑤ 근대 민법의 기본 원리는 현대 민법에서도 기본 원리로 작용하고 있으며, 사회적 약자를 보호할 필요성이 대두됨에 따라 근대 민법의 기본 원리를 수정 및 보완한 원칙들이 현대 민법에서 활용되고 있다. ③ 사유 재산권 존중의 원칙에 의해 국가나 다른 개인이 개인 소유 재산에 대해 함부로 간섭하거나 이를 제한하지 못하므로, 개인은 사유 재산에 대한 절대적 지배권을 인정받는다. ④ 과실 책임의 원칙에 의해 자신의 고의나 과실이 있는 경우에만 손해 배상 책임을 지게 되므로, 개인은 자신에게 고의나 과실이 없는 경우에는 손해 배상의 책임을 지지 않는다.

바로알기 | ② 사적 자치의 원칙이 아닌 계약 공정의 원칙에 의해 반사회적이거나 현저히 불공정한 계약은 법적 효력이 발생하지 않는다.

332 (가)는 사적 자치의 원칙, (나)는 과실 책임의 원칙, (다)는 사유 재산권 존중의 원칙이다. ㄱ. 사적 자치의 원칙은 개인이 자유롭게 법률 관계를 형성해 나갈 수 있음을 강조하므로, 대표적인 법률 관계인 계약의 대상, 방법 등을 결정할 자유도 포함한다. ㄴ. 과실 책임의 원칙은 기업과 같은 사회·경제적 강자가 자신의 책임을 회피하는 수단으로 악용된다는 비판을 받는다.

바로알기 | ㄷ. 개인의 소유권이 공공의 이익에 부합되도록 행사해야 한다는 것은 소유권 공공복리의 원칙이다. ㄹ. 근대 민법의 기본 원리는 오늘날 권리의 사회성과 공공성을 고려하도록 수정 및 보완되었을 뿐, 모두 대체된 것은 아니다.

333 법원은 환경 오염 또는 환경 훼손으로 피해가 발생한 경우 원인자가 자신의 책임이 없다는 것을 증명하지 못하면 그 피해를 배상해야

한다는 취지로 판결하였다. 이는 가해자에게 고의나 과실이 없더라도 타인에게 피해를 준 경우 일정한 요건에 따라 책임을 져야 한다는 무과실 책임의 원칙을 적용한 것이다.

바로알기 | ①은 사유 재산권 존중의 원칙, ②는 계약 공정의 원칙, ③은 사적 자치의 원칙, ④는 소유권 공공복리의 원칙에 부합하는 진술이다.

334 ㄴ, ㄷ. 근대 민법의 기본 원리는 개인주의와 자유주의를 기반으로 하므로, 개인의 권리를 국가나 타인이 간섭 또는 제한할 수 없다는 권리의 절대성과 불가침성을 강조한다.

바로알기 | ㄱ. 수정·보완된 근대 민법의 기본 원리가 실질적 평등의 이념을 바탕으로 한다. ㄹ. 자본주의가 발전하는 과정에서 빈부 격차, 환경 오염, 독과점 등의 부작용이 발생함에 따라 근대 민법의 기본 원리에 대한 수정 및 보완이 이루어졌다.

335 (가)는 사유 재산권 존중의 원칙, (나)는 계약 공정의 원칙, (다)는 과실 책임의 원칙이다. ㄷ. 과실 책임의 원칙은 자신에게 고의나 과실이 없는 경우에는 책임을 지지 않는다는 것이므로, 불합리한 연대 책임에서 벗어나는 근거가 된다. ㄹ. 근대 민법의 기본 원리는 현대 사회에서도 기본적으로 적용되는 원리이다.

바로알기 | ㄱ. 자신의 행동에 주의를 기울였다면 책임을 지지 않는다는 의미에서 자기 책임의 원칙이라고도 불리는 것은 과실 책임의 원칙이다. ㄴ. 사회·경제적 강자가 약자를 지배하거나 자신의 책임을 회피하는 수단으로 악용될 수 있는 것은 근대 민법의 기본 원리이다.

336 제시된 법률 조항들은 공통적으로 무과실 책임의 원칙을 추구하고자 한다. ㄱ. 무과실 책임의 원칙을 비롯한 수정·보완된 근대 민법의 기본 원리들은 권리의 사회성과 공공성을 고려하는 방향으로 수정 및 보완되었다. ㄷ. 무과실 책임의 원칙은 가해자에게 고의나 과실이 없더라도 타인에게 피해를 준 경우 일정한 요건에 따라 책임을 져야 한다는 원칙이다.

바로알기 | ㄴ은 소유권 공공복리의 원칙에 대한 설명이다. ㄹ. 근대 자본주의의 발전 과정에서 여러 문제점이 발생한 것을 계기로 과실 책임의 원칙은 무과실 책임의 원칙으로 수정 및 보완되었다.

337 (가)는 소유권 공공복리의 원칙, (나)는 사적 자치의 원칙, (다)는 계약 공정의 원칙, (라)는 과실 책임의 원칙이다. ① 소유권 공공복리의 원칙은 개인의 소유권 행사라도 공공복리를 위해 필요한 경우 제한할 수 있다는 원칙이다. ③ 최저 임금을 지키지 않은 근로 계약은 사용자와 근로자 사이에 맺어진 불공정한 계약으로서 해당 근로 계약 조항은 계약 공정의 원칙에 근거하여 무효가 되어 법적 효력이 발생하지 않을 수 있다. ④ 과실 책임의 원칙은 자신의 고의나 과실이 있는 경우에만 책임을 진다는 것으로서 이에 따르면 자신에게 고의나 과실이 없는 경우 책임을 부담하지 않는다.

바로알기 | ⑤ 현대 사회에서도 기본적으로 사적 자치의 원칙이 적용되며, 계약의 내용이 사회 질서에 위반되는 등 일정한 상황이 발생하면 예외적으로 계약 공정의 원칙이 적용된다.

11 재산관계와 법

개념 확인 문제

89쪽

338 ㉠ 승낙 ㉡ 의무(채무) **339** (1) 없다 (2) 있다 (3) 있다
340 (1) 불법 행위 (2) 손해 배상 **341** (1) × (2) ○

난이도별 필수 기출

90~97쪽

342 ⑤	343 해설 참조		344 ⑤	345 ④	346 ①
347 ③	348 ④	349 ④	350 ①	351 ②	352 ④
353 ①	354 ③	355 ⑤	356 ⑤	357 ②	358 ③
359 ④	360 ④	361 해설 참조		362 ③	363 ③
364 ②	365 ⑤	366 ②	367 ④	368 ①	
369 해설 참조		370 ②	371 ②	372 ④	373 ②
374 ②	375 ⑤	376 ③	377 ④		

342 ㉠은 계약이다. ① 계약이 성립되기 위해서는 계약의 내용이 실현 가능하고 적법해야 하며, 선량한 풍속과 기타 사회 질서에 반하지 않아야 한다. ②, ③ 계약은 계약 당사자가 의사 능력과 행위 능력을 갖추어야 성립하는데, 의사 능력이 없는 자의 계약은 무효가 되며 행위 능력이 제한된 자의 계약은 취소할 수 있다. ④ 계약은 계약을 체결하고 싶다는 의사 표시인 청약과 이를 받아들이겠다는 의사 표시인 승낙이 합치된 때에 성립한다.

바로알기 | ⑤ 사회 질서에 반하는 계약은 무효가 되어 법률 행위의 효력이 처음부터 당연히 발생하지 않는다.

343 모범 답안 (1) 을에게서 부동산 대금을 받을 권리와 을에게 부동산을 인도해야 할 의무가 생긴다.
(2) 갑에게서 부동산을 인도받을 권리와 갑에게 부동산 대금을 지급해야 할 의무가 생긴다.

344 (가)는 권리 능력, (나)는 의사 능력, (다)는 행위 능력이다. 사람은 생존한 동안 권리와 의무의 주체가 되므로 모든 사람은 권리 능력을 지니게 된다(ㄱ, ㄴ, ㄷ). 일반적으로 18세인 자는 의사 능력이 있다고 보며(ㄴ, ㄷ), 민법상 19세 이상은 성년자로서 행위 능력을 갖게 된다(ㄷ).

345 ㄴ. 의사 능력이 없는 자의 법률 행위는 무효가 되어 특정인의 주장이 없어도 법률 행위의 효력이 처음부터 발생하지 않는다. ㄹ. 제한 능력자의 법률 행위는 취소할 수 있는데, 취소한 법률 행위는 처음부터 무효인 것으로 본다.

바로알기 | ㄱ. 사람은 생존한 동안 권리 능력을 가지므로 어린아이가 법정 대리인의 동의를 통해 권리 능력을 갖게 되는 것은 아니다. ㄷ. 만취 상태는 의사 무능력 상태이므로 만취 상태에서의 계약은 무효가 된다.

346 ① 갑과 을 간의 금전 차용 계약이 성립하였으므로 돈을 갚아야 할 의무가 있는 갑은 채무자, 돈을 갚으라고 요구할 권리가 있는 을은 채권자가 된다.

바로알기 | ② 신의 성실의 원칙은 갑, 을 모두에게 적용된다. ③ ㉠은 계약을 체결하고 싶다는 의사 표시를 한 것이므로 청약에 해당하며, ㉡은 청약을 받아들이겠다는 의사 표시를 한 것이므로 승낙에 해당한다. ④

갑과 을의 계약은 계약서를 작성한 시점부터 성립하는 것이 아니라, 청약과 승낙이 이루어진 시점부터 성립한다. ⑤ 갑이 을에게 돈을 갚지 않은 것은 채무 불이행에 해당하며, 을은 갑의 채무 불이행으로 인해 손해가 발생한 경우 갑에게 손해 배상을 청구할 수 있다.

347 미성년자가 법정 대리인의 동의 없이 단독을 체결한 계약이나 속임수, 협박, 강요에 의해 의사 표시를 한 경우는 계약을 취소할 수 있다. 갑이 을이 개발한 메뉴인 것처럼 광고하여 손님을 속인 것은 속임수에 의해 맺은 계약에 해당하며, 속임수로 인해 맺은 계약은 취소할 수 있다.

바로알기 | ①, ④, ⑤ 의사 무능력자의 계약, 계약 내용을 실현할 수 없는 계약, 선량한 풍속을 위반한 계약은 무효이다.

348 ㄱ, ㄷ. 갑이 을에게 2천만 원을 빌려달라고 한 의사 표시는 청약에 해당하며, 갑의 제안을 수락한 을의 의사 표시는 승낙에 해당한다. 이로써 계약이 성립하며 갑은 채무자, 을은 채권자가 된다. ㄹ. 계약서에 공증을 받으면 분쟁이 일어났을 때 재판 과정에서 유력한 증거로 활용될 수 있다.

바로알기 | ㄴ. 갑과 을의 계약은 청약과 승낙이 합치된 때인 2019년 3월 6일에 성립되었다.

개념 보충

계약

의미	일정한 법률 효과를 발생시킬 목적으로 사람들 사이에 이루어지는 합의 또는 약속
법적 효과	당사자에게 계약에서 정한 권리(채권)와 의무(채무) 발생
성립 시점	계약 당사자 간 청약과 승낙의 의사 표시가 합치된 때
성립 요건	계약 당사자가 의사 능력과 행위 능력을 갖고 있어야 함. 계약 내용이 적법하고 실현 가능해야 하며 선량한 풍속이나 기타 사회 질서에 반하지 않아야 함

349 ㄴ. 갑과 소속사가 체결한 계약과 같이 불공정한 계약은 무효가 되며, 갑은 이를 근거로 무효 소송을 제기하였을 것이다. ㄹ. 갑과 소속사가 체결한 전속 계약은 계약을 체결하고 싶다는 소속사의 의사 표시인 청약과 이를 받아들이는 갑의 승낙에 의해 성립되었다.

바로알기 | ㄱ. 갑과 소속사가 체결한 계약은 불공정한 계약이 되므로 법원은 계약 공정의 원칙을 적용하여 갑의 청구를 인용하였다. ㄷ. 제시된 사례에서 전속 계약 체결 시 갑이 법정 대리인의 동의를 받았는지 여부는 알 수 없다.

350 A는 계약, B는 청약, C는 승낙이며, D와 E는 각각 권리와 의무 중 하나이다. ① 계약은 청약과 승낙의 의사 표시가 합치되면 성립되는데, 이때 특별한 계약 방식이 정해져 있는 것은 아니므로 당사자 간 구두(口頭)에 의해서도 성립된다.

바로알기 | ② 청약은 계약을 체결하고 싶다는 의사 표시로서 계약서를 작성한 시점부터 효력이 발생하는 것은 아니다. ③ 금전이 필요한 사람이 이자 지급을 약속하면서 돈을 빌려달라고 요청하는 것은 계약을 체결하고 싶다는 의사를 표시한 것이므로 청약의 사례에 해당한다. ④ 권리와 의무는 모두 신의 성실의 원칙의 적용을 받는다. ⑤ D가 '의무'이면, E는 '권리'이다. 채무자가 의무(채무)를 이행하지 않아 상대방에게 손해가 발생하면 이에 따른 손해 배상 책임을 질 수 있다.

351 ㄱ. 갑이 을에게 피자를 주문하는 것은 계약을 체결하고 싶다는 의사 표시이므로 청약에 해당한다. ㄷ. 을의 응답은 갑의 청약을 받아들이겠다는 의사 표시이므로 승낙에 해당한다. 갑의 청약과 을의 승낙의 의사 표시가 합치되어 계약이 성립되었으므로 을은 갑에게 피자를 배달해야 하는 채무를 지게 된다.

바로알기 | ㄴ. 을이 갑의 피자 배달 주문을 받아들여 갑의 청약과 을의 승낙의 의사 표시가 합치된 시점에 계약이 성립한다. ㄹ. 계약 내용을 문서로 작성해야만 계약의 효력이 발생하는 것은 아니다.

352 ㄴ. (가)에서 갑의 청약과 을의 승낙의 의사 표시가 합치됨으로써 계약이 성립되었다. ㄹ. 을은 약속한 시간에 피자를 배달해야 할 의무가 있는데 이를 이행하지 않았으므로, 갑에게 채무 불이행에 대한 책임을 지게될 수 있다.

바로알기 | ㄱ. 갑의 피자 주문은 청약에 해당하며, 승낙의 표시없이 청약의 표시만으로 계약이 성립되지는 않는다. ㄷ. 계약이 성립된 이후에는 당사자 중 한 사람이 일방적으로 계약을 취소할 수는 없는 것이 원칙이다.

353 ① A가 중고 거래 사이트에 중고 카메라를 판매한다는 글을 올리는 것은 계약을 체결하고 싶다는 청약의 의사 표시가 된다.

바로알기 | ② A의 청약에 대한 B의 승낙은 (다)에서 이루어졌다. ③ 계약이 성립되면 계약 당사자인 A, B 모두에게 채권과 채무가 발생한다. ④ A와 B의 계약은 청약과 승낙이 합치된 때 성립한다. ⑤ 계약 시 신중하고 안전한 거래를 위해 계약 내용을 문서로 작성하는 것이 좋지만 이는 의무 사항이 아니며, 계약 내용을 반드시 문서로 작성해야만 계약의 효력이 발생하는 것은 아니다.

354 (가)는 무효, (나)는 취소, (다)는 확정적 유효이다. ㄷ. 미성년자가 법정 대리인의 동의를 받은 것처럼 속인 경우 취소권이 배제되므로, 해당 계약은 유효한 계약이 된다. ㄹ. 법정 대리인이 미성년자에게 범위를 정하여 처분을 허락한 재산을 처분하는 행위는 미성년자가 단독으로 할 수 있는 법률 행위에 속하므로, 해당 계약은 유효한 계약이 된다.

바로알기 | ㄱ. 계약 시 계약서를 작성하는 것은 의무 사항이 아니므로 갑이 전동 자전거를 구입한 행위는 유효한 계약이 된다. ㄴ. 만취 상태의 계약은 의사 능력이 없는 자의 계약이 되므로 무효가 된다.

355 미성년자는 원칙적으로 법정 대리인의 동의를 얻어야만 유효한 법률 행위를 할 수 있다. 다만 용돈과 같이 법정 대리인이 범위를 정하여 처분을 허락한 재산의 처분 행위, 권리만을 얻거나 의무만을 면하는 행위, 허락된 영업에 관한 행위, 임금 청구 행위 등은 법정 대리인의 동의 없이 미성년자 단독으로 할 수 있는 법률 행위이다.

바로알기 | ⑤ 미성년자가 고가의 명품 운동화를 구입하는 경우에는 법정 대리인의 동의를 얻어야 유효한 법률 행위가 된다.

356 병. 미성년자와 거래한 상대방은 거래 당시 미성년자임을 몰랐을 경우 미성년자의 법정 대리인의 추인이 있기 전까지 거래의 의사 표시를 철회할 수 있다. 정. 미성년자가 거래 상대방을 속여 성인인 것처럼 행동하거나 법정 대리인의 동의를 받은 것처럼 믿게 한 경우 취소권이 배제된다.

바로알기 | 갑. 미성년자와 거래한 상대방은 미성년자의 법정 대리인에게 계약의 취소 여부를 확정하도록 요구할 수 있다. 을. 미성년자와 거래한 상대방이 거래 당시 미성년자임을 알았을 경우에는 철회권을 행사할 수 없다.

357 갑, 을은 모두 미성년자이다. 미성년자는 원칙적으로 법률 행위를 할 경우 법정 대리인의 동의를 얻어야 하는데, 만약 법정 대리인의 동의 없이 법률 행위를 하였다면 미성년자 본인 또는 법정 대리인이 법률 행위를 취소할 수 있다.

바로알기 | ① 갑과 을은 의사 무능력자로 보기 어려우며, 의사 능력이 없는 자의 계약은 무효가 된다. ③, ④ 미성년자가 단독으로 행한 법률 행위는 일단은 유효한 법률 행위이지만, 본인이나 법정 대리인이 취소할 수 있다. ⑤ 민법상 계약은 당사자 간 자유로운 의사에 의해 이루어질 뿐이며, 행정 관청의 허가를 받아야 이루어지는 것은 아니다.

개념 보충

미성년자와 거래한 상대방의 보호

확답을 촉구할 권리	거래 상대방은 미성년자의 법정 대리인에게 계약의 취소 여부를 확정하도록 요구할 수 있음
철회권	거래 상대방은 해당 거래에 대한 미성년자의 법정 대리인의 확답(추인)이 있기 전까지 거래의 의사 표시를 철회할 수 있음(단, 거래 당시 미성년자임을 몰랐을 경우만 해당함)
취소권의 배제	미성년자가 거래 상대방을 속여 성인인 것처럼 행동하거나 법정 대리인의 동의를 받은 것처럼 믿게 한 경우 취소권이 배제됨

358 ㄴ. 미성년자인 갑이 법정 대리인의 동의 없이 을과 고가의 자전거 매매 계약을 체결하였으므로, 갑의 법정 대리인은 갑과 을의 계약을 취소할 수 있다. ㄷ. 을이 철회권을 행사하기 위해서는 계약 당시 갑이 미성년자임을 몰랐어야 하는데, 만약 갑이 미성년자임을 알았다면 을은 갑과의 계약에 대해 철회권을 행사할 수 없다.

바로알기 | ㄱ. 제한 능력자인 갑이 단독으로 맺은 (가)의 계약은 본인이나 법정 대리인이 취소 가능한 계약일 뿐, 무효가 되는 계약은 아니다. 또한 병은 법정 대리인의 동의를 받은 것처럼 정을 속여서 계약을 하였으므로, (나)의 계약은 취소권이 배제되어 유효한 계약이 된다. ㄹ. 병과 정의 계약은 유효한 계약이 되므로, 병 또는 병의 법정 대리인은 계약을 취소할 수 없다.

359 ㄴ. 갑의 법정 대리인은 미성년자인 갑이 단독으로 맺은 계약을 취소할 수 있다. ㄹ. 미성년자인 갑과 거래한 을은 갑의 법정 대리인에게 계약의 취소 여부를 확정하도록 요구할 수 있다.

바로알기 | ㄱ. 법정 대리인의 동의 없이 맺은 계약의 경우 미성년자 본인 또는 법정 대리인이 취소할 수 있는데, 미성년자가 계약을 취소할 때 법정 대리인의 동의를 받을 필요는 없다. ㄷ. 계약 당시 갑은 자신이 열일곱 살임을 밝혔다. 즉, 을은 갑이 행위 능력이 제한되는 미성년자임을 알았으므로 철회권을 행사할 수 없다.

360 A, B, C는 모두 미성년자이다. ㄴ. B는 D와 계약할 당시 부모의 동의를 받았으므로, 이 계약은 유효한 계약이 되어 B 또는 B의 부모가 계약을 취소할 수 없다. 이와 달리 A는 D와 계약할 당시 부모의 동의를 받지 않았으므로, A 또는 A의 부모가 계약을 취소할 수 있다. ㄹ. D는 A와 계약할 당시 A가 미성년자임을 몰랐으므로, A의 부모의 확답이 있기 전까지 철회권을 행사할 수 있다.

바로알기 | ㄱ. B가 D와 맺은 계약은 법정 대리인의 동의를 받은 유효한 계약이므로, B의 부모는 이를 취소할 수 없다. ㄷ. C는 D와 계약할 당시 부모의 동의서를 위조하였으므로 취소권이 배제된다.

361 모범 답안 (1) 불법 행위

(2) 불법 행위의 성립 요건에는 가해 행위, 고의 또는 과실, 위법성, 손해의 발생, 상당 인과 관계, 책임 능력이 있다.

362 불법 행위의 성립 요건은 가해 행위, 고의 또는 과실, 위법성, 손해의 발생, 상당 인과 관계, 책임 능력이 있는데 이 요건을 모두 충족해야만 불법 행위가 성립된다. ③ 불법 행위가 성립되려면 가해자의 행위에 위법성이 있어야 하는데, 이는 법이 보호할 가치가 있는 이익을 침해하거나 법이 금지한 행위를 한 경우에 해당한다.

바로알기 | ①, ② 불법 행위가 성립되기 위해서는 가해자의 행위 때문에 피해자에게 손해가 발생해야 하며, 이때 손해는 재산적인 손해뿐만 아니라 정신적인 손해도 포함한다. ④ 불법 행위는 가해자의 고의와 과실을 구분하지 않으므로, 일부러 피해를 주기 위해 한 행위뿐만 아니라 실수로 저지른 행위에 의해서도 불법 행위가 성립될 수 있다. ⑤ 가해자에게 자신의 위법한 행위에 대해 책임질 수 있는 경제적 능력이 있는지 여부는 불법 행위의 성립 요건에 포함되지 않는다.

363 ③ 손해 배상은 금전 배상을 원칙으로 하며, 재산적 손해뿐만 아니라 정신적 손해에 대해서도 배상해야 한다.

바로알기 | ① 손해 배상은 과실 책임주의가 원칙이며, 일정한 상황에서 예외적으로 무과실 책임주의가 적용된다. ② 배상금이 합의된 뒤 합의 당시에는 예상하지 못한 심각한 후유증이 발생할 경우에도 별도의 배상이 인정된다. ④ 손해 배상금은 치료비, 임금 손실분, 장애로 인해 앞으로 예상되는 수입 감소분, 정신적인 고통에 대한 위자료 등을 종합적으로 고려하여 산정한다. ⑤ 타인의 명예를 훼손한 경우 손해 배상과 함께 피해자의 청구에 따라 법원이 정정 보도와 같은 명예 회복에 필요한 적당한 처분을 내릴 수 있다.

364 (가)는 책임 능력, (나)는 위법성이다. ㄱ. 일반적으로 유아, 심신상실자 등은 책임 능력이 없다고 본다.

바로알기 | ㄴ. 가해자의 행위가 정당방위로 인정되면 위법성이 조각된다. ㄷ. 책임 능력과 위법성은 모두 불법 행위의 성립 요건에 해당한다.

365 불법 행위는 가해 행위와 피해자의 손해 사이에 상당 인과 관계가 있어야 성립한다. 법원은 갑이 교통사고를 당한 것과 갑의 신경증이 심해진 것 간에 상당 인과 관계가 인정되지 않아 불법 행위가 성립하지 않는다고 보았으며, 이에 따라 손해 배상 책임을 물을 수 없다고 판단하였다.

366 ㄱ. 을은 갑이 지나가는 것을 알지 못한 채 과속으로 운전을 하였으므로, 을이 갑을 차량으로 친 행위는 과실로서 불법 행위의 성립 요건에 해당한다. ㄹ. 소비자들이 광고 전화에 시달린 것은 손해가 발생한 것이므로, 병이 보험 회사에 소비자들의 전화번호를 제공한 것이 손해 발생의 원인임이 증명되면 가해 행위와 손해 발생 간 상당 인과 관계가 인정되어 불법 행위가 성립된다.

바로알기 | ㄴ. 을이 보행이 금지된 고속도로를 운전 중이었다고 하더라도 을의 운전 행위 때문에 갑이 차량에 치여 숨졌으므로 을의 행위와 갑의 손해 간에 인과 관계는 인정된다. ㄷ. 소비자들이 광고 전화에 시달린 것 자체로 정신적 손해가 발생한 것이다.

367 제시된 사례에서 법원은 임차인인 을에게는 점유자 책임이 없다고 보고 소유자인 병에게 손해 배상 책임이 있다고 판결하였으므로, 공작물 소유자의 배상 책임이 나타나 있다. 공작물 등의 설치 또는 보존상의 하자로 타인에게 손해를 가한 경우 점유자가 1차적으로 손해 배상 책임을 지는데, 점유자가 손해 방지를 위한 주의를 다하였음을 증명하면 책임이 면제되고 공작물 등의 소유자가 무과실 책임을 지게 된다.

368 ㄱ. 책임 능력이 없는 미성년자가 타인에게 손해를 가한 경우 이를 감독할 법정 의무가 있는 자가 손해 배상 책임을 질 수 있다. ㄴ. 피용자가 업무와 관련하여 타인에게 손해를 가한 경우 사용자는 피용자의 선임 및 사무 감독상의 과실에 대해 손해 배상 책임을 질 수 있다.

바로알기 | ㄷ. 아르바이트생이 업무와 관련하여 타인에게 손해를 가한 경우라면 사용자가 배상 책임을 질 수 있다. C는 책임 능력이 있기 때문에 일정한 상황에서 C의 부모가 C의 불법 행위에 대한 책임을 지더라도 이는 특수 불법 행위 책임이 아닌 일반 불법 행위 책임이 된다. ㄹ. 점유하는 동물이 타인에게 손해를 가한 경우 동물의 점유자가 손해 배상 책임을 지게 된다. 한편, 점유자가 동물의 보관에 상당한 주의를 기울였음을 증명하면 책임이 면제된다.

369 모범 답안 (가)에서는 책임 능력이 있는 A의 행위로 인하여 옆집 유리창이 깨지는 피해가 발생하였으므로, A의 행위는 불법 행위로 성립될 수 있다. 이와 달리 (나)에서는 B의 행위로 인하여 옆집 유리창이 깨지는 피해가 발생하였으나 B는 5세로서 책임 능력이 없으므로, B의 행위는 불법 행위로 성립될 수 없다.

370 ② A는 17세로서 자신의 행위로 인해 일정한 결과가 발생한다는 것을 인식할 수 있는 책임 능력이 있지만, 5세인 B는 책임 능력이 없다.
바로알기 | ① B의 부모는 책임 무능력자의 감독자 책임을 질 수 있는데, 이때 손해 배상은 금전 배상이 원칙이다. ③ 책임 능력이 있는 A의 행위는 불법 행위에 해당할 수 있지만, 책임 능력이 없는 B의 행위는 불법 행위에 해당하지 않는다. ④ A는 책임 능력이 있는 미성년자이므로 A의 행위는 일반 불법 행위로 성립될 수 있으며, 미성년자 본인인 A 또는 A의 법정 대리인이 일반 불법 행위에 대한 책임을 질 수 있다. ⑤ 불법 행위로 피해를 입은 피해자는 재산적 손해뿐만 아니라 정신적 손해도 배상받을 수 있다.

개념 보충

불법 행위와 특수 불법 행위

불법 행위	고의 또는 과실로 위법하게 다른 사람에게 손해를 끼치는 행위 → 가해 행위, 고의 또는 과실, 위법성, 손해 발생, 상당 인과 관계, 책임 능력을 성립 요건으로 함
특수 불법 행위	타인이나 공동으로 저지른 불법 행위, 사람 또는 물건의 관리 감독 소홀 등 특수한 성립 요건이 정해져 있는 불법 행위 예 책임 무능력자의 감독자 책임, 사용자의 배상 책임, 공작물 점유자 및 소유자의 배상 책임, 동물 점유자의 배상 책임, 공동 불법 행위자 책임

371 ② 피용자 B의 불법 행위가 성립해야만 사용자 A가 B의 선임 및 그 사무 감독상의 과실에 대한 손해 배상 책임을 지게 된다.
바로알기 | ① A와 B가 공동으로 C에게 손해를 가한 경우가 아니기 때문에 A와 B가 공동 불법 행위자의 책임을 지는 것은 아니다. ③ 피해를 입은 C는 사용자 A 또는 피용자 B에게 손해 배상을 청구할 수 있다. ④ 사용자 A가 C에게 특수 불법 행위 책임을 진다고 해서 C에 대한 피용자 B의 손해 배상 책임이 면책되는 것은 아니다. ⑤ 피용자 B가 C에게 일반 불법 행위 책임을 질 경우 사용자 A는 C에 대한 손해 배상 책임이 없어진다.

372 피용자인 A는 업무와 관련하여 갑에게 손해를 입혔으므로 불법 행위 책임을 질 수 있고, 사용자인 B는 A의 선임 및 그 사무 감독상의 과실에 대해 사용자의 배상 책임을 질 수 있다. 한편, 8세인 C는 책임 능력이 없으므로 불법 행위 책임을 지지 않지만, D는 C를 감독할 법적 의무가 있는 자이므로 책임 무능력자의 감독자 책임을 질 수 있다. 따라서 손해 배상 책임을 질 수 있는 사람은 A, B, D이다.

373 ② 공작물의 점유자인 을의 책임이 면제되면 공작물의 소유자인 병이 무과실 책임을 지게 된다.
바로알기 | ①, ③ 공작물의 점유자인 을은 손해 방지를 위한 주의를 다하였음을 증명하면 손해 배상 책임이 면제되며, 이 경우 소유자인 병은 과실 여부와 관계없이 책임을 진다. ④ 을에게 고의가 없더라도 과실이 있다면 을은 손해 배상 책임을 진다. ⑤ 공작물의 점유자인 을이 손해 배상 책임을 지는 경우와 공작물의 소유자인 병이 손해 배상 책임을 지는 경우 모두 특수 불법 행위 책임에 해당한다.

374 ② 건물주인 을의 과실로 인해 위법하게 갑에게 전치 4주의 손해가 발생하였으므로, 을의 행위는 불법 행위로 볼 수 있다. 즉, 을의 불법 행위로 인해 갑에게 손해가 발생하였음을 알 수 있다.
바로알기 | ① 을이 재건축 과정에서 안전장치를 설치하지 않은 것은 과실에 해당한다. ③ 을이 안전장치를 설치하지 않은 행위로 인해 갑이 손해를 입었으므로, 을의 행위와 갑의 손해 사이에 상당 인과 관계가 존재한다. ④ 건축 자재가 무너질 것이라고 예상하지 못한 것은 위법성 조각 사유가 되지 못하며, 을의 행위로 갑이 위법하게 손해를 입었으므로 을의 행위에는 위법성이 존재한다. ⑤ 을의 지위와 연령 등을 고려할 때 을에게 자신의 행위가 다른 사람의 법익을 침해할 것이라고 인식하는 책임 능력이 없다고 판단하기 어렵다.

375 ㄴ. 갑은 재산적 손해에 대한 배상뿐만 아니라 정신적 손해에 대한 위자료도 지급받을 수 있다. ㄷ. 갑과 을이 손해 배상액을 합의한 이후 합의 당시에는 예상하지 못한 심각한 손해가 발생한 경우 후발 손해에 대해서도 추가 배상을 받을 수 있다. ㄹ. 갑이 치료 기간에 받지 못한 임금의 손실분도 재산적 손해가 되므로, 을은 임금의 손실분까지 포함하여 갑에게 손해 배상금을 지급해야 한다.
바로알기 | ㄱ. 불법 행위는 고의와 과실을 구분하지 않으므로, 과실에 의한 행위라고 하더라도 불법 행위가 성립한다.

376 ③ 동물이 타인에게 손해를 입힌 경우 그 동물의 점유자가 배상 책임을 진다. 동물의 점유자인 정은 개를 소홀히 관리하였음을 고려할 때 책임이 면제된다고 보기 어려우므로, 정은 무에게 발생한 손해에 대해 배상 책임을 진다.
바로알기 | ① 9세로서 책임 능력이 없는 갑의 행위는 불법 행위가 성립하지 않으므로, 을은 갑에게 불법 행위 책임을 물을 수 없다. ② 병과 정이 공동으로 무에게 손해를 가한 경우가 아니므로, 병과 정이 공동 불법 행위자의 책임을 지지는 않는다. ④ 을과 무는 모두 재산적 손해뿐만 아니라 정신적 손해에 대한 배상도 청구할 수 있다. ⑤ 갑은 책임 무능력자로서 손해 배상 책임을 지지 않으며, 병은 동물의 소유자로서 손해 배상 책임을 지지 않는다. 이와 달리 정은 동물의 점유자 책임을 지므로 정에게만 특수 불법 행위 책임이 인정된다.

개념 보충

책임 무능력자의 감독자 책임과 동물 점유자의 배상 책임

책임 무능력자의 감독자 책임	책임 능력이 없는 미성년자나 심신 상실자가 타인에게 손해를 입힌 경우 이를 감독할 법정 의무가 있는 자가 배상 책임을 짐
동물 점유자의 배상 책임	동물이 타인에게 손해를 입힌 경우 그 동물의 점유자가 배상 책임을 짐

377 ㄴ. 갑은 동물의 점유자이며 자신이 점유하는 개가 타인에게 손해를 가하였으므로, 동물 점유자의 배상 책임을 지게 된다. ㄹ. 을은 7세로서 책임 능력이 없으며, 을의 행위는 긴급 피난으로서 위법성이 조각되므로 불법 행위가 성립하지 않는다. 따라서 을의 부모는 병에게 책임 무능력자의 감독자 책임을 지지 않는다.

바로알기 | ㄱ. 갑과 을의 부모가 공동으로 병에게 손해를 가한 것이 아니므로, 공동 불법 행위자의 책임을 지는 것은 아니다. ㄷ. 불법 행위에 있어서는 고의와 과실을 구분하지 않는데, 갑의 행위에 고의가 없더라도 과실이 있다면 손해 배상 책임을 지게 된다.

12 가족관계와 법

개념 확인 문제 99쪽

378 (1) × (2) ○ (3) ○ **379** (1) - ㉠ (2) - ㉡ **380** ㉠ 친생자 ㉡ 양자 **381** (1) 양부모 (2) 가정 (3) 비속

난이도별 필수 기출 100~107쪽

382 해설 참조 383 ④ 384 ③ 385 해설 참조
386 ① 387 ④ 388 ③ 389 ④ 390 ② 391 ④
392 ① 393 ① 394 ② 395 ② 396 ① 397 ②
398 ③ 399 ⑤ 400 ③ 401 ④ 402 ② 403 ⑤
404 ④ 405 ⑤ 406 ④ 407 해설 참조 408 ②
409 ② 410 해설 참조 411 ① 412 ③ 413 ②
414 ④ 415 ④ 416 ⑤

382 모범 답안 (1) 당사자 모두 혼인의 의사가 있어야 하고, 법적으로 혼인 가능한 나이여야 하며, 법적으로 혼인할 수 없는 친족 관계가 아니어야 하고, 중혼이 아니어야 한다.
(2) 혼인의 형식적 요건은 혼인 신고를 하는 것이며, 혼인 신고를 함으로써 법률혼으로 인정받게 된다.

383 ㄱ. 혼인하려는 사람은 중혼이 아니어야 하므로, 배우자가 있는 사람은 혼인할 수 없다. ㄷ. 혼인의 형식적 요건은 혼인 신고를 하는 것이며, 혼인 신고를 해야만 법률혼의 효력이 생긴다. ㄹ. 혼인은 당사자 모두 자유로운 의사에 기초하여 혼인에 합의한 경우에 성립되며, 당사자 간 혼인의 의사가 없는 경우 혼인은 무효가 된다.
바로알기 | ㄴ. 18세인 미성년자는 부모의 동의를 얻어 혼인할 수 있다.

개념 보충

혼인의 성립 요건

실질적 요건	당사자 모두 혼인의 의사가 있을 것, 법적으로 혼인 가능한 나이일 것, 법적으로 혼인할 수 없는 친족 관계가 아닐 것, 중혼이 아닐 것
형식적 요건	혼인 신고를 할 것

384 ① 부부는 공동생활에 필요한 일상적인 거래 행위를 서로 대리하여 처리할 수 있다. ②, ④ 부부는 원칙적으로 함께 살면서 서로 부양하고 협조해야 하며, 생계를 같이 하는 친족에 대해서 부양 의무를 지게 된다. ⑤ 혼인을 통해 부부는 배우자의 지위를 가지며, 배우자의 일정한 친족과 인척 관계가 형성된다.
바로알기 | ③ 부부 별산제에 의해 혼인 전 취득한 재산은 부부가 따로 소유·관리·처분하며, 혼인 중 부부가 협력하여 취득한 재산은 부부 공동의 재산으로 본다.

385 모범 답안 성년 의제. 혼인한 미성년자는 성년 의제되어 부모의 동의 없이도 단독으로 완전하고 유효한 법률 행위를 할 수 있고, 자신의 자녀에 대해 친권을 행사할 수 있다.

386 (가) A와 B는 모두 성년자이므로 부모의 동의가 없더라도 혼인이 가능하다. (나) C는 성년자이므로 부모의 동의 없이 혼인이 가능하고, D

IV

는 미성년자이지만 부모의 동의를 받았으므로 혼인이 가능하다.

바로알기 | (다) E와 F 사이의 혼인에 대해 E는 자유로운 의사가 있다고 보기 어려우므로, 혼인의 실질적 요건을 갖추지 못하여 유효한 혼인으로 볼 수 없다. (라) 8촌 이내의 혈족이나 6촌 이내의 인척 등 일정한 친족 관계에 있는 자 사이에는 혼인하지 못하므로, G와 H의 혼인은 유효한 혼인으로 볼 수 없다.

387 (가)는 법률혼, (나)는 사실혼이다. ㄱ. 법률혼 관계의 부부는 배우자의 지위를 갖게 되며, 배우자에게는 재산 상속권이 인정된다. ㄴ. 18세인 미성년자가 법률혼을 하면 성년으로 의제되어 민법상 행위 능력이 인정되므로, 성년자와 같이 단독으로 완전하고 유효한 법률 행위를 할 수 있다. ㄹ. 부부간 일상 가사 대리권은 법률혼 관계와 사실혼 관계에서 모두 발생한다.

바로알기 | ㄷ. 부부간 동거·부양·협조의 의무는 법률혼 관계와 마찬가지로 사실혼 관계에서도 발생한다.

388 일상 가사로 인해 발생한 채무에 대해서는 부부 중 어느 한쪽이 결정하였더라도 부부가 연대하여 책임을 지도록 하고 있다. 자녀의 대학 등록금은 부부간 일상 가사로 볼 수 있으므로, 부부가 함께 갚아야 할 법적 책임이 존재한다.

389 ① 18세의 미성년자인 갑과 을은 법률혼을 하였으므로 성년으로 의제된다. ② 미성년자가 혼인하여 성년으로 의제되면 이후 이혼, 배우자의 사망 등으로 혼인이 해소되더라도 성년 의제의 효과는 소멸하지 않는다. 따라서 갑과 을은 이혼 후에도 민법상 성년자로 인정된다. ③ 법률혼을 하게 되면 배우자 사이에 상속권이 인정되므로, 병과 정 사이에는 상속권이 발생한다. ⑤ (가), (나)에서 모두 혼인 신고를 하였으므로 혼인의 형식적 요건을 갖추었다.

바로알기 | ④ (가), (나) 모두 혼인 신고를 하였으므로 법률혼으로 인정받는다.

390 ㄱ. 사실혼의 경우 혼인 신고를 전제로 하는 친족 관계 형성이나 상속권 등을 제외하고는 법적 효력이 발생하므로, 갑과 을은 일상 가사에 대한 책임을 공동으로 지게 된다. ㄹ. 병과 정이 혼인 신고를 하였다면 법률혼이 되므로, 18세로서 미성년자인 병과 정이 성년으로 의제되어 단독으로 유효한 법률 행위를 할 수 있다.

바로알기 | ㄴ. 사실혼의 경우도 일상 가사 대리권 등의 법적 권리와 동거·부양·협조의 의무와 같은 법적 의무가 발생하며, 일정한 상황에서 법적인 보호를 받을 수 있다. ㄷ. 18세인 미성년자의 경우 부모의 동의를 얻어 혼인할 수 있는데, 혼인 신고를 하게 되면 법률혼이 되어 법률상 부부가 된다.

391 (가)는 사실혼과 법률혼 모두 아닌 상황이며, (나)는 사실혼, (다)는 법률혼에 해당한다. ㄱ. 18세 미성년자인 A, B가 법정 대리인인 부모의 동의를 얻어 혼인을 하고 형식적 요건인 혼인 신고를 마쳐 법률혼으로 인정되므로, (다)에 해당한다. ㄴ. 혼인이 성립하려면 당사자 간 자유로운 의사의 합치가 있어야 하는데, D는 C와 혼인할 의사가 없으므로 해당 혼인은 무효가 된다. 즉, (가)에 해당한다. ㄷ. E와 F는 혼인의 실질적 요건을 갖추었으나 형식적 요건인 혼인 신고를 하지 않은 사실혼 관계에 있으므로, (나)에 해당한다.

392 ① 협의 이혼은 이혼 사유에 제한 없이 당사자 간의 합의로 이루어지는 이혼이다.

바로알기 | ②, ③ 협의 이혼은 원칙적으로 이혼 숙려 기간을 거쳐야 하는데, 그 기간은 양육할 자녀가 있으면 3개월, 없으면 1개월이다. ④ 협의 이혼은 이혼 숙려 기간을 거치고 나서 법원의 이혼 의사 확인을 받은 후 행정 기관에 이혼 신고를 하면 이혼의 효력이 발생한다. ⑤ 재판상 이혼은 정식 소송 전에 법원의 이혼 조정을 거치게 된다.

393 (가)는 재판상 이혼, (나)는 협의 이혼이다. ㄱ. 재판상 이혼을 청구한 경우 법원의 이혼 조정 절차를 거치게 되는데, 이혼 조정으로 당사자 간 합의가 이루어지면 이혼 확정 판결과 동일한 효력이 발생한다. ㄴ. 협의 이혼은 원칙적으로 이혼 숙려 기간을 거쳐야 하는데, 이혼 숙려 기간은 양육할 자녀가 있으면 3개월, 없으면 1개월이다.

바로알기 | ㄷ. 당사자 간의 합의로 이루어지는 이혼은 협의 이혼이며, 재판상 이혼은 법이 정한 사유에 해당하는 경우 법원의 판결에 의하여 혼인 관계를 해소시키는 이혼이다. ㄹ. 이혼에 책임이 있는 당사자도 재산 분할 청구권을 행사할 수 있다.

394 ① 배우자의 부정한 행위는 재판상 이혼 사유가 된다. ③ ㉢은 재판상 이혼인데, 재판상 이혼은 법원의 판결을 통해서 이루어지는 이혼이다. ④ 이혼 당사자 중 일방은 다른 일방에게 혼인 중 취득한 재산에 대한 분할 청구권을 가진다. ⑤ 갑과 을에게는 유치원에 다니는 자녀, 즉 양육할 자녀가 있으므로 협의 이혼 시 원칙적으로 3개월의 이혼 숙려 기간을 거쳐야 한다.

바로알기 | ② 배우자의 부정한 행위가 있어 협의 이혼을 한 경우 유책 배우자에게 위자료를 청구할 수 있다.

395 법원의 판결로 이혼이 이루어지는 것은 재판상 이혼이므로 A는 협의 이혼, B는 재판상 이혼이다. ㄱ. 협의 이혼은 당사자 간의 합의로 이루어지는 이혼이므로 이혼 사유에 제한이 없다. ㄷ. 협의 이혼과 재판상 이혼은 모두 미성년인 자녀를 양육하지 않는 부 또는 모 등과 그 자녀에게 면접 교섭권이 발생한다.

바로알기 | ㄴ. 재판상 이혼은 법원의 판결이 확정된 때에 이혼의 효력이 발생한다. ㄹ. 협의 이혼은 이혼 숙려 기간을 거쳐야 하지만, 재판상 이혼은 이혼 숙려 기간을 거치지 않기 때문에 주어진 질문은 (가)에 들어갈 수 없다.

396 ② C와 D는 혼인 신고를 마쳤으므로 혼인의 형식적 요건을 갖추었다. ③ 법률혼을 하면 배우자 상호 간에 상속권이 발생하므로, C가 사망할 경우 D는 법정 상속권을 가진다. ④ 법률혼 관계에서 태어난 자녀는 혼인 중의 출생자가 되지만, 사실혼 관계에서 태어난 자녀는 혼인 외의 출생자가 되며 인지 절차를 통해 친자 관계가 인정된다. ⑤ 법률혼을 하면 일정한 친족 관계가 형성되지만, 사실혼의 경우는 친족 관계가 형성되지 않는다.

바로알기 | ① A와 B는 혼인의 의사가 없기 때문에 혼인의 실질적 요건을 갖추지 못하였다.

397 ② 이혼을 하게 되면 갑과 을 중 미성년인 자녀를 양육하지 않는 사람에게는 면접 교섭권이 발생한다.

바로알기 | ① 갑과 을은 재판상 이혼을 하였는데, 재판상 이혼은 법원의 판결이 확정된 때에 이혼의 효력이 발생한다. 또한 이혼 신고는 법원이 아닌 행정 기관에 해야 한다. ③ 이혼에 책임이 있는 유책 배우자라고 하더라도 혼인 중 취득한 재산에 대한 분할 청구권을 가진다. ④ 협의 이혼을 진행하는 과정에서 이혼 숙려 기간을 갖게 된다. ⑤ 을의 도박이 갑과 을의 혼인 중 발생한 일상 가사로 보기는 어렵기 때문에 갑은 일상 가사 대리를 이유로 을의 채무에 대해 연대 책임을 지지는 않는다.

398 ㄴ. 재판상 이혼은 법에 정한 이혼 사유가 있어야 이루어진다. 갑의 청구로 재판상 이혼이 진행되었고 법원의 판결로 이혼이 성립되었으므로, 을의 행위는 법에 정한 이혼 사유에 해당한다고 볼 수 있다. ㄷ. 갑과 을은 양육할 자녀가 있으므로, 협의 이혼 과정에서 원칙적으로 3개월의 이혼 숙려 기간을 거쳐야 한다.

바로알기 | ㄱ. 재판상 이혼은 당사자 간 합의 여부와 관계없이 당사자 일방의 청구로 가능하다. ㄹ. 협의 이혼은 행정 기관에 이혼 신고를 하면 이혼의 효력이 발생하지만, 재판상 이혼은 법원의 판결이 확정된 때에 이혼의 효력이 발생한다.

399 (가)는 재판상 이혼, (나)는 협의 이혼과 관계 깊다. ㄴ. 협의 이혼은 재판상 이혼과 달리 원칙적으로 양육할 자녀가 있을 때는 3개월, 자녀가 없을 때는 1개월의 이혼 숙려 기간을 거쳐야 한다. ㄷ. 재판상 이혼 또는 협의 이혼이 확정된 경우 미성년인 자녀를 양육하지 않는 부 또는 모에게 면접 교섭권이 발생한다. ㄹ. 재판상 이혼 또는 협의 이혼이 확정된 경우 유책 배우자라고 하더라도 혼인 중 취득한 재산에 대한 분할 청구권을 가진다.

바로알기 | ㄱ. 재판상 이혼은 법원의 판결이 확정된 때에 이혼의 효력이 발생하지만, 협의 이혼은 행정 기관에 이혼 신고를 함으로써 이혼의 효력이 발생한다.

개념 보충

이혼의 유형

협의 이혼	• 의미: 당사자 간의 합의로 이루어지는 이혼 • 절차: 이혼 의사 확인 신청 → 이혼 숙려 기간 → 법원의 이혼 의사 확인 → 행정 기관에 이혼 신고
재판상 이혼	• 의미: 법이 정한 사유가 있는 경우에 법원의 판결로써 강제로 이루어지는 이혼 • 절차: 재판상 이혼 청구 → 이혼 조정 → 이혼 소송(판결) → 행정 기관에 이혼 신고

400 ① 갑과 을은 혼인의 실질적 요건을 갖추고 혼인 신고를 하였으므로 법률혼 관계였다. ③ 갑의 청구로 진행된 소송을 통해 이혼이 이루어졌으므로, 갑과 을 사이에 재판상 이혼이 진행되었다. ④ 이혼한 갑과 을은 모두 혼인 중 취득한 재산에 대한 분할 청구권을 가진다. ⑤ 미성년인 자녀 병을 양육하지 않는 을에게는 병에 대한 면접 교섭권이 발생한다.

바로알기 | ② 갑의 유모차 구매 행위는 자녀 양육을 위한 행위로서 일상 가사의 범위에 속하므로, 을은 갑의 유모차 구매 행위에 대해 연대 책임을 진다.

401 밑줄 친 '이것'은 친권이다. ㄱ. 친권은 부모가 혼인 중인 때에는 공동으로 행사하는 것이 원칙이다. ㄷ. 친권은 자녀가 자신의 명의로 취득한 재산에 대한 관리권, 법률 행위의 동의·대리권, 거소 지정권 등을 내용으로 한다. ㄹ. 부모가 친권을 남용할 경우 일정한 자의 청구에 의하여 가정 법원이 친권의 상실 또는 일시 정지 등을 선고할 수 있다.

바로알기 | ㄴ. 친권은 오늘날 자녀에 대한 부모의 권리로서의 성격보다 보호와 양육의 의무로서의 성격이 더 강하다.

402 ㄴ. 갑과 을은 사실혼 관계로 볼 수 있으며, 사실혼 관계를 해소할 때는 이혼 숙려 기간과 같은 특별한 절차를 필요로 하지 않는다. ㄷ. A는 법원의 판결을 통해 친양자로 입양되었으므로, 갑과 을의 혼인 중 출생자로 간주된다.

바로알기 | ㄱ. 성격 차이는 민법에서 정한 재판상 이혼 사유에 해당하지 않는다. ㄹ. 혼인 신고는 혼인의 형식적 요건에 해당하지만, 결혼식은 혼인의 요건에 해당하지 않는다.

403 ① 혼인 중의 출생자뿐만 아니라 혼인 외의 출생자도 부모와 혈연관계가 있는 자녀인 친생자에 해당한다. ② 친양자 입양을 하게 되면 입양 전의 친족 관계가 종료되므로, 친양자는 친생부모와의 친족 관계가 종료된다. ③ 가정 법원에 친양자 입양을 청구하여 받아들여지면 양부모의 혼인 중의 출생자로 간주된다. ④ 양자로 입양되었는지 친양자로 입양되었는지에 관계없이 법정 상속분은 같다.

바로알기 | ⑤ 일반 입양된 경우와 달리 친양자로 입양된 경우에는 양부모의 성과 본을 따른다.

404 A는 친생자, B는 혼인 중의 출생자, C는 혼인 외의 출생자, D는 양자이다. ㄴ. 부모는 자녀가 자신의 명의로 취득한 재산에 대한 관리권을 가진다. ㄹ. 일반 입양은 양자의 입양 전 친족 관계에 영향을 미치지 않으므로, 일반 입양된 양자는 입양 전 친족 관계가 소멸하지 않고 유지된다.

바로알기 | ㄷ. 혼인 중의 출생자는 특별한 인지 절차 없이 친생자로 보아 친자 관계가 형성되지만, 혼인 외의 출생자는 인지 절차를 거쳐야 친자 관계가 형성된다.

405 (가)는 친생자, (나)는 친양자, (다)는 일반 입양에 의한 양자이다. ⑤ 일반 입양된 경우에는 친생부모와의 친족 관계가 종료되지 않아 입양 전 친족 관계가 유지된다. 이와 달리 친양자로 입양된 경우에는 입양 전의 친족 관계가 종료된다.

바로알기 | ① 친생자 중 혼인 중의 출생자는 인지 절차 없이 출생한 때부터 친자 관계가 형성된다. ② 친양자는 양부모의 혼인 중의 출생자로 간주된다. ③ 친양자와 일반 입양에 의한 양자는 모두 양부모의 재산에 대한 상속권을 갖는다. ④ 친양자를 입양하려는 사람은 가정 법원에 친양자 입양을 청구하여야 한다.

406 제시된 내용에서 설명하는 유언 방식은 자필 증서 유언이다. 자필 증서에 의한 유언이 유효하려면 유언자가 그 전문과 작성 연월일, 주소, 성명을 자필로 쓰고 날인하는 방식을 반드시 지켜야 한다. 이러한 자필 증서에 의한 유언은 증인을 필요로 하지 않는다.

407 모범 답안 1순위는 피상속인의 직계 비속이고, 2순위는 피상속인의 직계 존속이며, 3순위는 피상속인의 형제자매이고, 4순위는 피상속인의 4촌 이내의 방계 혈족이다.

408 A의 사망 당시 상황을 고려할 때 직계 비속인 D, E, F와 배우자인 C가 공동 상속인이 된다. ㄱ, ㄷ. A의 사망 당시 재산은 9억 원이므로 D, E, F는 각각 2억 원을 균등하게 상속받고, C는 3억 원을 상속받는다.

바로알기 | ㄹ. C가 상속을 포기하면 1순위 상속인인 D, E, F만 상속을 받게 되며, 직계 존속인 G는 2순위 상속인이므로 상속을 받지 못한다.

409 ② 갑과 을은 협의 이혼을 진행하였으므로, 이혼 과정에서 법원의 이혼 의사 확인을 거쳤을 것이다.

바로알기 | ① 결혼식은 혼인의 요건에 해당하지 않으므로, 결혼식을 하였다고 해서 갑과 을 사이에 친족 관계가 발생하는 것은 아니다. ③ 갑이 재혼을 하였다고 하더라도 갑과 병의 친자 관계는 유지되므로, 재혼을 이유로 갑의 병에 대한 면접 교섭권이 상실되는 것은 아니다. ④ 병은 갑의 친자이므로 1순위 상속인이 된다. ⑤ 을은 갑과 이혼을 하였으므로 갑과 을의 친족 관계는 종료된다. 따라서 을은 정과 달리 갑의 재산을 상속받을 수 없다.

410 모범 답안 (1) 을, 병, 정
(2) 을은 6억 원, 병과 정은 각각 4억 원을 상속받게 된다.

411

을, 병, 정은 공동 상속인으로 병과 정의 상속분은 균등 분할하고 을은 병과 정의 상속분에 50%를 가산하여 상속받음

> 남편 갑은 법률혼 관계인 배우자 을, 그리고 두 사람 사이에서 태어난 병(10세), 혼인 후 입양한 정(17세)과 함께 살고 있다. 갑의 부모님 두 분은 다른 지역에 살고 계신다. 그러던 어느 날 갑을 찾아온 무는 자신이 갑의 친생자라고 밝혔고, 이후 갑은 교통사고로 사망하였다.

2순위 상속자로서 갑의 재산을 상속받지 못함 / 인지 절차를 거쳐야만 친자 관계가 인정됨

② 가정 법원에 친양자 입양을 청구하여 판결을 통해 친양자 입양이 확정되어야 친양자로 입양된다. ③ 입양이 되면 미성년자인 경우 양부모가 친권자가 되어 친권을 행사하게 된다. ④ 부모는 미성년 자녀를 보호하고 양육할 의무를 가진다. ⑤ 갑의 친생자인 병, 양자인 정과 달리 무는 인지 절차를 거쳤을 경우에 한하여 친자 관계가 형성되어 갑의 재산을 상속받을 수 있다.

바로알기 | ① 친양자로 입양이 되면 친생부모와의 친족 관계가 종료되므로, 친생부모의 재산을 상속받을 수 없다.

412 ③ 갑의 재산에 대한 상속 대상자는 배우자인 을과 자녀인 병, 정이 된다. 을, 병, 정은 각각 1.5:1:1의 비율로 상속받게 되므로, 정은 1억 원(3억 5천만 원×2/7)을 상속받게 된다.

바로알기 | ① 피상속인의 재산뿐만 아니라 채무도 상속된다. ② 배우자인 을은 병, 정의 상속분에 50%를 가산하여 상속받는다. ④ 1순위 상속인이 존재하므로, 2순위 상속인인 갑의 부모는 갑의 재산을 상속받을 수 없다. ⑤ 유언은 법에 정한 요건을 갖추어야 하는데, 컴퓨터로 작성하고 날인이 없는 유언은 그 요건을 갖추지 못한다. 즉, 유언의 효력이 발생하지 않으므로 갑의 유언대로 상속이 이루어지지 않는다.

413 ㄱ, ㄷ. A의 경우 혼인 신고를 하지 않아 갑과 을의 법률혼이 성립되지 않는다. 따라서 을은 갑의 재산을 상속받을 수 없으며, 병이 단독으로 상속을 받게 된다. 이와 달리 C의 경우 갑과 을의 법률혼이 성립되므로, 을이 단독으로 상속을 받게 된다.

바로알기 | ㄴ. 을은 C의 경우 법률혼 배우자로서 1순위 상속인이 되지만, A의 경우 상속을 받지 못한다. ㄹ. C의 경우 을이 단독으로 상속을 받게 되므로, 병은 상속을 받을 수 없다.

414 ④ C의 경우 갑의 유언장이 유효하지 않으므로 을은 5억 원을 단독으로 상속받게 된다.

바로알기 | ① A의 경우 갑과 을의 법률혼이 성립되지 않으므로 을은 갑의 재산을 상속받을 수 없다. ② B의 경우 갑과 법률혼 관계에 있는 을이 단독으로 상속을 받게 되므로, 병은 ○○ 재단을 상대로 유류분 반환을 청구할 수 없다. ③ B의 경우 을이 단독으로 상속을 받지만 갑의 유언장이 유효하므로, 을은 ○○ 재단을 상대로 2억 5천만 원의 유류분 반환을 청구할 수 있다. 한편, B의 경우 병은 상속을 받지 못한다. ⑤ C의 경우 을의 법정 상속액은 5억 원이지만, B의 경우 을이 ○○ 재단에 유류분 반환을 청구해서 받을 수 있는 상속액은 최대 2억 5천만 원이다.

415 갑이 정보다 먼저 사망을 하였으므로 을이 법률혼 배우자라면 갑의 재산에 대한 법정 상속 대상자는 을, 병, 정이 된다. 따라서 갑의 재산은 병, 정에게 각각 2억 원씩 상속되며, 을에게는 3억 원이 상속된다. 갑이 사망한 이후 정이 사망했고, 정의 재산에 대한 법정 상속 대상자는 직계 존속인 을만 해당되므로, 정이 상속받은 재산 2억 원은 을이 상속받게 된다. 따라서 최종적으로 을은 5억 원, 병은 2억 원을 상속받는다.

바로알기 | ①, ② 을이 사실혼 배우자라면 법정 상속 대상자는 병과 정이 된다. 따라서 갑의 재산은 병, 정에게 각각 3억 5천만 원씩 상속되며, 정의 재산은 다시 을에게 상속이 되므로 최종적으로 병과 을이 각각 3억 5천만 원씩 상속받는다.

416 ⑤ A의 재산에 대한 법정 상속 대상자는 B, C, D가 되며 이 중 C, D의 법정 상속액은 각각 10억 원이 된다. 따라서 유언이 유효할 경우 C, D가 ○○ 대학에 청구하여 받게 되는 유류분의 액수는 각각 5억 원으로 같다.

바로알기 | ① 법정 상속의 순위를 고려할 때 2순위 상속인인 E는 1순위 상속인이 있으므로 상속을 받지 못한다. 따라서 B가 상속을 포기하게 되면 C, D가 공동으로 상속을 받는다. ② 유언이 무효일 경우 B의 상속분은 15억 원(35억 원×3/7)이 된다. ③ 유언이 무효일 경우 C, D는 공동 상속인이 되며 동순위 상속인이므로 상속분을 균등하게 상속받는다. ④ 유류분 반환 청구권도 법정 상속 대상자만 행사할 수 있으므로, 유언이 유효할 경우 E를 제외한 B, C, D가 ○○ 대학을 상대로 유류분 반환을 청구할 수 있다.

최고 수준 도전 기출 (10~12강)

108~111쪽

417 ②	418 ①	419 ③	420 ③	421 ③	422 ②
423 ①	424 ⑤	425 ③	426 ⑤	427 ⑤	428 ④
429 ②	430 ④	431 ④	432 ⑤		

417 A는 사법, B는 공법이다. ② 계약과 관련된 권리와 의무 관계는 민법에 규정되어 있으며, 민법은 대표적인 사법 중 하나이다. 사법과 달리 공법은 국가 기관 간 또는 국가와 개인 간의 공적 법률관계를 규율한다.
바로알기 | ① 죄형 법정주의를 원칙으로 하는 내용은 형법에 규정되어 있으며, 형법은 공법 중 하나이다. ③ 공법과 사법은 모두 재판 규범의 기능을 한다. ④ 사법은 개인주의, 자유주의 사상을 바탕으로 한다. ⑤ 국민의 기본권을 규정하고 있는 것은 공법이며, 재산 관계와 가족 관계 등 사적 법률관계 전반을 다루는 것은 사법이다.

418 ① 갑은 소유권 절대의 원칙에 대한 수정이 필요하다고 보며, 소유권 공공복리의 원칙에 따라 개발 제한 구역을 설정해야 한다고 주장하고 있다.
바로알기 | ②, ③ 갑이 토지 소유자에게 무과실 책임이 있음을 강조하는지와 을이 사적 자치의 원칙이 오늘날에도 유효하다고 보는지는 제시된 사례를 통해 알 수 없다. ④ 갑의 주장의 근거가 되는 소유권 공공복리의 원칙도 기본적으로 사유 재산권을 존중하고 있다. ⑤ 갑은 사익과 공익이 조화를 이룰 수 있어야 한다고 보고 있다.

419 (가)는 사적 자치의 원칙, (나)는 계약 공정의 원칙, (다)는 소유권 공공복리의 원칙, (라)는 과실 책임의 원칙, (마)는 무과실 책임의 원칙이다. ㄴ. 소유권 공공복리의 원칙은 개인의 소유권 행사라도 공공복리를 위해 필요한 경우에 한하여 제한될 수 있는 상대적 권리임을 의미한다. ㄷ. 과실 책임의 원칙은 자신의 고의나 과실에 따른 위법한 행위로 타인에게 손해를 끼친 경우에만 책임을 진다는 원칙이다.
바로알기 | ㄱ. 사적 자치의 원칙은 계약 자유의 원칙이라고도 한다. ㄹ. 계약 공정의 원칙과 무과실 책임의 원칙은 모두 자본주의 발달 과정에서 발생하는 사회·경제적 약자를 보호하기 위해 등장하였다.

420 ㄴ. 심각한 지적 장애를 가진 경우는 의사 무능력자에 해당하며, 의사 무능력자의 법률 행위는 무효가 된다. 따라서 을의 계약은 (나)에 해당한다. ㄷ. 계약 시 계약서 작성은 의무 사항이 아니므로, 병의 행위는 유효한 법률 행위가 된다. 따라서 병의 계약은 (다)에 해당한다.
바로알기 | ㄱ. 갑의 계약은 계약 당사자의 청약과 승낙이 합치된 유효한 법률 행위가 되므로, (가)에 해당하지 않는다. 한편, 약속된 기간 내에 갑이 을에게 물건을 넘기지 않은 것은 채무 불이행에 해당한다. ㄹ. 법정 대리인의 동의를 받은 미성년자의 법률 행위는 유효한 법률 행위가 되므로, 정과 정의 법정 대리인은 노트북 구매 계약을 취소할 수 없다. 따라서 정의 계약은 (라)에 해당하지 않는다.

421 ①, ② A는 갑과 계약 당시 갑이 미성년자임을 몰랐으므로 갑의 법정 대리인의 확답이 있기 전까지 계약 체결의 의사 표시를 철회할 수 있고, 갑의 법정 대리인에게 계약을 취소할 것인지 아닌지를 확정하도록 요구할 수도 있다. ④ 병은 자신이 행위 능력자인 것처럼 상대방을 믿게 하였으므로 취소권이 배제된다. 따라서 병과 C의 계약은 유효하다. ⑤ 법정 대리인의 동의를 얻지 않은 갑과 을은 자신의 계약을 취소할 수 있지만, 취소권이 배제된 병은 자신의 계약을 취소할 수 없다.
바로알기 | ③ 법정 대리인의 동의를 얻지 않은 법률 행위에 대해서 미성년자 본인이나 법정 대리인이 취소할 수 있는데, 미성년자가 직접 취소하는 경우 법정 대리인의 동의를 얻을 필요는 없다.

422 ㄱ, ㄷ. 갑은 책임 능력이 없으므로 A는 갑을 감독할 법정 의무가 있는 자로서 책임 무능력자의 감독자 책임을 질 수 있다. 을은 책임 능력이 있으므로 을의 부모인 B는 일반 불법 행위에 대한 책임을 질 수 있다.
바로알기 | ㄴ. B는 을이 손해를 배상할 능력이 없을 경우 일반 불법 행위에 대한 책임을 지게 되며, 이때는 병에게 재산적 손해뿐만 아니라 정신적 손해에 대해서도 배상 책임을 진다. ㄹ. 갑은 책임 무능력자이므로 불법 행위에 대한 책임을 지지 않는다.

423 ① 갑은 공작물의 점유자이며 점유 중인 카페의 보존상의 하자로 타인에게 손해가 발생하였으므로, 책임이 면제되지 않을 경우 공작물의 점유자 책임을 질 수 있다. 또한 갑은 병의 사용자로서 병이 업무와 관련하여 정에게 손해를 입혔으므로 사용자의 배상 책임을 질 수 있다.
바로알기 | ② 공작물의 소유자인 을은 건물 관리에 소홀함이 없음을 입증하더라도 무과실 책임을 진다. ③ 갑과 병이 공동으로 정에게 손해를 가한 경우가 아니므로, 공동 불법 행위자의 책임을 지는 것은 아니다. ④ 일반적으로 근로 가능한 자는 책임 능력이 있으므로, 병이 미성년자일 경우 병의 부모는 특수 불법 행위가 아닌 일반 불법 행위에 대한 책임을 질 수 있다. ⑤ 퇴근 후에 행인을 폭행한 것은 업무와 관련된 행위가 아니므로 갑은 사용자의 배상 책임을 지지 않는다.

424 (가)는 일반 불법 행위, (나)는 특수 불법 행위에 해당한다. ㄱ. 책임 무능력자인 갑의 아들이 타인에게 손해를 입혔으므로 갑은 특수 불법 행위 중 책임 무능력자의 감독자 책임을 질 수 있다. ㄴ. 을이 점유하고 있던 강아지가 타인에게 손해를 가하였으므로 을은 특수 불법 행위 중 동물 점유자의 배상 책임을 질 수 있다. ㄷ, ㄹ. 병과 정은 자신의 과실로 타인에게 손해를 입혔으므로 일반 불법 행위 책임을 질 수 있다.

425 ③ 임차인인 A가 E에게 공작물 점유자로서 배상 책임을 지는 경우 임대인인 B는 공작물 소유자의 배상 책임을 지지 않는다.
바로알기 | ① 실질적인 계약은 A와 C 사이에 이루어진 것이므로, D는 C에게 채무 불이행 책임을 지지 않는다. ②, ⑤ A가 사용자의 배상 책임을 지기 위해서는 피용자인 D의 행위가 불법 행위로 성립해야 한다. ④ 불법 행위를 저지른 C가 건물 소유주인 B에게 건물에 대한 손해를 금전으로 모두 배상한 것과 별개로 E는 자신의 물질적·정신적 손해에 대한 배상을 C에게 청구할 수 있다.

426 (가)는 혼인이 성립하지 않는 경우이며, (나)는 사실혼, (다)는 법률혼이다. ㄹ. 사실혼과 법률혼 모두 부부간에 생활비, 의료비 등 일상의 가사에 대한 대리권이 발생한다. ㅁ. 법률혼은 상속권이 발생하지만, 사실혼은 상속권이 발생하지 않는다. 따라서 법률혼의 배우자만이 배우자 일방의 사망 시 법정 상속을 받을 수 있다.
바로알기 | ㄱ. 법률혼을 통해서만 부부간에 친족 관계가 발생한다. ㄴ. 18세인 미성년자가 혼인한 경우 성년으로 의제되는 것은 법률혼인 (다)만 해당된다. ㄷ. (가)는 혼인이 성립하지 않았으므로 사실혼인 (나)와 달리 A, B 간에 동거·협조·부양의 의무가 발생하지 않는다.

427 갑, 을, 병 모두 교사의 질문에 옳게 답변하였다. ㄷ. 이혼 시 손해 배상 청구와 재산 분할 청구를 같이 할 수 있다. 따라서 (가)에 주어진 진술이 들어가면 옳지 않은 답변이 되므로, (나)는 '3명'이다. ㄹ. (나)가 '3명'이면, (가)에는 옳지 않은 답변이 들어가야 한다. 이혼을 하게 되면 혼인으로 성립된 친족 관계가 소멸되므로, 주어진 진술은 옳은 답변

이 되어 (가)에 들어갈 수 없다.

바로알기 | ㄱ. 갑, 을, 병이 모두 옳은 답변을 하였기 때문에 (나)는 최소 '3명'이므로, '2명'이 될 수 없다. ㄴ. 재판상 이혼과 협의 이혼 모두 자녀를 직접 양육하지 않는 부 또는 모에게 면접 교섭권이 발생한다. 즉, (가)의 답변은 옳지 않은 답변이 되므로, (나)는 '3명'이다.

428 법원의 판결을 통해 양부모의 혼인 중 출생자로 간주되는 것은 친양자이므로, A와 B 중 하나는 친양자이다. 친양자, 친양자가 아닌 양자와 달리 혼인 중의 출생자는 혈연관계를 기반으로 하므로 A는 혼인 중의 출생자, B는 친양자, C는 친양자가 아닌 양자이다. ㄴ. 친양자는 친양자가 아닌 양자와 달리 입양 전의 친족 관계가 종료된다. ㄹ. 친양자는 친양자가 아닌 양자와 달리 양부모의 성과 본을 따르므로, 주어진 질문은 (가)에 들어갈 수 있다.

바로알기 | ㄱ. 혼인 중의 출생자는 친생자로 보므로 별도의 인지 절차 없이 친자 관계가 형성된다. ㄷ. 친양자, 친양자가 아닌 양자는 모두 양부모와 상속 관계를 갖는다.

429 갑과 을이 혼인 신고를 하였다면 갑의 사망으로 을과 병은 1.5:1의 비율로 갑의 재산을 상속받는다. ㄱ. (가)의 경우 을, 병 모두 법정 상속 대상자가 되므로, ○○ 재단에 유류분 반환을 청구할 수 있다. ㄹ. (다)의 경우 병은 4억 원(10억 원×2/5)을 상속받게 되며, (라)의 경우 갑과 을이 혼인 신고를 하지 않았으므로 병이 단독으로 10억 원을 상속받게 된다. 따라서 병의 법정 상속액은 (다)의 경우보다 (라)의 경우에 6억 원 더 많다.

바로알기 | ㄴ. (나)의 경우 갑과 을이 혼인 신고를 하지 않았으므로, 을은 법정 상속 대상자가 되지 않아 갑의 재산을 물려받을 방법이 없지만, 병은 법정 상속 대상자가 되어 ○○ 재단을 상대로 유류분 반환을 청구할 수 있다. ㄷ. (가), (다)의 경우 모두 갑과 을이 혼인 신고를 한 경우이므로 을의 법정 상속권이 인정된다.

430 ④ C가 G를 친양자로 입양하지 않고 유언의 효력이 있다면, 법정 상속 대상자는 D와 F가 된다. F는 자신의 법정 상속분(5억 6천만 원)의 1/2을 유류분으로 보장받으므로 D에게 2억 8천만 원의 유류분을 청구하여 받을 수 있다.

바로알기 | ①, ② C가 G를 친양자로 입양하고 유언의 효력이 없다면, 법정 상속 대상자는 D, F, G가 된다. 배우자인 D의 법정 상속액은 6억 원이 되고 직계 비속인 F와 G의 법정 상속액은 각각 4억 원이 되므로, F와 G의 상속액의 합이 D의 상속액보다 많다. ③ C가 G를 친양자로 입양하지 않고 유언의 효력이 있다면, F는 법정 상속 대상자로서 D에게 유류분 반환을 청구할 수 있다. ⑤ C가 G를 친양자로 입양하지 않고 유언의 효력이 없다면, 배우자인 D는 8억 4천만 원(14억 원×3/5)을 상속받을 수 있다.

431 A가 사망할 당시 법정 상속 대상자는 갑이므로 A의 재산은 갑에게 상속된다. 따라서 갑이 사망할 당시에 갑의 재산은 28억 원이 된다. ④ 갑이 C를 친양자로 입양하지 않았고 갑이 병보다 먼저 사망하였으므로 상속 대상자는 병과 B가 된다. 갑의 유언이 유효하고 갑이 먼저 사망하였으므로 갑의 재산 중 14억 원은 병에게 8억 4천만 원, B에게 5억 6천만 원이 상속된다. 이후 병이 사망하였으므로 병의 재산은 모두 C에게 상속되어 C의 법정 상속분은 8억 4천만 원이 된다.

바로알기 | ① 갑이 C를 친양자로 입양하였고 갑이 병보다 먼저 사망하였으므로 상속 대상자는 병, C, D가 된다. 갑의 유언이 유효하므로 갑의 재산은 병, C, D에게 각각 6억 원, 4억 원, 4억 원씩 상속이 되고, 이후 병이 사망하였으므로 병의 재산은 C에게 상속된다. 따라서 C의 법정 상속분은 10억 원이 된다. ② 갑이 C를 친양자로 입양하였고 갑이 병보다 먼저 사망하였으므로 상속 대상자는 병, C, D가 된다. 갑의 유언이 유효하지 않으므로 갑의 재산은 병, C, D에게 각각 12억 원, 8억 원, 8억 원씩 상속되고, 이후 병이 사망하였으므로 병의 재산은 C에게 상속된다. 따라서 C의 법정 상속분은 20억 원이 된다. ③ 갑이 C를 친양자로 입양하였고 병이 갑보다 먼저 사망하였으므로 상속 대상자는 C, D가 된다. 갑의 유언이 유효하지 않으므로 C의 법정 상속분은 14억 원이 된다. ⑤ 갑이 C를 친양자로 입양하지 않았고 갑이 병보다 먼저 사망하였으므로 상속 대상자는 병과 B가 된다. 갑의 유언이 유효하지 않으므로 갑의 재산은 병에게 16억 8천만 원, B에게 11억 2천만 원이 상속되고, 이후 병이 사망하였으므로 병의 재산은 C에게 상속된다. 따라서 C의 법정 상속분은 16억 8천만 원이 된다.

432

갑과 을 간에 혼인 관계가 해소되어 상호 간에 상속권이 발생하지 않음

- 2014년 5월: 갑과 을은 이혼하면서 두 자녀 A(3세)와 B(13세) 모두에 대한 양육권은 갑이, 친권은 을이 가지기로 함
- 2015년 1월: 갑은 병과 재혼함
- 2016년 10월: 병은 A를 친양자로 입양함 (A가 병의 혼인 중 출생자로 간주됨)
- 2019년 7월: 병이 갑을 상대로 법원에 재판상 이혼을 청구함
- 2019년 8월: 병은 전 재산을 ○○ 대학에 기부한다는 유언장을 작성함
- 2019년 9월: 병이 사망함

병의 유언이 유효할 경우 갑과 A는 ○○ 대학에 유류분 반환을 청구할 수 있음

⑤ 병의 사망 전 재판상 이혼이 성립하면 갑은 병에게 혼인 중 취득한 재산에 대한 분할을 청구할 수 있다.

바로알기 | ① 병이 A를 친양자로 입양하였음을 이유로 을과 A의 친자 관계는 종료되므로 을의 A에 대한 면접 교섭권도 상실된다. ② 병이 갑을 상대로 이혼을 청구한 상태이므로 아직 이혼이 성립한 것은 아니다. 따라서 갑은 병의 사망으로 인한 상속 대상자가 되므로, ○○ 대학을 상대로 유류분 반환을 청구할 수 있다. ③ 18세의 미성년자가 혼인을 하면 성년으로 의제되므로, B에 대한 갑의 친권도 사라지게 된다. ④ 을이 사망하면 B가 단독으로 을의 재산을 상속받는다.

13 형법의 이해

개념 확인 문제

113쪽

433 죄형 법정주의 **434** (1) × (2) ○ **435** ㉠ 위법성 ㉡ 책임 **436** (1) - ㉡ (2) - ㉠

난이도별 필수 기출

114~121쪽

437 ④	438 ②	439 ③	440 ④	441 해설 참조	
442 ①	443 ②	444 ④	445 ①	446 ⑤	447 ④
448 ②	449 ③	450 해설 참조		451 ⑤	452 ③
453 ①	454 ④	455 ②	456 ⑤	457 ④	458 ④
459 해설 참조		460 ④	461 ①	462 ③	
463 해설 참조		464 ②	465 ④	466 ②	467 ③
468 해설 참조		469 ④	470 ③	471 ④	

437 ㄱ. 형법은 법익과 사회 윤리적 행위 가치를 보호하는 기능을 수행하며, 국가 형벌권의 한계를 명확히 하여 자의적인 형벌권 남용으로부터 국민의 자유와 권리를 보장하는 기능을 한다. ㄷ, ㄹ. 죄형 법정주의는 국가 형벌권의 확장과 자의적 행사로부터 시민의 자유와 권리를 보장하려는 근대 인권 사상의 요청으로부터 등장하였으며, 오늘날의 죄형 법정주의는 법관의 자의와 입법권의 자의적 행사를 제한하여 국민의 자유와 권리를 보호한다.

바로알기 | ㄴ. 「도로 교통법」, 「폭력 행위 등 처벌에 관한 법률」은 모두 실질적 의미의 형법에 해당한다.

438 제시된 글을 통해 형법은 형벌권의 한계를 규정하여 국가의 자의적인 권력 행사로부터 국민의 자유와 권리를 보장하는 기능을 한다는 것을 알 수 있다.

439 A는 범죄, B는 형벌, C는 법이다. ① 14세 미만인 자의 행위는 책임이 조각되어 범죄가 성립되지 않는다. ② 사회적으로 비난받는 행위라 하더라도 법률에 규정되어 있지 않으면 범죄가 되지 않는다. ④ 형벌의 부과 주체는 국가만으로 한정하고 있다. ⑤ 헌법, 법률, 명령 등이 법에 포함된다.

바로알기 | ③ 범죄자 교화 및 재범 방지는 형법의 교화적 기능에 해당한다.

440 ㉠은 실질적 의미의 형법, ㉡은 형식적 의미의 형법에 해당한다. ④ 실질적 의미의 형법과 형식적 의미의 형법은 모두 형벌권의 한계를 규정함으로써 국가가 자의적으로 형벌을 부과하지 못하도록 한다.

바로알기 | ① 형법에 규정된 실제적 사항을 실현하기 위한 절차를 규정하는 법은 형사 소송법과 같은 절차법이다. ② 형법은 행위자의 내면적 동기가 아닌 외적인 행위에 대한 제재 방법을 규정하고 있다. ③ 「도로 교통법」과 같은 실질적 의미의 형법은 법의 명칭과 형식에 관계없이 범죄와 그에 대한 형사 제재를 규율하고 있는 모든 법을 말한다.

441 모범 답안 (1) 죄형 법정주의

(2) 죄형 법정주의의 파생 원칙에는 관습 형법 금지의 원칙, 소급효 금지의 원칙, 명확성의 원칙, 유추 해석 금지의 원칙, 적정성의 원칙이 있다.

442 제시된 사례에서 헌법 재판소는 피고인의 소환 불응에 대해 재산의 몰수라는 형벌을 가한 것은 피고인이 행한 범죄보다 지나치게 무거운 형벌을 부과한 것으로서, 범죄와 형벌을 규정하는 법률의 내용이 기본적 인권을 보장할 수 있도록 적정해야 한다는 원칙인 적정성의 원칙에 위반된다고 보았다.

443 (가)는 근대적 의미의 죄형 법정주의, (나)는 현대적 의미의 죄형 법정주의이다. ㄱ. 현대적 의미의 죄형 법정주의는 범죄와 형벌을 규정하는 법률의 내용이 실질적 정의에 합치되도록 적정할 것을 요구한다. ㄹ. 죄형 법정주의는 어떤 행위가 범죄가 되고 그 범죄에 대하여 어떤 형벌을 부과할 것인지가 성문의 법률에 규정되어 있어야 한다는 원칙이다.

바로알기 | ㄴ. 근대적 의미의 죄형 법정주의가 현대적 의미의 죄형 법정주의보다 역사적으로 먼저 나타났다. ㄷ. 죄형 법정주의는 국가 형벌권의 확장과 자의적 행사를 방지하여 국민의 자유와 권리를 보장하고자 한다.

444 (가)에서 흑염소의 도축 행위를 양의 도축 행위로 유추 해석한 사안에 대해 대법원은 유추 해석 금지의 원칙에 위배된다고 보았으며, (나)에서 「경범죄 처벌법」 조항의 내용이 모호한 것에 대해 헌법 재판소는 명확성의 원칙에 위배된다고 보았다.

445 ㄱ. 유추 해석을 인정하게 되면 국가가 비슷한 사안에 대해서 자의적으로 해석하여 범죄로 규정할 수 있다는 점에서 유추 해석 금지의 원칙은 국가의 형벌권 남용을 방지하는 기준이 된다. ㄴ. '나쁜 짓'이라는 행위가 무엇인지, '벌한다.'에서 어떤 형벌이 부과되는지가 명확하지 않아 국민들이 범죄와 형벌을 이해하기 어려우므로, 해당 법률의 내용은 명확성의 원칙에 위반된다.

바로알기 | ㄷ. 형벌의 질과 양은 비례해야 함을 강조하는 원칙은 적정성의 원칙이다. ㄹ. 유추 해석 금지의 원칙과 명확성의 원칙은 모두 일반 시민뿐만 아니라 범죄 혐의가 있는 사람에 대해서도 적용된다.

개념 보충

죄형 법정주의의 파생 원칙

관습 형법 금지의 원칙	범죄와 형벌은 국민의 대표 기관인 국회가 제정한 성문법에 규정되어야 한다는 원칙
소급효 금지의 원칙	범죄와 형벌은 행위 시의 법률에 따라 결정되어야 하며, 행위 후에 제정한 법률로 이전의 행위를 소급하여 처벌해서는 안 된다는 원칙
명확성의 원칙	어떤 행위가 범죄이며 각각의 범죄에 대해 어떤 형벌이 부과되는지가 법률에 명확하게 규정되어야 한다는 원칙
유추 해석 금지의 원칙	법률에 규정이 없는 사항에 대하여 그것과 유사한 내용을 가지는 법률을 적용해서는 안 된다는 원칙
적정성의 원칙	범죄가 되는 행위와 그에 따른 형벌의 질과 양은 비례해야 한다는 원칙

446 1년 전에 행한 행위에 대해서 이후 제정된 법률에 의하여 처벌하는 것은 소급효 금지의 원칙을 위반한 것에 해당한다. 소급효 금지의 원칙은 범죄와 형벌은 행위 당시의 법률에 따라 결정되어야 하며, 행위 후에 제정한 법률로 이전의 행위를 소급하여 처벌해서는 안 된다는 원칙이다.

바로알기 | ①은 관습 형법 금지의 원칙, ②는 적정성의 원칙, ③은 명확성의 원칙, ④는 유추 해석 금지의 원칙에 해당한다.

447 갑은 전자 정보를 복사하는 행위는 절도죄가 아니며, 자신의 행위가 절도죄와 유사하다는 이유만으로 기소한 것은 유추 해석 금지의 원칙을 위반한 것이라 주장하였다. 따라서 밑줄 친 '이 원칙'은 유추 해

석 금지의 원칙이다. ④ 유추 해석 금지의 원칙은 행위자에게 불리하게 형벌을 부과하거나 가중하지 못하도록 함으로써 국가 기관의 자의로부터 국민의 자유와 권리를 보호하고자 한다.

바로알기 | ① 범죄 행위에 어떤 형벌이 부과되는지는 법관이 결정할 수 없고, 의회에서 제정한 법률로 정해져야 한다. ②는 소급효 금지의 원칙, ③은 관습 형법 금지의 원칙에 해당한다. ⑤ 최소한의 인간다운 삶을 보장하는 적극적인 기본권은 사회권이다. 죄형 법정주의는 신체의 자유, 즉 자유권을 보장하고자 한다.

448 (가)는 소급효 금지의 원칙, (나)는 유추 해석 금지의 원칙이다. ㄱ. 유추 해석 금지의 원칙은 국가의 자의적 형벌권 남용으로부터 국민의 자유와 권리를 보호하고자 한다. ㄷ. 소급효 금지의 원칙과 유추 해석 금지의 원칙은 모두 법이 피고인에게 불리하게 적용되는 것을 방지한다.

바로알기 | ㄴ. 관습 형법 금지의 원칙에 따라 범죄와 형벌은 의회가 제정한 성문법에 규정되어야 하며, 소급효 금지의 원칙과 유추 해석 금지의 원칙을 비롯한 죄형 법정주의의 파생 원칙은 모두 의회에서 제정한 성문 법률의 적용을 전제로 한다.

449 ㉠은 근대적 의미의 죄형 법정주의, ㉡은 현대적 의미의 죄형 법정주의이다. ①, ⑤ 죄형 법정주의는 범죄와 형벌은 성문의 법률에 규정되어 있어야 한다는 것으로서, 이에 따르면 사회적으로 비난받을 만한 행위라도 법률에 규정되어 있지 않으면 처벌할 수 없다. ② 현대적 의미의 죄형 법정주의는 범죄와 형벌을 규정하는 법률의 내용이 실질적 정의에 합치되어야 함을 강조한다. ④ 죄형 법정주의는 범죄와 형벌이 반드시 법률에 규정되어 있어야 한다는 것으로서 법관의 자의적 형벌권 남용을 방지한다.

바로알기 | ③ 입법자의 자의적 판단에 의한 형벌권의 남용을 초래할 수 있는 근대적 의미의 죄형 법정주의보다 입법권의 자의적 행사를 제한하고자 하는 현대적 의미의 죄형 법정주의에서 입법부에 의한 자의적 형벌권 남용이 나타날 가능성이 낮다.

450 모범 답안 (1) 범죄

(2) 범죄는 구성 요건 해당성, 위법성, 책임을 모두 갖추어야 성립된다.

451 밑줄 친 '이것'은 위법성이다. ①, ②는 정당 행위, ③은 긴급 피난, ④는 정당방위로서 위법성 조각 사유에 해당한다.

바로알기 | ⑤는 저항할 수 없는 폭력에 의해 강요된 행위로서 책임 조각 사유에 해당한다.

개념 보충

위법성 조각 사유

구분	내용
정당방위	자기 또는 타인의 법익에 대한 현재의 부당한 침해를 방위하기 위한 상당한 이유가 있는 행위
긴급 피난	자기 또는 타인의 법익에 대한 현재의 위난을 피하기 위한 상당한 이유가 있는 행위
자구 행위	법적 절차를 기다릴 수 없는 긴급 상황에서 청구권을 보전하기 위한 상당한 이유가 있는 행위
피해자의 승낙	피해자가 가해자에게 자신에게 손해가 되는 행위를 하도록 허락한 행위
정당 행위	법령 또는 업무로 인한 행위, 기타 사회 상규에 어긋나지 않는 행위

452 제시된 상황은 거액을 갚지 않고 몰래 이민을 가려는 채무자를 붙잡지 않으면 빌려준 돈을 되찾기 어려운 상황이므로, ㉠은 자구 행위에 해당한다. 자구 행위는 법률에서 정한 절차에 따라 청구권을 보전할 수 없는 경우에 그 청구권의 실행이 불가능해지거나 현저히 곤란해지는 상황을 피하기 위한 상당한 이유가 있는 행위를 말한다.

453 (가)에서 갑은 불량 청소년의 폭행에 의하여 자신의 생명에 위협을 느낀 상황에서 그 불량 청소년을 폭행하였는데, 이는 현재의 부당한 침해로부터 자기의 법익을 방위하기 위한 상당한 이유가 있는 행위로서 정당방위에 해당한다. (나)에서 을은 자동차로 인해 생명의 위협을 느낀 상황에서 타인에게 재산상 손해를 입혔는데, 이는 자기의 법익에 대한 현재의 위난을 피하기 위한 상당한 이유가 있는 행위로서 긴급 피난에 해당한다.

454 ㄴ. 을의 행위는 긴급 피난으로서 자기 또는 타인의 법익에 대한 현재의 위난을 피하기 위한 행위로 상당한 이유가 있는 경우에 해당한다. ㄹ. 갑의 행위는 상해죄의 구성 요건, 을의 행위는 재물 손괴죄와 주거 침입죄의 구성 요건에 해당한다.

바로알기 | ㄱ. 긴급 상황에서 청구권을 보전하기 위한 상당한 이유가 있는 행위는 자구 행위이다. ㄷ. 갑의 행위는 정당방위, 을의 행위는 긴급 피난에 해당하는 행위로서 모두 위법성이 조각된다.

455 (가)는 정당 행위, (나)는 긴급 피난, (다)는 자구 행위, (라)는 정당방위이다. ㄱ. 격투기 시합 과정에서 상대 선수에게 중상을 입힌 행위는 업무로 인한 행위 또는 기타 사회 상규에 위배되지 않는 행위로서 정당 행위에 해당되어 위법성이 조각된다. ㄹ. 자신과 가족의 생명을 위협하는 강도를 제압하는 과정에서 상처를 입힌 것은 현재의 부당한 침해로부터 자기 또는 타인의 법익을 방위하기 위한 상당한 이유가 있는 행위로서 정당방위에 해당되어 위법성이 조각된다.

바로알기 | ㄴ. 자신의 지갑을 훔치려던 사람을 의자로 때려 상처를 입힌 행위는 긴급 피난이나 정당방위로 보기 어려워 범죄가 될 수 있다. ㄷ. 자신의 아들을 인질로 잡고 생명을 위협하는 테러범을 숨겨준 행위는 협박으로 강요된 행위로서 책임 조각 사유에 해당한다.

456 ㄷ. 을의 행위는 자기의 법익에 대한 현재의 위난을 피하기 위한 상당한 이유가 있는 행위이므로 긴급 피난에 해당된다. ㄹ. 갑의 행위는 강요된 행위로서 책임 조각 사유에 해당하며, 을의 행위는 긴급 피난으로서 위법성 조각 사유에 해당한다. 따라서 갑과 을의 행위는 모두 범죄로 성립하지 않는다.

바로알기 | ㄱ, ㄴ. 갑의 행위는 자기 또는 타인의 법익에 대한 현재의 부당한 침해를 방위하기 위한 것은 아니므로 정당방위에 해당하지는 않으나, 협박으로 강요된 행위로서 책임 조각 사유에 해당한다.

457 ㄴ, ㄹ. 소방관 갑이 불을 끄기 위해 옆집 대문과 창문 일부를 파손한 것은 재물 손괴죄의 구성 요건에는 해당하지만, 법령에 의한 행위 또는 업무로 인한 행위에 해당하는 정당 행위로서 위법성이 조각되어 범죄로 성립되지 않는다.

바로알기 | ㄱ. 행위자에게 가해지는 법적 비난 가능성은 책임에 해당하며, 갑의 행위는 정당방위가 아닌 정당 행위로서 위법성이 조각된다. ㄷ. 갑의 행위는 업무로 인한 행위로서 정당 행위에 해당되므로, 책임이 경감되는 것이 아니라 위법성이 조각된다.

458 갑은 행위 당시에 정신과 치료를 받고 있는 중이었으며, 정신 분열 증세가 심해 의사를 결정할 능력이 없는 상태였다. 즉, 갑은 심신 장애로 사물을 변별할 능력이 없거나 의사를 결정할 능력이 없는 자에 해당하므로, 갑의 행위는 책임이 조각되어 범죄가 성립되지 않는다. A는

범죄와 관련된 행위를 하지 않은 경우, B는 구성 요건에 해당하지 않는 경우, C는 위법성이 조각된 경우, D는 책임이 조각된 경우, E는 범죄에 해당하는 경우이므로 갑의 행위는 D에 해당한다.

459 **모범 답안** **현행범 체포는 사회 상규에 어긋나지 않는 행위로서 정당 행위에 해당되므로, 위법성이 조각되어 범죄로 성립하지 않는다.**

460 A는 구성 요건에 해당하나 위법성이 조각된 경우, B는 구성 요건에 해당하고 위법성은 인정되나 책임이 조각된 경우에 해당한다. ㄴ. 자신에게 돌진하는 자동차를 피하는 도중 가게의 물건을 파손한 행위는 긴급 피난에 해당되어 위법성이 조각되므로, A에 해당한다. ㄹ. 위법성이 조각된 경우는 행위자의 행위에 위법성을 배제하는 특별한 사유가 있는 것이며, 책임이 조각된 경우는 행위자에게 가해지는 법적인 비난 가능성이 없는 경우이다. 즉, A는 '행위'를 대상으로, B는 '행위자'를 대상으로 판단한다.

바로알기 | ㄱ. 행위의 위법성 여부를 판단하는 것은 구성 요건에 해당함을 전제로 하며, 구성 요건에 해당하는 행위는 원칙적으로 고의적으로 행한 행위이다. ㄷ. 17세 소년은 형사 미성년자가 아니므로 온라인상에서 심한 욕설을 하고, 학교에서 지속적으로 폭력을 행사한 경우에는 책임이 조각된다고 보기 어려우므로, B에 해당하지 않고 범죄가 성립된다.

461 (가)는 구성 요건에 해당하지 않는 경우, (나)는 위법성이 조각된 경우, (다)는 책임이 조각된 경우, (라)는 범죄가 성립된 경우이다. ㄱ. 갑의 행위는 정당 행위로서 위법성이 조각되므로, (나)에 해당한다. ㄴ. 을의 행위는 협박에 의해 강요된 행위로서 책임이 조각되므로, (다)에 해당한다.

바로알기 | ㄷ. 병의 행위는 자구 행위로서 위법성이 조각되므로, (나)에 해당한다. ㄹ. 정은 14세 미만의 형사 미성년자로서 정의 행위는 책임이 조각되므로, (다)에 해당한다.

462 ① (가)는 구성 요건에 해당하지 않는 행위로서 법률에서 범죄로 정해 놓은 행위가 아니어야 한다. ② 위법성 조각 여부를 판단하는 것은 형법상 범죄를 구성하는 요건, 즉 구성 요건의 충족을 전제로 한다. ④ 14세 미만인 자의 행위는 책임이 조각되는데, 14세 중학생은 형사 미성년자에 해당되지 않아 절도 행위가 범죄로 성립할 수 있다. ⑤ (가)~(다)의 행위는 범죄로 성립되지 않지만, (라)의 행위는 범죄의 성립 요건이 모두 충족되어 범죄가 성립한다.

바로알기 | ③ 심신 미약자의 행위는 책임은 있지만 형이 감경되는 경우로서 책임이 조각되지는 않으므로, (다)에 해당하지 않고 범죄가 성립된다.

463 **모범 답안** **갑의 행위는 형사 미성년자의 행위, 을의 행위는 협박에 의해 강요된 행위, 병의 행위는 심신 상실자의 행위에 해당한다. 따라서 갑, 을, 병의 행위는 모두 책임이 조각되어 범죄가 성립하지 않는다.**

464 ㄱ. 자격 상실은 사형, 무기 징역, 무기 금고를 선고받은 자에 대하여 일정한 자격을 박탈하는 것으로 명예형에 해당하는 형벌이다. ㄷ. 재산형에는 벌금, 과료, 몰수가 있으며, 원칙적으로 벌금은 5만 원 이상, 과료는 2천 원 이상 5만 원 미만으로 한다.

바로알기 | ㄴ. 구류와 징역은 모두 자유형에 해당하는 형벌이다. ㄹ. 금고는 교정 시설에 수용되어 있어야 하는 기간이 1개월 이상이며 정역이 없다.

465 우리나라 현행법상 구류는 자유형, 벌금은 재산형, 자격 정지는 명예형에 해당하는 형벌이다.

바로알기 | ㄷ. 과태료는 형벌의 성질을 가지지 않는 법령 위반에 대해 가해지는 금전적인 제재로, 일반적으로 행정청의 처분 행위로 이루어진다. ㄹ. 보호 관찰은 보안 처분의 종류 중 하나로, 형벌을 대체 또는 보완하기 위하여 부과되는 대안적 형사 제재이다.

466 (가)는 자유형, (나)는 금고, (다)는 자격 상실, (라)는 재산형, (마)는 벌금이다. ② 금고는 1개월 이상 교정 시설에 수용하여 집행하며, 정해진 노역을 부과하지 않는다.

바로알기 | ① 자유형에 속하는 징역, 금고, 구류의 형벌은 신체의 자유를 제한하는 형벌이다. ③ 자격 상실은 공무원이 되는 자격, 공법상의 선거권과 피선거권 등을 박탈하는 것이다. ④ 재산형은 재산의 양에 따라 부과되는 것이 아니라, 일정한 금액을 정하여 부과된다. ⑤ 벌금은 원칙적으로 5만 원 이상으로 하며, 과료는 2천 원 이상 5만 원 미만으로 한다.

467 밑줄 친 '이것'은 보안 처분이다. 보안 처분은 행위자의 사회 복귀와 범죄의 예방 등을 목적으로 하며, 형벌과 동시에 선고될 수 있다. 보안 처분에는 치료 감호, 보호 관찰, 수강 명령, 사회봉사 명령 등이 있으며, 소년법상의 보호 처분 등 책임이 조각되는 경우에도 보안 처분이 부과될 수 있다.

바로알기 | ③ 보안 처분이 대안적 제재 수단이기는 하지만, 신체의 자유를 제한하는 형벌이므로 법률과 적법 절차의 원칙에 따라 부과해야 한다.

468 **모범 답안** **(1) A는 보안 처분으로 치료 감호, 보호 관찰, 수강 명령, 사회봉사 명령 등이 이에 해당한다.**

(2) B는 금고, C는 구류에 해당한다.

469 (가)는 보안 처분, (나)는 형벌이다. ㄴ. 형벌은 생명권, 자유권 등 국민의 기본권을 제한하는 것으로서 국가만이 형법에 근거하여 부과할 수 있다. ㄹ. 보안 처분과 형벌은 모두 범죄자의 재범을 막아 범죄를 예방하기 위한 목적을 지닌다.

바로알기 | ㄱ. 자격 상실과 과료는 모두 형벌에 해당한다. ㄷ. 보안 처분과 형벌은 모두 적법한 절차에 의하지 않고는 부과할 수 없다.

개념 보충

형벌과 보안 처분의 종류

형벌	생명형	사형
	자유형	징역, 금고, 구류
	재산형	벌금, 과료, 몰수
	명예형	자격 상실, 자격 정지
보안 처분	보호 관찰, 치료 감호, 사회봉사 명령, 수강 명령 등	

470 A 카드는 명예형이 적혀 있고, 자격 정지는 일정 기간 자격의 전부 또는 일부를 정지하는 형벌로 명예형에 해당한다. 따라서 옳은 답안은 'O'이다. B 카드는 자유형이 적혀 있고, 금고는 1개월 이상 교정 시설에 수감하고 정해진 노역을 부과하지 않는 형벌로 자유형에 해당한다. 따라서 옳은 답안은 'O'이다. C 카드는 생명형이 적혀 있고, 몰수는 범죄 행위에 이용했거나 범죄 행위로 인해 취득한 물건 등을 압수하여 국고에 귀속하는 형벌로 재산형에 해당한다. 따라서 옳은 답안은 '×'이다. D 카드는 재산형이 적혀 있고, 벌금은 원칙적으로 5만 원 이상이 부과되는 형벌로 재산형에 해당한다. 따라서 옳은 답안은 'O'이다. E 카드는 자유형이 적혀 있고, 구류는 자유형에 속하는 형벌이지만 1일 이상 30일 미만 교정 시설에 수감하며 정해진 노역을 부과하지 않는다. 따라서 옳은 답안은 '×'이다. 학생은 카드 B, C, D에 대한 내용과 특징에만 옳게 답하였으므로 3점을 얻게 된다.

471 ④ 2심 법원은 갑에게 금고를, 을에게 집행 유예를 선고하였다. 금고는 1개월 이상 교정 시설에 수감되는 반면, 집행 유예는 형을 즉시 집행하지 않고 일정 기간 형의 집행을 미루는 것이므로 을과 달리 갑은 교정 시설에 수감된다.

바로알기 | ① 1심 법원은 을에게 금고를 선고하였는데, 금고는 1개월 이상 교정 시설에 구금되는 형벌이다. ② 1심 법원은 병에게 벌금형을 선고하였으므로, 재산형에 해당하는 형벌을 선고하였다. ③ 2심 법원은 병에게 벌금형을 선고하였는데, 벌금은 원칙적으로 5만 원 이상의 금전을 납부하도록 한다. ⑤ 갑에게 1심 법원은 징역, 2심 법원은 금고를 선고하였는데, 징역과 금고는 모두 자유형에 해당하는 형벌이다.

14 형사 절차와 인권 보장

개념 확인 문제 123쪽

472 (1) 검사 (2) 피고인 **473** 국민 참여 재판 **474** (1) 무죄 (2) 보석 **475** (1) × (2) ○

난이도별 필수 기출 124~131쪽

476 ⑤	477 ③	478 ③	479 ⑤	480 ②	481 ⑤
482 해설 참조		483 ①	484 ④	485 ⑤	486 ①
487 ④	488 ②	489 ④	490 ②	491 ⑤	492 ①
493 ②	494 ②	495 ②	496 해설 참조		497 ④
498 해설 참조		499 ③	500 ②	501 ①	502 ②
503 해설 참조		504 ②	505 ②	506 ④	507 ④
508 ②	509 ⑤	510 ③			

476 ⑤ E는 판결 선고이다. 심리 결과 유죄로 인정할 만한 증거가 없으면 무죄 판결을 내리고, 유죄가 입증되면 유죄 판결을 내린다.

바로알기 | ① A는 공소 제기이다. 공소 제기는 수사 결과 피의자의 범죄 혐의가 인정되면 검사가 법원에 재판을 요청하는 것이다. ② B는 피고인이다. 피고인은 범죄를 범한 혐의로 법원에 기소된 자를 의미하며, 피의자는 수사 기관에 입건되어 수사를 받고 있는 자를 의미한다. ③ C는 모두 절차이다. 모두 절차에서는 재판장이 피고인에게 진술 거부권을 알려주며, 인정 신문과 모두 진술 등이 이루어진다. ④ D는 심리 절차이다. 심리 절차는 '증거 조사, 피고인과 증인에 대한 신문 및 변론, 검사의 구형, 피고인과 변호인의 최후 진술'의 순서로 진행된다.

477 ㄴ. 법원의 판결에 의하여 선고된 형벌이 확정될 경우 검사의 지휘에 따라 형이 집행된다. ㄷ. 1심 또는 2심 판결에 불복할 경우 검사나 피고인은 판결의 선고일로부터 7일 이내에 상급 법원에 상소할 수 있다.

바로알기 | ㄱ. 가석방은 징역, 금고의 형이 확정된 후 집행된 자에 대해서 조건부로 석방하는 제도로서 재판 결과 무죄로 인정된다고 하여 가석방되는 것이 아니다. ㄹ. 선고 유예는 실효 없이 유예된 날로부터 2년을 경과하면 면소된 것으로 간주하는 것이다. 형의 집행을 일정 기간 미루었다가 그 기간이 지나면 형의 선고가 효력을 잃는 것은 집행 유예에 해당한다.

478 ③ 형의 집행을 유예하는 경우에는 보안 처분에 해당하는 보호관찰을 받을 것을 명하거나 사회봉사 또는 수강을 명할 수 있다.

바로알기 | ① 기소 유예는 검사가 범인의 성품이나 행실 및 동기를 참작하여 기소하지 않는 경우를 말한다. 즉, 기소 유예 처분을 내리는 것은 검사의 권한이다. ② 징역이나 금고의 형이 집행되는 도중에 석방되는 제도는 가석방이다. ④ 집행 유예는 형을 선고 받은 후 그 선고의 실효 또는 취소됨이 없이 유예 기간을 경과한 때는 형 선고의 효력이 상실되는 것을 말한다. ⑤ 집행 유예와 달리 기소 유예는 피의자에 대해 적용할 수 있다.

479 수사 기관에 의하여 범죄 혐의를 받고 수사의 대상으로 되어 있는 사람은 피의자(㉠)라고 하며, 수사 종결 후 검사가 법원에 공소를 제기한 사람을 피고인(㉡)이라고 한다.

480 ② 피의자로서 미결 구금된 사람이 무죄 취지의 불기소 처분을 받은 경우 형사 보상을 청구할 수 있다.

바로알기 | ① 피의자에 대한 범죄 혐의가 입증되면 검사가 법원에 형사 재판을 요청하는데, 이를 공소 제기라고 한다. ③ 불구속 상태에 있던 피고인이 아닌 미결 구금되었던 피고인의 무죄 판결이 확정되었을 때 형사 보상을 청구할 수 있다. ④ 피의자와 피고인은 모두 형사 절차 전반에 걸쳐 변호인의 조력을 받을 권리를 갖는다. ⑤ 구속 적부 심사 제도는 구속된 피의자가 자신을 석방해 줄 것을 법원에 청구하는 것이므로, 피고인에게는 구속 적부 심사 청구권이 인정되지 않는다.

481 ㄷ. 공판 과정에서는 증거 조사, 피고인 신문, 검사의 의견 진술, 피고인의 의견 진술 등이 이루어진다. ㄹ. 갑은 무죄 추정의 원칙에 따라 유죄 판결이 확정될 때까지는 무죄로 추정된다.

바로알기 | ㄱ. 수사 절차에서는 피의자를 불구속 상태에서 수사하는 것이 원칙이다. ㄴ. 기소는 검사에 의해 이루어진다.

482 모범 답안 (1) 형의 선고가 효력을 잃습니다.
(2) 면소된 것으로 간주합니다.

483 갑은 집행 유예, 을은 선고 유예 판결을 받았다. ㄱ. 집행 유예와 선고 유예는 모두 피고인이 유죄임을 전제로 하므로 갑, 을 모두 범죄 혐의가 인정되었다. ㄴ. 1심 법원의 판결에 대해 검사는 형량이 가볍다고 판단하여 항소할 수 있고, 피고인 갑은 형량이 너무 무겁다거나 무죄라고 판단하여 항소할 수 있다.

바로알기 | ㄷ. 집행 유예는 징역의 형을 유예하는 것이므로 갑의 경우 징역 1년을 복역해야 하는 것은 아니다. ㄹ. 을이 재판 과정에서 구금되었다면 선고 유예로 석방되는데, 이를 가석방이라 하지는 않는다.

개념 보충

집행 유예와 선고 유예

구분	내용
집행 유예	형을 선고하면서 형의 집행을 일정 기간 미루었다가 그 기간이 지나면 형의 선고가 효력을 잃는 것
선고 유예	형의 선고를 미루었다가 일정 기간이 지나면 면소된 것으로 간주하는 것

484 ㄱ. 피의자나 피고인은 수사 절차를 비롯한 형사 절차 전반에 걸쳐 수사 기관과 대등한 관계에서 자신을 방어할 수 있도록 변호인의 조력을 받을 권리를 가진다. ㄴ. 형사 재판이 진행된 것으로 볼 때 검사의 공소 제기가 있었음을 알 수 있다. ㄹ. 법원의 판결에 의하여 형벌이 확정되면 검사의 지휘에 따라 형이 집행된다.

바로알기 | ㄷ. 형사 재판의 당사자는 검사와 피고인이다.

485 (가)는 선고 유예, (나)는 집행 유예이다. ㄷ. 선고 유예는 피고인의 유죄를 인정하면서도 형의 선고를 미루는 것이고, 집행 유예는 피고인의 유죄를 인정하면서도 일정 기간 형의 집행을 미루는 것이다.

바로알기 | ㄱ. 집행 유예 판결을 내릴 경우에는 보호 관찰을 함께 부과할 수 있다. ㄴ. 선고 유예와 집행 유예는 모두 범죄자에게 사회 복귀의 길을 열어주기 위한 판결이다.

486 ① 선고 유예는 형의 선고를 일정 기간 미루는 것으로서 징역이나 금고의 형이 집행된 것이 아니므로, 피고인의 교정 시설 수용이 이루어지지 않는다.

바로알기 | ② 피고인과 검사 모두 선고 유예, 집행 유예의 판결에 대해서 불복하여 상급 법원에 상소할 수 있다. ③ 선고 유예는 유예 기간이 경과하면 면소된 것으로 간주하는 것이고, 집행 유예는 유예 기간을 경과한 때에는 형 선고의 효력을 상실하게 하는 것일 뿐 유예 기간이 지났다고 해서 무죄로 확정되는 것은 아니다. ④ 선고 유예, 집행 유예는 모두 유죄를 인정하는 경우이므로, 공판 과정에서 구속되었던 피고인이 형사 보상을 청구할 수 없다. ⑤ 불기소 처분은 검사가 피의자에 대해 공소를 제기하지 않기로 결정하는 처분을 말한다.

487 ㄴ. 검사는 피의자에 대해 범죄 혐의가 있다고 판단되면 법원에 심판을 구하게 되는데, 이를 공소 제기라고 한다. 따라서 공판이 이루어지기 위해서는 검사가 공소를 제기해야만 한다. ㄹ. 재판장이 피고인의 성명, 연령 등을 묻는 인정 신문은 공판 과정 중 모두 절차에서 이루어진다.

바로알기 | ㄱ. 수사의 개시는 고소뿐만 아니라 고발, 현행범의 체포, 긴급 체포, 범인의 자수 등에 의해서도 이루어진다. ㄷ. 보증금 납입 등을 조건으로 법원이 구속의 집행을 정지함으로써 구속된 피고인이 석방되는 제도는 보석 제도이다. 보석 제도는 수형자가 아닌 피고인이 신청할 수 있는 제도이므로, 형 집행 단계에서 보석을 신청할 수 없다.

488 ① 우리나라는 기소 독점주의에 따라 공소 제기의 권한을 검사에게 독점시키고 있다. ③ 형사 재판의 당사자는 검사와 피고인이며, 피해자는 재판 당사자가 아니다. ④ 보석 제도는 일정한 조건하에 구속된 피고인을 석방시키는 제도로서 공판 단계에서 적용된다. ⑤ 법원의 판결에 의하여 선고된 형이 확정될 경우 검사의 지휘에 따라 형이 집행된다.

바로알기 | ② 형사 재판에서 법원의 판결에 대해 불복할 경우 검사와 피고인은 항소 또는 상고를 할 수 있다. 항고는 법원의 결정이나 명령에 불복하여 상급 법원에 다시 재판을 청구하는 것을 말한다.

489 ④ 징역이나 금고의 집행 중에 있는 수형자에 대해 형기 만료 전에 일정한 요건을 갖추면 행정 처분으로 조건부로 석방시킬 수 있는데, 이를 가석방이라고 한다.

바로알기 | ① 수사 단계에서 수사 기관은 진술 거부권을 고지해야 하지만, 인정 신문은 공판 단계에서 이루어진다. ② 구속의 적합성에 대한 심사를 하는 것은 구속 적부 심사 제도로서 이는 검사의 청구가 아닌 구속된 피의자의 청구에 의해서 이루어진다. ③ 영장 실질 심사는 검사가 피의자에 대해 구속 영장을 청구하면 판사가 피의자를 심문하는 제도로서 공판 단계가 아닌 수사 단계에서 이루어진다. 즉, 공판 단계에서 구금된 자는 영장 실질 심사를 통해 석방될 수 없다. ⑤ 수사는 사법 경찰관을 비롯한 수사 기관에 의해 이루어지며, 형 집행은 검사의 지휘로 이루어진다.

490 밑줄 친 '이 제도'는 국민 참여 재판이다. 국민 참여 재판은 재판의 민주적 정당성과 신뢰를 높이기 위한 목적으로 도입되었다.

491 ㄴ, ㄷ. 「소년법」상 소년 사건은 19세 미만인 자를 대상으로 하며, 「소년법」상 소년은 성인에 비해 심신의 성장이 미숙한 상태이므로 소년 사건은 처벌보다는 보호와 선도를 목적으로 한다. ㄹ. 「소년법」상 보호 처분은 형벌이 아니므로 전과 기록이 남지 않는다.

바로알기 | ㄱ. 소년 사건이라고 하더라도 중한 범죄를 저지른 14세 이상의 소년에 대해서는 형벌을 부과할 수 있다.

492 ① 경찰서장이 을, 병, 정은 검찰로 송치를 하였지만 갑은 가정 법원 소년부로 송치한 것으로 보아 갑은 을, 병, 정과 달리 10세 이상 14세 미만에 해당하므로 연령이 가장 낮다.

바로알기 | ② 을은 기소되어 유죄 판결을 받은 것으로 보아 범죄 소년에

해당한다. ③ 병은 형사 법원에서 재판을 진행하지 않았으며, 병이 받은 「소년법」상 보호 처분은 형벌이 아닌 대안적 제재 수단에 해당한다. ④ 정은 '혐의 없음'을 이유로 불기소 처분을 받았다. ⑤ 「소년법」상 보호 처분을 받은 병은 전과가 기록되지 않으며, 정은 형사 제재를 받지 않았다.

493 제시된 재판 제도는 국민 참여 재판이다. ①, ⑤ 국민 참여 재판은 지방 법원 합의부 1심 관할 사건 중 형사 사건을 대상으로 하며, 법원은 대상 사건의 피고인에 대하여 국민 참여 재판을 원하는지 여부에 관한 의사를 반드시 확인하여야 한다. ③, ④ 국민 참여 재판에서 배심원은 유·무죄에 관하여 평의하고, 전원의 의견이 일치하면 그에 따라 평결한다. 이때 판사는 배심원의 평결과 다른 판결을 내릴 수 있는데, 이 경우 판결서에 그 이유를 기재하여야 한다.

바로알기 | ② 20세 이상의 우리나라 국민 중 일정한 범죄 경력이 있는 자, 변호사나 경찰 등 일정한 직업을 가진 자 등은 원칙적으로 배심원이 될 수 없다.

개념 보충

국민 참여 재판

내용	일반 국민이 배심원으로 형사 재판에 참여하여 사실의 인정과 형벌의 수준 등에 관한 의견을 판사에게 제시하는 제도
대상 사건	지방 법원 합의부(1심) 관할 사건 중 피고인이 원하는 경우 진행됨
특징	배심원의 평결은 권고적 효력만을 가지므로 법원을 구속하지는 않지만, 재판장은 배심원의 평결과 다른 판결을 내릴 때는 판결문에 그 이유를 기재해야 함

494 ㄱ. 국민 참여 재판은 지방 법원 합의부의 1심 관할 사건 중 형사 사건만을 대상으로 한다. ㄷ. 20세 이상의 국민이 배심원으로 국민 참여 재판에 참여할 수 있으므로, 19세의 미성년자는 국민 참여 재판의 배심원이 될 수 없다.

바로알기 | ㄴ. 재판장은 배심원의 평결과 다른 판결을 내릴 수 있으며, 이 경우 판결서에 그 이유를 기재하여야 한다. ㄹ. 국민 참여 재판은 지방 법원 합의부의 1심 관할 사건 중 피고인이 원하는 경우에 진행된다.

495 ㄱ. 10세 미만의 소년인 갑에 대해서는 형벌을 부과할 수 없고, 「소년법」상 보호 처분의 대상이 되지도 않는다. ㄹ. 10세 이상 14세 미만의 소년인 을에 대해서는 형벌을 부과할 수 없지만, 가정 법원 소년부로 송치가 되면 「소년법」상 보호 처분을 부과할 수 있다. 병은 14세 이상의 범죄 소년으로서 검사가 기소를 하게 되면 형사 법원에서 집행 유예 등을 선고받게 될 수 있다.

바로알기 | ㄴ. 「소년법」상 보호 처분을 부과할 수 있는 주체는 검사가 아닌 가정 법원 소년부이다. ㄷ. 선고 유예는 형벌 부과에 대한 선고를 유예하는 것으로서 가정 법원 소년부가 아닌 형사 법원에서 판결을 내릴 수 있다.

496 **모범 답안** (1) 미란다 원칙
(2) 진술 거부권, 변호인의 조력을 받을 권리 등

497 (가)는 구속 적부 심사이다. ㄱ. 구속 적부 심사는 구속된 피의자가 청구할 수 있는 것이므로, 기소 이전에 청구할 수 있다. ㄷ. 구속 적부 심사는 수사 과정에서 피의자의 신체의 자유를 보장하기 위한 제도이다. ㄹ. 구속의 적법성과 필요성을 심사한 결과 구속이 적법하지 않거나 필요하지 않다고 판단할 경우 청구를 인용하게 되고, 피의자는 석방되어 불구속 상태에서 수사를 받게 된다.

바로알기 | ㄴ. 구속 적부 심사는 검사가 아닌 구속된 피의자가 구속의 적법성과 필요성을 판단해 달라고 청구하는 제도이다.

498 **모범 답안** (1) ㉠: 구속 전 피의자 심문 제도(구속 영장 실질 심사 제도), ㉡: 체포·구속 적부 심사 제도
(2) 국민의 신체의 자유를 보장하기 위해서이다.

499

강도 사건 발생 후 경찰관은 목격자 진술 등을 근거로 갑이 범인이라고 판단하였다.

↓ ㉠

경찰관은 갑을 긴급 체포하였다.
을은 구속 영장을 청구하였고, 병은 구속 영장을 발부하였다.
이로 인해 갑은 구속되었다.
(을 → 검사, 병 → 판사)

↓ ㉡

을은 갑을 강도죄로 기소하였다.
(갑 → 피의자에서 피고인이 됨)

↓ ㉢

2심 법원에서 판결이 선고되었다.

↓ ㉣

판결이 확정되었다.

③ 항소는 1심 판결에 불복하여 2심 재판을 청구하는 것이고, ㉢은 기소 이후 2심 판결이 선고되기 전 상황이므로 ㉢에서 항소가 이루어졌다.

바로알기 | ① 검사가 갑을 강도죄로 기소하면서 형사 재판이 열렸다. ② 피고인 신문은 공판 절차에서 진행되기 때문에 ㉡이 아닌 ㉢에서 이루어진다. ④ 기소 유예 처분은 검사가 공소 제기를 하지 않는 것이므로 공판 과정에서는 기소 유예 처분이 선고될 수 없다. ⑤ 형의 집행은 법원이 판결이 확정된 후 검사의 지휘에 의해 이루어진다.

500 ㄱ. 피의자 신분에서 구속된 갑은 구속의 적법성과 필요성을 심사하여 자신을 석방해 줄 것을 법원에 청구할 수 있다. ㄷ. 갑은 피의자로서 구금된 적이 있기 때문에 무죄 판결이 확정되면 형사 보상을 청구할 수 있다.

바로알기 | ㄴ. 피의자와 피고인은 구속되기 이전의 수사 과정뿐만 아니라 형사 절차 전반에 걸쳐 변호인의 조력을 받을 수 있다. ㄹ. 가석방은 징역, 금고의 집행 중에 있는 사람이 조건부로 석방되는 제도로서, 형 집행 중 진범이 나타났다고 해서 즉시 갑에게 가석방이 허가되는 것은 아니다.

501 ② ㉡은 국선 변호사 제도로서 피의자나 피고인은 스스로 변호인을 구할 수 없을 경우 국선 변호인의 도움을 받을 수 있다. ③ 수사 기관이 피의자를 체포할 때 혐의 사실의 내용과 체포 이유, 변호인의 조력을 받을 권리, 진술 거부권 등을 고지해야 한다는 것을 미란다 원칙이라고 한다. ④ 무죄 추정의 원칙은 피의자와 피고인은 유죄 판결이 확정될 때까지는 무죄로 추정된다는 원칙으로서 수사 절차와 형사 재판 절차 전반에 걸쳐 보장된다. ⑤ 수사 기관이 진술 거부권을 침해하여 얻은 진술은 원칙적으로 증거 능력이 인정되지 않는다.

바로알기 | ① 피의자와 피고인은 모두 수사 기관과 대등한 관계에서 자신을 방어할 수 있도록 변호인의 조력을 받을 권리를 갖는다.

502 ㄱ. 구속된 을은 보증금 납입 등을 조건으로 법원이 구속의 집행을 정지함으로써 불구속 상태에서 재판을 받을 수 있도록 하는 보석을 청구할 수 있다. ㄹ. 피의자 갑, 피고인 을 모두 수사 및 재판 절차에서 불리한 진술을 강요당하지 않을 권리인 진술 거부권을 행사할 수 있다.

바로알기 | ㄴ. 병은 징역형을 선고받았기 때문에 형 확정 후 구금된다. ㄷ. 피의자 갑뿐만 아니라 피고인 을에게도 형이 확정될 때까지 무죄 추정의 원칙이 적용된다.

503 모범 답안 피의자로서 구금된 사람이 무죄 취지의 불기소 처분을 받은 경우, 피고인으로서 미결 구금되었던 사람에 대한 무죄 판결이 확정된 경우, 판결이 확정되어 형의 집행을 받거나 받았던 사람이 재심을 통해 무죄 판결이 확정된 경우여야 해.

504 (가)에서 갑이 A에게 손해 배상을 받기 위해서는 별도의 민사 소송을 거쳐야 한다. 이러한 경우 형사 재판 과정에서 법원의 직권 또는 피해자의 간단한 신청 절차만으로 민사적 손해 배상 명령까지 받아 낼 수 있는 배상 명령 제도의 활용을 고려할 수 있다. (나)에서 범죄 피해를 당한 을의 유족들은 경제적으로 어려움을 겪을 수 있다. 이러한 경우 국가가 피해자 또는 유족에게 일정한 한도의 구조금을 지급하는 범죄 피해자 구조 제도의 활용을 고려할 수 있다.

개념 보충

범죄 피해자 보호와 형사 구제를 위한 제도

제도	내용
범죄 피해자 구조 제도	범죄 행위로 인해 생명 또는 신체에 피해를 당했음에도 가해자로부터 피해를 배상받지 못한 경우 국가가 피해자 또는 유족에게 일정한 한도의 구조금을 지급하는 제도
배상 명령 제도	일정한 사건의 형사 재판에서 유죄 판결을 선고할 때 법원이 직접 또는 피해자의 신청에 따라 간편하게 민사상 손해 배상까지 명령할 수 있는 제도
형사 보상 제도	피의자 또는 피고인으로서 구금되었다가 법률이 정하는 불기소 처분을 받거나 무죄 판결을 받은 경우 국가에 보상을 청구할 수 있는 제도
명예 회복 제도	형사 재판에서 무죄 판결을 받은 당사자가 청구하면 명예 회복을 위해 해당 사건의 재판서를 1년 동안 법무부 누리집에 게재할 수 있는 제도

505 A는 구속된 상태에서 재판을 받았으나 2심에서 무죄 판결이 확정되었다. 따라서 A는 구금에 대한 물질적·정신적 피해의 보상을 국가에 청구할 수 있는 형사 보상 제도를 활용할 수 있다.

506 ㄱ. 실추된 명예를 회복하는 제도인 명예 회복 제도는 형사 보상 제도와 함께 활용될 수 있다. ㄴ. 형사 보상 제도는 판결이 확정되어 형의 집행을 받거나 받았던 사람이 재심을 통해 무죄 판결이 확정된 경우에도 활용할 수 있다. ㄷ. 기소 유예 처분은 무죄 취지의 불기소 처분이 아니므로, 해당 처분을 받은 사람은 형사 보상 제도를 활용할 수 없다.
바로알기 | ㄹ. 선고 유예 판결은 유죄가 인정된 경우이므로, 해당 판결을 받은 사람은 형사 보상 제도를 활용할 수 없다.

507 제시된 사례에서 B의 유족은 범죄 행위로 피해를 당했음에도 가해자로부터 피해를 배상받지 못하여 어려운 상황에 처해 있다. 따라서 B의 유족에게 범죄 행위로 인해 생명 또는 신체에 피해를 당했으나 가해자로부터 피해의 전부 또는 일부를 배상받지 못한 경우 국가가 피해자 또는 유족에게 일정한 한도의 구조금을 지급하는 제도인 범죄 피해자 구조 제도를 활용할 것을 조언하는 것이 가장 적절하다.

508 (가)는 구속 전 피의자 심문 제도, (나)는 형사 보상 제도, (다)는 범죄 피해자 구조 제도이다. ② 형사 보상 제도는 피의자로서 구금된 사람이 무죄 취지의 불기소 처분을 받은 경우에도 활용될 수 있다.
바로알기 | ① 구속 전 피의자 심문 제도는 구속 영장이 청구된 피의자에 대해 판사가 구속 사유가 인정되는지 여부를 판단하게 되는데, 구속 사유가 타당하지 않다고 판단되면 바로 석방되는 것이지 보증금 납부를 조건으로 석방되는 것은 아니다. ③ 형사 재판 과정에서 피해자의 간단한 신청 절차만으로 민사상 손해 배상을 받을 수 있도록 하는 제도는 배상 명령 제도이다. ④ 형사 보상 제도는 피고인뿐만 아니라 구금된 피의자가 무죄 취지의 불기소 처분을 받은 경우에도 적용된다. ⑤ 범죄 피해자 구조 제도는 형사 보상 제도와 달리 범죄 피해자를 보호하기 위한 제도에 해당한다.

509 ㄴ. A는 범죄 피해자로서 형사 재판의 당사자는 아니지만, B의 형사 재판 과정에서 피해자 증언 등을 할 수 있는 형사 절차 참여권이 보장된다. ㄷ. B에게는 수사 및 공판 과정에서 불리한 진술을 강요당하지 않을 권리인 진술 거부권이 보장된다. ㄹ. B는 변호인의 조력을 받을 권리를 가지며, 스스로 변호인을 선임할 수 없는 상황이 발생할 경우 국선 변호인의 도움을 받을 수 있다.
바로알기 | ㄱ. 범죄 피해자인 A는 B의 형사 재판 과정에서 간단한 신청 절차만으로 민사적 손해 배상 명령을 받아 낼 수 있는 배상 명령 제도를 활용할 수 있다.

510 ㄴ. 갑은 구속된 상태에서 재판을 받았고 최종적으로 무죄 판결이 확정되었으므로, 형사 보상을 청구할 수 있다. ㄷ. 갑은 무죄 판결이 확정되었으므로 명예 회복을 위해 확정된 무죄 재판 사건의 재판서를 법무부 누리집에 게재해 줄 것을 청구할 수 있다.
바로알기 | ㄱ. 갑은 2심 법원인 고등 법원에서 무죄 판결이 확정되었으므로, 대법원에 상고할 필요가 없다. ㄹ. 갑은 범죄 행위로 생명이나 신체에 피해를 당한 피해자가 아니므로, 범죄 피해자 구조 제도를 활용할 수 없다.

15 근로자의 권리

개념 확인 문제 132쪽

511 (1) 사회법 (2) 8시간 (3) 있다 **512** (1) × (2) × (3) ○

난이도별 필수 기출 133~137쪽

513 ⑤	514 ⑤	515 ③	516 ③	517 ④	518 ④
519 ③	520 ②	521 ①	522 ②	523 ④	524 ⑤
525 ⑤	526 해설 참조		527 ①	528 ③	529 ③
530 ③	531 ⑤	532 해설 참조		533 ③	534 ②

513 밑줄 친 '이 법'은 사회법이다. 사회법은 근대 자본주의의 모순과 부조리 해결을 위해 국가가 개인의 사적 영역에 적극적으로 개입해야 한다는 요구가 커지면서 등장하였으며, 사법 영역에 공법적 규제를 하므로 공법과 사법의 중간 영역에 해당한다고 본다. 사회법에는 노동법, 경제법, 사회 보장법, 환경법 등이 해당한다.

바로알기 | ㄱ. 민법은 대표적인 사법 중 하나이다.

514 ㉠은 노동법이다. ①, ③ 노동법은 사회법의 한 종류로, 사용자와 근로자 간 근로관계를 규율함으로써 사용자와 근로자가 대등한 관계에서 근로 계약을 할 수 있도록 한다. ② 근로자에게 지나치게 불리한 근로 계약은 제한할 수 있다는 점에서 노동법은 근로자의 인간다운 생활과 생존권 보장을 위해 계약 자유의 원칙을 수정 또는 제한하는 것을 중시한다. ④ 우리나라의 노동법에는 「근로 기준법」, 「노동조합 및 노동관계 조정법」, 「최저 임금법」 등이 있다.

바로알기 | ⑤ 노동법은 노동 시장에서 사용자의 지나친 우월적 지위가 문제되어 여러 노동 문제가 발생하자 국가가 근로자의 인간다운 생활과 생존권 보장을 위해 개입하는 과정에서 등장하였다.

개념 보충

노동법

구분	내용
의의	국가가 노동 문제를 해결하고 근로자를 보호하기 위해 제정한 법
등장 배경	근로자의 인간다운 생활과 생존권 보장을 위해 국가가 개입하는 과정에서 제정됨
종류	근로 기준법, 노동조합 및 노동관계 조정법, 최저 임금법 등

515 ㉠은 사회법이다. ㄴ. 사회법은 사법 영역에 공법적 규제를 하므로 공법과 사법의 중간 영역에 해당한다. ㄷ. 사회법은 최소한의 인간다운 생활을 보장하고자 하므로 실질적 평등의 실현을 목적으로 한다.

바로알기 | ㄱ. 형법은 공법에 속하는 법이며, 민법과 상법은 사법에 속하는 법이다. ㄹ. 사회법은 국가가 개인의 사적 영역에 개입하는 법이다. 개인과 개인 간의 사적 관계를 규율하는 법은 사법이다.

516 1. 사회법은 사적 영역의 자율성을 인정하되 일정한 상황에서 국가가 개인의 사적 영역에 개입하여 규제하기 위해 제정한 법이므로, 옳은 답안은 '○'이다. 2. 사회법은 경제적 약자의 인간다운 삶과 생존권을 보장하기 위해 국가가 개입하는 과정에서 제정된 법이므로, 옳은 답안은 '○'이다. 3. 「근로 기준법」과 「노동조합 및 노동관계 조정법」은 모두 노동법에 해당하므로, 옳은 답안은 '×'이다. 4. 노동법은 열악한 조건에서 일하는 근로자를 보호하기 위해 계약 자유의 원칙을 수정 또는 제한할 것을 중시하므로, 옳은 답안은 '×'이다. 학생은 2, 3번 문항에만 옳게 응답하였으므로, 학생이 얻을 점수는 2점이다.

517 ㄱ. 근로 시간은 휴게 시간을 제외하고 원칙적으로 1일 8시간, 1주 40시간을 초과할 수 없으며, 당사자 간에 합의하면 1주에 12시간을 한도로 근로 시간을 연장할 수 있다. ㄴ. 사용자는 일정 기간 개근한 근로자에게 1주에 평균 1회 이상의 유급 휴일을 보장하여야 한다. ㄹ. 사용자는 근로 시간이 4시간인 경우에는 30분 이상, 8시간인 경우에는 1시간 이상의 휴게 시간을 근로 시간 도중에 주어야 한다.

바로알기 | ㄷ. 15세 이상 18세 미만인 연소 근로자는 원칙적으로 1일 최대 7시간, 1주 최대 35시간까지 일할 수 있다.

개념 보충

법률에 보장된 근로 조건

구분	내용
임금	근로자에게 직접 통화로 전액을 매월 1회 이상 일정한 날짜를 지정하여 지급해야 함
근로 시간	휴게 시간을 제외하고 1일 8시간, 1주 40시간을 초과할 수 없음
휴게 시간	근로 시간이 4시간일 때 30분 이상, 8시간일 때 1시간 이상을 근로 시간 도중에 주어야 함
휴일	일정 기간 개근한 근로자에게 1주에 1회 이상의 유급 휴일을 주어야 함

518 ① 「근로 기준법」은 근로자의 기본적 생활을 보장 및 향상시켜 균형 있는 국민 경제의 발전을 꾀하는 것을 목적으로 한다. ② 근로 계약도 법률 행위이므로 사용자가 연소 근로자와 근로 계약을 체결할 때는 법정 대리인인 친권자 또는 후견인의 동의가 있어야 한다. ③ 사용자는 근로 계약을 체결할 때 근로자에게 임금 등에 관한 사항을 서면으로 명시해야 하며, 임금은 통화의 형태로 직접 근로자에게 전액을 지급하여야 한다. ⑤ 휴게 시간이 「근로 기준법」에 규정된 최저 기준에 위반된 경우 해당 계약 조항에 한하여 무효가 된다.

바로알기 | ④ 사용자와 근로자가 합의하면 원칙적으로 1주 12시간 이내에서 연장 근로가 가능하다.

519 ① 사용자는 연소 근로자를 도덕상 또는 보건상 유해하거나 위험한 사업에 고용해서는 안 된다. ② 15세 미만인 사람은 원칙적으로 근로자로 고용할 수 없다. ④ 연소 근로자는 원칙적으로 1일에 7시간, 1주에 35시간을 초과하여 일할 수 없다. ⑤ 연소자를 고용하는 사용자는 그 연령을 증명하는 가족 관계 기록 사항에 관한 증명서와 친권자 또는 후견인의 동의서를 사업장에 갖추어 두어야 한다.

바로알기 | ③ 근로 계약은 법정 대리인의 동의를 얻어 연소 근로자 본인이 직접 체결해야 하며, 법정 대리인이 미성년자의 근로 계약을 대리할 수 없다.

520 ㄱ. 최저 임금제는 최저 임금 보장을 통해 근로자의 생활 안정과 노동력의 질적 향상을 꾀함으로써 국민 경제의 건전한 발전에 이바지하는 것을 목적으로 한다. ㄹ. 최저 임금 미만의 임금을 받기로 한 근로 계약은 해당 조항에 한하여 무효로 한다.

바로알기 | ㄴ. 최저 임금은 성인과 미성년자를 구분하지 않고 동일한 액수가 적용된다. ㄷ. 사용자는 최저 임금 미만의 임금을 근로자에게 지급할 수 없을 뿐이며, 최저 임금을 초과하는 임금을 지급하는 것은 현행 법규에 어긋나지 않는다.

521 (가) 단결권은 근로자들이 근로 조건의 향상을 위하여 자주적으

로 노동조합을 조직·운영하거나 그에 가입하여 활동할 권리이고, (나) 단체 교섭권은 근로자가 노동조합을 통해 근로 조건에 관하여 사용자 측과 단체 교섭을 할 권리이며, (다) 단체 행동권은 단체 교섭이 결렬될 경우 근로자가 자신의 주장을 관철하기 위해 파업, 태업 등의 쟁의 행위를 할 수 있는 권리이다.

522 ㄱ. 사용자가 노동조합의 활동을 방해하기 위해 단결권을 비롯한 근로 3권을 침해하는 행위는 부당 노동 행위에 해당한다. ㄷ. 단체 행동권은 근로자가 자신의 주장을 관철하기 위해 파업이나 태업 등의 쟁의 행위를 할 수 있는 권리이다.
바로알기 | ㄴ. 사용자는 정당한 사유가 있을 경우에는 단체 교섭을 거부할 수 있다. ㄹ. 근로 3권은 헌법과 「노동조합 및 노동관계 조정법」에 구체적으로 규정되어 있다.

523 ㉠은 「근로 기준법」이다. ㄴ. 「근로 기준법」은 근로자가 사용자와 대등한 관계에서 근로관계를 유지할 수 있도록 하여 근로자의 실질적 지위를 보장하는 것을 목적으로 한다. ㄹ. 「근로 기준법」에 따라 사용자는 근로 계약 체결 시 임금, 근로 시간, 휴일, 유급 휴가 등의 사항이 명시된 서면을 근로자에게 교부하여야 한다.
바로알기 | ㄱ. 근로 3권의 보장을 구체적으로 규정한 법률은 「노동조합 및 노동관계 조정법」이다. ㄷ. 근로 계약의 일부 조항이 「근로 기준법」에 어긋나는 경우 해당 조항의 근로 계약 내용만 무효가 된다.

524 ⑤ 사용자가 노동조합의 활동을 방해하기 위해 불공정한 방법으로 단결권, 단체 교섭권, 단체 행동권, 즉 근로 3권을 침해하는 행위를 부당 노동 행위라고 한다.
바로알기 | ① 근로의 권리도 기본권 중 하나이므로 국가 안전 보장, 질서 유지 또는 공공복리를 위하여 필요한 경우에 한하여 법률로써 제한할 수 있다. ② 근로 조건에 관하여 노동조합을 통해 사용자와 협상할 수 있는 권리는 단체 교섭권이다. ③ 파업, 태업 등의 쟁의 행위는 단체 행동권의 행사 방법에 해당한다. ④ 모든 쟁의 행위가 아니라 일정한 절차를 거친 정당한 쟁의 행위에 대해서만 노동조합의 민·형사상 책임이 면제된다.

525 ① 청소년 근로자라고 하더라도 임금은 부모 등의 법정 대리인이 아닌 본인에게 직접 지급해야 한다. ② 사용자가 근로자를 해고하기 위해서는 해고의 사유와 시기를 반드시 서면으로 사전에 통지해야 하므로, 문자 메시지로 해고를 통보한 것은 해고 절차를 지키지 못한 부당 해고에 해당한다. ③ 사용자는 18세 미만인 청소년을 유흥업소 등 도덕상 또는 보건상 유해하거나 위험한 사업에 사용할 수 없다. ④ 사용자는 원칙적으로 18세 미만인 청소년을 휴일에 근로시키지 못하며, 휴일에 근무하였을 때는 50%의 가산 임금을 받아야 한다.
바로알기 | ⑤ 청소년 근로자는 법정 대리인의 동의를 얻어 본인이 직접 근로 계약을 체결해야 하며, 계약의 내용을 명확히 하기 위해 근로 계약서를 작성하는 것이 유리하다.

526 **모범 답안** (1) ㉢, ㉤
(2) ㉢의 경우 연소 근로자의 근로 시간은 1일 7시간을 초과할 수 없고 근로 시간이 8시간 이상일 때 1시간 이상의 휴게 시간을 근로 시간 도중에 주어야 하는데, 갑은 휴식 시간 없이 1일 9시간을 근무하였으므로 「근로 기준법」을 위반하였다. ㉤의 경우 사용자는 임금을 근로자 본인에게 직접 지급해야 하는데, 사용자인 갑의 삼촌은 갑이 아닌 갑의 어머니에게 임금을 지급하였으므로 「근로 기준법」을 위반하였다.

527 ㄱ, ㄴ. 연소 근로자도 성인 근로자와 마찬가지로 최저 임금제의 적용을 받으며, 사용자에게 독자적인 임금 청구가 가능하다.
바로알기 | ㄷ. 연소 근로자는 성인 근로자와 달리 근로 계약 체결 시 법정 대리인의 동의를 받아야 한다. ㄹ. 사용자와의 합의에 따라 성인 근로자의 경우 1주 12시간 이내의 연장 근로가 가능한 반면, 연소 근로자는 1일 1시간, 1주 5시간 이내의 연장 근로가 가능하다.

528 ③ 미성년자인 을은 성인과 마찬가지로 법정 대리인의 동의 없이 사용자에게 독자적으로 임금을 청구할 수 있다.
바로알기 | ① 미성년자의 근로 계약은 법정 대리인의 동의를 얻어 본인이 직접 체결해야 하므로, 을의 법정 대리인이 을의 근로 계약을 대리할 수 없다. ② 을의 근로 시간은 휴게 시간을 제외하고 1일 7시간이므로, 법정 근로 시간을 초과하지 않았다. ④ 임금은 반드시 최저 임금 이상으로 해야 하므로, 갑과 을이 최저 임금 미만의 근로 계약을 체결했다고 하더라도 을은 갑에게 최저 임금 이상의 임금을 요구할 수 있다. ⑤ 을은 연소 근로자로서 사용자와 합의한 경우에 한하여 1주 5시간을 한도로 연장 근로를 할 수 있다.

529 ㄴ. 을은 연소 근로자로서 휴게 시간을 제외하고 1일 7시간씩 1주에 5일간 근무하기로 하였으므로, 사용자와 합의한 경우 1일 1시간 한도로 연장 근로를 할 수 있었다. ㄹ. 을은 미성년자이므로 근로 계약 체결 시 법정 대리인의 동의가 있어야 하며, 사용자 갑은 법정 대리인의 동의서를 사업장에 갖추어 두어야 한다.
바로알기 | ㄱ. 임금은 매월 1회 이상 일정한 날짜를 정하여 지급해야 하므로, 매출 실적에 따라 수시로 임금을 지급하기로 한 임금 지급 방식은 「근로 기준법」을 위반하였다. ㄷ. 을은 성인과 마찬가지로 법정 대리인의 동의 없이 독자적으로 임금을 청구할 수 있다.

530 밑줄 친 '이것'은 부당 노동 행위이다. 노동조합 가입·조직 또는 노동조합 업무를 위한 정당한 행위를 이유로 근로자에게 불이익을 주거나 노동조합에서 탈퇴할 것을 강요하는 행위, 근로자에게 노동조합에 가입하지 않을 것 또는 특정한 노동조합의 조합원이 될 것을 고용 조건으로 하는 행위는 모두 부당 노동 행위에 해당한다.
바로알기 | ③ 사용자가 정당한 사유 없이 노동조합과의 단체 교섭을 거부하는 행위는 부당 노동 행위가 되지만, 정당한 사유가 있다면 사용자는 노동조합과의 단체 교섭을 거부할 수 있다.

531 부당 노동 행위나 부당 해고를 당한 근로자는 지방 노동 위원회(㉠)에 구제 신청을 할 수 있고, 지방 노동 위원회의 판정에 불복할 경우 중앙 노동 위원회(㉡)에 재심을 청구할 수 있다. 중앙 노동 위원회의 재심 판정에도 불복할 경우 법원에 행정 소송(㉢)을 제기할 수 있다.

개념 보충

근로자의 권리 침해 시의 구제 방법

부당 노동 행위를 당한 경우	노동 위원회에 구제 신청, 법원에 민사 소송 제기 등을 통해 구제
부당 해고를 당한 경우	노동 위원회에 구제 신청, 법원에 해고 무효 확인 소송 제기 등을 통해 구제

532 **모범 답안** (1) 사용자는 원칙적으로 적어도 30일 전에 해고를 예고해야 하고, 해고의 사유와 시기를 반드시 서면으로 통지해야 한다.
(2) 부당 해고, 부당 해고를 당한 경우 노동 위원회에 구제 신청을 하거나 법원에 해고 무효 확인 소송을 제기할 수 있다.

533 부당 노동 행위를 당한 근로자는 3개월 이내에 지방 노동 위원회에 구제 신청을 할 수 있으며, 지방 노동 위원회의 판정에 불복할 경우 10일 이내에 중앙 노동 위원회에 재심을 청구할 수 있다. 중앙 노동 위원회의 재심 판정에도 불복할 경우 15일 이내에 중앙 노동 위원회 위원장을 상대로 행정 소송을 제기할 수 있다. 따라서 A는 3, B는 10, C는 15이므로 A~C에 해당하는 숫자를 모두 더한 값은 28이다.

534 ㄱ, ㄷ. 갑이 노동조합에 가입하였다는 이유만으로 불이익을 준 ○○ 회사, 즉 사용자의 조치는 갑의 근로 3권을 침해한 부당 노동 행위에 해당한다. 따라서 갑은 근로 3권의 침해를 이유로 지방 노동 위원회에 구제 신청을 할 수 있다.

바로알기 | ㄴ. 부당 노동 행위의 경우 불이익을 받은 노동자인 갑뿐만 아니라 갑이 속한 노동조합도 구제 신청을 할 수 있다. ㄹ. 갑은 중앙 노동 위원회의 재심 판정에 불복할 경우 법원에 행정 소송을 제기할 수 있다.

최고 수준 도전 기출 (13 ~ 15강)

138~141쪽

535 ①	536 ②	537 ⑤	538 ②	539 ⑤	540 ②
541 ④	542 ②	543 ⑤	544 ④	545 ②	546 ②
547 ④	548 ⑤	549 ⑤	550 ④		

535 (가)는 근대적 의미의 죄형 법정주의, (나)는 현대적 의미의 죄형 법정주의이다. ㄱ. 근대적 의미의 죄형 법정주의는 법률의 내용을 문제 삼지 않아 입법자의 자의적 판단에 의한 형벌권의 남용이 생길 수 있다는 점에서 독재 정치의 출현을 초래할 수 있다. ㄴ. 현대적 의미의 죄형 법정주의는 근대적 의미의 죄형 법정주의에 비해 법률의 내용도 실질적 정의에 합치되고 적정해야 함을 강조한다.

바로알기 | ㄷ. 현대적 의미의 죄형 법정주의에 비해 근대적 의미의 죄형 법정주의에서 입법부에 의한 자의적 형벌권 남용이 나타날 가능성이 높다. ㄹ. 죄형 법정주의는 범죄와 형벌이 반드시 의회에서 제정한 법률로 정해져 있어야 한다는 원칙으로서, 근대적 의미의 죄형 법정주의와 현대적 의미의 죄형 법정주의는 모두 관습에 의한 범죄의 성립과 형벌의 부과를 인정하지 않는다.

536 ① 친구의 승낙을 얻었다고 하더라도 친구 아버지의 자동차를 훔친 행위이므로, 갑의 행위는 위법성이 조각되지 않아 범죄가 성립될 수 있다. ③, ④ 병의 행위는 협박에 의해 강요된 행위로 책임이 조각되지만, 갑의 행위는 책임이 조각되지 않을 경우 범죄가 성립할 수 있다. ⑤ 정은 D에게 상해를 입혔으므로, 상해죄의 구성 요건에 해당한다.

바로알기 | ② 을의 행위는 체포죄의 구성 요건에는 해당하지만, 법령에 따른 정당 행위가 되어 위법성이 조각된다.

537 A는 구성 요건 해당성, B는 위법성, C는 책임이다. ⑤ 긴급 피난은 위법성이 조각되므로 무의 행위는 범죄가 성립하지 않는다.

바로알기 | ① 갑은 14세 미만의 형사 미성년자로서 책임이 조각되므로 갑의 행위는 범죄가 성립하지 않는다. ② 강요된 행위는 책임이 조각되므로 을의 행위는 범죄가 성립하지 않는다. ③ 병이 타인에게 상해를 가한 행위는 구성 요건에는 해당하지만, 심신 상실 상태에서 한 행위로서 책임이 조각되므로 범죄가 성립하지 않는다. ④ 정이 타인을 때린 행위는 구성 요건에는 해당하지만, 정당방위로서 위법성이 조각되어 범죄가 성립하지 않는다.

538 ② 피해자의 승낙에 의한 행위는 위법성이 조각되어 범죄가 성립하지 않는다.

바로알기 | ① 현행범 체포는 정당 행위로서 위법성이 조각되어 (나)에 해당한다. ③ 듣거나 말하는데 모두 장애가 있는 자의 행위는 책임은 있지만 형을 경감할 수 있는 사유가 될 뿐이며, 범죄가 성립되어 (라)에 해당한다. ④ 14세 미만의 형사 미성년자의 행위는 책임이 조각되어 (다)에 해당하므로, 범죄가 성립될 수 없다. ⑤ 범죄의 구성 요건에 해당하지 않는 행위는 범죄가 성립될 수 없다.

539 A, B는 각각 위법성과 책임 중 하나이다. ⑤ '법적 절차를 기다릴 수 없는 매우 긴급한 상황에서 자신의 청구권을 보전하기 위한 행위'는 자구 행위로서 위법성이 조각되므로, A가 '위법성'이라면 ㉠의 사례로 들 수 있다.

바로알기 | ① 8세 어린이, 즉 형사 미성년자의 행위는 책임이 조각되는 경우이므로, 제시된 행위가 ㉠의 사례라면 A는 책임이다. ② '격투기 선수가 시합 과정에서 상대 선수에게 중상을 입힌 행위'는 정당 행위에 해

당하므로, 제시된 사례가 ㉠의 사례라면 A는 위법성이다. 정당방위는 위법성이 조각되는 경우이므로 ㉠에 해당한다. ③ '자신에게 돌진하는 멧돼지를 피하기 위해 가게 물건을 파손한 행위'는 긴급 피난으로서 위법성이 조각되므로, B가 책임이라면 ㉠의 사례로 들 수 있다. ④ '자신의 생명에 대한 위해를 방어할 방법이 없는 협박을 받아 법정에서 위증한 행위'는 강요된 행위로서 책임이 조각되므로, 제시된 사례가 ㉡의 사례라면 B는 책임이다.

개념 보충

위법성과 책임

위법성	• 의미: 법질서 전체의 관점에서 그 행위가 위법하다고 판단할 수 있어야 함 • 위법성 조각 사유: 정당방위, 긴급 피난, 자구 행위, 피해자의 승낙, 정당 행위
책임	• 의미: 위법 행위를 하였다는 데 대하여 행위자가 법적으로 비난받을 가능성 • 책임 조각 사유: 형사 미성년자의 행위, 심신 상실자의 행위, 폭력이나 협박으로 강요된 행위 등 • 책임 경감 사유: 심신 미약자의 행위, 듣거나 말하는 데 모두 장애가 있는 사람의 행위 등

540 ② 1심 법원은 갑이 행위 당시에 심신 상실 상태에 있었으므로 책임이 조각되어 범죄가 성립되지 않는다고 판단하였는데, 형사 미성년자의 행위 역시 책임이 조각되어 범죄가 성립되지 않는다.

바로알기 | ① 1심 법원은 갑의 책임 여부를 고려한 판단을 하였으므로, 갑의 행위에 위법성이 조각된다고 보지 않았다. ③ 2심 법원은 갑이 행위 당시에 심신 미약 상태에 있었으므로 책임은 있지만 형을 감경할 수 있다고 보았다. ④ 1심 법원과 2심 법원은 모두 갑의 행위가 범죄의 구성요건에 해당된다고 보았다. ⑤ 1심 법원은 책임이 조각되어 갑이 무죄라고 보았을 수 있지만, 2심 법원은 갑이 유죄이나 책임이 감경된다고 보았을 것이다.

541 ㄴ. B는 위법성이 조각되는 경우이다. 반사회적 행위라도 위법성이 조각되면 범죄가 성립되지 않아 형벌을 부과할 수 없다. ㄹ. C는 책임이 조각되는 경우이다. 법원은 을의 행위가 심신 상실 상태에서의 행위로서 책임이 조각된다고 판단하더라도 재범의 우려가 있을 경우 을에게 치료 감호 처분을 부과할 수 있다.

바로알기 | ㄱ. A는 구성 요건에 해당하지 않는 경우이다. 범죄의 구성 요건에 해당되지 않으면 범죄가 성립되지 않아 형사 처벌을 할 수 없다. ㄷ. 법원은 갑의 행위가 정당 행위에 해당된다고 보았는데, 정당 행위는 위법성이 조각되는 경우로 C가 아닌 B에 해당한다.

542 ② 사회봉사 명령, 수강 명령과 같은 보안 처분은 범죄자의 재범을 방지하고 재사회화를 통해 사회 복귀를 돕기 위한 대안적 형사 제재에 해당한다.

바로알기 | ① 징역은 형벌에 해당한다. ③ 「도로 교통법」과 「성폭력 범죄의 처벌 등에 관한 특례법」은 모두 실질적 의미의 형법에 해당한다. ④ 징역은 정해진 노역을 부과하지만, 금고는 정해진 노역을 부과하지 않는다. ⑤ 형벌과 보안 처분은 모두 적법 절차의 원리에 따라 부과해야 한다.

543 A는 사형, B는 금고, C와 D는 각각 벌금과 과료 중 하나이며, E는 명예형이다. ① 사형은 범죄자의 생명을 박탈하는 형벌로, 사형 선고를 받은 사람은 언제든지 사형이 집행될 수 있다. ② 금고는 1개월 이상 교정 시설에 수용하여 집행하며, 정해진 노역을 부과하지 않는다. ③ 명예형에 해당하는 자격 상실이나 자격 정지를 받은 사람은 공무원이 되는 자격이나 공법상의 선거권과 피선거권 등의 자격이 박탈되거나 일시 정지된다. ④ C의 기준이 5만 원 이상이라면 C는 벌금, D는 과료이다. 과료는 2천 원 이상 5만 원 미만으로 한다.

바로알기 | ⑤ C와 D는 각각 벌금과 과료 중 하나이다. 범죄 행위와 관련된 재산을 박탈하여 국고에 귀속시키는 형벌은 몰수이다.

544 ㄱ. 구속된 갑은 기소 전에 구속의 적법성과 필요성을 심사하여 자신을 석방해 줄 것을 법원에 청구할 수 있다. ㄷ. 1심 법원은 갑에게 징역형의 집행 유예를 선고하였으므로, 갑에게 형이 집행될 수 없다. ㄹ. 형사 재판에서 피고인의 자백이 불리한 유일한 증거일 때는 이를 유죄의 증거로 삼거나 이를 이유로 처벌할 수 없다.

바로알기 | ㄴ. 갑이 구속 기소되어 피고인이 되었더라도 유죄의 확정 판결을 받기 전까지는 무죄 추정의 원칙이 적용된다.

545 ① 구속 적부 심사는 공판 전 수사 단계에서만 청구할 수 있으므로, 주어진 질문은 (가)에 들어갈 수 없다. ③ 유죄 판결이 확정되면 검사의 지휘로 형을 집행한다. 따라서 B가 형 집행이면 (가)에는 주어진 질문이 들어갈 수 없다. ④ 수사 절차에서는 수사 기관이 피의자를 체포 또는 신문할 때 진술 거부권을 고지해야 하고, 공판 절차에서는 재판장이 모두 절차를 진행할 때 피고인에게 진술 거부권을 알려 주어야 한다. 따라서 주어진 질문이 (가)에 들어가면 A와 C는 각각 수사와 공판 중 하나에 해당한다. ⑤ 수사 및 공판 과정에서 피의자나 피고인은 국선 변호인의 조력을 받을 수 있다. 따라서 (가)에 주어진 질문이 들어가고 C가 공판이면 A는 수사에 해당한다.

바로알기 | ② 형사 피의자와 피고인은 유죄 판결이 확정될 때까지는 무죄로 추정되므로, (가)에 주어진 질문이 들어가면 B는 형 집행이다.

546 (가)는 무죄 판결, (나)는 선고 유예, (다)는 집행 유예, (라)는 실형 선고에 해당한다. ② 무죄 판결이 확정된 당사자는 법무부 누리집에 해당 사건의 재판서를 1년 동안 게재할 수 있도록 하는 명예 회복 제도를 활용할 수 있다.

바로알기 | ① 무죄 판결이 확정된 당사자는 항소할 수 없다. ③ 선고 유예는 형의 선고 자체를 미루는 것을 말한다. ④ 집행 유예는 선고를 받은 후 그 선고의 실효 또는 취소됨이 없이 유예 기간을 경과한 때에는 형 선고의 효력이 상실되는 것을 말한다. ⑤ 1심 법원에서 집행 유예나 실형의 선고가 내려진 경우 결과에 대해서 피고인과 검사 모두 항소할 수 있다.

547 ㄱ. 갑은 재판 중 관련 법률이 개정되어 처벌 규정이 강화되더라도 소급효 금지의 원칙에 따라 행위 시의 법률을 적용받게 된다. ㄷ. A는 기소이다. 구속 기소된 갑은 재판 도중에 보증금 납입을 조건으로 석방될 수 있는 보석을 청구할 수 있다. ㄹ. B가 집행 유예 판결이라면 구속된 상태에서 재판을 받던 갑은 석방된다.

바로알기 | ㄴ. 검사의 기소로 인해 갑의 신분이 피의자에서 피고인으로 변경된다.

548 ⑤ 사용자와 근로자가 합의한 경우 1주 12시간 이내의 연장 근로가 가능하다. 따라서 을이 매 근무일 오후 9시까지 연장 근로를 하면 1주 15시간의 연장 근로를 하게 되어 원칙적으로 「근로 기준법」을 위반하게 된다.

바로알기 | ① 을의 근로 시간은 휴게 시간을 제외하고 8시간이므로 근로 조건의 최저 기준에 미달하지 않아 해당 조항은 유효하다. ② 을이 최저 임금 이상의 임금을 받음으로 인해 해당 조항의 계약 내용은 유효하다.

③ 을의 1일 근로 시간은 8시간이므로 하루 임금은 76,000원이 된다. ④ 을이 하루 2시간의 연장 근로를 한 경우 해당일의 하루 임금은 104,500원(76,000원+14,250원×2)이 된다.

549 ① A에 대한 사용자의 행위는 부당 노동 행위에 해당한다. 따라서 A뿐만 아니라 A가 속한 노동조합도 노동 위원회에 구제 신청을 할 수 있다. ② 부당 해고 및 부당 노동 행위를 당한 근로자는 3개월 이내에 지방 노동 위원회에 구제 신청을 할 수 있다. ③ 중앙 노동 위원회의 판정에 불복할 경우 당사자는 15일 이내에 중앙 노동 위원회 위원장을 상대로 법원에 행정 소송을 제기할 수 있다. ④ 부당 해고를 당한 근로자는 노동 위원회를 통한 구제 절차를 거치지 않고 별도로 법원에 해고 무효 확인 소송을 제기할 수 있다.

바로알기 | ⑤ 노동조합에 가입하여 활동하였다는 이유로 해고를 한 것은 해고의 조건을 갖추지 못하는 동시에 사용자가 근로자의 근로 3권을 침해하는 것으로서 부당 해고이면서 부당 노동 행위에 해당한다.

550 A는 단결권, B는 단체 행동권, C는 단체 교섭권이다. ㄱ. 사용자의 근로 3권 침해 행위는 부당 노동 행위에 해당하므로 ㉠은 '예'이다. 또한, 근로자가 자신들의 주장을 관철할 목적으로 업무를 저해하는 쟁의 행위를 할 수 있는 권리는 단체 행동권이므로 ㉡도 '예'이다. ㄴ. 단결권은 근로자만 가질 수 있는 권리이다. ㄷ. 단체 행동권은 정치 활동이나 경영에 관여할 목적으로는 행사할 수 없다.

바로알기 | ㄹ. 단체 행동권뿐만 아니라 단결권과 단체 교섭권을 사용자가 침해하는 행위도 부당 노동 행위에 해당하므로, 권리 침해 시 근로자가 속한 노동조합이 노동 위원회에 구제 신청을 할 수 있다.

16 국제 관계와 국제법

개념 확인 문제 143쪽

551 (1) – ㉠ (2) – ㉡
552 (1) 베스트팔렌 조약 (2) 냉전
553 (1) ○ (2) ○ (3) ×
554 (1) 국제 관습법 (2) 조약

난이도별 필수 기출 144~149쪽

555 ③ 556 ⑤ 557 ⑤ 558 ③ 559 ⑤ 560 ④
561 해설 참조 562 ① 563 ① 564 ④ 565 ④
566 ④ 567 ③ 568 ④ 569 ⑤ 570 ② 571 ②
572 ④ 573 ⑤ 574 ② 575 ① 576 해설 참조
577 ② 578 ② 579 ③ 580 ①

555 국제 사회는 독립된 주권 국가를 기본 단위로 구성된다. 국제 사회에서 각국은 원칙적으로 평등한 주권을 가지지만, 군사력이나 경제력의 차이를 앞세워 자국의 이익을 다른 국가에 강제하는 등 힘의 논리가 작용된다. 또한, 국제 사회에서는 국제법 등의 국제 규범을 통해 국가 간 발생하는 갈등을 어느 정도 통제하는 것이 가능하다고 본다.

바로알기 | ③ 국제 사회에는 구성원들을 대상으로 강제력을 행사할 수 있는 세계 정부가 존재하지 않아 주권 국가 간에 갈등이나 분쟁이 발생할 경우 해결이 어렵다.

개념 보충

국제 관계의 특성

국가를 기본 단위로 구성	독립된 주권 국가를 기본 단위로 함 → 각국은 원칙적으로 평등한 주권을 가지므로, 국가 내의 문제에 관해 다른 국가의 간섭을 받지 않을 권리를 가짐
힘의 논리 작용	군사력이나 경제력의 차이를 앞세워 자국의 이익을 다른 국가에 강제하기도 함
세계 정부의 부재	국제 사회에는 강제력을 행사할 수 있는 세계 정부가 존재하지 않음

556 밑줄 친 '이 전략'은 세력 균형 전략이다. ①, ② 세력 균형 전략은 군사력 증강, 동맹 등을 통해 세력 간에 힘의 균형을 확보하게 되면 국제 사회에서 전쟁이 일어나지 않는다는 점을 주장하지만, 이로 인해 안보 딜레마에 빠지게 될 수 있다. ③, ④ 세력 균형 전략은 현실주의적 관점을 반영한 것으로서 인간과 국가를 이기적 존재로 보는 홉스의 입장을 바탕으로 한다.

바로알기 | ⑤ 현실주의적 관점에 따르면 국제 사회에서 국가가 자국의 이익을 경쟁적으로 추구하는 과정에서 국가 간 갈등은 필연적으로 나타나므로, 국제 사회의 평화를 실현하기 위해서는 국제 사회의 여러 세력 간에 힘의 균형이 이루어지는 세력 균형 전략이 필요하다고 본다.

557 A는 국제 비정부 기구이면서 세계적 국제기구이고, B는 정부 간 국제기구이면서 지역적 국제기구이다. ㄱ. 유럽 연합(EU)은 국가를 회원으로 하는 정부 간 국제기구이면서 유럽 지역의 국가를 대상으로 하는 지역적 국제기구에 해당한다. ㄴ, ㄹ. 국제 사면 위원회(AI)와 그린피스(Greenpeace)는 개인 또는 민간단체를 회원으로 하는 국제 비정부 기구이면서 세계적 국제기구에 해당한다.

바로알기 | ㄷ. 세계 무역 기구(WTO)는 국가를 회원으로 하는 정부 간 국

제기구이면서 전 세계 국가를 참여 대상으로 하는 세계적 국제기구에 해당한다.

558 중국이 남중국해 도서를 군사 기지화 하려는 시도에 대해 미국이 주기적으로 자국 군함을 진입시키는 것을 통해 국제 사회에서 행위 주체 간 갈등의 양상이 나타나는 것을 알 수 있으며, 중국과 말레이시아 정부가 합동으로 식품 연구소를 설립하는 것을 통해 국가 간의 협력이 나타나는 것을 알 수 있다. 즉, 제시된 사례들을 통해 국제 사회에는 국제 행위 주체 간의 협력과 갈등 관계가 공존함을 추론할 수 있다.
바로알기 | ①은 국제 사회의 특징에 해당하지만, 제시된 사례와 관련이 적다. ②는 제시된 사례를 통해서는 파악할 수 없는 내용이다. ④ 각국이 자국의 이익보다 국제 규범 준수를 더 중시한다고 단정할 수 없다. ⑤ 국제 사회에는 강제력을 가진 중앙 정부가 없어 국가 간 분쟁 해결이 어렵다.

559 (가)는 현실주의적 관점, (나)는 자유주의적 관점이다. 현실주의적 관점은 홉스의 입장을 바탕으로 인간과 국가는 이기적인 존재이고 자연 상태는 만인에 대한 만인의 투쟁 상태임을 가정하며, 국제 사회에는 항상 전쟁 등에 의한 분쟁 가능성이 존재한다고 본다(ㄷ, ㄹ). 반면, 자유주의적 관점은 인간은 이성적인 존재이고 국제 사회에도 도덕과 윤리 규범이 존재하므로, 국제법과 국제기구를 통해서 국제 사회의 평화와 안정이 유지된다고 본다(ㄱ, ㄴ).

560 1. 국제 사회는 독립된 주권 국가를 기본 단위로 하므로, 옳은 답안은 '○'이다. 2. 국제 관계는 개별 국가의 주권 평등의 원칙을 따르지만 힘의 논리가 작용하므로, 옳은 답안은 '×'이다. 3. 국제 사회에는 강제력을 행사할 수 있는 세계 정부가 존재하지 않으므로, 옳은 답안은 '○'이다. 4. 국제 사회의 개별 국가들은 자국의 이익을 위해 경쟁 및 갈등하며 무력을 동원하기도 하므로, 옳은 답안은 '○'이다. 5. 국제 관계는 국가를 비롯한 다양한 국제 사회의 행위 주체들이 여러 영역에서 상호 작용을 통해 만들어 내는 관계들의 총체를 의미하므로, 옳은 답안은 '○'이다. 학생은 1, 2, 4, 5번 문항에만 옳게 답하였으므로, 학생이 받을 점수는 4점이다.

561 모범 답안 (가): 현실주의적 관점, (나): 자유주의적 관점. 현실주의적 관점은 힘의 논리로 국제 관계를 설명하며, 국제 평화를 위해 국력 증강, 동맹 등을 통한 세력 균형 전략이 필요하다고 본다. 자유주의적 관점은 국제법과 국제기구의 중요성을 강조하며, 국제 평화를 위해 집단 안보 체제가 필요하다고 본다.

562 ① 현실주의적 관점은 동맹 및 군사력 강화를 중시하는 세력 균형 전략을 통해 자국의 안전을 보장할 수 있다고 본다.
바로알기 | ② 국가 간의 상호 의존적 관계를 간과한다는 한계를 지닌 관점은 현실주의적 관점이다. ③ 자유주의적 관점은 현실주의적 관점에 비해 국제법과 국제기구의 중요성을 강조한다. ④ 현실주의적 관점은 자유주의적 관점과 달리 자국의 이익을 위해 힘의 우위를 확보해야 함을 강조한다. ⑤ 현실주의적 관점은 국제 사회에서 국가는 자국의 이익을 우선시하므로 개별 국가의 이익과 국제 사회 전체의 이익은 조화될 수 없다고 보지만, 자유주의적 관점은 개별 국가의 이익과 국제 사회 전체의 이익이 조화될 수 있다고 본다.

563 갑은 현실주의적 관점, 을은 자유주의적 관점에서 국제 관계를 바라보고 있다. ① 현실주의적 관점은 국가 간 세력 균형과 군사 동맹을 통해 국제 사회의 평화 유지가 가능하다고 본다.
바로알기 | ② 현실주의적 관점은 힘의 논리로 국제 관계를 설명하므로, 국제기구 의결에서 모든 국가가 동등한 표결권을 행사해야 한다고 강조하지는 않을 것이다. ③ 국제 사회가 홉스식의 자연 상태, 즉 만인에 대한 만인의 투쟁 상태와 유사하다고 보는 관점은 현실주의적 관점이다. ④ 자유주의적 관점은 현실주의적 관점보다 국제 관계의 평화 실현을 위한 국제법과 국제기구의 역할을 중시한다. ⑤ 자유주의적 관점은 국제 사회에서의 상호 의존성을 중시하는 반면, 현실주의적 관점은 국제 사회의 상호 의존성을 경시한다.

개념 보충

국제 관계를 보는 관점

구분	현실주의적 관점	자유주의적 관점
사상적 배경	홉스의 입장(국제 사회는 만인에 대한 만인의 투쟁 상태임)	로크의 입장(국제 사회에서는 보편적 규범이 준수될 수 있음)
특징	국제 평화를 위해 세력 균형 전략이 필요하다고 봄	국제 평화를 위해 집단 안보 체제가 필요하다고 봄
한계	국가 간 상호 의존 관계를 간과함, 복잡한 국제 관계를 지나치게 단순화함	자국의 이익을 우선시하고 힘의 논리가 지배하는 국제 사회의 현실을 간과함

564 (라) 1648년에 체결된 베스트팔렌 조약을 계기로 주권 국가 중심의 국제 질서가 형성되었다. 19세기 후반 제국주의가 팽창하면서 (마) 1914년에 제1차 세계 대전이 발발하였으며, (나) 제1차 세계 대전 이후 국제 사회의 평화 유지와 협력을 위하여 1920년에 국제 연맹이 창설되었다. 제2차 세계 대전이 끝난 후 (다) 1945년에 국제 연맹을 보완하고자 국제 연합이 창설되었다. 한편, 자유 진영과 공산 진영으로 나뉘어 대립하는 양극 체제가 자리 잡으면서 냉전 체제가 형성되었으며, 이후 (가) 닉슨 독트린 발표 등을 계기로 냉전 체제가 완화되었다.

565 ㄴ. 1648년 베스트팔렌 조약 체결을 계기로 국제 사회에 주권 국가 중심의 새로운 국제 질서가 형성되었다. ㄹ. 제2차 세계 대전 이후 미국 중심의 자본주의 진영과 소련 중심의 공산주의 진영 간 이념 대립을 배경으로 냉전 체제가 형성되었다.
바로알기 | ㄱ. 독일이 통일되고 소련이 붕괴되면서 냉전 체제가 종식되었다. ㄷ. 제국주의는 19세기 후반 팽창하기 시작하였으며, 제3 세계는 냉전 체제가 완화되던 시기에 등장하였다.

566 제시된 사건은 (라) 시기에 개최된 몰타 선언이다. 미국의 트루먼 독트린 발표(1947)로 본격화된 냉전 체제는 미국과 소련이 동서 협력을 선언한 몰타 선언(1989) 이후 독일이 통일(1990)되고 소련이 붕괴되면서 막을 내렸다.

567 국제 연맹은 1920년에 창설되었으며, 트루먼 독트린은 1947년에 발표되었다. ㄴ, ㄹ. 제2차 세계 대전 이후 국제 사회의 평화 유지와 협력을 위하여 국제 연합이 창설되었다.
바로알기 | ㄱ. 제1차 세계 대전 발발(1914)은 (나) 시기에 일어난 사건이다. ㄷ. 구소련의 해체(1991)는 (라) 시기에 일어난 사건이다.

568 ㉠은 베스트팔렌 조약이다. 베스트팔렌 조약에 참가한 국가들은 주권 평등, 영토 존중, 국내 문제 불간섭 등의 원칙에 합의하였고, 이로써 주권과 영토를 가진 국민 국가가 국제 사회의 주체로 등장하였다.
바로알기 | ㄴ. 베스트팔렌 조약의 체결 이후 종교에 대한 국가의 우위가 확립되었다.

569 제시된 글에서 설명하는 현상은 세계화이다. 세계화로 인해 국내 정치와 국제 정치의 경계가 약화되면서 국가 간 상호 의존성이 심화되고

있으며, 국가 이외의 다양한 국제 사회 행위 주체들의 활동과 영향력이 증가하고 있다. 또한 행위 주체 간의 상호 신뢰와 협력이 중요해지면서 국제법과 같은 국제 규범의 역할이 확대되고 있다.

바로알기 | ⑤ 세계화로 인해 국제 사회에서는 경제적 실리를 추구하는 경향이 강화되면서 이념에 따른 갈등은 감소하였으나, 민족·인종·종교·영토 등의 다양한 이유로 국제 분쟁이 증가하고 있다.

570 ㉠은 트루먼 독트린이다. ② 미국이 공산주의 세력의 위협을 받고 있는 국가를 경제적·군사적으로 지원함으로써 소련의 영향력 확장을 막아야 한다는 트루먼 독트린을 발표하면서 미·소 중심의 냉전 체제 형성을 촉발하였다.

바로알기 | ① 몰타 선언(1989) 이후 구소련이 해체되면서 냉전 체제가 종식되었다. ③ 제1차 세계 대전 이후 국제 연맹이 창설되었다(1920). ④ 트루먼 독트린 발표 이후 자유 진영과 공산 진영의 대립이 본격화되었다. ⑤ 베스트팔렌 조약 체결(1648) 이후 주권 국가를 기본으로 하는 국제 사회가 형성되었다.

571

(가)	베스트팔렌 조약의 체결 → 1648년
(나)	제2차 세계 대전의 발발 → 1939년
(다)	냉전 체제의 완화 → 닉슨 독트린 발표, 미국과 중국의 수교, 제3 세계 비동맹 국가들의 등장 등을 통해 냉전 체제가 완화되었다.
(라)	독일의 통일과 구소련의 해체 (독일의 통일 → 1990년, 구소련의 해체 → 1991년)

ㄱ. 베스트팔렌 조약 체결 이후 주권과 영토를 가진 국가가 국제 사회의 주체로 등장하였다. ㄷ. 제3 세계의 등장, 공산 진영의 결속력 약화 등을 계기로 냉전 체제가 서서히 완화되었다.

바로알기 | ㄴ. 제1차 세계 대전 종결을 배경으로 국제 연맹이 창설되었고, 그 이후 제2차 세계 대전이 발발하였다. ㄹ. 냉전 체제 종식 이후 국가 간 협력과 교류가 늘어 국제 사회의 상호 의존성이 증가하였으며, 민족·종교·영토·자원 등 다양한 이유로 국지적 분쟁도 증가하였다.

572 ㉠은 국제법이다. ㄴ. 국가 간에 영토, 무역, 자원 등과 관련한 분쟁이 발생하는 경우 국제법을 활용하면 보다 평화적으로 분쟁을 해결할 수 있다. ㄹ. 국제법은 인권 문제나 환경 문제와 같은 전 지구적 문제를 해결하기 위한 국제 사회의 협력을 유도한다.

바로알기 | ㄱ. 국제법은 국제 사회 행위 주체들의 행동 규범과 판단 기준이 된다. ㄷ. 국제법은 과거에는 주로 국가 간의 관계를 규율하였지만, 오늘날에는 그 적용 영역이 개인이나 다국적 기업, 국제기구 등으로 확대되고 있다.

573 밑줄 친 '이것'은 국제 관습법이다. 국제 관습법의 사례에는 외교관의 면책 특권, 전쟁 포로에 대한 인도적 대우, 국내 문제 불간섭 원칙 등이 있다.

바로알기 | ①, ②, ③, ④ 생물 다양성 협약, 한·미 상호 방위 조약, 한·중 어업 협정은 조약의 사례이다.

574 ①, ③ 국내법은 권위를 가진 입법부에 의해 제정되며, 한 국가의 국민이 국내법을 위반하면 공권력에 의해 처벌이 가해진다. ④, ⑤ 국제법은 강제적 집행 기구나 집행 수단이 없어 구속력이 약하다는 한계가 있으나, 국가들이 협력할 수 있는 기반을 제공하고 평화적 분쟁 해결 수단을 제공한다는 측면에서 오늘날 그 중요성이 더욱 커지고 있다.

바로알기 | ② 국제법의 경우 고유한 입법 기구가 없어 국제 사회 전반에 적용할 수 있는 법 규범의 제정이 어려우며, 사법 기구로서 국제 사법 재판소가 존재하기는 하지만 원칙적으로 분쟁 당사국들이 동의해야만 재판을 할 수 있어 재판 규범으로서 한계가 있다.

575 국제 포경 규제 협약은 조약의 사례이다. ㄱ. 조약은 국가와 국가 간에 체결될 뿐만 아니라 국가와 국제기구 간, 국제 기구 간에도 체결이 가능하다. ㄴ. 조약은 국제법의 주체인 국가나 국제기구를 당사자로 하여 상호간에 체결하는 법적 구속력을 가진 명시적 합의이다.

바로알기 | ㄷ. 조약은 원칙적으로 체결 당사국에 대해서만 구속력을 갖는다. ㄹ은 국제 관습법에 대한 설명이다.

576 모범 답안 국제법은 제정된 법을 강제할 집행 기구가 없어 국제법 위반 행위에 대한 실질적인 제재가 어렵기 때문에 실효성이 떨어진다는 한계가 있다.

577 A는 국제 관습법, B는 조약이다. ① 국제 관습법은 원칙적으로 국제 사회의 모든 국가에 대해 구속력을 가지므로 국제 사회에서 포괄적으로 적용된다. ③ 조약은 일반적으로 서로에게 일정한 행위를 하거나 하지 않을 것을 내용으로 하며, 원칙적으로 체결 당사국에만 효력을 미친다. ④ 조약은 일반적으로 당사국 간의 명시적 합의 절차가 필요하지만, 국제 관습법은 별도의 체결 절차 없이도 국제 사회의 다른 국가에 법적 구속력이 발생한다. ⑤ 조약과 국제 관습법은 모두 위반한 당사자에 대해 강력한 제재 수단을 행사할 집행 기구가 없어 실효성이 떨어진다는 한계가 있다.

바로알기 | ② 국제법은 국제 사법 재판소의 재판 규범으로 활용되므로, 국제법의 법원인 국제 관습법 역시 국제 사법 재판소에서 판결의 근거로 사용된다.

578 (가)는 조약, (나)는 법의 일반 원칙, (다)는 국제 관습법이다. ② 조약은 원칙적으로 체결 당사자에게만 효력을 미치지만, 국제 관습법은 국제 사회에서 포괄적 구속력을 갖는다.

바로알기 | ① 국내 문제 불간섭 원칙은 국제 관습법의 사례에 해당한다. ③ 헌법에 의하여 체결·공포된 조약은 국내법과 같은 효력을 가진다. ④ 법의 일반 원칙과 국제 관습법은 모두 국제 사회에서 포괄적 구속력을 갖는다. ⑤ 국제 사회에서 법의 일반 원칙과 국제 관습법은 별도의 체결 절차 없이 형성되지만, 조약은 당사자 사이에 별도의 체결 절차가 필요하다.

개념 보충

국제법의 법원

조약	국가 간, 국제기구와 국가 간, 국제기구 간에 체결하는 법적 구속력을 가진 약속 → 주로 문서로서 합의함
국제 관습법	국제 사회의 반복적인 관행이 법 규범으로 승인되어 효력을 가지게 된 규범
법의 일반 원칙	문명국들이 공통적으로 승인하여 따르는 국내법에 수용된 법의 보편적인 원칙

579 조약은 국제 관습법과 달리 주로 문서 형식으로 이루어진 합의이므로 A는 조약, B는 국제 관습법이다. ㄴ. 조약은 협정, 헌장, 협약, 의정서, 규정, 규약 등으로 불리며, 국내에서 효력을 가지기 위해서는 별도의 입법 절차를 거쳐야 한다. ㄷ. 국제 관습법은 국제 사회의 반복적인 관행이 법 규범으로 승인되어 효력을 가지게 된 것이므로, 별도의 체결 절차 없이도 다른 국가에 법적 구속력이 발생한다.

바로알기 | ㄱ. 조약은 당사자가 셋 이상이어도 체결할 수 있는데, 당사자가 셋 이상인 조약을 다자 조약이라고 한다. ㄹ. 헌법에 의하여 체결·공포된 조약과 일반적으로 승인된 국제 법규는 국내법과 같은 효력을 가지므로, 주어진 질문은 (가)에 들어갈 수 없다.

580 국제 사회의 반복적인 관행이 법적 확신을 얻어 법적 효력을 가지게 된 것은 국제 관습법이고, 권리 남용 금지의 원칙은 법의 일반 원칙의 사례에 해당한다. 따라서 A는 국제 관습법, B는 조약, C는 법의 일반 원칙이다. ㄱ. 국제 관습법의 예로는 외교관 특권과 면제, 전쟁 포로에 대한 인도적 대우, 국내 문제 불간섭 원칙 등이 있다. ㄴ. 조약 중 다자 조약은 체결 주체가 셋 이상인 경우에 성립 가능하다.

바로알기 | ㄷ. 별도의 체결 절차가 필요한 국제법의 법원은 조약이다. ㄹ. 조약은 일반적으로 문서 형식으로 존재하며, 국제 관습법은 문서 형식으로 되어 있지 않은 불문법이다.

17 국제 문제와 국제기구 및 우리나라의 국제 관계

개념 확인 문제 151쪽

581 (1) × (2) ○ **582** (1) - ㉠ (2) - ㉡ **583** 국제 사법 재판소 **584** (1) 반공 (2) 중국

난이도별 필수 기출 152~157쪽

585 ③ 586 ① 587 ③ 588 ⑤ 589 ④ 590 ③
591 ② 592 ⑤ 593 ③ 594 ③ 595 ⑤ 596 ④
597 ② 598 해설 참조 599 해설 참조 600 ⑤
601 ① 602 ③ 603 ④ 604 ③ 605 ① 606 ④
607 ① 608 ① 609 ② 610 ③ 611 ②

585 ㉠은 국제 문제이다. 국제 문제는 인간의 물질에 대한 무한한 욕구와 국가 간 이해관계의 충돌, 자연환경의 변화 등으로 인해 발생한다. 국제 문제는 국경을 초월하여 발생하며 전 지구적으로 영향을 끼치는데, 책임 소재가 불분명한 경우가 많다. 이러한 국제 문제는 어느 한 국가의 노력만으로 해결하기 어렵기 때문에 문제 해결을 위해서는 국가 간 상호 협력이 필요하다.

바로알기 | ③ 국제 문제는 문제 해결을 위해 국가 간 상호 협력이 필요하지만, 국가 간의 입장 차이가 큰 경우가 많기 때문에 문제 해결 방안에 대한 국가 간의 합의를 도출하기가 어렵다는 한계가 있다.

개념 보충

국제 문제

양상	안보 문제, 경제 문제, 환경 문제, 인권 문제 등
특징	국경을 초월하여 발생하며, 전 지구적으로 영향을 끼침 → 어느 한 국가의 노력만으로 해결하기 어렵기 때문에 국가 간 상호 협력이 필요함
해결 방안	국제법, 국제기구, 외교 활동 등을 통해 해결할 수 있음

586 제시된 두 사례에는 공통적으로 국제 문제 중 안보 문제가 나타나 있다. ㄴ. 국제 문제는 국경을 초월하여 발생하며 전 지구적으로 영향을 끼친다는 특징이 있다.

바로알기 | ㄷ. 국제법이나 국제기구를 통해 안보 문제와 같은 국제 문제를 해결할 수도 있다. ㄹ. 안보 문제와 같은 국제 문제는 문제를 초래한 국가가 책임을 지는 것이 바람직하지만, 국제 문제의 특성상 한 국가의 노력만으로는 문제 해결이 어렵다. 따라서 국제 문제 해결을 위해 문제를 초래한 국가를 비롯하여 여러 국가 간 상호 협력이 필요하다.

587 1. 지구 온난화는 국제 문제 중 환경 문제의 사례에 해당하므로, 옳은 답안은 '○'이다. 2. 안보 문제는 국제 관계에서 일시적으로 발생하는 것이 아니라 국지적 분쟁 등의 양상을 띠며 지속적으로 발생하므로, 옳은 답안은 '×'이다. 3. 내전으로 인한 난민, 표현의 자유를 보장받지 못하는 몇몇 국가의 시민 등 사회적 약자의 인권이 보장되지 않아 나타나는 인권 문제는 국제 문제 중 하나이므로, 옳은 답안은 '○'이다. 4. 국제 사회에서 선진국과 개발 도상국 간 경제적 격차가 심화되어 나타나는 문제는 국제 문제 중 경제 문제에 해당하므로, 옳은 답안은 '○'이다. 학

생은 3, 4번 문항에만 옳게 답하였으므로, 2점을 얻게 된다.

588 첫 번째 사례에는 경제적 요소와 환경적 요소가 복합적으로 작용한 국제 문제가 나타나 있고, 두 번째 사례에는 물 자원을 둘러싼 국제 문제가 나타나 있다. ㄷ. 국제 문제는 국경을 초월하여 발생하며, 한 국가 내에 국한되어 영향을 미치는 것이 아니라 다른 여러 국가에 영향을 미치기도 한다. ㄹ. 국제 문제는 인류의 생존을 위협할 수 있으므로 문제를 해결하기 위해서는 국제 사회의 긴밀한 공조가 필요하다.
바로알기 | ㄱ. 제시된 국제 문제들이 문화적 가치와 신념의 충돌로 인하여 발생하였는지는 파악할 수 없다. ㄴ. 첫 번째 사례를 통해서는 북반구 국가와 남반구 국가 간 경제적 격차가 생기는 남북 문제가 심화되고 있음을 유추할 수도 있으나, 두 번째 사례를 통해서는 남북 문제가 심화되고 있음을 파악할 수 없다.

589 제시된 글에서는 다양한 협약, 즉 국제법을 통해 국제 문제를 해결하고 있음을 보여 주고 있다. 이처럼 국제 관계를 규율하고 질서를 유지하기 위한 규범인 국제법에 근거하여 협력함으로써 국제 문제의 해결을 도모할 수 있다.
바로알기 | ①, ⑤는 외교 활동을 통한 국제 문제의 해결 방안이다. ② 국제기구에서 일부 국가를 선정하여 구속력과 강제성을 갖는 협약을 맺을 수는 없다. ③은 국제기구를 통한 국제 문제의 해결 방안이다.

590 (가)는 총회, (나)는 안전 보장 이사회, (다)는 국제 사법 재판소, (라)는 사무국이다. ③ 국제 사법 재판소는 국제 연합의 주요 사법 기관으로 국제법에 따라 국가 간 분쟁을 해결하고, 총회와 안전 보장 이사회 등의 법적 질의에 대해 권고적 의견을 제시한다.

591 국제 연합의 주요 사법 기관인 국제 사법 재판소는 국제법에 따라 국가 간의 분쟁을 해결하고, 총회와 안전 보장 이사회 등의 법적 질의에 대해 권고적 의견을 제시한다. 국적이 다른 재판관들로 구성되는 국제 사법 재판소는 원칙적으로 강제적 관할권이 없어 분쟁 당사국 모두가 동의한 사건에 대해서만 처리할 수 있다.
바로알기 | ② 국제 사법 재판소의 재판관은 국제 연합 총회와 안전 보장 이사회에서 선출한 15인의 법관으로 구성된다.

592 ①, ③, ④ 국제 연합의 경우 상임 이사국의 잦은 거부권 행사로 중요한 의사 결정이 지연되기도 하며, 회원국들이 분담금을 제대로 내지 않아 재정적인 어려움을 겪고 있어 분담금 비율이 높은 강대국의 영향력을 배제하기 어렵다. 또한 국제 연합 총회의 의결은 권고적 효력만 있을 뿐 법적 구속력이 없기 때문에 중요한 국제 문제 해결 과정에서 국제 연합이 배제되기도 하는 한계가 있다. ② 국제 사법 재판소의 경우 재판 당사국이 판결에 따르지 않더라도 현실적으로 이를 강제적으로 제재할 방법이 없다는 한계가 있다.
바로알기 | ⑤ 국제 사법 재판소는 원칙적으로 강제적 관할권이 없어 한쪽 당사자가 동의하지 않은 사건에 대해서는 재판이 진행되지 않는다.

593 ㉠은 국제 연합이다. ③ 국제 연합은 국제 평화 유지와 더불어 경제, 사회, 문화 등 여러 분야에서의 활발한 교류를 통한 국가 간 우호 및 협력 증진을 목적으로 설립되었다.
바로알기 | ① 국제 연합은 국가를 회원으로 한다. ② 국제 연합의 최고 의사 결정 기관은 총회이다. ④ 국제 연합 총회에서는 주권 평등의 원칙에 따라 1국 1표로 표결된다. ⑤ 국제 연합은 각 회원국의 경제적 수준과 지불 능력을 고려하여 분담금을 책정한다.

594 ㄷ. 안전 보장 이사회는 국제 분쟁 해결을 위해 경제·외교적 제재나 군사적 개입 등과 같은 필요한 수단의 사용 여부를 결정할 수 있다. ㄹ. 국제 사법 재판소의 재판은 원칙적으로 분쟁 당사국들이 모두 동의하여 분쟁 해결을 요청한 때에만 진행될 수 있다.
바로알기 | ㄱ. 국제 사회는 국가를 기본 단위로 구성되며, 국제 연합은 탈냉전 시대로 접어들면서 그 역할이 증가하였다. ㄴ. 국제 연합 총회는 주권 평등의 원칙에 따라 1국 1표로 표결하므로, 강대국의 힘의 논리가 반영된 표결 방식을 채택하고 있지는 않다.

595 ㉠은 안전 보장 이사회이다. ⑤ 안전 보장 이사회는 국제 분쟁 해결을 위해 필요시 경제·외교적 제재뿐만 아니라 군사적 제재를 결의하여 조치를 취할 수 있다.
바로알기 | ② 안전 보장 이사회의 상임 이사국은 미국, 영국, 러시아, 프랑스, 중국으로 5개국이다. ③ 을국의 반대만으로 제재안이 부결된 것으로 볼 때 을국은 안전 보장 이사회의 상임 이사국이다. ④ 국제 연합 산하의 주요 사법 기관에는 국제 사법 재판소가 있다.

596 A는 총회, B는 안전 보장 이사회이다. ㄱ, ㄴ. 총회는 주권 평등의 원칙에 따라 1국 1표의 방식으로 표결이 이루어지며, 총회의 의결은 권고적 효력만 있을 뿐 법적 구속력은 없다. ㄷ. 안전 보장 이사회는 5개의 상임 이사국, 즉 미국, 영국, 프랑스, 러시아, 중국과 10개의 비상임 이사국으로 구성된다.
바로알기 | ㄹ. 안전 보장 이사회는 필요시 경제·외교적 제재뿐만 아니라 군사 개입도 결의할 수 있다.

597 밑줄 친 '이 기구'는 국제 사법 재판소이다. ① 국제 사법 재판소의 재판은 국가를 당사자로 하며 국제기구나 개인은 재판의 당사자가 될 수 없다. ③, ⑤ 국제 사법 재판소는 총회와 안전 보장 이사회에서 선출한 국적이 다른 15인의 법관으로 구성되며, 출석 재판관 과반수의 찬성으로 판결이 결정된다. ④ 국제 사법 재판소의 판결은 법적 구속력이 있으나 재판 당사국이 판결을 따르지 않을 경우 현실적으로 이를 제재할 방법이 없다.
바로알기 | ② 국제 사법 재판소는 원칙적으로 국가 간 분쟁에 대하여 강제적 관할권을 가지지 않는다.

598 모범 답안 국제 사법 재판소는 재판 당사국이 판결에 따르지 않을 경우 현실적으로 이를 제재할 방법이 없다.

599 모범 답안 국제 연합은 안전 보장 이사회 상임 이사국의 잦은 거부권 행사로 인해 중요한 의사 결정이 지연되기도 한다는 한계를 지닌다.

600 ㉠은 안전 보장 이사회이다. ㄷ, ㄹ. 안전 보장 이사회의 의결은 15개 이사국 중 9개국 이상의 찬성으로 의결하는데, 절차 사항이 아닌 실질 사항의 경우에는 상임 이사국 중 한 국가라도 거부권을 행사하면 안건이 부결된다.
바로알기 | ㄴ. 안전 보장 이사회의 상임 이사국은 미국, 영국, 중국, 프랑스, 러시아이다.

601 A는 안전 보장 이사회, B는 총회, C는 국제 사법 재판소이다. ㄱ. 안전 보장 이사회의 실질 사항에 대한 의결에서는 상임 이사국 중 한 국가라도 거부권을 행사하면 안건이 부결되므로, 상임 이사국이 가지는 거부권에는 힘의 논리가 반영되어 있다고 볼 수 있다. ㄴ. 총회의 의사 결정은 주권 평등의 원칙에 따라 1국 1표로 표결한다.
바로알기 | ㄷ. 안전 보장 이사회의 비상임 이사국은 매년 총회에서 5개국

씩 선출한다. ㄹ. 국제 연합의 실질적 의사 결정 기구는 안전 보장 이사회이다.

개념 보충

국제 연합의 주요 기관

총회	모든 회원국이 참여하는 최고 의사 결정 기관 → 주권 평등의 원칙에 따라 1국 1표로 표결
안전 보장 이사회	5개의 상임 이사국과 10개의 비상임 이사국으로 구성된 실질적 의사 결정 기관 → 실질 사항의 경우 상임 이사국 중 한 국가라도 거부권을 행사하면 안건이 부결됨
국제 사법 재판소	국제 연합의 주요 사법 기관 → 국제법에 따라 국가 간의 분쟁을 해결함. 판결은 당해 사건에만 효력이 있음

602 ㄷ. 주권 평등의 원칙이 적용되는 총회의 표결 방식과 달리 실질 사항에 대한 안전 보장 이사회의 표결 방식은 상임 이사국 중 한 국가만이라도 거부권을 행사하면 안건이 부결된다는 점에서 힘의 논리가 작용하므로, 국제 사회를 바라보는 관점 중 현실주의적 관점으로 설명될 수 있다. ㄹ. 국제 사법 재판소의 재판관은 총회와 안전 보장 이사회에서 선출한 국적이 다른 15인의 법관으로 구성된다.
바로알기 | ㄱ. 안전 보장 이사회의 상임 이사국은 변동 없이 미국, 영국, 프랑스, 러시아, 중국이 맡고 있다. ㄴ. 국가만이 재판 당사자로서 분쟁 해결을 위해 국제 사법 재판소에 제소할 수 있다.

603 국제 연합의 주요 기관 중 안전 보장 이사회는 국제 평화와 안전 유지에 일차적 책임을 지며, 국제 사법 재판소는 사법 기관에 해당한다. 따라서 (가)는 안전 보장 이사회, (나)는 국제 사법 재판소이다. ㄱ. 안전 보장 이사회는 국제 분쟁 발생 시 국제 평화를 위해 경제·외교적 제재나 군사적 개입 등의 조치를 취할 수 있다. ㄴ. 국제 사법 재판소는 조약, 국제 관습법, 법의 일반 원칙과 같은 국제법을 적용하여 판결을 내림으로써 국가 간의 분쟁을 해결한다. ㄹ. 국제 사법 재판소는 총회와 안전 보장 이사회 등의 법적 질의에 대해 권고적 의견을 제시한다.
바로알기 | ㄷ. 국제 사법 재판소의 재판관은 총회와 안전 보장 이사회에서 선출된다. 즉, 안전 보장 이사회와 총회는 모두 국제 사법 재판소의 재판관을 선출한 권한을 갖는다.

604 우리나라는 1950년대에 냉전 체제가 심화되는 상황 속에서 국가 안보를 위해 반공 외교와 미국 중심의 외교 정책에 치중하였고, 1960년대에 제3 세계 비동맹 국가들의 성장에 맞추어 외교 대상 국가를 확대하였다. 1980년대에 평화 통일 기반을 조성하고 한반도의 평화를 안정적으로 관리하기 위해 소련, 중국, 동유럽 국가 등 사회주의 국가들과 관계 개선을 추진하는 북방 외교를 전개하였으며, 2000년대 이후 공공 외교, 기여 외교, 인권 외교, 다자 외교 등으로 외교 방법을 다원화하고 있다.
바로알기 | ③ 중국과 수교를 맺고 세계 무역 기구(WTO)에 가입하는 등 실리 외교를 추진하였던 시기는 1990년대이다.

605 ㉠은 일본이다. ㄱ, ㄴ. 일본은 침략 전쟁을 정당화하고 '위안부' 문제에 대하여 국가 차원의 책임을 회피하고 있으며, 역사적·지리적·국제법적으로 명백한 우리나라의 고유 영토인 독도에 대해 영유권을 주장하고 있다.
바로알기 | ㄷ은 중국에 대한 설명이다. ㄹ. 일본은 미국의 우방국으로서 한반도를 미국의 영향으로부터 차단하기 위해 한반도의 상황 변화를 주시하고 있지는 않다.

606 ④ 외교 정책을 제대로 수행하지 못할 경우 국제 사회에서 고립으로 이어질 수 있으며 국익에 손실이 발생할 수 있다.
바로알기 | ① 한 국가가 자국의 이익을 위하여 국제 사회에서 평화적인 수단이 아닌 폭력적인 수단을 사용하는 것은 외교에 포함되지 않는다. ② 오늘날 외교 활동은 외교관에 의한 공식적인 대외 활동에 국한되지 않으며, 공공 외교나 다자 외교 등 다양한 방법으로 이루어지고 있다. ③ 외교 활동을 제대로 수행할 경우 자국의 대외적 위상이 높아지고, 정치적·경제적 이익을 획득할 수 있다. ⑤ 외교 정책은 국제 분쟁을 해결하고 국제 사회의 평화를 유지하는 데 이바지할 수 있다.

607 (가)는 공공 외교, (나)는 기여 외교이다. 공공 외교는 전통적 의미의 외교와 달리 문화, 예술 등 다양한 수단을 활용하여 외국 대중에게 직접 다가가 긍정적인 국가 이미지를 만들어 나가는 것을 목표로 하며, 기여 외교는 개발 도상국에 적극적인 대외 원조를 하고 원조 관련 제도와 정책을 꾸준히 개선하여 국가의 위상을 높이는 것을 말한다.

608 ㉠은 반공, ㉡은 북방, ㉢은 실리이다. 우리나라는 1950년대에 국가 안보를 위해 반공 외교와 미국 중심의 외교 정책에 치중하였다. 이후 냉전 체제가 완화되면서 1980년대에 소련, 중국, 동유럽 국가 등 사회주의 국가들과 관계 개선을 추진하는 북방 외교를 전개하였으며, 탈냉전 시대가 도래한 1990년대 이후에는 중국과 수교를 맺고 세계 무역 기구(WTO)에 가입하는 등 실리 외교를 전개하였다.

609 ② 최근 외교 활동은 외교관 등을 통한 정부의 공식적 외교뿐만 아니라 문화, 예술, 환경, 스포츠 등 다양한 분야에서 민간 외교 자원을 적극적으로 활용하고 있다.
바로알기 | ① 우리나라의 외교 활동은 과거 양자 외교 중심에서 최근 다자 외교 중심으로 변화하였다. ③ 우리나라는 미국, 일본, 중국, 러시아 등 여러 주변 국가와 이해관계를 조정하고 긴밀하게 협력해야 한다. ④ 우리나라는 국제기구를 통하여 대량 살상 무기 개발 금지, 환경 보호, 빈곤과 질병 퇴치, 인권 신장 등 국제 문제 해결을 위한 활동에 적극적으로 참여해야 한다. ⑤ 우리나라는 한반도 주변 강대국들을 상대로 우리의 주장을 효과적으로 펼칠 수 있도록 국제법을 적극적으로 활용해야 한다.

610 (가)는 민간 외교 활동, (나)는 국제기구를 통한 외교 활동에 해당한다. ㄴ. 민간 외교 활동은 자국에 대한 국민의 이해도와 관심을 증대시킴으로써 우리나라에 대한 자긍심을 높일 수 있다. ㄷ. 환경 문제 해결을 위해 녹색 기후 기금(GCF)에 참여하여 활동하는 것은 국제기구를 통한 외교 활동이다.
바로알기 | ㄱ. 민간 외교 활동은 공식적인 외교 활동으로 보기 어렵다. ㄹ. 반크 (VANK) 동아리 활동만이 민간 외교 활동에 해당한다.

611 ㄱ. 오늘날에는 전통적 의미의 외교뿐 아니라 변화하는 국제 질서에 맞추어 외교 분야를 다양화하고 있으므로 외교의 범위가 예전보다 확대되고 있다. ㄹ. 오늘날에는 다양한 수준의 행위자가 상대 국가의 행위자와 네트워크를 형성 및 유지하고 있으므로, 정부뿐만 아니라 민간 주체들도 외교 활동의 주체가 될 수 있다.
바로알기 | ㄴ, ㄷ. 사법적 외교의 중요성이 더욱 강화되고 있다거나 외교적 분쟁 해결에 국제 사법 재판소의 역할이 강화되고 있음을 파악할 수 있는 내용은 제시된 글에 나타나 있지 않다.

최고 수준 도전 기출 (16~17강)

158~159쪽

612 ④ 613 ② 614 ② 615 ④ 616 ② 617 ②
618 ② 619 ②

612 "국제 관계에서 보편적 윤리는 중요한 원칙이다."는 자유주의적 관점에 해당하므로, 카드 B에는 자유주의적 관점에 부합하는 내용이 적혀 있다. 1단계에서 카드 B, C를 받았지만 게임이 종료되지 않았음을 고려할 때 카드 C에는 현실주의적 관점에 부합하는 내용이 적혀 있음을 알 수 있다. 한편, 2단계에서 갑이 카드 A를 추가로 받았고, 카드 A, B 카드를 뒤집어 게임이 종료되었으므로 카드 A에는 자유주의적 관점에 부합하는 내용이 적혀 있다. ㄷ. "국제 사회는 힘이 지배하는 무정부 상태이다."는 현실주의적 관점에 부합하는 내용이므로, C에 적힐 수 있다. ㄹ. "국제 사회에는 인간의 이성이 작동한다."는 자유주의적 관점에 부합하는 내용이므로, C와 달리 A에 적힐 수 있다.

바로알기 | ㄴ. "집단 안보 체제를 통한 평화 유지가 가능하다."는 자유주의적 관점에 부합하는 내용이므로, A에 적힐 수 있다.

613 (가)는 현실주의적 관점, (나)는 자유주의적 관점이다. ① 현실주의적 관점은 힘의 논리로 국제 관계를 설명하며, 인간과 국가는 이기적 존재라고 전제한다. ③ 자유주의적 관점은 현실주의적 관점과 달리 국제 관계의 평화 실현을 위해 국제법, 국제기구 등의 국제 제도가 필요하다고 본다. ⑤ 현실주의적 관점은 국력 증가, 동맹 등을 통한 세력 균형 전략으로 국가의 안전을 보장할 것을 강조하며, 자유주의적 관점은 집단 안보 체제를 통해 국제 평화를 보장할 것을 강조한다.

바로알기 | ② 자유주의적 관점은 국제 사회에서 국가는 서로 협력하는 존재라고 인식한다. 국제 사회에서 국가 간 갈등이 발생하는 것이 필연적이라고 보는 관점은 홉스의 인간관을 바탕으로 하는 현실주의적 관점이다.

614

- 교사: 세계화에 따른 국제 관계의 변화 양상에 대해 발표해 보세요.
- 갑: 국제 규범의 역할이 확대되고 있습니다. → 옳은 진술
- 을: ______________ (가)
- 병: 선진국 문화가 일방적으로 확산되기도 합니다. → 옳은 진술
- 정: ______________ (나)
- 교사: 한 명을 제외하고 모두 옳게 발표했습니다.

(가), (나) → 둘 중 하나만 옳은 진술
한 명 → 을 또는 병

세계화에 따라 국제 규범의 역할이 확대되고 있는 한편, 선진국의 문화가 일방적으로 확산되기도 한다. 즉, 갑과 병은 옳은 내용을 발표하였으므로, 을과 정 중 한 사람만이 옳은 내용을 발표하게 된다. ㄱ. 행위 주체 간의 상호 신뢰와 협력이 중요해지면서 국제법과 같은 국제 규범의 역할이 확대되고 있다. ㄷ. 세계화에 따라 문화 향유의 기회는 점차 확대되고 있다. 따라서 정이 옳게 말했다면 (가)에는 주어진 진술이 들어갈 수 없다.

바로알기 | ㄴ. 세계화에 따라 다국적 기업의 활동이 증가하고 있다. 따라서 을이 옳게 말했다면 (나)에는 주어진 진술이 들어갈 수 없다. ㄹ. 세계화에 따라 국내 정치와 국제 정치의 구별이 약화되면서 국가 간 상호 의존성이 심화되고 있다. 그런데 (가), (나) 중 하나에만 옳은 진술이 들어갈 수 있으므로, 제시된 두 진술은 동시에 들어갈 수 없다.

615 ④ 베스트팔렌 조약의 체결을 계기로 종교에 대한 국가의 우위가 확립되고, 주권 국가 중심의 국제 질서가 형성되었다.

바로알기 | ① ㉠은 국제 연맹이 아닌 국제 연합(UN)이다. ② 제국주의의 팽창을 배경으로 제1차 세계 대전이 일어났다. ③ 냉전 체제는 미국의 트루먼 독트린(1947) 발표를 배경으로 심화되었으며, 몰타 선언(1989) 이후 종식되었다. ⑤ 국제 사회는 '(다) 베스트팔렌 조약 체결 → (가) 제국주의 팽창 → (라) 제2차 세계 대전 발발과 국제 연합 설립 → (나) 냉전 체제 형성'의 순서로 변화되었다.

616 A는 조약, B는 법의 일반 원칙, C는 국제 관습법이다. ㄱ. 조약은 국가나 국제기구를 당사자로 하여 상호 간에 체결하는 법적 구속력을 가진 합의이다. ㄷ. 국제 관습법은 원칙적으로 국제 사회의 모든 국가에 대하여 법적 구속력이 발생하므로, 체결 당사국에만 법적 구속력을 가지는 조약과 달리 포괄적 구속력을 가진다.

바로알기 | ㄴ. 외교관의 면책 특권, 국내 문제 불간섭 원칙은 국제 관습법의 사례이다. ㄹ. 헌법에 의하여 체결·공포된 조약과 일반적으로 승인된 국제 법규는 국내법과 같은 효력을 가진다.

617 (가)는 법의 일반 원칙, (나)는 국제 관습법, (다)는 조약이다. ㄱ. 신의 성실의 원칙, 손해 배상 책임의 원칙 등은 법의 일반 원칙의 사례에 해당한다. ㄹ. 조약, 국제 관습법, 법의 일반 원칙과 같은 국제법의 법원은 모두 국제 사법 재판소 판결의 준거가 될 수 있다.

바로알기 | ㄴ. 국제 관습법은 원칙적으로 우리나라를 비롯한 모든 국가에서 명시적 절차 없이 적용된다. ㄷ. 조약은 국가뿐만 아니라 국제기구도 체결 주체가 된다.

618 ㄱ. 안전 보장 이사회는 국제 사회에서 군사적 제재 등을 가하여 국제 분쟁을 해결할 수 있으므로, (가)에 주어진 질문이 들어가면 A는 안전 보장 이사회이다. ㄷ. 국제 사법 재판소는 기본적으로 분쟁 당사국들이 합의하여 요청한 사건에 대해서만 관할권을 가지므로, (가)에 주어진 질문이 들어가면 A는 국제 사법 재판소이다. 국제 사법 재판소는 총회와 안전 보장 이사회에서 선출된 15인의 재판관으로 구성된다.

바로알기 | ㄴ. 최고 의사 결정 기구로서 모든 회원국이 참여하는 것은 총회에만 해당하는 내용이므로, 주어진 질문은 (나)에 들어갈 수 없다. ㄹ. 상임 이사국의 거부권 행사가 가능한 것은 안전 보장 이사회에만 해당하는 내용이므로 (가)에 주어진 질문이 들어가면 A는 안전 보장 이사회이고, B와 C는 각각 총회와 국제 사법 재판소 중 하나이다. 판결이 당사국에만 구속력을 미치는 것은 국제 사법 재판소에만 해당하는 내용이므로, 주어진 질문은 (나)에 들어갈 수 없다.

619 안전 보장 이사회는 5개의 상임 이사국과 10개의 비상임 이사국으로 구성되며, 국제 사법 재판소는 국가 간의 분쟁을 해결하는 사법 기관이다. ① A가 안전 보장 이사회라면 (가)에는 틀린 진술이 들어가야 한다. 국제 연합의 실질적 의사 결정 기관은 안전 보장 이사회이므로, 주어진 진술은 (가)에 들어갈 수 없다. ③ ㉠이 갑이라면 A는 안전 보장 이사회이다. 판결의 법적 구속력이 있으나 불복하는 당사국을 직접 제재할 수 없는 것은 안전 보장 이사회에 대한 설명이 아니므로, 주어진 진술은 (가)에 들어갈 수 있다. ④ ㉠이 을이라면 A는 국제 사법 재판소이다. 국제 연합의 형식상 최고 의결 기구로 1국이 1표를 행사하는 기관은 총회이므로, 주어진 진술은 (가)에 들어갈 수 있다. ⑤ 상임 이사국 중 한 국가라도 거부권을 행사하면 안건이 부결되는 기관은 안전 보장 이사회이다. 따라서 주어진 진술이 (가)에 들어가면 갑, 병이 모두 옳지 않게 설명한 것이 되므로, ㉠은 을이 된다.

바로알기 | ② A가 국제 사법 재판소라면 (가)에는 틀린 진술이 들어가야 한다. 국제 사법 재판소는 조약 등의 국제법을 적용하여 심리를 진행하고 최종 판결을 내리므로, 주어진 진술은 (가)에 들어갈 수 없다.

Memo

Memo